ŒUVRES COMPLÈTES

DE

CHATEAUBRIAND

—

TOME IV

PARIS. — IMPRIMERIE DE J. CLAYE
RUE SAINT-BENOIT, 7

ŒUVRES COMPLÈTES

DE

CHATEAUBRIAND

NOUVELLE ÉDITION
REVUE AVEC SOIN SUR LES ÉDITIONS ORIGINALES

PRÉCÉDÉE D'UNE

ÉTUDE LITTÉRAIRE SUR CHATEAUBRIAND

PAR

M. SAINTE-BEUVE

DE L'ACADÉMIE FRANÇAISE

LES MARTYRS

PARIS

GARNIER FRÈRES, ÉDITEURS

6 RUE DES SAINTS-PÈRES

M DCCC LIX

LES MARTYRS

OU LE

TRIOMPHE DE LA RELIGION CHRÉTIENNE

PRÉFACE

DE LA PREMIÈRE ET DE LA SECONDE ÉDITION.

J'ai avancé, dans un premier ouvrage, que la religion chrétienne me paroissoit plus favorable que le paganisme au développement des caractères et au jeu des passions dans l'épopée. J'ai dit encore que le *merveilleux* de cette religion pouvoit peut-être lutter contre le *merveilleux* emprunté de la mythologie. Ce sont ces opinions, plus ou moins combattues, que je cherche à appuyer par un exemple.

Pour rendre le lecteur juge impartial de ce grand procès littéraire, il m'a semblé qu'il falloit chercher un sujet qui renfermât dans un même cadre le tableau des deux religions, la morale, les sacrifices, les pompes des deux cultes; un sujet où le langage de la Genèse pût se faire entendre auprès de celui de l'*Odyssée;* où le *Jupiter* d'Homère vînt se placer à côté du *Jehovah* de Milton, sans blesser la piété, le goût et la vraisemblance des mœurs.

Cette idée conçue, j'ai trouvé facilement l'époque historique de l'alliance des deux religions.

La scène s'ouvre au moment de la persécution excitée par Dioclétien, vers la fin du IIIe siècle. Le christianisme n'étoit point encore la religion dominante de l'empire romain, mais ses autels s'élevoient auprès des autels des idoles.

Les personnages sont pris dans les deux religions : je fais d'abord connoître ces personnages; le récit montre ensuite l'état du christianisme dans le monde connu, à l'époque de l'action; le reste de l'ouvrage développe cette action, qui se rattache par la catastrophe au massacre général des chrétiens.

PRÉFACE.

Je me suis peut-être laissé éblouir par le sujet : il m'a semblé fécond. On voit en effet, au premier coup d'œil, qu'il met à ma disposition l'antiquité profane et sacrée. En outre, j'ai trouvé moyen, par le récit et par le cours des événements, d'amener la peinture des différentes provinces de l'empire romain; j'ai conduit le lecteur chez les Francs et les Gaulois, au berceau de nos ancêtres. La Grèce, l'Italie, la Judée, l'Égypte, Sparte, Athènes, Rome, Naples, Jérusalem, Memphis, les vallons de l'Arcadie, les déserts de la Thébaïde, sont les autres points de vue ou les perspectives du tableau.

Les personnages sont presque tous historiques. On sait quel monstre fut Galérius. J'ai fait Dioclétien un peu meilleur et un peu plus grand qu'il ne le paroît dans les auteurs de son temps; en cela j'ai prouvé mon impartialité. J'ai rejeté tout l'odieux de la persécution sur Galérius et sur Hiéroclès.

Lactance dit en propres mots :

Deinde..... in Hieroclem, ex vicario præsidem, qui auctor et consiliarius ad faciendam persecutionem fuit[1].

« .... Hiéroclès, qui fut l'instigateur et l'auteur de la persécution. »

Tillemont, après avoir parlé du conseil où l'on mit en délibération la mort des chrétiens, ajoute :

« Dioclétien consentit à remettre la chose au conseil, afin de se décharger de la haine de cette résolution sur ceux qui l'avoient conseillée. On appela à cette délibération quelques officiers de justice et de guerre, lesquels, soit par inclination propre, soit par complaisance, appuyèrent le sentiment de Galérius. Hiéroclès fut un des plus ardents à conseiller la persécution[2]. »

Ce gouverneur d'Alexandrie fit souffrir des maux affreux à l'Église, selon le témoignage de toute l'histoire. Hiéroclès étoit sophiste, et en massacrant les chrétiens il publia contre eux un ouvrage intitulé *Philaléthès*, ou *Ami de la vérité*. Eusèbe[3] en a réfuté une partie dans un traité que nous avons encore; c'est aussi pour y répondre que Lactance a composé ses *Institutions*[4]. Pearson[5] a cru que l'Hiéroclès persécuteur des chrétiens étoit le même que l'auteur du *Commentaire* sur les vers dorés de Pythagore. Tillemont[6] semble se ranger à l'avis du savant évêque de Chester; et Jonsius[7], qui veut

---

1. *De Mortib. persec.*, cap. XVI.
2. *Mém. ecclés.*, t. V, p. 20, édit. in-4°. Paris.
3. EUSEBII CÆSARIENSIS *in Hieroclem Liber, cum Philostrato editus*. Paris, 1608.
4. LACT., *Instit.*, lib. V, cap. II.
5. Dans ses prolégomènes sur les ouvrages d'Hiéroclès, impr. en 1673, t. II, p. 3-19.
6. *Mém. ecclés.*, t. V, 2ᵉ édit., in-4°. Paris, 1702.
7. *De Scriptoribus historiæ philosophicæ*. Francof., 1659, lib. III, cap. XVIII.

retrouver dans l'Hiéroclès de la *Bibliothèque* de Photius l'Hiéroclès réfuté par Eusèbe [1], sert plutôt à confirmer qu'à détruire l'opinion de Pearson. Dacier, qui, comme l'observe Boileau, veut toujours faire un sage de l'écrivain qu'il traduit [2], combat le sentiment du savant Pearson ; mais les raisons de Dacier sont foibles, et il est probable que Hiéroclès, persécuteur et auteur du *Philaléthès*, est aussi l'auteur du *Commentaire*.

D'abord vicaire des préfets, Hiéroclès devint ensuite gouverneur de la Bithynie. Les Ménées [3], saint Épiphane [4], et les actes du martyre de saint Édèse [5], prouvent que Hiéroclès fut aussi gouverneur de l'Égypte, où il exerça de grandes cruautés.

Fleury, qui suit ici Lactance en parlant d'Hiéroclès, parle encore d'un autre sophiste qui écrivoit dans le même temps contre les chrétiens. Voici le portrait qu'il fait de ce sophiste inconnu :

« Dans le même temps que l'on abattoit l'église de Nicomédie, il y eut deux auteurs qui publièrent des écrits contre la religion chrétienne. L'un étoit philosophe de profession, mais dont les mœurs étoient contraires à la doctrine : en public il commandoit la modération, la frugalité, la pauvreté ; mais il aimoit l'argent, le plaisir et la dépense, et faisoit meilleure chère chez lui qu'au palais : tous ses vices se couvroient par l'extérieur de ses cheveux et de son manteau.... Il publia trois livres contre la religion chrétienne. Il disoit d'abord qu'il étoit du devoir d'un philosophe de remédier aux erreurs des hommes... ; qu'il vouloit montrer la lumière de la sagesse à ceux qui ne la voyoient pas, et les guérir de cette obstination qui les faisoit souffrir inutilement tant de tourments. Afin que l'on ne doutât pas du motif qui l'excitoit, il s'étendoit sur les louanges des princes, relevoit leur piété et leur sagesse, qui se signaloient même dans la défense de la religion, en réprimant une superstition impie et puérile [6]. »

La lâcheté de ce sophiste, qui attaquoit les chrétiens tandis qu'ils étoient sous le fer du bourreau, révolta les païens mêmes, et il ne reçut pas des empereurs la récompense qu'il en attendoit [7].

Ce caractère, tracé par Lactance, prouve que je n'ai donné à Hiéroclès que

---

1. Pour soutenir son opinion, Jonsius dit que cet Eusèbe n'est pas celui de Césarée.
2. *Bolæana*.
3. *Menæa magna Græcorum*, p. 177, Venet., 1525.
4. Epiphanii *Panarium adversus hæreses*, p. 717. Lutetiæ, 1622.
5. *De Martyr. Palæst.*, cap. iv. Euseb.
6. *Hist. ecclés.*, liv. viii, t. II, p. 420, édit. in-8º. Paris, 1717.
7. Lact., *Instit.*, lib. v, cap. iv, p. 470.

les mœurs de son temps. Hiéroclès étoit lui-même sophiste, écrivain, orateur et persécuteur.

« L'autre auteur, dit Fleury, étoit du nombre des juges, et un de ceux qui avoient conseillé la persécution. On croit que c'étoit Hiéroclès, né en une petite ville de Carie, et depuis gouverneur d'Alexandrie. Il écrivit deux livres qu'il intitula *Philaléthès*, c'est-à-dire *Ami de la vérité*, et adressa son discours aux chrétiens mêmes, pour ne pas paroître les attaquer, mais leur donner de salutaires conseils. Il s'efforçoit de montrer de la contradiction dans les Écritures saintes, et en paroissoit si bien instruit, qu'il sembloit avoir été chrétien [1]. »

Je n'ai donc point calomnié Hiéroclès. Je respecte et honore la vraie philosophie. On pourra même observer que le mot de philosophe et de philosophie n'est pas une seule fois pris en mauvaise part dans mon ouvrage. Tout homme dont la conduite est noble, les sentiments élevés et généreux, qui ne descend jamais à des bassesses, qui garde au fond du cœur une légitime indépendance, me semble respectable, quelles que soient d'ailleurs ses opinions. Mais les sophistes de tous les pays et de tous les temps sont dignes de mépris, parce qu'en abusant des meilleures choses ils font prendre en horreur ce qu'il y a de plus sacré parmi les hommes.

Je viens aux anachronismes. Les plus grands hommes que l'Église ait produits ont presque tous paru entre la fin du IIIe siècle et le commencement du IVe. Pour faire passer ces illustres personnages sous les yeux du lecteur, j'ai été obligé de presser un peu les temps ; mais ces personnages, la plupart placés, ou même simplement nommés dans le récit, ne jouent point de rôles importants ; ils sont purement épisodiques, et ne tiennent presque point à l'action ; ils ne sont là que pour rappeler de beaux noms et réveiller de nobles souvenirs. Je crois que les lecteurs ne seront pas fâchés de rencontrer à Rome saint Jérôme et saint Augustin, de les voir, emportés par l'ardeur de la jeunesse, tomber dans ces fautes qu'ils ont pleurées si longtemps, et qu'ils ont peintes avec tant d'éloquence. Après tout, entre la mort de Dioclétien et la naissance de saint Jérôme, il n'y a que vingt-huit ans. D'ailleurs, en faisant parler et agir saint Jérôme et saint Augustin, j'ai toujours peint fidèlement les mœurs historiques. Ces deux grands hommes parlent et agissent dans *les Martyrs* comme ils ont parlé et comme ils ont agi, peu d'années après, dans les mêmes lieux et dans des circonstances semblables.

Je ne sais si je dois rappeler ici l'anachronisme de Pharamond et de ses fils.

---

1. *Hist. ecclés.*, lib. VIII, t. II, in-8°.

PRÉFACE.

On voit, par Sidoine Apollinaire, par Grégoire de Tours, par l'*Épitome de l'histoire des Francs*, attribué à Frédégaire, par les *Antiquités* de Montfaucon, qu'il y a eu plusieurs Pharamond, plusieurs Clodion, plusieurs Mérovée. Les rois francs dont j'ai parlé ne seront donc pas, si l'on veut, ceux que nous connaissons sous ces noms, mais d'autres rois, leurs ancêtres.

J'ai placé la scène à Rome, et non pas à Nicomédie, séjour habituel de Dioclétien. Un lecteur moderne ne se représente guère un empereur romain autre part qu'à Rome. Il y a des choses que l'imagination ne peut séparer. Racine a observé avec raison, dans la préface d'*Andromaque,* qu'on ne sauroit donner un fils étranger à la veuve d'Hector. Au reste, l'exemple de Virgile, de Fénelon et de Voltaire, me servira d'excuse et d'autorité auprès de ceux qui blâmeroient ces anachronismes.

On m'avoit engagé à mettre des notes à mon ouvrage : peu de livres en effet en seroient plus susceptibles. J'ai trouvé dans les auteurs que j'ai consultés des choses généralement inconnues, et dont j'ai fait mon profit. Le lecteur qui ignore les sources pourroit prendre ces choses extraordinaires pour des visions de l'auteur : c'est ce qui est déjà arrivé au sujet d'*Atala*.

Voici quelques exemples de ces faits singuliers.

En ouvrant le sixième livre des *Martyrs,* on lit :

« La France est une contrée sauvage et couverte de forêts, qui commence au delà du Rhin, etc. »

Je m'appuie ici de l'autorité de saint Jérôme dans la *Vie de saint Hilarion.* J'ai de plus la carte de Peutinger [1], et je crois même qu'Ammien Marcellin donne le nom de France au pays des Francs.

Je fais mourir les deux Décius en combattant contre les Francs : ce n'est pas l'opinion commune, mais je suis la *Chronique d'Alexandrie* [2]. »

Dans un autre endroit, je parle du port de Nîmes. J'adopte alors pour un moment l'opinion de ceux qui croient que la Tour-Magne étoit un phare.

Pour le cercueil d'Alexandre, on peut consulter Quinte-Curce, Strabon, Diodore de Sicile, etc. La couleur des yeux des Francs, la peinture verte dont les Lombards couvroient leurs joues, sont des faits puisés dans les lettres et dans les poésies de Sidoine.

Pour la description des fêtes romaines, les prostitutions publiques, le luxe de l'amphithéâtre, les cinq cents lions, l'eau safranée, etc., on peut lire Cicé-

---

1. *Peutingeriana Tabula itineraria.* Vienne, 1753, in-fol.
2. *Chronicon Paschale.* Parisiis, 1688, in-fol.

ron, Suétone, Tacite, Florus; les écrivains de l'Histoire Auguste sont remplis de ces détails.

Quant aux curiosités géographiques touchant les Gaules, la Grèce, la Syrie, l'Égypte, elles sont tirées de Jules César, de Diodore de Sicile, de Pline, de Strabon, de Pausanias, de l'*Anonyme* de Ravenne, de Pomponius Méla, de la Collection des panégyristes, de Libanius dans son Discours à Constantin, et dans son livre intitulé *Basilicus*, de Sidoine Apollinaire, enfin de mes propres ouvrages.

Pour les mœurs des Francs, des Gaulois et des autres barbares, j'ai lu avec attention, outre les auteurs déjà cités, la *Chronique* d'Idace, Priscus, Panitès (*Fragments sur les ambassades*), Julien (première *Oraison* et le livre *des Césars*), Agathias et Procope sur les armes des Francs, Grégoire de Tours et *les Chroniques*, Salvien, Orose, le vénérable Bède, Isidore de Séville, Saxo Grammaticus, l'*Edda*, l'introduction à l'Histoire de Charles-Quint, les Remarques de Blair sur Ossian, Peloutier, *Histoire des Celtes*, divers articles de Du Cange, Joinville et Froissard.

Les mœurs des chrétiens primitifs, la formule des actes des martyrs, les différentes cérémonies, la description des églises, sont tirées d'Eusèbe, de Socrate, de Sozomène, de Lactance, des Apologistes, des *Actes des Martyrs*, de tous les Pères, de Tillemont et de Fleury.

Je prie donc le lecteur, quand il rencontrera quelque chose qui l'arrêtera, de vouloir bien supposer que cette chose n'est pas de mon invention, et que je n'ai eu d'autre vue que de rappeler un trait de mœurs curieux, un monument remarquable, un fait ignoré. Quelquefois aussi, en peignant un personnage de l'époque que j'ai choisie, j'ai fait entrer dans ma peinture un mot, une pensée, tirés des écrits de ce même personnage : non que ce mot et cette pensée fussent dignes d'être cités comme un modèle de beauté et de goût, mais parce qu'ils fixent les temps et les caractères. Tout cela auroit pu sans doute servir de matière à des notes. Mais avant de grossir les volumes, il faut d'abord savoir si mon livre sera lu et si le public ne le trouvera pas déjà trop long.

J'ai commencé *les Martyrs* à Rome, dès l'année 1802, quelques mois après la publication du *Génie du Christianisme*. Depuis cette époque je n'ai pas cessé d'y travailler. Les dépouillements que j'ai faits de divers auteurs sont si considérables, que pour les seuls livres des Francs et des Gaulois j'ai rassemblé les matériaux de deux gros volumes. J'ai consulté des amis de goûts différents et de différents principes en littérature. Enfin, non content de toutes ces études, de tous ces sacrifices, de tous ces scrupules, je me suis embar-

PRÉFACE.

qué, et j'ai été voir les sites que je voulois peindre. Quand mon ouvrage n'auroit d'ailleurs aucun autre mérite, il auroit du moins l'intérêt d'un voyage fait aux lieux les plus fameux de l'histoire. J'ai commencé mes courses aux ruines de Sparte, et je ne les ai finies qu'aux débris de Carthage, en passant par Argos, Corinthe, Athènes, Constantinople, Jérusalem et Memphis. Ainsi, en lisant les descriptions qui se trouvent dans *les Martyrs*, le lecteur peut être assuré que ce sont des portraits ressemblants, et non des descriptions vagues et ambitieuses. Quelques-unes de ces descriptions sont même tout à fait nouvelles : aucun voyageur moderne, du moins que je sache[1], n'a donné le tableau de la Messénie, d'une partie de l'Arcadie et de la vallée de la Laconie. Chandler, Wheler, Spon, Le Roy, M. de Choiseul, n'ont point visité Sparte ; M. Fauvel et quelques Anglois ont dernièrement pénétré jusqu'à cette ville célèbre, mais ils n'ont point encore publié le résultat de leurs travaux. La peinture de Jérusalem et de la mer Morte est également fidèle. L'église du Saint-Sépulcre, la Voie douloureuse (*Via dolorosa*), sont telles que je les représente. Le fruit que mon héroïne cueille au bord de la mer Morte, et dont on a nié l'existence, se trouve partout à deux ou trois lieues au midi de Jéricho : l'arbre qui le porte est une espèce de citronnier. J'ai moi-même apporté plusieurs de ces fruits en France[2].

Voilà ce que j'ai fait pour rendre *les Martyrs* un peu moins indignes de l'attention publique. Heureux si le souffle poétique qui anime les ruines d'Athènes et de Jérusalem se fait sentir dans mon ouvrage ! Je n'ai point parlé de mes études et de mes voyages par une vaine ostentation, mais pour montrer la juste défiance que j'ai de mes talents et les soins que je prends d'y suppléer par tous les moyens qui sont à ma disposition. On doit

---

1. Coronelli, Pellegrin, La Guilletière, et plusieurs autres Vénitiens, ont parlé de Lacédémone, mais de la manière la plus vague et la moins satisfaisante. M. de Pouqueville, excellent pour tout ce qu'il a vu, paroît avoir été trompé sur Misitra, qui n'est point Sparte. Misitra est bâtie à deux lieues de l'Eurotas, sur une croupe du Taygète. Les ruines de Sparte se trouvent à un village appelé Magoula.
2. Ce voyage, uniquement entrepris pour voir et peindre les lieux où je voulois placer la scène des *Martyrs*, m'a nécessairement fourni une foule d'observations étrangères à mon sujet : j'ai recueilli des faits importants sur la géographie de la Grèce, sur l'emplacement de Sparte, sur Argos, Mycènes, Corinthe, Athènes, etc. Pergame, dans la Mysie, Jérusalem, la mer Morte, l'Égypte, Carthage, dont les ruines sont beaucoup plus curieuses qu'on ne le croit généralement, occupent une partie considérable de mon journal. Ce journal, dépouillé des descriptions qui se trouvent dans *les Martyrs*, pourroit encore avoir quelque intérêt. Je le publierai peut-être un jour sous le titre d'*Itinéraire de Paris à Jérusalem et de Jérusalem à Paris*, en passant par la Grèce, et revenant par l'Égypte, la Barbarie et l'Espagne.

PRÉFACE.

voir aussi dans ces travaux mon respect pour le public et l'importance que j'attache à tout ce qui concerne de près ou de loin les intérêts de la religion.

Il ne me reste plus qu'à parler du genre de cet ouvrage. Je ne prendrai aucun parti dans une question si longtemps débattue ; je me contenterai de rapporter les autorités.

On demande s'il peut y avoir des poëmes en prose : question qui au fond pourroit bien n'être qu'une dispute de mots.

Aristote, dont les jugements sont des lois, dit positivement que l'épopée peut être écrite *en prose ou en vers :*

Ἡ δὲ Ἐποποιία μόνον τοῖς λόγοις ψιλοῖς, ἢ τοῖς μέτροις [1].

Et ce qu'il y a de remarquable, c'est qu'il donne au vers homérique, ou vers simple, un nom qui le rapproche de la prose, ψιλομετρία, comme il dit de la prose poétique, ψιλοὶ λόγοι.

Denys d'Halicarnasse, dont l'autorité est également respectée, dit :

« Il est possible qu'un discours en prose ressemble à un beau poëme ou à de doux vers ; un poëme et des chants lyriques peuvent ressembler à une prose oratoire. »

Πῶς γράφεται λέξις ἄμετρος ὁμοία καλῷ ποιήματι ἢ μέλει, καὶ πῶς ποίημα γε ἢ μέλος πεζῇ λέξει καλῇ παραπλήσιον [2].

Le même auteur cite des vers charmants de Simonide sur Danaé, et il ajoute :

« Ces vers paroissent tout à fait semblables à une belle prose [3]. »

Strabon confond de la même manière les vers et la prose [4].

Le siècle de Louis XIV, nourri de l'antiquité, paroit avoir adopté le même sentiment sur l'épopée en prose. Lorsque le *Télémaque* parut, on ne fit aucune difficulté de lui donner le nom de poëme. Il fut connu d'abord sous le titre des *Aventures de Télémaque*, ou Suite du IVᵉ livre de l'*Odyssée*. Or, la suite d'un poëme ne peut être qu'un poëme. Boileau, qui, d'ailleurs, juge le *Télémaque* avec une rigueur que la postérité n'a point sanctionnée, le compare à l'*Odyssée*, et appelle Fénelon un poëte.

---

1. Arist., *de Art. poet.*, p. 2. Paris, 1645, in-8°.
2. Dion. Halic., t. II, p. 51, cap. xxv.
3. Dion. Halic., t. II, p. 60.
4. Strab., lib. i, p. 12, fol. 1597.

« Il y a, dit-il, de l'agrément dans ce livre, et une imitation de l'*Odyssée* que j'approuve fort. L'avidité avec laquelle on le lit fait bien voir que, si l'on traduisoit Homère en beaux mots, il feroit l'effet qu'il doit faire et qu'il a toujours fait... Le Mentor du *Télémaque* dit de fort bonnes choses, quoique un peu hardies, et enfin M. de Cambrai me paroît beaucoup meilleur *poète* que théologien [1]. »

Dix-huit mois après la mort de Fénelon, Louis de Sacy, donnant son approbation à une édition du *Télémaque*, appelle cet ouvrage *un poème épique, quoique en prose*.

Ramsay lui donne le même nom.

L'abbé de Chanterac, cet ami intime de Fénelon, écrivant au cardinal Gabrieli, s'exprime de la sorte :

« Notre prélat avoit autrefois composé cet ouvrage (le *Télémaque*) en suivant le même plan qu'Homère dans son *Iliade* et son *Odyssée*, ou Virgile dans son *Énéide*. Ce livre pourroit être regardé comme un poème : il n'y manque que le rhythme. L'auteur avoit voulu lui donner le *charme et l'harmonie du style poétique* [2]. »

Enfin, écoutons Fénelon lui-même :

« Pour *Télémaque*, c'est une narration fabuleuse en forme de poëme héroïque, comme ceux d'Homère et de Virgile [3]. »

Voilà qui est formel [4].

---

1. *Lettres de Boileau et de Brossette*, t. I, p. 46.
2. *Histoire de Fénelon*, par M. DE BEAUSSET, t. II, p. 194.
3. *Id.*, p. 196, *Manuscrits de Fénelon*.
4. A ces autorités je joindrai ici celle de Blair : elle n'est pas sans appel pour des François, mais elle constate l'opinion des étrangers sur le *Télémaque*; elle est d'un très-grand poids dans tout ce qui concerne la littérature ancienne, et enfin le docteur Blair est de tous les critiques anglois celui qui se rapproche le plus de notre goût et de nos jugements littéraires.

« In reviewing the epic poets, it were unjust to make no mention of the amiable author of the *Adventures of Telemachus*. His work, though not composed in verse, is justly entitled to be held a poem. The measured poetical prose in which it is written, is remarkably harmonious, and gives the style nearly as much elevation as the french language is capable of supporting, even in regular verses. »

« En passant en revue les poëtes épiques, il seroit injuste de ne pas faire mention de l'aimable auteur des *Aventures de Télémaque*. Quoique son ouvrage ne soit pas composé en vers, on peut à juste titre le regarder comme un poëme. La prose poétique et mesurée du *Télémaque* est singulièrement harmonieuse, et elle donne au style presque autant d'élévation que la langue françoise peut en supporter, même en vers [*]. »

[*] *Lect. on Rhet.*, by H. BLAIR, t. III, p. 276.

PRÉFACE.

Faydit[1] et Gueudeville[2] furent les premiers critiques qui contestèrent au *Télémaque* le titre de poëme contre l'autorité d'Aristote et de leur siècle : c'est un fait assez singulier. Depuis cette époque, Voltaire et La Harpe ont déclaré qu'il n'y avoit point de poëme en prose : ils étoient fatigués et dégoûtés par les imitations que l'on avoit faites du *Télémaque*. Mais cela est-il bien juste ? Parce qu'on fait tous les jours de mauvais vers, faut-il condamner tous les vers ? et n'y a-t-il pas des épopées en vers d'un ennui mortel ?

Si le *Télémaque* n'est pas un poëme, que sera-t-il ? Un roman ? Certainement le *Télémaque* diffère encore plus du roman que du poëme, dans le sens où nous entendons aujourd'hui ces deux mots.

Voilà l'état de la question : je laisse la décision aux habiles. Je passerai, si l'on veut, condamnation sur le genre de mon ouvrage ; je répéterai volontiers ce que j'ai dit dans la préface d'*Atala* : vingt beaux vers d'Homère, de Virgile ou de Racine, seront toujours incomparablement au-dessus de la plus belle prose du monde. Après cela, je prie les poëtes de me pardonner d'avoir invoqué les Filles de Mémoire pour m'aider à chanter *les Martyrs*. Platon, cité par Plutarque, dit qu'il emprunte le nombre à la poésie, comme un char pour s'envoler au ciel. J'aurois bien voulu monter aussi sur ce char, mais j'ai peur que la divinité qui m'inspire ne soit une de ces Muses inconnues sur l'Hélicon, qui n'ont point d'ailes, et qui vont à pied, comme dit Horace, *Musa pedestris*.

1. *La Télémacomanie.*   2. *Critique générale du Télémaque.*

PRÉFACE

DE L'ÉDITION DE 1826.

Voici un ouvrage que j'ai cru tombé pendant quelque temps, non qu'en ma conscience je le trouvasse plus mauvais que mes précédents ouvrages; mais la violence de la critique avoit ébranlé ma foi d'auteur, et j'avois fini par être convaincu que je m'étois trompé. Quelques amis ne me consoloient pas, parce qu'au fond je n'étois pas affligé, et que je fais bon marché de mes livres; mais ils soutenoient que la condamnation n'étoit pas assez justifiée, et que le public tôt ou tard porteroit un autre arrêt. M. de Fontanes surtout n'hésitoit pas : je n'étois pas Racine, mais il pouvoit être Boileau, et il ne cessoit de me dire : « Ils y reviendront. » Sa persuasion à cet égard étoit si profonde, qu'elle lui inspira les stances charmantes :

« Le Tasse errant de ville, etc., »

sans crainte de compromettre son goût et l'autorité de son jugement.

En effet, *les Martyrs* se sont relevés seuls; ils ont obtenu l'honneur de quatre éditions consécutives; ils ont même joui auprès des gens de lettres d'une faveur particulière : on m'a su gré d'un ouvrage qui témoigne de quelque travail de style, d'un grand respect pour la langue et d'un goût sincère de l'antiquité.

Quant à la critique du fond, elle a été promptement abandonnée. Dire que j'avois mêlé le profane au sacré, parce que j'avois peint deux religions qui existoient ensemble, et dont chacune avoit ses croyances, ses autels, ses prêtres, ses cérémonies, c'étoit dire que j'aurois dû renoncer à l'histoire, ou plutôt choisir un autre sujet. Pour qui mouroient les martyrs ? Pour Jésus-Christ. A qui les immoloit-on ? Aux *dieux* de l'empire. Il y avoit donc deux cultes.

La question philosophique, savoir si sous Dioclétien les Romains et les Grecs croyoient aux dieux d'Homère, et si le culte public avoit subi des altérations, cette question comme *poete* ne me regarderoit pas, et comme *historien* j'aurois eu beaucoup de choses à dire.

Il ne s'agit plus de tout cela. *Les Martyrs* sont restés, contre ma première attente, et je n'ai eu qu'à m'occuper du soin d'en revoir le texte.

Au reste, cet ouvrage me valut un redoublement de persécutions sous Buonaparte : les allusions étoient si frappantes dans le portrait de Galérius et dans la peinture de la cour de Dioclétien, qu'elles ne pouvoient échapper à la police impériale, d'autant plus que le traducteur anglois, qui n'avoit pas de ménagements à garder, et à qui il étoit fort égal de me compromettre, avoit fait, dans sa préface, remarquer les allusions. Mon malheureux cousin, Armand de Chateaubriand, fut fusillé à l'apparition des *Martyrs :* en vain je sollicitai sa grâce; la colère que j'avois excitée s'en prenoit même à mon nom. N'est-ce pas une chose curieuse que je sois aujourd'hui un chrétien *douteux* et un royaliste *suspect ?*

LES MARTYRS

LIVRE PREMIER.

Invocation. Exposition. Dioclétien tient les rênes de l'empire romain. Sous le gouvernement de ce prince, les temples du vrai Dieu commencent à disputer l'encens aux temples des idoles. L'enfer se prépare à livrer un dernier combat pour renverser les autels du Fils de l'Homme. L'Éternel permet aux démons de persécuter l'Église, afin d'éprouver les fidèles; mais les fidèles sortiront triomphants de cette épreuve; l'étendard du salut sera placé sur le trône de l'univers; le monde devra cette victoire à deux victimes que Dieu a choisies. Quelles sont ces victimes? Apostrophe à la Muse qui les va faire connoître. Famille d'Homère. Démodocus, dernier descendant des Homérides, prêtre d'Homère au temple de ce poëte, sur le mont Ithome, en Messénie. Description de la Messénie. Démodocus consacre au culte des Muses sa fille unique Cymodocée, afin de la dérober aux poursuites d'Hiéroclès, proconsul d'Achaïe, et favori de Galérius. Cymodocée va seule avec sa nourrice à la fête de Diane-Limmatide : elle s'égare; elle rencontre un jeune homme endormi au bord d'une fontaine. Eudore reconduit Cymodocée chez Démodocus. Démodocus part avec sa fille pour aller offrir des présents à Eudore et remercier la famille Lasthénès.

Je veux raconter les combats des chrétiens et la victoire que les fidèles remportèrent sur les esprits de l'abîme par les efforts glorieux de deux époux martyrs.

Muse céleste[1], vous qui inspirâtes le poëte de Sorrente et l'aveugle d'Albion, vous qui placez votre trône solitaire sur le Thabor, vous qui vous plaisez aux pensées sévères, aux méditations graves et sublimes, j'implore à présent votre secours. Enseignez-moi sur la harpe de David les chants que je dois faire entendre; donnez surtout à mes yeux

1. Voir les *Remarques* à la fin du volume.

quelques-unes de ces larmes que Jérémie versoit sur les malheurs de Sion : je vais dire les douleurs de l'Église persécutée !

Et toi, vierge du Pinde, fille ingénieuse de la Grèce, descends à ton tour du sommet de l'Hélicon : je ne rejetterai point les guirlandes de fleurs dont tu couvres les tombeaux, ô riante divinité de la Fable, toi qui n'as pu faire de la mort et du malheur même une chose sérieuse ! Viens, Muse des mensonges, viens lutter avec la Muse des vérités. Jadis on lui fit souffrir en ton nom des maux cruels ; orne aujourd'hui son triomphe par ta défaite, et confesse qu'elle étoit plus digne que toi de régner sur la lyre.

Neuf fois l'Église de Jésus-Christ avoit vu les esprits de l'abîme conjurés contre elle ; neuf fois ce vaisseau, qui ne doit point périr, étoit échappé au naufrage. La terre reposoit en paix. Dioclétien tenoit dans ses mains habiles le sceptre du monde. Sous la protection de ce grand prince, les chrétiens jouissoient d'une tranquillité qu'ils n'avoient point connue jusque alors. Les autels du vrai Dieu commençoient à disputer l'encens aux autels des idoles ; le troupeau des fidèles augmentoit chaque jour ; les honneurs, les richesses et la gloire n'étoient plus le seul partage des adorateurs de Jupiter : l'enfer, menacé de perdre son empire, voulut interrompre le cours des victoires célestes. L'Éternel[2], qui voyoit les vertus des chrétiens s'affoiblir dans la prospérité, permit aux démons de susciter une persécution nouvelle ; mais par cette dernière et terrible épreuve la croix devoit être enfin placée sur le trône de l'univers, et les temples des faux dieux devoient rentrer dans la poudre.

Comment l'antique ennemi du genre humain fit-il servir à ses projets les passions des hommes et surtout l'ambition et l'amour ? Muse, daignez m'en instruire. Mais auparavant faites-moi connoître la vierge innocente et le pénitent illustre qui brillèrent dans ce jour de triomphe et de deuil : l'une fut choisie du ciel chez les idolâtres, l'autre parmi le peuple fidèle, pour être les victimes expiatoires des chrétiens et des gentils.

Démodocus étoit le dernier descendant d'une de ces familles Homérides[3] qui habitoient autrefois l'île de Chio, et qui prétendoient tirer leur origine d'Homère. Ses parents l'avoient uni dans sa jeunesse à la fille de Cléobule de Crète, Épicharis, la plus belle des vierges qui dansoient sur les gazons fleuris, au pied du mont Talée, chéri de Mercure[4]. Il avoit suivi son épouse à Gortynes, ville bâtie par le fils de Rhadamante, au bord du Léthé, non loin du platane qui couvrit les amours d'Europe et de Jupiter[5]. Après que la lune eut éclairé neuf fois les antres des Dactyles[6], Épicharis alla visiter ses troupeaux sur le mont Ida [7]. Saisie tout à coup des douleurs maternelles, elle mit au jour Cymodocée, dans le bois sacré où les trois vieillards de Platon s'étoient assis pour discourir sur les lois [8] : les augures déclarèrent que la fille de Démodocus deviendroit célèbre par sa sagesse.

Bientôt après, Épicharis perdit la douce lumière des cieux. Alors Démodocus ne vit plus les eaux du Léthé qu'avec douleur; toute sa consolation étoit de prendre sur ses genoux le fruit unique de son hymen, et de regarder, avec un sourire mêlé de larmes [9], cet astre charmant qui lui rappeloit la beauté d'Épicharis.

Or, dans ce temps-là les habitants de la Messénie faisoient élever un temple à Homère [10]; ils proposèrent à Démodocus d'en être le grand-prêtre. Démodocus accepta leur offre avec joie, content d'abandonner un séjour que la colère céleste lui avoit rendu insupportable. Il fit un sacrifice aux mânes de son épouse, aux fleuves nés de Jupiter, aux nymphes hospitalières de l'Ida, aux divinités protectrices de Gortynes, et il partit avec sa fille, emportant ses pénates et une petite statue d'Homère.

Poussé par un vent favorable, son vaisseau découvre bientôt le promontoire du Ténare, et suivant les côtes d'OEtylos, de Thalames et de Leuctres, il vient jeter l'ancre à l'ombre du bois de Chœrius [11]. Les Messéniens, peuple instruit par le malheur, reçurent Démodocus comme le descendant d'un dieu. Ils le conduisirent en triomphe au sanctuaire consacré à son divin aïeul.

On y voyoit le poëte représenté sous la figure d'un grand fleuve, où d'autres fleuves venoient remplir leurs urnes [12]. Le temple dominoit la ville d'Épaminondas [13]; il étoit bâti dans un vieux bois d'oliviers, sur le mont Ithome, qui s'élève isolé, comme un vase d'azur, au milieu des champs de la Messénie. L'oracle avoit ordonné de creuser les fondements de l'édifice au même lieu qu'Aristomène avoit choisi pour enterrer l'urne d'airain à laquelle le sort de sa patrie étoit attaché [14]. La vue s'étendoit au loin sur des campagnes plantées de hauts cyprès, entrecoupées de collines et arrosées par les flots de l'Amphise, du Pamysus et du Balyra, où l'aveugle Tamyris laissa tomber sa lyre [15]. Le laurier-rose et l'arbuste aimé de Junon [16] bordoient de toutes parts le lit des torrents et le cours des sources et des fontaines : souvent, au défaut de l'onde épuisée, ces buissons parfumés dessinoient dans les vallons comme des ruisseaux de fleurs, et remplaçoient la fraîcheur des eaux par celle de l'ombre. Des cités, des monuments des arts, des ruines, se montroient dispersés çà et là sur le tableau champêtre : Andanies témoin des pleurs de Mérope, Tricca qui vit naître Esculape, Gérénie qui conserve le tombeau de Machaon, Phères où le prudent Ulysse reçut d'Iphitus l'arc fatal aux amants de Pénélope, et Stényclare retentissant des chants de Tyrtée [17]. Ce beau pays, jadis soumis au sceptre de l'antique Nélée [18], présentoit ainsi, du haut de l'Ithome et du péristyle du temple d'Homère, une corbeille de verdure de plus de huit cents stades de tour. Entre le couchant et le midi, la mer de Messénie formoit une brillante barrière ; à l'orient et au septentrion, la chaîne du Taygète, les sommets du Lycée et les montagnes de l'Élide arrêtoient les regards. Cet horizon, unique sur la terre, rappeloit le triple souvenir de la vie guerrière [19], des mœurs pastorales et des fêtes d'un peuple qui comptoit les malheurs de son histoire par les époques de ses plaisirs.

Quinze ans s'étoient écoulés depuis la dédicace du temple. Démodocus vivoit paisiblement retiré à l'autel d'Homère. Sa fille Cymodocée croissoit sous ses yeux, comme un jeune olivier qu'un jardinier élève avec soin [20] au bord d'une fontaine, et qui est l'amour de la terre et du ciel. Rien n'auroit troublé la joie de Démodocus s'il avoit pu trouver pour sa fille un époux qui l'eût traitée avec toutes sortes d'égards, après l'avoir emmenée dans une maison pleine de richesses ; mais aucun gendre n'osoit se présenter, parce que Cymodocée avoit eu le malheur d'inspirer de l'amour à Hiéroclès, proconsul d'Achaïe et favori de Galérius ; Hiéroclès avoit demandé Cymodocée pour épouse [21] ; la jeune Messénienne avoit supplié son père de ne point la livrer à ce Romain impie, dont le seul regard la faisoit frémir. Démodocus avoit aisément cédé aux prières de sa fille : il ne pouvoit confier le sort de Cymodocée à un barbare soupçonné de plusieurs crimes, et qui par des traitements inhumains avoit précipité une première épouse au tombeau.

Ce refus, en blessant l'orgueil du proconsul, n'avoit fait qu'irriter sa passion : il avoit résolu d'employer pour saisir sa proie tous les moyens que donne la puissance unie à la perversité. Démodocus, afin de dérober sa fille à l'amour d'Hiéroclès, l'avoit consacrée aux Muses. Il l'instruisoit de tous les usages des sacrifices : il lui montroit à choisir la génisse sans tache, à couper le poil sur le front des taureaux, à le jeter dans le feu, à répandre l'orge sacrée ; il lui apprenoit surtout à toucher la lyre, charme des infortunés mortels. Souvent assis avec cette fille chérie sur un rocher élevé, au bord de la mer, ils chantoient quelques morceaux choisis de l'*Iliade* et de l'*Odyssée* : la tendresse d'Andromaque, la sagesse de Pénélope, la modestie de Nausicaa ; ils disoient les maux qui sont le partage des enfants de la terre [22] : Agamemnon sacrifié par son épouse ; Ulysse demandant l'aumône à la porte de son palais ; ils s'attendrissoient sur le sort de celui qui meurt loin de sa patrie, sans avoir revu la fumée de ses foyers paternels ; et vous aussi, jeunes hommes, ils vous plaignoient, vous qui gardiez les troupeaux des rois vos pères, et qu'une occupation si innocente ne put sauver des terribles mains d'Achille!

Nourrie des plus beaux souvenirs de l'antiquité dans la docte familiarité des Muses, Cymodocée développoit chaque jour de nouveaux charmes. Démodocus, consommé dans la sagesse, cherchoit à tempérer cette éducation toute divine en inspirant à sa fille le goût d'une aimable simplicité. Il aimoit à la voir quitter son luth pour aller remplir une urne à la fontaine, ou laver les voiles du temple au courant d'un fleuve. Pendant les jours de l'hiver, lorsque, adossée contre une colonne, elle tournoit ses fuseaux à la lueur d'une flamme éclatante [23], il lui disoit :

« Cymodocée, j'ai cherché dès ton enfance à t'enrichir de vertus et de tous les dons des Muses, car il faut traiter notre âme, à son arrivée dans notre corps, comme un céleste étranger que l'on reçoit avec des parfums et des couronnes. Mais, ô fille d'Épicharis, craignons l'exagération, qui détruit le bon sens; prions Minerve de nous accorder la raison, qui produira dans notre naturel cette modération, sœur de la vérité, sans laquelle tout est mensonge [24]. »

Ainsi de belles images et de sages propos charmoient et instruisoient Cymodocée. Quelque chose des Muses auxquelles elle étoit consacrée avoit passé sur son visage, dans sa voix et dans son cœur. Quand elle baissoit ses longues paupières, dont l'ombre se dessinoit sur la blancheur de ses joues, on eût cru voir la sérieuse Melpomène; mais quand elle levoit les yeux, vous l'eussiez prise pour la riante Thalie. Ses cheveux noirs ressembloient à la fleur d'hyacinthe, et sa taille au palmier de Délos. Un jour elle étoit allée au loin cueillir le dictame avec son père [25]. Pour découvrir cette plante précieuse, ils avoient suivi une biche blessée par un archer d'Œchalie [26]; on les aperçut sur le sommet des montagnes : le bruit se répandit aussitôt que Nestor et la plus jeune de ses filles [27], la belle Polycaste, étoient apparus à des chasseurs dans les bois d'Ira.

La fête de Diane Limnatide approchoit [28], et l'on se préparoit à conduire la pompe accoutumée sur les confins de la Messénie et de la Laconie. Cette pompe, cause funeste des guerres antiques de Lacédémone et de Messène, n'attiroit plus que de paisibles spectateurs. Cymodocée fut choisie des vieillards pour conduire le chœur des jeunes filles qui devoient présenter les offrandes à la chaste sœur d'Apollon. Dans la naïveté de sa joie, elle s'applaudissoit de ces honneurs, parce qu'ils rejaillissoient sur son père : pourvu qu'il entendît les louanges qu'on donnoit à sa fille, qu'il touchât les couronnes qu'elle avoit gagnées, il ne demandoit pas d'autre gloire ni d'autre bonheur.

Démodocus, retenu par un sacrifice qu'un étranger étoit venu offrir à Homère, ne put accompagner sa fille à Limné. Elle se rendit seule à la fête avec sa nourrice Euryméduse, fille d'Alcimédon de Naxos. Le vieillard étoit sans inquiétude, parce que le proconsul d'Achaïe se trouvoit alors à Rome auprès de César Galérius. Le temple de Diane s'élevoit à la vue du golfe de Messénie, sur une croupe du Taygète, au milieu d'un bois de pins, aux branches desquels les chasseurs avoient suspendu là dépouille des bêtes sauvages. Les murs de l'édifice avoient reçu du temps cette couleur de feuilles séchées que le voyageur observe encore aujourd'hui dans les ruines de Rome et d'Athènes. La statue de Diane, placée sur un autel au milieu du temple[29], étoit le chef-d'œuvre d'un sculpteur célèbre. Il avoit représenté la fille de Latone debout, un pied en avant, saisissant de la main droite une flèche dans son carquois suspendu à ses épaules, tandis que la biche Cérynide, aux cornes d'or et aux pieds d'airain, se réfugioit sous l'arc que la déesse tenoit dans sa main gauche abaissée.

Au moment où la lune, au milieu de sa course, laissa tomber ses rayons sur le temple, Cymodocée, à la tête de ses compagnes, égales en nombre aux nymphes Océanies, entonna l'hymne à la Vierge Blanche[30]. Une troupe de chasseurs répondoit à la voix des jeunes filles :

« Formez, formez la danse légère! Doublez, ramenez le chœur, le chœur sacré!

« Diane, souveraine des forêts[31], recevez les vœux que vous offrent des vierges choisies, des enfants chastes, instruits par les vers de la Sibylle. Vous naquîtes sous un palmier, dans la flottante Délos. Pour charmer les douleurs de Latone, des cygnes firent sept fois en chantant le tour de l'île harmonieuse. Ce fut en mémoire de leurs chants que votre divin frère inventa les sept cordes de la lyre.

« Formez, formez la danse légère! Doublez, ramenez le chœur, le chœur sacré!

« Vous aimez les rives des fleuves, l'ombrage des bois, les forêts du Cragus verdoyant, du frais Algide et du sombre Érymanthe. Diane, qui portez l'arc redoutable; Lune, dont la tête est ornée du croissant; Hécate, armée du serpent et du glaive, faites que la jeunesse ait des mœurs pures, la vieillesse, du repos, et la race de Nestor, des fils, des richesses et de la gloire!

« Formez, formez la danse légère! Doublez, ramenez le chœur, le chœur sacré! »

En achevant cet hymne, les jeunes filles ôtèrent leurs couronnes de laurier, et les suspendirent à l'autel de Diane, avec les arcs des chasseurs. Un cerf blanc fut immolé à la reine du silence[32]. La foule se sépara, et Cymodocée, suivie de sa nourrice, prit un sentier qui la devoit conduire chez son père.

C'étoit une de ces nuits dont les ombres transparentes[33] semblent craindre de cacher le beau ciel de la Grèce : ce n'étoient point des ténèbres, c'étoit seulement l'absence du jour. L'air étoit doux comme le lait et le miel, et l'on sentoit à le respirer un charme inexprimable. Les sommets du Taygète, les promontoires opposés de Colonides et d'Acritas, la mer de Messénie, brilloient de la plus tendre lumière; une flotte ionienne baissoit ses voiles pour entrer au port de Coronée, comme une troupe de colombes passagères ploie ses ailes pour se reposer sur un rivage hospitalier; Alcyon gémissoit doucement sur son nid, et le vent de la nuit apportoit à Cymodocée les parfums du dictame et la voix lointaine de Neptune; assis dans la vallée, le berger contemploit la lune au milieu du brillant cortége des étoiles, et il se réjouissoit dans son cœur.

La jeune prêtresse des Muses marchoit en silence le long des montagnes. Ses yeux erroient avec ravissement sur ces retraites enchantées[34], où les anciens avoient placé le berceau de Lycurgue et celui de Jupiter pour enseigner que la religion et les lois doivent marcher ensemble et n'ont qu'une même origine. Remplie d'une frayeur religieuse, chaque mouvement, chaque bruit devenoit pour elle un prodige; le vague murmure des mers étoit le sourd rugissement des lions de Cybèle descendue dans le bois d'OEchalie[35], et les rares gémissements du ramier étoient les sons du cor de Diane chassant sur les hauteurs de Thuria[36].

Elle avance, et d'aimables souvenirs, en remplaçant ses craintes, viennent occuper sa mémoire : elle se rappelle les antiques traditions de l'île fameuse où elle reçut la lumière, le Labyrinthe, dont la danse des jeunes Crétoises imitoit encore les détours[37], l'ingénieux Dédale, l'imprudent Icare, Idoménée et son fils, et surtout les deux sœurs infortunées, Phèdre et Ariadne. Tout à coup elle s'aperçoit qu'elle a perdu le sentier de la montagne et qu'elle n'est plus suivie de sa nourrice : elle pousse un cri qui se perd dans les airs; elle implore les dieux des forêts, les napées, les dryades : ils ne répondent point à sa voix, et elle croit que ces divinités absentes sont rassemblées dans les vallons du Ménale, où les Arcadiens leur offrent des sacrifices solennels. Cymodocée entendit de loin le bruit des eaux : aussitôt elle court se mettre sous la protection de la naïade jusqu'au retour de l'aurore.

Une source d'eau vive[38], environnée de hauts peupliers, tomboit à grands flots d'une roche élevée; au-dessus de cette roche on voyoit un autel dédié aux nymphes, où les voyageurs offroient des vœux et des sacrifices. Cymodocée alloit embrasser l'autel et supplier la divinité de ce lieu de calmer les inquiétudes de son père, lorsqu'elle aperçut un jeune homme qui dormoit appuyé contre un rocher. Sa tête inclinée sur sa poitrine et penchée sur son épaule gauche étoit un peu soutenue par le bois d'une lance; sa main, jetée négligemment sur cette lance, tenoit à peine la laisse d'un chien qui sembloit prêter l'oreille à quelque bruit; la lumière de l'astre de la nuit, passant entre les branches de deux cyprès, éclairoit le visage du chasseur : tel un successeur d'Apelles a représenté le sommeil d'Endymion [39]. La fille de Démodocus crut en effet que ce jeune homme étoit l'amant de la reine des forêts : une plainte du zéphyr lui parut être un soupir de la déesse, et elle prit un rayon fugitif de la lune dans le bocage pour le bord de la tunique blanche de Diane qui se retiroit. Épouvantée, craignant d'avoir troublé les mystères, Cymodocée tombe à genoux, et s'écrie :

« Redoutable sœur d'Apollon, épargnez une vierge imprudente; ne la percez pas de vos flèches! Mon père n'a qu'une fille, et jamais ma mère, déjà tombée sous vos coups, ne fut orgueilleuse de ma naissance [40]! »

A ces cris le chien aboie, le chasseur se réveille. Surpris de voir cette jeune fille à genoux, il se lève précipitamment :

« Comment! dit Cymodocée confuse et toujours à genoux, est-ce que tu n'es pas le chasseur Endymion [41]? »

« Et vous, dit le jeune homme non moins interdit, est-ce que vous n'êtes pas un ange? »

« Un ange! » reprit la fille de Démodocus.

Alors l'étranger, plein de trouble :

« Femme, levez-vous : on ne doit se prosterner que devant Dieu. »

Après un moment de silence, la prêtresse des Muses dit au chasseur :

« Si tu n'es pas un dieu caché sous la forme d'un mortel, tu es sans doute un étranger que les satyres ont égaré comme moi dans les bois. Dans quel port est entré ton vaisseau? Viens-tu de Tyr, si célèbre par la richesse de ses marchands? Viens-tu de la charmante Corinthe, où tes hôtes t'auront fait de riches présents? Es-tu de ceux qui trafiquent sur les mers jusqu'aux colonnes d'Hercule? Suis-tu le cruel Mars dans les combats, ou plutôt n'es-tu pas le fils d'un de ces mortels, jadis décorés du sceptre, qui régnoient sur un pays fertile en troupeaux et chéri des dieux? »

L'étranger répondit :

« Il n'y a qu'un Dieu, maître de l'univers, et je ne suis qu'un homme plein de trouble et de foiblesse. Je m'appelle Eudore ; je suis fils de Lasthénès. Je revenois de Thalames, je retournois chez mon père ; la nuit m'a surpris : je me suis endormi au bord de cette fontaine. Mais vous, comment êtes-vous seule ici ? Que le ciel vous conserve la pudeur, la plus belle des craintes après celle de Dieu ! »

Le langage de cet homme confondoit Cymodocée. Elle sentoit devant lui un mélange d'amour et de respect, de confiance et de frayeur. La gravité de sa parole et la grâce de sa personne formoient à ses yeux un contraste extraordinaire. Elle entrevoyoit comme une nouvelle espèce d'hommes plus noble et plus sérieuse que celle qu'elle avoit connue jusque alors. Croyant augmenter l'intérêt qu'Eudore paroissoit prendre à son malheur, elle lui dit :

« Je suis fille d'Homère, aux chants immortels [42]. »

L'étranger se contenta de répliquer :

« Je connois un plus beau livre que le sien. »

Déconcertée par la brièveté de cette réponse, Cymodocée dit en elle-même :

« Ce jeune homme est de Sparte. »

Puis il raconta son histoire. Le fils de Lasthénès dit :

« Je vais vous reconduire chez votre père. »

Et il se mit à marcher devant elle.

La fille de Démodocus le suivoit ; on entendoit le frémissement de son haleine, car elle trembloit. Pour se rassurer un peu, elle essaya de parler : elle hasarda quelques mots sur les charmes de la Nuit sacrée, épouse de l'Érèbe et mère des Hespérides et de l'Amour [43]. Mais son guide l'interrompant :

« Je ne vois que des astres, qui racontent la gloire du Très-Haut [44]. »

Ces paroles jetèrent de nouveau la confusion dans le cœur de la prêtresse des Muses. Elle ne savoit plus que penser de cet inconnu qu'elle avoit pris d'abord pour un immortel. Étoit-ce un impie qui erroit la nuit sur la terre, haï des hommes et poursuivi par les dieux ? Étoit-ce un pirate descendu de quelque vaisseau pour ravir les enfants à leurs pères ? Cymodocée commençoit à sentir une vive frayeur qu'elle n'osoit toutefois laisser paroître. Son étonnement n'eut plus de bornes lorsqu'elle vit son guide s'incliner devant un esclave délaissé qu'ils trouvèrent au bord d'un chemin, l'appeler son frère et lui donner son manteau pour couvrir sa nudité.

« Étranger, dit la fille de Démodocus, tu as cru sans doute que cet esclave étoit quelque dieu caché sous la figure d'un mendiant pour éprouver le cœur des mortels ? »

« Non, répondit Eudore, j'ai cru que c'étoit un homme. »

Cependant un vent frais se leva du côté de l'orient. L'aurore ne tarda pas à paroître. Bientôt sortant des montagnes de la Laconie, sans nuage et dans une simplicité magnifique, le soleil, agile et rayonnant, monta dans les cieux. A l'instant même, s'élançant d'un bois voisin, Euryméduse, les bras ouverts, se précipite vers Cymodocée.

« O ma fille ! s'écrie-t-elle, quelle douleur tu m'as causée ! J'ai rempli l'air de mes sanglots. J'ai cru que Pan t'avoit enlevée. Ce dieu dangereux est toujours errant dans les forêts ; et quand il a dansé avec le vieux Silène, rien ne peut égaler son audace. Comment aurois-je pu reparoître sans toi devant mon cher maître ? Hélas ! j'étois encore dans ma première jeunesse lorsque, me jouant sur le rivage de Naxos, ma patrie, je fus tout à coup enlevée par une troupe de ces hommes qui parcourent l'empire de Thétis à main armée et qui font un riche butin ! Ils me vendirent à un port de Crète, éloigné de Gortynes [45] de tout l'espace qu'un homme en marchant avec vitesse peut parcourir entre la troisième veille et le milieu du jour. Ton père étoit venu à Lébène pour échanger des blés de Théodosie contre les tapis de Milet. Il m'acheta des mains des pirates : le prix fut deux taureaux qui n'avoient pas encore tracé les sillons de Cérès. Dans la nuit, ayant reconnu ma fidélité, il me plaça aux portes de sa chambre nuptiale. Lorsque les cruelles Ilithyes [46] eurent fermé les yeux d'Épicharis, Démodocus te remit entre mes bras afin que je te servisse de mère. Que de peines ne m'as-tu point causées dans ton enfance ! Je passois les nuits auprès de ton berceau, je te balançois sur mes genoux ; tu ne voulois prendre de nourriture que de ma main [47], et quand je te quittois un instant, tu poussois des cris. »

En prononçant ces mots, Euryméduse serroit Cymodocée dans ses bras, et ses larmes mouilloient la terre. Cymodocée, attendrie par les caresses de sa nourrice, l'embrassoit aussi en pleurant ; et elle disoit :

« Ma mère, c'est Eudore, le fils de Lasthénès. »

Le jeune homme, appuyé sur sa lance, regardoit cette scène avec un sourire ; le sérieux naturel de son visage avoit fait place à un doux attendrissement. Mais tout à coup, rappelant sa gravité :

« Fille de Démodocus, dit-il, voilà votre nourrice ; l'habitation de votre père n'est pas éloignée. Que Dieu ait pitié de votre âme ! »

Sans attendre la réponse de Cymodocée, il part comme un aigle [48]. La prêtresse des Muses, instruite dans l'art des augures, ne douta plus que le chasseur ne fût un des immortels : elle détourna la tête, dans la crainte de voir le dieu et de mourir [49]. Ensuite elle se hâta de gravir le mont Ithome, et passant les fontaines d'Arsinoé et de Clepsydra [50], elle frappe au temple d'Homère. Le vieux pontife avoit erré toute la

nuit dans les bois ; il avoit envoyé des esclaves à Leuctres, à Phères, à
Limné. L'absence du proconsul d'Achaïe ne suffisoit plus pour rassurer
la tendresse paternelle : Démodocus craignoit à présent les violences
d'Hiéroclès, bien que cet impie fût à Rome, et il n'entrevoyoit que des
maux pour sa chère Cymodocée. Lorsqu'elle arriva avec sa nourrice,
ce père malheureux étoit assis à terre près du foyer ; la tête couverte
d'un pan de sa robe, il arrosoit les cendres de ses pleurs [51]. A l'apparition subite de sa fille, il est prêt de mourir de joie. Cymodocée se
jette dans ses bras ; et pendant quelques moments on n'entendit que
des sanglots entrecoupés : tels sont les cris dont retentit le nid des
oiseaux lorsque la mère apporte la nourriture à ses petits [52]. Enfin,
suspendant ses larmes :

« O mon enfant ! dit Démodocus, quel dieu t'a rendue à ton père ?
Comment t'avois-je laissée aller seule au temple ? J'ai craint nos ennemis ; j'ai craint les satellites d'Hiéroclès, qui méprise les dieux et se
rit des larmes des pères. Mais j'aurois traversé la mer ; je serois allé
me jeter aux pieds de César ; je lui aurois dit : « Rends-moi ma Cymodocée ou ôte-moi la vie. » On auroit vu ton père racontant sa douleur
au soleil [53], et te cherchant par toute la terre, comme Cérès lorsqu'elle
redemandoit sa fille, que Pluton lui avoit ravie. La destinée d'un vieillard qui meurt sans enfants est digne de pitié [54]. On s'éloigne de son
corps, objet de la dérision de la jeunesse : « Ce vieillard, dit-on, étoit
un impie, les dieux ont retranché sa race ; il n'a pas laissé de fils pour
l'ensevelir. »

Alors Cymodocée, flattant son vieux père de ses belles mains et
caressant sa barbe argentée :

« Mon père, chantre divin des immortels, nous nous sommes
égarées dans les bois ; un jeune homme, ou plutôt un dieu, nous a
ramenées ici. »

A ces mots, Démodocus se levant, et écartant sa fille de son sein :

« Quoi ! s'écria-t-il, un étranger t'a rendue à ton père, et tu ne l'as
pas présenté à nos foyers, toi, prêtresse des Muses et fille d'Homère !
Que fût devenu ton divin aïeul si l'on n'eût pas mieux exercé envers
lui les devoirs de l'hospitalité ? Que dira-t-on dans toute la Grèce ?
Démodocus l'Homéride a fermé sa porte à un suppliant ! Ah ! je ne
sentirois pas un chagrin plus mortel quand on cesseroit de m'appeler
le père de Cymodocée [55] ! »

Euryméduse voyant le courroux de Démodocus, et voulant excuser
Cymodocée :

« Démodocus, dit-elle, mon cher maître, garde-toi de condamner ta
fille. Je te parlerai dans toute la sincérité de mon cœur. Si nous

n'avons pas invité l'étranger à suivre nos pas, c'est qu'il étoit jeune et beau comme un immortel, et nous avons craint les soupçons qui s'élèvent trop souvent dans le cœur des enfants de la terre [56]. »

« Euryméduse, repartit Démodocus, quelles paroles sont échappées à tes lèvres [57] ! Jusqu'à présent tu n'avois pas paru manquer de sagesse, mais je vois qu'un dieu a troublé ta raison. Sache que je n'ouvre point mon cœur aux défiances injustes, et je ne hais rien tant que l'homme qui soupçonne toujours le cœur de l'homme. »

Cymodocée conçut alors le dessein d'apaiser Démodocus.

« Pontife sacré, lui dit-elle, calme, je t'en supplie, les transports de ta colère : la colère, comme la faim, est mère des mauvais conseils [58]. Nous pouvons encore réparer ma faute. Le jeune homme m'a dit son nom. Tu connoîtras peut-être son antique race : il se nomme Eudore, il est fils de Lasthénès. »

La douce persuasion porta ces paroles adroites au fond du cœur de Démodocus : il embrassa tendrement Cymodocée.

« Ma fille, lui dit-il, ce n'est pas en vain que j'ai pris soin d'instruire ta jeunesse : il n'y a point de vierge de ton âge que tu ne surpasses par la solidité de ton esprit, et les Grâces seules sont plus habiles que toi à broder des voiles. Mais qui pourroit égaler les Grâces [59], surtout la plus jeune, la divine Pasithée? Il est vrai, ma fille, je connois la race antique d'Eudore, fils de Lasthénès. Je ne le cède à personne dans la science de la généalogie des dieux et des hommes; jadis même je n'aurois été vaincu que par Orphée, Linus, Homère, ou le vieillard d'Ascrée [60], car les hommes d'autrefois étoient très-supérieurs à ceux d'aujourd'hui. Lasthénès est un des principaux habitants de l'Arcadie. Il est issu du sang des dieux et des héros, puisqu'il descend du fleuve Alphée, et qu'il compte parmi ses aïeux le grand Philopœmen et Polybe aimé de Calliope, fille de Saturne et d'Astrée [61]. Il a lui-même triomphé dans les jeux sanglants du dieu de la guerre; il est chéri de nos princes; on l'a vu revêtu des plus grandes charges de l'État et de l'armée. Demain, aussitôt que Dicé, Irène et Eunomie [62], aimables Heures, auront ouvert les portes du jour, nous monterons sur un char, et nous irons offrir des présents à Eudore, dont la renommée publie la sagesse et la valeur. »

En achevant ces mots, Démodocus, suivi de sa fille et d'Euryméduse, entra dans les bâtiments du temple, où brilloient l'ambre, l'airain et l'écaille de tortue. Un esclave, tenant une aiguière d'or et un bassin d'argent, verse une eau pure sur les mains du prêtre d'Homère [63]. Démodocus prend une coupe, la purifie par la flamme, y mêle l'eau et le vin, et répand à terre la libation sacrée, afin d'apaiser les dieux lares. Cymodocée se retire dans son appartement, et après avoir joui des délices du bain, elle se couche sur des tapis de Lydie, recouverts du fin lin de l'Égypte ; mais elle ne put goûter les dons du sommeil, et ce fut en vain qu'elle pria la Nuit de lui verser la douceur de ses ombres [64].

L'aube avoit à peine blanchi l'orient, qu'on entendit retentir la voix de Démodocus : il appeloit ses intelligents esclaves. Aussitôt Évémon, fils de Boétoüs, ouvre le lieu qui renfermoit l'appareil des chars. Il emboîte l'essieu dans des roues bruyantes [65] à huit rayons fortifiés par des bandes d'airain ; il suspend un char orné d'ivoire sur des courroies flexibles ; il joint le timon au char, et attache à son extrémité le joug éclatant. Hestionée d'Épire, habile à élever les coursiers, amène deux fortes mules d'une blancheur éblouissante ; il les conduit bondissantes sous le joug, et achève de les couvrir de leurs harnois étincelants d'or. Euryméduse, pleine de jours et d'expérience, apporte le pain et le vin, la force de l'homme ; elle place aussi sur le char le présent destiné au fils de Lasthénès : c'étoit une coupe de bronze à double fond [66], merveilleux ouvrage où Vulcain avoit gravé le nom d'Hercule délivrant Alceste pour prix de l'hospitalité qu'il avoit reçue de son époux. Ajax avoit donné cette coupe à Tychius d'Hylé, armurier célèbre, en échange du bouclier recouvert de sept peaux de taureaux que le fils de Télamon portoit au siége de Troie. Un descendant de Tychius recueillit chez lui le chantre d'Ilion, et lui fit présent de la superbe coupe. Homère, étant allé dans l'île de Samos, fut admis aux foyers de Créophyle, et il lui laissa en mourant sa coupe et ses poëmes. Dans la suite, le roi Lycurgue de Sparte, cherchant partout la sagesse, visita les fils de Créophyle : ceux-ci lui offrirent, avec la coupe d'Homère, les vers qu'Apollon avoit dictés à ce poëte immortel. A la mort de Lycurgue, le monde hérita des chants d'Homère, mais la coupe fut rendue aux Homérides : elle parvint ainsi à Démodocus, dernier descendant de cette race sacrée, qui la destine aujourd'hui au fils de Lasthénès.

Cependant Cymodocée, dans un chaste asile, laisse couler à ses pieds son vêtement de nuit, mystérieux ouvrage de la pudeur. Elle revêt une robe semblable à la fleur du lis, que les Grâces décentes [67] attachent elles-mêmes autour de son sein. Elle croise sur ses pieds nus des bandelettes légères, et rassemble sur sa tête, avec une aiguille d'or, les tresses parfumées de ses cheveux. Sa nourrice lui apporte le voile blanc des Muses, qui brilloit comme le soleil, et qui étoit placé sous tous les autres dans une cassette odorante [68]. Cymodocée couvre sa tête de ce tissu virginal, et sort pour aller trouver son père. Dans ce moment même le vieillard s'avançoit, vêtu d'une longue robe que rattachoit une ceinture ornée de franges de pourpre, de la valeur d'une hécatombe. Il portoit sur sa tête une couronne de papyrus [69], et tenoit à la main le rameau sacré d'Apollon. Il monte sur le char, et Cymodocée s'assied à ses côtés. Évemon saisit les rênes, et presse du fouet retentissant le flanc des mules sans tache. Les mules s'élancent, et les roues rapides marquent à peine sur la poussière la trace qu'un léger vaisseau laisse en fuyant sur les mers.

« O ma fille! dit le pieux Démodocus., tandis que le char vole, nous préserve le ciel de manquer de reconnoissance! Les portes des enfers sont moins odieuses à Jupiter que les ingrats : ils vivent peu, et sont toujours livrés à une furie ; mais une divinité favorable se tient toujours auprès de ceux qui ne perdent point la mémoire des bienfaits : les dieux voulurent naître parmi les Égyptiens, parce qu'ils sont les plus reconnoissants des hommes [70]. »

FIN DU LIVRE PREMIER.

LIVRE DEUXIÈME.

Arrivée de Démodocus et de Cymodocée en Arcadie. Rencontre d'un vieillard au tombeau d'Aglaüs de Psophis ; ce vieillard conduit Démodocus au champ où la famille de Lasthénès fait la moisson. Cymodocée reconnoît Eudore. Démodocus découvre que la famille de Lasthénès est chrétienne. On retourne chez Lasthénès. Mœurs chrétiennes. Prière du soir. Arrivée de Cyrille, confesseur et martyr, évêque de Lacédémone. Il vient prier Eudore de lui raconter ses aventures. Repas du soir. La famille et les étrangers vont, après le repas, s'asseoir dans le verger au bord de l'Alphée. Démodocus invite Cymodocée à chanter sur la lyre. Chant de Cymodocée. Eudore chante à son tour. Les deux familles vont goûter le repos. Songe de Cyrille. Prière du saint évêque.

Tant que le soleil monta dans les cieux, les mules emportèrent le char d'une course ardente. A l'heure où le magistrat fatigué quitte avec joie son tribunal pour aller prendre son repas [1], le prêtre d'Homère arriva sur les confins de l'Arcadie, et vint se reposer à Phigalée, célèbre par le dévouement des Oresthasiens [2]. Ce noble Ancée, descendant d'Agapénor, qui commandoit les Arcadiens au siége de Troie, donna l'hospitalité à Démodocus. Les fils d'Ancée détachent du joug les mules fumantes, lavent leurs flancs poudreux dans une eau pure, et mettent devant elles une herbe tendre coupée sur le bord de la Néda. Cymodocée est conduite au bain par de jeunes Phrygiennes qui ont perdu leur douce liberté ; l'hôte de Démodocus le revêt d'une fine tunique et d'un manteau précieux ; le prince de la jeunesse, l'aîné des fils d'Ancée [3], couronné d'une branche de peuplier blanc, immole à Hercule un sanglier nourri dans les bois d'Érymanthe ; les parties de la victime destinées à l'offrande sont recouvertes de graisse et consumées avec des libations sur des charbons embrasés. Un long fer à cinq rangs présente à la flamme bruyante le reste des viandes sacrées ; le dos succulent de la victime et les morceaux les plus délicats sont servis aux voyageurs ; Démodocus reçoit une part trois fois plus grande que celle des autres convives. Un vin odorant gardé pendant dix années coule en flots de pourpre dans une coupe d'or, et les dons de Cérès, que Triptolème fit connoître aux pieux Arcas, remplacent le gland dont se nourrissoient jadis les Pélasges, premiers habitants de l'Arcadie[4].

Cependant Démodocus ne peut goûter avec joie les honneurs de l'hospitalité ; il brûle d'arriver chez Lasthénès. Déjà la nuit couvroit les chemins de son ombre : on sépare la langue de la victime[5], on fait les dernières libations à la mère des songes, ensuite on conduit le prêtre d'Homère et la prêtresse des Muses sous un portique sonore, où des esclaves avoient préparé de molles toisons.

Démodocus attend avec impatience le retour de la lumière.

« Ma fille, disoit-il à Cymodocée, qu'une puissance inconnue privoit aussi du sommeil, malheur à ceux que la pitié ou une vive reconnoissance n'arracha jamais au pouvoir de Morphée. Il n'est pas permis d'entrer dans les temples des dieux avec du fer[6] ; on n'entrera point dans l'Élysée avec un cœur d'airain. »

Aussitôt que l'aurore eut éclairé de ses premiers rayons l'autel de Jupiter qui couronne le mont Lycée[7], Démodocus fit attacher les mules à son char. En vain le généreux Ancée veut retenir son hôte ; le prêtre d'Homère part avec sa fille. Le char roule à grand bruit hors des portiques ; il prend sa course vers le temple d'Eurynome, caché dans un bois de cyprès[8] ; il franchit le mont Élaïus ; il dépasse la grotte où Pan retrouva Cérès[9], qui refusoit ses bienfaits aux laboureurs, et qui pourtant se laissa fléchir par les Parques, une seule fois favorables aux mortels.

Les voyageurs traversent l'Alphée au-dessous du confluent du Gorthynius, et descendent jusqu'aux eaux limpides du Ladon[10]. Là se présente une tombe antique, que les nymphes des montagnes avoient environnée d'ormeaux[11] : c'étoit celle de cet Arcadien pauvre et vertueux, d'Aglaüs de Psophis[12], que l'oracle de Delphes déclara plus heureux que le roi de Lydie. Deux chemins partoient de cette tombe : l'un serpentoit le long de l'Alphée, l'autre s'élevoit dans la montagne.

Tandis qu'Évémon délibéroit en lui-même s'il suivroit l'une ou l'autre route, il aperçut un homme déjà sur l'âge, assis auprès du tombeau d'Aglaüs. La robe dont cet homme étoit vêtu ne différoit de celle des philosophes grecs[13] que parce qu'elle étoit d'une étoffe blanche commune : il avoit l'air d'attendre les voyageurs dans ce lieu, mais il ne paraissoit ni curieux ni empressé.

Lorsqu'il vit le char s'arrêter, il se leva, et s'adressant à Démodocus :

« Voyageur, dit-il, demandez-vous votre chemin, ou venez-vous visiter Lasthénès? Si vous voulez vous reposer chez lui, il en éprouvera beaucoup de joie. »

« Étranger, répondit Démodocus, Mercure ne vint pas plus heureusement à la rencontre de Priam [14], lorsque le père d'Hector se rendoit au camp des Grecs. Ta robe annonce un sage, et tes propos sont courts, mais pleins de sens. Je te dirai la vérité : nous cherchons le riche Lasthénès, que ses grands biens font passer pour un homme très-heureux. Il habite sans doute ce palais que j'aperçois au bord du Ladon, et qu'on prendroit pour le temple du dieu de Cyllène? »

« Ce palais, répondit l'inconnu, appartient à Hiéroclès [15], proconsul d'Achaïe. Vous êtes arrivés à l'enclos de l'hôte que vous cherchez, et le toit de chaume que vous entrevoyez sur la croupe de la montagne est la demeure de Lasthénès. »

En achevant ces mots, l'étranger ouvrit une barrière, prit les mules par le frein, et fit entrer le char dans l'enclos.

« Seigneur, dit-il alors à Démodocus, on fait aujourd'hui la moisson : si votre serviteur veut conduire vos mules à l'habitation prochaine, je vous montrerai le champ où vous trouverez la famille de Lasthénès. »

Démodocus et Cymodocée descendirent du char, et marchèrent avec l'étranger. Ils suivirent quelque temps un sentier tracé au milieu des vignes, sur un terrain penchant où croissoient çà et là quelques hêtres d'une grosseur démesurée. Ils aperçurent bientôt un champ hérissé de faisceaux de gerbes, et couvert d'hommes et de femmes qui s'empressoient, les uns à charger des chariots, les autres à couper et à lier des épis. En arrivant au milieu des moissonneurs, l'inconnu s'écria :

« Le Seigneur soit avec vous [16] ! »

Et les moissonneurs répondirent :

« Dieu vous donne sa bénédiction ! »

Et ils chantoient, en travaillant, un cantique sur un air grave. Des glaneuses les suivoient en cueillant les nombreux épis [17] qu'ils laissoient exprès derrière eux : leur maître l'avoit ordonné ainsi, afin que ces pauvres femmes pussent ramasser un peu de blé sans honte. Cymodocée reconnut de loin le jeune homme de la forêt ; il étoit assis avec sa mère et ses sœurs, sur des gerbes, à l'ombre d'un andrachné. La famille se leva, et s'avança vers les étrangers.

« Séphora, dit le guide de Démodocus, ma chère épouse, remercions la Providence qui nous envoie des voyageurs. »

« Comment! s'écria le père de Cymodocée, c'étoit là le riche Lasthénès, et je ne l'ai pas reconnu ! Ah ! combien les dieux se jouent du discernement des hommes! Je t'ai pris pour l'esclave chargé par son maître d'exercer les devoirs de l'hospitalité. »

Lasthénès s'inclina.

Eudore, les yeux baissés, et donnant sa main à la plus jeune de ses sœurs, se tenoit respectueusement derrière sa mère.

« Mon hôte, dit Démodocus, et vous, sage épouse de Lasthénès, semblable à la mère de Télémaque, votre fils vous a sans doute appris ce qu'il a fait pour ma fille, que les faunes avoient égarée dans les bois. Montrez-moi le noble Eudore, que je l'embrasse comme mon fils! »

« Voilà Eudore, derrière sa mère, répondit Lasthénès. J'ignore ce qu'il a fait pour vous : il ne nous en a pas parlé. »

Démodocus resta confondu.

« Quoi! pensoit-il en lui-même, ce simple pasteur est le guerrier qui triompha de Carrausius[18], le tribun de la légion britannique, l'ami du prince Constantin! »

Revenu enfin de son premier étonnement, le prêtre d'Homère s'écria :

« J'aurois dû reconnoître Eudore à sa taille de héros, moins haute cependant que celle de Lasthénès, car les enfants n'ont plus la force de leurs pères. O toi qui pourrois être le plus jeune de mes fils, que les dieux t'accordent ce que tu désires! Je t'apporte une coupe d'un prix inestimable : mon esclave l'ôtera de mon char, et tu la recevras de mes mains. Jeune et vaillant guerrier, Méléagre étoit moins beau que toi lorsqu'il charma les yeux d'Atalante[19]! Heureux ton père, heureuse ta mère[20], mais plus heureuse encore celle qui doit partager ta couche! Si la vierge qu'on a retrouvée n'étoit pas consacrée aux chastes Muses... »

Les deux jeunes gens se sentirent troublés par les paroles de Démodocus. Eudore se hâta de répondre :

« J'accepterai le présent que vous m'offrez s'il n'a pas servi à vos sacrifices[21]. »

Le jour n'étant pas encore à sa fin, la famille invita les deux étrangers à se reposer avec elle au bord d'une source. Les sœurs d'Eudore, assises aux pieds de leurs parents, tressoient des couronnes de fleurs rouges et bleues pour une fête prochaine. On voyoit un peu plus loin les urnes et les coupes des moissonneurs, et, à l'ombre de quelques gerbes plantées debout, un enfant étoit endormi dans un berceau.

« Mon hôte, dit Démodocus à Lasthénès, tu me sembles mener ici la vie du divin Nestor. Je ne me souviens pas d'avoir vu la peinture d'une scène pareille, si ce n'est sur le bouclier d'Achille[22]. Vulcain y avoit gravé un roi au milieu des moissonneurs ; ce pasteur des peuples, plein de joie, tenoit en silence son sceptre levé au milieu des sillons. Il ne manque ici que le sacrifice du taureau sous le chêne de Jupiter. Quelle abondante moisson ! Que d'esclaves laborieux et fidèles ! »

« Ces moissonneurs ne sont plus mes esclaves [23], répliqua Lasthénès, ma religion me défend d'en avoir ; je leur ai donné la liberté. »

« Lasthénès, dit alors Démodocus, je commence à comprendre que la renommée, cette voix de Jupiter, m'avoit appris la vérité : tu auras sans doute embrassé cette secte nouvelle qui adore un Dieu inconnu à nos ancêtres. »

Lasthénès répondit :

« Je suis chrétien. »

Le descendant d'Homère demeura quelque temps interdit ; puis, reprenant la parole :

« Mon hôte, dit-il, pardonne à ma franchise : j'ai toujours obéi à la vérité, fille de Saturne et mère de la vertu [24]. Les dieux sont justes : comment pourrois-je concilier la prospérité qui t'environne et les impiétés dont on accuse les chrétiens ? »

Lasthénès répondit :

« Voyageur, les chrétiens [25] ne sont point des impies, et vos dieux ne sont ni justes ni injustes : ils ne sont rien. Si mes champs et mes troupeaux prospèrent entre les mains de ma famille, c'est qu'elle est simple de cœur et soumise à la volonté de celui qui est le seul et véritable Dieu. Le ciel m'a donné la chaste épouse que vous me voyez ; je ne lui ai demandé qu'une constante amitié, l'humilité et la chasteté d'une femme. Dieu a béni mes intentions ; il m'a donné des enfants soumis, qui sont la couronne des vieillards. Ils aiment leurs parents, et ils sont heureux parce qu'ils sont attachés au toit de leur père. Mon épouse et moi nous avons vieilli ensemble, et, quoique mes jours n'aient pas toujours été bons, elle a dormi trente ans à mes côtés sans révéler les soucis de ma couche et les tribulations cachées de mon cœur. Que Dieu lui rende sept fois la paix [26] qu'elle m'a donnée ! Elle ne sera jamais aussi heureuse que je le désire ! »

Ainsi le cœur de ce chrétien des anciens jours s'épanouissoit en parlant de son épouse. Cymodocée l'écoutoit avec amour : la beauté de ces mœurs pénétroit l'âme de cette jeune infidèle, et Démodocus lui-même avoit besoin de se rappeler Homère et tous ses dieux pour n'être pas entraîné par la force de la vérité.

Après quelques moments, le père de Cymodocée dit à Lasthénès :

« Tu me sembles tout à fait des temps antiques, et cependant je n'ai point vu tes paroles dans Homère! Ton silence a la dignité du silence des sages. Tu t'élèves à des sentiments pleins de majesté, non sur les ailes d'or d'Euripide, mais sur les ailes célestes de Platon [27]. Au milieu d'une douce abondance, tu jouis des grâces de l'amitié; rien n'est forcé autour de toi : tout est contentement, persuasion, amour. Puisses-tu conserver longtemps ton bonheur et tes richesses! »

« Je n'ai jamais cru, répondit Lasthénès, que ces richesses fussent à moi : je les recueille pour mes frères les chrétiens, pour les gentils, pour les voyageurs, pour tous les infortunés. Dieu m'en a donné la direction; Dieu me l'ôtera peut-être : que son saint nom soit béni [28]! »

Comme Lasthénès achevoit de prononcer ces paroles, le soleil descendit sur les sommets du Pholoé [29], vers l'horizon éclatant d'Olympie; l'astre agrandi parut un moment immobile, suspendu au-dessus de la montagne, comme un large bouclier d'or. Les bois de l'Alphée et du Ladon, les neiges lointaines du Telphusse et du Lycée, se couvrirent de roses; les vents tombèrent, et les vallées de l'Arcadie demeurèrent dans un repos universel. Les moissonneurs quittèrent alors leur ouvrage : la famille, accompagnée des étrangers, reprit le chemin de la maison. Les maîtres et les serviteurs marchoient pêle-mêle, portant les divers instruments du labourage; ils étoient suivis de mulets au pied sûr, chargés de bois coupé sur les hauteurs, et de bœufs traînant lentement les équipages champêtres renversés, ou les chariots tremblant sous le poids des gerbes.

En arrivant à la maison, on entendit le son d'une cloche [30].

« Nous allons faire la prière du soir, dit Lasthénès à Démodocus : nous permettrez-vous de vous quitter un moment, ou préférez-vous nous suivre? »

« Me préservent les dieux de mépriser les prières [31], s'écria Démodocus, ces filles boiteuses de Jupiter, qui peuvent seules apaiser la colère d'Até! »

On s'assemble aussitôt dans une cour entourée de granges et des étables des troupeaux. Quelques ruches d'abeilles y répandoient une agréable odeur mêlée au parfum du lait des génisses qui revenoient des pâturages. Au milieu de cette cour on voyoit un puits dont les deux poteaux, couverts de lierre, étoient surmontés de deux aloès qui croissoient dans des corbeilles. Un noyer, planté par l'aïeule de Lasthénès, couvroit le puits de son ombre. Lasthénès, la tête nue et le visage tourné vers l'orient, se plaça debout sous l'arbre domestique. Les bergers et les moissonneurs se mirent à genoux sur du chaume nouveau, autour de leur maître. Le père de famille prononça à haute voix cette prière, qui fut répétée par ses enfants et par ses serviteurs :

« Seigneur, daignez visiter cette demeure [32] pendant la nuit et en écarter les vains songes. Nous allons quitter les vêtements du jour : couvrez-nous de la robe d'innocence et d'immortalité que nous avons perdue par la désobéissance de nos premiers pères. Lorsque nous serons endormis dans le sépulcre, ô Seigneur, faites que nos âmes reposent avec vous dans le ciel ! »

Quand cela fut fait, on entra dans la maison où se préparoit le repas de l'hospitalité. Un homme et une femme parurent, portant deux grands vases d'airain pleins d'une eau échauffée par la flamme. Le serviteur lava les pieds de Démodocus [33]; la servante, ceux de la fille de Démodocus; et après les avoir oints d'une huile de parfums d'un grand prix, elle les essuya avec un lin blanc. La fille aînée de Lasthénès, du même âge que Cymodocée, descendit dans un souterrain frais et voûté. On conservoit dans ce lieu toutes sortes de choses pour la vie de l'homme. Sur des planches de chêne attachées aux parois du mur, on voyoit des outres remplies d'une huile aussi douce que celle de l'Attique; des mesures de pierre en forme d'autel, ornées de têtes de lion [34], et qui contenoient la fine fleur du froment; des vases de miel de Crète, moins blanc, mais plus parfumé que celui d'Hybla, et des amphores pleines d'un vin de Chio devenu comme un baume par le long travail des ans. La fille de Lasthénès remplit une urne de cette liqueur bienfaisante propre à réjouir le cœur de l'homme dans l'aimable familiarité d'un repas.

Cependant les serviteurs ne savoient s'ils devoient apprêter le festin sous la vigne ou sous le figuier comme dans un jour de réjouissance. Ils vont consulter leur maître. Lasthénès leur ordonne de dresser dans la salle des Agapes [35] une table d'un buis éclatant. Ils la lavent avec une éponge et la couvrent de corbeilles d'osier, pleines d'un pain sans levain, cuit sous la cendre. Ils apportent ensuite, dans des plats d'une simple argile, des racines, quelques volatiles et des poissons du lac Stymphale, nourriture destinée à la famille [36]; mais on servit pour les étrangers un chevreau qui avoit à peine goûté l'arbousier du mont Aliphère et le cytise du vallon de Ménélée.

Au moment où les convives alloient s'approcher de la mense hospitalière, une servante vint dire à Lasthénès qu'un vieillard, monté sur un âne, et tout semblable à l'époux de Marie, s'avançoit par l'avenue des cèdres. On vit bientôt entrer un homme d'un visage vénérable, portant sous un manteau blanc un habit de pasteur [37]. Il n'étoit pas naturellement chauve, mais sa tête avoit été jadis dépouillée par la flamme, et son front montroit encore les cicatrices du martyre qu'il avoit éprouvé sous Valérien. Une barbe blanche lui descendoit jusqu'à la ceinture. Il s'appuyoit sur un bâton en forme de houlette, que lui avoit envoyé l'évêque de Jérusalem : simple présent que se faisoient les premiers Pères de l'Église, comme l'emblème de leur fonction pastorale et du pèlerinage de l'homme ici-bas.

C'étoit Cyrille, évêque de Lacédémone [38] : laissé pour mort par les bourreaux dans une persécution contre les chrétiens, il avoit été élevé malgré lui au sacerdoce. Il se cacha longtemps pour se dérober à la dignité épiscopale, mais son humilité lui fut inutile : Dieu révéla aux fidèles la retraite de son serviteur. Lasthénès et sa famille le reçurent avec les marques du plus profond respect. Ils se prosternèrent devant lui, baisèrent ses pieds sacrés, chantèrent Hosanna, et le saluèrent du nom de très-saint, de très-cher à Dieu.

« Par Apollon, s'écria Démodocus agitant sa branche de laurier entourée de bandelettes, voilà le plus auguste vieillard qui se soit jamais offert à mes yeux! O toi qui es chargé de jours! quel est ce sceptre que tu portes? Es-tu un roi ou un prêtre consacré aux autels des dieux? Apprends-moi le nom de la divinité que tu sers, afin que je lui immole des victimes. »

Cyrille regarda quelque temps avec surprise Démodocus; puis, laissant échapper un aimable sourire :

« Seigneur, répondit-il, ce sceptre est la houlette qui me sert à conduire mon troupeau : car je ne suis point un roi, mais un pasteur. Le Dieu qui reçoit mon sacrifice est né parmi les bergers, dans une crèche. Si vous voulez, je vous apprendrai à le connoître : pour toute victime, il ne vous demandera que l'offrande de votre cœur. »

Cyrille, se tournant alors vers Lasthénès :

« Vous savez le sujet qui m'amène. La pénitence publique de notre Eudore remplit nos frères d'admiration; chacun en veut pénétrer la cause. Il m'a promis de me raconter son histoire [39]; et dans les deux journées que je viens passer avec vous j'espère qu'il voudra me satisfaire. »

Les serviteurs approchèrent alors les siéges de la table. Le prêtre d'Homère prit sa place à côté du prêtre du Dieu de Jacob. La famille se rangea autour du festin. Démodocus, saisissant une coupe, alloit faire une libation aux pénates de Lasthénès; l'évêque de Lacédémone, l'arrêtant avec bénignité :

« Notre religion nous défend ces signes d'idolâtrie : vous ne voudriez pas nous affliger. »

La conversation fut tranquille et pleine de cordialité. Eudore lut pendant une partie du repas [40] quelques instructions tirées de l'*Évangile* et des *Épîtres des Apôtres;* Cyrille commenta de la manière la plus affectueuse ce que dit saint Paul sur les devoirs des époux. Cymodocée trembloit [41] ; des larmes rouloient, comme des perles, le long de ses joues virginales ; Eudore éprouvoit le même charme ; les maîtres et les serviteurs étoient attendris. Ceci, avec l'action de grâces, fut le repas du soir chez les chrétiens.

Le repas fini, on alla s'asseoir à la porte du verger [42], sur un banc de pierre qui servoit de tribunal à Lasthénès lorsqu'il rendoit la justice à ses serviteurs.

Ainsi qu'un simple pasteur que le sort destine à la gloire, l'Alphée rouloit au bas de ce verger, sous une ombre champêtre, des flots que les palmes de Pise alloient bientôt couronner [43]. Descendu du bois de Vénus et du tombeau de la nourrice d'Esculape, le Ladon serpentoit dans les riantes prairies, et venoit mêler son cristal pur au cours de l'Alphée. Les profondes vallées, arrosées par les deux fleuves, étoient plantées de myrtes, d'aunes et de sycomores. Un amphithéâtre de montagnes terminoit le cercle entier de l'horizon. La cime de ces montagnes étoit couverte d'épaisses forêts peuplées d'ours, de cerfs, d'ânes sauvages et de monstrueuses tortues, dont l'écaille servoit à faire des lyres. Vêtus d'une peau de sanglier, des pasteurs conduisoient parmi les roches et les pins de grands troupeaux de chèvres. Ces légers animaux étoient consacrés au dieu d'Épidaure, parce que leur toison étoit chargée de gomme qui s'attachoit à leur barbe et à leur soie lorsqu'ils broutoient le ciste sur des hauteurs inaccessibles.

Tout étoit grave et riant, simple et sublime dans ce tableau. La lune décroissante paroissoit au milieu du ciel, comme les lampes demi-circulaires que les premiers fidèles allumoient aux tombeaux des martyrs. La famille de Lasthénès, qui contemploit cette scène solitaire, n'étoit point alors occupée des vaines curiosités de la Grèce. Cyrille s'humilioit devant la puissance [44] qui cache des sources dans le sein des rochers et dont les pas font tressaillir les montagnes comme l'agneau timide ou le bélier bondissant. Il admiroit cette sagesse qui s'élève comme un cèdre sur le Liban, comme un plane aux bords des eaux. Mais Démodocus, qui désiroit faire éclater les talents de sa fille, interrompit ces méditations :

« Jeune élève des Muses, dit-il à Cymodocée, charme tes vénérables hôtes. Une douce complaisance fait toute la grâce de la vie, et Apollon retire ses dons aux esprits orgueilleux. Montre-nous que tu descends d'Homère. Les poëtes sont les législateurs des hommes et les précepteurs de la sagesse. Lorsque Agamemnon partit pour les rivages de Troie, il laissa un chantre divin auprès de Clytemnestre [45], afin de lui rappeler la vertu. Cette reine perdit l'idée de ses devoirs; mais ce fut après qu'Égisthe eut transporté le nourrisson des Muses dans une île déserte. »

Ainsi parla Démodocus. Eudore va chercher une lyre, et la présente à la jeune Grecque, qui prononça quelques mots confus, mais d'une merveilleuse douceur. Elle se leva ensuite, et après avoir préludé sur des tons divers, elle fit entendre sa voix mélodieuse.

Elle commença par l'éloge des Muses [46].

« C'est vous, dit-elle, qui avez tout enseigné aux hommes, vous êtes l'unique consolation de la vie; vous prêtez des soupirs à nos douleurs et des harmonies à nos joies. L'homme n'a reçu du ciel qu'un talent, la divine poésie, et c'est vous qui lui avez fait ce présent inestimable. O filles de Mnémosyne! qui chérissez les bois de l'Olympe, les vallons de Tempé et les eaux de Castalie, soutenez la voix d'une vierge consacrée à vos autels! »

Après cette invocation, Cymodocée chanta la naissance des dieux : Jupiter sauvé de la fureur de son père, Minerve sortie du cerveau de Jupiter, Hébé fille de Junon, Vénus née de l'écume des flots, et les Grâces, dont elle fut la mère. Elle dit aussi la naissance de l'homme animé par le feu de Prométhée, Pandore et sa boîte fatale, le genre humain reproduit par Deucalion et Pyrrha. Elle raconta les métamorphoses des dieux et des hommes, les Héliades changées en peupliers, et l'ambre de leurs pleurs roulé par les flots de l'Éridan. Elle dit Daphné, Baucis, Clytie, Philomèle, Atalante, les larmes de l'Aurore devenues la rosée, la couronne d'Ariadne attachée au firmament. Elle ne vous oublia point, fontaines, et vous, fleuves nourriciers des beaux ombrages. Elle nomma avec honneur le vieux Pénée, l'Ismène et l'Érymanthe, le Méandre qui fait tant de détours, le Scamandre si fameux, le Sperchius aimé des poëtes, l'Eurotas chéri de l'épouse de Tyndare, et le fleuve que les cygnes de Méonie ont tant de fois charmé par la douceur de leurs chants.

Mais comment auroit-elle passé sous silence les héros célébrés par Homère! S'animant d'un feu nouveau, elle chanta la colère d'Achille, qui fut si pernicieuse aux Grecs, Ulysse, Ajax et Phœnix dans la tente de l'ami de Patrocle, Andromaque aux portes Scées, Priam aux genoux du meurtrier d'Hector. Elle dit les chagrins de Pénélope, la reconnoissance de Télémaque et d'Ulysse chez Eumée, la mort du chien fidèle, le vieux Laerte sarclant son jardin des champs et pleurant à l'aspect des treize poiriers qu'il avoit donnés à son fils.

Cymodocée ne put chanter les vers de son immortel aïeul sans consacrer quelques accents à sa mémoire. Elle représenta la pauvre et vertueuse mère de Mélésigène rallumant sa lampe et prenant ses fuseaux au milieu de la nuit, afin d'acheter du prix de ses laines un peu de blé pour nourrir son fils. Elle dit comment Mélésigène devint aveugle et reçut le nom d'Homère, comment il alloit de ville en ville demandant l'hospitalité, comment il chantoit ses vers sous le peuplier d'Hylé. Elle raconta ses longs voyages, sa nuit passée sur le rivage de l'île de Chio, son aventure avec les chiens de Glaucus. Enfin, elle parla des jeux funèbres du roi d'Eubée, où Hésiode osa disputer à Homère le prix de la poésie; mais elle supprima le jugement des vieillards, qui couronnèrent le chantre des *Travaux et des Jours* parce que ses leçons étoient plus utiles aux hommes.

Cymodocée se tut : sa lyre, appuyée sur son sein, demeura muette entre ses beaux bras. La prêtresse des Muses étoit debout; ses pieds nus fouloient le gazon, et les zéphyrs du Ladon et de l'Alphée faisoient voltiger ses cheveux noirs autour des cordes de sa lyre. Enveloppée dans ses voiles blancs, éclairée par les rayons de la lune, cette jeune fille sembloit une apparition céleste. Démodocus, ravi, demandoit en vain une coupe pour faire une libation au dieu des vers. Voyant que les chrétiens gardoient le silence et ne donnoient pas à sa Cymodocée les éloges qu'elle sembloit mériter :

« Mes hôtes, s'écria-t-il, ces chants vous seroient-ils désagréables? Les mortels et les dieux se laissent pourtant toucher à l'harmonie. Orphée charma l'inexorable Pluton; les Parques mêmes, vêtues de blanc [47] et assises sur l'essieu d'or du monde, écoutent la mélodie des sphères : ainsi le raconte Pythagore, qui commerçoit avec l'Olympe. Les hommes des anciens temps, renommés par leur sagesse, trouvoient la musique si belle qu'ils lui donnèrent le nom de Loi. Pour moi, une divinité me contraint de l'avouer, si cette prêtresse des Muses n'étoit pas ma fille, j'aurois pris sa voix pour celle de la colombe qui portoit, dans les forêts de la Grète, l'ambroisie à Jupiter [48]. »

« Ce ne sont pas les chants mêmes, mais le sujet des chants de cette jeune femme qui cause notre silence, répondit Cyrille. Un jour viendra peut-être que les mensonges de la naïve antiquité ne seront plus que des fables ingénieuses, objets des chansons du poëte. Mais aujourd'hui ils offusquent votre esprit, ils vous tiennent pendant la vie sous un joug indigne de la raison de l'homme, et perdent votre âme après la mort. Ne croyez pas toutefois que nous soyons insensibles au charme d'une douce musique : notre religion n'est-elle pas harmonie et amour? Combien votre aimable fille, que vous comparez si justement à une colombe, trouveroit des soupirs plus touchants encore si la pudeur du sujet répondoit à l'innocence de la voix!

Pauvre tourterelle délaissée, allez sur la montagne où l'épouse attendoit l'époux ; envolez-vous vers ces bois mystiques où les filles de Jérusalem prêteront l'oreille à vos plaintes. »

Cyrille, s'adressant alors au fils de Lasthénès :

« Mon fils, montrez à Démodocus que nous ne méritons pas le reproche qu'il nous fait. Chantez-nous ces fragments des livres saints que nos frères les Apollinaires [49] ont arrangés pour la lyre, afin de prouver que nous ne sommes point ennemis de la belle poésie et d'une joie innocente. Dieu s'est souvent servi de nos cantiques pour toucher les cœurs infidèles. »

Aux branches d'un saule voisin étoit suspendue une lyre plus forte et plus grande que la lyre de Cymodocée : c'étoit un cinnor hébreu. Les cordes en étoient détendues par la rosée de la nuit. Eudore détacha l'instrument, et, après l'avoir accordé, il parut au milieu de l'assemblée, comme le jeune David, prêt à chasser par les sons de sa harpe l'esprit qui s'étoit emparé du roi Saül. Cymodocée alla s'asseoir auprès de Démodocus. Alors Eudore, levant les yeux vers le firmament chargé d'étoiles, entonna son noble cantique.

Il chanta la naissance du chaos [50], la lumière qu'une parole a faite, la terre produisant les arbres et les animaux, l'homme créé à l'image de Dieu et animé d'un souffle de vie, Ève tirée du côté d'Adam, la joie et la douleur de la femme à son premier enfantement, les holocaustes de Caïn et d'Abel, le meurtre d'un frère et le sang de l'homme criant pour la première fois vers le ciel.

Passant aux jours d'Abraham, et adoucissant les sons de sa lyre, il dit le palmier, le puits, le chameau, l'onagre du désert, le patriarche voyageur assis devant sa tente, les troupeaux de Galaad, les vallées du Liban, les sommets d'Hermon, d'Oreb et de Sinaï, les rosiers de Jéricho, les cyprès de Cadès, les palmes de l'Idumée, Éphraïm et Sichem, Sion et Solyme, le torrent des Cèdres et les eaux sacrées du Jourdain. Il dit les juges assemblés aux portes de la ville, Booz au milieu des moissonneurs, Gédéon battant son blé et recevant la visite d'un ange, le vieux Tobie allant au-devant de son fils annoncé par le chien fidèle, Agar détournant la tête pour ne pas voir mourir Ismael. Mais avant de chanter Moïse chez les pasteurs de Madian, il raconta l'aventure de Joseph reconnu par ses frères, ses larmes, celles de Benjamin, Jacob présenté à Pharaon, et le patriarche porté après sa mort à la cave de Membré pour y dormir avec ses pères.

Changeant encore le mode de sa lyre, Eudore répéta le cantique du saint roi Ézéchias et celui des Israélites exilés au bord des fleuves de Babylone ; il fit gémir la voix de Rama et soupirer le fils d'Amos :

« Pleurez, portes de Jérusalem ! O Sion ! tes prêtres et tes enfants sont emmenés en esclavage ! »

Il chanta les nombreuses vanités de l'homme : vanité des richesses, vanité de la science, vanité de la gloire, vanité de l'amitié, vanité de la vie, vanité de la postérité ! Il signala la fausse prospérité de l'impie, et préféra le juste mort au méchant qui lui survit. Il fit l'éloge du pauvre vertueux et de la femme forte.

« Elle a cherché la laine et le lin, elle a travaillé avec des mains sages et ingénieuses ; elle se lève pendant la nuit pour distribuer l'ouvrage à ses domestiques, et le pain à ses servantes ; elle est revêtue de beauté. Ses fils se sont levés, et ont publié qu'elle étoit heureuse ; son mari s'est levé, et l'a louée. »

« O Seigneur ! s'écria le jeune chrétien enflammé par ces images, c'est vous qui êtes le véritable souverain du ciel ; vous avez marqué son lieu à l'aurore. A votre voix le soleil s'est levé dans l'orient ; il s'est avancé comme un géant superbe ou comme l'époux radieux qui sort de la couche nuptiale. Vous appelez le tonnerre, et le tonnerre, tremblant, vous répond : « Me voici. » Vous abaissez la hauteur des cieux ; votre esprit vole dans les tourbillons ; la terre tremble au souffle de votre colère ; les morts, épouvantés, fuient de leurs tombeaux ! O Dieu, que vous êtes grand dans vos œuvres ! et qu'est-ce que l'homme, pour que vous y attachiez votre cœur ? Et pourtant il est l'objet éternel de votre complaisance inépuisable ! Dieu fort, Dieu clément, Essence incréée, Ancien des jours, gloire à votre puissance, amour à votre miséricorde ! »

Ainsi chante le fils de Lasthénès. Cet hymne de Sion retentit au loin dans les antres de l'Arcadie, surpris de répéter, au lieu des sons efféminés de la flûte de Pan, les mâles accords de la harpe de David. Démodocus et sa fille étoient trop étonnés pour donner des marques de leur émotion. Les vives clartés de l'Écriture avoient comme ébloui leurs cœurs, accoutumés à ne recevoir qu'une lumière mêlée d'ombres ; ils ne savoient quelles divinités Eudore avoit célébrées, mais ils le prirent lui-même pour Apollon, et ils lui vouloient consacrer un trépied d'or que la flamme n'avoit point touché. Cymodocée se souvenoit surtout de l'éloge de la femme forte, et elle se promettoit d'essayer ce chant sur la lyre. D'une autre part, la famille chrétienne étoit plongée dans les pensées les plus sérieuses ; ce qui n'étoit pour les étrangers qu'une poésie sublime étoit pour elle de profonds mystères et d'éternelles vérités. Le silence de l'assemblée auroit duré longtemps s'il n'avoit été interrompu tout à coup par les applaudissements des bergers. Le vent avoit porté à ces pasteurs la voix de Cymodocée et d'Eudore : ils étoient descendus en foule de leurs montagnes pour écouter ces concerts ; ils crurent que les Muses et les Sirènes [51] avoient renouvelé au bord de l'Alphée le combat qu'elles s'étoient livré jadis quand les filles de l'Achéloüs, vaincues par les doctes sœurs, furent contraintes de se dépouiller de leurs ailes.

La nuit avoit passé le milieu de son cours. L'évêque de Lacédémone invite ses hôtes à la retraite. Comme le vigneron fatigué au bout de sa journée, il appelle trois fois le Seigneur, et adore. Alors les chrétiens, après s'être donné le baiser de paix, rentrent sous leur toit chastement recueillis.

Démodocus fut conduit par un serviteur au lieu qu'on avoit préparé pour lui, non loin de l'appartement de Cymodocée. Cyrille, après avoir médité la parole de vie, se jeta sur une couche de roseaux. Mais à peine avoit-il fermé les yeux qu'il eut un songe [52] : il lui sembla que les blessures de son ancien martyre se rouvroient, et qu'avec un plaisir ineffable il sentoit de nouveau son sang couler pour Jésus-Christ. En même temps il vit une jeune femme et un jeune homme resplendissants de lumière monter de la terre aux cieux : avec la palme qu'ils tenoient à la main ils lui faisoient signe de les suivre ; mais il ne put distinguer leur visage, parce que leur tête étoit voilée. Il se réveilla plein d'une sainte agitation ; il crut reconnoître dans ce songe quelque avertissement pour les chrétiens. Il se mit à prier avec abondance de larmes, et on l'entendit plusieurs fois s'écrier dans le silence de la nuit :

« O mon Dieu ! s'il faut encore des victimes, prenez-moi pour le salut de votre peuple ! »

FIN DU LIVRE DEUXIÈME.

LIVRE TROISIÈME.

La prière de Cyrille monte au trône du Tout-Puissant. Le ciel. Les anges, les saints. Tabernacle de la Mère du Sauveur. Sanctuaire du Fils et du Père. L'Esprit-Saint. La Trinité. La prière de Cyrille se présente devant l'Éternel : l'Éternel la reçoit, mais il déclare que l'évêque de Lacédémone n'est point la victime qui doit racheter les chrétiens. Eudore est la victime choisie. Motifs de ce choix. Les milices célestes prennent les armes. Cantique des saints et des anges.

Les dernières paroles de Cyrille montèrent au trône de l'Éternel[1]. Le Tout-Puissant agréa le sacrifice, mais l'évêque de Lacédémone n'étoit point la victime que Dieu, dans sa colère et dans sa miséricorde, avoit choisie pour expier les fautes des chrétiens.

Au centre des mondes créés, au milieu des astres innombrables qui lui servent de remparts, d'avenues et de chemins, flotte cette immense cité de Dieu, dont la langue d'un mortel ne sauroit raconter les merveilles[2]. L'Éternel en posa lui-même les douze fondements, et l'environna de cette muraille de jaspe que le disciple bien aimé vit mesurer par l'ange avec une toise d'or[3]. Revêtu de la gloire du Très-Haut, l'invisible Jérusalem est parée comme une épouse pour son époux[4]. Loin d'ici, monuments de la terre, vous n'approchez point de ces monuments de la cité sainte! La richesse de la matière y dispute le prix à la perfection des formes. Là règnent suspendues des galeries de saphirs et de diamants, foiblement imitées par le génie de l'homme dans les jardins de Babylone; là s'élèvent des arcs de triomphe formés des plus brillantes étoiles; là s'enchaînent des portiques de soleils, prolongés sans fin à travers les espaces du firmament, comme les colonnes de Palmyre dans les sables du désert. Cette architecture est vivante[b]. La cité de Dieu est intelligente elle-même. Rien n'est matière dans les demeures de l'Esprit; rien n'est mort dans les lieux de l'éternelle existence. Les paroles grossières que la Muse est forcée d'employer nous trompent : elles revêtent d'un corps ce qui n'existe que comme un songe divin dans le cours d'un heureux sommeil.

Des jardins délicieux s'étendent autour de la radieuse Jérusalem. Un fleuve découle du trône du Tout-Puissant[6]; il arrose le céleste Éden, et roule dans ses flots l'amour pur et la sapience de Dieu. L'onde mystérieuse se partage en divers canaux qui s'enchaînent, se divisent, se rejoignent, se quittent encore, et font croître, avec la vigne immortelle, le lis semblable à l'épouse, et les fleurs qui parfument la couche de l'époux[7]. L'arbre de vie s'élève sur la colline de l'encens[8]; un peu plus loin, l'arbre de science étend de toutes parts ses racines profondes et ses rameaux innombrables : il porte, cachés sous son feuillage d'or, les secrets de la Divinité, les lois occultes de la nature, les réalités morales et intellectuelles, les immuables principes du bien et du mal. Ces connoissances qui nous enivrent font la nourriture des élus; car dans l'empire de la souveraine sagesse le fruit de science ne donne plus la mort. Les deux grands ancêtres du genre humain[9] viennent souvent verser des larmes (telles que les justes en peuvent répandre) à l'ombre de cet arbre merveilleux.

La lumière qui éclaire ces retraites fortunées[10] se compose des roses du matin, de la flamme du midi et de la pourpre du soir; toutefois, aucun astre ne paroît sur l'horizon resplendissant[11]; aucun soleil ne se lève, aucun soleil ne se couche dans les lieux où rien ne finit, où rien ne commence; mais une clarté ineffable, descendant de toutes parts comme une tendre rosée, entretient le jour éternel de la délectable éternité.

C'est dans les parvis de la cité sainte[12] et dans les champs qui l'environnent que sont à la fois réunis ou partagés les chœurs des chérubins et des séraphins, des anges et des archanges, des trônes et des dominations; tous sont les ministres des ouvrages et des volontés de l'Éternel : à ceux-ci a été donné tout pouvoir sur le feu, l'air, la terre et l'eau; à ceux-là appartient la direction des saisons, des vents et des tempêtes; ils font mûrir les moissons, ils élèvent la jeune fleur, ils courbent le vieil arbre vers la terre. Ce sont eux qui soupirent dans les antiques forêts, qui parlent dans les flots de la mer, et qui versent les fleuves du haut des montagnes. Les uns gardent les vingt mille chariots de guerre de Sabaoth et d'Élohé; les autres veillent au carquois du Seigneur, à ses foudres inévitables, à ses coursiers terribles, qui portent la peste, la guerre, la famine et la mort. Un million de ces génies ardents règlent les mouvements des astres, et se relèvent tour à tour dans ces emplois magnifiques, comme les sentinelles vigilantes d'une grande armée. Nés du souffle de Dieu[13], à différentes époques, ces anges n'ont pas même la vieillesse dans les générations de l'éternité : un nombre infini d'entre eux fut créé avec l'homme pour soutenir ses vertus, diriger ses passions, et le défendre contre les attaques de l'enfer.

Là sont aussi rassemblés à jamais les mortels qui ont pratiqué la vertu sur la terre : les patriarches, assis sous des palmiers d'or ; les prophètes, au front étincelant de deux rayons de lumière ; les apôtres, portant sur leur cœur les saints Évangiles ; les docteurs, tenant à la main une plume immortelle ; les solitaires, retirés dans des grottes célestes ; les martyrs, vêtus de robes éclatantes ; les vierges, couronnées de roses d'Éden ; les veuves, la tête ornée de longs voiles, et toutes ces femmes pacifiques qui, sous de simples habits de lin, se firent les consolatrices de nos pleurs et les servantes de nos misères.

Est-ce l'homme infirme et malheureux qui pourroit parler des félicités suprêmes ? Ombres fugitives et déplorables, savons-nous ce que c'est que le bonheur ? Lorsque l'âme du chrétien fidèle abandonne son corps, comme un pilote expérimenté quitte le fragile vaisseau que l'Océan engloutit, elle seule connoît la vraie béatitude. Le souverain bien des élus [14] est de savoir que ce bien sans mesure sera sans terme ; ils sont incessamment dans l'état délicieux d'un mortel qui vient de faire une action vertueuse ou héroïque, d'un génie sublime qui enfante une grande pensée, d'un homme qui sent les transports d'un amour légitime ou les charmes d'une amitié longtemps éprouvée par le malheur. Ainsi les nobles passions ne sont point éteintes dans le cœur des justes, mais seulement purifiées : les frères, les époux, les amis, continuent de s'aimer ; et ces attachements, qui vivent et se concentrent dans le sein de la Divinité même, prennent quelque chose de la grandeur et de l'éternité de Dieu.

Tantôt ces âmes satisfaites se reposent ensemble au bord du fleuve de la Sapience et de l'Amour. La beauté et la toute-puissance du Très-Haut sont leur perpétuel entretien.

« O Dieu, disent-elles, quelle est donc votre grandeur ! Tout ce que vous avez fait naître est renfermé dans les limites du temps ; et le temps, qui s'offre aux mortels comme une mer sans bornes, n'est qu'une goutte imperceptible de l'océan de votre éternité ! »

Tantôt les prédestinés, pour mieux glorifier le Roi des rois, parcourent son merveilleux ouvrage [15] : la création, qu'ils contemplent des divers points de l'univers, leur présente des spectacles ravissants : tels, si l'on peut comparer les grandes choses aux petits objets, tels se montrent aux yeux du voyageur les champs superbes de l'Indus, les riches vallées de Delhi et de Cachemire, rivages couverts de perles et parfumés d'ambre, où les flots tranquilles viennent expirer au pied des cannelliers en fleur. La couleur des cieux, la disposition et la grandeur des sphères, qui varient selon les mouvements et les distances, sont pour les esprits bienheureux une source inépuisable d'admiration. Ils aiment à connoître les lois qui font rouler avec tant de légèreté ces corps pesants dans l'éther fluide ; ils visitent cette lune paisible qui pendant le calme des nuits éclaira leurs prières ou leurs amitiés ici-bas. L'astre humide et tremblant qui précède les pas du matin, cette autre planète qui paroît comme un diamant dans la chevelure d'or du soleil, ce globe à la longue année qui ne marche qu'à la lueur de quatre torches pâlissantes, cette terre en deuil qui loin des rayons du jour porte un anneau ainsi qu'une veuve inconsolable, tous ces flambeaux errants de la maison de l'homme attirent les méditations des élus. Enfin, les âmes prédestinées volent jusqu'à ces mondes dont nos étoiles sont les soleils, et elles entendent les concerts inconnus de la Lyre et du Cygne célestes. Dieu, de qui s'écoule une création non interrompue, ne laisse point reposer leur curiosité sainte, soit qu'aux bords les plus reculés de l'espace il brise un antique univers, soit que, suivi de l'armée des anges, il porte l'ordre et la beauté jusque dans le sein du chaos.

Mais l'objet le plus étonnant offert à la contemplation des saints, c'est l'homme. Ils s'intéressent encore à nos peines et à nos plaisirs ; ils écoutent nos vœux, ils prient pour nous ; ils sont nos patrons et nos conseils ; ils se réjouissent sept fois lorsqu'un pécheur retourne au bercail, ils tremblent d'une charitable frayeur lorsque l'ange de la mort amène une âme craintive aux pieds du souverain Juge. Mais s'ils voient nos passions à découvert, ils ignorent toutefois par quel art tant d'éléments opposés sont confondus dans notre sein : Dieu, qui permet aux bienheureux de pénétrer les lois de l'univers, s'est réservé le merveilleux secret du cœur de l'homme.

C'est dans cette extase d'admiration et d'amour, dans ces transports d'une joie sublime, ou dans ces mouvements d'une tendre tristesse, que les élus répètent ce cri de trois fois Saint, qui ravit éternellement les cieux. Le roi-prophète règle la mélodie divine ; Asaph, qui soupira les douleurs de David[16], conduit les instruments animés par le souffle, et les fils de Coré[17] gouvernent les harpes, les lyres et les psaltérions qui frémissent sous la main des anges. Les six jours de la création, le repos du Seigneur, les fêtes de l'ancienne et de la nouvelle loi sont célébrés tour à tour[18] dans les royaumes incorruptibles. Alors les dômes sacrés se couronnent d'une auréole plus vive ; alors du trône de Dieu, de la lumière même répandue dans les demeures intellectuelles, s'échappent des sons si suaves et si délicats, que nous ne pourrions les entendre sans mourir. Muse, où trouveriez-vous des images pour peindre ces solennités angéliques! Seroit-ce sous les pavillons des princes de l'Orient, lorsque, assis sur un trône étincelant de pierreries, le monarque assemble sa pompeuse cour? Ou bien, ô Muse! rappelleriez-vous le souvenir de la terrestre Jérusalem, quand Salomon voulut dédier au Seigneur le sanctuaire du peuple fidèle? Le bruit éclatant des trompettes ébranloit les sommets de Sion; les lévites redisoient en chœur le cantique des degrés; les anciens d'Israel marchoient avec Salomon devant les tables de Moïse; le grand sacrificateur immoloit des victimes sans nombre; les filles de Juda formoient des pas cadencés autour de l'arche d'alliance; leurs danses, aussi pieuses que leurs hymnes, étoient des louanges au Créateur.

Les concerts de la Jérusalem céleste retentissent surtout au tabernacle très-pur qu'habite dans la cité de Dieu l'adorable Mère du Sauveur. Environnée du chœur des veuves, des femmes fortes et des vierges sans tache, Marie est assise sur un trône de candeur [19]. Tous les soupirs de la terre montent vers ce trône par des routes secrètes; la Consolatrice des affligés entend le cri de nos misères les plus cachées; elle porte aux pieds de son Fils, sur l'autel des parfums, l'offrande de nos pleurs, et, afin de rendre l'holocauste plus efficace, elle y mêle quelques-unes de ses larmes divines. Les esprits gardiens des hommes viennent sans cesse implorer, pour leurs amis mortels, la Reine des miséricordes. Les doux séraphins de la grâce et de la charité la servent à genoux; autour d'elle se réunissent encore les personnages touchants de la crèche, Gabriel, Anne et Joseph; les bergers de Bethléem et les mages de l'Orient. On voit aussi s'empresser dans ce lieu les enfants morts en entrant à la vie, et qui, transformés en petits anges, semblent être devenus les compagnons du Messie au berceau. Ils balancent devant leur mère céleste des encensoirs d'or, qui s'élèvent et retombent avec un bruit harmonieux et d'où s'échappent en vapeur légère les parfums d'amour et d'innocence.

Des tabernacles de Marie on passe au sanctuaire du Sauveur des hommes [20]: c'est là que le Fils conserve par ses regards les mondes que le Père a créés; il est assis à une table mystique [21]; vingt-quatre vieillards, vêtus de robes blanches et portant des couronnes d'or, sont placés sur des trônes à ses côtés. Près de lui est son char vivant [22], dont les roues lancent des foudres et des éclairs. Lorsque le Désiré des nations daigne se manifester aux élus dans une vision intime et complète, les élus tombent comme morts devant sa face [23]; mais il étend sa droite, et leur dit:

« Relevez-vous, ne craignez rien, vous êtes les bénis de mon Père; regardez-moi; je suis le Premier et le Dernier. »

Par delà le sanctuaire du Verbe s'étendent sans fin des espaces de feu et de lumière. Le Père habite au fond de ces abîmes de vie. Principe de tout ce qui fut, est et sera, le passé, le présent et l'avenir se confondent en lui. Là sont cachées les sources des vérités incompréhensibles [24] au ciel même : la liberté de l'homme et la prescience de Dieu ; l'être qui peut tomber dans le néant et le néant qui peut devenir l'être ; là surtout s'accomplit, loin de l'œil des anges, le mystère de la Trinité. L'esprit qui remonte et descend sans cesse du Fils au Père, et du Père au Fils, s'unit avec eux dans ces profondeurs impénétrables. Un triangle de feu paroît alors à l'entrée du Saint des saints : les globes s'arrêtent de respect et de crainte, l'Hosanna des anges est suspendu, les milices immortelles ne savent quels seront les décrets de l'Unité vivante ; elles ne savent si le trois fois Saint ne va point changer sur la terre et dans le ciel les formes matérielles et divines, ou si, rappelant à lui les principes des êtres, il ne forcera point les mondes à rentrer dans le sein de son éternité.

Les essences primitives se séparent, le triangle de feu disparoît : l'oracle s'entr'ouvre, et l'on aperçoit les trois Puissances. Porté sur un trône de nuées, le Père tient un compas à la main [25]; un cercle est sous ses pieds ; le Fils, armé de la foudre, est assis à sa droite ; l'Esprit s'élève à sa gauche comme une colonne de lumière. Jéhovah fait un signe, et les temps, rassurés, reprennent leurs cours, et les frontières du chaos se retirent, et les astres poursuivent leurs chemins harmonieux. Les cieux prêtent alors une oreille attentive à la voix du Tout-Puissant, qui déclare quelques-uns de ses desseins sur l'univers.

A l'instant où la prière de Cyrille parvint au trône éternel, les trois Personnes se montroient ainsi aux yeux éblouis des anges. Dieu vouloit couronner la vertu de Cyrille, mais le saint prélat n'étoit point la victime de prédilection désignée pour la persécution nouvelle : il avoit déjà souffert au nom du Sauveur, et la justice du Tout-Puissant demandoit une hostie entière.

A la voix de son vénérable martyr, le Christ s'inclina devant l'Arbitre des humains [26], et fit trembler dans l'immensité de l'espace tout ce qui n'étoit pas le marchepied de Dieu. Il ouvre ses lèvres, où respire la loi de clémence, pour présenter à l'Ancien des jours le sacrifice de l'évêque de Lacédémone. Les accents de sa voix sont plus doux que l'huile de justice dont Salomon fut sacré, plus purs que la fontaine de Samarie, plus aimables que le murmure des oliviers en fleur balancés au souffle du printemps, dans les jardins de Nazareth ou dans les vallons du Thabor.

Imploré par le Dieu de mansuétude et de paix en faveur de l'Église menacée, le Dieu fort et terrible fit connoître aux cieux ses desseins sur les fidèles. Il ne prononça qu'une parole, mais une de ces paroles qui fécondent le néant, qui font naître la lumière ou qui renferment la destinée des empires.

Cette parole dévoile soudain aux légions des anges, aux chœurs des vierges, des saints, des rois, des martyrs, le secret de la sagesse. Ils voient dans le mot du souverain Juge, ainsi que dans un rayon limpide du jour, les conceptions du passé, les préparations du présent et les événements de l'avenir.

Le moment est arrivé où les peuples, soumis aux lois du Messie [27], vont enfin goûter sans mélange la douceur de ces lois propices. Assez longtemps l'idolâtrie éleva ses temples auprès des autels du Fils de l'Homme, il faut qu'elle disparoisse du monde. Déjà est né le nouveau Cyrus qui brisera les derniers simulacres des esprits de ténèbres et mettra le trône des Césars à l'ombre des saints tabernacles. Mais les chrétiens, invincibles sous le fer et dans les flammes, se sont laissé amollir aux délices de la paix. Afin de les mieux éprouver, la Providence a permis qu'ils connussent les richesses et les honneurs : ils n'ont pu résister à la persécution de la prospérité. Il faut avant que le monde passe sous leur puissance qu'ils soient dignes de leur gloire ; ils ont allumé le feu de la colère du Seigneur, ils n'obtiendront point grâce à ses yeux qu'ils n'aient été purifiés. Satan sera déchaîné sur la terre ; une dernière épreuve va commencer pour les fidèles : les chrétiens sont tombés, ils seront punis. Celui qui doit expier leurs crimes par un sacrifice volontaire est depuis longtemps marqué dans la pensée de l'Éternel.

Tels sont les premiers conseils que découvrent dans la parole de Dieu les habitants des demeures célestes. O parole divine ! quelle longue et foible succession de temps et d'idées la parole humaine est obligée d'employer pour te rendre ! Tu fais tout voir, tout comprendre aux élus dans un moment ; et moi, ton indigne interprète, je développe péniblement dans un langage de mort les mystères contenus dans un langage de vie ! Avec quelle sainte admiration, avec quelle piété sublime, les justes connoissent ensuite l'holocauste demandé et les conditions qui le rendent agréable au Très-Haut [28] ! Cette victime qui doit vaincre l'enfer par la vertu des souffrances et des mérites du sang de Jésus-Christ, cette victime qui marchera à la tête de mille autres victimes, n'a point été choisie parmi les princes et les rois. Né dans un rang obscur, pour mieux imiter le Sauveur du monde, cet homme aimé du ciel descend toutefois d'illustres aïeux. En lui la religion va triompher du sang des héros païens et des sages de l'idolâtrie; en lui seront honorés par un martyre oublié de l'histoire ces pauvres ignorés du monde [29], qui vont souffrir pour la loi, ces humbles confesseurs qui, ne prononçant à la mort que le nom de Jésus-Christ, laisseront leurs propres noms inconnus aux hommes. Ame de tous les projets des fidèles, soutien du prince qui renversera les autels des faux dieux [30], il faut encore que ce chrétien appelé ait scandalisé l'Église [31], et qu'il ait pleuré ses erreurs ainsi que le premier apôtre, afin d'encourager au repentir ses frères coupables. Déjà, pour lui donner les vertus nécessaires au jour du combat, l'ange du Seigneur l'a conduit par la main [32] chez les nations de la terre; il a vu l'Évangile s'établissant de toutes parts. Dans le cours de ses voyages, utiles aux desseins de Dieu, les démons ont tenté le nouveau prédestiné non encore rentré dans les voies du ciel. Une grande et dernière faute, en le jetant dans un grand malheur, l'a fait sortir des ombres de la mort. Les larmes de sa pénitence ont commencé à couler; alors un solitaire, inspiré de Dieu, lui a révélé une partie de ses fins. Bientôt il sera digne de la palme qu'on lui prépare. Telle est la victime dont l'immolation désarmera le courroux du Seigneur et replongera Lucifer dans l'abîme.

Tandis que les saints et les anges pénètrent les desseins annoncés par la parole du Très-Haut, cette même parole découvre un autre miracle de la grâce aux chœurs des femmes bienheureuses. Les païens auront aussi leur hostie, car les chrétiens et les idolâtres vont se réunir à jamais au pied du Calvaire. Cette victime sera dérobée au troupeau innocent des vierges [33], afin d'expier l'impureté des mœurs païennes. Fille des beaux-arts qui séduisent les foibles mortels, elle fera passer sous le joug de la croix les charmes et le génie de la Grèce. Elle n'est point immédiatement demandée par un décret irrévocable; elle n'aura ni le mérite ni l'éclat du premier holocauste, mais, épouse désignée du martyr et par lui arrachée aux temples des idoles, elle augmentera l'efficacité du principal sacrifice en multipliant les épreuves. Dieu cependant n'abandonnera pas sans secours ses serviteurs à la rage de Satan : il veut que les légions fidèles se revêtent de leurs armes, qu'elles soutiennent et consolent le chrétien persécuté; il leur confié l'exercice de sa miséricorde en se réservant celui de sa justice : le Christ lui-même soutiendra le confesseur dévoué au salut de tous, et Marie prendra sous sa protection la vierge timide qui doit accroître les douleurs, les joies et la gloire du martyr.

Ces destinées de l'Église, divulguées aux élus par un seul mot du

Tout-Puissant, interrompirent les concerts et suspendirent les fonctions des anges ; il se fit dans le ciel une demi-heure de silence, comme au moment redoutable où Jean vit briser le septième sceau du livre mystérieux ; les milices divines, frappées du son de la parole éternelle, restoient dans un muet étonnement. Ainsi, lorsque la foudre commence à gronder sur de nombreux bataillons, près de se livrer un combat furieux, le signal est suspendu : moitié dans la lumière du soleil, moitié sous l'ombre croissante, les cohortes demeurent immobiles ; aucun souffle de l'air ne fait flotter les drapeaux, qui retombent affaissés sur la main qui les porte ; les mèches embrasées fument inutiles auprès du bronze muet, et les guerriers, sillonnés du feu de l'éclair, écoutent en silence la voix des orages.

L'Esprit qui garde l'étendard de la croix, élevant tout à coup la bannière triomphante, fait cesser l'immobilité dès armées du Seigneur. Tout le ciel abaissé aussitôt les yeux vers la terre ; Marie, du haut du firmament, laisse tomber un premier regard d'amour sur la tendre victime confiée à ses soins. Les palmes des confesseurs reverdissent dans leurs mains [34], l'escadron ardent ouvre ses rangs glorieux pour faire place aux époux martyrs, entre Félicité et Perpétue [35], entre l'illustre Étienne et les grands Machabées. Le vainqueur de l'antique dragon, Michel, prépare sa lance redoutable ; autour de lui ses immortels compagnons se couvrent de leurs cuirasses étincelantes. Les boucliers de diamant et d'or, le carquois du Seigneur, les épées flamboyantes, sont détachés des portiques éternels ; le char d'Emmanuel s'ébranle sur son essieu de foudre et d'éclairs ; les chérubins roulent leurs ailes impétueuses [36] et allument la fureur de leurs yeux. Le Christ redescend à la table des vieillards, qui présentent à sa bénédiction deux robes nouvellement blanchies [37] dans le sang de l'Agneau ; le Père tout-puissant se renferme dans les profondeurs de son éternité, et l'Esprit-Saint verse tout à coup des flots d'une lumière si vive, que la création semble rentrée dans la nuit. Alors les chœurs des saints et des anges entonnent le cantique de gloire :

« Gloire à Dieu, dans les hauteurs du ciel [38] !

« Goûtez sur la terre des jours pacifiques, vous qui marchez parmi les sentiers de la bonté et de la douceur ! Agneau de Dieu, vous effacez les péchés du monde ! O miracle de candeur et de modestie, vous permettez à des victimes sorties du néant de vous imiter, de se dévouer pour le salut des pécheurs ! Serviteurs du Christ que le monde persécute, ne vous troublez point à cause du bonheur des méchants : ils n'ont point, il est vrai, de langueurs qui les traînent à la mort ; ils semblent ignorer les tribulations humaines ; ils portent l'orgueil à leur cou comme un carcan d'or ; ils s'enivrent à des tables sacriléges; ils rient, ils dorment, comme s'ils n'avoient point fait de mal; ils meurent tranquillement sur la couche qu'ils ont ravie à la veuve et à l'orphelin ; mais où vont-ils?

« L'insensé a dit dans son cœur : « Il n'y a point de Dieu ! » Que Dieu se lève ! que ses ennemis soient dissipés ! Il s'avance : les colonnes du ciel sont ébranlées, le fond des eaux et les entrailles de la terre sont mis à nu devant le Seigneur. Un feu dévorant sort de sa bouche : il prend son vol, monté sur les chérubins ; il lance de toutes parts ses flèches embrasées ! Où sont-ils, les enfants des impies? Sept générations se sont écoulées depuis l'iniquité des pères, et Dieu vient visiter les enfants dans sa fureur; il vient au temps marqué punir un peuple coupable ; il vient réveiller les méchants dans leurs palais de cèdre et d'aloès, et confondre le fantôme de leur rapide félicité.

« Heureux celui qui, passant avec larmes dans les vallées, cherche Dieu comme la source des bénédictions ! Heureux celui à qui les iniquités sont pardonnées, et qui trouve la gloire dans la pénitence ! Heureux celui qui élève en silence l'édifice de ses bonnes œuvres, comme le temple de Salomon, où l'on n'entendoit ni les coups de la cognée, ni le bruit du marteau, tandis que l'ouvrier respectueux bâtissoit la maison du Seigneur. Vous tous qui mangez sur la terre le pain des larmes, répétez à la louange du Très-Haut le saint cantique :

« Gloire à Dieu, dans les hauteurs du ciel ! »

FIN DU LIVRE TROISIÈME.

LIVRE QUATRIÈME.

Cyrille, la famille chrétienne. Démodocus et Cymodocée se rassemblent dans une île au confluent du Ladon et de l'Alphée, pour entendre le fils de Lasthénès raconter ses aventures. Commencement du récit d'Eudore. Origine de la famille de Lasthénès. Elle s'oppose aux Romains lors de l'invasion de la Grèce. L'aîné de la famille de Lasthénès est obligé de se rendre en otage à Rome. La famille de Lasthénès embrasse le christianisme. Enfance d'Eudore. Il part à seize ans pour remplacer son père à Rome. Tempête. Description de l'Archipel. Arrivée d'Eudore en Italie. Description de Rome. Eudore contracte une étroite amitié avec Jérôme, Augustin et le prince Constantin, fils de Constance. Caractères de Jérôme, d'Augustin et de Constantin. Eudore est introduit à la cour. Dioclétien. Galérius. Cour de Dioclétien. Le sophiste Hiéroclès, proconsul d'Achaïe et favori de Galérius. Inimitié d'Eudore et d'Hiéroclès. Eudore tombe dans tous les désordres de la jeunesse et oublie sa religion. Marcellin, évêque de Rome. Il menace Eudore de l'excommunier s'il ne rentre dans le sein de l'Église. Excommunication lancée contre Eudore. Amphithéâtre de Titus. Pressentiment.

Eudore et Cymodocée [1], cachés dans un obscur vallon, au fond des bois de l'Arcadie, ignoroient qu'en ce moment les saints et les anges avoient les regards attachés sur eux et que le Tout-Puissant lui-même s'occupoit de leur destinée : ainsi les pasteurs de Chanaan [2] étoient visités par le Dieu de Nachor, au milieu des troupeaux qui paissoient à l'occident de Bethel.

Aussitôt que le gazouillement des hirondelles [3] eut annoncé à Lasthénès le lever du jour, il se hâte de quitter sa couche ; il s'enveloppe dans un manteau filé par sa diligente épouse et doublé d'une laine amie des vieillards. Il sort précédé de deux chiens de Laconie, sa garde fidèle, et s'avance vers le lieu où devoit reposer l'évêque de Lacédémone ; mais il aperçoit le saint prélat au milieu de la campagne, offrant sa prière à l'Éternel. Les chiens de Lasthénès courent vers Cyrille, et, baissant la tête d'un air caressant, ils sembloient lui porter l'obéissance et le respect de leur maître. Les deux vénérables chrétiens se saluèrent avec gravité, et se promenèrent ensuite sur le penchant des monts, en s'entretenant de la sagesse antique : tel l'Arcadien Évandre conduisit Anchise [4] aux bois de Phénée, lorsque Priam, alors heureux, vint chercher sa sœur Hésione à Salamine; ou tel le même Évandre, exilé au bord du Tibre, reçut l'illustre fils de son ancien hôte [5], quand la fortune eut rassasié de malheurs le monarque d'Ilion.

Démodocus ne tarda pas à paroître; il étoit suivi de Cymodocée, plus belle que la lumière naissante sur les coteaux de l'orient.

Dans le flanc de la montagne qui dominoit la demeure de Lasthénès s'ouvroit une grotte, retraite accoutumée des passereaux et des colombes : c'étoit là qu'à l'imitation des solitaires de la Thébaïde, Eudore se renfermoit pour verser les larmes de la pénitence. On voyoit suspendu au mur de cette grotte un crucifix, et au pied de ce crucifix des armes, une couronne de chêne obtenue dans les combats et des décorations triomphales. Eudore commençoit à sentir renaître au fond de son cœur un trouble qu'il n'avoit que trop connu. Effrayé de son nouveau péril, toute la nuit il avoit poussé des cris vers le ciel. Quand l'aurore eut dissipé les ténèbres, il lava la trace de ses pleurs dans une source pure, et, se préparant à quitter sa grotte, il chercha par la simplicité de ses vêtements à diminuer l'éclat de sa beauté : il attache à ses pieds des brodequins gaulois formés de la peau d'une chèvre sauvage; il cache son cilice sous la tunique d'un chasseur; il jette sur ses épaules et ramène sur sa poitrine la dépouille d'une biche blanche [6] : un pâtre cruel avoit renversé d'un coup de fronde cette reine des bois, lorsqu'elle buvoit, avec son faon, au bord de l'Achéloüs. Eudore prend dans sa main gauche deux javelots de frêne; il suspend à sa main droite une de ces couronnes de grains de corail dont les vierges martyres ornoient leurs cheveux en allant à la mort [7] : couronnes innocentes, vous serviez ensuite à compter le nombre des prières que les cœurs simples répétoient au Seigneur! Armé contre les bêtes des forêts et contre les attaques des esprits de ténèbres, Eudore descend du haut des rochers, comme un soldat chrétien de la légion thébaine [8] qui rentre au camp après les veilles de la nuit. Il franchit les eaux d'un torrent, et vient se joindre à la petite troupe qui l'attendoit au bas du verger. Il porte à ses lèvres le bord du manteau de Cyrille; il reçoit la bénédiction paternelle, et s'incline, en baissant les yeux, devant Démodocus et Cymodocée. Toutes les roses du matin se répandirent sur le front de la fille d'Homère. Bientôt Sophora et ses trois filles sortirent modestement du gynécée. Alors l'évêque de Lacédémone, s'adressant au fils de Lasthénès :

« Eudore, dit-il, vous êtes l'objet de la curiosité de la Grèce chrétienne [9]. Qui n'a point entendu parler de vos malheurs et de votre repentir? Je suis persuadé que vos hôtes de Messénie n'écouteront point eux-mêmes sans intérêt le récit de vos aventures. »

« Sage vieillard, dont l'habit annonce un pasteur des hommes [10], s'écria Démodocus, tu ne prononces pas une parole qu'elle ne soit dictée par Minerve. Il est vrai, comme mon aïeul le divin Homère, je passerois volontiers cinq et même six années à faire ou à écouter des récits. Y a-t-il rien de plus agréable que les paroles d'un homme qui a beaucoup voyagé, et qui, assis à la table de son hôte, tandis que la pluie et les vents murmurent au dehors, raconte, à l'abri de tout danger, les traverses de sa vie! J'aime à sentir mes yeux mouillés de pleurs, en vidant la coupe d'Hercule : les libations mêlées de larmes sont plus sacrées; la peinture des maux dont Jupiter accable les enfants de la terre tempère la folle ivresse des festins et nous fait souvenir des dieux. Et toi-même, cher Eudore, tu trouveras quelque plaisir à te rappeler les tempêtes que tu supportas avec courage : le nautonier, revenu aux champs de ses pères, contemple avec un charme secret son gouvernail [11] et ses rames suspendues pendant l'hiver au tranquille foyer du laboureur. »

Le Ladon et l'Alphée, en se réunissant au-dessous du verger, embrassoient une île qui sembloit naître du mariage de leurs eaux : elle étoit plantée de ces vieux arbres que les peuples de l'Arcadie regardoient comme leur aïeux [12]. C'étoit là qu'Alcimédon coupoit autrefois le bois de hêtre [13] dont il faisoit de si belles tasses aux bergers; c'étoit là qu'on montroit aussi la fontaine Aréthuse et le laurier qui retenoit Daphné sous son écorce [14]. On résolut de passer dans cette île solitaire, afin qu'Eudore ne fût point interrompu dans le récit de ses aventures. Les serviteurs de Lasthénès détachent aussitôt des rives de l'Alphée une longue nacelle, formée du seul tronc d'un pin [15]; la famille et les étrangers s'abandonnent au cours du fleuve. Démodocus, remarquant l'adresse de ces conducteurs, disoit avec un sentiment de tristesse :

« Arcadiens, qu'est devenu le temps où les Atrides étoient obligés de vous prêter des vaisseaux pour aller à Troie, et où vous preniez la rame d'Ulysse pour le van de la blonde Cérès [16]? Aujourd'hui vous vous livrez sans pâlir aux fureurs de la mer immense. Hélas! le fils de Saturne veut que le danger charme les mortels et qu'ils l'embrassent comme une idole! »

On touche bientôt à la pointe orientale de l'île, où s'élevoient deux autels à demi ruinés : l'un, sur le rivage de l'Alphée, étoit consacré à la Tempête; l'autre, au bord du Ladon, étoit dédié à la Tranquillité. La fontaine Aréthuse sortoit de terre entre ces deux autels, et s'écouloit aussitôt dans le fleuve amoureux d'elle. La troupe, impatiente d'entendre le récit d'Eudore, s'arrête dans ce lieu, et s'assied sous des peupliers dont le soleil levant doroit la cime. Après avoir demandé le secours du ciel, le jeune chrétien parla de la sorte :

« Je suis obligé, seigneurs, de vous entretenir un moment de ma naissance, parce que cette naissance est la première origine de mes malheurs. Je descends par ma mère de cette pieuse femme de Mégare qui enterra les os de Phocion sous son foyer [17], en disant : « Cher « foyer, garde fidèlement les restes d'un homme de bien. »

« J'eus pour ancêtre paternel Philopœmen. Vous savez qu'il osa seul s'opposer aux Romains, quand ce peuple libre ravit la liberté à la Grèce. Mon aïeul succomba dans sa noble entreprise ; mais qu'importent la mort et les revers, si notre nom, prononcé dans la postérité, va faire battre un cœur généreux deux mille ans après notre vie?

« Notre patrie expirante, pour ne point démentir son ingratitude, fit boire du poison au dernier de ses grands hommes. Le jeune Polybe[a], au milieu d'une pompe attendrissante, transporta de Messène à Mégalopolis la dépouille de Philopœmen [18]. On eût dit que l'urne, chargée de couronnes et couverte de bandelettes, renfermoit les cendres de la Grèce entière. Depuis ce moment notre terre natale, comme un sol épuisé, cessa de porter des citoyens magnanimes. Elle a conservé son beau nom, mais elle ressemble à cette statue de Thémistocle [19] dont les Athéniens de nos jours ont coupé la tête pour la remplacer par la tête d'un esclave.

« Le chef des Achéens ne reposa pas tranquille au fond de sa tombe [20] : quelques années après sa mort, il fut accusé d'avoir été l'ennemi de Rome et poursuivi criminellement devant le proconsul Mummius, destructeur de Corinthe. Polybe, protégé par Scipion Nasica, parvint à sauver de la proscription les statues de Philopœmen ; mais cette délation sacrilège réveilla la jalousie des Romains contre le sang du dernier des Grecs : ils exigèrent qu'à l'avenir le fils aîné de ma famille fût envoyé à Rome [21] dès qu'il auroit atteint l'âge de seize ans, pour y servir d'otage entre les mains du sénat.

« Accablée sous le poids du malheur et toujours privée de son chef, ma famille abandonna Mégalopolis, et se retira tantôt au milieu de ces montagnes, tantôt dans un autre héritage que nous possédons au pied du Taygète, le long du golfe de Messénie [22]. Paul, le sublime apôtre des gentils, apporta bientôt à Corinthe le remède contre toutes

---

[a] C'est l'historien.

les douleurs. Lorsque le christianisme éclata dans l'empire romain, tout étoit plein d'esclaves ou de princes abattus : le monde entier demandoit des consolations ou des espérances.

« Disposée à la sagesse par les leçons de l'adversité et par la simplicité des mœurs arcadiennes, ma famille fut la première dans la Grèce à embrasser la loi de Jésus-Christ. Soumis à ce joug divin, je passai les jours de mon enfance au bord de l'Alphée et parmi les bois du Taygète. La religion, tenant mon âme à l'ombre de ses ailes, l'empêchoit, comme une fleur délicate, de s'épanouir trop tôt, et, prolongeant l'ignorance de mes jeunes années, elle sembloit ajouter de l'innocence à l'innocence même [23].

« Le moment de mon exil arriva. J'étois l'aîné de ma famille, et j'avois atteint ma seizième année; nous habitions alors nos champs de la Messénie. Mon père, dont j'allois prendre la place, avoit obtenu, par une faveur particulière, la permission de revenir en Grèce avant mon départ : il me donna sa bénédiction et ses conseils. Ma mère me conduisit au port de Phères [24], et m'accompagna jusqu'au vaisseau. Tandis qu'on déployoit la voile, elle levoit les mains au ciel, en offrant à Dieu son sacrifice. Son cœur se brisoit à la pensée de ces mers orageuses et de ce monde plus orageux encore que j'allois traverser, navigateur sans expérience. Déjà le navire s'avançoit dans la haute mer, et Séphora restoit encore avec moi afin d'encourager ma jeunesse, comme une colombe apprend à voler à son petit lorsqu'il sort pour la première fois du nid maternel. Mais il lui fallut me quitter; elle descendit dans l'esquif qui l'attendoit attaché au flanc de notre trirème. Longtemps elle me fit des signes du bord de la barque qui la reportoit au rivage : je poussois des cris douloureux, et quand il me devint impossible de distinguer cette tendre mère, mes yeux cherchoient encore à découvrir le toit où j'avois été nourri et la cime des arbres de l'héritage paternel.

« Notre navigation fut longue : à peine avions-nous passé l'île de Théganuse [25], qu'un vent impétueux du couchant nous obligea de fuir dans les régions de l'aurore jusqu'à l'entrée de l'Hellespont. Après sept jours d'une tempête qui nous déroba la vue de toutes les terres, nous fûmes trop heureux de nous réfugier vers l'embouchure du Simoïs, à l'abri du tombeau d'Achille [26]. Quand la tempête fut calmée, nous voulûmes remonter à l'occident; mais le constant zéphyr [27], que le Bélier céleste amène des bords de l'Hespérie, repoussa longtemps nos voiles : nous fûmes jetés tantôt sur les côtes de l'Éolide [28], tantôt dans les parages de la Thrace et de la Thessalie. Nous parcourûmes cet archipel de la Grèce, où l'aménité des rivages, l'éclat de la lumière, la douceur et les parfums de l'air le disputent au charme des noms et des souvenirs. Nous vîmes tous ces promontoires marqués par des temples ou des tombeaux. Nous touchâmes à différents ports; nous admirâmes ces cités, dont quelques-unes portent le nom d'une fleur brillante, comme la rose, la violette, l'hyacinthe, et qui, chargées de leurs peuples ainsi que d'une semence féconde, s'épanouissent au bord de la mer, sous les rayons du soleil. Quoiqu'à peine sorti de l'enfance, mon imagination était vive et mon cœur déjà susceptible d'émotions profondes. Il y avoit sur notre vaisseau un Grec enthousiaste de sa patrie, comme tous les Grecs. Il me nommoit les lieux que je voyois :

« Orphée entraîna les chênes de cette forêt au son de sa lyre; cette
« montagne, dont l'ombre s'étend si loin, avait dû servir de statue à
« Alexandre; cette autre montagne est l'Olympe[29], et son vallon, le val-
« lon de Tempé; voilà Délos, qui fut flottante au milieu des eaux; voilà
« Naxos, où Ariadne fut abandonnée; Cécrops descendit sur cette rive,
« Platon enseigna sur la pointe de ce cap, Démosthène harangua ces
« vagues, Phryné se baignoit dans ces flots lorsqu'on la prit pour
« Vénus! Et cette patrie des dieux, des arts et de la beauté, s'écrioit
« l'Athénien en versant des pleurs de rage, est en proie aux bar-
« bares! »

« Son désespoir redoubla lorsque nous traversâmes le golfe de Mégare. Devant nous étoit Égine[30], à droite le Pirée, à gauche Corinthe. Ces villes, jadis si florissantes, n'offroient que des monceaux de ruines. Les matelots mêmes parurent touchés de ce spectacle. La foule accourue sur le pont gardoit le silence : chacun tenoit ses regards attachés à ces débris; chacun en tiroit peut-être secrètement une consolation dans ses maux, en songeant combien nos propres douleurs sont peu de chose, comparées à ces calamités qui frappent des nations entières, et qui avoient étendu sous nos yeux les cadavres de ces cités.

« Cette leçon sembloit au-dessus de ma raison naissante : cependant je l'entendis, mais d'autres jeunes gens qui se trouvoient avec moi sur le vaisseau y furent insensibles. D'où venoit cette différence? De nos religions : ils étoient païens, j'étois chrétien. Le paganisme, qui développe les passions avant l'âge, retarde les progrès de la raison; le christianisme, qui prolonge au contraire l'enfance du cœur, hâte la virilité de l'esprit. Dès les premiers jours de la vie il nous entretient de pensées graves; il respecte, jusque dans les langes, la dignité de l'homme; il nous traite, même au berceau, comme des êtres sérieux et sublimes, puisqu'il reconnoît un ange dans l'enfant que la mère porte encore à sa mamelle. Mes jeunes compagnons n'avoient entendu parler que des métamorphoses de Jupiter, et ils ne comprirent rien aux débris qu'ils avoient sous les yeux; moi, je m'étois déjà assis avec le prophète sur les ruines des villes désolées, et Babylone m'enseignoit Corinthe [31].

« Je dois toutefois marquer ici une séduction qui fut mon premier pas vers l'abîme ; et comme il arrive presque toujours, le piége où je me trouvai pris n'avoit rien en apparence que de très-innocent. Tandis que nous méditions sur les révolutions des empires, nous vîmes tout à coup sortir une théorie [32] du milieu de ces débris. O riant génie de la Grèce, qu'aucun malheur ne peut étouffer ni peut-être aucune leçon instruire ! C'étoit une députation des Athéniens aux fêtes de Délos. Le vaisseau déliaque, couvert de fleurs et de bandelettes, étoit orné des statues des dieux ; les voiles blanches, teintes de pourpre par les rayons de l'aurore, s'enfloient aux haleines des zéphyrs, et les rames dorées fendoient le cristal des mers. Des théores penchés sur les flots répandoient des parfums et des libations ; des vierges exécutoient sur la proue du vaisseau la danse des malheurs de Latone, tandis que des adolescents chantoient en chœur les vers de Pindare et de Simonide. Mon imagination fut enchantée par ce spectacle, qui fuyoit comme un nuage du matin, ou comme le char d'une divinité sur les ailes des vents. Ce fut ainsi que pour la première fois j'assistai à une cérémonie païenne sans horreur.

« Enfin, nous revîmes les montagnes du Péloponèse, et je saluai de loin ma terre natale. Les côtes de l'Italie ne tardèrent pas à s'élever du sein des flots. De nouvelles émotions m'attendoient à Brindes [33]. En mettant le pied sur cette terre d'où partent les décrets qui gouvernent le monde, je fus frappé d'un air de grandeur qui m'étoit jusque alors inconnu. Aux élégants édifices de la Grèce succédoient des monuments plus vastes, marqués de l'empreinte d'un autre génie. Ma surprise alloit toujours croissant, à mesure que je m'avançois sur la voie Appienne. Ce chemin, pavé de larges quartiers de roche, semble être fait pour résister au passage du genre humain : à travers les monts de l'Apulie, le long du golfe de Naples, au milieu des paysages d'Anxur, d'Albe et de la campagne romaine, il présente une avenue de plus de trois cents milles de longueur, bordée de temples, de palais et de tombeaux, et vient se terminer à la ville éternelle, métropole de l'univers et digne de l'être. A la vue de tant de prodiges, je tombai dans une sorte d'ivresse, que je n'avois pu ni prévoir ni soupçonner.

« Ce fut en vain que les amis de mon père, auxquels j'étois recommandé, voulurent d'abord m'arracher à mon enchantement. J'errois sans cesse du Forum au Capitole, du quartier des Carènes au champ de Mars ; je courois au théâtre de Germanicus, au môle d'Adrien, au cirque de Néron, au Panthéon d'Agrippa ; et pendant ces courses d'une curiosité dangereuse l'humble Église des chrétiens étoit oubliée.

« Je ne pouvois me lasser de voir le mouvement d'un peuple composé de tous les peuples de la terre, et la marche de ces troupes romaines, gauloises, germaniques, grecques, africaines, chacune différemment armée et vêtue. Un vieux Sabin passoit, avec ses sandales d'écorce de bouleau, auprès d'un sénateur couvert de pourpre ; la litière d'un consulaire étoit arrêtée par le char d'une courtisane ; les grands bœufs du Clitumne traînoient au Forum l'antique chariot du Volsque [34] ; l'équipage de chasse d'un chevalier romain embarrassoit la voie Sacrée ; des prêtres couroient encenser leurs dieux, et des rhéteurs ouvrir leurs écoles.

« Que de fois j'ai visité ces thermes ornés de bibliothèques, ces palais, les uns déjà croulants, les autres à moitié démolis pour servir à construire d'autres édifices ! La grandeur de l'horizon romain se mariant aux grandes lignes de l'architecture romaine ; ces aqueducs qui, comme des rayons aboutissant à un même centre, amènent les eaux au peuple-roi sur des arcs de triomphe ; le bruit sans fin des fontaines ; ces innombrables statues qui ressemblent à un peuple immobile au milieu d'un peuple agité ; ces monuments de tous les âges et de tous les pays ; ces travaux des rois, des consuls, des césars ; ces obélisques ravis à l'Égypte, ces tombeaux enlevés à la Grèce ; je ne sais quelle beauté dans la lumière, les vapeurs et le dessin des montagnes ; la rudesse même du cours du Tibre, les troupeaux de cavales demi-sauvages qui viennent s'abreuver dans ses eaux ; cette campagne que le citoyen de Rome dédaigne maintenant de cultiver, se réservant à déclarer chaque année aux nations esclaves quelle partie de la terre aura l'honneur de le nourrir : que vous dirai-je enfin ? tout porte à Rome l'empreinte de la domination et de la durée : j'ai vu la carte de la ville éternelle tracée sur des rochers de marbre au Capitole [35], afin que son image même ne pût s'effacer.

« Oh ! qu'elle a bien connu le cœur humain, cette religion qui cherche à nous maintenir dans la paix et qui sait donner des bornes à notre curiosité comme à nos affections sur la terre ! Cette vivacité d'imagination, à laquelle je m'abandonnai d'abord, fut la première cause de ma perte. Quand, enfin, je rentrai dans le cours ordinaire de mes occupations, je sentis que j'avois perdu le goût des choses graves, et j'enviai le sort des jeunes païens, qui pouvoient se livrer sans remords à tous les plaisirs de leur âge.

« Le rhéteur Eumène [36] tenoit à Rome une chaire d'éloquence, qu'il a transportée depuis dans les Gaules. Il avoit étudié dans son enfance sous le fils du plus célèbre disciple de Quintilien ; et tout ce qu'il y avoit de jeunes gens illustres fréquentoit alors son école. Je suivis les leçons de ce maître habile, et je ne tardai pas à former des liaisons avec les compagnons de mes études. Trois d'entre eux surtout s'attachèrent à moi par une agréable et sincère amitié : Augustin, Jérôme et le prince Constantin [37], fils du césar Constance.

« Jérôme, issu d'une noble famille pannonienne, annonça de bonne heure les plus beaux talents, mais les passions les plus vives. Son imagination impétueuse ne lui laissait pas un moment de repos. Il passoit des excès de l'étude à ceux des plaisirs avec une facilité inconcevable. Irascible, inquiet, pardonnant difficilement une offense, d'un génie barbare ou sublime, il semble destiné à devenir l'exemple des plus grands désordres ou le modèle des plus austères vertus : il faut à cette âme ardente Rome ou le désert.

« Un hameau du proconsulat de Carthage fut le berceau de mon second ami. Augustin est le plus aimable des hommes. Son caractère, aussi passionné que celui de Jérôme, a toutefois une douceur charmante, parce qu'il est tempéré par un penchant naturel à la contemplation : on pourroit cependant reprocher au jeune Augustin l'abus de l'esprit ; l'extrême tendresse de son âme le jette aussi quelquefois dans l'exaltation. Une foule de mots heureux, de sentiments profonds, revêtus d'images brillantes, lui échappent sans cesse. Né sous le soleil africain, il a trouvé dans les femmes, ainsi que Jérôme, l'écueil de ses vertus et la source de ses erreurs. Sensible jusqu'à l'excès au charme de l'éloquence, il n'attend peut-être qu'un orateur inspiré pour s'attacher à la vraie religion : si jamais Augustin entre dans le sein de l'Église, ce sera le Platon des chrétiens.

« Constantin, fils d'un césar illustre, annonce lui-même toutes les qualités d'un grand homme. Avec la force de l'âme, il a ces beaux dehors si utiles aux princes, et qui rehaussent l'éclat des belles actions. Hélène, sa mère, eut le bonheur de naître sous la loi de Jésus-Christ ; et Constantin, à l'exemple de son père, montre un penchant secret vers cette loi divine. A travers une extrême douceur, on voit percer chez lui un caractère héroïque et je ne sais quoi de merveilleux que le ciel imprime aux hommes destinés à changer la face du monde. Heureux s'il ne se laisse pas emporter à ces éclats de colère [38] si terribles dans les caractères habituellement modérés ! Ah ! combien les princes sont à plaindre d'être si promptement obéis ! Combien il faut avoir pour eux d'indulgence ! Songeons toujours que nous voyons l'effet de leurs premiers mouvements, et que Dieu, pour leur apprendre à veiller sur leurs passions, ne leur laisse pas un moment entre la pensée et l'exécution d'un dessein coupable.

« Tels furent les trois amis avec lesquels je passois mes jours à Rome. Constantin étoit, ainsi que moi, une espèce d'otage entre les mains de Dioclétien. Cette conformité de position, encore plus que celle de l'âge, décida du penchant du jeune prince en ma faveur [39] : rien ne prépare deux âmes à l'amitié comme la ressemblance des destinées, surtout quand ces destinées ne sont pas heureuses. Constantin voulut devenir l'instrument de ma fortune, et il m'introduisit à la cour.

« Lorsque j'arrivai à Rome, le pouvoir tombé aux mains de Dioclétien étoit partagé comme nous le voyons aujourd'hui : l'empereur s'étoit associé Maximien, sous le titre d'Auguste, et Galérius et Constance sous celui de César. Le monde ainsi divisé entre quatre chefs ne reconnoissoit pourtant qu'un maître.

« C'est ici, seigneurs, que je dois vous peindre cette cour, dont vous avez le bonheur de vivre éloignés. Puissiez-vous n'entendre jamais gronder ses orages! Puissent vos jours inconnus couler obscurément comme ces fleuves au fond de cette vallée! Mais, hélas! une vie cachée ne nous sauve pas toujours de la puissance des princes! Le tourbillon qui déracine le rocher enlève aussi le grain de sable; souvent un roi avec son sceptre meurtrit une tête ignorée. Puisque rien ne peut mettre à l'abri des coups qui descendent du trône, il est utile et sage de connoître la main par laquelle nous pouvons être frappés.

« Dioclétien, qui s'appeloit autrefois Dioclès, reçut le jour à Dioclèa, petite ville de Dalmatie. Dans sa jeunesse il porta les armes sous Probus, et devint un général habile. Il occupa sous Carin et Numérien la place importante du comte des Domestici, et il fut lui-même successeur de Numérien, dont il avoit vengé la mort.

« Aussitôt que les légions d'Orient eurent élevé Dioclétien à l'empire, il marcha contre Carinus, frère de Numérien, qui régnoit en Occident : il remporta sur lui une victoire, et par cette victoire il resta seul maître du monde.

« Dioclétien a d'éminentes qualités. Son esprit est vaste, puissant, hardi; mais son caractère, trop souvent foible, ne soutient pas le poids de son génie : tout ce qu'il fait de grand et de petit découle de l'une ou de l'autre de ces deux sources. Ainsi l'on remarque dans sa vie les actions les plus opposées : tantôt c'est un prince plein de fermeté, de lumière et de courage, qui brave la mort, qui connoît la dignité de son rang, qui force Galérius à suivre à pied le char impérial comme le dernier des soldats; tantôt c'est un homme timide, qui tremble devant ce même Galérius, qui flotte irrésolu entre mille projets, qui s'abandonne aux superstitions, les plus déplorables, et qui ne se soustrait aux frayeurs du tombeau qu'en se faisant donner les titres impies de Dieu et d'Éternité. Réglé dans ses mœurs, patient dans ses entreprises, sans plaisirs et sans illusions, ne croyant point aux vertus, n'attendant rien de la reconnoissance, on verra peut-être ce chef de l'empire se dépouiller un jour de la pourpre, par mépris pour les hommes, et afin d'apprendre à la terre qu'il étoit aussi facile à Dioclétien de descendre du trône que d'y monter.

« Soit foiblesse, soit nécessité, soit calcul, Dioclétien a voulu partager sa puissance avec Maximien, Constance et Galérius. Par une politique dont il se repentira peut-être, il a pris soin que ces princes fussent inférieurs à lui et qu'ils servissent seulement à rehausser son mérite. Constance seul lui donnoit quelque ombrage, à cause de ses vertus. Il l'a relégué loin de la cour au fond des Gaules, et il a gardé près de lui Galérius. Je ne vous parlerai point de Maximien-Auguste, guerrier assez brave, mais prince ignorant et grossier, qui n'a aucune influence à la cour. Je passe à Galérius.

« Né dans les huttes des Daces, ce gardeur de troupeaux a nourri dès sa jeunesse, sous la ceinture du chevrier, une ambition effrénée. Tel est le malheur d'un État où les lois n'ont point fixé la succession au pouvoir : tous les cœurs sont enflés des plus vastes désirs; il n'est personne qui ne puisse prétendre à l'empire; et comme l'ambition ne suppose pas toujours le talent, pour un homme de génie qui s'élève, vous avez vingt tyrans médiocres qui fatiguent le monde.

« Galérius semble porter sur son front la marque ou plutôt la flétrissure de ses vices : c'est une espèce de géant, dont la voix est effrayante et le regard horrible. Les pâles descendants des Romains croient se venger des frayeurs que leur inspire ce césar, en lui donnant le surnom d'Armentarius [40]. Comme un homme qui fut affamé la moitié de sa vie, Galérius passe les jours à table et prolonge dans les ténèbres de la nuit de basses et crapuleuses orgies. Au milieu de ces saturnales de la grandeur, il fait tous ses efforts pour déguiser sa première nudité sous l'effronterie de son luxe; mais plus il s'enveloppe dans les replis de la robe de César, plus on aperçoit le sayon du berger.

Outre la soif insatiable du pouvoir et l'esprit de cruauté et de violence, Galérius apporte encore à la cour une autre disposition bien propre à troubler l'empire : c'est une fureur aveugle contre les chrétiens [41]. La mère de ce César, paysanne grossière et superstitieuse, offroit souvent dans son hameau des sacrifices aux divinités des montagnes. Indignée que les disciples de l'Évangile refusassent de partager son idolâtrie, elle avoit inspiré à son fils l'aversion qu'elle sentoit pour les fidèles. Galérius a déjà poussé le foible et barbare Maximien à persécuter l'Église, mais il n'a pu vaincre encore la sage modération de l'empereur. Dioclétien nous estime au fond de l'âme; il sait que nous composons aujourd'hui la meilleure partie des soldats de son armée; il compte sur notre parole quand nous l'avons une fois donnée; il nous a même rapprochés de sa personne : Dorothée, premier officier de son palais[42], est un chrétien remarquable par ses vertus. Vous verrez bientôt que l'impératrice Prisca et sa fille, la princesse Valérie, ont embrassé secrètement la loi du Sauveur. Reconnaissants des bontés de Dioclétien, et vivement touchés de la confiance qu'il leur accorde, les fidèles forment autour de lui une barrière presque insurmontable. Galérius le sait, et sa rage en est plus animée, car il voit que pour atteindre à l'empereur, dont l'ingrat envie peut-être la puissance, il faut perdre auparavant les adorateurs du vrai Dieu.

« Tels sont les deux princes qui, comme les génies du bien et du mal, répandent la prospérité ou la désolation dans l'empire, selon que l'un ou l'autre cède ou remporte la victoire. Comment Dioclétien, si habile dans la connoissance des hommes, a-t-il choisi un pareil césar? C'est ce qu'on ne peut expliquer que par les arrêts de cette Providence qui rend vaines les pensées des princes et dissipe les conseils des nations.

« Heureux Galérius s'il se fût renfermé dans l'enceinte des camps, et qu'il n'eût jamais entendu que les accents des soldats, le cri des dangers et la voix de la gloire! Il n'auroit point rencontré au milieu des armes ces lâches courtisans qui se font une étude d'allumer le vice et d'éteindre la vertu. Il ne se fût point abandonné aux conseils d'un favori perfide, qui ne cesse de le pousser au mal. Ce favori appartient, seigneurs, à une classe d'hommes que je dois vous faire connoître, parce qu'elle influera nécessairement sur les événements de ce siècle et sur le sort des chrétiens.

« Rome, vieillie et dépravée, nourrit dans son sein un troupeau de sophistes, Porphyre, Jamblique, Libanius, Maxime, dont les mœurs et les opinions seroient un objet de risée, si nos folies n'étoient trop souvent le commencement de nos crimes. Ces disciples d'une science vaine attaquent les chrétiens, vantent la retraite, célèbrent la médiocrité, vivent aux pieds des grands et demandent de l'or. Ceux-ci s'occupent sérieusement d'une ville à bâtir[43], toute peuplée de sages, qui, soumis aux lois de Platon, couleront doucement leurs jours en amis et en frères ; ceux-là rêvent profondément des secrets de la nature cachés sous les symboles égyptiens : les uns voient tout dans la pensée, les autres cherchent tout dans la matière ; d'autres prêchent la république, dans le sein de la monarchie : ils prétendent qu'il faut renverser la société, afin de la reconstruire sur un plan nouveau ; d'autres, à l'imitation des fidèles, veulent enseigner la morale au peuple : ils rassemblent la foule dans les temples et au coin des rues, et vendent, sur des tréteaux, une vertu que ne soutiennent point les œuvres et les mœurs. Divisés pour le bien, réunis pour le mal, gonflés de vanité, se croyant des génies sublimes, au-dessus des doctrines vulgaires, il n'y a point d'insignes folies, d'idées bizarres, de systèmes monstrueux, que ces sophistes n'enfantent chaque jour. Hiéroclès marche à leur tête, et il est digne en effet de conduire un tel bataillon.

« Ce favori de Galérius, vous le savez trop, seigneurs, gouverne aujourd'hui l'Achaïe : c'est un de ces hommes que les révolutions introduisent au conseil des grands, et qui leur deviennent utiles par une sorte de talent pour les affaires communes, par une facilité peu désirable à parler promptement sur tous les sujets. Grec d'origine, on soupçonne Hiéroclès d'avoir été chrétien dans sa jeunesse ; mais, l'orgueil des lettres humaines ayant corrompu son esprit, il s'est jeté dans les sectes philosophiques. On ne reconnoît plus en lui de traces de sa religion première, si ce n'est à l'espèce de délire et de rage où le plonge le seul nom du Dieu qu'il a quitté. Il a pris la langue hypocrite et les affectations de l'école de la fausse sagesse. Les mots de liberté, de vertu, de science et de progrès des lumières, de bonheur du genre humain, sortent sans cesse de sa bouche ; mais ce Brutus est un bas courtisan, ce Caton est dévoré de passions honteuses, cet apôtre de la tolérance est le plus intolérant des mortels, et cet adorateur de l'humanité est un sanglant persécuteur. Constantin le hait, Dioclétien le craint et le méprise, mais il a gagné la confiance intime de Galérius ; il n'a d'autre rival auprès de ce prince que Publius, préfet de Rome. Hiéroclès essaye d'empoisonner l'esprit du malheureux césar : il présente au monde le spectacle hideux d'un prétendu sage qui corrompt, au nom des lumières, un homme qui règne sur les hommes.

« Jérôme, Augustin et moi, nous avions rencontré Hiéroclès à l'école d'Eumène. Son ton sentencieux et décisif, son air d'importance et d'orgueil, le rendoient odieux à notre simplicité et à notre franchise. Sa personne même semble repousser l'affection et la confiance : son front étroit et comprimé annonce l'obstination et l'esprit de système ; ses yeux faux ont quelque chose d'inquiet comme ceux d'une bête sauvage ; son regard est à la fois timide et féroce ; ses lèvres épaisses sont presque toujours entr'ouvertes par un sourire vif et cruel ; ses cheveux rares et inflexibles, qui pendent en désordre, semblent n'appartenir en rien à cette chevelure que Dieu jeta comme un voile sur les épaules du jeune homme et comme une couronne sur la tête du vieillard. Je ne sais quoi de cynique et de honteux respire dans tous les traits du sophiste : on voit que ses ignobles mains porteroient mal l'épée du soldat, mais qu'elles tiendroient aisément la plume de l'athée ou le fer du bourreau.

« Telle est la laideur de l'homme quand il est, pour ainsi dire, resté seul avec son corps, et qu'il renonce à son âme.

« Une offense que je reçus d'Hiéroclès [44], et que je repoussai de manière à le couvrir de confusion aux yeux de toute la cour, alluma contre moi dans son cœur une haine implacable. Il ne pouvoit, d'ailleurs, me pardonner la bienveillance de Dioclétien et l'amitié du fils de Constance. L'amour-propre blessé, l'envie excitée, ne lui laissèrent pas un moment de repos qu'il n'eût trouvé l'occasion de me perdre, et cette occasion ne tarda pas à se présenter.

« Hélas ! j'étois pourtant bien peu digne d'envie ! trois ans passés à Rome dans les désordres de la jeunesse avoient suffi pour me faire presque entièrement oublier ma religion. J'en vins même à cette indifférence qu'on a tant de peine à guérir, et qui laisse moins de ressources que le crime. Toutefois les lettres de Séphora et les remontrances des amis de mon père troubloient souvent ma fausse sécurité.

« Parmi les hommes qui conservoient à Lasthénès un fidèle souvenir étoit Marcellin, évêque de Rome [45] et chef de l'Église universelle. Il habitoit le cimetière des chrétiens, de l'autre côté du Tibre, dans un lieu désert, au tombeau de saint Pierre et de saint Paul [46]. Sa demeure, composée de deux cellules, étoit appuyée contre le mur de la chapelle du cimetière. Une sonnette suspendue à l'entrée de l'asile du repos annonçoit à Marcellin l'arrivée des vivants ou des morts. On voyoit à sa porte, qu'il ouvroit lui-même aux voyageurs, les bâtons et les sandales des évêques qui venoient de toutes les parties de la terre lui rendre compte du troupeau de Jésus-Christ. Là se rencontroient et Paphnuce de la haute Thébaïde [47], qui chassoit les démons par sa parole ; et Spyridion de l'île de Chypre, qui gardoit les moutons et faisoit des miracles, et Jacques de Nisibe, qui reçut le don de prophétie ; et Osius, confesseur de Cordoue ; et Archéloüs de Caschares, qui confondit Manès ; et Jean, qui répandit dans la Perse la lumière de la foi ; et Frumentius, qui fonda l'Église d'Éthiopie ; et Théophile, qui revenoit de sa mission des Indes ; et cette chrétienne esclave qui, dans sa captivité, convertit la nation entière des Ibériens. La salle du conseil de Marcellin étoit une allée de vieux ifs qui régnoit le long du cimetière. C'étoit là qu'en se promenant avec les évêques il conféroit des besoins de l'Église. Étouffer les hérésies de Donat, de Novatien, d'Arius, publier des canons, assembler des conciles, bâtir des hôpitaux, racheter des esclaves, secourir les pauvres, les orphelins, les étrangers, envoyer des apôtres aux barbares, tel étoit l'objet des puissants entretiens de ces pasteurs. Souvent, au milieu des ténèbres, Marcellin, veillant seul pour le salut de tous, descendoit de sa cellule au tombeau des saints apôtres. Prosterné sur les reliques, il prioit la nuit entière, et ne se relevoit qu'aux premiers rayons du jour. Alors, découvrant sa tête chenue, posant à terre sa tiare de laine blanche, le pontife ignoré étendoit ses mains pacifiques et bénissoit la ville et le monde [48].

« Lorsque je passois de la cour de Dioclétien à cette cour chrétienne, je ne pouvois m'empêcher d'être frappé d'une chose étonnante. Au milieu de cette pauvreté évangélique je retrouvois les traditions du palais d'Auguste et de Mécène, une politesse antique, un enjouement grave, une élocution simple et noble, une instruction variée, un goût sain, un jugement solide. On eût dit que cette obscure demeure étoit destinée par le ciel à devenir le berceau d'une autre Rome et l'unique asile des arts, des lettres et de la civilisation.

« Marcellin essayoit tous les moyens de me ramener à Dieu. Quelquefois, au soleil couchant, il me conduisoit sur les bords du Tibre ou dans les jardins de Salluste. Il m'entretenoit de la religion, et cherchoit à m'éclairer sur mes fautes avec une bonté paternelle. Mais les mensonges de la jeunesse m'ôtoient le goût de la vérité. Loin de profiter de ces promenades salutaires, je redemandois secrètement les platanes de Fronton, le portique de Pompée ou celui de Livie [49], rempli d'antiques tableaux ; et puisqu'il le faut avouer à ma confusion éternelle, je regrettois les temples d'Isis et de Cybèle, les fêtes d'Adonis, le cirque, les théâtres, lieux d'où la pudeur s'est depuis longtemps envolée aux accents de la muse d'Ovide. Après avoir inutilement tenté près de moi les admonitions charitables, Marcellin employa les mesures sévères : « Je serai forcé, me disoit-il souvent, de vous séparer de la « communion des fidèles, si vous continuez à vivre éloigné des sacre- « ments de Jésus-Christ. »

« Je n'écoutai point ses conseils, je ris de ses menaces ; ma vie devint un objet de scandale public : le pontife fut enfin obligé de lancer ses foudres.

« J'étois allé chez Marcellin ; je sonne à la grille du cimetière : les deux battants de la grille se séparent et s'écartent l'un de l'autre en gémissant sur leurs gonds. J'aperçois le pontife debout, à l'entrée de la chapelle ouverte. Il tenoit à la main un livre redoutable, image du livre scellé des sept sceaux que l'Agneau seul peut briser. Des diacres, des prêtres, des évêques, en silence, immobiles, étaient rangés sur les tombeaux environnants, comme des justes ressuscités pour assister au jugement de Dieu. Les yeux de Marcellin lançoient des flammes. Ce n'étoit plus le bon pasteur qui rapporte au bercail la brebis égarée, c'étoit Moïse dénonçant la sentence mortelle à l'infidèle adorateur du veau d'or ; c'étoit Jésus-Christ chassant les profanateurs du temple. Je veux avancer : un exorcisme me barre le chemin. Au même moment, les évêques étendent les bras et élèvent la main contre moi en détournant la tête ; alors le pontife, d'une voix terrible :

« Qu'il soit anathème, celui qui souille par ses mœurs la pureté du
« nom chrétien ! qu'il soit anathème, celui qui n'approche plus de
« l'autel du vrai Dieu ! qu'il soit anathème, celui qui voit avec indiffé-
« rence l'abomination de l'idolâtrie ! »

« Tous les évêques s'écrient :

« Anathème ! »

« Aussitôt Marcellin entre dans l'église : la porte sainte est fermée devant moi [50]. La foule des élus se disperse en évitant ma rencontre : je parle, on ne me répond pas : on me fuit comme un homme attaqué d'un mal contagieux. Ainsi qu'Adam banni du paradis terrestre, je me trouve seul dans un monde couvert de ronces et d'épines, et maudit à cause de ma chute.

« Saisi d'une espèce de vertige, je monte en désordre sur mon char ; je pousse au hasard mes coursiers, je rentre dans Rome, je m'égare, et, après de longs détours, j'arrive à l'amphithéâtre de Vespasien [51]. Là j'arrête mes chevaux écumants. Je descends du char ; je m'approche de la fontaine où les gladiateurs qui survivent se désaltèrent après le combat : je voulois aussi rafraîchir ma bouche brûlante. Il y avoit eu la veille des jeux donnés par Aglaé [a], riche et célèbre Romaine ; mais dans ce moment ces abominables lieux étoient déserts. La victime innocente que mes crimes ont derechef immolée me poursuit du haut du ciel. Nouveau Caïn, agité et vagabond, j'entre dans l'amphithéâtre ; je m'enfonce dans les galeries obscures et solitaires. Nul bruit ne s'y faisoit entendre, hors celui de quelques oiseaux effrayés qui frappoient les voûtes de leurs ailes. Après avoir parcouru

---

[a] Sainte Aglaé.

les divers étages, je me repose, un peu calmé, sur un siége au premier rang. Je veux oublier, par la vue de cet édifice païen, et la proscription divine et la religion de mes pères. Vains efforts! là même un Dieu vengeur se présente à mon souvenir. Je songe tout à coup que cet édifice est l'ouvrage d'une nation dispersée, selon la parole de Jésus-Christ. Étonnante destinée des enfants de Jacob! Israel, captif de Pharaon, éleva les palais de l'Égypte; Israel, captif de Vespasien, bâtit ce monument de la puissance romaine! Il faut que ce peuple, même au milieu de toutes ses misères, ait la main dans toutes les grandeurs [52].

« Tandis que je m'abandonnois à ces réflexions, les bêtes féroces enfermées dans les loges souterraines de l'amphithéâtre se mirent à rugir [53] : je tressaillis, et, jetant les yeux sur l'arène, j'aperçus encore le sang des infortunés déchirés dans les derniers jeux. Un grand trouble me saisit : je me figure que je suis exposé au milieu de cette arène, réduit à la nécessité de périr sous la dent des lions, ou de renier le Dieu qui est mort pour moi; je me dis : « Tu n'es plus chré-
« tien, mais, si tu le redevenois un jour, que ferois-tu? »

« Je me lève, je me précipite hors de l'édifice; je remonte sur mon char, je regagne ma demeure. Toute la nuit la terrible question de ma conscience retentit au fond de mon sein. Aujourd'hui même cette scène se retrace souvent à ma mémoire comme si j'y trouvois quelque avertissement du ciel. »

Après avoir prononcé ces mots, Eudore cesse tout à coup de parler. Les yeux fixes, l'air ému, il paroît frappé d'une vision surnaturelle. L'assemblée, surprise, garde le silence, et l'on n'entend plus que le murmure du Ladon et de l'Alphée, qui baignent le double rivage de l'île. La mère d'Eudore, effrayée, se lève. Le jeune chrétien, revenu à lui-même, s'empresse de calmer les inquiétudes maternelles en reprenant ainsi son discours.

FIN DU LIVRE QUATRIÈME.

LIVRE CINQUIÈME.

Suite du récit. La cour va passer l'été à Baïes. Naples. Maison d'Aglaé. Promenades d'Eudore, d'Augustin et de Jérôme. Leur entretien au tombeau de Scipion. Thraséas, ermite du Vésuve. Son histoire. Séparation des trois amis. Eudore retourne à Rome avec la cour. Les catacombes. Aventure de l'impératrice Prisca et de la princesse Valérie, sa fille. Eudore, banni de la cour, est envoyé en exil à l'armée de Constance. Il quitte Rome, il traverse l'Italie et les Gaules. Il arrive à Agrippina sur les bords du Rhin. Il trouve l'armée romaine prête à porter la guerre chez les Francs. Il sert comme simple soldat parmi les archers crétois qui composent, avec les Gaulois, l'avant-garde de l'armée de Constance.

« L'impression que laissa dans mon esprit ce jour fatal, à présent si vive et si profonde, fut alors promptement effacée. Mes jeunes amis m'entourèrent; ils se moquèrent de mes terreurs et de mes remords; ils rioient des anathèmes d'un obscur pontife sans crédit et sans pouvoir.

« La cour, qui dans ce moment se transporta de Rome à Baïes, en m'arrachant du théâtre de mes erreurs, m'enleva au souvenir de leur châtiment; et me croyant perdu sans retour auprès des chrétiens, je ne songeai qu'à m'abandonner aux plaisirs.

« Je compterois, seigneurs, parmi les beaux jours de ma vie l'été que je passai près de Naples avec Augustin et Jérôme s'il pouvoit y avoir de beaux jours dans l'oubli de Dieu et les mensonges des passions.

« La cour étoit pompeuse et brillante : tous les princes, amis ou enfants des césars, s'y trouvoient rassemblés. On y voyoit Licinius[a] et Sévère[b], compagnons d'armes de Galérius; Daïa[c], nouvellement

---

[a] Devenu auguste à la mort de Sévère.
[b] César à l'abdication de Dioclétien, et auguste à la mort de Constance.
[c] César à l'abdication de Dioclétien.

sorti de ses bois et neveu du même césar ; Maxence [a], fils de Maximien Auguste. Mais Constantin préféroit notre société à celle de ces princes jaloux de sa vertu, de sa valeur, de sa haute renommée, et publiquement ou secrètement ses ennemis.

« Nous fréquentions surtout à Naples le palais d'Aglaé [1], dame romaine dont je vous ai déjà prononcé le nom. Elle étoit de race de sénateurs et fille du proconsul Arsace. Ses richesses étoient immenses. Soixante-treize intendants gouvernoient son bien, et elle avoit donné trois fois les jeux publics à ses dépens. Sa beauté égaloit ses talents et ses grâces ; elle réunissoit autour d'elle tout ce qui conservoit encore l'élégance des manières et le goût des lettres et des arts. Heureuse si, dans la décadence de Rome, elle eût mieux aimé devenir une seconde Cornélie que de rappeler le souvenir des femmes trop célèbres chantées par Ovide, Properce et Tibulle !

« Sébastien [b] et Pacôme [c], centurions dans les gardes de Constantin ; Génès [d], acteur fameux, héritier des talents de Roscius ; Boniface [e], premier intendant du palais d'Aglaé, et peut-être trop cher à sa maîtresse, embellissoient de leur esprit et de leur gaieté les fêtes de la voluptueuse Romaine. Mais Boniface, homme abandonné aux délices, avoit trois qualités excellentes : l'hospitalité, la libéralité, la compassion. En sortant des orgies et des festins, il alloit par les places secourir les voyageurs, les étrangers et les pauvres. Aglaé elle-même, au milieu de ses désordres, portoit un grand respect aux fidèles et une foi simple aux reliques des martyrs. Génès, ennemi déclaré des chrétiens, la railloit de sa foiblesse.

« Eh bien ! disoit-elle, j'ai aussi mes superstitions. Je crois à la vertu des cendres d'un chrétien mort pour son Dieu, et je veux que Boniface m'aille chercher des reliques. »

« Illustre patronne, répondoit en riant Boniface, je prendrai de l'or et des parfums. J'irai chercher des reliques de martyrs ; je vous les apporterai : mais si mes propres reliques vous viennent sous le nom de martyr, recevez-les. »

« Nous passions une partie des nuits au milieu de cette compagnie séduisante et dangereuse ; j'habitois avec Augustin et Jérôme la ville de Constantin bâtie sur le penchant du mont Pausilippe. Chaque matin, aussitôt que l'aurore [2] commençoit à paroître, je me rendois sous un portique qui s'étendoit le long de la mer. Le soleil se levoit devant

---

[a] Le tyran qui prit la pourpre et que Constantin vainquit aux portes de Rome.
[b] Le martyr militaire, surnommé le Défenseur de l'Église romaine.
[c] Le solitaire de la Thébaïde, qui porta les armes sous Constantin.
[d] Le martyr.   [e] *Idem.*

moi sur le Vésuve : il illuminoit de ses feux les plus doux la chaîne des montagnes de Salerne, l'azur de la mer parsemée des voiles blanches des pêcheurs, les îles de Caprée, d'OEnaria et de Prochyta [a], la mer, le cap Misène et Baïes avec tous ses enchantements.

« Des fleurs et des fruits humides de rosée sont moins suaves et moins frais que le paysage de Naples sortant des ombres de la nuit. J'étois toujours surpris en arrivant au portique de me trouver au bord de la mer, car les vagues dans cet endroit faisoient à peine entendre le léger murmure d'une fontaine. En extase devant ce tableau, je m'appuyois contre une colonne, et, sans pensée, sans désir, sans projet, je restois des heures entières à respirer un air délicieux. Le charme étoit si profond qu'il me sembloit que cet air divin transformoit ma propre substance, et qu'avec un plaisir indicible je m'élevois vers le firmament comme un pur esprit. Dieu tout-puissant! que j'étois loin d'être cette intelligence céleste dégagée des chaînes des passions! Combien ce corps grossier m'attachoit à la poussière du monde, et que j'étois misérable d'être si sensible aux charmes de la création et de penser si peu au Créateur! Ah! tandis que, libre en apparence, je croyois nager dans la lumière, quelque chrétien chargé de fers et plongé pour la foi dans les cachots étoit celui qui abandonnoit véritablement la terre et montoit glorieux dans les rayons du soleil éternel!

« Hélas! nous poursuivions nos faux plaisirs. Attendre ou chercher une beauté coupable, la voir s'avancer dans une nacelle et nous sourire du milieu des flots, voguer avec elle sur la mer dont nous semions la surface de fleurs, suivre l'enchanteresse au fond de ce bois de myrtes et dans les champs heureux où Virgile plaça l'Élysée, telle étoit l'occupation de nos jours, source intarissable de larmes et de repentir. Peut-être est-il des climats dangereux à la vertu par leur extrême volupté. Et n'est-ce point ce que voulut enseigner une fable ingénieuse en racontant que Parthénope fut bâtie sur le tombeau d'une sirène [3]? L'éclat velouté de la campagne, la tiède température de l'air, les contours arrondis des montagnes, les molles inflexions des fleuves et des vallées, sont à Naples autant de séductions pour les sens, que tout repose et que rien ne blesse. Le Napolitain, demi-nu, content de se sentir vivre sous les influences d'un ciel propice, refuse de travailler aussitôt qu'il a gagné l'obole qui suffit au pain du jour. Il passe la moitié de sa vie immobile aux rayons du soleil, et l'autre à se faire traîner dans un char en poussant des cris de joie; la nuit il

---

[a] Ischia et Procida.

se jette sur les marches d'un temple, et dort sans souci de l'avenir aux pieds des statues de ses dieux.

« Pourriez-vous croire, seigneurs, que nous étions assez insensés pour envier le sort de ces hommes, et que cette vie sans prévoyance et sans lendemain nous sembloit le comble du bonheur ! C'étoit souvent l'objet de nos entretiens lorsque, pour éviter les ardeurs du midi, nous nous retirions dans la partie du palais bâtie sous la mer. Couchés sur des lits d'ivoire, nous entendions murmurer les vagues au-dessus de nos têtes. Si quelque orage nous surprenoit au fond de ces retraites, les esclaves allumoient des lampes pleines du nard le plus précieux d'Arabie. Alors entroient de jeunes Napolitaines qui portoient des roses de Pœstum dans des vases de Nola [4] ; tandis que les flots mugissoient au dehors, elles chantoient en formant devant nous des danses tranquilles qui me rappeloient les mœurs de la Grèce : ainsi se réalisoient pour nous les fictions des poëtes ; on eût cru voir les jeux des néréides dans la grotte de Neptune.

« Aussitôt que le soleil, se retirant vers le tombeau de la nourrice d'Énée [5], mettoit une partie du golfe de Naples à l'ombre du mont Pausilippe, les trois amis se séparoient. Jérôme, qu'entraînoit l'amour de l'étude, alloit consulter le rivage où Pline fut la victime du même amour, interroger les cendres d'Herculanum, chercher la cause des bruits menaçants de la solfatare. Augustin, un *Virgile* à la main, parcouroit les bords que chanta ce poëte immortel, le lac Averne, la grotte de la Sibylle, l'Achéron, le Styx, l'Élysée ; il se plaisoit surtout à relire les malheurs de Didon, au tombeau du tendre et beau génie qui raconta la touchante histoire de cette reine infortunée.

« Plein de la noble ardeur de s'instruire, le prince Constantin m'invitoit à le suivre aux monuments consacrés par les souvenirs de l'histoire. Nous faisions dans un esquif le tour du golfe de Baïes : nous retrouvions les ruines de la maison de Cicéron [6], nous reconnoissions le lieu du naufrage d'Agrippine, la plage où elle se sauva, le palais où son fils attendoit le succès du parricide, et plus loin la demeure où cette mère tendit aux meurtriers les flancs qui avoient porté Néron. Nous visitions à Caprée les souterrains témoins de la honte de Tibère. « Ah ! qu'on est malheureux, disoit Constantin, d'être
« le maître de l'univers et d'être forcé, par la conscience de ses
« crimes, à s'exiler soi-même sur ce rocher ! »

« Des sentiments si généreux dans l'héritier de Constance, et peut-être de l'empire romain, me rendoient plus cher le prince protecteur et compagnon de ma jeunesse. Aussi ne laissois-je échapper aucune occasion de réveiller les idées ambitieuses au fond de son cœur, car l'ambition de Constantin me semble être l'espérance du monde.

« Un bain voluptueux nous attendoit après ces courses. Aglaé nous offroit au milieu de ses jardins un repas long et délicat. Le banquet du soir étoit préparé sur une terrasse au bord de la mer, parmi des orangers en fleur. La lune nous prêtoit son flambeau ; elle paroissoit sans voile au milieu des astres comme une reine au milieu de sa cour ; sa vive clarté faisoit pâlir la flamme qui brille au sommet du Vésuve ; et, peignant d'azur la fumée rougie du volcan, elle dessinoit un arc-en-ciel dans la nuit. Le beau phénomène, la face du paisible luminaire, les côtes de Surrentum [a], de Pompéia et d'Héraclée [b], se réfléchissoient dans les vagues, et l'on entendoit au loin, sur la mer, la chanson du pêcheur napolitain.

« Nous remplissions alors nos coupes d'un vin exquis trouvé dans les celliers d'Horace, et nous buvions aux trois sœurs de l'Amour, filles de la Puissance et de la Beauté [7]. Le front couronné d'ache toujours verte et de roses qui durent si peu [8], nous nous excitions à jouir de la vie par la considération de sa brièveté.

« Il faudra quitter cette terre, cette maison chérie, cette maîtresse
« adorée. De tous les arbres plantés de nos mains, nul, hormis
« l'odieux cyprès, ne suivra dans la tombe son maître d'un jour. »

« Nous chantions ensuite sur la lyre nos passions criminelles :

« Loin d'ici, bandelettes sacrées, ornements de la pudeur, et vous,
« longues robes, qui cachez les pieds des vierges, je veux célébrer les
« larcins et les heureux dons de Vénus ! Qu'un autre traverse les mers,
« qu'il amasse les trésors de l'Hermus et du Gange, ou qu'il cherche
« de vains honneurs dans les périls de la guerre : pour moi, je mets
« toute ma renommée à vivre esclave de la beauté qui m'enchante.
« Que j'aime le séjour des champs, les prés émaillés, les bords des
« fleuves ! Qui me laissera passer ma vie sans gloire au fond des
« forêts ? Quel plaisir de suivre Délie dans nos campagnes, de lui
« porter dans mes bras l'agneau qui vient de naître ! Si pendant la
« nuit les vents ébranlent ma chaumière, si la pluie tombe en torrent
« sur mon toit... »

« Mais pourquoi, seigneurs, continuerois-je à vous peindre le désordre de trois insensés ? Ah ! parlons plutôt des dégoûts attachés à ces choses si vides de bonheur ! Ne croyez pas que nous fussions heureux au milieu de ces voluptés trompeuses. Une inquiétude indéfinissable nous tourmentoit. Notre bonheur eût été d'être aimés aussi bien que d'aimer [9], car on veut trouver la vie dans ce qu'on aime.

---

[a] Sorrente.   [b] Ou Herculanum.

Mais, au lieu de vérité et de paix dans nos tendresses, nous ne rencontrions qu'imposture, larmes, jalousie, indifférence. Tour à tour infidèles ou trahis, la femme que nous devions bientôt aimer devoit être celle que nous aimerions toujours. Il manquoit à l'autre certaine grâce du corps ou de l'âme, qui avoit empêché notre attachement d'être durable. Et quand nous avions trouvé l'idéal objet de nos songes, notre cœur se lassoit de nouveau, nos yeux s'ouvroient sur des défauts inattendus, et bientôt nous étions réduits à regretter notre première victime. Tant de sentiments incomplets ne nous laissoient que des images confuses, qui troubloient nos plaisirs du moment, en ramenant au milieu de nos jouissances une foule de souvenirs qui les combattoient. C'est ainsi qu'au milieu de nos félicités nous n'étions que misère, parce que nous avions abandonné ces pensées vertueuses qui sont la vraie nourriture de l'homme, et cette beauté céleste qui peut seule combler l'immensité de nos désirs.

« La bonté de la Providence fit tout à coup briller un éclair de la grâce au milieu des ténèbres de nos âmes : le ciel permit que la première pensée de religion nous vînt de l'excès même de nos plaisirs, tant les voies de Dieu sont inexplicables !

« Un jour, errant aux environs de Baïes[10], nous nous trouvâmes auprès de Literne[a]. Le tombeau de Scipion l'Africain frappa tout à coup nos regards : nous approchâmes avec respect. Le monument s'élève au bord de la mer. Une tempête a renversé la statue qui le couronnoit. On lit encore cette inscription sur la table du sarcophage :

« INGRATE PATRIE, TU N'AURAS PAS MES OS. »

« Nos yeux s'humectèrent de larmes au souvenir de la vertu et de l'exil du vainqueur d'Annibal. La grossièreté même du sépulcre, si frappante auprès des superbes mausolées de tant d'hommes inconnus qui couvrent l'Italie, servoit à redoubler notre attendrissement. Nous n'osâmes pas nous reposer sur le tombeau même, mais nous nous assîmes à sa base, gardant un religieux silence, comme si nous eussions été au pied de l'autel. Après quelques moments de méditation, Jérôme éleva la voix et nous dit :

« Amis, les cendres du plus grand des Romains me font vivement sentir notre petitesse et l'inutilité d'une vie dont je commence à être accablé. Je sens qu'il me manque quelque chose. Depuis longtemps je ne sais quel instinct voyageur me poursuit : vingt fois le jour, je suis prêt à vous dire adieu, à porter mes pas errants sur la terre. Le prin-

[a] Patria.

cipe de cette inquiétude ne seroit-il point dans le vide de nos désirs? La vie entière de Scipion nous accuse. Ne versez-vous pas des pleurs d'admiration, ne sentez-vous pas qu'il est un bonheur différent de celui que nous cherchons, quand vous voyez l'Africain rendre une épouse à son époux [11], quand Cicéron vous peint ce grand homme [12] parmi les esprits célestes, montrant à l'Émilien, dans un songe, qu'il existe une autre vie où la vertu est couronnée? »

« Jérôme, repondit Augustin, vous avez fait ma propre histoire : comme vous, je suis tourmenté d'un mal dont j'ignore la cause ; je n'ai pas toutefois, comme vous, le besoin de m'agiter : je ne soupire au contraire qu'après le repos, et je voudrois, à l'exemple de Scipion, placer mes jours dans la suprême région de la tranquillité. Une langueur secrète me consume ; je ne sais de quel côté chercher le bonheur ; plus je considère la vie, moins je m'y attache. Ah ! s'il étoit quelque vérité cachée, s'il existoit quelque part une fontaine d'amour inépuisable, intarissable, sans cesse renouvelée, où l'on pût se plonger tout entier ; Scipion, si ton songe n'étoit pas une erreur divine... »

« Avec quel transport, s'écria impétueusement Jérôme, je m'élancerois vers cette source ! Rivage du Jourdain, grotte de Bethléem, vous me verriez bientôt au nombre de vos anachorètes ! O montagnes de la Judée ! l'avenir ne pourroit plus séparer l'idée de vos déserts et de ma pénitence ! »

« Jérôme prononça ces mots avec une véhémence qui nous surprit. Sa poitrine se soulevoit ; il étoit comme un cerf altéré qui désire l'eau des fontaines.

« Votre confession, ô mes amis ! dis-je alors, a cela d'étrange qu'elle est aussi la mienne. Mais je réunis en moi seul les deux plaies qui vous tourmentent : l'instinct voyageur et la soif du repos. Quelquefois ce mal bizarre me fait tourner les yeux avec regret vers la religion de mon enfance. »

« Ma mère, qui est chrétienne [13], reprit Augustin, m'a souvent entretenu de la beauté de son culte, où je trouverois, disoit-elle, le bonheur de ma vie. Hélas ! cette tendre mère habite de l'autre côté de ces flots ; peut-être qu'en ce moment elle les contemple du rivage opposé en songeant à son fils ! »

« Augustin avoit à peine achevé de prononcer ces mots, qu'un homme vêtu de la robe des philosophes d'Épictète [14] sortit du tombeau de Scipion. Il paroissoit être dans l'âge mûr, mais plus près de la jeunesse que de la vieillesse. Un air de gaieté angélique étoit répandu sur son visage ; on eût dit que ses lèvres ne pouvoient s'ouvrir que pour prononcer les choses les plus aimables.

« Jeunes seigneurs, dit-il en se hâtant de nous tirer de notre surprise, me le pardonnerez-vous? J'étois assis dans ce monument [15] lorsque vous êtes arrivés, et j'ai entendu malgré moi vos discours. Puisque je sais maintenant votre histoire, je veux vous raconter la mienne; elle pourra vous être utile, peut-être y trouverez-vous un remède aux maux dont vous vous plaignez. »

« Sans attendre notre réponse, l'étranger, avec une noble familiarité, prit place au milieu de nous et parla de la sorte :

« Je suis le solitaire chrétien du Vésuve [16], dont vous pouvez avoir
« entendu parler, puisque je suis l'unique habitant du sommet de
« cette montagne. Je viens quelquefois visiter le tombeau de l'Afri-
« cain; en voici la raison : lorsque ce grand homme, retiré à Literne,
« se consoloit par la vertu de l'injustice de sa patrie, des pirates des-
« cendirent sur ce rivage [17]; ils attaquèrent la maison de l'illustre
« exilé, sans savoir quel en étoit le possesseur. Déjà ils avoient esca-
« ladé les murs, quand des esclaves accourus au bruit se mirent en
« devoir de défendre leur maître. « Comment! s'écrient-ils, vous osez
« violer la maison de Scipion! » A ce nom, les pirates, saisis de res-
« pect, jetèrent leurs armes, et, demandant pour toute grâce qu'il
« leur fût permis de contempler le vainqueur d'Annibal, ils se retirè-
« rent pleins d'admiration après l'avoir vu.

« Thraséas, mon aïeul, d'une noble famille de Sicyone, se trouvoit
« avec ces pirates. Enlevé par eux dans son enfance, il avoit été con-
« traint de servir sur leurs vaisseaux. Il se cacha dans la maison de
« Scipion, et quand les pirates se furent éloignés, il se jeta aux pieds
« de son hôte, et lui conta son aventure. L'Africain, touché de son
« sort, le renvoya dans sa patrie; mais les parents de Thraséas étoient
« morts pendant sa captivité, et leur fortune avoit été dissipée. Mon
« aïeul revint trouver son libérateur, qui lui donna une petite terre
« auprès de sa maison de campagne et le maria à la fille d'un pauvre
« chevalier romain. Je suis descendu de cette famille : vous voyez que
« j'ai une raison légitime d'honorer le tombeau de Scipion.

« Ma jeunesse fut orageuse. J'essayai de tout, et je me dégoûtai de
« tout. J'étois éloquent, je fus célèbre, et je me dis : Qu'est-ce que
« cette gloire des lettres, disputée pendant la vie, incertaine après la
« mort, et que l'on partage souvent avec la médiocrité et le vice? Je
« fus ambitieux, j'occupai un poste éminent, et je me dis : Cela valoit-il
« la peine de quitter une vie paisible, et ce que je trouve remplace-t-il
« ce que je perds? Il en fut ainsi du reste. Rassasié des plaisirs de mon
« âge, je ne voyois rien de mieux dans l'avenir, et mon imagination
« ardente me privoit encore du peu que je possédois. Jeunes seigneurs,

« c'est un grand mal pour l'homme d'arriver trop tôt au bout de
« ses désirs et de parcourir dans quelques années les illusions d'une
« longue vie.

« Un jour, plein des plus sombres pensées, je traversois un quartier
« de Rome peu fréquenté des grands, mais habité par un peuple pauvre
« et nombreux. Un édifice d'un caractère grave [18] et d'une construction
« singulière frappa mes regards. Sous le portique, plusieurs hommes
« debout et immobiles paroissoient plongés dans la méditation.

« Tandis que je cherchois à deviner quel pouvoit être ce monument,
« je vis passer à mes côtés un homme originaire de la Grèce, comme
« moi naturalisé Romain. C'étoit un descendant de Persée, dernier roi
« de Macédoine. Ses aïeux, après avoir été traînés au char de Paul-
« Émile, devinrent simples greffiers à Rome. On m'avoit jadis fait
« remarquer au coin de la rue Sacrée, sous un chétif abri, cette grande
« dérision de la fortune : j'avois causé quelquefois avec Perséus. Je
« l'arrêtai donc pour lui demander à quel usage étoit destiné le monu-
« ment que je considérois. — C'est, me répondit-il, le lieu où je viens
« oublier le trône d'Alexandre : je suis chrétien. Perséus franchit les
« marches du portique, passa au milieu des catéchumènes, et pénétra
« dans l'enceinte du temple. Je l'y suivis plein d'émotion.

« Les mêmes disproportions qui régnoient au dehors de l'édifice se
« faisoient remarquer au dedans ; mais ces défauts étoient rachetés
« par le style hardi des voûtes et l'effet religieux de leurs ombres. Au
« lieu du sang des victimes et des orgies qui souillent l'autel des faux
« dieux, la pureté et le recueillement sembloient veiller au tabernacle
« des chrétiens. A peine le silence de l'assemblée étoit-il interrompu
« par la voix innocente de quelques enfants que des mères portoient
« dans leurs bras.

« La nuit approchoit ; la lumière des lampes luttoit avec celle du
« crépuscule, répandue dans la nef et le sanctuaire. Des chrétiens
« prioient de toutes parts à des autels retirés ; on respiroit encore
« l'encens des cérémonies qui venoient de finir et l'odeur de la cire
« parfumée des flambeaux que l'on venoit d'éteindre.

« Un prêtre, portant un livre et une lampe, sortit d'un lieu secret,
« et monta dans une chaire élevée. On entendit le bruit de l'assemblée
« qui se mettoit à genoux. Le prêtre lut d'abord quelques oraisons
« sacrées, puis il récita une prière à laquelle les chrétiens répon-
« doient à demi-voix de toutes les parties de l'édifice. Ces réponses
« uniformes, revenant à des intervalles égaux, avoient quelque chose
« de touchant, surtout lorsqu'on faisoit attention aux paroles du pas-
« teur et à la condition du troupeau.

« Consolation des affligés, disoit le prêtre, ressource des infirmes... »
« Et tous les chétiens persécutés, achevant le sens suspendu, ajou-
« toient :
« Priez pour nous! Priez pour nous! »
« Dans cette longue énumération des infirmités humaines, chacun,
« reconnoissant sa tribulation particulière, appliquoit à ses propres
« besoins quelques-uns de ces cris vers le ciel. Mon tour ne tarda
« pas à venir. J'entendis le lévite prononcer distinctement ces paroles :
« Providence de Dieu, repos du cœur, calme dans la tempête... »
« Il s'arrêta : mes yeux se remplirent de larmes ; il me sembla que
« les regards se fixoient sur moi et que la foule charitable s'écrioit :
« Priez pour lui! Priez pour lui! »
« Le prêtre descendit de la chaire, et l'assemblée se retira. Touché
« jusques au fond du cœur, j'allai trouver Marcellin, pontife suprême
« de cette religion qui console de tout ; je lui racontai les peines de
« ma vie ; il m'instruisit des vérités de son culte : je me suis fait chré-
« tien, et depuis ce moment mes chagrins se sont évanouis. »

« L'histoire de l'anachorète et l'aimable ingénuité de ce philosophe chrétien nous charmèrent. Nous lui fîmes plusieurs questions auxquelles il répondit avec une parfaite sincérité. Nous ne nous lassions point de l'entendre. Sa voix avoit une harmonie [10], qui remuoit doucement les entrailles. Une éloquence fleurie, et pourtant d'un goût simple, découloit naturellement de ses lèvres ; il donnoit aux moindres choses un tour antique qui nous ravissoit ; il se répétoit comme les anciens, mais cette répétition, qui eût été un défaut chez un autre, devenoit, je ne sais comment, la grâce même de ses discours. Vous l'eussiez pris pour un de ces législateurs de la Grèce qui donnoient jadis des lois aux hommes en chantant sur une lyre d'or la beauté de la vertu et la toute-puissance des dieux.

« Son départ mit un terme à cet entretien dans lequel trois jeunes hommes sans religion avoient conclu que la religion étoit le seul remède à leurs maux. Ce fut sans doute la tombe de l'Africain qui nous inspira cette pensée : les cendres d'un grand homme persécuté élèvent les sentiments vers le ciel. Nous quittâmes à regret le village de Literne ; nous nous embrassâmes : un secret pressentiment attristoit nos cœurs ; nous avions l'air de nous dire un dernier adieu. De retour à Naples, nos plaisirs ne nous offrirent plus le même attrait. Sébastien et Pacôme alloient partir pour l'armée ; Génès et Boniface sembloient avoir perdu leur gaieté ; Aglaé paroissoit mélancolique et comme troublée de remords. La cour quitta Baïes : Jérôme et Augustin retournèrent à Rome, et je suivis Constantin à son palais de Tibur. Ce fut là que je reçus une lettre d'Augustin. Il me marquoit que, vaincu par les larmes de sa mère, il l'alloit rejoindre à Carthage; que Jérôme se préparoit à visiter les Gaules [20], la Pannonie et les déserts habités par les solitaires chrétiens.

« Je ne sais, ajoutoit Augustin en finissant sa lettre, si nous nous
« reverrons jamais [21]. Hélas! mon ami, telle est la vie : elle est pleine
« de courtes joies et de longues douleurs, de liaisons commencées et
« rompues ! Par une étrange fatalité, ces liaisons ne sont jamais faites
« à l'heure où elles pourroient devenir durables : on rencontre l'ami
« avec qui l'on voudroit passer ses jours au moment où le sort va le
« fixer loin de nous ; on découvre le cœur que l'on cherchoit la veille
« du jour où ce cœur va cesser de battre. Mille choses, mille accidents
« séparent les hommes qui s'aiment pendant la vie; puis vient cette
« séparation de la mort, qui renverse tous nos projets. Vous souvenez-
« vous de ce que nous disions un jour en regardant le golfe de
« Naples? Nous comparions la vie à un port de mer où l'on voit
« aborder et d'où l'on voit sortir des hommes de tous les langages et
« de tous les pays. Le rivage retentit des cris de ceux qui arrivent et
« de ceux qui partent : les uns versent des larmes de joie en recevant
« des amis ; les autres, en se quittant, se disent un éternel adieu; car
« une fois sorti du port de la vie, on n'y rentre plus. Supportons donc
« sans trop nous plaindre, mon cher Eudore, une séparation que les
« années auroient nécessairement produite, et à laquelle l'absence ne
« nous eût pas préparés. »

Comme Eudore alloit continuer son récit [22], les serviteurs de Las-thénès revinrent avec le repas du matin : ils déposèrent sur le gazon du blé nouveau, légèrement grillé dans l'épi, des glands de phagus [23] et des laitages qui portoient encore l'empreinte des corbeilles. Les cœurs étoient diversement agités : Cyrille admiroit, mais sans en rien montrer au dehors, le jeune homme qui, comme le roi-prophète, crioit du fond de l'abîme :

« Seigneur, ayez pitié de moi, selon les grandeurs de votre miséricorde. »

Démodocus n'avoit presque rien compris au récit d'Eudore : il ne trouvoit là ni Polyphème, ni Circé, ni enchantements, ni naufrages; et dans cette harmonie nouvelle il avoit à peine reconnu quelques sons de la lyre d'Homère. Cymodocée, au contraire, avoit merveilleusement entendu le fils de Lasthénès, mais elle ne savoit pourquoi elle se sentoit si triste en pensant qu'Eudore avoit beaucoup aimé et qu'il se repentoit d'avoir aimé. Penchée sur le sein de son père, elle lui disoit tout bas:

« Mon père, je pleure comme si j'étois chrétienne! »

Le repas fini, Démodocus prit la parole :

« Fils de Lasthénès, ton récit m'enchante, bien que je n'en comprenne pas toute la sagesse. Il me semble que le langage des chrétiens est une espèce de poésie de la raison, dont Minerve ne m'a donné aucune intelligence. Achève de raconter ton histoire : si quelqu'un verse ici des larmes en l'écoutant, cela ne doit pas t'arrêter, car on a déjà vu de pareils exemples. Lorsqu'un fils d'Apollon [24] chantoit les malheurs de Troie à la table d'Alcinoüs, il y avoit un étranger qui enveloppoit sa tête dans son manteau et qui pleuroit. Laissons donc s'attendrir ma Cymodocée : Jupiter a confié à la pitié le cœur de la jeunesse. Nous autres vieillards, accablés du fardeau de Saturne, si nous avons pour nous la paix et la justice, nous sommes privés de cette compassion et de ces sentiments délicats, ornement des beaux jours de la vie. Les dieux ont fait la vieillesse semblable à ces sceptres héréditaires qui, passant du père au fils chez une antique race, paroissent tout chargés de la majesté des siècles, mais qui ne se couvrent plus de fleurs depuis qu'ils se sont desséchés loin du tronc maternel. »

Eudore reprit ainsi son discours :

« Privé de mes amis, Rome ne m'offrit plus qu'une vaste solitude. L'inquiétude régnoit à la cour : Maximien avoit été obligé [25] de se transporter de Milan en Pannonie, menacée d'une invasion des Carpiens et des Goths; les Francs s'étoient emparés de la Batavie, défendue par Constance; en Afrique, les Quinquégentiens, peuple nouveau, venoient tout à coup de paraître en armes; on disoit que Dioclétien lui-même passeroit en Égypte, où la révolte du tyran Achillée demandoit sa présence; enfin, Galérius se disposoit à partir pour aller combattre Narsès. Cette guerre des Parthes effrayoit surtout le vieil empereur, qui se souvenoit du sort de Valérien. Galérius, se prévalant du besoin que l'empire avoit de son bras, et toujours livré aux inspirations d'Hiéroclès, cherchoit à s'emparer entièrement de l'esprit de Dioclétien; il ne craignoit plus de laisser éclater sa jalousie contre Constance, dont le mérite et la belle naissance l'importunoient. Constantin se trouvoit naturellement enveloppé dans cette jalousie; et moi, comme l'ami de ce jeune prince, comme le plus foible et comme l'objet particulier de l'inimitié d'Hiéroclès, je portois tout le poids de la haine de Galérius.

« Un jour, tandis que Constantin assistoit aux délibérations du sénat, j'étois allé visiter la fontaine Égérie. La nuit me surprit : pour regagner la voix Appienne, je me dirigeai sur le tombeau de Cécilia

Métella, chef-d'œuvre de grandeur et d'élégance. En traversant des champs abandonnés, j'aperçus plusieurs personnes qui se glissoient dans l'ombre, et qui toutes, s'arrêtant au même endroit, disparoissoient subitement. Poussé par la curiosité, je m'avance, et j'entre hardiment dans la caverne [26] où s'étoient plongés les mystérieux fantômes : je vis s'allonger devant moi des galeries souterraines, qu'à peine éclairoient, de loin à loin, quelques lampes suspendues. Les murs des corridors funèbres étoient bordés d'un triple rang de cercueils placés les uns au-dessus des autres. La lumière lugubre des lampes, rampant sur les parois des voûtes et se mouvant avec lenteur le long des sépulcres, répandoit une mobilité effrayante sur ces objets éternellement immobiles. En vain, prêtant une oreille attentive, je cherche à saisir quelques sons pour me diriger à travers un abîme de silence, je n'entends que le battement de mon cœur dans le repos absolu de ces lieux. Je voulus retourner en arrière, mais il n'étoit plus temps : je pris une fausse route, et au lieu de sortir du dédale, je m'y enfonçai. De nouvelles avenues, qui s'ouvrent et se croisent de toutes parts, augmentent à chaque instant mes perplexités. Plus je m'efforce de trouver un chemin, plus je m'égare ; tantôt je m'avance avec lenteur, tantôt je passe avec vitesse : alors, par un effet des échos, qui répétoient le bruit de mes pas, je crois entendre marcher précipitamment derrière moi.

« Il y avoit déjà longtemps que j'errois ainsi ; mes forces commençoient à s'épuiser : je m'assis à un carrefour solitaire de la cité des morts. Je regardois avec inquiétude la lumière des lampes presque consumées qui menaçoient de s'éteindre. Tout à coup une harmonie semblable au chœur lointain des esprits célestes sort du fond de ces demeures sépulcrales : ces divins accents expiroient et renaissoient tour à tour ; ils sembloient s'adoucir encore en s'égarant dans les routes tortueuses du souterrain. Je me lève, et je m'avance vers les lieux d'où s'échappent ces magiques concerts : je découvre une salle illuminée. Sur un tombeau paré de fleurs, Marcellin célébroit le mystère des chrétiens ; des jeunes filles, couvertes de voiles blancs, chantoient au pied de l'autel ; une nombreuse assemblée assistoit au sacrifice. Je reconnois les catacombes[a] ! Un mélange de honte, de repentir, de ravissement, s'empare de mon âme. Nouvelle surprise ! Je crois voir l'impératrice et sa fille, entre Dorothée et Sébastien, à genoux au milieu de la foule. Jamais spectacle plus miraculeux n'a frappé l'œil d'un mortel ; jamais Dieu ne fut plus dignement adoré et

---

[a] Les catacombes de Saint-Sébastien.

ne manifesta plus ouvertement sa grandeur. O puissance d'une religion qui contraint l'épouse d'un empereur romain de quitter furtivement la couche impériale comme une femme adultère, pour courir au rendez-vous des infortunés, pour venir chercher Jésus-Christ à l'autel d'un obscur martyr, parmi des tombeaux et des hommes proscrits ou méprisés! Tandis que je m'abandonne à ces réflexions, un diacre se penche à l'oreille du pontife, dit quelques mots, fait un signe : soudain les chants cessent, les lampes s'éteignent, la brillante vision disparoît. Emporté par les flots du peuple saint, je me trouve à l'entrée des catacombes.

« Cette aventure fit prendre un cours nouveau à ma destinée. Sans avoir rien à me reprocher, je fus accusé de toutes parts : ainsi nos fautes ne sont pas toujours immédiatement punies, mais, afin de nous rendre le châtiment plus sensible, Dieu nous fait échouer dans quelque entreprise raisonnable ou nous livre à l'injustice des hommes.

« J'ignorois que l'impératrice Prisca et sa fille Valérie étoient chrétiennes : les fidèles m'avoient caché cette importante victoire, à cause de mon impiété. Les deux princesses, crignant la fureur de Galérius, n'osoient paroître à l'église : elles venoient prier la nuit aux catacombes, accompagnées du vertueux Dorothée. Le hasard me conduisit au sanctuaire des morts : les prêtres qui m'y découvrirent crurent qu'un sacrilége exclu des lieux saints n'y pouvoit être descendu que dans la vue de pénétrer un secret qu'il importoit à l'Église de cacher. Ils éteignirent les lampes, afin de me dérober la vue de l'impératrice, que j'avois eu toutefois le temps de reconnoître.

« Galérius faisoit surveiller l'impératrice, dont on soupçonnoit le penchant à la nouvelle religion. Des émissaires envoyés par Hiéroclès avoient suivi les princesses jusqu'aux catacombes; d'où ils me virent sortir avec elles. Le sophiste n'eut pas plus tôt entendu le rapport des espions, qu'il courut en instruire Galérius : Galérius vole chez Dioclétien.

« Eh bien ! s'écria-t-il, vous n'avez jamais voulu croire ce qui se passe sous vos yeux : l'impératrice et votre fille Valérie sont chrétiennes! Cette nuit même elles se sont rendues à la caverne que la secte impie souille de ses exécrables mystères. Et savez-vous quel est le guide de ces princesses? C'est ce Grec sorti d'une race rebelle [27] au peuple romain, ce traître qui, pour mieux masquer ses projets, feint d'avoir abandonné la religion des séditieux, qu'il sert en secret, ce perfide qui ne cesse d'empoisonner l'esprit du prince Constantin. Reconnoissez un vaste complot dirigé contre vous par les chrétiens, et dans lequel on cherche à faire entrer votre famille même. Ordonnez que l'on saisisse Eudore, et que la force des tourments lui arrache l'aveu de ses crimes et le nom de ses complices,

« Il le faut avouer, les apparences me condamnoient. En horreur à tous les partis, je passois parmi les chrétiens pour un apostat et pour un traître. Hiéroclès, qui les voyoit dans cette erreur, disoit hautement que j'avois dénoncé l'impératrice. Les païens, de l'autre côté, me regardoient comme l'apôtre de ma religion et le corrupteur de la famille impériale. Quand je passois dans les salles du palais, je voyois les courtisans sourire d'un air de mépris; les plus vils étoient les plus sévères : le peuple même me poursuivoit dans les rues avec des insultes ou des menaces. Enfin, ma position devint si pénible, que, sans l'amitié de Constantin, je crois que j'aurois attenté à ma vie. Mais ce généreux prince ne m'abandonna point dans mon malheur : il se déclara hautement mon ami ; il affecta de se montrer avec moi en public ; il me défendit courageusement contre César devant Auguste, et publia partout que j'étois victime de la jalousie d'un sophiste attaché à Galérius.

« Rome et la cour n'étoient occupées que de cette affaire, qui, compromettant les chrétiens et le nom de l'impératrice, sembloit de la plus haute importance. On attendoit avec anxiété la décision de l'empereur, mais il n'étoit pas dans le caractère de Dioclétien de prendre une résolution violente. Le vieil empereur eut recours à un moyen qui peint admirablement son génie politique. Il déclara tout à coup que les bruits répandus dans Rome n'étoient qu'un mensonge ; que les princesses n'étoient pas sorties du palais la nuit même où on prétendoit les avoir vues aux catacombes; que Prisca et Valérie, loin d'être chrétiennes, venoient de sacrifier aux dieux de l'empire; qu'enfin il puniroit sévèrement les auteurs de ces faux rapports, et qu'il défendoit de parler plus longtemps d'une histoire aussi ridicule que scandaleuse.

« Mais, comme il falloit bien qu'un seul fût sacrifié pour tous, selon l'usage des cours, je reçus ordre de quitter Rome et de me rendre à l'armée de Constance, campée sur les bords du Rhin.

« Je me préparai à passer dans les Gaules, content d'embrasser le parti des armes et d'abandonner une vie incompatible avec mon caractère. Cependant, telle est la force de l'habitude [28], et peut-être le charme attaché à des lieux célèbres, que je ne pus quitter Rome sans quelques regrets. Je partis au milieu de la nuit, après avoir reçu les derniers embrassements de Constantin. Je traversai des rues désertes, je passai au pied de la maison abandonnée que j'avois naguère habitée avec Augustin et Jérôme. Sur le Forum tout étoit silencieux et solitaire :

les nombreux monuments qui le couvrent, les Rostres, le temple de la Paix, ceux de Jupiter Stator et de la Fortune, les arcs de Titus et de Sévère se dessinoient à demi dans les ombres, comme les ruines d'une ville puissante dont le peuple auroit depuis longtemps disparu. Quand je fus à quelque distance de Rome, je tournai la tête : j'aperçus, à la clarté des étoiles, le Tibre qui s'enfonçoit parmi les monuments confus de la cité, et j'entrevis le faîte du Capitole qui sembloit s'incliner sous le poids des dépouilles du monde.

« La voie Cassia, qui me conduisoit vers l'Étrurie [29], perd bientôt le peu de monuments dont elle est ornée, et, passant entre une antique forêt et le lac de Volsinium, elle pénètre dans des montagnes noires, couvertes de nuages et toujours infestées de brigands. Un mont de qui le sommet est planté de roches aiguës, un torrent qui se replie vingt-deux fois sur lui-même et déchire son lit en s'écoulant, forment de ce côté la barrière de l'Étrurie. A la grandeur de la campagne romaine succèdent ensuite des vallons étroits et des monticules tapissés de bruyères, dont la pâle verdure se confond avec celle des oliviers. J'abandonnai les Apennins pour descendre dans la Gaule Cisalpine. Le ciel devint d'un bleu plus pur, et je cherchai vainement sur les montagnes cette espèce de pluie de lumière qui enveloppe les monts de la Grèce et de la haute Italie. J'aperçus de loin la cime blanchie des Alpes ; je gravis bientôt leurs vastes flancs. Tout ce qui vient de la nature dans ces montagnes me parut grand et indestructible ; tout ce qui appartient à l'homme me sembla fragile et misérable : d'une part, des arbres centenaires, des cascades qui tombent depuis des siècles, des rochers vainqueurs du temps et d'Annibal ; de l'autre, des ponts de bois, des parcs de brebis, des huttes de terre. Seroit-ce qu'à la vue des masses éternelles qui l'environnent, le chevrier des Alpes, vivement frappé de la brièveté de sa vie, ne s'est pas donné la peine d'élever des monuments plus durables que lui ?

« Je sortis des Alpes à travers une espèce de portique creusé sous un énorme rocher. Je franchis cette partie de la Viennoise habitée par les Voconces[a] et je descendis à la colonie de Lucius[b]. Avec quel respect ne verrois-je point aujourd'hui le siége de Pothin et d'Irénée et les eaux du Rhône teintes du sang des martyrs! Je remontai l'Arar[c], rivière bordée de coteaux charmants ; sa fuite est si lente, que l'on ne sauroit dire de quel côté coulent ses flots [31]. Elle tient son nom d'un jeune Gaulois qui s'y précipita de désespoir après avoir perdu son frère. De là je passai chez les Treveri[d], dont la cité est la plus

[a] Le Dauphiné.
[b] La Saône.
[c] Lyon.
[d] Le pays de Trèves.

belle et la plus grande des trois Gaules[31], et, m'abandonnant au cours de la Moselle et du Rhin, j'arrivai bientôt à Agrippina[a].

« Constance me reçut avec bonté :

« Eudore, me dit-il, dès demain les légions se mettent en marche ;
« nous allons chercher les Francs. Vous servirez d'abord comme
« simple archer parmi les Crétois ; ils campent à l'avant-garde de
« l'autre côté du Rhin. Allez les rejoindre ; distinguez-vous par votre
« conduite et par votre courage ; si vous vous montrez digne de l'amitié
« de mon fils, je ne tarderai pas à vous élever aux premières charges
« de l'armée. »

« C'est ici, seigneurs, qu'il faut remarquer la seconde de ces révolutions soudaines qui ont continuellement changé la face de mes jours. Des paisibles vallons de l'Arcadie j'avois été transporté à la cour orageuse d'un empereur romain ; et maintenant, du sein de la mollesse et de la société civilisée, je passois à une vie dure et périlleuse, au milieu d'un peuple barbare. »

[a] Cologne.

FIN DU LIVRE CINQUIÈME.

LIVRE SIXIÈME.

Suite du récit. Marche de l'armée romaine en Batavie. Elle rencontre l'armée des Francs. Champ de bataille. Ordre et dénombrement de l'armée romaine. Ordre et dénombrement de l'armée des Francs. Pharamond, Clodion, Mérovée. Chants guerriers. Bardits des Francs. L'action s'engage. Attaque des Gaulois contre les Francs. Combat de cavalerie. Combat singulier de Vercingétorix, chef des Gaulois, et de Mérovée, fils du roi des Francs. Vercingétorix est vaincu. Les Romains plient. La légion chrétienne descend d'une colline et rétablit le combat. Mêlée. Les Francs se retirent dans leur camp. Eudore obtient la couronne civique et est nommé chef des Grecs par Constance. Le combat recommence au lever du jour. Attaque du camp des Francs par les Romains. Soulèvement des flots. Les Romains fuient devant la mer. Eudore, après avoir combattu longtemps, tombe percé de plusieurs coups. Il est secouru par un esclave des Francs, qui le porte dans une caverne.

« La France est une contrée sauvage [1] et couverte de forêts, qui commence au delà du Rhin et occupe l'espace compris entre la Batavie à l'occident, le pays des Scandinaves au nord, la Germanie à l'orient et les Gaules au midi. Les peuples qui habitent ce désert sont les plus féroces des barbares [2] : ils ne se nourrissent que de la chair des bêtes sauvages; ils ont toujours le fer à la main; ils regardent la paix comme la servitude la plus dure dont on puisse leur imposer le joug [3]. Les vents, la neige, les frimas, font leurs délices; ils bravent la mer [4], ils se rient des tempêtes, et l'on diroit qu'ils ont vu le fond de l'Océan à découvert, tant ils connoissent et méprisent ses écueils. Cette nation inquiète ne cesse de désoler les frontières de l'empire. Ce fut sous le règne de Gordien le Pieux qu'elle se montra pour la première fois [5] aux Gaules épouvantées. Les deux Décius périrent dans une expédition contre elle [6]; Probus, qui ne fit que la repousser, en prit le titre glorieux de Francique [7]. Elle a paru à la fois si noble et si redoutable [8], qu'on a fait en sa faveur une exception à la loi qui défend à la famille impériale de s'allier au sang des barbares; enfin, ces terribles Francs venoient de s'emparer de l'île de Batavie [9], et Constance avoit rassemblé son armée afin de les chasser de leur conquête.

« Après quelques jours de marche, nous entrâmes sur le sol marécageux des Bataves[10], qui n'est qu'une mince écorce de terre flottant sur un amas d'eau. Le pays, coupé par les bras du Rhin, baigné et souvent inondé par l'Océan, embarrassé par des forêts de pins et de bouleaux, nous présentoit à chaque pas des difficultés insurmontables.

« Épuisé par les travaux de la journée, je n'avois durant la nuit que quelques heures pour reposer mes membres fatigués. Souvent il m'arrivoit, pendant ce court repos, d'oublier ma nouvelle fortune ; et lorsqu'aux premières blancheurs de l'aube les trompettes du camp venoient à sonner l'air de Diane[11], j'étois étonné d'ouvrir les yeux au milieu des bois. Il y avoit pourtant un charme à ce réveil du guerrier échappé aux périls de la nuit: Je n'ai jamais entendu sans une certaine joie belliqueuse la fanfare du clairon, répétée par l'écho des rochers, et les premiers hennissements des chevaux qui saluoient l'aurore. J'aimois à voir le camp plongé dans le sommeil, les tentes encore fermées d'où sortoient quelques soldats à moitié vêtus, le centurion qui se promenoit devant les faisceaux d'armes en balançant son cep de vigne[12], la sentinelle immobile qui, pour résister au sommeil, tenoit un doigt levé dans l'attitude du silence[13], le cavalier qui traversoit le fleuve coloré des feux du matin, le victimaire qui puisoit l'eau du sacrifice[14], et souvent un berger appuyé sur sa houlette, qui regardoit boire son troupeau.

« Cette vie des camps ne me fit point tourner les yeux avec regret vers les délices de Naples et de Rome, mais elle réveilla en moi une autre espèce de souvenirs. Plusieurs fois, pendant les longues nuits de l'automne, je me suis trouvé seul, placé en sentinelle, comme un simple soldat, aux avant-postes de l'armée. Tandis que je contemplois les feux réguliers des lignes romaines et les feux épars des hordes des Francs, tandis que, l'arc à demi tendu, je prêtois l'oreille au murmure de l'armée ennemie, au bruit de la mer et au cri des oiseaux sauvages qui voloient dans l'obscurité, je réfléchissois sur ma bizarre destinée. Je songeois que j'étois là, combattant pour des barbares, tyrans de la Grèce, contre d'autres barbares dont je n'avois reçu aucune injure. L'amour de la patrie se ranimoit au fond de mon cœur ; l'Arcadie se montroit à moi dans tous ses charmes. Que de fois durant les marches pénibles, sous les pluies et dans les fanges de la Batavie; que de fois à l'abri des huttes des bergers où nous passions la nuit; que de fois autour du feu que nous allumions pour nos veilles à la tête du camp ; que de fois, dis-je, avec de jeunes Grecs exilés comme moi, je me suis entretenu de notre cher pays! Nous racontions les jeux de notre enfance, les aventures de notre jeunesse, les histoires de nos familles. Un Athénien vantoit les arts et la politesse d'Athènes, un Spartiate demandoit la préférence pour Lacédémone, un Macédonien mettoit la phalange bien au-dessus de la légion, et ne pouvoit souffrir que l'on comparât César à Alexandre. « C'est à ma patrie que vous devez Homère, » s'écrioit un soldat de Smyrne, et à l'instant même il chantoit ou le dénombrement des vaisseaux ou le combat d'Ajax et d'Hector : ainsi les Athéniens, prisonniers à Syracuse, redisoient autrefois les vers d'Euripide [15] pour se consoler de leur captivité.

« Mais lorsque, jetant les yeux autour de nous, nous apercevions les horizons noirs et plats de la Germanie, ce ciel sans lumières qui semble vous écraser sous sa voûte abaissée, ce soleil impuissant qui ne peint les objets d'aucune couleur ; quand nous venions à nous rappeler les paysages éclatants de la Grèce, la haute et riche bordure de leurs horizons, le parfum de nos orangers, la beauté de nos fleurs, l'azur velouté d'un ciel où se joue une lumière dorée, alors il nous prenoit un désir si violent de revoir notre terre natale, que nous étions près d'abandonner les aigles. Il n'y avoit qu'un Grec parmi nous qui blâmât ces sentiments, qui nous exhortât à remplir nos devoirs et à nous soumettre à notre destinée. Nous le prenions pour un lâche : quelque temps après il combattit et mourut en héros, et nous apprîmes qu'il étoit chrétien.

« Les Francs avoient été surpris par Constance : ils évitèrent d'abord le combat, mais aussitôt qu'ils eurent rassemblé leurs guerriers, ils vinrent audacieusement au-devant de nous et nous offrirent la bataille sur le rivage de la mer. On passa la nuit à se préparer de part et d'autre, et le lendemain, au lever du jour, les armées se trouvèrent en présence.

« La Légion de fer et la Foudroyante [16] occupoient le centre de l'armée de Constance.

« En avant de la première ligne paroissoient les vexillaires distingués par une peau de lion qui leur couvroit la tête et les épaules. Ils tenoient levés les signes militaires des cohortes [17] : l'aigle, le dragon, le loup, le minotaure. Ces signes étoient parfumés et ornés de branches de pin, au défaut de fleurs.

« Les hastati [18], chargés de lances et de boucliers, formoient la première ligne après les vexillaires.

« Les princes, armés de l'épée, occupoient le second rang, et les triarii venoient au troisième. Ceux-ci balançoient le pilum de la main gauche ; leurs boucliers étoient suspendus à leurs piques plantées devant eux, et ils tenoient le genou droit en terre, en attendant le signal du combat.

« Des intervalles ménagés dans la ligne des légions étoient remplis par des machines de guerre [19].

« A l'aile gauche de ces légions, la cavalerie des alliés déployoit son rideau mobile [20]. Sur des coursiers tachetés comme des tigres et prompts comme des aigles [21] se balançoient avec grâce les cavaliers de Numance, de Sagonte et des bords enchantés du Bétis. Un léger chapeau de plume ombrageoit leur front, un petit manteau de laine noire flottoit sur leurs épaules, une épée recourbée retentissoit à leur côté. La tête penchée sur le cou de leurs chevaux, les rênes entre les dents, deux courts javelots à la main, ils voloient à l'ennemi. Le jeune Viriate entraînoit après lui la fureur de ces cavaliers rapides. Des Germains d'une taille gigantesque [22] étoient entremêlés çà et là, comme des tours, dans le brillant escadron. Ces barbares avoient la tête enveloppée d'un bonnet; ils manioient d'une main une massue de chêne et montoient à cru des étalons sauvages. Auprès d'eux, quelques cavaliers numides [23], n'ayant pour toute arme qu'un arc, pour tout vêtement qu'une chlamyde, frissonnoient sous un ciel rigoureux.

« A l'aile opposée de l'armée se tenoit immobile la troupe superbe des chevaliers romains : leur casque étoit d'argent, surmonté d'une louve de vermeil ; leur cuirasse étinceloit d'or, et un large baudrier d'azur suspendoit à leur flanc une lourde épée ibérienne. Sous leurs selles ornées d'ivoire [24] s'étendoit une housse de pourpre, et leurs mains, couvertes de gantelets, tenoient les rênes de soie qui leur servoient à guider de hautes cavales plus noires que la nuit.

« Les archers crétois, les vélites romains et les différents corps des Gaulois étoient répandus sur le front de l'armée. L'instinct de la guerre est si naturel chez ces derniers [25], que souvent, dans la mêlée, les soldats deviennent des généraux, rallient leurs compagnons dispersés, ouvrent un avis salutaire, indiquent le poste qu'il faut prendre. Rien n'égale l'impétuosité de leurs attaques : tandis que le Germain délibère, ils ont franchi les torrents et les monts; vous les croyez au pied de la citadelle, et ils sont au haut du retranchement emporté. En vain les cavaliers les plus légers voudroient les devancer à la charge, les Gaulois rient de leurs efforts, voltigent à la tête des chevaux et semblent leur dire : « Vous saisiriez plutôt les vents sur « la plaine, ou les oiseaux dans les airs. »

« Tous ces barbares avoient la tête élevée, les couleurs vives [26], les yeux bleus, le regard farouche et menaçant [27]; ils portoient de larges braies, et leur tunique étoit chamarrée [28] de morceaux de pourpre; un ceinturon de cuir pressoit à leur côté leur fidèle épée. L'épée du Gaulois ne le quitte jamais [29] : mariée, pour ainsi dire, à son maître, elle l'accompagne pendant la vie, elle le suit sur le bûcher funèbre, et descend avec lui au tombeau. Tel étoit le sort qu'avoient jadis les épouses dans les Gaules, tel est aussi celui qu'elles ont encore au rivage de l'Indus.

« Enfin, arrêtée comme un nuage menaçant sur le penchant d'une colline, une légion chrétienne [30], surnommée la Pudique, formoit derrière l'armée le corps de réserve et la garde de César. Elle remplaçoit auprès de Constance la légion thébaine égorgée par Maximien. Victor [a], illustre guerrier de Marseille; conduisoit au combat les milices de cette religion qui porte aussi noblement la casaque du vétéran que le cilice de l'anachorète.

« Cependant l'œil étoit frappé d'un mouvement universel : on voyoit les signaux du porte-étendard qui plantoit le jalon des lignes, la course impétueuse du cavalier, les ondulations des soldats qui se niveloient sous le cep du centurion. On entendoit de toutes parts les grêles hennissements des coursiers, le cliquetis des chaînes, les sourds roulements des balistes et des catapultes, les pas réguliers de l'infanterie, la voix des chefs qui répétoient l'ordre, le bruit des piques qui s'élevoient et s'abaissoient au commandement des tribuns. Les Romains se formoient en bataille aux éclats de la trompette, de la corne et du lituus; et nous Crétois [31], fidèles à la Grèce au milieu de ces peuples barbares, nous prenions nos rangs au son de la lyre.

« Mais tout l'appareil de l'armée romaine ne servoit qu'à rendre l'armée des ennemis plus formidable, par le contraste d'une sauvage simplicité.

« Parés de la dépouille des ours [32], des veaux marins, des urochs et des sangliers, les Francs se montroient de loin comme un troupeau de bêtes féroces. Une tunique courte et serrée laissoit voir toute la hauteur de leur taille [33], et ne leur cachoit pas le genou. Les yeux de ces barbares ont la couleur d'une mer orageuse; leur chevelure blonde, ramenée en avant sur leur poitrine et teinte d'une liqueur rouge, est semblable à du sang et à du feu. La plupart ne laissent croître leur barbe qu'au-dessus de la bouche, afin de donner à leurs lèvres plus de ressemblance avec le mufle des dogues et des loups. Les uns chargent leur main droite d'une longue framée, et leur main gauche d'un bouclier qu'ils tournent comme une roue rapide ; d'autres, au lieu de ce bouclier, tiennent une espèce de javelot, nommé angon, où s'enfoncent deux fers recourbés, mais tous ont à la ceinture la redoutable francisque, espèce de hache à deux tranchants, dont le manche est

[a] Le martyr.

recouvert d'un dur acier ; arme funeste que le Franc jette en poussant un cri de mort, et qui manque rarement de frapper le but qu'un œil intrépide a marqué.

« Ces barbares [34], fidèles aux usages des anciens Germains, s'étoient formés en coin, leur ordre accoutumé de bataille. Le formidable triangle, où l'on ne distinguoit qu'une forêt de framées, des peaux de bêtes et des corps demi-nus, s'avançoit avec impétuosité, mais d'un mouvement égal, pour percer la ligne romaine. A la pointe de ce triangle étoient placés des braves [35] qui conservoient une barbe longue et hérissée, et qui portoient au bras un anneau de fer. Ils avoient juré de ne quitter ces marques de servitude qu'après avoir sacrifié un Romain. Chaque chef, dans ce vaste corps, étoit environné des guerriers de sa famille [36], afin que, plus ferme dans le choc, il remportât la victoire ou mourût avec ses amis. Chaque tribu se ralliait sous un symbole [37] : la plus noble d'entre elles se distinguoit par des abeilles ou trois fers de lance. Le vieux rois des Sicambres [38], Pharamond, conduisoit l'armée entière, et laissoit une partie du commandement à son petit-fils Mérovée. Les cavaliers francs, en face de la cavalerie romaine, couvroient les deux côtés de leur infanterie : à leurs casques en forme de gueules ouvertes ombragées [39] de deux ailes de vautour, à leurs corselets de fer, à leurs boucliers blancs, on les eût pris pour des fantômes ou pour ces figures bizarres que l'on aperçoit au milieu des nuages pendant une tempête. Clodion, fils de Pharamond et père de Mérovée, brilloit à la tête de ces cavaliers menaçants.

« Sur une grève, derrière cet essaim d'ennemis, on apercevoit leur camp, semblable à un marché de laboureurs et de pêcheurs ; il étoit rempli de femmes et d'enfants, et retranché avec des bateaux de cuir et des chariots attelés de grands bœufs [40]. Non loin de ce camp champêtre, trois sorcières en lambeaux faisoient sortir de jeunes poulains d'un bois sacré [41], afin de découvrir par leur course à quel parti Tuiston promettoit la victoire. La mer d'un côté, des forêts de l'autre, formoient le cadre de ce grand tableau.

« Le soleil du matin, s'échappant des replis d'un nuage d'or, verse tout à coup sa lumière sur les bois, l'Océan et les armées. La terre paroît embrasée du feu des casques et des lances, les instruments guerriers sonnent l'air antique de Jules César partant pour les Gaules. La rage s'empare de tous les cœurs, les yeux roulent du sang, la main frémit sur l'épée. Les chevaux se cabrent, creusent l'arène, secouent leur crinière, frappent de leur bouche écumante leur poitrine enflammée, ou lèvent vers le ciel leurs naseaux brûlants, pour respirer les sons belliqueux. Les Romains commencent le chant de Probus :

« Quand nous aurons vaincu mille guerriers francs[42], combien ne
« vaincrons-nous pas de millions de Perses! »

« Les Grecs répètent en chœur le Pœan[43], et les Gaulois l'hymne des Druides[44]. Les Francs répondent à ces cantiques de mort : ils serrent leurs boucliers contre leur bouche[45], et font entendre un mugissement semblable au bruit de la mer que le vent brise contre un rocher ; puis tout à coup, poussant un cri aigu, ils entonnent le bardit[46] à la louange de leurs héros :

« Pharamond! Pharamond! nous avons combattu avec l'épée.

« Nous avons lancé la francisque à deux tranchants ; la sueur tom-
« boit du front des guerriers et ruisseloit le long de leurs bras. Les
« aigles et les oiseaux aux pieds jaunes poussoient des cris de joie ; le
« corbeau nageoit dans le sang des morts ; tout l'Océan n'étoit qu'une
« plaie : les vierges ont pleuré longtemps !

« Pharamond! Pharamond! nous avons combattu avec l'épée.

« Nos pères sont morts dans les batailles, tous les vautours en ont
« gémi ; nos pères les rassasioient de carnage! Choisissons des épouses
« dont le lait soit du sang et qui remplissent de valeur le cœur de nos
« fils. Pharamond, le bardit est achevé, les heures de la vie s'écoulent,
« nous sourirons quand il faudra mourir ! »

« Ainsi chantoient quarante mille barbares. Leurs cavaliers haussoient et baissoient leurs boucliers blancs en cadence, et à chaque refrain ils frappoient du fer d'un javelot leur poitrine couverte de fer.

« Déjà les Francs sont à la portée du trait de nos troupes légères. Les deux armées s'arrêtent. Il se fait un profond silence. César, du milieu de la légion chrétienne, ordonne d'élever la cotte d'armes de pourpre, signal du combat ; les archers tendent leurs arcs, les fantassins baissent leurs piques, les cavaliers tirent tous à la fois leurs épées, dont les éclairs se croisent dans les airs. Un cri s'élève du fond des légions : « Victoire à l'empereur[47] ! » Les barbares repoussent ce cri par un affreux mugissement : la foudre éclate avec moins de rage sur les sommets de l'Apennin, l'Etna gronde avec moins de violence lorsqu'il verse au sein des mers des torrents de feu, l'Océan bat ses rivages avec moins de fracas quand un tourbillon, descendu par l'ordre de l'Éternel, a déchaîné les cataractes de l'abîme.

« Les Gaulois lancent les premiers leurs javelots contre les Francs, mettent l'épée à la main et courent à l'ennemi. L'ennemi les reçoit avec intrépidité. Trois fois ils retournent à la charge ; trois fois ils viennent se briser contre le vaste corps qui les repousse : tel un grand vaisseau, voguant par un vent contraire, rejette de ses deux bords les vagues qui fuient et murmurent le long de ses flancs. Non moins braves et plus habiles que les Gaulois, les Grecs font pleuvoir sur les Sicambres une grêle de flèches ; et reculant peu à peu sans rompre nos rangs, nous fatiguons les deux lignes du triangle de l'ennemi. Comme un taureau vainqueur dans cent pâturages, fier de sa corne mutilée et des cicatrices de sa large poitrine, supporte avec impatience la piqûre du taon, sous les ardeurs du midi, ainsi les Francs, percés de nos dards, deviennent furieux à ces blessures sans vengeance et sans gloire. Transportés d'une aveugle rage, ils brisent le trait dans leur sein, se roulent par terre et se débattent dans les angoisses de la douleur.

« La cavalerie romaine s'ébranle pour enfoncer les barbares. Clodion se précipite à sa rencontre. Le roi chevelu [48] pressoit une cavale stérile, moitié blanche, moitié noire, élevée parmi des troupeaux de rennes et de chevreuils, dans le haras de Pharamond. Les barbares prétendoient qu'elle étoit de la race de Rinfax [49], cheval de la Nuit, à la crinière gelée, et de Skinfax, cheval du Jour, à la crinière lumineuse. Lorsque, pendant l'hiver, elle emportoit son maître sur un char d'écorce sans essieu et sans roues [50], jamais ses pieds ne s'enfonçoient dans les frimas, et, plus légère que la feuille de bouleau roulée par le vent, elle effleuroit à peine la cime des neiges nouvellement tombées.

« Un combat violent s'engage entre les cavaliers sur les deux ailes des armées.

« Cependant la masse effrayante de l'infanterie des barbares vient toujours roulant vers les légions. Les légions s'ouvrent, changent leur front de bataille, attaquent à grands coups de pique les deux côtés du triangle de l'ennemi. Les vélites, les Grecs et les Gaulois se portent sur le troisième côté. Les Francs sont assiégés comme une vaste forteresse. La mêlée s'échauffe ; un tourbillon de poussière rougie s'élève et s'arrête au milieu des combattants. Le sang coule comme les torrents grossis par les pluies de l'hiver, comme les flots de l'Euripe dans le détroit de l'Eubée. Le Franc, fier de ses larges blessures, qui paroissent avec plus d'éclat sur la blancheur d'un corps demi-nu, est un spectre déchaîné du monument et rugissant au milieu des morts. Au brillant éclat des armes a succédé la sombre couleur de la poussière et du carnage. Les casques sont brisés, les panaches abattus, les boucliers fendus, les cuirasses percées. L'haleine enflammée de cent mille combattants, le souffle épais des chevaux [51], la vapeur des sueurs et du sang, forment sur le champ de bataille une espèce de météore que traverse de temps en temps la lueur d'un glaive, comme le trait brillant du foudre dans la livide clarté d'un orage. Au milieu des cris, des insultes, des menaces, du bruit des épées, des coups des javelots, du sifflement des flèches et des dards, du gémissement des machines de guerre, on n'entend plus la voix des chefs.

« Mérovée avoit fait un massacre épouvantable des Romains. On le voyoit debout sur un immense chariot, avec douze compagnons d'armes, appelés ses douze pairs [52], qu'il surpassoit de toute la tête. Au-dessus du chariot flottoit une enseigne guerrière, surnommée l'Oriflamme. Le chariot, chargé d'horribles dépouilles, étoit traîné par trois taureaux dont les genoux dégouttoient de sang et dont les cornes portoient des lambeaux affreux. L'héritier de l'épée de Pharamond avoit l'âge, la beauté et la fureur de ce démon de la Thrace, qui n'allume le feu de ses autels qu'au feu des villes embrasées. Mérovée passoit parmi les Francs pour être le fruit merveilleux du commerce secret de l'épouse de Clodion et d'un monstre marin [53] ; les cheveux blonds du jeune Sicambre, ornés d'une couronne de lis, ressembloient au lin moelleux et doré qu'une bandelette virginale rattache à la quenouille d'une reine des barbares [54]. On eût dit que ses joues étoient peintes du vermillon de ces baies d'églantier qui brillent au milieu des neiges dans les forêts de la Germanie. Sa mère avoit noué autour de son cou un collier de coquillages, comme les Gaulois suspendent des reliques aux rameaux du plus beau rejeton d'un bois sacré [55]. Quand de sa main droite Mérovée agitant un drapeau blanc appeloit les fiers Sicambres au champ de l'honneur, ils ne pouvoient s'empêcher de pousser des cris de guerre et d'amour ; ils ne se lassoient point d'admirer à leur tête trois générations de héros : l'aïeul, le père et le fils.

« Mérovée, rassasié de meurtres, contemploit, immobile, du haut de son char de victoire, les cadavres dont il avoit jonché la plaine. Ainsi se repose un lion de Numidie, après avoir déchiré un troupeau de brebis ; sa faim est apaisée, sa poitrine exhale l'odeur du carnage ; il ouvre et ferme tour à tour sa gueule fatiguée qu'embarrassent des flocons de laine ; enfin il se couche au milieu des agneaux égorgés ; sa crinière, humectée d'une rosée de sang, retombe des deux côtés de son cou ; il croise ses griffes puissantes ; il allonge la tête sur ses ongles, et, les yeux à demi fermés, il lèche encore les molles toisons étendues autour de lui.

« Le chef des Gaulois aperçut Mérovée dans ce repos insultant et superbe. Sa fureur s'allume ; il s'avance vers le fils de Pharamond ; il lui crie d'un ton ironique :

« Chef à la longue chevelure, je vais t'asseoir autrement sur le trône d'Hercule le Gaulois [56]. Jeune brave, tu mérites d'emporter [57] la marque du fer au palais de Teutatès. Je ne veux point te laisser languir dans une honteuse vieillesse. »

« Qui es-tu ? répondit Mérovée avec un sourire amer : es-tu d'une race noble et antique ? Esclave romain, ne crains-tu point ma framée ? »

« Je ne crains qu'une chose [58], repartit le Gaulois frémissant de courroux, c'est que le ciel tombe sur ma tête. »

« Cède-moi la terre, » dit l'orgueilleux Sicambre.

« La terre que je te céderai [59], s'écria le Gaulois, tu la garderas éternellement. »

« A ces mots, Mérovée, s'appuyant sur sa framée, s'élance du char par-dessus les taureaux, tombe à leurs têtes, et se présente au Gaulois, qui venoit à lui.

« Toute l'armée s'arrête pour regarder le combat des deux chefs. Le Gaulois fond l'épée à la main sur le jeune Franc, le presse, le frappe, le blesse à l'épaule et le contraint de reculer jusque sous les cornes des taureaux. Mérovée à son tour lance son angon, qui, par ses deux fers recourbés [60], s'engage dans le bouclier du Gaulois. Au même instant le fils de Clodion bondit comme un léopard, met le pied sur le javelot, le presse de son poids, le fait descendre vers la terre, et abaisse avec lui le bouclier de son ennemi. Ainsi forcé de se découvrir, l'infortuné Gaulois montre la tête. La hache de Mérovée part, siffle, vole et s'enfonce dans le front du Gaulois, comme la cognée d'un bûcheron dans la cime d'un pin. La tête du guerrier se partage ; sa cervelle se répand des deux côtés, ses yeux roulent à terre. Son corps reste encore un moment debout, étendant des mains convulsives, objet d'épouvante et de pitié.

« A ce spectacle les Gaulois poussent un cri de douleur. Leur chef étoit le dernier descendant de ce Vercingétorix [61] qui balança si longtemps la fortune de Jules. Il sembloit que par cette mort l'empire des Gaules, en échappant aux Romains, passoit aux Francs : ceux-ci, pleins de joie, entourent Mérovée, l'élèvent sur un bouclier [62], et le proclament roi avec ses pères, comme le plus brave des Sicambres. L'épouvante commence à s'emparer des légions. Constance, qui, du milieu du corps de réserve, suivoit de l'œil les mouvements des troupes, aperçoit le découragement des cohortes. Il se tourne vers la légion chrétienne :

« Braves soldats, la fortune de Rome est entre vos mains. Marchons à
« l'ennemi. »

« Aussitôt les fidèles abaissent devant César leurs aigles surmontées de l'étendard du salut. Victor commande : la légion s'ébranle et descend en silence de la colline. Chaque soldat porte sur son bouclier une croix entourée de ces mots [63] : « Tu vaincras par ce signe. » Tous les centurions étoient des martyrs couverts des cicatrices du fer et du feu. Que pouvoit contre de tels hommes la crainte des blessures et de la mort ? O touchante fidélité ! Ces guerriers alloient répandre pour leurs princes les restes d'un sang dont ces princes avoient presque tari la source ! Aucune frayeur, mais aussi aucune joie ne paroissoit sur le visage des héros chrétiens. Leur valeur tranquille étoit pareille à un lis sans tache. Lorsque la légion s'avança dans la plaine, les Francs se sentirent arrêtés au milieu de leur victoire. Ils ont conté qu'ils voyoient à la tête de cette légion une colonne de feu et de nuées et un cavalier vêtu de blanc [64], armé d'une lance et d'un bouclier d'or. Les Romains qui fuyoient tournent le visage ; l'espérance revient au cœur du plus foible et du moins courageux : ainsi, après un orage de nuit, quand le soleil du matin paroît dans l'orient, le laboureur rassuré admire l'astre qui répand un doux éclat sur la nature ; sous les lierres de la cabane antique le jeune passereau pousse des cris de joie ; le vieillard vient s'asseoir sur le seuil de la porte : il entend des bruits charmants au-dessus de sa tête, et il bénit l'Éternel.

« A l'approche des soldats du Christ, les barbares serrent leurs rangs, les Romains se rallient. Parvenue sur le champ de bataille, la légion s'arrête, met un genou en terre, et reçoit de la main d'un ministre de paix la bénédiction du Dieu des armées. Constance lui-même ôte sa couronne de laurier, et s'incline. La troupe sainte se relève, et, sans jeter ses javelots, elle marche l'épée haute à l'ennemi. Le combat recommence de toutes parts. La légion chrétienne ouvre une large brèche dans les rangs des barbares ; Romains, Grecs et Gaulois, nous entrons tous à la suite de Victor dans l'enceinte des Francs, rompus. Aux attaques d'une armée disciplinée succèdent des combats à la manière des héros d'Ilion. Mille groupes de guerriers se heurtent, se choquent, se pressent, se repoussent ; partout règnent la douleur, le désespoir, la fuite. Filles des Francs, c'est en vain que vous préparez le baume pour des plaies que vous ne pourrez guérir ! L'un est frappé au cœur du fer d'une javeline, et sent s'échapper de ce cœur les images chères et sacrées de la patrie ; l'autre a les deux bras brisés du coup d'une massue, et ne pressera plus sur son sein le fils qu'une épouse porte encore à la mamelle. Celui-ci regrette son palais, celui-là sa chaumière ; le premier ses plaisirs, le second ses douleurs, car l'homme s'attache à la vie par ses misères autant que par ses prospérités. Ici, environné de ses compagnons, un soldat païen expire en vomissant des imprécations contre César et contre les dieux. Là, un soldat chrétien meurt isolé [65], d'une main retenant ses entrailles, de l'autre pressant un crucifix et priant Dieu pour son empereur. Les

Sicambres, tous frappés par devant et couchés sur le dos, conservoient dans la mort un air si farouche[66], que le plus intrépide osoit à peine les regarder.

« Je ne vous oublierai pas, couple généreux, jeunes Francs que je rencontrai au milieu du champ du carnage ! Ces fidèles amis, plus tendres que prudents, afin d'avoir dans le combat la même destinée, s'étoient attachés ensemble par une chaîne de fer[67]. L'un étoit tombé mort sous la flèche d'un Crétois ; l'autre, atteint d'une blessure cruelle, mais encore vivant, se tenoit à demi soulevé auprès de son frère d'armes. Il lui disoit : « Guerrier, tu dors après les fatigues de la bataille.
« Tu n'ouvriras plus les yeux à ma voix, mais la chaîne de notre amitié
« n'est point rompue ; elle me retient à tes côtés. »

« En achevant ces mots, le jeune Franc s'incline, et meurt sur le corps de son ami. Leurs belles chevelures se mêlent et se confondent comme les flammes ondoyantes d'un double trépied qui s'éteint sur un autel, comme les rayons humides et tremblants de l'étoile des Gémeaux, qui se couche dans la mer. Le trépas ajoute ses chaînes indestructibles aux liens qui unissoient les deux amis.

« Cependant les bras fatigués portent des coups ralentis ; les clameurs deviennent plus déchirantes et plus plaintives. Tantôt une grande partie des blessés, expirant à la fois, laisse régner un affreux silence ; tantôt la voix de la douleur se ranime et monte en longs accents vers le ciel. On voit errer des chevaux sans maîtres, qui bondissent ou s'abattent sur des cadavres ; quelques machines de guerre abandonnées brûlent çà et là comme les torches de ces immenses funérailles.

« La nuit vint couvrir de son obscurité ce théâtre des fureurs humaines. Les Francs, vaincus mais toujours redoutables, se retirèrent dans l'enceinte de leurs chariots. Cette nuit, si nécessaire à notre repos, ne fut pour nous qu'une nuit d'alarmes : à chaque instant nous craignions d'être attaqués. Les barbares jetoient des cris[68] qui ressembloient aux hurlements des bêtes féroces : ils pleuroient les braves qu'ils avoient perdus et se préparoient eux-mêmes à mourir. Nous n'osions ni quitter nos armes, ni allumer des feux. Les soldats romains frémissoient, se cherchoient dans les ténèbres ; ils s'appeloient, ils se demandoient un peu de pain ou d'eau ; ils pansoient leurs blessures avec leurs vêtements déchirés. Les sentinelles se répondoient en se renvoyant de l'une à l'autre le cri des veilles.

Tous les chefs des Crétois avoient été tués. Le sang de Philopœmen paroissant à mes compagnons d'un favorable augure, ils m'avoient nommé leur commandant. En attirant sur moi les efforts de l'ennemi, j'avois eu le bonheur de sauver la légion de Fer d'une entière destruction. La confirmation de mon grade, une couronne de chêne et les éloges de Constance avoient été le prix de ce hasard heureux. A la tête des troupes légères, je touchois presque au camp des barbares, et j'attendois avec impatience le retour de l'aurore ; mais cette aurore nous découvrit un spectacle qui surpassoit en horreur tout ce que nous avions vu jusque alors.

« Les Francs, pendant la nuit, avoient coupé les têtes des cadavres romains[69] et les avoient plantées sur des piques devant leur camp, le visage tourné vers nous. Un énorme bûcher, composé de selles de chevaux[70] et de boucliers brisés, s'élevoit au milieu du camp. Le vieux Pharamond, roulant des yeux terribles et livrant au souffle du matin sa longue chevelure blanche, étoit assis au haut du bûcher. Au bas paroissoient Clodion et Mérovée : ils tenoient à la main, en guise de torches, l'hast enflammé de deux piques rompues, prêts à mettre le feu au trône funèbre de leur père, si les Romains parvenoient à forcer le retranchement des chariots.

« Nous restons muets d'étonnement et de douleur; les vainqueurs semblent vaincus par tant de barbarie et tant de magnanimité ! Les larmes coulent de nos yeux à la vue des têtes sanglantes de nos compagnons d'armes : chacun se rappelle que ces bouches muettes et décolorées prononçoient encore la veille les paroles de l'amitié ! Bientôt à ce mouvement de regret succède la soif de la vengeance. On n'attend point le signal de l'assaut ; rien ne peut résister à la fureur du soldat : les chariots sont brisés, le camp est ouvert, on s'y précipite. Alors se présente un nouvel ennemi : les femmes des barbares, vêtues de robes noires[71], s'élancent au-devant de nous, se percent de nos armes ou cherchent à les arracher de nos mains ; les unes arrêtent par la barbe le Sicambre qui fuit et le ramènent au combat ; les autres, comme des Bacchantes enivrées, déchirent leurs époux et leurs pères; plusieurs étouffent leurs enfants et les jettent sous les pieds des hommes et des chevaux ; plusieurs, se passant au cou un lacet fatal, s'attachent aux cornes des bœufs et s'étranglent en se faisant traîner misérablement. Une d'entre elles s'écrie du milieu de ses compagnes : « Romains, tous vos présents « n'ont point été funestes ! Si vous nous avez apporté le fer qui enchaîne, « vous nous avez donné le fer qui délivre ! » Et elle se frappe d'un poignard.

« C'en étoit fait des peuples de Pharamond, si le ciel, qui leur garde peut-être de grandes destinées, n'eût sauvé le reste de leurs guerriers. Un vent impétueux se lève entre le nord et le couchant ; les flots s'avancent sur les grèves ; on voit venir, écumante et limoneuse, une de ces marées de l'équinoxe qui dans ces climats semblent jeter l'Océan tout entier hors de son lit. La mer, comme un puissant allié des barbares, entre dans le camp des Francs pour en chasser les Romains. Les Romains reculent devant l'armée des flots ; les Francs reprennent courage ; ils croient que le monstre marin, père de leur jeune prince, est sorti de ses grottes azurées pour les secourir. Ils profitent de notre désordre ; ils nous repoussent, ils nous pressent, ils secondent les efforts de la mer. Une scène extraordinaire frappe les yeux de toutes parts : là, les bœufs épouvantés nagent avec les chariots qu'ils entraînent ; ils ne laissent voir au-dessus des vagues que leurs cornes recourbées, et ressemblent à une multitude de fleuves qui auroient apporté eux-mêmes leurs tributs à l'Océan ; ici, les Saliens mettent à flot leurs bateaux de cuir et nous frappent à coups de rames et d'avirons. Mérovée s'étoit fait une nacelle d'un large bouclier d'osier [72] : porté sur cette conque guerrière, il nous poursuivoit escorté de ses pairs qui bondissoient autour de lui comme des tritons. Pleines d'une joie insensée, les femmes battoient des mains et bénissoient les flots libérateurs. Partout la lame croissante se brise et jaillit contre les armes : partout disparoît le cavalier qui se noie, le fantassin qui n'a plus que son épée hors de l'eau ; des cadavres qui paroissent se ranimer roulent avec les algues, le sable et le limon. Séparé du reste des légions et réuni à quelques soldats, je combattis longtemps une multitude de barbares, mais enfin, accablé par le nombre, je tombai, percé de coups, au milieu de mes compagnons étendus morts à mes côtés.

« Je demeurai plusieurs heures évanoui. Quand je rouvris les yeux à la lumière, je n'aperçus plus qu'une grève humide abandonnée par les flots, des corps noyés à moitié ensevelis dans le sable, la mer retirée dans un lointain immense et traçant à peine une ligne bleuâtre à l'horizon. Je voulus me soulever, mais je ne pus y parvenir, et je fus contraint de rester couché sur le dos, les regards attachés au ciel. Tandis que mon âme flottoit entre la mort et la vie, j'entendis une voix prononcer en latin ces mots : « Si quelqu'un respire encore ici, « qu'il parle. » Je tournai la tête avec effort, et j'entrevis un Franc que je reconnus pour esclave à sa saie d'écorce de bouleau. Il aperçut mon mouvement, accourut vers moi, et reconnoissant ma patrie à mon vêtement : « Jeune Grec, me dit-il, prenez courage. » Et il se mit à genoux à mes côtés ; se pencha sur moi, examina mes blessures. « Je ne les crois pas mortelles, » s'écria-t-il après un moment de silence. Aussitôt il tira d'un sac de peau de chevreuil du baume, des simples, un vase plein d'une eau pure. Il lava mes plaies, les essuya légèrement, les banda avec de longues feuilles de roseaux. Je ne pou-

LIVRE VI.

vois lui témoigner ma reconnoissance que par un mouvement de tête et par l'admiration qu'il devoit lire dans mes yeux presque éteints. Quand il fallut me transporter, son embarras devint extrême. Il regardoit avec inquiétude autour de nous : il craignoit, comme il me l'a dit depuis, d'être découvert par quelque parti de barbares. L'heure du flux approchoit; mon libérateur tira du danger même le moyen de mon salut : il aperçut une nacelle des Francs échouée sur le sable ; il commença par me soulever à moitié, puis, se couchant presque à terre devant moi, il m'attira doucement à lui, me chargea sur ses épaules, se leva et me porta avec peine au bateau voisin, car il étoit déjà sur l'âge. La mer ne tarda pas à couvrir ses grèves. L'esclave arracha du sable une pique dont le fer étoit rompu, et lorsque les flots soulevèrent ma nacelle, il la dirigea, avec son arme brisée, comme auroit fait le pilote le plus habile. Chassés par le flux, nous entrâmes bien avant dans les terres, sur les rives d'un fleuve bordé de forêts.

« Ces lieux étoient connus du Franc. Il descendit dans l'eau, et, me prenant de nouveau sur ses épaules, il me déposa dans une espèce de souterrain où les barbares ont coutume de cacher leur blé [73] pendant la guerre. Là il me fit un lit de mousse et me donna un peu de vin pour me ranimer.

« Pauvre infortuné, me dit-il en me parlant dans ma propre langue, il faut que je vous quitte, et vous serez obligé de passer la nuit seul ici. J'espère vous apporter demain matin de bonnes nouvelles : en attendant, tâchez de goûter un peu de sommeil. »

« En disant ces mots, il étendit sur moi sa misérable saie, dont il se dépouilla pour me couvrir, et il s'enfuit dans les bois. »

FIN DU LIVRE SIXIÈME.

LIVRE SEPTIÈME.

Suite du récit. Eudore devient esclave de Pharamond. Histoire de Zacharie. Clothilde, femme de Pharamond. Commencement du christianisme chez les Francs. Mœurs des Francs. Retour du printemps. Chasse. Barbares du Nord. Tombeau d'Ovide. Eudore sauve la vie à Mérovée. Mérovée promet la liberté à Eudore. Retour des chasseurs au camp de Pharamond. La déesse Hertha. Festin des Francs. On délibère sur la paix et sur la guerre avec les Romains. Dispute de Camulogène et de Chlodéric. Les Francs se décident à demander la paix. Eudore, devenu libre, est chargé par les Francs d'aller proposer la paix à Constance. Zacharie conduit Eudore jusque sur la frontière de la Gaule. Leurs adieux.

« Par Hercule, s'écria Démodocus en interrompant le récit d'Eudore, j'ai toujours aimé les enfants d'Esculape! ils sont pieux envers les hommes et connoissent les choses cachées. On les trouve parmi les dieux, les centaures, les héros et les bergers. Mon fils, quel étoit le nom de ce divin barbare pour qui Jupiter, hélas! ne me semble pas avoir puisé dans l'urne des biens? Le maître des nuées dispose à son gré du sort des mortels : il donne à l'un la prospérité, il fait tomber l'autre dans toutes sortes de malheurs. Le roi d'Ithaque fut réduit à sentir un mouvement de joie en se couchant sur un lit de feuilles séchées [1] qu'il avoit amoncelées de ses propres mains. Jadis, chez les hommes plus vertueux, un favori du dieu d'Épidaure eût été l'ami et le compagnon des guerriers ; aujourd'hui il est esclave chez une nation inhospitalière. Mais hâte-toi, fils de Lasthénès, de m'apprendre le nom de ton libérateur, car je veux l'honorer comme Nestor honoroit Machaon. »

« Son nom, parmi les Francs, étoit Harold, reprit Eudore en souriant. Il vint me retrouver aux premiers rayons du jour, selon sa promesse. Il étoit accompagné d'une femme vêtue d'une robe de fil [2] teinte de pourpre ; elle avoit le haut de la gorge et les bras découverts, à la manière des Francs. Ses traits offroient, au premier coup d'œil, un mélange inexplicable de barbarie et d'humanité : c'étoit une expression de physionomie naturellement forte et sauvage, corrigée par je ne sais quelle habitude étrangère [3] de pitié et de douceur. »

« Jeune Grec, me dit l'esclave, remerciez Clothilde [4], femme de Pharamond, mon maître. Elle a obtenu votre grâce de son époux : elle vient elle-même vous chercher pour vous mettre à l'abri des Francs. Quand vous serez guéri de vos blessures, vous vous montrerez sans doute esclave reconnoissant et fidèle. »

« Plusieurs serfs entrèrent alors dans la caverne. Ils m'étendirent sur des branches d'arbre entrelacées, et me portèrent au camp de mon maître. »

« Les Francs, malgré leur valeur et le soulèvement des flots, avoient été obligés de céder la victoire à la discipline des légions ; heureux d'échapper à une entière défaite, ils se retiroient devant les vainqueurs. Je fus jeté dans les chariots avec les autres blessés. On marcha quinze jours et quinze nuits en s'enfonçant vers le Nord, et l'on ne s'arrêta que quand on se crut à l'abri de l'armée de Constance.

« Jusque alors j'avois à peine senti l'horreur de ma situation ; mais aussitôt que le repos commença à cicatriser mes plaies, je jetai les yeux autour de moi avec épouvante. Je me vis au milieu des forêts, esclave chez des barbares et prisonnier dans une hutte qu'entouroit, comme un rempart, un cercle de jeunes arbres [5] qui devoient s'entrelacer en croissant. Une boisson grossière, faite de froment [6], un peu d'orge écrasée entre deux pierres, des lambeaux de daim et de chevreuil qu'on me jetoit quelquefois par pitié, telle étoit ma nourriture. La moitié du jour j'étois abandonné seul sur mon lit d'herbes fanées ; mais je souffrois encore beaucoup plus de la présence que de l'absence des barbares. L'odeur des graisses mêlées de cendres de frêne dont ils frottent leurs cheveux [7], la vapeur des chairs grillées, le peu d'air de la hutte [8] et le nuage de fumée qui la remplissoit sans cesse me suffoquoient. Ainsi une juste Providence me faisoit payer les délices de Naples, les parfums et les voluptés dont je m'étois enivré.

« Le vieil esclave, occupé de ses devoirs, ne pouvoit donner que quelques moments à mes peines. J'étois toujours étonné de la sérénité de son visage, au milieu des travaux dont il étoit accablé.

« Eudore, me dit-il un soir, vos blessures sont presque guéries. Demain vous commencerez à remplir vos nouveaux devoirs. Je sais que l'on doit vous envoyer avec quelques serfs chercher du bois au fond de la forêt. Allons, mon fils et mon compagnon, rappelez votre vertu. Le ciel vous aidera si vous l'implorez. »

« A ces mots, l'esclave s'éloigna, et me laissa plongé dans le désespoir. Je passai la nuit dans une agitation horrible, formant et rejetant tour à tour mille projets. Tantôt je voulois attenter à mes jours, tantôt je songeois à la fuite. Mais comment fuir, foible et sans secours? Comment trouver un chemin à travers ces bois? Hélas! j'avois une ressource contre mes maux, la religion; et c'étoit le seul moyen de délivrance auquel je ne songeois pas! Le jour me surprit au milieu de ces angoisses, et j'entendis tout à coup une voix qui me cria :

« Esclave romain, lève-toi! »

« On me donna une peau de sanglier pour me couvrir, une corne de bœuf pour puiser de l'eau [9], un poisson sec pour ma nourriture, et je suivis les serfs qui me montroient le chemin.

« Lorsqu'ils furent arrivés à la forêt, ils commencèrent par ramasser parmi la neige et les feuilles flétries les branches d'arbre brisées par les vents. Ils en formoient çà et là des monceaux, qu'ils lioient avec des écorces. Ils me firent quelques signes pour m'engager à les imiter, et voyant que j'ignorois leur ouvrage, ils se contentèrent de mettre sur mes épaules un paquet de rameaux desséchés. Mon front orgueilleux fut forcé de s'humilier sous le joug de la servitude; mes pieds nus fouloient la neige, mes cheveux étoient hérissés par le givre, et la bise glaçoit les larmes dans mes yeux. J'appuyois mes pas chancelants sur une branche arrachée de mon fardeau, et, courbé comme un vieillard, je cheminois lentement entre les arbres de la forêt.

« J'étois prêt à succomber à ma douleur, lorsque je vis tout à coup auprès de moi le vieil esclave, chargé d'un poids plus pesant que le mien et me souriant de cet air paisible qui ne l'abandonnoit jamais. Je ne pus me défendre d'un mouvement de honte.

« Quoi! me dis-je en moi-même, cet homme, accablé par les ans, sourit sous un fardeau triple du mien, et moi, jeune et fort, je pleure!

« Eudore, me dit mon libérateur en m'abordant, ne trouvez-vous pas que le premier fardeau est bien lourd? Mon jeune compagnon, l'habitude et surtout la résignation rendront les autres plus légers. Voyez quel poids je suis venu à bout de porter à mon âge. »

« Ah! m'écriai-je, chargez-moi de ce poids qui fait plier vos genoux. Puissé-je expirer en vous délivrant de vos peines! »

« Eh, mon fils! repartit le vieillard, je n'ai point de peines. Pourquoi désirer la mort? Allons, je veux vous réconcilier avec la vie. Venez vous reposer à quelques pas d'ici; nous allumerons du feu, et nous causerons ensemble. »

« Nous gravîmes des monticules irréguliers, formés, comme je le vis bientôt, par les débris d'un ouvrage romain. De grands chênes croissoient dans ce lieu, sur une autre génération de chênes tombés à leurs pieds. Lorsque nous fûmes arrivés au sommet des monticules, je découvris l'enceinte d'un camp abandonné.

« Voilà, me dit l'esclave, le bois de Teuteberg et le camp de Varus [10]. La pyramide de terre que vous apercevez au milieu est la tombe où Germanicus fit renfermer les restes des légions massacrées. Mais elle a été rouverte par les barbares; les os des Romains ont été de nouveau semés sur la terre, comme l'attestent ces crânes blanchis, cloués aux troncs des arbres. Un peu plus loin vous pouvez remarquer les autels sur lesquels on égorgea les centurions des premières compagnies, et le tribunal de gazon d'où Arminius harangua les Germains. »

« A ces mots le vieillard jeta sa ramée sur la neige. Il en tira quelques branches, dont il fit un peu de feu, puis, m'invitant à m'asseoir auprès de lui et à réchauffer mes mains glacées, il me raconta son histoire :

« Mon fils, vous plaindrez-vous encore de vos malheurs? Oseriez-
« vous parler de vos peines à la vue du camp de Varus? Ou plutôt ne
« reconnaissez-vous pas quel est le sort de tous les hommes, et com-
« bien il est inutile de se révolter contre des maux inséparables de la
« condition humaine? Je vous offre moi-même un exemple frappant de
« ce qu'une fausse sagesse appelle les coups de la fortune. Vous
« gémissez de votre servitude! Et que direz-vous donc quand vous
« verrez en moi un descendant de Cassius, esclave, et esclave volon-
« taire?

« Lorsque mes ancêtres furent bannis de Rome pour avoir défendu
« la liberté, et qu'on n'osa même plus porter leurs images aux funé-
« railles [11], ma famille se réfugia dans le christianisme, asile de la
« véritable indépendance.

« Nourri des préceptes d'une loi divine, je servis longtemps comme
« simple soldat dans la légion thébaine [12], où je portois le nom de
« Zacharie. Cette légion chrétienne ayant refusé de sacrifier aux faux
« dieux, Maximien la fit massacrer près d'Agaune dans les Alpes. On
« vit alors un exemple à jamais mémorable de l'esprit de douceur de
« l'Évangile. Quatre mille vétérans, blanchis dans le métier des
« armes, pleins de force, et ayant à la main la pique et l'épée, ten-
« dirent, comme des agneaux paisibles, la gorge aux bourreaux. La
« pensée de se défendre ne se présenta pas même à leur esprit, tant
« ils avoient gravées au fond du cœur les paroles de leur Maître, qui
« ordonne d'obéir et défend de se venger! Maurice, qui commandoit
« la légion, tomba le premier. La plupart des soldats périrent par le
« fer. On m'avoit attaché les mains derrière le dos. Assis parmi la

« foule des victimes, j'attendois le coup fatal ; mais je ne sais par quel
« dessein de la Providence je fus oublié dans ce grand massacre.
« Les corps entassés autour de moi me dérobèrent à la vue des cen-
« turions, et Maximien, ayant accompli son œuvre, s'éloigna avec
« l'armée.

« Vers la seconde veille de la nuit, n'entendant plus que le bruit
« d'un torrent dans les montagnes, je levai la tête et je fus à l'instant
« frappé d'un prodige. Les corps de mes compagnons sembloient jeter
« une vive lumière [13] et répandre une agréable odeur. J'adorai le
« Dieu des miracles, qui n'avoit pas voulu accepter le sacrifice de mes
« jours ; et comme je ne pouvois donner la sépulture à tant de saints,
« je cherchai du moins le grand Maurice. Je le trouvai à demi recou-
« vert de la neige tombée pendant la nuit. Animé d'une force surna-
« turelle, je me dégageai de mes liens, et avec le fer d'une lance je
« creusai à mon général une fosse profonde. J'y réunis le tronc et le
« chef de Maurice, en priant le nouveau Machabée d'obtenir bientôt
« pour son soldat une place dans la milice céleste. Ensuite je quittai
« ce champ de triomphe et de larmes ; je pris le chemin des Gaules,
« et me retirai vers Denis, premier évêque de Lutèce [14].

« Ce saint prélat me reçut avec des pleurs de joie, et m'admit au
« nombre de ses disciples. Quand il me crut capable de le seconder
« dans son ministère, il m'imposa les mains, et, me créant prêtre de
« Jésus-Christ, il me dit : « Humble Zacharie, soyez charitable ; voilà
« toutes les instructions que j'ai à vous donner. » Hélas ! j'étois tou-
« jours destiné à perdre mes amis, et toujours par la même main !
« Maximien fit trancher la tête à Denis et à ses compagnons, Rustique
« et Éleuthère. Ce fut son dernier exploit dans les Gaules, qu'il céda
« bientôt après à Constance.

« J'avois sans cesse devant les yeux le précepte de mon saint
« évêque. Je me sentis pressé du désir de rendre quelque service à
« des misérables, et j'allois souvent prier Denis de m'obtenir cette
« faveur, par son intercession auprès du Fils de Marie.

« Les chrétiens de Lutèce avoient enseveli leur évêque dans une
« grotte, au pied de la colline sur laquelle il avoit été décapité. Cette
« colline s'appeloit le mont de Mars [15], et elle étoit séparée de la
« Sequana par des marais. Un jour, comme je traversois ces marais,
« je vis venir à moi une femme chrétienne tout éplorée, qui s'écria :
« O Zacharie ! je suis la plus infortunée des femmes ! Mon époux a été
« pris par les Francs ; il me laisse avec trois enfants en bas âge, et
« sans aucun moyen de les nourrir ! » Une rougeur subite couvrit mon
« front ; je compris que Dieu m'envoyoit cette grâce par les prières du

« généreux martyr que j'allois implorer. Je cachai cependant ma joie,
« et je dis à cette femme : « Ayez bon courage, Dieu aura pitié de
« vous. » Et, sans m'arrêter, je me mis en route pour la colonie
« d'Agrippina.

« Je connoissois le soldat prisonnier. Il étoit chrétien, et j'avois été
« quelque temps son frère d'armes. C'était un homme simple et crai-
« gnant Dieu pendant la prospérité ; mais les revers le décourageoient
« aisément, et il étoit à craindre qu'il ne perdît la foi dans le mal-
« heur. J'appris à Agrippina qu'il étoit tombé entre les mains du chef
« des Saliens. Les Romains venoient de conclure une trêve avec les
« Francs. Je passai chez ces barbares. Je me présentai à Pharamond,
« et m'offris en échange du chrétien : je ne pouvois payer autrement
« sa rançon, car je ne possédois rien au monde. Comme j'étois fort et
« vigoureux, et que l'autre esclave étoit foible, ma proposition fut
« acceptée. J'y mis pour seule condition que mon maître renverroit
« son prisonnier sans lui dire par quel moyen il étoit racheté. Cela
« fut fait ainsi, et ce pauvre père de famille rentra plein de joie dans
« ses foyers, pour nourrir ses enfants et consoler son épouse.

« Depuis ce temps, je suis demeuré esclave ici [16]. Dieu m'a bien
« récompensé ; car, en habitant parmi ces peuples j'ai eu le bonheur
« d'y semer la parole de Jésus-Christ. Je vais surtout le long des
« fleuves réparer, autant qu'il est en moi, le malheur d'une expérience
« funeste : les barbares, afin d'éprouver si leurs enfants seront
« vaillants un jour, ont coutume de les exposer aux flots sur un
« bouclier [17]. Ils ne conservent que ceux qui surnagent, et laissent
« périr les autres. Quand je puis réussir à sauver des eaux ces petits
« anges, je les baptise au nom du Père, du Fils et du Saint-Esprit,
« pour leur ouvrir le ciel.

« Les lieux où se livrent les batailles m'offrent encore une abon-
« dante moisson. Je rôde comme un loup ravissant, dans les ténèbres,
« au milieu du carnage et des morts. J'appelle les mourants, qui
« croient que je les viens dépouiller ; je leur parle d'une meilleure
« vie ; je tâche de les envoyer dans le repos d'Abraham. S'ils ne sont
« pas mortellement blessés, je m'empresse de les secourir, espérant
« les gagner par la charité au Dieu des pauvres et des misérables.

« Jusqu'à présent ma plus belle conquête est la jeune femme [18] de
« mon vieux maître Pharamond. Clothilde a ouvert son cœur à Jésus-
« Christ. De violente et cruelle qu'elle étoit, elle est devenue douce
« et compatissante. Elle m'aide à sauver tous les jours quelques
« infortunés. C'est à elle que vous devez la vie. Lorsque je courus lui
« apprendre que je vous avois trouvé parmi les morts, elle songea

« d'abord à vous tenir caché dans la grotte, afin de vous soustraire à
« l'esclavage. Elle découvrit ensuite que les Francs alloient continuer
« leur retraite. Alors il ne lui resta plus qu'à révéler le secret à son
« époux et à obtenir votre grâce de Pharamond : car, si les barbares
« aiment les esclaves sains et vigoureux, leur impatience naturelle et
« le mépris qu'ils ont eux-mêmes pour la vie leur font presque tou-
« jours sacrifier les blessés.

« Mon fils, telle est l'histoire de Zacharie. Si vous trouvez qu'il a
« fait quelque chose pour vous, il ne vous demande en récompense
« que de ne pas vous laisser abattre par les chagrins, et de souffrir
« qu'il sauve votre âme après avoir sauvé votre corps. Eudore, vous
« êtes né dans ce doux climat [19] voisin de la terre des miracles, chez
« ces peuples polis qui ont civilisé les hommes, dans cette Grèce où
« le sublime Paul a porté la lumière de la foi : que d'avantages n'avez-
« vous donc pas sur les hommes du Nord, dont l'esprit est grossier et
« les mœurs féroces! Seriez-vous moins sensible qu'eux à la charité
« évangélique? »

« Les dernières paroles de Zacharie entrèrent dans mon cœur
comme un aiguillon. L'indigne secret de ma vie m'accabloit. Je n'osois
lever les yeux sur mon libérateur. Moi qui avois soutenu sans trouble
les regards des maîtres du monde, j'étois anéanti devant la majesté
d'un vieux prêtre chrétien esclave chez les barbares! Retenu par la
honte de confesser l'oubli que j'avois fait de ma religion, poussé par
le désir de tout avouer, mon désordre étoit extrême. Zacharie s'en
aperçut. Il crut que mes blessures étoient rouvertes. Il me demanda
la cause de mon agitation avec inquiétude. Vaincu par tant de bonté,
et les larmes malgré moi se faisant un passage, je me jetai aux pieds
du vieillard :

« O mon père! ce ne sont pas les blessures de mon corps qui sai-
gnent; c'est une plaie plus profonde et plus mortelle! Vous qui faites
tant d'actes sublimes au nom de votre religion, pourrez-vous croire,
en voyant entre nous si peu de ressemblance, que j'ai la même religion que vous? »

« Jésus-Christ! s'écria le saint levant les mains vers le ciel; Jésus-
Christ! mon divin Maître, quoi! vous auriez ici un autre serviteur
que moi! »

« Je suis chrétien, » répondis-je.

« L'homme de charité me prend dans ses bras, m'arrose de ses
larmes, me presse contre ses cheveux blancs, en disant avec des
sanglots de joie :

« Mon frère! mon cher frère! J'ai trouvé un frère! »

« Et je répétois :

« Je suis chrétien, je suis chrétien. »

« Pendant cette conversation, la nuit étoit descendue. Nous reprîmes nos fardeaux, et nous retournâmes à la hutte de Pharamond. Le lendemain Zacharie vint me chercher à la pointe du jour. Il me conduisit au fond d'une forêt. Dans le tronc d'un vieux hêtre, où Sécovia, prophétesse des Germains [20], avoit jadis rendu ses oracles, je vis une petite image qui représentoit Marie, mère du Sauveur. Elle étoit ornée d'une branche de lierre chargée de ses fruits mûrs, et nouvellement placée aux pieds de la Mère et de l'Enfant, car la neige ne l'avoit point encore recouverte.

« Cette nuit même, me dit Zacharie, j'ai appris à l'épouse de notre maître que nous avions un frère parmi nous. Pleine de joie, elle a voulu venir au milieu des ténèbres parer notre autel et offrir cette branche à Marie en signe d'allégresse. »

« Zacharie avoit à peine achevé de prononcer ces mots, que nous vîmes accourir Clothilde. Elle se mit à genoux sur la neige, au pied du hêtre. Nous nous plaçâmes à ses côtés, et elle prononça à haute voix l'oraison du Seigneur dans un idiome sauvage. Ainsi je vis commencer le christianisme chez les Francs. Religion céleste, qui dira les charmes de votre berceau? Combien il parut divin dans Bethléem aux pasteurs de la Judée! Qu'il me sembla miraculeux dans les catacombes, lorsque je vis s'humilier devant lui une puissante impératrice! Et qui n'eût versé des larmes en le retrouvant sous un arbre de la Germanie, entouré, pour tout adorateur, d'un Romain esclave [21], d'un prisonnier grec et d'une reine barbare!

« Qu'attendois-je pour retourner au bercail? Les dégoûts avoient commencé à m'avertir de la vanité des plaisirs; l'ermite du Vésuve avoit ébranlé mon esprit; Zacharie subjuguoit mon cœur, mais il étoit écrit que je ne reviendrois à la vérité que par une suite de malheurs et d'expériences.

« Zacharie redoubla de zèle et de soin auprès de moi. Je croyois en l'écoutant entendre une voix sortie du ciel. Quelle leçon n'offroit point la seule vue de l'héritier chrétien de Cassius et de Brutus! Le stoïque meurtrier de César, après une vie courte, libre, puissante et glorieuse, déclare que la vertu n'est qu'un fantôme [22]; le charitable disciple de Jésus-Christ, esclave, vieux, pauvre, ignoré, proclame qu'il n'y a rien de réel ici-bas que la vertu. Ce prêtre, qui ne paroissoit savoir que la charité, avoit toutefois l'esprit de science et un goût pur des arts et des lettres. Il possédoit les antiquités grecques, hébraïques et latines. C'étoit un charme de l'entendre parler des hommes des anciens jours en gardant les troupeaux des barbares. Il m'entretenoit souvent des coutumes de nos maîtres ; il me disoit :

« Quand vous serez retourné dans la Grèce, mon cher Eudore, on « s'assemblera autour de vous pour vous ouïr conter les mœurs des « rois à la longue chevelure. Vos malheurs présents vous deviendront « une source d'agréables souvenirs. Vous serez parmi ces peuples ingé- « nieux un nouvel Hérodote [23], arrivé d'une contrée lointaine pour les « enchanter de vos merveilleux récits. Vous leur direz qu'il existe dans « les forêts de la Germanie un peuple qui prétend descendre des « Troyens [24] (car tous les hommes, ravis des belles fables de vos Hel- « lènes, veulent y tenir par quelque côté); que ce peuple, formé de « diverses tribus de Germains [25], les Sicambres, les Bructères, les « Saliens, les Cattes, a pris le nom de Franc, qui veut dire libre, et « qu'il est digne de porter ce nom.

« Son gouvernement est pourtant essentiellement monarchique. Le « pouvoir [26], partagé entre différents rois, se réunit dans la main d'un « seul lorsque le danger est pressant. La tribu des Saliens [27], dont « Pharamond est le chef, a presque toujours l'honneur de commander, « parce qu'elle passe parmi les barbares pour la plus noble. Elle doit « cette renommée [28] à l'usage qui exclut chez elle les femmes de la puis- « sance et ne confie le sceptre qu'à un guerrier.

« Les Francs s'assemblent [29] une fois l'année, au mois de mars, pour « délibérer sur les affaires de la nation. Ils viennent au rendez-vous « tout armés [30]. Le roi s'assied sous un chêne [31]. On lui apporte des « présents, qu'il reçoit avec beaucoup de joie. Il écoute la plainte de « ses sujets ou plutôt de ses compagnons, et rend la justice avec « équité.

« Les propriétés sont annuelles [32]. Une famille cultive chaque année « le terrain, qui lui est assigné par le prince, et après la récolte le « champ moissonné rentre dans la possession commune.

« Le reste des mœurs se ressent de cette simplicité. Vous voyez que « nous partageons avec nos maîtres la saie, le lait, le fromage [33], la « maison de terre, la couche de peaux.

« Vous fûtes hier témoin du mariage de Mérovée. Un bouclier [34], une « francisque, un canot d'osier, un cheval bridé, deux bœufs accouplés, « ont été les présents de noces de l'héritier de la couronne des Francs. « Si, dans les jeux de son âge, il saute mieux qu'un autre au milieu « des lances et des épées nues [35], s'il est brave à la guerre, juste pen- « dant la paix, il peut espérer après sa mort un bûcher funèbre et même « une pyramide de gazon [36] pour couvrir son tombeau. »

« Ainsi me parloit Zacharie.

LIVRE VII.

« Le printemps vint enfin ranimer les forêts du Nord. Bientôt tout changea de face dans les bois et dans les vallées : les angles noircis des rochers se montrèrent les premiers sur l'uniforme blancheur des frimas; les flèches rougeâtres des sapins parurent ensuite, et de précoces arbrisseaux remplacèrent par des festons de fleurs les cristaux glacés qui pendoient à leurs cimes. Les beaux jours ramenèrent la saison des combats.

« Une partie des Francs reprend les armes, une autre se prépare à aller chasser l'uroch et les ours [37] dans les contrées lointaines. Mérovée se mit à la tête des chasseurs, et je fus compris au nombre des esclaves qui devoient l'accompagner. Je dis adieu à Zacharie, et me séparai pour quelque temps du plus vertueux des hommes.

« Nous parcourûmes avec une rapidité incroyable les régions qui s'étendent depuis la mer de Scandie jusqu'aux grèves du Pont-Euxin. Ces forêts servent de passage à cent peuples barbares qui roulent tour à tour leurs torrents vers l'empire romain. On diroit qu'ils ont entendu quelque chose au midi qui les appelle du septentrion et de l'aurore. Quel est leur nom, leur race, leur pays ? Demandez-le au ciel qui les conduit, car ils sont aussi inconnus aux hommes que les lieux d'où ils sortent et où ils passent. Ils viennent ; tout est préparé pour eux : les arbres sont leurs tentes, les déserts sont leurs voies. Voulez-vous savoir où ils ont campé ? Voyez ces ossements de troupeaux égorgés, ces pins brisés comme par la foudre, ces forêts en feu et ces plaines couvertes de cendres.

« Nous eûmes le bonheur de ne rencontrer aucune de ces grandes migrations [38] ; mais nous trouvâmes quelques familles errantes auprès desquelles les Francs sont un peuple policé. Ces infortunés, sans abri, sans vêtement, souvent même sans nourriture, n'ont, pour consoler leurs maux, qu'une liberté inutile et quelques danses dans le désert. Mais lorsque ces danses sont exécutées au bord d'un fleuve dans la profondeur des bois, que l'écho répète pour la première fois les accents d'une voix humaine, que l'ours regarde du haut de son rocher ces jeux de l'homme sauvage, on ne peut s'empêcher de trouver quelque chose de grand dans la rudesse même du tableau, de s'attendrir sur la destinée de cet enfant de la solitude, qui naît inconnu du monde, foule un moment des vallées où il ne repassera plus, et bientôt cache sa tombe sous la mousse des déserts, qui n'a pas même conservé l'empreinte de ses pas.

« Un jour, ayant passé l'Ister vers son embouchure, et m'étant un peu écarté de la troupe des chasseurs, je me trouvai à la vue des flots du Pont-Euxin. Je découvris un tombeau de pierre sur lequel croissoit un laurier. J'arrachai les herbes qui couvroient quelques lettres latines, et bientôt je parvins à lire ce premier vers des élégies d'un poëte infortuné :

« Mon livre, vous irez à Rome [39], et vous irez à Rome sans moi. »

« Je ne saurois vous peindre ce que j'éprouvai en retrouvant au fond de ce désert le tombeau d'Ovide. Quelles tristes réflexions ne fis-je point sur les peines de l'exil, qui étoient aussi les miennes, et sur l'inutilité des talents pour le bonheur ! Rome, qui jouit aujourd'hui des tableaux du plus ingénieux de ses poëtes, Rome a vu couler vingt ans d'un œil sec les larmes d'Ovide. Ah ! moins ingrats que les peuples de l'Ausonie, les sauvages habitants des bords de l'Ister se souviennent encore de l'Orphée qui parut dans leurs forêts ! Ils viennent danser autour de ses cendres ; ils ont même retenu quelque chose de son langage : tant leur est douce la mémoire de ce Romain, qui s'accusoit d'être le barbare [40], parce qu'il n'étoit pas entendu du Sarmate !

« Les Francs n'avoient traversé de si vastes contrées qu'afin de visiter quelques tribus de leur nation transportées autrefois par Probus au bord du Pont-Euxin. Nous apprîmes, en arrivant, que ces tribus avoient disparu [41] depuis plusieurs mois et qu'on ignoroit ce qu'elles étoient devenues. Mérovée prit à l'instant la résolution de retourner au camp de Pharamond.

« La Providence avoit ordonné que je retrouverois la liberté au tombeau d'Ovide [42]. Lorsque nous repassâmes auprès de ce monument, une louve, qui s'y étoit cachée pour y déposer ses petits, s'élança sur Mérovée. Je tuai cet animal furieux. Dès ce moment mon jeune maître me promit de demander ma liberté à son père. Je devins son compagnon pendant le reste de la chasse. Il me faisoit dormir à ses côtés. Quelquefois je lui parlois de la bataille sanglante où je l'avois vu traîné par trois taureaux indomptés, et il tressailloit de joie au souvenir de sa gloire. Quelquefois aussi je l'entretenois des coutumes et des traditions de mon pays ; mais de tout ce que je lui racontois il n'écoutoit avec plaisir que l'histoire des travaux d'Hercule et de Thésée. Quand j'essayois de lui faire comprendre nos arts, il brandissoit sa framée, et me disoit avec impatience : « Grec, Grec, je suis ton maître. »

« Après une absence de plusieurs mois, nous arrivâmes au camp de Pharamond. La hutte royale étoit déserte [43]. Le chef à la longue chevelure avoit eu des hôtes : après avoir prodigué en leur honneur tout ce qu'il possédoit de richesses, il étoit allé vivre dans la cabane d'un chef voisin qui, ruiné à son tour par le monarque barbare, s'étoit établi avec lui chez un autre chef. Nous trouvâmes enfin Pharamond goûtant, assis à un grand repas, les charmes de cette hospitalité naïve, et il nous apprit le sujet de ces fêtes.

« Au milieu de la mer des Suèves se voit une île appelée Chaste [44], consacrée à la déesse Hertha. La statue de cette divinité est placée sur un char toujours couvert d'un voile. Ce char, traîné par des génisses blanches, se promène à des temps marqués au milieu des nations germaniques. Les inimitiés sont alors suspendues, et pour un moment les forêts du Nord cessent de retentir du bruit des armes. La déesse mystérieuse venoit de passer chez les barbares, et nous étions arrivés au milieu des réjouissances que cause son apparition. Zacharie eut à peine un moment pour me serrer dans ses bras. Tous les chefs étoient convoqués au banquet solennel : on devoit y traiter de la conclusion de la paix ou de la continuation de la guerre avec les Romains. Je fus chargé du rôle d'échanson, et Mérovée prit sa place au milieu des guerriers.

« Ils étoient rangés en demi-cercle [45], ayant au centre le foyer où s'apprêtoient les viandes du festin. Chaque chef, armé comme pour la guerre, étoit assis sur un faisceau d'herbes ou sur un rouleau de peaux ; il avoit devant lui une petite table séparée des autres, sur laquelle on lui servoit une portion de la victime, selon sa vaillance ou sa noblesse. Le guerrier reconnu pour le plus brave (et c'étoit Mérovée) occupoit la première place. Des affranchis, armés de lances et de boucliers, portoient çà et là des trépieds chargés de viande et des cornes d'uroch pleines de liqueur de froment.

« Vers la fin du repas, on commença à délibérer. Il y avoit dans la ligne des Francs un Gaulois appelé Camulogène [46], descendant du fameux vieillard qui défendit Lutèce contre Labiénus, lieutenant de Jules. Élevé parmi les quarante mille disciples des écoles [47] d'Augustodunum [a], il avoit perfectionné une éducation brillante sous les rhéteurs les plus célèbres de Marseille et de Burdigalie [b] ; mais l'inconstance naturelle aux Gaulois et un caractère sauvage l'avoient jeté d'abord dans la révolte des Bagaudes [48]. Ces paysans soulevés furent domptés par Maximien, et Camulogène passa chez les Francs, qui l'adoptèrent à cause de sa valeur et de ses richesses. Les prêtres du banquet [49] de Pharamond ayant fait faire silence, le Gaulois se leva, et, peut-être lassé secrètement d'un long exil, il proposa d'envoyer des députés à César. Il vanta la discipline des légions romaines, les vertus de Constance, les charmes de la paix et la douceur de la société.

« Qu'un Gaulois nous parle de la sorte, répondit Chlodéric, chef

---

[a] Autun.   [b] Bordeaux.

d'une tribu des Francs, cela ne doit pas nous surprendre : il attend quelques récompenses de ses anciens maîtres. J'avoue que le cep de vigne d'un centurion est plus facile à manier que ma framée, et qu'il est moins périlleux d'adorer César sur la pourpre au Capitole que de le mépriser dans cette hutte sur une peau de loup. Je les ai vus dans Rome même, ces avides possesseurs de tant de palais qui sont assez à plaindre [50] pour désirer encore une cabane dans nos forêts : croyez-moi, ils ne sont pas si redoutables que la frayeur d'un Gaulois vous les représente. Conquis par cette nation de femmes, les Gaulois peuvent demander la paix s'ils le veulent ; pour Chlodéric, il sent en lui quelque chose qui le porte à brûler le Capitole [51] et à effacer le nom romain de la terre. »

« L'assemblée applaudit à ce discours en agitant les lances [52] et en frappant sur les boucliers.

« Allez, allez donc à Rome, repartit le Gaulois avec impétuosité. Que faites-vous ici cachés dans vos forêts ? Quoi ! braves, vous parlez de passer le Tibre, et vous n'avez pu encore franchir le Rhin ! Les serfs gaulois, conquis par une nation de femmes, n'étoient pas assis tranquillement à un repas lorsqu'ils ravageoient cette ville que vous menacez de loin. Ignorez-vous que l'épée de fer d'un Gaulois [53] a seule servi de contre-poids à l'empire du monde ? Partout où il s'est remué quelque chose de grand, vous trouverez mes ancêtres. Les Gaulois seuls ne furent point étonnés à la vue d'Alexandre [54]. César les combattit dix ans pour les soumettre, et Vercingétorix auroit soumis César si les Gaulois n'eussent été divisés. Les lieux les plus célèbres dans l'univers ont été assujettis à mes pères. Ils ont ravagé la Grèce, occupé Byzance, campé sur les ruines de Troie, possédé le royaume de Mithridate et vaincu au delà du Taurus ces Scythes qui n'avoient été vaincus par personne. Le destin de la terre paroît attaché à mes ancêtres comme à une nation fatale et marquée d'un sceau mystérieux. Tous les peuples semblent avoir ouï successivement cette voix qui annonça l'arrivée de Brennus à Rome, et qui disoit à Céditius, au milieu de la nuit : « Cédi-« tius, va dire aux tribuns que les Gaulois seront demain ici. »

« Camulogène alloit continuer lorsque Chlodéric, l'interrompant par de bruyants éclats de rire, frappant du pommeau de son épée la table du festin et renversant son vase à boire, s'écria :

« Rois chevelus, avez-vous compris quelque chose aux longs propos de cette prophétesse des Gaulois ? Qui de vous a entendu parler de cet Alexandre, de ce Mithridate ? Camulogène, si tu sais faire de grands discours dans la langue de tes maîtres, épargne-toi la peine de les prononcer devant nous. Nous défendons à nos enfants d'apprendre à lire [55] et à écrire cet art de la servitude : nous ne voulons que du fer, des combats, du sang. »

« Des cris tumultueux s'élevèrent dans le conseil des barbares. Le Gaulois, se vengeant de l'insulte par le mépris :

« Puisque le fameux Chlodéric ne connoît pas Alexandre et n'aime pas les longs discours, je ne lui dirai qu'un mot : Si les Francs n'ont pas d'autres guerriers que lui pour porter la flamme au Capitole, je leur conseille d'accepter la paix à quelque prix que ce puisse être. »

« Traître, s'écria le Sicambre écumant de rage, avant que peu d'années se soient écoulées, j'espère que ta nation changera de maître. Tu reconnoîtras, en cultivant la terre pour les Francs, quelle est la valeur des rois chevelus. »

« Si je n'ai que la tienne à craindre, repartit ironiquement le Gaulois, je ne me donnerai pas la peine de recueillir l'œuf du serpent à la lune nouvelle [56], afin de me mettre à l'abri des malheurs que me prépare Teutatès. »

« A ces mots, Chlodéric, furieux, tendit à Camulogène la pointe de sa framée en lui disant d'une voix étouffée par la colère :

« Tu n'oserois seulement y porter la vue. »

« Tu mens [57], » repartit le Gaulois tirant son épée et se précipitant sur le Franc.

« On se jeta entre les deux guerriers. Les prêtres firent cesser ce nouveau festin des Centaures et de Lapithes. Le lendemain, jour où la lune avoit acquis toute sa splendeur, on décida dans le calme ce qu'on avoit discuté dans l'ivresse [58], alors que le cœur ne peut feindre et qu'il est ouvert aux entreprises généreuses.

« On se détermina à faire des propositions de paix aux Romains ; et comme Mérovée, fidèle à sa parole, avoit déjà obtenu ma liberté de son père, il fut résolu que j'irois à l'instant porter les paroles du conseil à Constance. Zacharie et Clothilde vinrent m'annoncer ma délivrance. Ils me conjurèrent de me mettre en route sur-le-champ pour éviter l'inconstance naturelle aux barbares. Je fus obligé de céder à leurs inquiétudes. Zacharie m'accompagna jusqu'à la frontière des Gaules. Le bonheur de recouvrer ma liberté étoit balancé par le chagrin de me séparer de ce vieillard. En vain je le pressai de me suivre, en vain je m'attendris sur les maux dont il étoit accablé. Il cueillit en marchant une plante de lis sauvage dont la cime commençoit à percer la neige, et il me dit :

« Cette fleur est le symbole du chef des Saliens et de sa tribu ; elle croît naturellement plus belle parmi ces bois que dans un sol moins exposé aux glaces de l'hiver ; elle efface la blancheur des frimas qui la couvrent, et qui ne font que la conserver dans leur sein, au lieu de la flétrir. J'espère que cette rude saison de ma vie, passée auprès de la famille de mon maître, me rendra un jour comme ce lis aux yeux de Dieu : l'âme a besoin pour se développer dans toute sa force d'être ensevelie quelque temps sous les rigueurs de l'adversité. »

« En achevant ces mots, Zacharie s'arrêta, me montra le ciel, où nous devions nous retrouver un jour ; et, sans me laisser le temps de me jeter à ses pieds, il me quitta après m'avoir donné sa dernière leçon. C'est ainsi que Jésus-Christ, dont il imite l'exemple, se plaisoit à instruire ses disciples en se promenant au bord du lac de Génésareth, et faisoit parler l'herbe des champs et les lis de la vallée. »

FIN DU LIVRE SEPTIÈME.

LIVRE HUITIÈME.

Interruption du récit. Commencement de l'amour d'Eudore pour Cymodocée, et de Cymodocée pour Eudore. Satan veut profiter de cet amour pour troubler l'Église. L'enfer. Assemblée des démons. Discours du démon de l'homicide. Discours du démon de la fausse sagesse. Discours du démon de la volupté. Discours de Satan. Les démons se répandent sur la terre.

Déjà le récit d'Eudore s'étoit prolongé jusqu'à la neuvième heure du jour. Le soleil dardoit ses rayons brûlants sur les montagnes de l'Arcadie, et les oiseaux muets étoient retirés dans les roseaux du Ladon. Lasthénès invita les étrangers à prendre un nouveau repas, et leur proposa de remettre au jour suivant la fin de l'histoire de son fils. On quitta l'île et les deux autels, et l'on regagna en silence le toit hospitalier.

A peine quelques mots interrompus se firent entendre le reste de la journée. L'évêque de Lacédémone paroissoit profondément occupé de l'histoire du fils de Lasthénès. Il admiroit la peinture de l'état de l'Église[1] et de ses progrès dans tout le monde. Il voyoit figurer au milieu de ce tableau les hommes que les fidèles avoient à craindre, et dont les caractères tracés par Eudore ne promettoient qu'un sombre avenir. Cyrille reçut même de Rome des nouvelles alarmantes, qu'il ne crut pas devoir communiquer à la vertueuse famille.

Eudore à son tour étoit loin d'être tranquille. Il portoit au pied de la croix des tribulations intérieures ; il ignoroit encore qu'elles étoient une suite des desseins de Dieu. Il redoubloit de prières et d'austérités ; mais au travers des pleurs de la pénitence ses yeux apercevoient malgré lui les beaux cheveux, les mains d'albâtre, la taille élégante et les grâces ingénues de la fille d'Homère. Il voyoit sans cesse ses doux et timides regards attachés sur lui, ses traits charmants, où se venoient peindre tous les sentiments qu'il exprimoit et même ceux qu'il n'exprimoit point encore. Quelle naïve pudeur embellissoit la vierge innocente lorsqu'il racontoit les coupables plaisirs de Rome et de Baïes! Quelle pâleur mortelle couvroit ses joues lorsqu'il décrivoit des combats, ou qu'il parloit de blessures et d'esclavage!

La prêtresse des Muses éprouvoit de son côté des sentiments confus et une émotion nouvelle. Son esprit et son cœur sortoient en même temps de leur double enfance. L'ignorance de son esprit s'évanouissoit devant la raison du christianisme; l'ignorance de son cœur cédoit à cette lumière qu'apportent toujours les passions. Chose extraordinaire, cette jeune fille ressentoit à la fois le trouble et les délices de la sagesse et de l'amour!

« Mon père, disoit-elle à Démodocus, quel divin étranger nous a conviés à ses banquets! Combien le fils de Lasthénès est grand par le cœur et par les armes[2]! N'est-ce point un de ces premiers habitants du monde que Jupiter a transformés en dieux favorables aux mortels? Jouet des cruelles destinées, que de combats il a livrés! que de maux il a soufferts! O Muses chastes et puissantes! ô mes divinités tutélaires! où étiez-vous lorsque d'indignes chaînes pressoient de si nobles mains? Ne pouviez-vous faire tomber les liens de ce jeune héros au son de vos lyres? Mais, prêtre d'Homère, toi qui sais toutes choses et qui as la sage retenue des vieillards, dis : quelle est cette religion dont parle Eudore[3]? Elle est belle, cette religion! elle approche le cœur de la justice, elle apaise les folles amours. Celui qui la suit est toujours prêt à secourir le malheur, comme un voisin généreux, sans se donner le temps de prendre sa ceinture[4]. Allons dans les temples immoler des brebis à Cérès[5], qui porte des lois, au Soleil, qui voit l'avenir. La robe traînante, la coupe des libations à la main, faisons le tour des autels arrosés de sang, pétrissons les gâteaux sacrés, et tâchons de découvrir quel est le génie inconnu qui protège Eudore... Je sens qu'une divinité mystérieuse parle à mon cœur... Mais une vierge doit-elle pénétrer les secrets des jeunes hommes et chercher à connoître leurs dieux? La pudeur lèvera-t-elle son voile pour interroger les oracles? »

En achevant ces mots, Cymodocée remplit son sein de larmes[6], qui couloient de ses yeux.

Ainsi le ciel rapprochoit deux cœurs dont l'union devoit amener le triomphe de la croix. Satan alloit profiter de l'amour du couple prédestiné pour faire naître de violents orages, et tout marchoit à l'accomplissement des décrets de l'Éternel. Le prince des ténèbres achevoit dans ce moment même[7] la revue des temples de la terre. Il avoit visité les sanctuaires du mensonge et de l'imposture, l'antre de Trophonius, les soupiraux de la sibylle, les trépieds de Delphes, la pierre de Teutatès, les souterrains d'Isis, de Mitra, de Wishnou. Partout les sacrifices étoient suspendus, les oracles abandonnés, et les prestiges de l'idolâtrie près de s'évanouir devant la vérité du Christ. Satan gémit de la perte de sa puissance; mais du moins il ne cédera pas la victoire sans combat. Il jure, par l'éternité de l'enfer, d'anéantir les adorateurs du vrai Dieu, oubliant que les portes du lieu de douleur ne prévaudront pas contre la bien-aimée du Fils de l'Homme. L'archange rebelle ignore les desseins de l'Éternel, qui va punir son Église coupable; mais il sent que la domination sur les fidèles lui est un moment accordée, et que le ciel le laisse libre d'accomplir ces noirs projets. Aussitôt il quitte la terre, et descend vers le sombre empire.

Tel qu'on voit au sommet du Vésuve une roche calcinée suspendue au milieu des cendres; si le soufre et le bitume rallumés dans la montagne obscurcissent le soleil, font bouillonner la mer et chanceler Parthénope comme une bacchante enivrée, alors la cime du volcan change sa forme mobile, la lave s'affaisse, la pierre roule et rentre en grondant au fond des entrailles brûlantes qui l'avoient rejetée : ainsi Satan, vomi par l'enfer, se replonge dans le gouffre béant. Plus rapide que la pensée, il franchit tout l'espace qui doit s'anéantir un jour; par delà les restes mugissants du chaos, il arrive à la frontière de ces régions impérissables comme la vengeance qui les forma; régions maudites, tombe et berceau de la mort [8], où le temps ne fait point la règle, et qui resteront encore quand l'univers aura été enlevé ainsi qu'une tente [9] dressée pour un jour. Une larme involontaire mouille les yeux de l'esprit pervers, au moment où il s'enfonce dans les royaumes de la nuit. Sa lance de feu éclaire à peine autour de lui l'épaisseur des ombres. Il ne suit aucune route à travers les ténèbres; mais, entraîné par le poids de ses crimes [10], il descend naturellement vers l'enfer. Il ne voit pas encore la lueur lointaine de ces flammes qui brûlent sans aliments, et pourtant sans jamais s'éteindre, et déjà les gémissements des réprouvés parviennent à son oreille. Il s'arrête, il frémit à ce premier soupir des éternelles douleurs. L'enfer étonne encore son monarque [11]. Un mouvement de remords et de pitié saisit le cœur de l'archange rebelle.

« C'est donc moi, s'écrie-t-il, qui ai creusé ces prisons et rassemblé tous ces maux ! Sans moi le mal eût été inconnu dans les œuvres du Tout-Puissant. Que m'avoit fait l'homme, cette belle et noble créature?.... »

Satan alloit prolonger les plaintes d'un repentir inutile, quand la bouche embrasée de l'abîme venant à s'ouvrir le rappela tout à coup à d'autres pensées.

Un fantôme s'élance sur le seuil des portes inexorables : c'est la Mort [12]. Elle se montre comme une tache obscure sur les flammes des cachots qui brûlent derrière elle ; son squelette laisse passer les rayons livides de la lumière infernale entre les creux de ses ossements. Sa tête est ornée d'une couronne changeante, dont elle dérobe les joyaux aux peuples et aux rois de la terre. Quelquefois elle se pare des lambeaux de la pourpre ou de la bure, dont elle a dépouillé le riche et l'indigent. Tantôt elle vole, tantôt elle se traîne ; elle prend toutes les formes, même celles de la beauté. On la croiroit sourde, et toutefois elle entend le plus petit bruit qui décèle la vie ; elle paroît aveugle, et pourtant elle découvre le moindre insecte rampant sous l'herbe. D'une main elle tient une faux comme un moissonneur ; de l'autre elle cache la seule blessure qu'elle ait jamais reçue, et que le Christ vainqueur lui porta dans le sein, au sommet du Golgotha.

C'est le Crime qui ouvre les portes [13] de l'enfer, et c'est la Mort qui les referme. Ces deux monstres, par un certain amour affreux, avoient été avertis de l'approche de leur père. Aussitôt que la Mort reconnoît de loin l'ennemi des hommes, elle vole pleine de joie à sa rencontre :

« O mon père ! s'écrie-t-elle, j'incline devant toi cette tête qui ne s'abaissa jamais devant personne. Viens-tu rassasier la faim insatiable de ta fille ? je suis fatiguée des mêmes festins, et j'attends de toi quelque nouveau monde à dévorer. »

Satan, saisi d'horreur, détourna la tête pour éviter les embrassements du squelette. Il l'écarte avec sa lance, et lui répond en passant :

« O Mort ! tu seras satisfaite et vengée : je vais livrer à ta rage le peuple nombreux de ton unique vainqueur. »

En prononçant ces mots le chef des démons entre au séjour où pleurent à jamais ses victimes ; il s'avance dans les campagnes ardentes. L'abîme s'émeut à la vue de son roi ; les bûchers jettent une flamme plus éclatante ; le réprouvé qui pensoit être au comble de la douleur est percé d'un aiguillon plus aigu : ainsi, dans le désert de Zaara, accablé par l'ardeur d'un orage sans pluie, le noir Africain se couche sur les sables, au milieu des serpents et des lions altérés comme lui ; il se croit parvenu au dernier degré du supplice : un soleil troublé, se montrant entre des nuées arides [14], lui fait sentir des tourments nouveaux.

Qui pourroit peindre l'horreur [15] de ces lieux, où sont rassemblées, agrandies et perpétuées sans fin toutes les tribulations de la vie ? Lié par cent nœuds de diamant sur un trône de bronze, le démon du désespoir domine l'empire des chagrins. Satan, accoutumé aux clameurs infernales, distingue à chaque cri et la faute punie et la douleur éprouvée. Il reconnoît la voix du premier homicide ; il entend le mauvais riche qui demande une goutte d'eau ; il rit des lamentations du pauvre [16] qui réclame, au nom de ses haillons, les royaumes du ciel.

« Insensé, lui dit-il, tu croyois donc que l'indigence suppléoit à toutes les vertus? Tu pensois que tous les rois étoient dans mon empire et tous tes frères autour de mon rival! Vile et chétive créature, tu fus insolent, menteur, lâche, envieux du bien d'autrui, ennemi de tout ce qui étoit au-dessus de toi par l'éducation, l'honneur et la naissance, et tu demandes des couronnes! Brûle ici avec l'opulence impitoyable, qui fit bien de t'éloigner d'elle, mais qui te devoit un habit et du pain. »

Du milieu de leurs supplices, une foule de malheureux crioient à Satan :

« Nous t'avons adoré, Jupiter, et c'est pour cela, maudit, que tu nous retiens dans les flammes! »

Et l'archange orgueilleux, souriant avec ironie, répondoit :

« Tu m'as préféré au Christ [17], partage mes honneurs et mes joies! »

La peine du feu [18] n'est pas le tourment le plus affreux qu'éprouvent les âmes condamnées : elles conservent la mémoire de leur divine origine ; elles portent en elles-mêmes l'image ineffaçable de la beauté de Dieu, et regrettent à jamais le souverain bien qu'elles ont perdu : ce regret est sans cesse excité par la vue des âmes dont la demeure touche à l'enfer, et qui, après avoir expié leurs erreurs, s'envolent aux régions célestes. A tous ces maux les réprouvés joignent encore les afflictions morales et la honte des crimes qu'ils ont commis sur la terre : les douleurs de l'hypocrite s'augmentent de la vénération que ses fausses vertus continuent d'inspirer au monde. Les titres magnifiques que le siècle déçu donne à des morts renommés font le tourment de ces morts dans les flammes de la vérité et de la vengeance. Les vœux qu'une tendre amitié offre au ciel pour des âmes perdues désolent, au fond de l'abîme, ces âmes inconsolables. C'est alors qu'on voit sortir du sépulcre ces coupables qui viennent révéler à la terre les châtiments de la justice divine et dire aux hommes : « Ne priez pas pour moi : je suis jugé. »

Au centre de l'abîme [19], au milieu d'un océan qui roule du sang et des larmes, s'élève parmi des rochers un noir château, ouvrage du désespoir et de la mort. Une tempête éternelle gronde autour de ses créneaux menaçants, un arbre stérile est planté devant sa porte, et sur le donjon de ses tristes murs, repliés neuf fois sur eux-mêmes, flotte l'étendard de l'orgueil à demi consumé par la foudre. Les démons, que les païens appellent les Parques, veillent à la barrière de ce palais ténébreux. Satan arrive au pied de sa royale demeure. Les trois gardes du palais se lèvent, et laissent le marteau d'airain retomber avec un bruit lugubre sur la porte d'airain. Trois autres démons, adorés sous le nom de Furies, ouvrent le guichet ardent : on aperçoit alors une longue suite de portiques désolés, semblables à ces galeries souterraines où les prêtres de l'Égypte cachoient les monstres qu'ils faisoient adorer aux hommes. Les dômes du fatal édifice retentissent des sourds mugissements d'un incendie; une pâle lueur descend des voûtes embrasées. A l'entrée du premier vestibule, l'éternité des douleurs [20] est couchée sur un lit de fer : elle est immobile; son cœur même n'a aucun mouvement : elle tient à la main un sablier inépuisable. Elle ne sait et ne prononce que ce mot : « Jamais ! »

Aussitôt que le souverain des hiérarchies maudites est entré dans son habitacle impur, il ordonne aux quatre chefs [21] des légions rebelles de convoquer le sénat des enfers. Les démons s'empressent d'obéir aux ordres de leur monarque. Ils remplissent en foule la vaste salle du conseil de Satan; ils se placent sur les gradins brûlants du sombre amphithéâtre; ils viennent tels que les adorent [22] les mortels, avec les attributs d'un pouvoir qui n'est qu'imposture. Celui-là porte le trident dont il frappe en vain les mers, qui n'obéissent qu'à Dieu; celui-ci, couronné des rayons d'une fausse gloire, veut imiter, astre menteur, ce géant superbe que l'Éternel fait sortir chaque matin du lieu où se lève l'aurore. Là résonne le génie de la fausse sagesse, là rugit l'esprit de la guerre, là sourit le démon de la volupté : les hommes l'appellent Vénus; l'enfer le connoît sous le nom d'Astarté; ses yeux sont remplis d'une molle langueur, sa voix porte le trouble dans les âmes, et la brillante ceinture qui se rattache autour de ses flancs est l'ouvrage le plus dangereux des puissances de l'abîme. Enfin, on voit réunis dans ce conseil tous les faux dieux des nations, et Mitra, et Baal, et Moloch, Anubis, Brama, Teutatès, Odin, Erminsul, et mille autres fantômes de nos passions et de nos caprices.

Filles du ciel [23], les passions nous furent données avec la vie : tant qu'elles restent pures dans notre sein, elles sont sous la garde des anges; mais aussitôt qu'elles se corrompent, elles passent sous l'empire des démons. C'est ainsi qu'il y a un amour légitime et un amour coupable, une colère pernicieuse et une sainte colère, un orgueil criminel et une noble fierté, un courage brutal et une valeur éclairée.

LIVRE VIII.

O grandeur de l'homme! nos vices et nos vertus font l'occupation et une partie de la puissance de l'enfer et du ciel.

Non plus comme cet astre du matin [24] qui nous apporte la lumière, mais semblable à une comète effrayante, Lucifer s'assied sur son trône, au milieu de ce peuple d'esprits. Tel qu'on voit pendant une tempête une vague s'élever au-dessus des autres flots, et menacer les nautoniers de sa cime écumante ; ou tel que, dans une ville embrasée, on remarque, au milieu des édifices fumants, une haute tour dont les flammes couronnent le sommet : tel paroît l'archange tombé au milieu de ses compagnons. Il soulève le sceptre de l'enfer, où, par un feu subtil, tous les maux sont attachés. Dissimulant les chagrins qui le dévorent, Satan parle ainsi à l'assemblée :

« Dieux des nations [25], trônes, ardeurs, guerriers généreux, milices invincibles, race noble et indépendante, magnanimes enfants de cette forte patrie, le jour de gloire est arrivé ; nous allons recueillir le fruit de notre constance et de nos combats. Depuis que j'ai brisé le joug du tyran, j'ai tâché de me rendre digne du pouvoir que vous m'avez confié. Je vous ai soumis l'univers ; vous entendez ici les plaintes des descendants de cet homme qui devoit vous remplacer au séjour des béatitudes. Pour sauver cette race misérable, notre persécuteur fut obligé d'envoyer son Fils sur la terre. Il a paru, ce Messie ; il a osé pénétrer dans nos royaumes ; et si vous eussiez secondé mon audace, nous l'aurions chargé de fers et retenu au fond de ces abîmes : la guerre alors étoit à jamais terminée entre nous et l'Éternel. Mais cette occasion favorable est perdue, et c'est ce qui nous oblige à reprendre les armes. Les sectateurs du Christ se multiplient. Trop sûrs de la justice de nos droits, nous avons négligé de défendre nos autels : faisons donc tous ensemble un nouvel effort, afin de renverser cette croix qui nous menace, et délibérons sur les moyens les plus prompts de parvenir à cette victoire. »

Ainsi parle le blasphémateur vaincu du Christ dans la nuit éternelle, cet archange qui vit le Sauveur briser avec sa croix les portes de l'enfer et délivrer la troupe des justes d'Israel ; les démons éperdus fuyoient à l'aspect de la lumière divine, et Satan lui-même, renversé au milieu des ruines de son empire, avoit la tête écrasée sous le pied d'une femme.

Lorsque le père du mal eut fini son discours, le démon de l'homicide se leva. Des bras teints de sang, des gestes furieux, une voix effrayante, tout annonce en cet esprit révolté les crimes qui le souillent et la violence des sentiments qui l'agitent. Il ne peut supporter la pensée qu'un seul chrétien échappe à ses fureurs : ainsi, dans l'Océan qui baigne les rivages du Nouveau Monde, on voit un monstre marin poursuivre sa proie au milieu des flots : si la proie brillante déploie tout à coup des ailes argentées, et trouve, oiseau d'un moment, sa sûreté dans les airs, le monstre trompé bondit sur les vagues, et, vomissant des tourbillons d'écume et de fumée, il effraye les matelots de sa rage impuissante.

« Qu'est-il besoin de délibérer? s'écrie l'ange atroce. Faut-il pour détruire les peuples du Christ d'autres moyens que des bourreaux et des flammes? Dieux des nations, laissez-moi le soin de rétablir vos temples. Le prince qui va bientôt régner sur l'empire romain est dévoué à ma puissance. J'exciterai la cruauté de Galérius. Qu'un immense et dernier massacre fasse nager les autels de notre ennemi dans le sang de ses adorateurs. Satan aura commencé la victoire en perdant le premier homme, moi je l'aurai couronnée en exterminant les chrétiens [26]. »

Il dit, et tout à coup les angoisses de l'enfer se font sentir à cet esprit féroce ; il pousse un cri comme un coupable frappé du glaive des bourreaux, comme un assassin percé de la pointe des remords. Une sueur ardente paroît sur son front ; quelque chose de semblable à du sang distille de sa bouche : il se débat en vain sous le poids de la réprobation.

Alors le démon de la fausse sagesse [27] se lève avec une gravité qui ressemble à une triste folie. La feinte sévérité de sa voix, le calme apparent de ses esprits, trompent la multitude éblouie : tel qu'une belle fleur portée sur une tige empoisonnée, il séduit les hommes et leur donne la mort. Il affecte la forme d'un vieillard, chef d'une de ces écoles répandues dans Athènes et dans Alexandrie. Des cheveux blancs couronnés d'une branche d'olivier, un front à moitié chauve, préviennent d'abord en sa faveur ; mais quand on le considère de plus près, on découvre en lui un abîme de bassesse et d'hypocrisie, et une haine monstrueuse de la véritable raison. Son crime commença dans le ciel avec la création des mondes, aussitôt que ces mondes eurent été livrés à ses vaines disputes. Il blâma les ouvrages du Tout-Puissant, il vouloit, dans son orgueil, établir un autre ordre parmi les anges et dans l'empire de la souveraine sagesse : c'est lui qui fut le père de l'athéisme, exécrable fantôme que Satan même n'avoit point enfanté, et qui devint amoureux de la Mort, lorsqu'elle parut aux enfers. Mais quoique le démon des doctrines funestes s'applaudisse de ses lumières, il sait pourtant combien elles sont pernicieuses aux mortels, et il triomphe des maux qu'elles font à la terre. Plus coupable que tous les anges rebelles, il connoît sa propre perversité, et il s'en fait un titre de gloire. Cette fausse sagesse, née après les temps, parla de cette sorte à l'assemblée des démons :

« Monarques de l'enfer, vous le savez, j'ai toujours été opposé à la violence. Nous n'obtiendrons la victoire que par le raisonnement, la douceur et la persuasion. Laissez-moi répandre parmi nos adorateurs et chez les chrétiens eux-mêmes ces principes qui dissolvent les liens de la société et minent les fondements des empires. Déjà Hiéroclès [28], ministre chéri de Galérius, s'est jeté dans mes bras. Les sectes se multiplient. Je livrerai les hommes à leur propre raison ; je leur enverrai mon fils, l'athéisme, amant de la mort et ennemi de l'espérance. Ils en viendront jusqu'à nier l'existence de celui qui les créa. Vous n'aurez point à livrer de combats, dont l'issue est toujours incertaine : je saurai forcer l'Éternel à détruire une seconde fois son ouvrage. »

A ce discours de l'esprit le plus profondément corrompu de l'abîme, les démons [29] applaudirent en tumulte. Le bruit de cette lamentable joie se prolongea sous les voûtes infernales. Les réprouvés crurent que leurs persécuteurs venoient d'inventer de nouveaux tourments. Aussitôt ces âmes, qui n'étoient plus gardées dans leurs bûchers, s'échappèrent des flammes et accoururent au conseil : elles traînoient avec elles quelque partie de leurs supplices : l'une son suaire embrasé, l'autre sa chape de plomb, celle-ci les glaçons qui pendoient à ses yeux remplis de larmes, celle-là les serpents dont elle étoit dévorée. Les affreux spectateurs d'un affreux sénat prennent leurs rangs dans les tribunes brûlantes. Satan lui-même effrayé appelle les spectres gardiens des ombres, les vaines chimères, les songes funestes, les harpies aux sales griffes, l'épouvante au visage étonné, la vengeance à l'œil hagard, les remords qui ne dorment jamais, l'inconcevable folie, les pâles douleurs et le trépas.

« Remettez, s'écrie-t-il, ces coupables dans les fers, ou craignez que Satan ne vous enchaîne avec eux. »

Inutiles menaces! Les fantômes se mêlent aux réprouvés et veulent, à leur exemple, assister au conseil de leurs rois. On auroit vu peut-être un combat horrible, si Dieu, qui maintient sa justice, et qui seul est auteur de l'ordre, même aux enfers, n'eût fait cesser le tumulte. Il étendit son bras, et l'ombre de sa main se dessina sur le mur de la salle maudite. Aussitôt une terreur profonde s'empare des âmes perdues et des esprits rebelles : les premières retournent à leurs tourments; les seconds, après que la main divine s'est retirée, recommencent à délibérer.

Le démon de la volupté [30], essayant de sourire sur le siége où il étoit demi-couché, fait un effort et relève la tête. Le plus beau des anges tombés après l'archange rebelle, il a conservé une partie des grâces dont l'avoit orné le Créateur; mais au fond de ses regards si doux, à travers le charme de sa voix et de son sourire, on découvre je ne sais quoi de perfide et d'empoisonné. Né pour l'amour, éternel habitant du séjour de la haine, il supporte impatiemment son malheur; trop délicat pour pousser des cris de rage, il pleure seulement, et prononce ces paroles avec de profonds soupirs :

« Dieux de l'Olympe, et vous que je connois moins, divinités du brahmane et du druide, je n'essayerai point de le cacher : oui, l'enfer me pèse! Vous ne l'ignorez pas : je ne nourrissois contre l'Éternel aucun sujet de haine, et j'ai seulement suivi, dans sa rébellion et dans sa chute, un ange que j'aimois. Mais, puisque je suis tombé du ciel avec vous, je veux du moins vivre longtemps au milieu des mortels, et je ne me laisserai point bannir de la terre. Tyr, Héliopolis, Paphos, Amathonte, m'appellent. Mon étoile brille encore sur le mont Liban : là, j'ai des temples enchantés, des fêtes gracieuses, des cygnes qui m'entraînent au milieu des airs, des fleurs, de l'encens, des parfums, de frais gazons, des danses voluptueuses et de riants sacrifices! Et les chrétiens m'arracheroient ce léger dédommagement des joies célestes! le myrte de mes bosquets, qui donne à l'enfer tant de victimes, seroit transformé en croix sauvage, qui multiplie les habitants du ciel! Non, je ferai connoître aujourd'hui ma puissance. Pour vaincre les disciples d'une loi sévère, il ne faut ni violence ni sagesse : j'armerai contre eux les tendres passions; cette ceinture vous répond de la victoire. Bientôt mes caresses auront amolli ces durs serviteurs d'un Dieu chaste. Je dompterai les vierges rigides, et j'irai troubler jusque dans leur désert ces anachorètes qui pensent échapper à mes enchantements. L'ange de la sagesse s'applaudit d'avoir enlevé Hiéroclès à notre ennemi, mais Hiéroclès est aussi fidèle à mon culte : déjà j'ai allumé dans son sein une flamme criminelle; je saurai maintenir mon ouvrage, faire naître des rivalités, bouleverser le monde en me jouant, et, par les délices, amener les hommes à partager vos douleurs. »

En achevant ces mots, Astarté se laisse tomber sur sa couche. Il veut sourire, mais le serpent qu'il porte caché sous sa ceinture le frappe secrètement au cœur : le foible démon pâlit, et les chefs expérimentés des bandes infernales devinèrent sa blessure.

Cependant les trois avis partageoient l'horrible sanhédrin. Satan impose silence à l'assemblée :

« Compagnons, vos conseils sont dignes de vous; mais au lieu de choisir entre des avis également sages, suivons-les tous pour obtenir un succès éclatant. Appelons encore à notre aide l'idolâtrie et l'orgueil. Moi-même je réveillerai la superstition dans le cœur de Dioclétien et l'ambition dans l'âme de Galérius. Vous tous, dieux des nations, secondez mes efforts : allez, volez, excitez le zèle du peuple et des prêtres. Remontez sur l'Olympe, faites revivre les fables des poëtes. Que les bois de Dodone et de Daphné rendent de nouveaux oracles ; que le monde soit partagé entre des fanatiques et des athées ; que les doux poisons de la volupté allument des passions féroces ; et de tous ces maux réunis faisons naître contre les chrétiens une épouvantable persécution. »

Ainsi parle Lucifer : trois fois il frappe son trône de son sceptre ; trois fois le creux de l'abîme renvoie un long mugissement. Le chaos, unique et sombre voisin de l'enfer [31], ressent le contre-coup, s'entr'ouvre et laisse passer au travers de son sein un foible rayon de lumière qui descend jusque dans la nuit des réprouvés. Jamais Satan n'avoit paru plus formidable depuis le jour où, renonçant à l'obéissance, il se déclara l'ennemi de l'Éternel. Aussitôt les légions s'élèvent, sortent du conseil, traversent la mer de larmes, la région des supplices, et volent vers la porte gardée par le crime et la mort. On voit passer la troupe immonde à la lueur des fournaises ardentes, comme, dans une grotte souterraine, voltigent à la lumière d'un flambeau ces oiseaux douteux [32] dont un insecte impur semble avoir tissu les ailes.

Sous le vestibule [33] du palais des enfers, devant le lit de fer où repose l'éternité des douleurs, est suspendue une lampe : là brûle la flamme primitive de la colère céleste qui alluma les brasiers éternels. Satan prend une étincelle de ce feu. Il part : du premier bond il touche à la ceinture étoilée ; du second pas il arrive au séjour des hommes. Il porte l'étincelle fatale dans tous les temples, rallume les feux éteints sur les autels des idoles : aussitôt Pallas remue sa lance, Bacchus agite son thyrse, Apollon tend son arc, l'Amour secoue son flambeau, les vieux pénates d'Énée prononcent des paroles mystérieuses, et les dieux d'Ilion prophétisent au Capitole. Le père du mensonge place un esprit d'illusion à chaque simulacre des divinités païennes ; et, réglant les mouvements de ses invisibles cohortes, il fait agir de concert contre l'Église de Jésus-Christ l'armée entière des démons.

FIN DU LIVRE HUITIÈME.

LIVRE NEUVIÈME.

Reprise du récit d'Eudore. Eudore à la cour de Constance. Il passe dans l'île des Bretons. Il obtient les honneurs du triomphe. Il revient dans les Gaules. Il est nommé commandant de l'Armorique. Les Gaules. L'Armorique. Épisode de Velléda.

Trop fidèle à ses promesses, le démon des voluptés est descendu sous les lambris dorés qu'habite le disciple des faux sages. Il réveille dans son cœur une flamme assoupie; il présente à ses désirs l'image de la fille d'Homère; il le perce d'une flèche trempée dans les eaux qui recouvrent les ruines fumantes de Gomorrhe. Si Hiéroclès avoit pu voir [1] en ce moment même la prêtresse des Muses atteinte des traits d'un autre amour; s'il l'avoit pu voir les yeux attachés sur Eudore, qui s'apprête à continuer le récit de ses aventures, quelle jalousie n'eût point embrasé l'âme de l'ennemi des chrétiens! Hélas! les ravages de cette jalousie ne sont suspendus que pour quelques jours. La famille de Lasthénès jouit avec ses hôtes des derniers moments de paix que le ciel lui laisse ici-bas. Rassemblés, comme la veille, au lever de l'aurore, Lasthénès, ses filles et son épouse, Cyrille, Démodocus et Cymodocée, sont assis à la porte du verger [2], et prêtent une oreille attentive au guerrier repentant, qui recommence à parler en ces mots:

« Je vous ai dit, seigneurs, que Zacharie m'avoit laissé sur la frontière des Gaules. Constance se trouvoit alors à Lutèce [3]. Après plusieurs jours de fatigue, j'arrivai chez les Belges [a] de la Sequana [4]. Le premier objet qui me frappa dans les marais des Parisii, ce fut une tour octogone, consacrée à huit dieux gaulois [5]. Du côté du midi, à deux mille pas de Lutèce, et par delà le fleuve qui l'embrasse, on découvroit le temple d'Hésus [6]; plus près, dans une prairie au bord

[a] Les habitants de l'Ile-de-France

du fleuve, s'élevoit un second temple, dédié à Isis [7]; et vers le nord, sur une colline [8], on voyoit les ruines d'un troisième temple, jadis bâti en l'honneur de Teutatès. Cette colline étoit le mont de Mars, où Denis avoit reçu la palme du martyre.

« En approchant de la Sequana, j'aperçus, à travers un rideau de saules et de noyers [9], ses eaux claires, transparentes, d'un goût excellent, et qui rarement croissent ou diminuent. Des jardins plantés de quelques figuiers qu'on avoit entourés de paille pour les préserver de la gelée étoient le seul ornement de ses rives. J'eus quelque peine à découvrir le village que je cherchois, et qui porte le nom de Lutèce, c'est-à-dire la belle pierre ou la belle colonne. Un berger me le montra enfin au milieu de la Sequana, dans une île qui s'allonge en forme de vaisseau. Deux ponts de bois, défendus par deux châteaux [10], où l'on paye le tribut à César, joignent ce misérable hameau aux deux rives opposées du fleuve.

« J'entrai dans la capitale des Parisii par le pont du septentrion, et je ne vis dans l'intérieur du village [11] que des huttes de bois et de terre, recouvertes de paille et échauffées par des fourneaux. Je n'y remarquai qu'un seul monument [12] : c'étoit un autel élevé à Jupiter par la compagnie des nautes. Mais hors de l'île, de l'autre côté du bras méridional de la Sequana, on voyoit, sur la colline Lucotitius, un aqueduc romain, un cirque, un amphithéâtre et le palais des Thermes habité par Constance [13].

« Aussitôt que César eut appris que j'étois à la porte de son palais, il s'écria :

« Qu'on laisse entrer l'ami de mon fils! »

« Je me jetai aux pieds du prince; il me releva avec douceur, m'honora de ses éloges devant sa cour, et me prenant par la main, me fit passer avec lui dans la salle du conseil. Je lui racontai ce qui m'étoit arrivé chez les Francs. Constance parut charmé que ces peuples consentissent enfin à poser les armes, et il fit partir à l'heure même un centurion pour traiter de la paix avec eux. Je remarquai avec douleur [14] que la pâleur et la foiblesse de Constance étoient augmentées.

« Je trouvai réunis dans le palais de ce prince les fidèles les plus illustres de la Gaule et de l'Italie. Là brilloient Donatien et Rogatien [15], aimables frères; Gervais et Protais [16], l'Oreste et le Pylade des chrétiens; Procula de Marseille; Just de Lugdunum; enfin, le fils du préfet des Gaules, Ambroise, modèle de science, de fermeté et de candeur. Ainsi que Xénophon, on racontoit qu'il avoit été nourri par des abeilles : l'Église attendoit en lui un orateur et un grand homme.

« J'avois un désir extrême d'apprendre de la bouche de Constance les changements survenus à la cour de Dioclétien depuis ma captivité. Il me fit bientôt appeler dans les jardins [17] du palais, qui descendent en amphithéâtre sur la colline Lucotitius, jusqu'à la prairie où s'élève le temple d'Isis, au bord de la Sequana.

« Eudore, me dit-il, nous allons combattre Carrausius et délivrer la Bretagne [a] de ce tyran, usurpateur de la pourpre impériale. Mais avant de partir pour cette province il est bon que vous connnoissiez l'état des affaires à Rome, afin de régler votre conduite sur ce que je vais vous apprendre. Vous vous souvenez peut-être [18] que lorsque vous vîntes me trouver dans les Gaules, Dioclétien alloit pacifier l'Égypte et Galérius combattre les Perses. Ce dernier a obtenu la victoire : depuis ce moment son orgueil et son ambition n'ont plus connu de bornes. Il a épousé Valérie, fille de Dioclétien, et il manifeste ouvertement le désir de parvenir à l'empire en forçant son beau-père à abdiquer. Dioclétien, qui commence à vieillir, et dont l'esprit est affoibli par une maladie, ne peut presque plus résister à un ingrat. Les créatures de Galérius triomphent. Hiéroclès, votre ennemi, jouit d'une haute faveur ; il a été nommé proconsul du Péloponèse, votre patrie. Mon fils est exposé à mille dangers. Galérius a cherché à le faire périr, en l'obligeant une fois à combattre un lion, une autre fois en le chargeant d'une entreprise dangereuse contre les Sarmates. Enfin, Galérius favorise Maxence, fils de Maximien, quoique au fond il ne l'aime pas, mais seulement parce qu'il voit en lui un rival de Constantin. Ainsi, Eudore, tout annonce que nous touchons à une révolution. Mais tandis qu'il me reste un souffle de vie, je ne crains point la jalousie de Galérius. Que mon fils échappe à ses gardes, qu'il vienne retrouver son père, on apprendra, si l'on ose m'attaquer, que l'amour des peuples est pour les princes un rempart inexpugnable. »

« Quelques jours après cet entretien, nous partîmes pour l'île des Bretons, que l'Océan sépare du reste du monde. Les Pictes avoient attaqué la muraille d'Agricola [19], immortalisée par Tacite. D'une autre part, Carrausius [20], afin de résister à Constance, avoit soulevé le reste des anciennes factions de Caractacus et de la reine Boudicée [21]. Ainsi nous fûmes plongés à la fois dans les troubles des discordes civiles et dans les horreurs d'une guerre étrangère. Un peu de courage naturel au sang dont je sors et une suite d'actions heureuses me conduisirent de grade en grade jusqu'au grade de premier tribun de la légion bri-

---

[a] L'Angleterre.

tannique. Bientôt je fus créé maître de la cavalerie[22], et je commandois l'armée lorsque les Pictes furent vaincus sous les murs de Petuaria[a], colonie que les Parisii des Gaules[23] ont plantée au bord de l'Abus[b]. J'attaquai Carrausius[24] sur le Thamésis[c], fleuve couvert de roseaux, qui baigne le village marécageux de Londinum[d]. L'usurpateur avoit choisi ce champ de bataille parce que les Bretons s'y croyoient invincibles. Là s'élevoit une vieille tour[25], du haut de laquelle un barde annonçoit dans ses chants prophétiques je ne sais quels tombeaux chrétiens qui devoient illustrer le lieu[e]. Carrausius fut vaincu et ses soldats l'assassinèrent. Constance me laissa toute la gloire de ce succès. Il envoya à l'empereur mes lettres couronnées[26] de lauriers. Il sollicita et obtint pour moi la statue[27] et les honneurs qui ont remplacé le triomphe. Bientôt après nous repassâmes dans les Gaules, et César, voulant me donner une nouvelle preuve de sa puissante amitié, me créa commandant des contrées armoricaines[28]. Je me disposai à partir pour ces provinces, où florissoit encore la religion des druides, et dont les rivages étoient souvent insultés par les flottes des barbares du Nord.

« Quand les préparatifs de mon voyage furent achevés, Rogatien, Sébastien, Gervais, Protais et tous les chrétiens du palais de César, accoururent pour me dire adieu.

« Nous nous retrouverons[29] peut-être à Rome, s'écrièrent-ils, au
« milieu des persécutions et des épreuves. Puisse un jour la religion
« nous réunir à la mort comme de vieux amis et de dignes chrétiens! »

« J'employai plusieurs mois à visiter les Gaules avant de me rendre à ma province. Jamais pays n'offrira un pareil mélange de mœurs, de religions, de civilisation, de barbarie. Partagé entre les Grecs, les Romains et les Gaulois, entre les chrétiens et les adorateurs de Jupiter et de Teutatès, il présente tous les contrastes.

« De longues voies romaines se déroulent à travers les forêts des druides. Dans les colonies des vainqueurs, au milieu des bois sauvages, vous apercevez les plus beaux monuments[30] de l'architecture grecque et romaine : des aqueducs à trois galeries suspendus sur des torrents, des amphithéâtres, des capitoles, des temples d'une élégance parfaite, et non loin de ces colonies, vous trouvez les huttes arrondies des Gaulois, leurs forteresses de solives et de pierres[31], à la porte desquelles sont cloués des pieds de louves[32], des carcasses de hiboux, des os de morts. A Lugdunum, à Narbonne, à Marseille, à Burdigalie, la jeunesse gauloise[33] s'exerce avec succès dans l'art de Démosthène et

---

[a] Beverley, dans le comté d'York, en Angleterre.   [b] L'Humbler.
[c] La Tamise.   [d] Londres.   [e] Westminster.

de Cicéron ; à quelques pas plus loin, dans la montagne, vous n'entendez plus qu'un langage grossier, semblable au croassement des corbeaux[34]. Un château romain se montre sur la cime d'un roc ; une chapelle de chrétiens s'élève au fond d'une vallée près de l'autel où l'eubage[35] égorge la victime humaine. J'ai vu le soldat légionnaire veiller au milieu d'un désert sur les remparts d'un camp, et le Gaulois devenu sénateur[36] embarrasser sa toge romaine dans les halliers de ses bois. J'ai vu les vignes de Falerne[37] mûrir sur les coteaux d'Augustodunum, l'olivier de Corinthe fleurir à Marseille, et l'abeille de l'Attique parfumer Narbonne.

« Mais ce que l'on admire partout dans les Gaules, ce qui fait le principal caractère de ce pays, ce sont les forêts[38]. On voit çà et là dans leur vaste enceinte quelques camps romains abandonnés[39]. On y trouve ensevelis sous l'herbe les squelettes du cheval et du cavalier. Les graines que les soldats[40] y semèrent jadis pour leur nourriture forment des espèces de colonies étrangères et civilisées, au milieu des plantes natives et sauvages des Gaules. Je ne pouvois reconnoître sans une sorte d'attendrissement ces végétaux domestiques, dont quelques-uns étoient originaires de la Grèce. Ils s'étoient répandus sur les collines et le long des vallées, selon les habitudes qu'ils avoient apportées de leur sol natal. Ainsi des familles exilées choisissent de préférence les sites qui leur rappellent la patrie.

« Je me souviens encore aujourd'hui[41] d'avoir rencontré un homme parmi les ruines d'un de ces camps romains : c'étoit un pâtre des barbares. Tandis que ses porcs affamés achevoient de renverser l'ouvrage des maîtres du monde, en fouillant les racines qui croissoient sous les murs, lui, tranquillement assis sur les débris d'une porte décumane[42], pressoit sous son bras une outre gonflée de vent ; il animoit ainsi une espèce de flûte dont les sons avoient une douceur selon son goût. En voyant avec quelle profonde indifférence ce berger fouloit le camp des césars, combien il préféroit à de pompeux souvenirs son instrument grossier et son sayon de peau de chèvre, j'aurois dû sentir qu'il faut peu de chose pour passer la vie, et qu'après tout, dans un terme aussi court, il est assez indifférent d'avoir épouvanté la terre par le son du clairon ou charmé les bois par les soupirs d'une musette.

« J'arrivai enfin chez les Rhédons[a]. L'Armorique ne m'offrit que des bruyères, des bois, des vallées étroites et profondes traversées de petites rivières que ne remonte point le navigateur, et qui portent à

---

[a] Les peuples de Rennes, etc.

la mer des eaux inconnues : région solitaire, triste, orageuse, enveloppée de brouillards, retentissante du bruit des vents, et dont les côtes hérissées de rochers sont battues d'un océan sauvage.

« Le château où je commandois, situé à quelques milles de la mer, étoit une ancienne forteresse des Gaulois, agrandie par Jules César, lorsqu'il porta la guerre [43] chez les Vénètes[a] et les Curiosolites[b]. Il étoit bâti sur un roc, appuyé contre une forêt et baigné par un lac.

« Là, séparé du reste du monde, je vécus plusieurs mois dans la solitude. Cette retraite me fut utile [44]. Je descendis dans ma conscience ; je sondai des plaies que je n'avois encore osé toucher depuis que j'avois quitté Zacharie ; je m'occupai de l'étude de ma religion. Je perdois chaque jour un peu de cette inquiétude si amère que nourrit le commerce des hommes. Je comptois déjà sur une victoire qui auroit demandé des forces supérieures aux miennes. Mon âme étoit encore tout affoiblie par ma première insouciance et mes criminelles habitudes ; je trouvois même dans les anciens doutes de mon esprit et la mollesse de mes sentiments un certain charme qui m'arrêtoit : mes passions étoient comme des femmes séduisantes qui m'enchaînoient par leurs caresses.

« Un événement interrompit tout à coup des recherches dont le résultat devoit avoir pour moi tant d'importance.

« Les soldats m'avertirent [45] que depuis quelques jours une femme sortoit des bois à l'entrée de la nuit, montoit seule dans une barque, traversoit le lac, descendoit sur la rive opposée et disparoissoit.

« Je n'ignorois pas que les Gaulois confient aux femmes [46] les secrets les plus importants ; que souvent ils soumettent à un conseil de leurs filles et de leurs épouses les affaires qu'ils n'ont pu régler entre eux. Les habitants de l'Armorique avoient conservé leurs mœurs primitives, et portoient avec impatience le joug romain. Braves, comme tous les Gaulois [47], jusqu'à la témérité, ils se distinguoient par une franchise de caractère qui leur est particulière, par des haines et des amours violentes, et par une opiniâtreté de sentiments que rien ne peut changer ni vaincre.

« Une circonstance particulière auroit pu me rassurer : il y avoit beaucoup de chrétiens dans l'Armorique, et les chrétiens sont sujets fidèles ; mais Clair, pasteur de l'Église des Rhédons [48], homme plein de vertus, étoit alors à Condivincum[c], et lui seul pouvoit me donner les lumières qui me manquoient. La moindre négligence pouvoit me

---

[a] Les habitants de Vannes. [b] Peuples des environs de Dinan.
[c] Nantes.

perdre auprès de Dioclétien et compromettre Constance, mon protecteur. Je crus donc ne devoir pas mépriser le rapport des soldats. Mais comme je connoissois la brutalité de ces hommes, je résolus de prendre sur moi-même le soin d'observer la Gauloise.

« Vers le soir, je me revêtis de mes armes, que je recouvris d'une saie, et sortant secrètement du château, j'allai me placer sur le rivage du lac, dans l'endroit que les soldats m'avoient indiqué.

« Caché parmi les rochers, j'attendis quelque temps sans voir rien paroître. Tout à coup mon oreille est frappée des sons que le vent m'apporte du milieu du lac. J'écoute, et je distingue les accents d'une voix humaine ; en même temps je découvre un esquif suspendu au sommet d'une vague ; il redescend, disparoît entre deux flots, puis se montre encore sur la cime d'une lame élevée ; il approche du rivage. Une femme le conduisoit : elle chantoit en luttant contre la tempête et sembloit se jouer dans les vents : on eût dit qu'ils étoient sous sa puissance, tant elle paroissoit les braver. Je la voyois jeter tour à tour en sacrifice, dans le lac, des pièces de toile [49], des toisons de brebis, des pains de cire et de petites meules d'or et d'argent.

« Bientôt elle touche à la rive, s'élance à terre, attache sa nacelle au tronc d'un saule, et s'enfonce dans le bois en s'appuyant sur la rame de peuplier qu'elle tenoit à la main. Elle passa tout près de moi sans me voir. Sa taille étoit haute [50] ; une tunique noire, courte et sans manches, servoit à peine de voile à sa nudité. Elle portoit une faucille d'or suspendue à une ceinture d'airain, et elle étoit couronnée d'une branche de chêne. La blancheur de ses bras et de son teint, ses yeux bleus, ses lèvres de rose, ses longs cheveux blonds, qui flottoient épars, annonçoient la fille des Gaulois, et contrastoient, par leur douceur, avec sa démarche fière et sauvage. Elle chantoit d'une voix mélodieuse des paroles terribles, et son sein découvert s'abaissoit et s'élevoit comme l'écume des flots.

« Je la suivis à quelque distance. Elle traversa d'abord une châtaigneraie dont les arbres, vieux comme le temps, étoient presque tous desséchés par la cime. Nous marchâmes ensuite plus d'une heure sur une lande couverte de mousse et de fougère. Au bout de cette lande, nous trouvâmes un bois, et au milieu de ce bois une autre bruyère de plusieurs milles de tour. Jamais le sol n'en avoit été défriché, et l'on y avoit semé des pierres, pour qu'il restât inaccessible à la faux et à la charrue. A l'extrémité de cette arène s'élevoit une de ces roches isolées [51] que les Gaulois appellent dolmen, et qui marquent le tombeau de quelque guerrier. Un jour le laboureur [52], au milieu de ses sillons, contemplera ces informes pyramides : effrayé de la grandeur du monument, il attribuera peut-être à des puissances invisibles et funestes ce qui ne sera que le témoignage de la force et de la rudesse de ses aïeux.

« La nuit étoit descendue. La jeûne fille s'arrêta non loin de la pierre, frappa trois fois des mains, en prononçant à haute voix ce mot mystérieux :

« Au gui l'an neuf [53] ! »

« A l'instant je vis briller dans la profondeur du bois mille lumières ; chaque chêne enfanta pour ainsi dire un Gaulois ; les barbares sortirent en foule de leur retraite : les uns étoient complétement armés ; les autres portoient une branche de chêne dans la main droite et un flambeau dans la gauche. A la faveur de mon déguisement, je me mêle à leur troupe : au premier désordre de l'assemblée succèdent bientôt l'ordre et le recueillement, et l'on commence une procession solennelle.

« Des eubages [54] marchoient à la tête, conduisant deux taureaux blancs qui devoient servir de victimes ; les bardes suivoient en chantant sur une espèce de guitare les louanges de Teutatès ; après eux venoient les disciples ; ils étoient accompagnés d'un héraut d'armes vêtu de blanc, couvert d'un chapeau surmonté de deux ailes et tenant à sa main une branche de verveine entourée de deux serpents. Trois sénanis [a], représentant trois druides, s'avançoient à la suite du héraut d'armes : l'un portoit un pain, l'autre un vase plein d'eau, le troisième une main d'ivoire. Enfin, la druidesse (je reconnus alors sa profession) venoit la dernière. Elle tenoit la place de l'archidruide, dont elle étoit descendue.

« On s'avança vers le chêne de trente ans, où l'on avoit découvert le gui sacré. On dressa au pied de l'arbre un autel de gazon. Les sénanis y brûlèrent un peu de pain et y répandirent quelques gouttes d'un vin pur. Ensuite un eubage vêtu de blanc monta sur le chêne, et coupa le gui avec la faucille d'or de la druidesse ; une saie blanche étendue sous l'arbre reçut la plante bénite ; les autres eubages frappèrent les victimes, et le gui, divisé en égales parties, fut distribué à l'assemblée.

« Cette cérémonie achevée, on retourna à la pierre du tombeau ; on planta une épée nue [55] pour indiquer le centre du mallus ou du conseil ; au pied du dolmen [56] étoient appuyées deux autres pierres, qui en soutenoient une troisième couchée horizontalement. La druidesse monte à cette tribune. Les Gaulois debout et armés l'environnent, tan-

---

[a] Philosophes gaulois qui succédèrent aux druides.

dis que les sénanis et les eubages élèvent des flambeaux : les cœurs étoient secrètement attendris par cette scène, qui leur rappeloit l'ancienne liberté. Quelques guerriers en cheveux blancs laissoient tomber de grosses larmes qui rouloient sur leurs boucliers. Tous penchés en avant et appuyés sur leurs lances, ils sembloient déjà prêter l'oreille aux paroles de la druidesse.

« Elle promena quelque temps ses regards sur ces guerriers représentants d'un peuple qui le premier osa dire aux hommes : « Malheur « aux vaincus [57] ! » mot impie retombé maintenant sur sa tête ! On lisoit sur le visage de la druidesse l'émotion que lui causoit cet exemple des vicissitudes de la fortune. Elle sortit bientôt de ses réflexions, et prononça ce discours :

« Fidèles enfants de Teutatès, vous qui au milieu de l'esclavage de votre patrie avez conservé la religion et les lois de vos pères, je ne puis vous contempler ici sans verser des larmes ! Est-ce là le reste de cette nation qui donnoit des lois au monde ? Où sont ces États florissants de la Gaule [58], ce conseil des femmes auquel se soumit le grand Annibal ? Où sont ces druides [59] qui élevoient dans leurs colléges sacrés une nombreuse jeunesse ? Proscrits par les tyrans, à peine quelques-uns d'entre eux vivent inconnus dans des antres sauvages. Velléda, une foible druidesse, voilà donc tout ce qui vous reste aujourd'hui pour accomplir vos sacrifices ! O île de Sayne [60], île vénérable et sacrée ! je suis demeurée seule des neuf vierges qui desservoient votre sanctuaire ! Bientôt Teutatès n'aura plus ni prêtres ni autels. Mais pourquoi perdrions-nous l'espérance ? J'ai à vous annoncer les secours d'un allié puissant : auriez-vous besoin qu'on vous retraçât le tableau de vos souffrances pour vous faire courir aux armes ? Esclaves en naissant, à peine avez-vous passé le premier âge, que des Romains vous enlèvent. Que devenez-vous ? Je l'ignore. Parvenus à l'âge d'homme, vous allez mourir [61] sur la frontière pour la défense de vos tyrans, ou creuser le sillon qui les nourrit. Condamnés aux plus rudes travaux, vous abattez vos forêts, vous tracez avec des fatigues inouïes les routes [62] qui introduisent l'esclavage jusque dans le cœur de votre pays : la servitude, l'oppression et la mort accourent sur ces chemins en poussant des cris d'allégresse, aussitôt que le passage est ouvert. Enfin, si vous survivez à tant d'outrages, vous serez conduits à Rome : là, renfermés dans un amphithéâtre, on vous forcera [63] de vous entre-tuer, pour amuser par votre agonie une populace féroce. Gaulois, il est une manière plus digne de vous de visiter Rome ! Souvenez-vous que votre nom veut dire voyageur [64]. Apparoissez tout à coup au Capitole, comme ces terribles voyageurs vos aïeux et vos devanciers. On vous demande à l'amphithéâtre de Titus. Partez! obéissez aux illustres spectateurs qui vous appellent. Allez apprendre aux Romains à mourir, mais d'une tout autre façon qu'en répandant votre sang dans leurs fêtes : assez longtemps ils ont étudié la leçon, faites-la-leur pratiquer. Ce que je vous propose n'est point impossible. Les tribus des Francs qui s'étoient établies en Espagne [65] retournent maintenant dans leur pays; leur flotte est à la vue de vos côtes; ils n'attendent qu'un signal pour vous secourir. Mais si le ciel ne couronne pas vos efforts, si la fortune des césars doit l'emporter encore, eh bien, nous irons chercher avec les Francs un coin du monde où l'esclavage soit inconnu ! Que les peuples étrangers nous accordent [66] ou nous refusent une patrie, terre ne peut nous manquer pour y vivre ou pour y mourir. »

« Je ne puis vous peindre, seigneurs, l'effet de ce discours prononcé à la lueur des flambeaux, sur une bruyère, près d'une tombe, dans le sang des taureaux mal égorgés, qui mêloient leurs derniers mugissements aux sifflements de la tempête : ainsi l'on représente ces assemblées des esprits de ténèbres que des magiciennes convoquent la nuit dans les lieux sauvages. Les imaginations échauffées ne laissèrent aucune autorité à la raison. On résolut, sans délibérer, de se réunir aux Francs. Trois fois un guerrier voulut ouvrir un avis contraire, trois fois on le força au silence, et à la troisième fois le héraut d'armes [67] lui coupa un pan de son manteau.

« Ce n'étoit là que le prélude d'une scène épouvantable. La foule demande à grands cris [68] le sacrifice d'une victime humaine, afin de mieux connoître la volonté du ciel. Les druides réservoient autrefois pour ces sacrifices quelque malfaiteur déjà condamné par les lois. La druidesse fut obligée de déclarer que, puisqu'il n'y avoit point de victime désignée, la religion demandoit un vieillard, comme l'holocauste le plus agréable à Teutatès.

« Aussitôt on apporte un bassin de fer sur lequel Velléda devoit égorger le vieillard. On place le bassin à terre devant elle. Elle n'étoit point descendue de la tribune funèbre d'où elle avoit harangué le peuple, mais elle s'étoit assise sur un triangle de bronze, le vêtement en désordre, la tête échevelée, tenant un poignard à la main, et une torche flamboyante sous ses pieds. Je ne sais comment auroit fini cette scène : j'aurois peut-être succombé sous le fer des barbares en essayant d'interrompre le sacrifice; le ciel, dans sa bonté ou dans sa colère, mit fin à mes perplexités. Les astres penchoient vers leur couchant. Les Gaulois craignirent d'être surpris par la lumière. Ils résolurent d'attendre, pour offrir l'hostie abominable, que Dis, père des ombres [69], eût ramené une autre nuit dans les cieux. La foule se dispersa sur les bruyères, et les flambeaux s'éteignirent ; seulement quelques torches agitées par le vent brilloient encore çà et là dans la profondeur des bois, et l'on entendoit le chœur lointain des bardes qui chantoit en se retirant ces paroles lugubres :

« Teutatès veut du sang ; il a parlé dans le chêne des druides. Le
« gui sacré a été coupé avec une faucille d'or, au sixième jour de la
« lune, au premier jour du siècle. Teutatès veut du sang ; il a parlé
« dans le chêne des druides ! »

« Je me hâtai de retourner au château. Je convoquai les tribus gauloises. Lorsqu'elles furent réunies au pied de la forteresse, je leur déclarai que je connoissois leur assemblée séditieuse et les complots qu'on tramoit contre César.

« Les barbares furent glacés d'effroi. Environnés des soldats romains, ils crurent toucher à leur dernier moment. Tout à coup des gémissements se font entendre : une troupe de femmes se précipite dans l'assemblée. Elles étoient chrétiennes [70], et portoient dans leurs bras leurs enfants nouvellement baptisés. Elles tombent à mes genoux, me demandent grâce pour leurs époux, leurs fils et leurs frères ; elles me présentent leurs nouveau-nés, et me supplient, au nom de cette génération pacifique, d'être doux et charitable.

« Eh ! comment aurois-je pu résister à leurs prières ? Comment aurois-je pu mettre en oubli la charité de Zacharie ? Je relevai ces femmes !

« Mes sœurs, leur dis-je, je vous accorde la grâce que vous me
« demandez au nom de Jésus-Christ, notre commun maître. Vous me
« répondrez de vos époux, et je serai tranquille quand vous m'aurez
« promis qu'ils resteront fidèles à César. »

« Les Armoricains poussèrent des cris de joie, et ils élevèrent jusqu'aux nues une clémence qui me coûtoit bien peu. Avant de les congédier, j'arrachai d'eux la promesse qu'ils renonceroient à des sacrifices affreux sans doute, puisqu'ils avoient été proscrits par Tibère même et par Claude [71]. J'exigeai toutefois qu'on me livrât la druidesse Velléda et son père Ségenax, le premier magistrat des Rhédons [72]. Dès le soir même on m'amena les deux otages ; je leur donnai le château pour asile. Je fis sortir une flotte qui rencontra celle des Francs, et l'obligea de s'éloigner des côtes de l'Armorique. Tout rentra dans l'ordre. Cette aventure eut pour moi seul des suites dont il me reste à vous entretenir. »

Ici Eudore s'interrompit tout à coup. Il parut embarrassé, baissa les yeux, les reporta malgré lui sur Cymodocée, qui rougit comme si elle eût pénétré la pensée d'Eudore. Cyrille s'aperçut de leur trouble, et, s'adressant aussitôt à l'épouse de Lasthénès :

« Séphora, dit-il, je veux offrir le saint sacrifice pour Eudore, quand il aura fini de raconter son histoire. Me pourriez-vous faire préparer l'autel? »

Séphora se leva, et ses filles la suivirent. La timide Cymodocée n'osa rester seule avec les vieillards : elle accompagna les femmes, non sans éprouver un mortel regret.

Démodocus, qui la voyoit passer comme une biche légère sur le gazon du verger, s'écria plein de joie :

« Quelle gloire peut égaler celle d'un père qui voit son enfant croître et s'embellir sous ses yeux! Jupiter même aima tendrement son fils Hercule : tout immortel qu'il est, il ressentit des craintes et des angoisses mortelles, parce qu'il avoit pris le cœur d'un père. Cher Eudore, tu causes les mêmes alarmes et les mêmes plaisirs à tes parents! Continue ton histoire. J'aime, je l'avouerai, tes chrétiens : enfants des prières, ils viennent partout, comme leurs mères, à la suite de l'injure, pour réparer le mal qu'elle a fait. Ils sont courageux comme des lions et tendres comme des colombes; ils ont un cœur paisible et intelligent; c'est bien dommage qu'ils ne connoissent pas Jupiter! Mais, Eudore, je parle encore, malgré le désir que j'ai de t'entendre. Mon fils, tels sont les vieillards : lorsqu'ils ont commencé un discours, ils s'enchantent de leur propre sagesse; un dieu les pousse, et ils ne peuvent plus s'arrêter. »

Eudore reprit la parole :

FIN DU LIVRE NEUVIÈME.

LIVRE DIXIÈME.

Suite du récit. Fin de l'épisode de Velléda.

« Je vous ai dit, seigneurs, que Velléda habitoit le château avec son père. Le chagrin et l'inquiétude plongèrent d'abord Ségenax dans une fièvre ardente, pendant laquelle je lui prodiguai les secours qu'exigeoit l'humanité. J'allois chaque jour visiter le père et la fille dans la tour où je les avois fait transporter. Cette conduite, différente de celle des autres commandants romains, charma les deux infortunés : le vieillard revint à la vie, et la druidesse, qui avoit montré un grand abattement, parut bientôt plus contente. Je la rencontrois se promenant seule, avec un air de joie, dans les cours du château, dans les salles. dans les galeries, les passages secrets, les escaliers tournants qui conduisoient au haut de la forteresse ; elle se multiplioit sous mes pas, et quand je la croyois auprès de son père, elle se montroit tout à coup au fond d'un corridor obscur, comme une apparition.

« Cette femme étoit extraordinaire. Elle avoit, ainsi que toutes les Gauloises, quelque chose de capricieux et d'attirant. Son regard étoit prompt, sa bouche un peu dédaigneuse et son sourire singulièrement doux et spirituel. Ses manières étoient tantôt hautaines, tantôt voluptueuses ; il y avoit dans toute sa personne de l'abandon et de la dignité, de l'innocence et de l'art. J'aurois été étonné de trouver dans une espèce de sauvage une connoissance approfondie des lettres grecques et de l'histoire de son pays, si je n'avois su que Velléda descendoit de la famille de l'archidruide et qu'elle avoit été élevée par un senani, pour être attachée à l'ordre savant des prêtres gaulois [1]. L'orgueil dominoit chez cette barbare [2], et l'exaltation de ses sentiments alloit souvent jusqu'au désordre.

« Une nuit, je veillois seul dans une salle d'armes où l'on ne découvroit le ciel que par d'étroites et longues ouvertures pratiquées dans l'épaisseur des pierres. Quelques rayons des étoiles, descendant à travers ces ouvertures, faisoient briller les lances et les aigles rangées en ordre le long des murailles. Je n'avois point allumé de flambeau, et je me promenois au milieu des ténèbres.

« Tout à coup, à l'une des extrémités de la galerie, un pâle crépuscule blanchit les ombres. La clarté augmente par degrés et bientôt je vois paroître Velléda. Elle tenoit à la main une de ces lampes romaines qui pendent au bout d'une chaîne d'or. Ses cheveux blonds, relevés à la grecque sur le sommet de sa tête, étoient ornés d'une couronne de verveine, plante sacrée parmi les druides. Elle portoit pour tout vêtement une tunique blanche : fille de roi a moins de beauté, de noblesse et de grandeur.

« Elle suspendit sa lampe aux courroies d'un bouclier, et venant à moi elle me dit :

« Mon père dort ; assieds-toi, écoute. »

« Je détachai du mur un trophée de piques et de javelots que je couchai par terre, et nous nous assîmes sur cette pile d'armes en face de la lampe.

« Sais-tu, me dit alors la jeune barbare, que je suis fée ? »

« Je lui demandai l'explication de ce mot.

« Les fées gauloises [3], répondit-elle, ont le pouvoir d'exciter les tempêtes, de les conjurer, de se rendre invisibles, de prendre la forme de différents animaux. »

« Je ne reconnois pas ce pouvoir, répondis-je avec gravité. Comment pourriez-vous croire raisonnablement posséder une puissance que vous n'avez jamais exercée ? Ma religion s'offense de ces superstitions. Les orages n'obéissent qu'à Dieu. »

« Je ne te parle pas de ton Dieu, reprit-elle avec impatience. Dis-moi, as-tu entendu la dernière nuit le gémissement d'une fontaine [4] dans les bois, et la plainte de la brise dans l'herbe qui croît sur ta fenêtre ? Eh bien, c'étoit moi qui soupirois dans cette fontaine et dans cette brise ! Je me suis aperçue que tu aimois le murmure des eaux et des vents. »

« J'eus pitié de cette insensée : elle lut ce sentiment sur mon visage.

« Je te fais pitié, me dit-elle. Mais si tu me crois atteinte de folie, ne t'en prends qu'à toi. Pourquoi as-tu sauvé mon père avec tant de bonté ? Pourquoi m'as-tu traitée avec tant de douceur ? Je suis vierge, vierge de l'île de Sayne : que je garde ou que je viole mes vœux, j'en mourrai. Tu en seras la cause. Voilà ce que je voulois te dire. Adieu ! »

« Elle se leva, prit sa lampe, et disparut.

« Jamais, seigneurs, je n'ai éprouvé une douleur pareille. Rien n'est affreux comme le malheur de troubler l'innocence. Je m'étois endormi au milieu des dangers, content de trouver en moi la résolution du bien et la volonté de revenir un jour au bercail. Cette tiédeur devoit être punie : j'avois bercé dans mon cœur les passions avec complaisance, et il étoit juste que je subisse le châtiment des passions !

« Aussi le ciel m'ôta-t-il dans ce moment tout moyen d'écarter le danger. Clair, le pasteur chrétien, étoit absent ; Ségenax étoit encore trop foible pour sortir du château, et je ne pouvois sans inhumanité séparer la fille du père. Je fus donc obligé de garder l'ennemi en dedans et de m'exposer malgré moi à ses attaques. En vain je cessai de visiter le veillard, en vain je me dérobai à la vue de Velléda : je la retrouvois partout ; elle m'attendoit des journées entières dans les lieux où je ne pouvois éviter de passer, et là elle m'entretenoit de son amour.

« Je sentois, il est vrai, que Velléda ne m'inspireroit jamais un attachement [5] véritable : elle manquoit pour moi de ce charme secret qui fait le destin de notre vie ; mais la fille de Ségenax étoit jeune, elle étoit belle, passionnée, et quand des paroles brûlantes sortoient de ses lèvres, tous mes sens étoient bouleversés.

« A quelque distance du château, dans un de ces bois appelés chastes [6] par les druides, on voyoit un arbre mort [7] que le fer avoit dépouillé de son écorce. Cette espèce de fantôme se faisoit distinguer par sa pâleur au milieu des noirs enfoncements de la forêt. Adoré sous le nom d'Irminsul, il étoit devenu une divinité formidable pour les barbares, qui dans leurs joies comme dans leurs peines ne savent invoquer que la mort. Autour de ce simulacre [8], quelques chênes, dont les racines avoient été arrosées du sang humain, portoient suspendues à leurs branches les armes et les enseignes de guerre des Gaulois ; le vent les agitoit sur les rameaux, et elles rendoient, en s'entre-choquant, des murmures sinistres.

« J'allois souvent visiter ce sanctuaire plein du souvenir de l'antique race des Celtes. Un soir je rêvois dans ce lieu. L'aquilon mugissoit au loin et arrachoit du tronc des arbres des touffes de lierre et de mousse. Velléda parut tout à coup.

« Tu me fuis, me dit-elle, tu cherches les endroits les plus déserts pour te dérober à ma présence ; mais c'est en vain : l'orage t'apporte Velléda, comme cette mousse flétrie qui tombe à tes pieds. »

« Elle se plaça debout devant moi, croisa les bras, me regarda fixement, et me dit :

« J'ai bien des choses à t'apprendre ; je voudrois causer longtemps avec toi. Je sais que mes plaintes t'importunent, je sais qu'elles ne te donneront pas de l'amour; mais, cruel, je m'enivre de mes aveux, j'aime à me nourrir de ma flamme, à t'en faire connoître toute la violence! Ah! si tu m'aimois, quelle seroit notre félicité! Nous trouverions pour nous exprimer un langage digne du ciel : à présent il y a des mots qui me manquent, parce que ton âme ne répond pas à la mienne. »

« Un coup de vent ébranla la forêt, et une plainte sortit des boucliers d'airain. Velléda, effrayée, leva la tête, et regardant les trophées suspendus :

« Ce sont les armes de mon père qui gémissent; elles m'annoncent quelque malheur. »

« Après un moment de silence elle ajouta :

« Il faut pourtant qu'il y ait quelque raison à ton indifférence. Tant d'amour auroit dû t'en inspirer. Cette froideur est trop extraordinaire. »

« Elle s'interrompit de nouveau. Sortant tout à coup comme d'une réflexion profonde, elle s'écria :

« Voilà la raison que je cherchois! Tu ne peux me souffrir, parce que je n'ai rien à t'offrir qui soit digne de toi! »

« Alors s'approchant de moi comme en délire, et mettant la main sur mon cœur :

« Guerrier, ton cœur reste tranquille sous la main de l'amour, mais peut-être qu'un trône le feroit palpiter. Parle : veux-tu l'empire? Une Gauloise l'avoit promis à Dioclétien [9], une Gauloise te le propose; elle n'étoit que prophétesse, moi je suis prophétesse et amante. Je peux tout pour toi. Tu le sais : nous avons souvent disposé de la pourpre [10]. J'armerai secrètement nos guerriers. Teutatès te sera favorable, et par mon art je forcerai le ciel à seconder tes vœux. Je ferai sortir les druides de leurs forêts. Je marcherai moi-même aux combats, portant à la main une branche de chêne. Et si le sort nous étoit contraire, il est encore des antres dans les Gaules où, nouvelle Éponine [11], je pourrois cacher mon époux. Ah! malheureuse Velléda! tu parles d'époux, et tu ne seras jamais aimée! »

« La voix de la jeune barbare expire; la main qu'elle tenoit sur mon cœur retombe; elle penche sa tête, et son ardeur s'éteint dans des torrents de larmes.

« Cette conversation me remplit d'effroi. Je commençai à craindre que ma résistance ne fût inutile. Mon attendrissement étoit extrême quand Velléda cessa de parler, et je sentis tout le reste du jour la place brûlante de sa main sur mon cœur. Voulant du moins faire un dernier effort pour me sauver, je pris une résolution qui devoit prévenir le mal et qui ne fit que l'aggraver : car lorsque Dieu veut nous punir, il tourne contre nous notre propre sagesse et ne nous tient point compte d'une prudence qui vient trop tard.

« Je vous ai dit que je n'avois pu d'abord faire sortir Ségenax du château à cause de son extrême foiblesse, mais le vieillard reprenant peu à peu ses forces, et le danger croissant pour moi tous les jours, je supposai des lettres de César qui m'ordonnoient de renvoyer les prisonniers. Velléda voulut me parler avant son départ ; je refusai de la voir, afin de nous épargner à tous deux une scène douloureuse : sa piété filiale ne lui permit pas d'abandonner son père, et elle le suivit, comme je l'avois prévu. Dès le lendemain elle parut aux portes du château : on lui dit que j'étois parti pour un voyage ; elle baissa la tête, et rentra dans le bois en silence. Elle se présenta ainsi pendant plusieurs jours, et reçut la même réponse. La dernière fois elle resta longtemps appuyée contre un arbre à regarder les murs de la forteresse. Je la voyois par une fenêtre, et je ne pouvois retenir mes pleurs : elle s'éloigna à pas lents, et ne revint plus.

« Je commençois à retrouver un peu de repos : j'espérois que Velléda s'étoit enfin guérie de son fatal amour. Fatigué de la prison où je m'étois tenu renfermé, je voulus respirer l'air de la campagne. Je jetai une peau d'ours sur mes épaules, j'armai mon bras de l'épieu d'un chasseur, et, sortant du château, j'allai m'asseoir sur une haute colline d'où l'on apercevoit le détroit britannique.

« Comme Ulysse regrettant son Ithaque, ou comme les Troyennes exilées aux champs de la Sicile, je regardois la vaste étendue des flots, et je pleurois. « Né au pied du mont Taygète, me disois-je, le triste
« murmure de la mer est le premier son qui ait frappé mon oreille
« en venant à la vie. A combien de rivages n'ai-je pas vu depuis se
« briser les mêmes flots que je contemple ici ! Qui m'eût dit, il y a
« quelques années, que j'entendrois gémir sur les côtes d'Italie, sur
« les grèves des Bataves, des Bretons, des Gaulois, ces vagues que je
« voyois se dérouler sur les beaux sables de la Messénie ? Quel sera le
« terme de mes pèlerinages ? Heureux si la mort m'eût surpris avant
« d'avoir commencé mes courses sur la terre, et lorsque je n'avois
« d'aventures à conter à personne ! »

« Telles étoient mes réflexions, lorsque j'entendis assez près de moi les sons d'une voix et d'une guitare [12]. Ces sons, entrecoupés par des silences, par le murmure de la forêt et de la mer, par le cri du courlis et de l'alouette marine, avoient quelque chose d'enchanté et de sauvage. Je découvris aussitôt Velléda assise sur la bruyère. Sa parure annonçoit le désordre de son esprit : elle portoit un collier de baies d'églantier ; sa guitare étoit suspendue à son sein par une tresse de lierre et de fougère flétrie ; un voile blanc jeté sur sa tête descendoit jusqu'à ses pieds. Dans ce singulier appareil, pâle, et les yeux fatigués de pleurs, elle étoit encore d'une beauté frappante. On l'apercevoit derrière un buisson à demi dépouillé : ainsi le poëte représente l'ombre de Didon .[13], se montrant à travers un bois de myrtes, comme la lune nouvelle qui se lève dans un nuage.

« Le mouvement que je fis en reconnoissant la fille de Ségenax attira ses regards. A mon aspect une joie troublée éclate sur son visage. Elle me fait un signe mystérieux, et me dit :

« Je savois bien que je t'attirerois ici ; rien ne résiste à la force de mes accents. »

« Et elle se met à chanter :

« Hercule, tu descendis dans la verte Aquitaine [14]. Pyrène, qui
« donna son nom aux montagnes de l'Ibérie; Pyrène, fille du roi
« Bébrycius, épousa le héros grec, car les Grecs ont toujours ravi le
« cœur des femmes. »

« Velléda se lève, s'avance vers moi, et me dit :

« Je ne sais quel enchantement m'entraîne sur tes pas ; j'erre autour de ton château, et je suis triste de ne pouvoir y pénétrer. Mais j'ai préparé des charmes ; j'irai chercher le sélago [15] : j'offrirai d'abord une oblation de pain et de vin ; je serai vêtue de blanc ; mes pieds seront nus, ma main droite cachée sous ma tunique arrachera la plante, et ma main gauche la dérobera à ma main droite. Alors rien ne pourra me résister. Je me glisserai chez toi sur les rayons de la lune ; je prendrai la forme d'un ramier [16], et je volerai sur le haut de la tour que tu habites. Si je savois ce que tu préfères !... je pourrois... Mais non, je veux être aimée pour moi : ce seroit m'être infidèle que de m'aimer sous une forme empruntée. »

« A ces mots, Velléda pousse des cris de désespoir.

« Bientôt, changeant d'idée et cherchant à lire dans mes yeux, comme pour pénétrer mes secrets :

« Oh ! oui, c'est cela, s'écria-t-elle, les Romaines auront épuisé ton cœur ! Tu les auras trop aimées ! Ont-elles donc tant d'avantages sur moi? Les cygnes sont moins blancs [17] que les filles des Gaules ; nos yeux ont la couleur et l'éclat du ciel [18] ; nos cheveux sont si beaux que tes Romaines nous les empruntent [19] pour en ombrager leur tête ; mais le feuillage n'a de grâces que sur la cime de l'arbre où il est né. Vois-tu la chevelure que je porte? Eh bien ! si j'avois voulu la céder, elle seroit maintenant sur le front de l'impératrice : c'est mon diadème, et je l'ai gardé pour toi ! Ne sais-tu pas que nos pères, nos frères, nos époux, trouvent en nous quelque chose de divin [20] ? Une voix mensongère t'aura peut-être raconté que les Gauloises sont capricieuses, légères, infidèles : ne crois pas ces discours. Chez les enfants des druides, les passions sont sérieuses et leurs conséquences terribles. »

« Je pris les mains de cette infortunée entre les deux miennes : je les serrai tendrement.

« Velléda, dis-je, si vous m'aimez, il est un moyen de me le prouver : retournez chez votre père, il a besoin de votre appui. Ne vous abandonnez plus à une douleur qui trouble votre raison et qui me fera mourir. »

« Je descendis de la colline, et Velléda me suivit. Nous nous avançâmes dans la campagne par des chemins peu fréquentés où croissoit le gazon.

« Si tu m'avois aimée, disoit Velléda, avec quelles délices nous aurions parcouru ces champs ! Quel bonheur d'errer avec toi dans ces routes solitaires, comme la brebis dont les flocons de laine sont restés suspendus à ces ronces ! »

« Elle s'interrompit, regarda ses bras amaigris, et dit avec un sourire :

« Et moi aussi j'ai été déchirée par les épines de ce désert, et j'y laisse chaque jour quelque partie de ma dépouille. »

« Revenant à ses rêveries :

« Au bord du ruisseau, dit-elle, au pied de l'arbre, le long de cette haie, de ces sillons où rit la première verdure des blés que je ne verrai pas mûrir, nous aurions admiré le coucher du soleil. Souvent, pendant les tempêtes, cachés dans quelque grange isolée ou parmi les ruines d'une cabane, nous eussions entendu gémir le vent sous le chaume abandonné. Tu croyois peut-être que, dans mes songes de félicité, je désirois des trésors, des palais, des pompes? Hélas ! mes vœux étoient plus modestes, et ils n'ont point été exaucés ! Je n'ai jamais aperçu au coin d'un bois la hutte roulante d'un berger sans songer qu'elle me suffiroit avec toi. Plus heureux que ces Scythes dont les druides m'ont conté l'histoire, nous promènerions aujourd'hui notre cabane de solitude en solitude, et notre demeure ne tiendroit pas plus à la terre que notre vie. »

« Nous arrivâmes à l'entrée d'un bois de sapins et de mélèzes. La fille de Ségenax s'arrêta, et me dit :

« Mon père habite ce bois, je ne veux pas que tu entres dans sa demeure : il t'accuse de lui avoir ravi sa fille. Tu peux, sans être trop malheureux, me voir au milieu de mes chagrins, parce que je suis jeune et pleine de force ; mais les larmes d'un vieillard brisent le cœur. Je t'irai chercher au château. »

« En prononçant ces mots, elle me quitta brusquement.

« Cette rencontre imprévue porta le dernier coup à ma raison. Tel est le danger des passions, que même sans les partager vous respirez dans leur atmosphère quelque chose d'empoisonné qui vous enivre. Vingt fois, tandis que Velléda m'exprimoit des sentiments si tristes et si tendres, vingt fois je fus prêt à me jeter à ses pieds, à l'étonner de sa victoire, à la ravir par l'aveu de ma défaite. Au moment de succomber, je ne dus mon salut qu'à la pitié même que m'inspiroit cette infortunée. Mais cette pitié, qui me sauva d'abord, fut en effet ce qui me perdit, car elle m'ôta le reste de mes forces. Je ne me sentis plus aucune fermeté contre Velléda ; je m'accusai d'être la cause de l'égarement de son esprit par trop de sévérité. Un si triste essai de courage me dégoûta du courage même ; je retombai dans ma foiblesse accoutumée, et, ne comptant plus sur moi, je mis tout mon espoir dans le retour de Clair.

« Quelques jours s'écoulèrent : Velléda ne reparoissant point au château selon sa promesse, je commençai à craindre quelque accident fatal. Plein d'inquiétude, je sortois pour me rendre à la demeure de Ségenax, lorsqu'un soldat, accouru du bord de la mer, vint m'avertir que la flotte des Francs[21] reparoissoit à la vue de l'Armorique. Je fus obligé de partir sur-le-champ. Le temps étoit sombre et tout annonçoit une tempête. Comme les barbares choisissent presque toujours pour débarquer le moment des orages[22], je redoublai de vigilance. Je fis mettre partout les soldats sous les armes et fortifier les lieux les plus exposés. La journée entière se passa dans ces travaux, et la nuit en faisant éclater la tempête nous apporta de nouvelles inquiétudes.

« A l'extrémité d'une côte dangereuse, sur une grève où croissent à peine quelques herbes dans un sable stérile, s'élève une longue suite de pierres druidiques[23], semblables à ce tombeau où j'avois jadis rencontré Velléda. Battues des vents, des pluies et des flots, elles sont là solitaires entre la mer, la terre et le ciel. Leur origine et leur destination sont également inconnues. Monuments de la science des druides, retracent-elles quelques secrets de l'astronomie ou quelques mystères de la Divinité ? On l'ignore. Mais les Gaulois n'approchent point de ces pierres sans une profonde terreur. Ils disent qu'on y voit des feux errants et qu'on y entend la voix des fantômes.

« La solitude de ce lieu et la frayeur qu'il inspire me parurent propres à favoriser une descente des barbares. Je crus donc devoir placer une garde sur cette côte, et je résolus moi-même d'y passer la nuit.

« Un esclave que j'avois envoyé porter une lettre à Velléda étoit revenu avec cette lettre. Il n'avoit point trouvé la druidesse ; elle avoit quitté son père vers la troisième heure du jour, et l'on ne savoit ce qu'elle étoit devenue. Cette nouvelle ne fit qu'augmenter mes alarmes. Dévoré de chagrins, je m'étois assis, loin des soldats, dans un endroit écarté. Tout à coup j'entends du bruit, et crois entrevoir quelque chose dans l'ombre. Je mets l'épée à la main ; je me lève et cours vers le fantôme qui fuyoit. Quelle fut ma surprise lorsque je saisis Velléda !.

« Quoi ! me dit-elle à voix basse, c'est toi ! Tu as donc su que j'étois ici ? »

« Non, lui répondis-je ; mais vous, trahissez-vous les Romains ? »

« Trahir ! repartit-elle indignée. Ne t'ai-je pas juré de ne rien entreprendre contre toi ? Suis-moi, tu vas voir ce que je fais ici. »

« Elle me prit par la main, et me conduisit sur la pointe la plus élevée du dernier rocher druidique.

« La mer se brisoit au-dessous de nous parmi des écueils avec un bruit horrible. Ses tourbillons, poussés par le vent, s'élançoient contre le rocher et nous couvroient d'écume et d'étincelles de feu. Des nuages voloient dans le ciel sur la face de la lune, qui sembloit courir rapidement à travers ce chaos.

« Écoute bien ce que je vais t'apprendre, me dit Velléda. Sur cette côte demeurent des pêcheurs qui te sont inconnus[24]. Lorsque la moitié de la nuit sera écoulée, ils entendront quelqu'un frapper à leurs portes et les appeler à voix basse. Alors ils courront au rivage sans connoître le pouvoir qui les entraîne. Ils y trouveront des bateaux vides, et pourtant ces bateaux seront si chargés des âmes des morts, qu'ils s'élèveront à peine au-dessus des flots. En moins d'une heure les pêcheurs achèveront une navigation d'une journée et conduiront les âmes à l'île des Bretons. Ils ne verront personne, ni pendant le trajet ni pendant le débarquement, mais ils entendront une voix qui comptera les nouveaux passagers au gardien des âmes. S'il se trouve quelques femmes dans les barques, la voix déclarera le nom de leurs époux. Tu sais, cruel, si l'on pourra nommer le mien. »

« Je voulus combattre les superstitions de Velléda.

« Tais-toi, me dit-elle, comme si j'eusse été coupable d'impiété. Tu verras bientôt le tourbillon de feu [25] qui annonce le passage des âmes. N'entends-tu pas déjà leurs cris ? »

« Velléda se tut, et prêta une oreille attentive.

« Après quelques moments de silence elle me dit :

« Quand je ne serai plus, promets-moi de me donner des nouvelles de mon père. Lorsque quelqu'un sera mort, tu m'écriras des lettres que tu jetteras dans le bûcher funèbre [26] ; elles me parviendront au *Séjour des Souvenirs*; je les lirai avec délices, et nous causerons ainsi des deux côtés du tombeau. »

« Dans ce moment une vague furieuse vient roulant contre le rocher, qu'elle ébranle dans ses fondements. Un coup de vent déchire les nuages, et la lune laisse tomber un pâle rayon sur la surface des flots. Des bruits sinistres s'élèvent sur le rivage. Le triste oiseau des écueils, le lumb, fait entendre sa plainte semblable au cri de détresse d'un homme qui se noie : la sentinelle, effrayée, appelle aux armes. Velléda tressaille, étend les bras, s'écrie :

« On m'attend ! »

« Et elle s'élançoit dans les flots. Je la retins par son voile...

« O Cyrille ! comment continuer ce récit ? Je rougis de honte et de confusion, mais je vous dois l'entier aveu de mes fautes : je les soumets, sans en rien dérober, au saint tribunal de votre vieillesse. Hélas ! après mon naufrage, je me réfugie dans votre charité comme dans un port de miséricorde !

« Épuisé par les combats que j'avois soutenus contre moi-même, je ne pus résister au dernier témoignage de l'amour de Velléda ! Tant de beauté, tant de passion, tant de désespoir, m'ôtèrent à mon tour la raison : je fus vaincu.

« Non, dis-je au milieu de la nuit et de la tempête, je ne suis pas assez fort pour être chrétien ! »

« Je tombe aux pieds de Velléda [27]... L'enfer donne le signal de cet hymen funeste [28] ; les esprits de ténèbres hurlent dans l'abîme, les chastes épouses des patriarches détournent la tête, et mon ange protecteur, se voilant de ses ailes, remonte vers les cieux !

« La fille de Ségenax consentit à vivre ou plutôt elle n'eut pas la force de mourir. Elle restoit muette dans une sorte de stupeur qui étoit à la fois un supplice affreux et une ineffable volupté. L'amour, le remords, la honte, la crainte et surtout l'étonnement agitoient le cœur de Velléda : elle ne pouvoit croire que je fusse ce même Eudore jusque-là si insensible ; elle ne savoit si elle n'étoit point abusée par quelque fantôme de la nuit, et elle me touchoit les mains et les cheveux pour s'assurer de la réalité de mon existence. Mon bonheur à moi ressembloit au désespoir, et quiconque nous eût vus au milieu de notre félicité nous eût pris pour deux coupables à qui l'on vient de prononcer l'arrêt fatal.

« Dans ce moment, je me sentis marqué du sceau de la réprobation divine : je doutai de la possibilité de mon salut et de la toute-puissance de la miséricorde de Dieu. D'épaisses ténèbres, comme une fumée, s'élevèrent dans mon âme, dont il me sembla qu'une légion d'esprits rebelles prenoit tout à coup possession. Je me trouvai des idées inconnues, le langage de l'enfer s'échappa naturellement de ma bouche [20], et je fis entendre les blasphèmes de ces lieux où il y aura des gémissements et des pleurs éternels.

« Pleurant et souriant tour à tour, la plus heureuse et la plus infortunée des créatures, Velléda gardoit le silence. L'aube commençoit à blanchir les cieux. L'ennemi ne parut point. Je retournai au château, ma victime m'y suivit. Deux fois l'étoile qui marque les derniers pas du jour cacha notre rougeur dans les ombres, et deux fois l'étoile qui rapporte la lumière nous ramena la honte et le remords. A la troisième aurore, Velléda monta sur mon char pour aller chercher Ségenax. Elle avoit à peine disparu dans les bois de chênes, que je vis s'élever au-dessus des forêts une colonne de feu et de fumée. A l'instant où je découvrois ces signaux, un centurion vint m'apprendre qu'on entendoit retentir de village en village les cris que poussent les Gaulois quand ils veulent se communiquer une nouvelle [30]. Je crus que les Francs avoient attaqué quelque partie du rivage, et je me hâtai de sortir avec mes soldats.

« Bientôt j'aperçois des paysans qui courent de toutes parts. Ils se réunissent à une grande troupe qui s'avance vers moi.

« Je marche à la tête des Romains vers les bataillons rustiques. Arrivé à la portée du javelot, j'arrête mes soldats, et m'avançant seul, la tête nue, entre les deux armées :

« Gaulois, quel sujet vous rassemble? Les Francs sont-ils descendus dans les Armoriques? Venez-vous m'offrir votre secours ou vous présentez-vous ici comme ennemis de César? »

« Un vieillard sort des rangs. Ses épaules trembloient sous le poids de sa cuirasse et son bras étoit chargé d'un fer inutile. O surprise! je crois reconnoître une de ces armures que j'avois vues suspendues au bois des druides. O confusion! ô douleur! ce vénérable guerrier étoit Ségenax!

« Gaulois, s'écrie-t-il, j'en atteste ces armes de ma jeunesse que j'ai reprises au tronc d'Irminsul, où je les avois consacrées, voilà celui qui a déshonoré mes cheveux blancs. Un eubage avoit suivi ma fille, dont la raison est égarée : il a vu dans l'ombre le crime d'un Romain. La vierge de Sayne a été outragée. Vengez vos filles et vos épouses; vengez les Gaulois et vos dieux! »

« Il dit, et me lance un javelot d'une main impuissante. Le dard, sans force, vient tomber à mes pieds; je l'aurois béni s'il m'eût percé le cœur. Les Gaulois, poussant un cri, se précipitent sur moi; mes soldats s'avancent pour me secourir. En vain je veux arrêter les combattants. Ce n'est plus un tumulte passager, c'est un véritable combat dont les clameurs s'élèvent jusqu'au ciel. On eût cru que les divinités des druides étoient sorties de leurs forêts, et que du faîte de quelque bergerie [31] elles animoient les Gaulois au carnage, tant ces laboureurs montroient d'audace! Indifférent sur les coups qui menacent ma tête, je ne songe qu'à sauver Ségenax; mais, tandis que je l'arrache aux mains des soldats et que je cherche à lui faire un abri du tronc d'un chêne, un javeline, lancée du milieu de la foule, vient avec un affreux sifflement s'enfoncer dans les entrailles du vieillard; il tombe sous l'arbre de ses aïeux comme l'antique Priam sous le laurier qui ombrageoit ses autels domestiques.

« Dans ce moment, un char paroît à l'extrémité de la plaine. Penchée sur les coursiers, une femme échevelée excite leur ardeur et semble vouloir leur donner des ailes. Velléda n'avoit point trouvé son père. Elle avoit appris qu'il assembloit les Gaulois pour venger l'honneur de sa fille. La druidesse voit qu'elle est trahie, et connoît toute l'étendue de sa faute. Elle vole sur les traces du vieillard, arrive dans la plaine où se donnoit le combat fatal, pousse ses chevaux à travers les rangs et me découvre gémissant sur son père étendu mort à mes pieds. Transportée de douleur, Velléda arrête ses coursiers et s'écrie du haut de son char :

« Gaulois, suspendez vos coups. C'est moi qui ai causé vos maux, c'est moi qui ai tué mon père. Cessez d'exposer vos jours pour une fille criminelle. Le Romain est innocent. La vierge de Sayne n'a point été outragée : elle s'est livrée elle-même, elle a violé volontairement ses vœux. Puisse ma mort rendre la paix à ma patrie! »

« Alors, arrachant de son front sa couronne de verveine, et prenant à sa ceinture sa faucille d'or, comme si elle alloit faire un sacrifice à ses dieux :

« Je ne souillerai plus, dit-elle, ces ornements d'une vestale ! »

« Aussitôt elle porte à sa gorge l'instrument sacré : le sang jaillit. Comme une moissonneuse [32] qui a fini son ouvrage et qui s'endort fatiguée au bout du sillon, Velléda s'affaisse sur le char; la faucille d'or échappe à sa main défaillante et sa tête se penche doucement sur son épaule. Elle veut prononcer encore le nom de celui qu'elle aime, mais sa bouche ne fait entendre qu'un murmure confus : déjà je n'étois plus que dans les songes de la fille des Gaules, et un invincible sommeil avoit fermé ses yeux. »

FIN DU LIVRE DIXIÈME.

LIVRE ONZIÈME.

Suite du récit. Repentir d'Eudore. Sa pénitence publique. Il quitte l'armée. Il passe en Égypte pour demander sa retraite à Dioclétien. Navigation. Alexandrie. Le Nil. L'Egypte. Eudore obtient sa retraite de Dioclétien. La Thébaïde. Retour d'Eudore chez son père. Fin du récit.

« Pardonnez, seigneurs, aux larmes qui coulent encore de mes yeux! Je ne vous dirai point que les centurions m'avoient retenu au milieu d'eux, tandis que Velléda s'arrachoit la vie. Trop juste châtiment du ciel, je ne devois plus revoir celle que j'avois séduite que pour l'ensevelir dans la tombe!

« La grande époque de ma vie[1], ô Cyrille! doit être comptée de ce moment, puisque c'est l'époque de mon retour à la religion. Jusque alors, les fautes qui m'avoient été personnelles, et qui n'étoient retombées que sur moi, m'avoient peu frappé; mais quand je me trouvai la cause du malheur d'autrui, mon cœur se révolta contre moi. Je ne balançai plus. Clair arriva : je tombai à ses genoux; je lui fis la confession des iniquités de ma vie. Il m'embrassa avec des transports de joie, et m'imposa une partie de cette pénitence, non assez rigoureuse, dont vous voyez la suite aujourd'hui.

« Les fièvres de l'âme sont semblables à celles du corps : pour les guérir, il faut surtout changer de lieux. Je résolus de quitter l'Armorique, de renoncer au monde et d'aller pleurer mes erreurs sous le toit de mes pères. Je renvoyai à Constance les marques de mon pouvoir, en le priant de me permettre d'abandonner le siècle et les armes. César essaya de me retenir par toutes sortes de moyens : il me nomma préfet du prétoire des Gaules[2], dignité suprême dont l'autorité s'étend sur l'Espagne et sur les îles des Bretons. Mais Constance, s'apercevant que j'étois ferme dans mes projets, m'écrivit ces mots pleins de sa douceur accoutumée :

« Je ne puis vous accorder moi-même la grâce que vous me deman-

« dez, parce que vous appartenez au peuple romain. L'empereur seul
« a le droit de prononcer sur votre sort. Rendez-vous donc auprès de
« lui, sollicitez votre retraite, et si Auguste vous refuse, revenez
« trouver César. »

« Je remis le commandement de l'Armorique au tribun qui me
devoit remplacer; j'embrassai Clair, et, plein d'attendrissement et de
remords, j'abandonnai les bois et les bruyères qu'avoit habités Velléda. Je m'embarquai au port de Nîmes [3], j'arrivai à Ostie, et je revis
cette Rome, théâtre de mes premières erreurs. En vain quelques
jeunes amis voulurent me rappeler à leurs fêtes, ma tristesse corrompoit la joie du banquet; en affectant de sourire, je tenois longtemps
la coupe à mes lèvres pour cacher les pleurs qui tomboient de mes
yeux. Prosterné devant le chef des chrétiens, qui m'avoit retranché
de la communion des fidèles, je le suppliai de me réunir au troupeau.
Marcellin m'admit au repentir [4]; il me fit même espérer que mon
épreuve seroit abrégée, et que la maison du Seigneur me seroit rouverte après cinq ans, si je persévérois dans la pénitence.

« Il ne me restoit plus qu'à porter mes prières aux pieds de Dioclétien : il étoit encore en Égypte [5]. Je ne voulus point attendre son
retour, et je me déterminai à passer en Orient.

« Il y avoit au môle de Marc-Aurèle [6] un de ces vaisseaux chrétiens
que les évêques d'Alexandrie envoient dans les temps de disette
porter du blé destiné au soulagement des pauvres [7]. Ce vaisseau étoit
prêt à faire voile pour l'Égypte : je m'y embarquai. La saison étoit
favorable. Nous levâmes l'ancre, et nous nous éloignâmes rapidement
des côtes de l'Italie.

« Hélas! j'avois déjà traversé cette mer en sortant pour la première
fois de mon Arcadie! J'étois jeune alors, plein d'espérance; je rêvois
gloire, fortune, honneurs; je ne connoissois le monde que par les
songes de mon imagination. « Aujourd'hui, me disois-je, quelle différence! je reviens de ce monde, et qu'ai-je appris dans ce triste pèlerinage? »

« L'équipage étoit chrétien : les devoirs de notre religion accomplis sur le vaisseau sembloient augmenter la majesté de la scène. Si
tous ces hommes revenus à la raison ne voyoient plus Vénus sortir
d'une mer brillante et s'envoler au ciel sur l'aile des Heures, ils
admiroient la main de celui qui creusa l'abîme et qui répandit à
volonté la terreur ou la beauté sur les flots. Avions-nous besoin des
fables d'Alcyon et de Céyx pour trouver des rapports attendrissants
entre les oiseaux qui passent sur les mers et nos destinées? En voyant
se suspendre à nos mâts des hirondelles fatiguées, nous étions tentés

de les interroger touchant notre patrie. Elles avoient peut-être voltigé autour de notre demeure et suspendu leurs nids à notre toit. Reconnoissez ici, Démodocus, cette simplicité des chrétiens qui les rend semblables à des enfants. Un cœur couronné d'innocence vaut mieux pour le marinier qu'une poupe ornée de fleurs, et les sentiments que répand une âme pure sont plus agréables au souverain des mers que le vin qui coule d'une coupe d'or.

« La nuit, au lieu d'adresser aux astres des invocations coupables et vaines, nous regardions en silence ce firmament où les étoiles se plaisent à luire pour le Dieu qui les a créées, ce beau ciel, ces demeures paisibles, que j'avois pour toujours fermés à Velléda.

« Nous passâmes non loin d'Utique et de Carthage : Marius et Caton[8] ne me rappelèrent dans le crime et dans la vertu qu'un peu de gloire et beaucoup de malheur. J'aurois voulu embrasser Augustin sur ces bords. A la vue de la colline où fut le palais de Didon[9], je fondis tout à coup en larmes. Une colonne de fumée[10] qui s'élevoit du rivage sembla m'annoncer, ainsi qu'au fils d'Anchise, l'embrasement du bûcher funèbre. Dans le destin de la reine de Carthage je retrouvai celui de la prêtresse des Gaulois. Cachant ma tête dans mes deux mains, je me mis à pousser des sanglots. Je fuyois aussi sur les mers après avoir causé la mort d'une femme, et pourtant, homme sans gloire et sans avenir, je n'étois pas comme Énée[11] le dernier héritier d'Ilion et d'Hector; je n'avois pas comme lui pour excuse l'ordre du ciel[12] et les destinées de l'empire romain.

« Nous franchîmes le promontoire de Mercure et le cap où Scipion[13], saluant la fortune de Rome, voulut aborder avec son armée. Poussés par les vents vers la petite sirte[14], nous vîmes la tour qui servit de retraite au grand Annibal[15] lorsqu'il s'embarqua furtivement pour échapper à l'ingratitude de sa patrie : à quelque terre que l'on aborde, on est sûr d'y rencontrer les traces de l'injustice et du malheur. C'est ainsi qu'au rivage opposé de la Sicile je croyois voir ces victimes de Verrès[16] qui du haut de l'instrument de leur supplice tournoient inutilement vers Rome leurs regards mourants. Ah! le chrétien sur sa croix n'implorera point en vain sa patrie!

« Déjà nous avions laissé à notre droite l'île délicieuse des Lotophages[17], les autels des Philènes, et Leptis, patrie de Sévère[18]. Nous ne tardâmes pas à traverser le golfe de Cyrène. La treizième aurore embellissoit les cieux, lorsque nous vîmes se former à l'horizon, le long des flots, une rive basse et désolée. Par delà une vaste plaine de sable, une haute colonne attira bientôt nos regards[19]. Les marins reconnurent la colonne de Pompée, consacrée aujourd'hui à Dioclétien par Pollion, préfet d'Égypte [20]. Nous nous dirigeâmes sur ce monument, qui annonce si bien aux voyageurs cette cité, fille d'Alexandre, bâtie par le vainqueur d'Arbelles, pour être le tombeau du vaincu de Pharsale. Nous vînmes jeter l'ancre à l'occident du phare, dans le grand port d'Alexandrie. Pierre[a], évêque de cette ville fameuse, m'accueillit avec une bonté paternelle. Il m'offrit un asile dans les bâtiments des serviteurs de l'autel ; mais des liens de parenté me firent choisir la maison de la belle et pieuse Æcatérine[b].

« Avant de rejoindre Dioclétien dans la Haute-Égypte, je passai quelques jours à Alexandrie pour en visiter les merveilles. La bibliothèque excita mon admiration. Elle étoit gouvernée par le savant Didyme[21], digne successeur d'Aristarque. Là, je rencontrai des philosophes de tous les pays, et les hommes les plus illustres des Églises de l'Afrique et de l'Asie : Arnobe[c] de Carthage[22], Athanase[d] d'Alexandrie, Eusèbe[e] de Césarée, Timothée, Pamphile[f], tous apologistes, docteurs ou confesseurs de Jésus-Christ. Le foible séducteur de Velléda osoit à peine lever les yeux dans la société de ces hommes forts qui avoient vaincu et détrôné les passions, comme ces conquérants envoyés du ciel pour frapper les princes de la verge et mettre le pied sur le cou des rois.

« Un soir, j'étois resté presque seul dans le dépôt des remèdes et des poisons de l'âme [23]. Du haut d'une galerie de marbre, je regardois Alexandrie[24], éclairée des derniers rayons du jour. Je contemplois cette ville habitée par un million d'hommes et située entre trois déserts : la mer, les sables de la Libye et Nécropolis, cité des morts aussi grande que celle des vivants. Mes yeux erroient sur tant de monuments, le Phare, le Timonium, l'Hippodrome, le palais des Ptolémées, les aiguilles de Cléopâtre ; je considérois ces deux ports couverts de navires, ces flots témoins de la magnanimité du premier des Césars et de la douleur de Cornélie. La forme même de la cité frappoit mes regards : elle se dessine comme une cuirasse macédonienne [25] sur les sables de la Libye, soit pour rappeler le souvenir de son fondateur, soit pour dire aux voyageurs que les armes du héros grec étoient féconds, et que la pique d'Alexandre faisoit éclore des cités au désert, comme la lance de Minerve fit sortir l'olivier fleuri du sein de la terre.

---

[a] Le martyr. Il nous reste une lettre apostolique de lui.
[b] Æcatérine, qui résista à l'amour de Maximin.
[c] L'apologiste, dont nous avons les ouvrages.
[d] Le patriarche.   [e] L'historien.   [f] Le martyr, maître d'Eusèbe.

« Pardonnez, seigneurs, à cette image empruntée d'une source impure. Plein d'admiration pour Alexandre, je rentrai dans l'intérieur de la bibliothèque ; je découvris une salle que je n'avois point encore parcourue. A l'extrémité de cette salle, je vis un petit monument de verre qui réfléchissoit les feux du soleil couchant. Je m'en approchai ; c'étoit un cercueil : le cristal transparent me laissa voir au fond du cercueil un roi mort à la fleur de l'âge, le front ceint d'une couronne d'or, et environné de toutes les marques de la puissance. Ses traits immobiles conservoient encore des traces de la grandeur de l'âme qui les anima ; il sembloit dormir du sommeil de ces vaillants qui sont tombés morts [26] et qui ont mis leur épée sous leur tête.

« Un homme étoit assis près du cercueil : il paroissoit profondément occupé d'une lecture. Je jetai les yeux sur son livre : je reconnus la Bible des Septante qu'on m'avoit déjà montrée. Il la tenoit déroulée à ce verset des Machabées :

« Lorsque Alexandre eut vaincu Darius, il passa jusqu'à l'extrémité
« du monde, et la terre se tut devant lui. Après cela il connut qu'il
« devoit bientôt mourir. Les grands de sa cour prirent tous le diadème
« après sa mort, et les maux se multiplièrent sur la terre. »

« Dans ce moment je reportai mes regards sur le cercueil : le fantôme qu'il renfermoit me parut avoir quelque ressemblance avec les bustes d'Alexandre... Celui devant qui la terre se taisoit, réduit à un éternel silence ! Un obscur chrétien assis près du cercueil du plus fameux des conquérants, et lisant dans la Bible l'histoire et les destinées de ce conquérant ! Quel vaste sujet de réflexions ! Ah ! si l'homme, quelque grand qu'il soit, est si peu de chose, qu'est-ce donc que ses œuvres ? disois-je en moi-même. Cette superbe Alexandrie périra à son tour comme son fondateur. Un jour, dévorée par les trois déserts qui la pressent, la mer, les sables et la mort la reprendront comme un bien envahi sur eux, et l'Arabe reviendra planter sa tente sur ses ruines ensevelies !

« Le lendemain de cette journée, je m'embarquai pour Memphis. Nous nous trouvâmes bientôt au milieu de la mer, dans les eaux rougissantes du Nil. Quelques palmiers qui sembloient plantés dans les flots nous annoncèrent ensuite une terre que l'on ne voyoit point encore. Le sol qui les portoit s'éleva peu à peu au-dessus de l'horizon. On découvrit par degrés les sommets confus des édifices de Canope ; et l'Égypte enfin, toute brillante d'une inondation nouvelle, se montre à nos yeux comme une génisse féconde qui vient de se baigner dans les flots du Nil [27].

« Nous entrâmes à pleines voiles dans le fleuve. Les mariniers le saluèrent de leurs cris et portèrent à leur bouche son onde sacrée. Un paysage à fleur d'eau s'étendoit sur l'une et l'autre rive. Ce fertile marais étoit à peine ombragé par des sycomores chargés de figues et par des palmiers qui semblent être des roseaux du Nil. Quelquefois le désert, comme un ennemi, se glisse dans la verte plaine; il pousse ses sables en longs serpents d'or, et dessine au sein de la fécondité des méandres stériles. Les hommes ont multiplié sur cette terre l'obélisque, la colonne et la pyramide, sorte d'architecture isolée, qui remplace par l'art les troncs des vieux chênes que la nature a refusés à un sol rajeuni tous les ans [28].

« Cependant nous commencions à découvrir à notre droite les premières sinuosités de la montagne de Libye, et à notre gauche la crête des monts de la mer Érythrée. Bientôt, dans l'espace vide que laissoit l'écartement de ces deux chaînes de montagnes nous vîmes paroître le sommet des deux grandes pyramides. Placées à l'entrée de la vallée du Nil, elles ressemblent aux portes funèbres de l'Égypte, ou plutôt à quelque monument triomphal élevé à la mort pour ses victoires : Pharaon est là avec tout son peuple, et ses sépulcres sont autour de lui [29].

« Non loin et comme à l'ombre de ces demeures du néant, Memphis s'élève, entourée de cercueils. Baignée par le lac Achérus, où Caron passoit les morts [30], voisine de la plaine des tombeaux, elle semble n'avoir qu'un pas à franchir pour descendre aux enfers avec ses générations. Je ne m'arrêtai pas longtemps dans cette ville, déchue de sa première grandeur. Cherchant toujours Dioclétien, je remontai jusque dans la Haute-Égypte. Je visitai Thèbes aux cent portes [31], Tentyra aux ruines magnifiques [32] et quelques-unes des quatre mille cités que le Nil arrose dans son cours.

« Ce fut en vain que je cherchai cette sage et sérieuse Égypte qui donna Cécrops et Inachus à la Grèce, qui fut visitée [33] par Homère, Lycurgue et Pythagore, et par Jacob, Joseph et Moïse; cette Égypte où le peuple jugeoit ses rois [34] après leur mort, où l'on empruntoit en livrant pour gage le corps d'un père [35], où le père qui avoit tué son fils [36] étoit obligé de tenir pendant trois jours le corps de ce fils embrassé, où l'on promenoit un cercueil autour de la table du festin [37], où les maisons s'appeloient des hôtelleries et les tombeaux des maisons [38]. J'interrogeai les prêtres si renommés dans la science des choses du ciel et des traditions de la terre. Je ne trouvai que des fourbes qui entourent la vérité de bandelettes comme leurs momies, et la rangent au nombre des morts dans leurs puits funèbres. Retombés dans une grossière ignorance, ils n'entendent plus la langue hiéroglyphique ; leurs symboles bizarres ou effrontés [39] sont muets pour eux comme pour l'avenir : ainsi la plupart de leurs monuments, les obélisques, les sphinx, les colosses, ont perdu leurs rapports avec l'histoire et les mœurs. Tout est changé sur ces bords, hors la superstition consacrée par le souvenir des ancêtres : elle ressemble à ces monstres d'airain que le temps ne peut faire entièrement disparoître dans ce climat conservateur : leurs croupes et leurs dos sont ensevelis dans le sable, mais ils lèvent encore une tête hideuse du milieu des tombeaux.

« Enfin, je rencontrai Dioclétien auprès des grandes cataractes, où il venoit de conclure un traité avec les peuples de Nubie [40]. L'empereur me daigna parler des honneurs militaires que j'avois obtenus et me témoigner quelque regret de la résolution que j'avois prise.

« Toutefois, dit-il, si vous persistez dans votre projet, vous pouvez retourner dans votre patrie. J'accorde cette grâce à vos services : vous serez le premier de votre famille qui soit rentré sous le toit de ses pères avant d'avoir laissé un fils en otage au peuple romain. »

« Plein de joie de me trouver libre, il me restoit à voir en Égypte une autre espèce d'antiquités, plus d'accord avec mes sentiments, ma patience et mes remords. Je touchois au désert témoin de la fuite des Hébreux et consacré par les miracles du Dieu d'Israel : je résolus de le traverser en prenant la route de Syrie.

« Je redescendis le fleuve de l'Égypte. A deux journées au-dessus de Memphis, je pris un guide pour me conduire au rivage de la mer Rouge ; de là je devois passer à Arsinoé [a] pour me rendre à Gaza avec les marchands de Syrie. Quelques dattes et des outres remplies d'eau furent les seules provisions du voyage. Le guide marchoit devant moi, monté sur un dromadaire : je le suivois sur une cavale arabe. Nous franchîmes la première chaîne des montagnes qui bordent la rive orientale du Nil, et perdant de vue les humides campagnes, nous entrâmes dans une plaine aride : rien ne représente mieux le passage de la vie à la mort.

« Figurez-vous, seigneurs, des plages sablonneuses [41], labourées par les pluies de l'hiver, brûlées par les feux de l'été, d'un aspect rougeâtre et d'une nudité affreuse. Quelquefois seulement des nopals épineux couvrent une petite partie de l'arène sans bornes ; le vent traverse ces forêts armées, sans pouvoir courber leurs inflexibles rameaux : çà et là des débris de vaisseaux pétrifiés [42] étonnent les regards, et des monceaux de pierre élevés de loin [43] à loin servent à marquer le chemin aux caravanes.

[a] Suez.

« Nous marchâmes tout un jour dans cette plaine. Nous franchîmes une autre chaîne de montagnes, et nous découvrîmes une seconde plaine plus vaste et plus désolée que la première.

« La nuit vint. La lune éclairoit le désert vide : on n'apercevoit, sur une solitude sans ombre, que l'ombre immobile de notre dromadaire et l'ombre errante de quelques troupeaux de gazelles [44]. Le silence n'étoit interrompu que par le bruit des sangliers qui broyoient des racines flétries, ou par le chant du grillon qui demandoit en vain dans ce sable inculte le foyer du laboureur.

« Nous reprîmes notre route avant le retour de la lumière. Le soleil se leva dépouillé de ses rayons et semblable à une meule de fer rougie. La chaleur augmentoit à chaque instant. Vers la troisième heure du jour le dromadaire commença à donner des signes d'inquiétude : il enfonçoit ses naseaux dans le sable [45] et souffloit avec violence. Par intervalle, l'autruche poussoit des sons lugubres [46]. Les serpents et les caméléons se hâtoient de rentrer dans le sein de la terre. Je vis le guide regarder le ciel et pâlir. Je lui demandai la cause de son trouble.

« Je crains, dit-il, le vent du midi ; sauvons-nous. »

« Tournant le visage au nord, il se mit à fuir de toute la vitesse de son dromadaire. Je le suivis : l'horrible vent qui nous menaçoit étoit plus léger que nous.

« Soudain de l'extrémité du désert accourt un tourbillon. Le sol emporté devant nous manque à nos pas, tandis que d'autres colonnes de sable, enlevées derrière nous, roulent sur nos têtes. Égaré dans un labyrinthe de tertres mouvants et semblables entre eux, le guide déclare qu'il ne reconnoît plus sa route ; pour dernière calamité, dans la rapidité de notre course, les outres remplies d'eau s'écoulent. Haletants, dévorés d'une soif ardente, retenant fortement notre haleine dans la crainte d'aspirer des flammes, la sueur ruisselle à grands flots de nos membres abattus. L'ouragan redouble de rage : il creuse jusqu'aux antiques fondements de la terre, et répand dans le ciel les entrailles brûlantes du désert. Enseveli dans une atmosphère de sable embrasé, le guide échappe à ma vue. Tout à coup j'entends son cri ; je vole à sa voix : l'infortuné, foudroyé par le vent de feu [47], étoit tombé mort sur l'arène, et son dromadaire avoit disparu.

« En vain j'essayai de ranimer mon malheureux compagnon. Mes efforts furent inutiles. Je m'assis à quelque distance, tenant mon cheval en main, et n'espérant plus que dans celui qui changea les feux de la fournaise d'Azarias en un vent frais et une douce rosée. Un acacia [48] qui croissoit dans ce lieu me servit d'abri. Derrière ce frêle rempart, j'attendis la fin de la tempête. Vers le soir, le vent du nord reprit son cours : l'air perdit sa chaleur cuisante, les sables tombèrent du ciel et me laissèrent voir les étoiles : inutiles flambeaux qui me montrèrent seulement l'immensité du désert !

« Toutes les bornes avoient disparu, tous les sentiers étoient effacés. Des paysages de sable formés par les vents offroient de toutes parts leurs nouveaux aspects et leurs créations nouvelles. Épuisée de soif, de faim et de fatigue, ma cavale ne pouvoit plus porter son fardeau : elle se coucha mourante à mes pieds. Le jour vint achever mon supplice. Le soleil m'ôta le peu de force qui me restoit : j'essayai de faire quelques pas ; mais bientôt, incapable d'aller plus avant, je me précipitai la tête dans un buisson, et j'attendis ou plutôt j'appelai la mort.

Déjà le soleil avoit passé le milieu de son cours : tout à coup le rugissement d'un lion [49] se fait entendre. Je me soulève avec peine, et j'aperçois l'animal terrible courant à travers les sables. Il me vint alors en pensée qu'il se rendoit peut-être à quelque fontaine connue des bêtes de ces solitudes. Je me recommandai à la puissance qui protégea Daniel, et louant Dieu, je me levai et suivis de loin mon étrange conducteur. Nous ne tardâmes pas d'arriver à une petite vallée. Là se voyoit un puits d'eau fraîche [50] environné d'une mousse verdoyante. Un dattier s'élevoit auprès ; ses fruits mûrs pendoient sous ses palmes recourbées. Ce secours inespéré me rendit la vie. Le lion but à la fontaine, et s'éloigna doucement comme pour me céder sa place au banquet de la Providence : ainsi renaissoient pour moi ces jours du berceau du monde, alors que le premier homme, exempt de souillure, voyoit les bêtes de la création se jouer autour de leur roi et lui demander le nom qu'elles porteroient au désert.

« De la vallée du palmier on apercevoit à l'orient une haute montagne. Je me dirigeai sur cette espèce de phare, qui sembloit m'appeler à un port à travers les flots fixes et les ondes épaisses d'un océan de sable. J'arrivai au pied de cette montagne ; je commençai à gravir des rocs noircis et calcinés [51] qui fermoient l'horizon de toutes parts. La nuit étoit descendue ; je n'entendois que les pas d'une bête sauvage qui marchoit devant moi et qui brisoit, en passant dans l'ombre, quelques plantes desséchées. Je crus reconnoître le lion de la fontaine. Tout à coup il se mit à rugir : les échos de ces montagnes inconnues semblèrent s'éveiller pour la première fois, et répondirent par un murmure sauvage aux accents du lion. Il s'étoit arrêté devant une caverne dont l'entrée étoit fermée par une pierre. J'entrevois une foible lumière à travers les fentes du rocher. Le cœur palpitant de surprise et d'espoir, je m'approche, je regarde : ô miracle ! je découvre réellement une lumière au fond de cette grotte !

« Qui que vous soyez, m'écriai-je, vous qui apprivoisez les bêtes farouches, prenez pitié d'un voyageur égaré. »

« A peine avois-je prononcé ces mots, que j'entendis la voix d'un vieillard qui chantoit un cantique de l'Écriture.

« O chrétien ! m'écriai-je de nouveau, recevez votre frère ! »

« A l'instant même je vis paroître un homme cassé de vieillesse, et qui sembloit réunir sur sa tête autant d'années que Jacob. Il étoit vêtu d'une robe de feuilles de palmier :

« Étranger, me dit-il, soyez le bienvenu ! Vous voyez un homme qui est sur le point d'être réduit en poussière. L'heure de mon heureux sommeil est arrivée, mais je puis encore vous donner l'hospitalité pour quelques moments. Entrez, mon frère, dans la grotte de Paul. »

« Je suivis, en tremblant de respect, ce fondateur du christianisme dans les sables de la Thébaïde.

« Au fond de la grotte [52], un palmier, étendant et entrelaçant ses branches de toutes parts, formoit une espèce de vestibule. Une fontaine très-claire couloit auprès. De cette fontaine sortoit un petit ruisseau qui, à peine échappé de sa source, rentroit dans le sein de la terre. Paul s'assit avec moi au bord de l'eau, et le lion qui m'avoit montré le puits de l'Arabe se vint coucher à nos pieds.

« Étranger, me dit l'anachorète avec une bienheureuse simplicité, comment vont les choses du monde [53] ? Bâtit-on encore des villes ? Quel est le maître qui règne aujourd'hui ? Il y a cent treize ans que j'habite cette grotte [54] : depuis cent ans je n'ai vu que deux hommes, vous aujourd'hui, et Antoine, l'héritier de mon désert, qui vint frapper hier à ma porte, et qui reviendra demain pour m'ensevelir. »

« En achevant ces mots, Paul alla chercher dans le trou d'un rocher un pain [55] du plus pur froment. Il me dit que la Providence lui fournissoit chaque jour une pareille nourriture. Il m'invita à rompre avec lui le don céleste. Nous bûmes un peu d'eau dans le creux de notre main ; et après ce repas frugal, l'homme saint me demanda quels événements m'avoient conduit dans cette retraite inaccessible. Après avoir entendu la déplorable histoire de ma vie :

« Eudore, me dit-il, vos fautes ont été grandes [56], mais il n'est rien que ne puissent effacer des larmes sincères. Ce n'est pas sans dessein sur vous que la Providence vous a fait voir le christianisme naissant par toute la terre. Vous le retrouvez encore dans cette solitude, parmi les lions, sous les feux du tropique, comme vous l'avez rencontré au milieu des ours et des glaces du pôle. Soldat de Jésus-Christ, vous êtes destiné à combattre et à vaincre pour la foi. O Dieu ! dont les voies sont incompréhensibles, c'est toi qui as conduit ce jeune confesseur dans cette grotte, afin que je lui dévoile l'avenir, et qu'en achevant de lui faire connoître sa religion, je complète en lui, par la grâce, l'œuvre que la nature a commencée ! Eudore, reposez-vous ici toute cette journée ; demain, au lever du soleil, nous irons prier Dieu sur la montagne, et je vous parlerai avant de mourir. »

« L'anachorète m'entretint encore longtemps de la beauté de la religion et des bienfaits qu'elle doit répandre un jour sur le genre humain. Ce vieillard présentoit dans ses discours un contraste extraordinaire : aussi naïf qu'un enfant, quand il étoit abandonné à la seule nature, il sembloit avoir tout oublié, ou ne rien connoître du monde, de ses grandeurs, de ses peines, de ses plaisirs ; mais quand Dieu descendoit dans son âme, Paul devenoit un génie inspiré, rempli de l'expérience du présent et des visions de l'avenir. Deux hommes se trouvoient ainsi réunis dans le même homme : on ne pouvoit dire lequel étoit le plus admirable, ou de Paul l'ignorant, ou de Paul le prophète, puisque c'étoit à la simplicité du premier qu'étoit accordée la sublimité du second.

« Après m'avoir donné des leçons pleines d'une douceur grave et d'une agréable sagesse, Paul m'invite à faire un sacrifice de louanges à l'Éternel ; il se lève, et, debout sous le palmier, il chante :

« Béni soyez-vous, Dieu de nos pères, qui n'avez pas méprisé ma
« bassesse !

« Solitude, ô mon épouse ! vous allez perdre celui qui trouvoit en
« vous des douceurs !

« Le solitaire doit avoir le corps chaste, la bouche pure, l'esprit
« éclairé d'une lumière divine.

« Sainte tristesse de la pénitence, percez mon âme comme un
« aiguillon d'or et remplissez-la d'une douleur céleste !

« Les larmes sont mères des vertus, et le malheur est un marchepied pour s'élever vers le ciel. »

« La prière du saint étoit à peine achevée qu'un doux et profond sommeil me saisit. Je m'endormis sur le lit de cendre que Paul préféroit à la couche des rois. Le soleil étoit prêt à finir son tour quand je rouvris les yeux à la lumière. L'ermite me dit :

« Levez-vous, priez, mangez, et allons sur la montagne. »

« Je lui obéis ; nous partîmes. Pendant plus de six heures nous gravîmes des rochers escarpés, et au lever du jour nous atteignîmes la pointe la plus élevée du mont Colzim.

« Un horizon immense [57] s'étendoit en cercle autour de nous. On découvroit, à l'orient, les sommets d'Oreb et de Sinaï, le désert de Sur et la mer Rouge; au midi, les chaînes des montagnes de la Thébaïde; au nord, les plaines stériles où Pharaon poursuivit les Hébreux; et à l'occident, par delà les sables où je m'étois égaré, la vallée féconde de l'Égypte.

« L'aurore, entr'ouvrant le ciel de l'Arabie Heureuse, éclaira quelque temps ce tableau. L'onagre, la gazelle et l'autruche, couroient rapidement dans le désert, tandis que les chameaux d'une caravane [58] passoient lentement à la file, menés par l'âne intelligent qui leur servoit de conducteur. On voyoit fuir sur la mer Rouge des vaisseaux chargés de parfums et de soie [59], ou qui portoient quelque sage aux rives indiennes. Couronnant enfin de splendeur cette frontière des deux mondes, le soleil se leva : il parut éclatant de lumière au sommet du Sinaï; foible et pourtant brillante image du Dieu que Moïse contempla sur la cime de ce mont sacré !

« Le solitaire prit la parole :

« Confesseur de la foi [60], jetez les yeux autour de vous. Voilà cet Orient d'où sont sorties toutes les religions et toutes les révolutions de la terre; voilà cette Égypte qui a donné des dieux élégants à votre Grèce et des dieux informes à l'Inde; voilà ce désert de Sur où Moïse reçut la loi; Jésus-Christ a paru dans ces mêmes régions, et un jour viendra qu'un descendant d'Ismaël rétablira l'erreur sous la tente de l'Arabe. La morale écrite est pareillement un fruit de ce sol fécond. Or, remarquez que les peuples de l'Orient, comme en punition de quelque grande rébellion tentée par leurs pères [61], ont presque toujours été soumis à des tyrans : ainsi (merveilleux contre-poids!) la morale est née auprès de l'esclavage, et la religion nous est venue de la contrée du malheur. Enfin, ces mêmes déserts ont vu marcher les armées de Sésostris, de Cambyse, d'Alexandre, de César. Siècles à venir, vous y ramènerez des armées non moins nombreuses, des guerriers non moins célèbres ! Tous les grands mouvements imprimés à l'espèce humaine sont partis d'ici, ou sont venus s'y perdre. Une énergie surnaturelle s'est conservée aux bords où le premier homme a reçu la vie; quelque chose de merveilleux semble encore attaché au berceau de la création et aux sources de la lumière.

« Sans nous arrêter à ces grandeurs humaines qui tour à tour ont trébuché dans la tombe, sans considérer ces siècles fameux qu'une pelletée de terre sépare, et qu'un peu de poussière recouvre, c'est surtout pour les chrétiens que l'Orient est le pays des merveilles.

« Vous avez vu le christianisme pénétrer [62], à l'aide de la morale, chez les nations civilisées de l'Italie et de la Grèce ; vous l'avez vu s'introduire par la charité au milieu des peuples barbares de la Gaule et de la Germanie ; ici, sous l'influence d'une nature qui affoiblit l'âme en rendant l'esprit obstiné, chez un peuple grave par ses institutions politiques, et léger par son climat, la charité et la morale seroient insuffisantes. La religion de Jésus-Christ ne peut entrer dans les temples d'Isis et d'Ammon que sous les voiles de la pénitence. Il faut qu'elle offre à la mollesse le spectacle de toutes les privations ; il faut qu'elle oppose aux fourberies des prêtres et aux mensonges des faux dieux des miracles certains et de vrais oracles ; des scènes extraordinaires de vertu peuvent seules arracher la foule enchantée aux jeux du cirque et du théâtre : tandis que, d'une part, les hommes commettent de grands crimes, les grandes expiations sont nécessaires, afin que la renommée de ces dernières étouffe la célébrité des premiers.

« Voilà la raison de l'établissement de ces missionnaires qui commencent en moi, et qui se perpétueront dans ces solitudes. Admirez notre divin chef, qui sait dresser sa milice selon les lieux et les obstacles qu'elle a à combattre. Contemplez les deux religions qui vont lutter ici corps à corps, jusqu'à ce que l'une ait terrassé l'autre. L'antique culte d'Osiris, qui se perd dans la nuit des temps, fier de ses traditions, de ses mystères, de ses pompes, se croit sûr de la victoire. Le grand dragon d'Égypte[63] se couche au milieu de ses eaux, et dit : « Le fleuve est à moi. » Il croit que le crocodile recevra toujours l'encens des mortels, que le bœuf qu'on assomme à la crèche sera toujours le plus grand des dieux. Non, mon fils, une armée va se former dans le désert et marcher à la vérité. Elle s'avance de la Thébaïde et de la solitude de Scété ; elle est composée de saints vieillards, qui ne portent que des bâtons blancs pour assiéger les prêtres de l'erreur dans leurs temples. Ces derniers occupent des champs fertiles et sont plongés dans le luxe et les plaisirs ; les premiers habitent un sable brûlant parmi toutes les rigueurs de la vie. L'enfer, qui presse sa ruine, tente tous les moyens de victoire : les démons de la volupté[64], de l'or, de l'ambition, cherchent à corrompre la milice fidèle. Le ciel vient au secours de ses enfants ; il prodigue en leur faveur les miracles. Qui pourroit dire les noms de tant d'illustres solitaires, les Antoine, les Sérapion, les Macaire, les Pacôme? La victoire se déclare pour eux : le Seigneur se revêt de l'Égypte, comme un berger de son manteau. Partout où l'erreur avoit parlé, la vérité s'est fait entendre ; partout où les faux dieux avoient placé un mystère, Jésus-Christ a placé un saint. Les grottes de la Thébaïde sont envahies, les catacombes des morts sont occupées par les vivants morts aux passions de la terre. Les dieux, forcés dans leurs temples, retournent au fleuve ou à la charrue. Un cri de triomphe s'élève depuis la pyramide de Chéops jusqu'au tombeau d'Osymandué [65]. La postérité de Joseph rentre dans la terre de Gessen [66]; et cette conquête due aux larmes des vainqueurs ne coûte pas une larme aux vaincus! »

« Paul suspendit un moment son discours ; ensuite, reprenant la parole :

« Eudore, dit-il, vous n'abandonnerez plus les rangs des soldats de Jésus-Christ? Si vous n'êtes pas rebelle à la voix du ciel, quelle couronne vous attend! Quelle gloire sera répandue sur vous! Eh, mon fils! que chercheriez-vous à présent parmi les hommes? Le monde pourroit-il vous toucher? Voudriez-vous, ainsi que l'infidèle Israélite, mener des danses autour du veau d'or? Savez-vous quelle fin menace cet empire, qui depuis longtemps écrase le genre humain? Les crimes des maîtres du monde amèneront bientôt le jour de la vengeance. Ils ont persécuté les fidèles, ils se sont remplis du sang des martyrs, comme les coupes et les cornes de l'autel [67]... »

« Paul s'interrompit de nouveau. Il étendit ses bras vers le mont Horeb, ses yeux s'animèrent, une flamme parut sur sa tête, son front ridé brilla tout à coup d'une jeunesse divine; le nouvel Élie s'écria :

« D'où viennent ces familles fugitives [68] qui cherchent un abri dans l'antre du solitaire? qui sont ces peuples sortis des quatre régions de la terre? Voyez-vous ces hideux cadavres, enfants impurs des démons et des sorcières [69] de la Scythie[a]? Le fléau de Dieu les conduit[b]. Leurs chevaux sont plus légers que les léopards ; ils assemblent des troupes de captifs comme des monceaux de sable [70]! Que veulent ces rois vêtus de peaux de bêtes, la tête couverte d'un chapeau [71] barbare[c], ou les joues peintes [72] d'une couleur verte[d]? Pourquoi ces hommes nus égorgent-ils les prisonniers [73] autour de la ville assiégée[e]? Arrêtez : ce monstre a bu le sang du Romain [74] qu'il avoit abattu[f]! Tous viennent du désert d'une terre affreuse [75]; tous marchent vers la nouvelle Babylone. Es-tu tombée, reine des cités? Ton Capitole est-il caché dans la poussière? Que tes campagnes sont désertes! Quelle solitude autour de toi!... Mais, ô prodige! la croix paroît au milieu de ce tourbillon de poussière! Elle s'élève sur Rome ressuscitée! Elle en marque les édifices. Père des anachorètes, Paul, réjouis-toi avant de mourir! tes enfants occupent les ruines du palais des césars; les portiques où la

---

[a] Les Huns.   [b] Attila.   [c] Les Goths.   [d] Les Lombards.
[e] Les Francs et les Vandales.   [f] Le Sarrasin.

mort des chrétiens fut jurée sont changés en cloîtres pieux[a], et la pénitence habite où régna le crime triomphant ! »

« Paul laissa retomber ses mains à ses côtés. Le feu qui l'avoit animé s'éteignit. Redevenu mortel, il en reprit le langage.

« Eudore, me dit-il, il faut nous séparer. Je ne dois plus descendre de la montagne. Celui qui me doit ensevelir approche ; il vient couvrir ce pauvre corps [76] et rendre la terre à la terre. Vous le trouverez au bas du rocher ; vous attendrez son retour ; il vous montrera le chemin. »

« Alors l'étonnant vieillard me força de le quitter. Triste, et plongé dans les plus sérieuses pensées, je m'éloignai en silence. J'entendois la voix de Paul qui chantoit son dernier cantique. Prêt à se brûler sur l'autel, le vieux phénix saluoit par des concerts sa jeunesse renaissante. Au bas de la montagne je rencontrai un autre vieillard qui hâtoit ses pas. Il tenoit à la main la tunique d'Athanase [77], que Paul lui avoit demandée pour lui servir de linceul. C'étoit le grand Antoine, éprouvé par tant de combats contre l'enfer. Je voulus lui parler, mais lui, toujours marchant, s'écrioit :

« J'ai vu Élie [78], j'ai vu Jean dans le désert, j'ai vu Paul dans un paradis ! »

« Il passa, et j'attendis son retour toute la journée. Il ne revint que le jour suivant. Des pleurs couloient de ses yeux.

« Mon fils, s'écria-t-il en s'approchant de moi, le séraphin n'est plus sur la terre. A peine hier m'étois-je éloigné de vous que je vis, au milieu d'un chœur d'anges [79] et de prophètes, Paul, tout éclatant d'une blancheur pure, monter au ciel. Je courus au haut de la montagne, j'aperçus le saint, les genoux en terre, la tête levée et les bras étendus vers le ciel ; il sembloit encore prier, et il n'étoit plus ! Deux lions [80] qui sortirent des rochers voisins m'ont aidé à lui creuser un tombeau, et sa tunique de feuilles de palmier est devenue mon héritage. »

« Ce fut ainsi qu'Antoine me raconta la mort du premier des anachorètes. Nous nous mîmes en route et nous arrivâmes au monastère où déjà se formoit, sous la direction d'Antoine, cette milice dont Paul m'avoit annoncé les conquêtes. Un solitaire me conduisit à Arsinoé. J'en partis bientôt avec les marchands de Ptolémaïs [81]. En traversant l'Asie, je m'arrêtai aux Saints Lieux, où je connus la pieuse Hélène [82], épouse de Constance, mon généreux protecteur, et mère de Constantin, mon illustre ami. Je vis ensuite les sept Églises [83] instruites par

---

[a] Les Thermes de Dioclétien, habités par les Chartreux.

le prophète de Patmos, la patiente Éphèse, Smyrne l'affligée, Pergame remplie de foi, la charitable Thyatire, Sardes, mise au rang des morts, Laodicée, qui doit acheter des habits blancs, et Philadelphie, aimée de celui qui possède la clef de David. J'eus le bonheur de rencontrer à Byzance le jeune prince Constantin, qui daigna me presser dans ses bras et me confier ses vastes projets [84]. Je vous revis enfin, ô mes parents! après dix années d'absence et de malheurs! Si le ciel exauçoit mes vœux, je ne quitterois plus les vallons de l'Arcadie : heureux d'y passer mes jours dans la pénitence, et d'y dormir après ma mort dans le tombeau de mes pères! »

Ces dernières paroles mirent fin au récit d'Eudore : les vieillards qui l'écoutóient demeurèrent quelque temps en silence. Lasthénès remercioit Dieu au fond du cœur de lui avoir donné un tel fils ; Cyrille n'avoit plus rien à dire à un jeune homme qui avouoit ses fautes avec tant de candeur ; il le regardoit même avec un mélange de respect et d'admiration, comme un confesseur appelé par le ciel aux plus hautes destinées. Démodocus étoit presque effrayé du langage inconnu et des vertus incompréhensibles d'Eudore. Les trois vieillards se lèvent avec majesté comme trois rois, et rentrent au foyer de Lasthénès. Cyrille, après avoir offert pour Eudore le redoutable sacrifice, prend congé de ses hôtes et retourne à Lacédémone. Eudore se retire dans la grotte témoin de sa pénitence. Démodocus, resté seul avec sa fille, la serre tendrement dans ses bras, et lui dit avec un pressentiment triste :

« Fille de Démodocus, tu seras peut-être aussi malheureuse à ton tour, car Jupiter dispose de nos destinées. Mais tu imiteras Eudore. L'adversité a augmenté les vertus de ce jeune homme. Les vertus les plus rares ne sont pas toujours le résultat de cette lente maturité que l'âge amène : la grappe encore verte, tordue par la main du vigneron et flétrie sur le cep avant l'automne, donne le plus doux vin aux bords de l'Alphée et sur les coteaux de l'Érymanthe. »

FIN DU LIVRE ONZIÈME.

LIVRE DOUZIÈME.

Invocation à l'Esprit Saint. Conjuration des démons contre l'Eglise. Dioclétien ordonne de faire le dénombrement des chrétiens. Hiéroclès part pour l'Achaïe. Amour d'Eudore et de Cymodocée.

Esprit Saint, qui fécondas le vaste abîme en le couvrant de tes ailes, c'est à présent que j'ai besoin de ton secours! Du haut de la montagne qui voit s'abaisser à ses pieds les sommets d'Aonie, tu contemples ce mouvement perpétuel des choses de la terre, cette société humaine où tout change, même les principes, où le bien devient le mal, où le mal devient le bien ; tu regardes en pitié les dignités qui nous enflent le cœur, les vains honneurs qui le corrompent ; tu menaces le pouvoir acquis par des crimes ; tu consoles le malheur acheté par des vertus ; tu vois les diverses passions des hommes, leurs craintes honteuses, leurs haines basses, leurs vœux intéressés, leurs joies si courtes, leurs ennuis si longs ; tu pénètres toutes ces misères, ô Esprit créateur! Anime et vivifie ma parole dans le récit que je vais faire : heureux si je puis adoucir l'horreur du tableau, en y peignant les miracles de ton amour!

Placés aux postes désignés par leur chef, les esprits de ténèbres soufflent de toutes parts la discorde et l'horreur du nom chrétien. Ils déchaînent dans Rome même les passions des chefs et des ministres de l'empire. Astarté présente sans cesse à Hiéroclès l'image de la fille d'Homère. Il donne à ce fantôme séduisant toutes les grâces qu'ajoutent à la beauté l'absence et le souvenir. Satan réveille secrètement l'ambition de Galérius : il lui peint les fidèles attachés à Dioclétien, comme le seul appui qui soutient le vieil empereur sur son trône. Le préfet d'Achaïe, déserteur de la loi évangélique et livré au démon de la fausse sagesse, confirme le fougueux césar dans sa haine contre les adorateurs du vrai Dieu. La mère de Galérius se plaint de ce que les disciples de la Croix insultent à ses sacrifices et refusent de prier pour son fils les divinités champêtres. Lorsqu'un vautour, sauvage enfant de la montagne, va fondre sur une colombe qui se désaltère dans un courant d'eau, à l'instant où il se précipite, d'autres vautours arrêtés sur un rocher poussent des cris cruels et l'excitent à dévorer sa proie : ainsi Galérius, qui veut anéantir la religion de Jésus-Christ, est encore animé au carnage par sa mère et par l'impie Hiéroclès. Enivré de ses victoires sur les Parthes [2], traînant à sa suite le luxe et la corruption de l'Asie, nourrissant les projets les plus ambitieux, il fatigue Dioclétien de ses plaintes et de ses menaces.

« Qu'attendez-vous, lui dit-il, pour punir une race odieuse que votre dangereuse clémence laisse multiplier dans l'empire ? Nos temples sont déserts, ma mère est insultée, votre épouse séduite [3]. Osez frapper des sujets rebelles : vous trouverez dans leurs richesses des ressources qui vous manquent, et vous ferez un acte de justice agréable aux dieux. »

Dioclétien étoit un prince orné de modération et de sagesse ; son âge le faisoit encore pencher vers la douceur en faveur des peuples : tel un vieil arbre, en abaissant ses rameaux, rapproche ses fruits de la terre. Mais l'avarice, qui resserre le cœur, et la superstition, qui le trouble, gâtoient les grandes qualités de Dioclétien. Il se laissa séduire par l'espoir de trouver des trésors chez les fidèles. Marcellin, évêque de Rome, reçut l'ordre de livrer aux temples des idoles les richesses du nouveau culte. L'empereur se rendit lui-même à l'église où ces trésors doivent avoir été rassemblés. Les portes s'ouvrent : il aperçoit une troupe innombrable de pauvres, d'infirmes, d'orphelins !

« Prince, lui dit le pasteur des hommes, voilà les trésors de l'Église [4], les joyaux, les vases précieux, les couronnes d'or de Jésus-Christ. »

Cette austère et touchante leçon fit monter la rougeur au front du prince. Un monarque est terrible quand il est vaincu en magnanimité : la puissance, par un instinct sublime, prétend à la vertu, comme une mâle jeunesse se croit faite pour la beauté : malheur à celui qui ose lui faire sentir les qualités ou les grâces qui lui manquent !

Satan profite de ce moment de foiblesse pour augmenter le ressentiment de Dioclétien de toutes les frayeurs de la superstition. Tantôt les sacrifices sont tout à coup suspendus, et les prêtres déclarent que la présence des chrétiens éloigne les dieux de la patrie ; tantôt le foie des victimes immolées paroît sans tête ; leurs entrailles, parsemées de taches livides, n'offrent que des signes funestes ; les divinités couchées sur leurs lits, dans les places publiques, détournent les yeux ; les portes des temples se referment d'elles-mêmes ; des bruits confus font retentir les antres sacrés ; chaque moment apporte à Rome la nouvelle d'un nouveau prodige : le Nil a retenu le produit de ses eaux ; la foudre gronde, la terre tremble, les volcans vomissent des flammes ; la peste et la famine ravagent les provinces de l'Orient ; l'Occident est troublé par des séditions dangereuses et des guerres étrangères : tout est attribué à l'impiété des chrétiens.

Dans la vaste enceinte [5] du palais de Dioclétien, au milieu du jardin des Thermes, s'élevoit un cyprès qu'arrosoit une fontaine. Au pied de ce cyprès étoit un autel consacré à Romulus. Tout à coup un serpent, le dos marqué de taches sanglantes, sort en sifflant de dessous l'autel ; il embrasse le tronc du cyprès. Parmi le feuillage, sur le rameau le plus élevé, trois passereaux étoient cachés dans leur nid : l'horrible dragon les dévore ; la mère vole à l'entour en gémissant ; l'impitoyable reptile la saisit bientôt par les ailes et l'enveloppe malgré ses cris. Dioclétien, effrayé de ce prodige, fait appeler Tagès, chef des aruspices. Gagné secrètement par Galérius, et fanatique adorateur des idoles, Tagès s'écrie :

« O prince ! le dragon représente la religion nouvelle prête à dévorer les deux césars et le chef de l'empire. Hâtez-vous de detourner les effets de la colère céleste, en punissant les ennemis des dieux. »

Alors le Tout-Puissant prend dans sa main les balances d'or [6] où sont pesées les destinées des rois et des empires : le sort de Dioclétien fut trouvé léger. A l'instant l'empereur, rejeté, sent en lui quelque chose d'extraordinaire : il lui semble que son bonheur l'abandonne, et que les Parques, fausses divinités qu'il adore, filent plus rapidement ses jours. Une partie de sa prudence accoutumée lui échappe. Il ne voit plus aussi clairement les hommes et leurs passions ; il se laisse entraîner aux siennes : il veut que les officiers [7] chrétiens de son palais sacrifient aux dieux, et il ordonne qu'il soit fait un dénombrement exact des fidèles dans tout l'empire.

Galérius est transporté de joie. Comme un vigneron, possesseur d'un terrain fameux dans les vallons du Tmolus [8], se promène entre les ceps de sa vigne en fleur, et compte déjà les flots de vin pur qui rempliront la coupe des rois ou le calice des autels : ainsi Galérius voit couler en espérance les torrents du sang précieux que lui promet le christianisme florissant. Les proconsuls, les préfets, les gouverneurs des provinces, quittent la cour pour exécuter l'ordre de Dioclétien. Hiéroclès baise humblement le bas de la toge de Galérius, et faisant un effort, comme un homme qui va s'immoler à la vertu, il ose lever un regard humilié vers César :

« Fils de Jupiter [9], lui dit-il, prince sublime, amateur de la sagesse, je pars pour l'Achaïe. Je vais commencer à punir ces factieux qui blasphèment ton éternité. Mais, César, toi qui es ma fortune et mes dieux, permets que je m'explique avec franchise. Un sage, même au péril de ses jours, doit la vérité tout entière à son prince. Le divin empereur ne montre point encore assez de fermeté contre des hommes odieux. Oserai-je le dire sans attirer sur moi ta colère? Si des mains affoiblies par l'âge laissent échapper les rênes de l'État, Galérius, vainqueur des Parthes, n'est-il pas digne de monter sur le trône de l'univers? Mais, ô mon héros! garde-toi des ennemis qui t'environnent! Dorothée, chef du palais, est chrétien. Depuis qu'un Arcadien rebelle fut introduit à la cour, l'impératrice même favorise les impies. Le jeune prince Constantin, ô honte! ô douleur!... »

Hiéroclès s'interrompit brusquement, versa des pleurs, et parut profondément alarmé des périls de César. Il rallume ainsi dans le cœur du tyran ses deux passions dominantes : l'ambition et la cruauté. Il jette en même temps les fondements de sa grandeur future : car Hiéroclès n'étoit point aimé de l'empereur, ennemi des sophistes, et il savoit qu'il n'obtiendroit jamais sous Dioclétien les honneurs qu'il espéroit de Galérius.

Il vole à Tarente, et monte sur la flotte qui le doit porter en Messénie. Il brûle de revoir le rivage de la Grèce : c'est là que respire la fille d'Homère; c'est là qu'il pourra satisfaire à la fois et son amour pour Cymodocée et sa haine contre les chrétiens. Cependant il cache ses sentiments au fond de son cœur, et, couvrant ses vices du masque des vertus, les mots de sagesse et d'humanité sortent incessamment de sa bouche : telle une eau profonde qui recèle dans son sein des écueils et des abîmes embellit souvent sa surface de l'image et de la lumière des cieux.

Cependant les démons, qui veulent hâter la ruine de l'Église, envoient au proconsul d'Achaïe un vent favorable. Il franchit rapidement cette mer qui vit passer Alcibiade [10], lorsque l'Italie charmée accourut pour contempler le plus beau des Grecs. Déjà Hiéroclès a vu fuir les jardins d'Alcinoüs [11] et les hauteurs du Buthrotum [12], lieux voisins immortalisés par les deux maîtres de la lyre. Leucate, où respirent encore les feux de la fille de Lesbos [13], Ithaque hérissée de rochers, Zacynthe couverte de forêts [14], Céphallénie aimée des colombes [15], attirent tour à tour les regards du proconsul romain. Il découvre les Strophades, demeure impure de Céléno [16], et bientôt il salue les monts lointains de l'Élide. Il ordonne de tourner la proue vers l'orient. Il rase le sablonneux rivage où Nestor [17] offroit une hécatombe à Neptune, quand Télémaque vint lui demander des nouvelles d'Ulysse égal aux dieux pour sa sagesse. Il laisse à sa gauche Pylos, Sphactérie [18], Mothone [19] ; il s'enfonce dans le golfe de Messénie, et son vaisseau rapide, abandonnant les flots amers, vient enfin arrêter sa course dans les eaux tranquilles du Pamisus.

Tandis que, semblable à un sombre nuage levé sur les mers, Hiéroclès s'approche de la patrie des dieux et des héros, l'ange des saintes amours étoit descendu dans la grotte du fils de Lasthénès : ainsi le fils supposé d'Ananias s'offrit au jeune Tobie pour le conduire auprès de la fille de Raguel. Lorsque Dieu veut mettre dans le cœur de l'homme ces chastes ardeurs d'où sortent des miracles de vertu, c'est au plus beau des esprits du ciel que ce soin important est confié. Uriel est son nom ; d'une main il tient une flèche d'or tirée du carquois du Seigneur, de l'autre un flambeau allumé au foudre éternel. Sa naissance ne précéda point celle de l'univers : il naquit avec Ève, au moment même où la première femme ouvrit les yeux à la lumière récente. La puissance créatrice répandit sur le chérubin ardent un mélange des grâces séduisantes de la mère des humains et des beautés mâles du père des hommes : il a le sourire de la pudeur et le regard du génie. Quiconque est frappé de son trait divin, ou brûlé de son flambeau céleste, embrasse avec transport les dévouements les plus héroïques, les entreprises les plus périlleuses, les sacrifices les plus douloureux. Le cœur ainsi blessé connoît toutes les délicatesses des sentiments ; sa tendresse s'accroît dans les larmes et survit aux désirs satisfaits. L'amour n'est point pour ce cœur un penchant borné et frivole, mais une passion grande et sévère, dont la noble fin est de donner la vie à des êtres immortels.

L'ange des saintes amours allume dans le cœur du fils de Lasthénès une flamme irrésistible : le chrétien repentant se sent brûler sous le cilice, et l'objet de ses vœux est une infidèle ! Le souvenir de ses erreurs passées alarme Eudore : il craint de retomber dans les fautes de sa première jeunesse ; il songe à fuir, à se dérober au péril qui le menace : ainsi, lorsque la tempête n'a point encore éclaté, que tout paroît tranquille sur le rivage, que des vaisseaux imprudents osent déployer leurs voiles et sortir du port, le pêcheur expérimenté secoue la tête au fond de sa barque, et appuyant sur la rame une main robuste, il se hâte de quitter la haute mer, afin de se mettre à l'abri derrière un rocher. Cependant un véritable amour s'est glissé pour la première fois dans le sein d'Eudore. Le fils de Lasthénès s'étonne de la timidité de ses sentiments, de la gravité de ses projets, si différents de cette hardiesse de désirs, de cette légèreté de pensées qu'il portoit jadis dans ses attachements. Ah ! s'il pouvoit convertir à Jésus-Christ cette femme idolâtre; si, la prenant pour son épouse, il lui ouvroit à la fois les portes du ciel et les portes de la chambre nuptiale! Quel bonheur pour un chrétien!

Le soleil se plongeoit dans la mer des Atlantides et doroit de ses derniers rayons les îles Fortunées, lorsque Démodocus voulut quitter la famille chrétienne; mais Lasthénès lui représenta que la nuit étoit pleine d'embûches et de périls. Le prêtre d'Homère consentit à attendre chez son hôte le retour de l'aurore. Retirée à son appartement, Cymodocée repassoit dans son esprit ce qu'elle savoit de l'histoire d'Eudore; ses joues étoient colorées, ses yeux brilloient d'un feu inconnu. La brûlante insomnie chasse enfin de sa couche la prêtresse des Muses. Elle se lève : elle veut respirer la fraîcheur de la nuit, et descend dans les jardins, sur la pente de la montagne.

Suspendue au milieu du ciel de l'Arcadie, la lune étoit presque, comme le soleil, un astre solitaire : l'éclat de ses rayons avoit fait disparoître les constellations autour d'elle; quelques-unes se montroient çà et là dans l'immensité : le firmament, d'un bleu tendre, ainsi parsemé de quelques étoiles, ressembloit à un lit d'azur chargé des perles de la rosée. Les hauts sommets du Cyllène[20], les croupes du Pholoé et du Telphusse, les forêts d'Anémose et de Phalante, formoient de toutes parts un horizon confus et vaporeux. On entendoit le concert lointain des torrents et des sources qui descendent des monts de l'Arcadie. Dans le vallon où l'on voyoit briller ses eaux, Alphée sembloit suivre encore les pas d'Aréthuse, Zéphyre soupiroit dans les roseaux de Syrinx, et Philomèle chantoit dans les lauriers de Daphné au bord du Ladon.

Cette belle nuit rappelle à la mémoire de Cymodocée cette autre nuit qui la conduisit auprès du jeune homme semblable au chasseur Endymion. A ce souvenir, le cœur de la fille d'Homère palpite avec plus de vitesse. Elle se retrace vivement la beauté, le courage[21], la noblesse du fils de Lasthénès; elle se souvient que Démodocus a prononcé quelquefois le nom d'époux en parlant d'Eudore. Quoi! pour échapper à Hiéroclès, se priver des douceurs de l'hyménée, ceindre pour toujours son front des bandelettes glacées de la vestale! Aucun mortel, il est vrai, n'avoit été jusque alors assez puissant pour oser unir son sort au sort d'une vierge désirée d'un gouverneur impie; mais Eudore, triomphateur et revêtu des dignités de l'empire, Eudore, estimé de Dioclétien, adoré des soldats, chéri du prince héritier de la pourpre, n'est-il pas le glorieux époux qui peut défendre et protéger Cymodocée? Ah! c'est Jupiter, c'est Vénus, c'est l'Amour, qui ont conduit eux-mêmes le jeune héros aux rivages de la Messénie.

Cymodocée s'avançoit involontairement vers le lieu où le fils de Lasthénès avoit achevé de conter son histoire. Lorsqu'une chevrette des Pyrénées s'est reposée pendant le jour avec le pasteur au fond d'un vallon, si la nuit, s'échappant de la crèche, elle vient chercher le pâturage accoutumé, le berger la retrouve le matin sous le cytise en fleur qu'il a choisi pour abri : ainsi la fille d'Homère monte peu à peu vers la grotte habitée par le chasseur arcadien. Tout à coup elle entrevoit comme une ombre immobile à l'entrée de cette grotte ; elle croit reconnoître Eudore. Elle s'arrête ; ses genoux tremblent sous elle ; elle ne peut ni fuir ni avancer. C'étoit le fils de Lasthénès lui-même ; il prioit environné des marques de sa pénitence : le cilice, la cendre, la tête blanchie d'un martyr, excitoient ses larmes et animoient sa foi. Il entend les pas de Cymodocée, il voit cette vierge charmante prête à tomber sur la terre, il vole à son secours, il la soutient dans ses bras, il se défend à peine de la presser sur son cœur. Ce n'est plus ce chrétien si grave, si rigide : c'est un homme plein d'indulgence et de tendresse, qui veut attirer une âme à Dieu et obtenir une épouse divine.

Comme un laboureur porte doucement à la bergerie l'agneau que la ronce a déchiré, ainsi le fils de Lasthénès enlève dans ses bras Cymodocée, et la dépose sur un banc de mousse à l'entrée de la grotte. Alors la fille de Démodocus, d'une voix tremblante :

« Me pardonneras-tu d'avoir encore troublé tes mystères ? Un dieu, je ne sais quel dieu, m'a égarée comme la première nuit. »

« Cymodocée, répondit Eudore aussi tremblant que la prêtresse des Muses, ce Dieu qui vous a égarée est mon Dieu, mon Dieu qui vous cherche et qui veut peut-être vous donner à moi. »

La fille d'Homère répliqua :

« Ta religion défend aux jeunes hommes de s'attacher aux jeunes filles et aux jeunes filles de suivre les pas des jeunes hommes : tu n'as aimé que lorsque tu étois infidèle à ton Dieu. »

Cymodocée rougit. Eudore s'écria :

« Ah ! je n'ai jamais aimé quand j'offensois ma religion. Je le sens, à présent que j'aime par la volonté de mon Dieu. »

Le baume que l'on verse sur la blessure, l'eau fraîche qui désaltère le voyageur fatigué, ont moins de charmes que ces paroles échappées au fils de Lasthénès. Elles pénètrent de joie le cœur de Cymodocée. Comme deux peupliers s'élèvent silencieux au bord d'une source, pendant le calme d'une nuit d'été, ainsi les deux époux désignés par ciel demeuroient immobiles et muets à l'entrée de la grotte. Cymodocée rompit la première le silence :

« Guerrier, pardonne aux demandes importunes d'une Messénienne ignorante. Nul ne peut savoir quelque chose s'il n'a été instruit par un maître habile, ou si les dieux eux-mêmes n'ont pris soin d'orner son esprit. Une jeune fille surtout ne sait rien, à moins qu'elle ne soit allée broder des voiles chez ses compagnes ou qu'elle n'ait visité les temples ou les théâtres. Pour moi, je n'ai jamais quitté mon père, prêtre chéri des immortels. Dis-moi, puisqu'on peut aimer dans ton culte, il y a donc une Vénus chrétienne? A-t-elle un char et des colombes? Les désirs, les querelles amoureuses, les entretiens secrets [22], les tromperies innocentes, le doux badinage qui surprend le cœur de l'homme le plus sensé, sont-ils cachés dans sa ceinture ainsi que le raconte mon divin aïeul? La colère de cette déesse [23] est-elle redoutable? Force-t-elle la jeune fille à chercher le jeune homme dans la palestre [24], à l'introduire furtivement sous le toit paternel? Ta Vénus rend-elle la langue embarrassée [25]? Répand-elle un feu brûlant, un froid mortel dans les veines? Oblige-t-elle à recourir à des philtres [26] pour ramener un amant volage à chanter la lune, à conjurer le seuil de la porte? Toi, chrétien, tu ignores peut-être que l'Amour est fils de Vénus, qu'il fut nourri dans les bois du lait des bêtes féroces, que son premier arc étoit de frêne, ses premières flèches de cyprès, qu'il s'assied sur le dos du lion [27], sur la croupe du centaure, sur les épaules d'Hercule, qu'il porte des ailes et un bandeau, et qu'il accompagne Mars et Mercure, l'éloquence et la valeur? »

« Infidèle, répondit Eudore, ma religion ne favorise point les passions funestes, mais elle sait donner par la sagesse même une exaltation aux sentiments de l'âme que votre Vénus n'inspirera jamais. Quelle religion est la vôtre [28], Cymodocée? Rien n'est plus chaste que votre âme, plus innocent que votre pensée, et pourtant, à vous entendre parler de vos dieux, qui ne vous croiroit trop habile dans les plus dangereux mystères? Prêtre des idoles, votre père a cru faire un acte de piété en vous instruisant du culte, des effets et des attributs des passions divinisées. Un chrétien craindroit de blesser l'amour même par des peintures trop libres. Cymodocée, si j'avois pu mériter votre tendresse, si je devois être l'époux choisi de votre innocence, je voudrois aimer en vous moins une femme accomplie que le Dieu même qui vous fit à son image. Lorsque le Tout-puissant [29] eut formé le premier homme du limon de la terre, il le plaça dans un jardin plus délicieux que les bois de l'Arcadie. Bientôt l'homme trouva sa solitude trop profonde, et pria le Créateur de lui donner une compagne. L'Éternel tira du côté d'Adam [30] une créature divine; il l'appela la femme; elle devint l'épouse de celui dont elle étoit la chair et le sang. Adam étoit formé pour la puissance [31] et la valeur, Ève pour la soumission et les grâces; là grandeur de l'âme, la dignité du caractère, l'autorité de la raison, furent le partage du premier; la seconde eut la beauté, la tendresse et des séductions invincibles. Tel est, Cymodocée, le modèle de la femme chrétienne. Si vous consentiez à l'imiter, je tâcherois de vous gagner à moi, au nom de tous les attraits [32] qui gagnent les cœurs; je vous rendrois mon épouse par une alliance [33] de justice, de compassion et de miséricorde; je régnerois sur vous, Cymodocée, parce que l'homme est fait pour l'empire, mais je vous aimerois comme une grappe de raisin que l'on trouve dans un désert brûlant. Semblables aux patriarches, nous serions unis dans la vue de laisser après nous une famille héritière des bénédictions de Jacob: ainsi le fils d'Abraham [34] prit dans sa tente la fille de Bathuel; il en eut tant de joie qu'il oublia la mort de sa mère. »

A ces mots Cymodocée verse des larmes de honte et de tendresse.

« Guerrier, dit-elle, tes paroles sont douces comme du miel et perçantes comme des flèches. Je vois bien que les chrétiens savent parler le langage du cœur. J'avois dans l'âme tout ce que tu viens de dire. Que ta religion soit la mienne, puisqu'elle enseigne à mieux aimer! »

Eudore, n'écoutant plus que son amour et sa foi :

« Quoi! Cymodocée, vous voudriez devenir chrétienne, je donnerois un pareil ange au ciel, une pareille compagne à mes jours! »

Cymodocée baissa la tête, et répondit :

« Je n'ose plus parler avant que tu n'aies achevé de m'enseigner la pudeur [35] : elle avoit quitté la terre avec Némésis; les chrétiens l'auront fait descendre du ciel. »

Un mouvement du fils de Lasthénès fit alors rouler à terre un crucifix; la jeune Messénienne poussa un cri de surprise mêlé d'une sorte de frayeur.

« C'est l'image de mon Dieu, dit Eudore en relevant avec respect le bois sacré, de ce Dieu descendu au tombeau et ressuscité plein de gloire. »

« C'est donc, repartit la fille d'Homère, comme le beau jeune homme de l'Arabie, pleuré des femmes de Byblos et rendu à la lumière des cieux par la volonté de Jupiter? »

« Cymodocée, répliqua Eudore avec une douce sévérité, vous connoîtrez quelque jour combien cette comparaison est impie et sacrilège: au lieu des mystères de honte et de plaisir, vous voyez ici des miracles de modestie et de douleur; vous voyez le fils du Tout-Puissant attaché à une croix pour nous ouvrir le ciel et pour mettre en honneur sur la terre l'infortune, la simplicité et l'innocence. Mais au bord du Ladon, sous les ombrages de l'Arcadie, au milieu d'une nuit enchantée, dans ce pays où l'imagination des poëtes a placé l'amour et le bonheur, comment arrêter l'esprit d'une prêtresse des Muses sur un objet aussi vaste? Toutefois, fille de Démodocus, les austères méditations fortifient dans le cœur du chrétien les attachements légitimes, et en le rendant capable de toutes les vertus, elles le rendent plus digne d'être aimé. »

Cymodocée prêtoit une oreille attentive à ce discours ; je ne sais quoi d'étonnant se passoit au fond de son cœur. Il lui sembloit qu'un bandeau tomboit tout à coup de ses yeux et qu'elle decouvroit une lumière lointaine et divine. La sagesse, la raison, la pudeur et l'amour s'offroient pour la première fois à ses regards dans une alliance inconnue. Cette tristesse évangélique que le chrétien mêle à tous les sentiments de la vie, cette voix douloureuse qu'il fait sortir du sein des plaisirs, achevoient d'étonner et de confondre la fille d'Homère. Eudore lui présentant le crucifix :

« Voilà, lui dit-il, le Dieu de charité, de paix, de miséricorde, et pourtant le Dieu persécuté ! O Cymodocée ! c'est sur cette image auguste que je pourrois seulement recevoir votre foi, si vous me jugiez digne de devenir votre époux. Jamais l'autel de vos idoles, jamais le carquois de votre Amour, ne verront l'adorateur du Christ uni à la prêtresse des Muses. »

Quel moment pour la fille d'Homère ! Passer tout à coup des idées voluptueuses de la mythologie à un amour juré sur un crucifix ! Ces mains, qui n'avoient jamais porté que les guirlandes des Muses et les bandelettes des sacrifices, sont chargées pour la première fois du signe redoutable du salut des hommes. Cymodocée, que l'ange des saintes amours a blessée comme Eudore et qu'un charme irrésistible entraîne, promet aisément de se faire instruire dans la religion du maître de son cœur [36].

« Et d'être mon épouse ! » dit Eudore en pressant les mains de la vierge timide.

« Et d'être ton épouse ! » répéta la jeune fille tremblante.

Doux serment qu'elle prononce devant le Dieu des larmes et du malheur.

Alors on entend sur le sommet des montagnes un chœur qui commençoit la fête des Lupercales. Il chantoit le dieu protecteur de l'Arcadie, Pan, aux pieds de chèvre, l'effroi des Nymphes, l'inventeur de la flûte à sept tuyaux. Ces chants étoient le signal du lever de l'aurore ; elle éclairoit de son premier rayon la tombe d'Épaminondas et la cime du bois Pélagus [37] dans les champs de Mantinée. Cymodocée se hâte de retourner auprès de son père ; Eudore va réveiller Lasthénès.

FIN DU LIVRE DOUZIÈME.

LIVRE TREIZIÈME.

Cymodocée déclare à son père qu'elle veut embrasser la religion des chrétiens pour devenir l'épouse d'Eudore. Irrésolution de Démodocus. On apprend l'arrivée d'Hiéroclès en Achaïe. Astarté attaque Eudore, et est vaincu par l'ange des saintes amours. Démodocus consent à donner sa fille à Eudore pour éviter les persécutions d'Hiéroclès. Jalousie d'Hiéroclès. Dénombrement des chrétiens en Arcadie. Hiéroclès accuse Eudore auprès de Dioclétien. Cymodocée et Démodocus partent pour Lacédémone.

Déjà le prêtre d'Homère offroit une libation au soleil sortant de l'onde. Il saluoit cet astre dont la lumière éclaire les pas du voyageur, et, touchant d'une main la terre humide de rosée, il se préparoit à quitter le toit de Lasthénès. Tout à coup Cymodocée, tremblante de crainte et d'amour, se présente devant son père. Elle se jette dans les bras du vieillard. Démodocus avoit aisément deviné la raison du trouble qui commençoit à tourmenter la prêtresse des Muses ; mais comme il ne savoit point encore que le fils de Lasthénès partageoit le même amour, il cherche à consoler Cymodocée.

« Ma fille, lui dit-il, quelle divinité t'a frappée ? Tu pleures, toi dont l'âge ne devroit connoître que les ris innocents ! Quelque peine cachée se seroit-elle glissée dans ton sein ? O mon enfant ! ayons recours aux autels des dieux préservateurs, à la compagnie des sages, qui rend à notre âme sa tranquillité première. Le temple de Junon Lacinienne[1] est ouvert de tous côtés, et toutefois les vents ne dispersent point dans son enceinte les cendres du sacrifice : tel doit être notre cœur : si les souffles des passions y pénètrent, il faut du moins qu'ils ne troublent jamais l'inaltérable paix de son sanctuaire. »

« Père de Cymodocée, répond la jeune Messénienne, tu ne sais pas notre bonheur ! Eudore aime ta fille ; il veut, dit-il, suspendre à ma porte les couronnes d'hyménée. »

« Dieux des ingénieux mensonges, s'écria Démodocus, ne m'as-tu point abusé? Dois-je te croire, ô ma fille, et la vérité auroit-elle cessé de veiller à tes lèvres? Mais pourquoi m'étonnerois-je de te voir aimée d'un héros? tu disputerois le prix de la beauté aux nymphes du Ménale, et Mercure t'auroit choisie sur le mont Chélydorée[2]. Apprends-moi donc comment le chasseur arcadien t'a fait connoître qu'il étoit blessé par le fils de Vénus. »

« Cette nuit même, répondit Cymodocée, je voulois chanter les Muses, pour écarter je ne sais quel souci de mon cœur. Eudore, comme un de ces songes brillants[3] qui s'échappent par les portes de l'Élysée, m'a rencontrée dans l'ombre. Il a pris ma main; il m'a dit: « Vierge, je veux que les enfants de tes enfants soient assis pendant « sept générations sur les genoux de Démodocus. » Mais il m'a dit tout cela dans son langage chrétien, bien mieux que je ne te le puis raconter. Il m'a parlé de son Dieu. C'est un Dieu qui aime ceux qui pleurent et qui bénit les infortunés. Mon père, ce Dieu m'a charmée; nous n'avons point parmi les nôtres de divinités si douces et si secourables. Il faut que j'apprenne à connoître et à pratiquer la religion des chrétiens, car le fils de Lasthénès ne peut me recevoir qu'à ce prix. »

Lorsque le serein Borée et le vent nébuleux du midi se disputent l'empire des mers, les matelots se fatiguent à présenter tour à tour la voile oblique à la tempête : ainsi Démodocus cède ou résiste aux sentiments contraires qui l'agitent. Il pense avec joie que Cymodocée déposera sur l'autel de l'hymen le rameau stérile de la vestale; que la famille d'Homère, prête à s'éteindre, verra refleurir autour d'elle de nombreux rejetons. Démodocus aperçoit encore dans le fils de Lasthénès un gendre illustre et honoré, et surtout un protecteur puissant contre le favori de Galérius; mais bientôt il frémit en songeant que sa fille abandonnera ses dieux paternels, qu'elle sera parjure aux neuf Sœurs, au culte de son divin aïeul.

« Ah, ma fille! s'écrioit-il en la serrant contre son cœur, quel mélange de bonheur et de larmes! Que m'as-tu dit? Comment te refuser, et comment consentir à ce que tu demandes? Tu quitterois ton père pour suivre un Dieu étranger à nos ancêtres! Quoi! nous pourrions avoir deux religions! nous pourrions demander au ciel des faveurs différentes! Quand nos cœurs ne font qu'un même cœur, nous cesserions d'avoir un seul et même sacrifice! »

« Mon père, dit Cymodocée en l'interrompant, je ne te délaisserai jamais! Jamais mes vœux ne seront différents des tiens! Chrétienne, je vivrai avec toi près de ton temple, et je redirai avec toi les vers de mon divin aïeul. »

Le prêtre d'Homère poussant des sanglots, et pressant dans sa main sa barbe vénérable, échappe aux caresses de sa fille. Il va seul errer autour de la demeure de Lasthénès, et demander conseil aux dieux sur la montagne : tel autrefois l'aigle des Alpes s'envoloit au milieu des nuées pendant un orage, et, noble augure des destinées romaines, alloit apprendre, au sein de la foudre, les desseins cachés du ciel. A la vue de tous ces sommets de l'Arcadie, marqués par le culte de quelque divinité, Démodocus verse des larmes, et la superstition est prête à l'emporter dans son cœur. Mais comment refuser Eudore à l'amour de Cymodocée? Comment rendre sa fille éternellement malheureuse? Dieu, qui poursuit ses desseins, achève de subjuguer Démodocus, et fait servir à la gloire de ses futurs élus la foiblesse paternelle. Par un effet de sa puissance, il termine les incertitudes du prêtre d'Homère; il dissipe ses craintes, il lui présente le mariage de Cymodocée et d'Eudore sous les auspices les plus prospères. Démodocus rentre aux foyers de Lasthénès; il retrouve sa fille affligée; il s'écrie :

« Ne pleure point, ô vierge digne de toutes les prospérités! Que jamais Démodocus ne coûte une larme à des yeux qu'il chérit plus que la lumière du jour! Deviens l'épouse d'Eudore, et puisse seulement ton nouveau Dieu ne t'arracher jamais à ton père! »

Eudore, dans ce moment même, révéloit pareillement à Lasthénès le secret de son cœur.

« Mon fils, dit l'époux de Séphora, que Cymodocée soit chrétienne! Apportez-lui le royaume du ciel en héritage, et souvenez-vous d'être complaisant envers votre épouse. »

Eudore, pressé par l'ange des saintes amours [4], vole auprès de Démodocus. Il croyoit trouver seul le prêtre d'Homère : il voit la fille et le père dans les bras l'un de l'autre. Il ne sait si son sort est décidé : il s'arrête. Démodocus l'aperçoit.

« Voilà ton épouse! » s'écrie-t-il.

Des larmes d'attendrissement étouffent la voix du vieillard. Eudore se précipite aux pieds de son nouveau père, et tient en même temps embrassés les genoux de Cymodocée. Lasthénès, son épouse et ses filles, surviennent alors. Les jeunes chrétiennes se jettent au cou de la prêtresse des Muses. Elles la comblent de caresses, elles l'appellent deux fois leur sœur, et comme servante de Jésus-Christ et comme épouse de leur frère [5].

Cyrille fut choisi d'un commun accord pour répandre les premières semences de la foi dans le cœur de la future catéchumène. Les deux familles résolurent de se rendre à Sparte, afin que le saint évêque pût multiplier ses leçons et hâter l'hymen de Cymodocée.

Mais tandis que le ciel poursuit ses desseins, l'enfer accomplit ses menaces. Démodocus et Lasthénès s'étoient à peine liés par des serments, que la nouvelle de l'arrivée d'Hiéroclès vint consterner les habitants de la Messénie. Vous eussiez vu les mères presser leurs filles dans leurs bras, les jeux suspendus comme dans une calamité publique, l'Église en deuil, les païens même effrayés : tel est l'effet de l'apparition du méchant.

Précédé de ses licteurs, le proconsul entre dans les murs de Messène. Il fait publier aussitôt l'ordre du dénombrement des chrétiens. Lorsqu'un loup ravissant rôde autour d'une bergerie, son œil s'enflamme à l'aspect du troupeau nombreux nourri dans un gras pâturage ; la vue de la brebis excite sa faim ; et sa langue, sortant de sa gueule béante, semble déjà teinte du sang dont il brûle de s'abreuver : ainsi Hiéroclès, en proie à sa haine contre les fidèles, s'émeut à la pensée des vierges sans défense, des foibles enfants et de la foule des chrétiens qu'il va bientôt rassembler au pied de son tribunal.

Cependant, poussé par le plus dangereux des esprits de l'abîme, il monte au sommet de l'Ithome. Il cherche des yeux, dans la forêt d'oliviers, les colonnes du temple d'Homère. O surprise! il ne trouve point au sanctuaire le gardien de l'autel. Il apprend que Démodocus et sa fille sont allés visiter Lasthénès, dont le fils a rencontré Cymodocée au milieu des bois du Taygète. A cette nouvelle inattendue, Hiéroclès change de visage : mille pensées confuses s'élèvent dans son sein. Lasthénès est le chrétien le plus riche de la Grèce : il est le père d'Eudore, ennemi puissant d'Hiéroclès. Comment Eudore a-t-il quitté l'armée de Constance? Quelle fatalité l'a ramené sur ces rivages pour traverser encore les desseins du proconsul d'Achaïe? Auroit-il touché le cœur de Cymodocée?... Hiéroclès brûle d'éclaircir ses soupçons, et l'inquiétude qui le dévore ne lui permet aucun retard.

Non loin de la retraite de Lasthénès, près des ruines d'un temple qu'Oreste avoit consacré aux Grâces et aux Furies [6], on voyoit s'élever un magnifique palais. Hiéroclès l'avoit fait bâtir par un des descendants d'Ictinus [7] et de Phidias, lorsqu'il espéroit ravir Cymodocée à son père, et cacher ensuite sa victime dans cette délicieuse demeure. Rappelé à la cour des empereurs, il n'avoit point eu le temps d'exécuter son noir projet. Aujourd'hui il veut se rendre à ce palais; il ordonne que les chrétiens de l'Arcadie viennent de toutes parts y porter leurs noms. Voisin de la demeure de Lasthénès, il espère ainsi revoir plus tôt Cymodocée et découvrir quel dessein a pu conduire la prêtresse des Muses chez l'adorateur du Christ.

Plus prompte que l'éclair, la Renommée a bientôt publié la nouvelle de l'arrivée d'Hiéroclès, depuis les sommets d'Apésante, montagne respectée des peuples de l'Argolide, jusqu'au promontoire de Malée, qui voit les astres fatigués se reposer sur sa cime. Elle raconte en même temps les maux qui menacent les chrétiens; Démodocus en frémit. Souffrira-t-il que sa fille embrasse une religion qu'environnent les périls? Mais peut-il violer ses serments? Peut-il désoler Cymodocée, qui s'obstine à vouloir Eudore pour époux?

Des pensées tumultueuses s'élèvent également au fond du cœur d'Eudore; les démons lui livrent un secret combat. Dans l'espoir de le séduire, ils arment contre lui la générosité de ses propres sentiments. Amener une âme à Dieu en dépit de tous les dangers et de tous les obstacles est le plus grand bonheur du chrétien; mais Eudore ne se sent point encore ce zèle ardent et ce courage sublime. L'enfer, qui veut faire naître des rivalités funestes, mais qui craint de voir Cymodocée passer sous le joug de la croix, cherche à obscurcir la foi du fils de Lasthénès. Satan appelle Astarté, lui ordonne d'attaquer le jeune chrétien qu'il a si souvent vaincu, et de l'arracher à la puissance de l'ange des saintes amours.

Aussitôt le démon de la volupté se revêt de tous ses charmes. Il prend à la main une torche odorante et traverse les bois de l'Arcadie. Les zéphyrs agitent doucement la lumière du flambeau [8]. Le fantôme magique fait naître sur ses pas une foule de prestiges. La nature semble se ranimer à sa présence. la colombe gémit, le rossignol soupire, le cerf suit en bramant sa légère compagne. Les esprits séducteurs qui enchantent les forêts de l'Alphée entr'ouvrent les chênes amollis, et montrent çà et là leurs têtes de nymphes. On entend des voix mystérieuses dans la cime des arbres, tandis que les divinités champêtres dansent avec des chaînes de fleurs autour du démon de la volupté [9].

Astarté entre dans la grotte d'Eudore, et commence à lui souffler les pensées d'un amour purement humain.

« Tu peux, lui dit-il tout bas, tu peux mourir pour ton Dieu, si ton Dieu t'appelle; mais comment précipiter Cymodocée dans tes malheurs? Regarde ces yeux qui lancent des flammes, ce sein qui fait naître les désirs: veux-tu donc courber les grâces sous le poids des chaînes? Ah! qu'il seroit plus sage d'adoucir ta farouche vertu! Laisse à Cymodocée ses fables ingénieuses: le ciel prendra-t-il sa foudre, parce que ton épouse, ou, si tu le voulois, ton amante, couvrira de quelques fleurs les autels élégants des Muses et chantera les poétiques songes d'Homère? Aie pitié de la jeunesse et de la beauté. Tu n'as pas toujours été aussi barbare. »

Telles sont les inspirations dangereuses de l'esprit de ténèbres. En même temps, d'un air enjoué, avec un sourire perfide, il lance contre Eudore les mêmes dards dont il perça jadis le plus sage des rois. Mais l'ange des saintes amours défend le fils de Lasthénès. Aux feux des sens il oppose les feux de l'âme, à une tendresse d'un moment une tendresse éternelle. Il détourne d'un souffle pur les traits du démon de la volupté, et les flèches impuissantes viennent s'émousser sur le cilice d'Eudore, comme sur un bouclier de diamant.

Toutefois, le faux honneur du monde et un attachement encore timide l'emportent en ce moment dans le cœur du soldat pénitent. Il ne veut point avoir surpris la parole de Démodocus; il craint d'exposer Cymodocée. Il va trouver le prêtre d'Homère :

« Je viens, lui dit-il, vous délier de votre serment. La félicité de mes jours seroit de voir Cymodocée chrétienne et de recevoir sa main à l'autel du véritable Dieu ; mais on va faire le dénombrement du troupeau choisi. Quoique ce dénombrement n'annonce encore rien de funeste, vos sentiments sont alarmés peut-être, et l'avenir repose dans le sein de Dieu : que le beau présent que vous consentiez à me faire soit libre, que votre volonté seule décide du destin de Cymodocée et du bonheur de ma vie. »

« Mortel généreux, répondit le vieillard touché jusqu'aux larmes, un dieu mit au fond de tes entrailles la magnanimité des rois des premiers temps ; et quand ta mère te donna le jour au milieu des lauriers et des bandelettes [10], ce fut Jupiter même qui plaça dans ton sein ton noble cœur! O mon fils! que veux-tu que je fasse? Tu sais si ma fille m'est chère! Ne pourroit-elle devenir ton épouse sans embrasser la foi [11] des chrétiens? Nous serions ainsi délivrés de toutes craintes, et sans exposer Cymodocée à des périls nouveaux, tu la protégerois contre l'impie Hiéroclès. »

« Démodocus, répondit tristement Eudore, je puis, par cet effort plus qu'humain, renoncer à l'amour de votre fille ; mais sachez qu'un chrétien ne peut recevoir une épouse souillée de l'encens des idoles. Quel ministre voudroit bénir au pied de la croix l'alliance de l'enfer et du ciel? Mon fils entendra-t-il prononcer sur son berceau le nom du Fils de l'homme et le nom de Jupiter? Sera-ce la Vierge sans tache ou l'impudique Vénus qui donnera des leçons à ma fille? Démodocus, nos lois nous défendent de nous unir à des femmes étrangères au culte du Dieu d'Israel : nous voulons des épouses qui partagent nos dangers dans cette vie, et que nous puissions retrouver au ciel après notre mort. »

Cymodocée avoit entendu, d'un lieu voisin, la voix confuse de son père et du fils de Lasthénès. L'ange des saintes amours l'inspire, et la mère du Sauveur la remplit de résolutions généreuses : elle vole à l'appartement de Démodocus ; elle tombe aux piéds du vieillard, et joignant des mains suppliantes :

« Mon père, s'écrie-t-elle, les dieux me préservent d'affliger tes vieux ans! mais je veux être l'épouse d'Eudore. Je serai chrétienne sans cesser d'être ta fille soumise et dévouée! Ne crains point pour moi les périls : l'amour me donnera la force de les surmonter. »

A ces paroles, Eudore levant les bras au ciel :

« Dieu de mes pères, qu'ai-je fait pour mériter une pareille récompense! Toute ma vie j'ai offensé vos lois, et vous me comblez de félicité! Accomplissez vos décrets éternels! Achevez d'attirer à vous cet ange d'innocence. Ce sont ses propres vertus qui la portent dans votre sein, et non l'amour qu'un chrétien trop coupable eut le bonheur de lui inspirer! »

Il dit, et l'on entend les pas précipités d'un messager rapide : les portes s'ouvrent, un esclave de Démodocus paroît : il arrive du temple d'Homère ; la sueur coule de son front, ses pieds nus et ses cheveux en désordre sont couverts de poussière ; il porte au bras gauche un bouclier fracassé, avec lequel il a brisé les branches des chênes en traversant l'épaisseur des bois. Il prononce ces mots :

« Démodocus, Hiéroclès a paru au temple de ton aïeul ; sa bouche étoit pleine de menaces. Fier de la protection de Galérius, il parle avec fureur de ta Cymodocée ; il jure, par le lit de fer des Euménides [12], que ta fille passera dans sa couche, dût le noir chagrin, compagnon des Parques, s'asseoir sur le seuil de ta demeure pendant le reste de tes jours. »

Une pâleur mortelle se répand sur le front de Démodocus ; ses genoux tremblants le supportent à peine, mais ce nouveau malheur fixe ses résolutions. Des ordres sévères contre les fidèles ne menaceroient Cymodocée, devenue chrétienne, que d'un péril incertain et éloigné ; l'amour du proconsul, au contraire, expose la prêtresse des Muses à des maux aussi prochains qu'inévitables. Dans ce pressant danger, la protection d'Eudore semble donc à Démodocus un bonheur inespéré et le seul refuge qui reste à Cymodocée contre les violences d'Hiéroclès.

Le vieillard prend sa fille dans ses bras :

« Mon enfant, lui dit-il, je ne violerai point mes serments, je serai fidèle à la parole que je t'ai jurée : reste à jamais l'épouse d'Eudore ; c'est maintenant à lui de te défendre, et comme la mère de ses enfants, et comme la compagne de ses jours. Peut-être que les dieux se plairont à exercer ta vertu ; mais, ô Cymodocée! tu ne te laisseras point abattre. S'il est des muses chrétiennes, elles te prêteront leurs secours : leurs chants pleins de sagesse fortifieront ton cœur contre l'attaque de tes ennemis. »

Lasthénès entra comme Démodocus achevoit de prononcer ces mots.

Eudore posa la main sur son cœur, en signe de reconnoissance et de tendresse, prononça ces paroles avec un grand éclat de voix et les yeux attachés à la terre :

« Je reçois, ô Démodocus ! l'inestimable don que vous faites à Dieu par mes mains. Je défendrai au prix de tout mon sang la vierge que vous me confiez [13] : j'en jure par vous, ô Lasthénès ! ô mon père ! Je serai fidèle à Cymodocée. »

Après avoir reçu ce serment, le prêtre des dieux partit avec sa fille, dans le dessein de fermer le temple d'Homère et de se rendre ensuite à Lacédémone, où la famille de Lasthénès devoit l'attendre chez Cyrille.

Démodocus et Cymodocée prennent les sentiers les plus déserts pour éviter la rencontre de leur persécuteur ; mais déjà le proconsul étoit arrivé au palais de l'Alphée. Ces riantes solitudes, le cristal si pur du Ladon, les croupes des montagnes couvertes de pins, la fraîcheur des vallées de l'Arcadie et les scènes tranquilles que ces doux noms rappellent, rien ne peut calmer le trouble d'Hiéroclès. Ses licteurs vont de toutes parts rassembler les fidèles, dans les paisibles retraites où jadis les bergers d'Évandre [14] menoient une vie moins innocente que celle de ces premiers chrétiens. Du fond des grottes consacrées à Pan et aux divinités champêtres, on voit descendre des troupeaux de femmes, d'enfants et de vieillards, que les soldats chassent devant eux. En face du palais d'Hiéroclès, devant une vaste prairie que bordoient les eaux du Ladon, s'élevoit le tribunal du gouverneur romain. Assis sur sa chaise d'ivoire, Hiéroclès recevoit les noms qui devoient remplir les listes fatales. Tout à coup un murmure se fait entendre ; les chrétiens tournent la tête et reconnoissent la famille puissante de Lasthénès, que l'on amène au pied du tribunal.

Comme un chasseur des Alpes qui poursuit avec de grands cris une troupe de chamois bondissants parmi les rochers et les cascades ; si tout à coup un sanglier vient à s'élever au milieu des faons fugitifs, le chasseur effrayé recule, et reste les yeux fixés sur le terrible animal, qui hérisse son poil et découvre ses défenses meurtrières : ainsi Hiéroclès reste interdit à l'aspect d'Eudore, qu'il reconnoît au milieu de sa famille. Toute son ancienne inimitié se réveille ; il ne voit point, il est vrai, Cymodocée, mais la beauté du fils de Lasthénès, son air mâle et guerrier, l'admiration qu'il inspire, augmentent ses alarmes. Plusieurs soldats de la garde du proconsul, qui avoient fait la guerre sous Eudore, environnent leur ancien général et le comblent de bénédictions : les uns vantent sa douceur, d'autres sa générosité, tous sa valeur et sa gloire. Ceux-ci rappellent la bataille des Francs où il remporta la couronne civique, ceux-là parlent de ses victoires sur les Bretons. On répète de toutes parts : « C'est ce jeune guerrier couvert de blessures qui triompha de Carrausius; c'est le maître de la cavalerie, c'est le préfet des Gaules; c'est le favori de Constance et l'ami du prince Constantin. » Ces discours font pâlir sur son trône le proconsul indigné : il congédie brusquement l'assemblée, et se renferme dans son palais.

Hiéroclès ne doute plus que son rival ne soit aimé de Cymodocée; il juge que l'amour a suivi la gloire. Mille projets sinistres se présentent à son esprit : il veut enlever de force la fille de Démodocus, il veut jeter Eudore au fond des cachots; mais bientôt il craint la faveur dont le fils de Lasthénès [15] jouit à la cour. Il n'ose attaquer ouvertement un triomphateur qui fut décoré des dignités de l'empire; il connoît la modération de Dioclétien, toujours ennemi de la violence. Il prend donc un moyen plus lent, mais plus sûr, de satisfaire la haine qu'il nourrit depuis si longtemps contre Eudore : il écrit à Rome que les chrétiens de l'Achaïe sont prêts à se soulever, qu'ils s'opposent au dénombrement, et qu'ils ont à leur tête cet Arcadien exilé par l'empereur à l'armée de Constance.

Hiéroclès espère ainsi faire bannir Eudore de la Grèce et pouvoir poursuivre sans obstacle ses coupables projets sur Cymodocée. Cependant il environne son rival d'espions et de délateurs, et cherche à pénétrer un secret qui doit causer le malheur de sa vie. Le fils de Lasthénès ne s'étoit point endormi sur les dangers de ses frères. Ce n'étoit plus ce jeune homme incertain dans ses désirs chimériques, dans ses projets, nourri de songes et d'illusion : c'étoit un homme éprouvé par le malheur, capable des actions les plus graves comme les plus hautes, réfléchi, sérieux, occupé, éloquent au conseil, brave à la guerre, et conservant des passions d'autant plus propres à atteindre un but élevé, qu'elles n'étoient plus mêlées dans son âme aux petites choses. Il connoissoit l'empire d'Hiéroclès sur Galérius, et de Galérius sur Dioclétien. Il prévoyoit que le sophiste persécuteur de Cymodocée s'abandonneroit aux plus noires fureurs contre les chrétiens, quand il viendroit à découvrir l'amour et la conversion de la prêtresse des Muses. Eudore aperçoit d'un coup d'œil tous les maux dont l'Église est menacée, et il cherche à les détourner : avant de se rendre à Lacédémone avec sa famille, il fit partir un messager fidèle, chargé d'instruire Constantin de la vérité et de prévenir auprès d'Auguste les dangereux rapports d'Hiéroclès.

Comme le préfet d'Achaïe descendoit de son tribunal, Démodocus et sa fille arrivoient au temple d'Homère. Les feux n'étoient point encore éteints sur les autels domestiques ; Démodocus les fait aussitôt ranimer. On conduit au sanctuaire la génisse aux cornes dorées, on apporte au prêtre des dieux une coupe d'argent ciselée : c'étoit celle dont se servoient autrefois Danaüs et le vieux Phoronée dans leurs sacrifices. Une main savante avoit représenté sur cette coupe Ganymède enlevé par l'aigle de Jupiter ; les compagnons du chasseur phrygien paroissoient accablés de tristesse, et sa meute fidèle faisoit retentir de ses aboiements douloureux les forêts de l'Ida. Le père de Cymodocée remplit cette coupe d'un vin pur ; il se revêt d'une tunique sans tache, il couronne sa tête d'une branche d'olivier : on l'eût pris pour Tirésias, ou pour le divin Amphiaraüs, prêt à descendre vivant aux enfers avec ses armes blanches [16], son char blanc et ses coursiers blancs. Démodocus répand la libation aux pieds de la statue du poëte. La génisse tombe sous le couteau sacré ; Cymodocée suspend sa lyre à l'autel ; ensuite, adressant la parole au cygne de Méonie :

« Auteur de ma race, ta fille te consacre ce luth mélodieux que tu pris soin quelquefois d'accorder pour elle. Deux divinités, Vénus et l'Hymen, me forcent de passer sous d'autres lois : que peut une jeune fille contre les traits de l'Amour et les ordres du Destin ? Andromaque (tu l'as raconté) ne voyoit dans la superbe Troie qu'Astyanax et son Hector. Je n'ai point encore de fils, mais je dois suivre mon époux. »

Tels furent les adieux de la prêtresse des Muses au chantre de Pénélope et de Nausicaa. Les yeux de la jeune vierge étoient humides de larmes ; malgré le charme de son amour, elle regrettoit les héros et les divinités qui faisoient une partie de sa famille, ce temple où elle retrouvoit à la fois ses dieux et son père, où elle fut nourrie du nectar des Muses au défaut du lait maternel. Tout la rappeloit aux belles fictions du poëte, tout étoit dans ces lieux sous la puissance d'Homère ; et la chrétienne désignée se sentoit, en dépit d'elle-même, domptée par le génie du père des fables : ainsi, lorsqu'un serpent d'or et d'azur roule au sein d'un pré ses écailles changeantes, il lève une crête de pourpre au milieu des fleurs, darde une triple langue de feu et lance des regards étincelants ; la colombe qui l'aperçoit du haut des airs, fascinée par le brillant reptile, abaisse peu à peu son vol, s'abat sur un arbre voisin, et, descendant de branche en branche, se livre au pouvoir magique qui la fait tomber des voûtes du ciel.

FIN DU LIVRE TREIZIÈME.

LIVRE QUATORZIÈME.

Description de la Laconie. Arrivée de Démodocus chez Cyrille. Instruction de Cymodocée. Astarté envoie le Démon de la jalousie à Hiéroclès. Cymodocée va à l'église pour être fiancée à Eudore. Cérémonies de l'Église primitive. Des soldats, par ordre d'Hiéroclès, dispersent les fidèles. Eudore sauve Cymodocée, et la défend au tombeau de Léonidas. Il reçoit l'ordre de partir pour Rome. Les deux familles se décident à envoyer Cymodocée à Jérusalem pour la mettre sous la protection de la mère de Constantin. Eudore et Cymodocée partent pour s'embarquer à Athènes.

Démodocus ferme en pleurant les portes du temple d'Homère. Il monte sur son char avec Cymodocée; il traverse de nouveau la Messénie. Bientôt il arrive à la statue de Mercure placée à l'entrée de l'Herméum[1], et pénètre dans les défilés du Taygète. Des rochers entassés jusqu'au ciel formoient des deux côtés de grands escarpements stériles, au haut desquels croissoient à peine quelques sapins, comme des touffes d'herbe sur des tours et des murailles en ruine. Cachée parmi des genêts à demi brûlés[2] et des sauges jaunissantes, l'importune cigale faisoit entendre son chant monotone sous les ardeurs du midi.

« Ma fille, disoit Démodocus, c'est par le même chemin que Lyciscus[3] s'échappa, comme moi, avec sa fille vers Lacédémone, et sa fuite donna naissance à la tragique aventure d'Aristomène. Que de générations se sont écoulées pour nous amener à notre tour dans ces lieux solitaires! Puisse le grand Jupiter nous envoyer quelque signe favorable et détourner de toi tous les malheurs! »

A peine avoit-il prononcé ces mots, qu'un vautour à tête chauve tombe de la cime d'un arbre desséché sur une hirondelle; un aigle fond du sommet des montagnes, il enlève le vautour dans ses serres puissantes: soudain l'éclair brille à l'orient, la foudre éclate, perce d'un trait enflammé le roi des airs et précipite sur la terre le vainqueur, le vaincu et leur victime. Démodocus, effrayé, cherche en vain

LIVRE XIV.

l'arrêt des destinées dans ces jeux incertains du hasard. Cependant le char a franchi le sommet de l'Herméum et commence à descendre vers Pillane[4]. Le prêtre d'Homère salue l'Eurotas, dont il côtoie les bords; il touche au tombeau de Ladas; il découvre bientôt la statue de la Pudeur, qui marque l'endroit où Pénélope, prête à suivre Ulysse, baissa son voile en rougissant. Il laissa derrière lui le monument de Diane Mysienne, le bois sacré de Carnéus, les sept colonnes, la sépulture du coursier, et tout à coup il arrive au penchant fleuri d'un coteau que couronnoit le temple d'Achille : Sparte et la vallée de la Laconie se présentent à ses regards. La chaîne des montagnes du Taygète[5], couvert de neige et de forêts, se déployoit à l'occident ; d'autres montagnes, moins élevées, formoient à l'orient un rideau parallèle : elles diminuoient de hauteur par degrés, et se terminoient aux sommets rougis du Ménélaïon. La vallée comprise entre ces deux chaînes de montagnes étoit obstruée vers le nord par un amas confus de monticules irréguliers. Ceux-ci, s'avançant au midi, venoient former de leurs dernières croupes les collines où Sparte étoit assise. Depuis Sparte jusqu'à la mer on n'aperçoit qu'un terrain uni, fertile, entrecoupé de champs, de vignes et de froment, ombragé de bosquets d'oliviers, de sycomores et de platanes. L'Eurotas promenoit son cours tortueux dans cette riante solitude, et cachoit sous des lauriers roses ses flots d'azur qu'embellissoient les cygnes de Léda.

Le prêtre des dieux et Cymodocée ne pouvoient se lasser d'admirer ce tableau, que peignoient de mille couleurs les feux de l'aurore naissante. Qui pourroit fouler impunément la poussière de Sparte et contempler sans émotion la patrie de Lycurgue et de Léonidas? Démodocus agitoit encore d'étonnement son sceptre augural, que déjà ses coursiers rapides entroient dans Lacédémone. Le char traverse la place publique, franchit le sénat des vieillards et le portique des Perses, prend la route du théâtre adossé à la citadelle, et monte à la maison de Cyrille, bâtie près du temple de Vénus armée.

La famille de Lasthénès attendoit chez l'évêque de Lacédémone l'arrivée de la nouvelle épouse ; le prélat étoit instruit de tout ce qui s'étoit passé en Arcadie. Pour mettre Cymodocée à l'abri des entreprises d'Hiéroclès, et afin qu'Eudore acquît des droits sur elle, Cyrille se proposoit de la fiancer au fils de Lasthénès aussitôt qu'elle seroit déclarée néophyte; mais la prêtresse des Muses ne pouvoit devenir l'épouse d'Eudore qu'après avoir reçu le baptême. Les vieillards saluèrent l'aimable étrangère avec une tendresse grave et sainte. Les soins les plus touchants lui furent prodigués par sa nouvelle mère et ses nouvelles sœurs. Ces caresses, que Cymodocée n'avoit jamais connues, lui sembloient d'une extrême douceur. Elle ne vit point Eudore, qui dans ce moment de bonheur redoubloit de veilles et d'austérités. Dès le soir même Cyrille commença les instructions ᵃ de la jeune infidèle. Elle écoutoit avec candeur et ingénuité ; la morale et la charité évangélique charmoient son cœur. Elle pleuroit abondamment sur le mystère de la croix et sur les douleurs du Fils de l'homme : le culte de la Mère du Sauveur la remplissoit d'attendrissement et de délices; elle se faisoit conter sans cesse par le vieux martyr l'histoire de la crèche, des bergers, des anges, des mages ; elle répétoit tout bas ces paroles qu'elle avoit apprises : « Je vous salue, Marie, pleine de grâce. » La grandeur du Dieu des chrétiens effrayoit un peu Cymodocée; elle se réfugioit auprès de Marie, qu'elle paroissoit prendre pour sa mère. Elle expliquoit souvent à Démodocus quelques-unes des leçons qu'elle avoit reçues, elle s'asseyoit sur ses genoux, et lui disoit dans un langage charmant l'heureuse vie des patriarches, la tendresse de Nachor pour Sara sa fille, l'amour du jeune Tobie pour son épouse étrangère; elle lui parloit d'une femme qu'un apôtre fit sortir du tombeau et rendit à ses parents désolés.

« Crois-tu, ajoutoit-elle, que le Dieu des chrétiens, qui me commande d'aimer mon père afin de vivre longuement, ne vaut pas bien ces dieux qui ne me parloient jamais de toi? »

Rien n'étoit plus touchant que de voir ainsi ce missionnaire d'une espèce nouvelle, tour à tour disciple d'un vieillard et maître d'un autre vieillard, placé, comme la grâce et la persuasion, entre ces hommes vénérables, pour faire goûter au prêtre d'Homère les sérieuses instructions du prêtre d'Israel.

L'ennemi du genre humain voyoit en frémissant de rage cette vierge innocente échapper à son pouvoir. Il en accuse Astarté.

« Foible démon, s'écrie-t-il, que fais-tu donc dans l'abîme? Tu n'as quitté le ciel qu'en gémissant, et maintenant encore te voilà vaincu par l'ange des saintes amours ! »

Astarté repondit :

« O Satan! calme ta colère. Si je n'ai pu l'emporter sur l'ange qui m'a remplacé au séjour du bonheur, ma défaite même va servir au succès de tes desseins. J'ai un fils aux enfers, mais je n'ose l'approcher, car ses fureurs m'intimident. Tu le connois : descends à sa prison; ramène-le sur la terre ; je vais l'attendre auprès d'Hiéroclès, et quand ce mortel sera brûlé de mes feux et de ceux de mon fils, tu n'auras plus qu'à livrer les chrétiens au démon de l'homicide. »

Il dit, et Satan se précipite au fond du gouffre des tourments. Par delà des marais croupissants et des lacs de soufre et de bitume, dans les vastes régions de l'enfer, s'ouvre un cachot, séjour du plus infortuné des habitants de l'abîme. C'est là que le démon de la jalousie fait entendre ses éternels hurlements. Couché parmi des vipères et d'affreux reptiles, jamais le sommeil n'approcha de ses yeux. L'inquiétude, le soupçon, la vengeance, le désespoir et une sorte d'amour féroce agitent ses regards, des chimères occupent et tourmentent son esprit : il tressaille ; il croit entendre des bruits mystérieux, il croit poursuivre de vains fantômes. Pour éteindre sa soif brûlante, il boit dans une coupe d'airain un poison composé de ses sueurs et de ses larmes. Ses lèvres tremblantes respirent l'homicide : au défaut de la victime qu'il cherche sans cesse, il se frappe lui-même d'un poignard, oubliant qu'il est immortel.

Le prince des ténèbres, descendu vers ce monstre, s'arrête à l'entrée de la caverne.

« Archange puissant, dit-il, je t'ai toujours distingué des innombrables esprits de mon empire. Aujourd'hui tu peux me prouver ta reconnoissance : il faut allumer dans le sein d'un mortel cette flamme que tu mis autrefois dans le cœur d'Hérode. Il faut perdre les chrétiens ; il faut reprendre le sceptre du monde : l'entreprise est digne de ton courage. Viens, ô mon fils ! seconde les vastes desseins de ton roi. »

Le démon de la jalousie retire de sa bouche la coupe empoisonnée, et essuyant ses lèvres avec sa chevelure de serpents :

« O Satan ! répondit-il avec un profond soupir, le poids de l'enfer ne courbera-t-il jamais ton front superbe ? Veux-tu m'exposer encore aux coups de cette foudre qui t'a précipité dans le gouffre des pleurs ? Que peux-tu contre la croix [7] ? une femme a écrasé ta tête orgueilleuse. Je hais la lumière du ciel. Les chastes amours des chrétiens ont détruit mon empire sur la terre. Poursuis, si tu le veux, tes projets, mais laisse-moi jouir en paix de ma rage et ne viens plus troubler mes fureurs. »

Il dit, et d'une main forcenée il arrache les serpents attachés à ses flancs et les déchire avec ses dents bruyantes.

Satan, frémissant de colère :

« Ange pusillanime, d'où te vient aujourd'hui cette crainte ? Le repentir, cette lâche vertu des chrétiens, seroit entré dans ton cœur ? Regarde autour de toi : voilà ton éternelle demeure ! A des maux sans fin sache opposer une haine sans terme, et bannis d'inutiles regrets. Ose me suivre : je ferai bientôt disparoître du monde ces chastes amours qui t'épouvantent. Je te rendrai ton empire sur l'homme abattu. Mais n'attends pas que mon bras te contraigne à m'accorder ce que j'ai daigné demander à ton zèle. »

A cette espérance, à cette menace, le démon de la jalousie se laisse entraîner.

Satan, plein de joie, monte aussitôt sur un char de feu, et fait placer à ses côtés le monstre qu'il appelle son fils ; il l'instruit de ce qu'il doit faire et lui nomme la victime qu'il doit frapper. Pour éviter l'importunité des esprits de ténèbres, les deux chefs de l'enfer traversent invisibles le séjour de la douleur. La mort seule les voit sortir des portes de l'abîme et les salue par un sourire affreux. Bientôt ils touchent à la terre et descendent dans le vallon de l'Alphée. En proie à son fatal amour, le proconsul d'Achaïe étoit alors agité d'un sommeil pénible. Le démon de la jalousie se cache sous la figure d'un vieil augure, confident des peines secrètes d'Hiéroclès. Il prend le visage ridé de l'antique devin, sa voix sombre, son front chauve et sa pâleur religieuse. Sa tête est couverte d'un long voile ; les bandelettes sacrées descendent sur ses épaules ; il s'approche du lit de l'impie comme un songe funeste. Du rameau qu'il tient à la main il touche la poitrine d'Hiéroclès :

« Tu dors, lui dit-il, et ton ennemi triomphe ! Cymodocée, conduite à Lacédémone, embrasse la religion des chrétiens, et va bientôt devenir l'épouse du fils de Lasthénès ! Réveille-toi, saisissons ta proie ; et pour l'enlever à ton rival, perdons, s'il le faut, la race entière des chrétiens. »

En achevant de prononcer ces mots, le démon de la jalousie arrache de sa tête le voile et les bandelettes sacerdotales. Il reprend son horrible forme : il se penche sur Hiéroclès ; il le serre étroitement dans ses bras, et fait couler sur lui un sang impur. Rempli de terreur, l'infortuné se débat sous le poids du fantôme et se réveille en poussant un cri : tel un homme enseveli vivant au champ des tombeaux sort avec effroi de sa léthargie, frappe du front son cercueil et fait entendre une plainte dans le sein de la terre. Tous les poisons du monstre infernal ont passé dans l'âme de l'ennemi des fidèles. Il s'élance de son lit, les cheveux hérissés. Il appelle ses gardes : il veut devancer les ordres d'Auguste, il veut qu'on arrête les chrétiens, qu'on disperse leurs assemblées ; il parle de conspiration, d'un projet fatal à l'empire.

« Il faut du sang !... s'écrie-t-il. Un feu dévorant coule dans tous les cœurs... Ne consultons point les entrailles des victimes : les vœux, les prières, les autels, ne peuvent rien pour nous ! »

L'insensé ! bientôt les délateurs arrivés de Lacédémone lui confirment la vérité du songe qui le poursuit.

Eudore, résigné aux décrets de la Providence, et désirant avec ardeur la gloire du martyre, ne croyoit pas toutefois l'orage si près de sa tête. Il s'occupoit à perfectionner son âme pour se rendre digne à la fois et des destinées que Paul lui avoit prédites et de l'épouse que Dieu lui avoit choisie. Dans une terre dont le maître s'est éloigné, on voit un arbre de riche espérance devenir stérile ; le maître, après quelques années d'absence, rentre à sa demeure ; il retourne à son arbre chéri, il coupe les branches blessées par la chèvre ou rompues par les vents : l'arbre reprend une vigueur nouvelle, et bientôt sa tête s'incline sous le poids de ses fruits parfumés : ainsi le fils de Lasthénès, abandonné de Dieu, avoit langui faute de culture ; mais quand le père de famille rentra dans son héritage et donna ses soins à la plante de son amour, Eudore se couronna des vertus que son enfance avoit promises.

Il touchoit à l'accomplissement d'une partie de ses vœux ; il alloit recevoir la foi de Cymodocée. La nouvelle catéchumène avoit mérité par son intelligence, sa pureté et sa douceur, d'être admise aux deux degrés d'auditrice et de postulante [8]. Elle devoit paroître à l'église, pour la première fois, le jour d'une fête consacrée à la mère du Sauveur ; fiancée après la célébration des mystères, elle étoit destinée à jurer dans le même moment fidélité à son Dieu et à son époux.

Les premiers chrétiens choisissoient surtout le silence des ombres pour accomplir les cérémonies de leur culte. Le jour qui précéda la nuit où Cymodocée triompha de l'enfer, ce jour se passa dans les méditations et les prières. Vers le soir, Séphora et ses deux filles commencèrent à parer la nouvelle épouse. Elle se dépouilla d'abord des ornements des Muses ; elle déposa sur un autel domestique, consacré à la Reine des anges, son sceptre, son voile et ses bandelettes : sa lyre étoit restée au temple d'Homère. Ce ne fut pas sans répandre des larmes que Cymodocée se sépara des marques gracieuses de la religion paternelle. Une tunique blanche, une couronne de lis, lui tinrent lieu des perles et des colliers que ne portaient point les chrétiennes. La pudeur évangélique remplaça sur ses lèvres le sourire des Muses et lui donna des charmes dignes du ciel.

A la seconde veille de la nuit, elle sortit au milieu des flambeaux, portant un flambeau elle-même. Elle étoit précédée de Cyrille, des prêtres, des veuves et des diaconesses ; le chœur des vierges l'attendoit à la porte. Quand elle parut, la foule qu'attiroit cette cérémonie poussa un cri d'admiration. Les païens disoient :

« C'est la fille de Tyndare, couronnée des fleurs du plataniste [9], et prête à passer dans le lit de Ménélas ! C'est Vénus, lorsqu'elle eut jeté ses bracelets dans l'Eurotas et qu'elle se montra à Lycurgue sous les traits de Minerve ! »

Les chrétiens s'écrioient :

« C'est une nouvelle Ève! c'est l'épouse du jeune Tobie! c'est la chaste Suzanne! c'est Esther! »

Ce nom d'Esther, donné par la voix du peuple fidèle, devint aussitôt le nom chrétien de Cymodocée.

Près du Lesché, et non loin des tombeaux des rois Agides [10], les chrétiens de Sparte avoient bâti une église. Éloignée du bruit et de la foule [11], environnée de cours et de jardins, elle étoit séparée de tout monument profane. Après avoir passé un péristyle décoré de fontaines où les fidèles se purifioient avant la prière, on trouvoit trois portes qui conduisoient à la basilique. Au fond de l'église, à l'orient, on apercevoit l'autel, et derrière l'autel, le sanctuaire. Cet autel d'or massif, enrichi de pierreries, couvroit le corps d'un martyr; quatre rideaux d'une étoffe précieuse l'environnoient. Une colombe d'ivoire, image de l'Esprit-Saint, étoit suspendue au-dessus de l'autel et protégeoit de ses ailes le tabernacle. Les murs étoient décorés de tableaux qui représentoient des sujets tirés de l'Écriture. Le baptistère s'élevoit isolé à la porte de l'église et faisoit soupirer l'impatient catéchumène.

Cymodocée s'avance vers les saints portiques. Un contraste étonnant se faisoit remarquer de toutes parts : les filles de Lacédémone, encore attachées à leurs dieux, paroissoient sur la route avec leurs tuniques entr'ouvertes [12], leur air libre, leurs regards hardis : telles elles dansoient aux fêtes de Bacchus ou d'Hyacinthe [13] : les rudes souvenirs de Sparte, la fourberie, la cruauté, la férocité maternelle [14], se montroient dans les yeux de la foule idolâtre. Plus loin on découvroit des vierges chrétiennes chastement vêtues, dignes filles d'Hélène par leur beauté, plus belles que leur mère par leur modestie. Elles alloient avec le reste des fidèles célébrer les mystères d'un culte qui rend le cœur doux pour l'enfant, charitable pour l'esclave, et inspire l'horreur de la dissimulation et du mensonge. On eût cru voir deux peuples parmi ces frères, tant la religion peut changer les hommes!

Lorsqu'on fut arrivé au lieu de la fête, l'évêque, tenant l'Évangile à la main, monta sur son trône, qui s'élevoit au fond du sanctuaire, en face du peuple. Les prêtres, assis à sa droite et à sa gauche, remplirent le demi-cercle de l'abside. Les diacres se rangèrent debout derrière eux; la foule occupoit le reste de l'église; les hommes étoient séparés des femmes, les premiers la tête découverte, les secondes la tête voilée.

Tandis que l'assemblée prenoit ses rangs, un chœur chantoit le psaume de l'introduction de la fête. Après ce cantique, les fidèles prièrent en silence; ensuite l'évêque prononça l'oraison des vœux réunis des fidèles. Le lecteur monta à l'ambon [15], et choisit dans l'Ancien et le Nouveau Testament les textes qui se rapportoient davantage à la double fête que l'on célébroit. Quel spectacle pour Cymodocée ! Quelle différence de cette sainte et tranquille cérémonie aux sanglants sacrifices, aux chants impurs des païens ! Tous les yeux se tournoient sur l'innocente catéchumène ; elle étoit assise au milieu d'une troupe de vierges, qu'elle effaçoit par sa beauté. Accablée de respect et de crainte, à peine osoit-elle lever un regard timide pour chercher dans la foule celui qui après Dieu occupoit alors uniquement son cœur.

Le lecteur fut remplacé par l'évêque dans la chaire de vérité. Il expliqua d'abord l'évangile du jour : il parla de la conversion des idolâtres et du bonheur qu'auroit bientôt une fille vertueuse d'être unie à un époux chrétien, sous la protection de la Mère du Sauveur. Il termina son discours par ces paroles :

« Habitants de Lacédémone, il est temps que je vous rappelle l'alliance qui vous unit avec Sion [16]. Descendu d'Abraham comme le peuple fidèle, Arius votre roi réclama jadis auprès du pontife Onias les lois de cette parenté sainte. Dans la lettre qu'il adressa au peuple juif, il lui dit : « Nos troupeaux et tous nos biens sont à vous, et les « vôtres sont à nous. » Les Machabées, reconnoissant cette commune origine, envoyèrent aux Spartiates une députation amicale. Si donc, n'étant encore que gentils vous fûtes distingués du Dieu de Jacob entre tous les peuples de Javan [17], de Séthim et d'Élisa, que ne devez-vous pas faire pour le ciel à présent que vous êtes marqués du sceau de la race élue ! Voici l'instant de vous montrer dignes de votre berceau, qu'ombragèrent les palmes de l'Idumée. Les grands martyrs Judas, Jonathas et ses frères vous invitent à marcher sur leurs traces. Vous êtes appelés aujourd'hui à la défense de la patrie céleste. Troupeau chéri que le ciel a confié à mes soins, c'est peut-être la dernière fois que votre pasteur vous rassemble sous sa houlette ! Combien peu d'entre nous se retrouveront au pied de cet autel quand il nous sera permis de nous réunir ! Servantes de Jésus-Christ, épouses vertueuses, vierges sans tache, c'est aujourd'hui qu'il faut vous glorifier d'avoir quitté les pompes du siècle, afin de ne vous attacher qu'à la pudeur. Ah ! qu'il seroit à craindre [18] que des pieds entravés par des bandelettes de soie ne pussent monter à l'échafaud ! Ces colliers de perles qui entourent un cou trop délicat laisseroient-ils quelque place à l'épée ? Réjouissons-nous donc, mes frères, le temps de notre délivrance approche ; je dis délivrance, car sans doute vous n'appelez pas esclavage les cachots et les fers dont vous êtes menacés. Pour un chrétien [19] persécuté la prison n'est point un lieu de souffrances, mais un lieu de délices : quand l'âme prie, le corps ne sent point le poids de ses chaînes, elle emporte avec soi tout l'homme. »

Cyrille descendit de la chaire. Un diacre s'écria :

« Priez, mes frères ! »

L'assemblée se leva, se tourna vers l'orient, et, les mains étendues vers le ciel, pria pour les chrétiens, pour les infidèles, pour les persécuteurs, pour les foibles, pour les malades, pour les affligés, pour tous ceux qui pleurent. Alors les diacres firent sortir du lieu saint tous ceux qui ne devoient point assister au sacrifice, les gentils, les possédés du démon, les pénitents. La mère d'Eudore, assistée de deux veuves, vint chercher la tremblante catéchumène ; elle la conduisit aux pieds de Cyrille. Alors le martyr, lui adressant la parole, lui dit :

« Qui êtes-vous ? »

Elle répondit, selon l'instruction qu'elle avoit reçue :

« Je suis Cymodocée, fille de Démodocus. »

« Que voulez-vous ? » dit le prélat.

« Sortir, repartit la jeune vierge, des ténèbres de l'idolâtrie, et entrer dans le troupeau de Jésus-Christ. »

« Avez-vous, dit l'évêque, bien pensé à votre résolution ; ne craignez-vous ni la prison ni la mort ? Votre foi en Jésus-Christ est-elle vive et sincère ? »

Cymodocée hésita. Elle ne s'attendoit point à la première partie de cette question : elle vit la douleur de son père, mais elle songea qu'elle balançoit à accepter le sort d'Eudore ; elle se décida sur-le-champ, et prononça d'une voix ferme :

« Je ne crains ni la prison ni la mort, et ma foi en Jésus-Christ est vive et sincère.

Alors l'évêque lui imposa les mains et la marqua au front du signe de la croix. Une langue de feu parut à la voûte de l'église, et l'Esprit-Saint descendit sur la vierge prédestinée. Un diacre lui met une palme à la main, les jeunes chrétiennes lui jettent des couronnes ; elle retourne au banc des femmes, précédée de cent flambeaux et semblable à une martyre qui s'envole éclatante vers le ciel.

Le sacrifice commence. L'évêque salue le peuple, et un diacre s'écrie :

« Embrassez-vous les uns les autres. »

L'assemblée se donne le baiser de paix. Le prêtre reçoit les dons des fidèles, l'autel est comblé des pains offerts en sacrifice ; Cyrille les bénit. Les lampes sont allumées, l'encens fume, les chrétiens élèvent leur voix : le sacrifice s'accomplit, l'hostie est partagée aux élus, l'agape suit la communion sainte, et tous les cœurs se tournent vers une cérémonie attendrissante.

L'épouse de Lasthénès annonce à Cymodocée qu'elle va promettre sa foi à Eudore. Cymodocée est soutenue dans les bras des vierges qui l'environnent. Mais qui peut dire où est le nouvel époux? Pourquoi marque-t-il si peu d'empressement? Quel lieu de ce temple le dérobe aux yeux de la fille d'Homère? On fait silence; les portes de l'église s'ouvrent, et l'on entend au dehors une voix [20] qui disoit :

« J'ai péché devant Dieu et devant les hommes. A Rome, j'ai oublié ma religion et j'ai été rejeté du sein de l'Église; dans les Gaules, j'ai donné la mort à l'innocence : priez pour moi, mes frères. »

Cymodocée reconnoît la voix d'Eudore! Le descendant de Philopœmen, revêtu d'un cilice, la tête couverte de cendres, prosterné sur le pavé du vestibule, accomplissoit sa pénitence et se confessoit publiquement. Le prélat offre au Seigneur, en faveur du chrétien humilié, une prière de miséricorde, que répètent tous les fidèles. Quel nouveau sujet d'étonnement pour Cymodocée! Elle est conduite une seconde fois à l'autel; elle est fiancée à son époux, et répète, de la voix la plus touchante, les paroles que l'évêque récitoit avant elle. Un diacre s'étoit rendu auprès d'Eudore : debout à la porte de l'église, où il ne pouvoit pénétrer, le pénitent prononce de son côté les mots qui l'engagent à Cymodocée. Échangé de l'autel au vestibule, le serment des deux époux est reporté de l'un à l'autre par les prêtres : on eût cru voir l'union de l'innocence et du repentir. La fille de Démodocus consacre à la reine des anges une quenouille chargée d'une laine sans tache, symbole des occupations domestiques. Pendant cette cérémonie, qui faisoit répandre des larmes à tous les témoins, les vierges de la nouvelle Sion chantoient le cantique de l'épouse :

« Tel est le lis entre les épines [21], telle est ma bien-aimée entre les vierges. Que vous êtes belle, ô mon amie! Votre bouche est une grenade entr'ouverte, et vos cheveux ressemblent aux rameaux du palmier. L'épouse s'avance comme l'aurore : elle s'élève du désert comme la fumée de l'encens! Filles de Jérusalem, je vous conjure par les chevreuils de la montagne de me soutenir avec des fruits et des fleurs, car mon âme s'est fondue à la voix de mon amie. Vent du milieu du jour, répandez les plus doux parfums autour de celle qui est les délices de l'époux! Ma bien-aimée, vous avez blessé mon âme! Ouvrez-moi vos portes de cèdre; mes cheveux sont mouillés de la rosée de la nuit. Que la myrrhe et l'aloès couvrent votre lit embaumé! que votre main gauche soutienne ma tête languissante; mettez-moi comme un sceau sur votre cœur, car l'amour est plus fort que la mort. »

A peine les vierges chrétiennes avoient-elles cessé leur cantique, qu'on entendit au dehors d'autres voix et d'autres concerts. Démodocus avoit rassemblé une troupe de ses parents et de ses amis, et faisoit chanter à son tour l'union d'Eudore et de Cymodocée :

« L'étoile du soir a brillé : jeunes hommes, abandonnez les tables du festin. Déjà la vierge paroît : chantons l'Hymen, chantons l'Hyménée.

« Fils d'Uranie, cultivateur des collines de l'Hélicon, toi qui conduis à l'époux la vierge timide, Hymen, viens fouler ces tapis au son de ta voix harmonieuse, et secoue dans ta main la torche à la chevelure d'or.

« Ouvrez les portes de la chambre nuptiale, la vierge s'avance! La pudeur ralentit ses pas ; elle pleure en quittant la maison paternelle. Viens, nouvelle épouse, un mari fidèle se veut reposer sur ton sein.

« Que des enfants plus beaux que le jour sortent de ce fécond hyménée. Je veux voir un jeune Eudore suspendu au sein de Cymodocée, tendre ses foibles mains à sa mère et sourire doucement au guerrier qui lui donna le jour! »

Ainsi les deux religions se réunissoient pour célébrer l'union d'un couple qui sembloit heureux, à l'instant même où les plus grands périls menaçoient sa tête. A peine les chants d'allégresse avoient cessé, que l'on entend retentir le pas régulier des soldats et le bruit des armes. Une rumeur confuse s'élève dans les airs, des hommes farouches entrent dans l'asile de la paix, le fer et la flamme à la main. La foule, épouvantée, se précipite par toutes les portes de l'église. Étouffés dans les étroits passages de la nef et des vestibules, les femmes, les enfants, les vieillards poussent des cris lamentables ; tout fuit, tout se disperse. Cyrille, revêtu de ses habits pontificaux, et tranquille devant le Saint des saints, est arrêté à l'autel. Un centurion, chargé des ordres d'Hiéroclès, cherche Cymodocée, la reconnoît au milieu de la foule, et veut porter sur elle une main profane. A l'instant Eudore, cet agneau paisible, devient un lion rugissant. Il se précipite sur le centurion, lui arrache son épée, la brise, et, saisissant dans ses bras la fille de Démodocus, il l'emporte à travers les ombres. Le centurion, désarmé, appelle ses soldats, et poursuit le fils de Lasthénès. Eudore, redoublant de vitesse, touche déjà la tombe de Léonidas [22] ; mais il entend derrière lui la marche précipitée des satellites d'Hiéroclès. Ses forces, épuisées, trompent son amour ; il ne peut plus porter son fardeau, il dépose son épouse derrière le monument sacré. Auprès du tombeau s'élevoit le trophée d'armes des guerriers des Thermopyles. Eudore saisit la lance du roi de Lacédémone ; les soldats arrivent.

Prêts à s'élancer sur le chrétien, ils croient voir, à la lueur de leurs torches, l'ombre magnanime de Léonidas, qui d'une main tient sa lance et de l'autre embrasse son sépulcre. Les yeux du fils de Lasthénès étincellent; il secoue dans la nuit sa noire chevelure; le fer de sa lance brise et renvoie en mille éclairs la lueur des flambeaux : moins terrible parut aux Perses Léonidas lui-même, dans cette nuit où, pénétrant jusqu'à la tente de Xerxès, il remplit de meurtre et d'épouvante le camp des barbares. O surprise! plusieurs soldats reconnoissent leur général.

« Romains, s'écrie Eudore, c'est mon épouse que vous me voulez ravir, mais vous ne me l'arracherez qu'avec la vie ! »

Touchés par la voix de leur ancien compagnon d'armes, effrayés de son air terrible, les soldats s'arrêtent. Quand une troupe rustique est entrée dans un champ de blé nouveau, les frêles épis tombent sans effort sous la faucille; mais arrivés au pied d'un chêne qui s'élève au milieu des gerbes, les moissonneurs admirent l'arbre puissant que pourroient seules abattre ou la tempête ou la cognée : ainsi, après avoir dispersé la foule des chrétiens, les soldats s'arrêtent devant le fils de Lasthénès. En vain le lâche centurion leur ordonne d'avancer : ils semblent attachés sur le sol par un charme. Dieu leur inspiroit secrètement cet effroi. Il fait plus : il ordonne à l'ange protecteur du fils de Lasthénès de se dévoiler aux yeux de la cohorte. La foudre gronde dans les cieux, l'ange paroît au côté d'Eudore, sous la forme d'un guerrier couvert d'armes étincelantes; les soldats jettent leur bouclier sur leur dos, et s'enfuient dans les ténèbres, au milieu de la grêle et des éclairs. Eudore profite de cet instant : il enlève de nouveau sa bien-aimée. Suspendue au cou d'Eudore, Cymodocée presse dans ses bras la tête sacrée de son époux : la vigne s'attache avec moins de grâce au peuplier qui la soutient, la flamme embrasse avec moins de vivacité le tronc du pin qu'elle dévore; la voile est repliée moins étroitement autour du mât pendant la tempête. Le fils de Lasthénès, chargé de son trésor, arrive bientôt chez son père et, du moins pour un moment, met à l'abri la vierge qui vient de lui consacrer ses jours.

En proie au démon de la jalousie, Hiéroclès s'étoit porté à cette violence contre les chrétiens dans l'espoir de ravir Cymodocée à Eudore avant qu'elle eût prononcé les mots qui l'engageoient à son époux; mais ses satellites arrivèrent trop tard, et le courage d'Eudore sauva l'innocente catéchumène. Le messager que le fils de Lasthénès avoit envoyé à Constantin revint à Lacédémone la nuit même de ce scandale. Il apporta des nouvelles à la fois heureuses et inquiétantes.

Dioclétien avoit encore pris un de ces partis modérés convenables à son caractère. Sur le faux rapport envoyé par Hiéroclès, l'empereur avoit ordonné de surveiller les prêtres et de disperser les assemblées secrètes; mais éclairé par Constantin, il n'avoit pu croire qu'Eudore se fût mis à la tête des rebelles, et il se contentoit de le rappeler à Rome. Constantin ajoutoit dans sa lettre :

« Venez donc auprès de moi; nous aurons besoin de votre secours. J'envoie Dorothée à Jérusalem, afin de prévenir ma mère du sort qui menace les fidèles. Il doit toucher à Athènes. Si vous choisissiez le Pirée pour vous embarquer, vous pourriez apprendre de la bouche de votre ancien ami des choses importantes. »

La galère de Dorothée venoit en effet d'arriver au port de Phalère. La famille de Lasthénès et celle de Démodocus délibèrent sur le parti qui leur reste à prendre.

« Cymodocée, dit Eudore, ne peut demeurer dans la Grèce [23] après mon départ sans être exposée aux violences d'Hiéroclès; elle ne peut me suivre à Rome, puisqu'elle n'est pas encore mon épouse. Il s'offre une circonstance favorable : Dorothée pourroit conduire Cymodocée à Jérusalem. Sous la protection de l'épouse de Constance, elle achèveroit de s'instruire des vérités du salut. Aussitôt que l'empereur m'en accorderoit la grâce, j'irois au tombeau de Jésus-Christ réclamer la foi que la fille de Démodocus m'a jurée. »

Les deux familles regardèrent ce dessein comme une inspiration du ciel : ainsi lorsque des marins ont embarqué sur leur galère cet oiseau belliqueux et rustique qui réveille au matin les laboureurs, si pendant la nuit, au travers des sifflements d'une tempête, il fait entendre son cri guerrier et villageois, je ne sais quel doux regret de la patrie pénètre avec un rayon d'espérance dans le cœur du matelot réjoui : il bénit la voix qui, rappelant au milieu des mers la vie pastorale, semble promettre une terre prochaine. Démodocus lui-même est rassuré par le projet d'Eudore; sans songer à une séparation douloureuse, il ne voit, au premier moment, qu'un moyen de sauver sa fille : il l'auroit voulu suivre aux extrémités de la terre, mais son âge et ses fonctions de pontife l'enchaînoient au sol de la Grèce.

« Eh bien, dit Lasthénès, que la volonté de Dieu s'accomplisse! Démodocus conduira Cymodocée à Athènes; Eudore s'y rendra de son côté. Les deux époux s'embarqueront au même moment et au même port, l'un pour Rome, l'autre pour la Syrie. O mes enfants! le temps des épreuves est de peu de durée et passe comme un courrier rapide [24]! Soyez chrétiens, et l'amour vous restera avec le ciel. »

Le départ fut fixé au jour suivant, dans la crainte de quelque nou-

-velle fureur du proconsul. Avant de quitter Lacédémone, Eudore écrivit à Cyrille, qu'il ne put voir dans les prisons. Le confesseur, accoutumé aux chaînes, envoya du fond de son cachot sa bénédiction au couple persécuté. Jeunes époux, vous espériez encore le bonheur sur la terre, et déjà le chœur des vierges et des martyrs commençoit pour vous dans le ciel des cantiques d'une union plus durable et d'une félicité sans fin !

FIN DU LIVRE QUATORZIÈME.

LIVRE QUINZIÈME.

Athènes. Adieux de Cymodocée, d'Eudore et de Démodocus. Cymodocée s'embarque avec Dorothée pour Joppé. Eudore s'embarque en même temps pour Ostie. La Mère du Sauveur envoie Gabriel à l'ange des mers. Eudore arrive à Rome. Il trouve le sénat prêt à se rassembler pour prononcer sur le sort des chrétiens. Il est choisi pour plaider leur cause. Hiéroclès arrive à Rome : les sophistes le chargent de défendre leur secte et d'accuser les chrétiens. Symmaque, pontife de Jupiter, doit parler au sénat en faveur des anciens dieux de la patrie.

Monté sur un coursier de Thessalie et suivi d'un seul serviteur, le fils de Lasthénès avoit quitté Lacédémone ; il marchoit vers Argos, par le chemin de la montagne [1]. La religion et l'amour remplissoient son âme de résolutions généreuses. Dieu, qui vouloit l'élever au plus haut degré de la gloire, le conduisoit à ces grands spectacles qui nous apprennent à mépriser les choses de la terre. Eudore, errant sur des sommets arides, fouloit le patrimoine du Roi des rois. Pendant trois soleils il presse les flancs de son coursier, et vient se reposer un moment dans Argos. Tous ces lieux, encore remplis des noms d'Hercule, de Pélops, de Clytemnestre, d'Iphigénie, n'offroient que des débris silencieux. Il voit ensuite les portes solitaires de Mycènes et la tombe ignorée d'Agamemnon : il ne cherche à Corinthe que les monuments où l'Apôtre fit entendre sa voix. En traversant l'isthme dépeuplé, il se rappelle ces jeux chantés par Pindare, qui participoient en quelque sorte de l'éclat et de la toute-puissance des dieux ; il cherche à Mégare les foyers de son aïeule qui recueillit les cendres de Phocion. Tout étoit désert à Éleusis, et dans le canal de Salamine, une seule barque de pêcheur étoit attachée aux pierres d'un môle détruit. Mais lorsque, suivant la voie Sacrée, le fils de Lasthénès eut gravi le mont Pœcile, et que la plaine de l'Attique s'offrit à ses regards, il s'arrêta saisi d'admiration et de surprise : la citadelle d'Athènes, élégamment découpée dans la forme d'un piédestal, portoit au ciel le temple de

Minerve et les Propylées; la ville s'étendoit à sa base, et laissoit voir les colonnes confuses de mille autres monuments. Le mont Hymette faisoit le fond du tableau, et un bois d'oliviers servoit de ceinture à la cité de Minerve.

Eudore traverse le Céphise, qui coule dans ce bois sacré; il demande la route des jardins d'Académe : des tombeaux lui tracent le chemin de cette retraite de la philosophie. Il reconnoît les pierres funèbres de Thrasybule, de Conon, de Timothée; il salue les sépulcres de ces jeunes hommes, morts pour la patrie dans la guerre du Péloponèse; Périclès, qui compara Athènes privée de sa jeunesse à l'année dépouillée de son printemps, repose lui-même au milieu de ces fleurs moissonnées.

La statue de l'Amour annonce au fils de Lasthénès l'entrée des jardins de Platon. Adrien, en rendant à l'Académie son ancienne splendeur, n'avoit fait qu'ouvrir un asile aux songes de l'esprit humain. Quiconque étoit parvenu au grade de sophiste sembloit avoir acquis le privilége de l'insolence et de l'erreur. Le cynique, à peine couvert d'une petite chlamyde sale et déchirée, insultoit, avec son bâton et sa besace, au platonicien enveloppé dans un large manteau de pourpre; le stoïcien, vêtu d'une longue robe noire, déclaroit la guerre à l'épicurien couronné de fleurs. De toutes parts retentissoient les cris de l'école, que les Athéniens appeloient le chant des cygnes et des sirènes; et les promenades qu'avoit immortalisées un génie divin étoient abandonnées aux plus imposteurs comme aux plus inutiles des hommes.

Eudore cherchoit dans ces lieux le premier officier du palais de l'empereur : il ne se put défendre d'un mouvement de mépris lorsqu'il traversa les groupes des sophistes, qui le prenoient pour un adepte; désirant l'attirer à leurs systèmes, ils lui proposoient la sagesse dans le langage de la folie. Il pénètre enfin jusqu'à Dorothée : ce vertueux chrétien se promenoit au fond d'une allée de platanes que bordoit un canal limpide; il étoit environné d'une troupe de jeunes gens déjà célèbres par leurs talents ou par leur naissance. On remarquoit auprès de lui Grégoire de Nazianze, animé d'un souffle poétique; Jean, nouveau Démosthène, que son éloquence prématurée avoit fait nommer *Bouche d'Or;* Basile, et Grégoire de Nysse, son frère : ceux-ci montroient un penchant décidé vers la religion qu'avoient professée Justin le Philosophe et Denys l'Aréopagite. Julien, au contraire, neveu de Constantin, s'attachoit à Lampridius, ennemi déclaré du culte évangélique : des habitudes bizarres et des mouvements convulsifs déceloient dans le jeune prince une sorte de déréglement de l'esprit et du cœur.

Dorothée eut quelque peine à reconnoître Eudore : le visage du fils de Lasthénès avoit pris cette beauté mâle que donnent le métier des armes et l'exercice des vertus. Ils se retirèrent à l'écart, et Dorothée ouvrit son cœur à l'ami de Constantin.

« J'ai quitté Rome, lui dit-il, à l'arrivée de votre messager. Le mal est encore plus grand que vous ne le croyez peut-être : Galérius l'emporte, et tôt ou tard Dioclétien sera obligé d'abdiquer la pourpre. On veut perdre d'abord les chrétiens, afin d'ôter à l'empereur son premier appui : c'est l'ancien projet d'Hiéroclès, aujourd'hui tout-puissant auprès de César. Celui-ci répète sans cesse que le dénombrement ordonné, en découvrant une multitude effrayante d'ennemis des dieux, a révélé le danger de l'empire ; qu'il faut en venir aux mesures les plus sévères pour réprimer une secte qui menace les autels de la patrie. Pour moi, presque tombé dans la disgrâce de Dioclétien, vous savez quel sujet me conduit en Syrie. Eudore, nos frères malheureux tournent les yeux vers vous. La gloire que vous vous êtes acquise dans les armes et surtout votre repentir éclatant sont l'objet de l'admiration et des discours de tous les fidèles. Le souverain pontife vous attend ; Constantin vous appelle. Ce prince, environné de délateurs, se soutient à peine à la cour ; il a besoin d'un ami tel que vous, qui puisse l'aider de ses conseils et, s'il le faut, le servir de son bras. »

Eudore raconte à son tour à Dorothée les événements qui s'étoient passés dans la Grèce. Dorothée s'engage avec joie à conduire vers Hélène l'épouse du fils de Lasthénès. Une galère napolitaine, prête à retourner en Italie, se trouvoit au port de Phalère, non loin du vaisseau de Dorothée : Eudore la retient pour son passage. Les deux voyageurs fixent ensuite le moment du départ au troisième jour de la fête des Panathénées. Démodocus arriva pour cette époque fatale avec la triste Cymodocée ; il alla cacher ses pleurs dans la citadelle, où le plus ancien des prytanes, son parent et son ami, lui donna l'hospitalité.

Le fils de Lasthénès avoit été reçu par le docte Piste, évêque d'Athènes, qui brilla depuis dans ce concile de Nicée où l'on vit trois prélats ayant le don des miracles et ressuscitant les morts, quarante évêques confesseurs ou martyrs, des prêtres savants, des philosophes même, enfin les plus grands caractères, les plus beaux génies et les hommes les plus vertueux de l'Église.

La veille de la double séparation du père et de la fille, de l'épouse et de l'époux, Eudore fit savoir à Cymodocée que tout étoit prêt et que le lendemain, vers le coucher du soleil, il iroit la chercher sous le portique du temple de Minerve.

Le jour fatal arrive : le fils de Lasthénès sort de sa demeure ; il passe devant l'Aréopage, où le Dieu que Paul annonça n'étoit plus inconnu ;

il monte à la citadelle, et se trouve le premier au rendez-vous, sous le portique du plus beau temple de l'univers.

Jamais si brillant spectacle n'avoit frappé les regards d'Eudore. Athènes s'offroit à lui dans toutes ses pompes, le mont Hymette s'élevoit à l'orient comme revêtu d'une robe d'or ; le Pentélique se courboit vers le septentrion pour aller joindre le Permetta ; le mont Icare s'abaissoit au couchant, et laissoit voir derrière lui la cime sacrée du Cythéron ; au midi la mer, le Pirée, les rivages d'Égine, les côtes d'Épidaure, et dans le lointain la citadelle de Corinthe, terminoient le cercle entier de la patrie des arts, des héros et des dieux.

Athènes, avec tous ses chefs-d'œuvre, reposoit au centre de ce bassin superbe : ses marbres polis et non pas usés par le temps se peignoient des feux du soleil à son coucher ; l'astre du jour, prêt à se plonger dans la mer, frappoit de ses derniers rayons les colonnes du temple de Minerve : il faisoit étinceler les boucliers des Perses suspendus au fronton du portique, et sembloit animer sur la frise les admirables sculptures de Phidias.

Ajoutez à ce tableau le mouvement que la fête des Panathénées répandoit dans la ville et dans la campagne. Là de jeunes Canéphores reportoient aux jardins de Vénus les corbeilles sacrées, ici le Péplus flottoit encore au mât du vaisseau qui se mouvoit par ressorts ; des chœurs répétoient les chansons d'Harmodius et d'Aristogiton ; les chars rouloient vers le Stade ; les citoyens couroient au Lycée, au Pœcile, au Céramique ; la foule se pressoit surtout au théâtre de Bacchus, placé sous la Citadelle ; et la voix des acteurs, qui représentoient une tragédie de Sophocle, montoit par intervalles jusqu'à l'oreille du fils de Lasthénès.

Cymodocée parut : à son vêtement sans tache, à son front virginal, à ses yeux d'azur, à la modestie de son maintien, les Grecs l'auroient prise pour Minerve elle-même sortant de son temple et prête à rentrer dans l'Olympe, après avoir reçu l'encens des mortels.

Eudore, saisi d'admiration et d'amour, faisoit des efforts pour cacher son trouble, afin d'inspirer plus de courage à la fille d'Homère.

« Cymodocée, lui dit-il, comment vous exprimer la reconnoissance et les sentiments de mon cœur ? Vous consentez à quitter pour moi la Grèce, à traverser les mers, à vivre sous des cieux étrangers, loin de votre père, loin de celui que vous avez choisi pour époux. Ah ! si je ne croyois vous ouvrir les cieux et vous conduire à des félicités éternelles, pourrois-je vous demander de pareilles marques d'attachement ? Pourrois-je espérer qu'un amour humain vous fît faire des choses si douloureuses ? »

« Tu pourrois, repartit Cymodocée en larmes, me demander mon repos et ma vie : le bonheur de faire quelque chose pour toi me payeroit de tous mes sacrifices. Si je t'aimois seulement comme mon époux, rien encore ne me seroit impossible. Que dois-je donc faire à présent que ta religion m'apprend à t'aimer pour le ciel et pour Dieu même ! Je ne pleure pas sur moi, mais sur les chagrins de mon père et sur les dangers que tu vas courir. »

« O la plus belle des filles de la nouvelle Sion ! répondit Eudore, ne craignez point les périls qui peuvent menacer ma tête ; priez pour moi : Dieu exaucera les vœux d'une âme aussi pure. La mort même, ô Cymodocée ! n'est point un mal quand elle nous rencontre accompagnés de la vertu. D'ailleurs des destinées tranquilles et ignorées ne nous mettent point à l'abri de ses traits : elle nous surprend dans la couche de nos aïeux comme sur une terre étrangère. Voyez ces cigognes qui s'élèvent en ce moment des bords de l'Ilissus ; elles s'envolent tous les ans aux rives de Cyrène, elles reviennent tous les ans aux champs d'Érechthée ; mais combien de fois ont-elles retrouvé déserte la maison qu'elles avoient laissée florissante ! combien de fois ont-elles cherché en vain le toit même où elles avoient accoutumé de bâtir leurs nids ! »

« Pardonne, dit Cymodocée, pardonne ces frayeurs à une jeune fille élevée par des dieux moins sévères, et qui permettent les larmes aux amants près de se quitter ! »

A ces mots, Cymodocée, étouffant ses pleurs, se couvrit le visage de son voile. Eudore prit dans ses mains les mains de son épouse ; il les pressa chastement sur ses lèvres et sur son cœur.

« Cymodocée, dit-il, bonheur et gloire de ma vie, que la douleur ne vous fasse pas blasphémer une religion divine. Oubliez ces dieux qui ne vous offroient aucune ressource contre les tribulations du cœur. Fille d'Homère, mon Dieu est le Dieu des âmes tendres, l'ami de ceux qui pleurent, le consolateur des affligés ; c'est lui qui entend sous le buisson la voix du petit oiseau et qui mesure le vent pour la brebis tondue. Loin de vouloir vous priver de vos larmes, il les bénit ; il vous en tiendra compte quand il vous visitera à votre dernière heure, puisque vous les versez pour lui et pour votre époux. »

A ces dernières paroles, la voix d'Eudore s'altéra. Cymodocée se découvre le visage : elle aperçoit la noble figure du guerrier inondée des pleurs qui descendoient le long de ses joues brunies. La gravité de cette douleur chrétienne, ce combat de la religion et de la nature, donnoient au fils de Lasthénès une incomparable beauté. Par un mouvement involontaire, la fille de Démodocus alloit tomber aux genoux d'Eudore ; il la retient entre ses bras, il la presse tendrement sur son cœur ; tous les deux demeurent ravis dans une sainte et douce extase : tels parurent sans doute, à l'entrée de la tente de Laban, Rachel et Jacob se disant un triste adieu : le fils d'Isaac étoit obligé de garder les troupeaux durant sept nouvelles années pour obtenir son épouse.

Démodocus sortit alors des bâtiments du temple ; oubliant qu'il avoit consenti au départ de sa fille, les chagrins de son cœur s'exhalent aussitôt en plaintes amères.

« Comment ! s'écrie-t-il, as-tu la barbarie d'arracher une fille à son père ? Du moins, si ma Cymodocée étoit ton épouse, si vous me laissiez l'un et l'autre un aimable enfant qui pût sourire à ma douleur et de ses mains innocentes se jouer avec mes cheveux blanchis !... Mais loin de toi, loin de moi, sous un ciel inhospitalier, errante sur une mer où des pirates barbares... Ah ! si ma fille alloit tomber entre leurs mains ! s'il lui falloit servir un maître cruel, préparer son repas et son lit ! Que la terre me cache dans son sein avant que j'éprouve un pareil malheur ! Les chrétiens ont-ils donc un cœur plus dur que les rochers ? Leur Dieu est-il donc inexorable ? »

Cymodocée avoit volé dans les bras de son père, et mêloit ses larmes à celles du vieillard. Eudore écoutoit les reproches de Démodocus avec une fermeté qui n'avoit rien de dur et une affliction qui n'avoit rien de foible.

« Mon père, répondit-il, permettez que je vous donne ce nom, car votre Cymodocée est déjà mon épouse aux yeux de l'Éternel ; je ne l'arrache point de force à vos embrassements, elle est libre de suivre ou de rejeter ma religion ; mon Dieu ne veut point obtenir les cœurs par contrainte : si cela doit vous coûter à tous deux trop de regrets et de pleurs, demeurez ensemble dans la Grèce. Puisse le ciel répandre sur vous ses faveurs ! Pour moi, j'accomplirai ma destinée. Mais, Démodocus, si votre fille m'aime, si vous croyez que je la puisse rendre heureuse, si vous craignez pour elle les persécutions d'Hiéroclès, supportez une séparation qui, je l'espère, ne sera point de longue durée, et qui met Cymodocée à l'abri des plus grands malheurs. Démodocus, Dieu dispose de nous comme il lui plaît : notre devoir est de nous soumettre à sa volonté suprême. »

« O mon fils ! repartit Démodocus, excuse ma douleur ; je le sens, je suis injuste : tu ne mérites pas les reproches que je te fais ; tu sauves, au contraire, ma Cymodocée des persécutions d'un impie ; tu la mets sous la protection d'une princesse magnanime ; tu lui apportes de grands biens et un nom illustre. Mais comment rester seul dans la Grèce ? Oh ! que ne suis-je libre de quitter les sacrifices que les peuples ont confiés à mes soins! Que n'ai-je l'âge où je parcourois les villes et les pays étrangers pour apprendre à connoître les hommes! Comme je suivrois ma Cymodocée! Hélas! je ne te verrai donc plus danser avec les vierges sur le sommet de l'Ithome! Rose de Messénie, je te chercherai en vain dans les bois du temple! Cymodocée, je n'entendrai plus ta douce voix retentir dans les chœurs des sacrifices; tu ne me présenteras plus l'orge nouvelle ou le couteau sacré; je contemplerai, suspendue à l'autel, ta lyre couverte de poussière et ses cordes brisées; mes yeux, pleins de larmes, verront se dessécher aux pieds de la statue d'Homère les couronnes de fleurs qu'embellissoit ta chevelure. Hélas! j'avois compté sur toi pour me fermer les yeux; je mourrai donc sans pouvoir te bénir en quittant la vie? Le lit où j'exhalerai mon dernier soupir sera solitaire, car, ma fille, je n'espère plus te revoir; j'entends le vieux nocher qui m'appelle; à mon âge, il ne faut pas compter sur les jours : lorsque la graine de la plante est mûre et séchée, elle devient légère et le moindre vent l'emporte. »

Comme le prêtre d'Homère prononçoit ces mots, des applaudissements font retentir le théâtre de Bacchus; l'acteur qui représentoit OEdipe à Colone élève la voix, et ces paroles viennent frapper les oreilles d'Eudore, de Démodocus et de Cymodocée :

« O Thésée! unissez dans mes mains vos mains à celles de ma fille! promettez-moi de servir de père à ma chère Antigone! »

« Je le promets, » s'écria Eudore, appliquant à ses destinées les vers du poëte.

« Elle est donc à toi, » dit Démodocus en lui tendant les bras.

Eudore s'y précipite, le vieillard presse ses deux enfants contre son cœur : ainsi l'on voit un saule creusé par les ans, dont le sein entr'ouvert porte quelques fleurs de la prairie; l'arbre étend son ombrage antique sur ces jeunes trésors et semble n'implorer que pour eux le zéphyr et la rosée; mais bientôt un brûlant orage renverse et le saule et les fleurs, aimables enfants de la terre.

La lune parut à l'horizon; son front d'argent se couronnoit des rayons d'or du soleil, dont le disque élargi s'enfonçoit dans les flots. C'étoit l'heure qui ramène aux nautoniers le vent favorable pour sortir du port de l'Attique. Les chars et les esclaves de Démodocus l'attendoient au bas de la citadelle, à l'entrée de la rue des Trépieds. Il fallut descendre, il fallut se soumettre à sa destinée; les chars entraînent les trois infortunés qui n'avoient plus la force de gémir. Ils ont bientôt passé la porte du Pirée, les tombeaux d'Antiope, de Ménandre et d'Euripide; ils tournent vers le temple ruiné de Cérès, et, après avoir traversé le champ d'Aristide, ils touchent au port de Phalère. Le vent venoit de se lever ; les flots, légèrement agités, battoient le rivage ; les galères déployoient leurs voiles, on entendoit les cris des matelots qui levoient l'ancre avec de grands efforts. Dorothée attendoit les passagers sur la grève, et les barques des vaisseaux étoient déjà prêtes à les recevoir. Eudore, Démodocus et Cymodocée descendent des chars arrêtés au bord des vagues. Le prêtre d'Homère ne pouvoit plus se soutenir, ses genoux se déroboient sous lui. Il disoit à sa fille d'une voix éteinte :

« Ce port me sera funeste comme au père de Thésée : je ne verrai point revenir ta voile blanche ! »

Le fils de Lasthénès et la jeune catéchumène s'inclinent devant Démodocus, et lui demandent sa dernière bénédiction : un pied dans la mer et le visage tourné vers la rive, ils avoient l'air d'offrir un sacrifice expiatoire à la manière antique. Démodocus lève les mains et bénit ses deux enfants du fond de son cœur, mais sans pouvoir prononcer une parole. Eudore soutient Cymodocée, et lui remet un écrit pour la pieuse Hélène ; ensuite, imprimant avec respect le baiser des adieux sur le front de la vierge éplorée :

« Mon épouse, lui dit-il, devenez bientôt chrétienne ; souvenez-vous d'Eudore, et que du haut de la tour du Troupeau la fille de Jérusalem jette quelquefois un regard sur la mer qui nous sépare. »

« Mon père, dit Cymodocée d'une voix entrecoupée par les sanglots, mon tendre père, vivez pour moi, je tâcherai de vivre pour vous. O Eudore ! vous reverrai-je un jour ? reverrai-je mon père ? »

Alors Eudore, inspiré :

« Oui, nous nous reverrons pour ne nous quitter jamais ! »

Les mariniers enlèvent Cymodocée, les esclaves entraînent Démodocus. Eudore se jette dans la barque qui le transporte à son vaisseau. La flotte sort de Phalère, et les matelots couronnés de fleurs font blanchir la mer sous l'effort des rames ; ils invoquent les Néréides, et Palémon, et Thétys, et saluent en s'éloignant la tombe sacrée de Thémistocle.

Le vaisseau de Cymodocée prend sa course vers l'orient, et celui du fils de Lasthénès tourne la proue vers l'Italie.

La divine Mère du Sauveur veilloit sur les jours de l'innocente pèlerine : elle envoie Gabriel à l'ange des mers, afin de lui commander de ne laisser souffler que la plus douce haleine des vents. Aussitôt Gabriel, après avoir détaché de ses épaules ses ailes blanches, bordées d'or, se plonge du ciel dans les flots.

Aux sources de l'Océan, sous des grottes profondes, toujours retentissantes du bruit des vagues, habite l'ange sévère qui veille aux mouvements de l'abîme. Pour l'instruire de ses devoirs, la sagesse le prit avec elle, lorsqu'à la naissance des temps elle se promena sous la mer. Ce fut lui qui, par l'ordre de Dieu, ouvrit au déluge les cataractes du ciel; c'est lui qui, dans les derniers jours du monde, doit une seconde fois rouler les flots sur le sommet des montagnes. Placé au berceau de tous les fleuves, il dirige leur cours, enfle ou fait décroître leurs ondes; il repousse dans la nuit des pôles et retient sous des chaînes de glace les brouillards, les nuages et les tempêtes; il connoît les écueils les plus cachés, les détroits les plus déserts, les terres les plus lointaines, et les découvre tour à tour au génie de l'homme; il voit d'un regard et les tristes régions du Nord et les brillants climats des tropiques ; deux fois par jour il soulève les écluses de l'Océan, et rétablissant avec sa main l'équilibre du globe, à chaque équinoxe il ramène la terre sous les feux obliques du soleil.

Gabriel pénètre dans le sein des mers : des nations entières et des continents inconnus dorment engloutis dans le gouffre des ondes. Combien de monstres divers que ne verra jamais l'œil des mortels! Quel puissant rayon de vie jusque dans ces profondeurs ténébreuses! Mais aussi, que de débris et de naufrages! Gabriel plaint les hommes et admire la puissance divine. Bientôt il aperçoit l'ange des mers, attentif à quelques grandes révolutions des eaux : assis sur un trône de cristal, il tenoit à la main un frein d'or ; sa chevelure verte descendoit humide sur ses épaules et une écharpe d'azur enveloppoit ses formes divines. Gabriel le salue avec majesté.

« Esprit redoutable, lui dit-il, ô mon frère ! le pouvoir que l'Éternel vous a confié montre assez le haut rang que vous occupez dans les hiérarchies célestes! Quel monde nouveau! Quelle intelligence sublime! Que vous êtes heureux de connoître ces merveilleux secrets ! »

« Divin messager, répondit l'ange des mers, quel que soit le sujet qui vous amène, je reçois avec joie un hôte tel que vous. Pour mieux admirer la puissance de notre Maître, il faudroit l'avoir vu, comme moi, poser les fondements de cet empire : j'étois présent quand il divisa en deux parts les eaux de l'abîme; je le vis assujettir les flots aux mouvements des astres et lier le destin de l'Océan à celui de la lune et du soleil; il couvrit Léviathan d'une cuirasse de fer, et l'envoya se jouer dans ces gouffres; il planta des forêts de corail sous les ondes; il les peupla de poissons et d'oiseaux; il fit sortir des îles riantes du sein d'un élément furieux; il régla le cours des vents; il soumit les orages à des lois, et, s'arrêtant sur le rivage, il dit à la mer : Tu n'iras pas plus loin, et tu briseras ici l'orgueil de tes flots. Illustre serviteur de Marie, hâtez-vous de m'apprendre quel ordre sou-

LIVRE XV.

verain vous a fait descendre dans ces grottes mobiles. Les temps sont-ils accomplis? Faut-il rassembler les nuages? Faut-il rompre les digues de l'Océan? Abandonnant l'univers au chaos, dois-je remonter avec vous dans les cieux? »

« Je vous apporte un message de paix, dit Gabriel avec un sourire : l'homme est toujours l'objet des complaisances de l'Éternel; la croix va triompher sur la terre; Satan va rentrer dans l'enfer. Marie vous ordonne de conduire aux ports ces deux époux que vous voyez s'éloigner des bords de la Grèce. Ne laissez souffler sur les ondes que la plus douce haleine des vents. »

« Qu'il soit fait selon la volonté de l'Étoile des mers! » dit en s'inclinant respectueusement l'ange qui gouverne les tempêtes. « Puisse Satan être bientôt renfermé dans les lieux de son supplice! souvent il trouble mon repos et déchaîne malgré moi les orages. »

En prononçant ces mots, le puissant esprit choisit les vents doux et parfumés qui caressent les rivages de l'Inde et de l'océan Pacifique, il les dirige dans les voiles d'Eudore et de Cymodocée, et fait avancer les deux galères, par un même souffle, à deux ports opposés.

Favorisé de cette bénigne influence du ciel, Eudore touche bientôt au rivage d'Ostie. Il vole à Rome. Constantin l'embrasse avec tendresse, et lui fait le récit des malheurs de l'Église et des intrigues de la cour.

Le sénat étoit convoqué pour délibérer sur le sort des fidèles. Rome reposoit dans l'attente et dans la terreur. Toutefois Dioclétien, par un dernier acte de justice, en cédant aux violences de Galérius, avoit voulu que les chrétiens eussent un défenseur au sénat. Les prêtres les plus illustres de la capitale de l'empire s'occupoient dans ce moment du choix d'un orateur digne de plaider la cause de la croix. Le concile, que présidoit Marcellin, étoit assemblé à la lueur des lampes dans les catacombes : ces Pères, assis sur les tombeaux des martyrs, ressembloient à de vieux guerriers délibérant sur le champ de bataille ou à des rois blessés en défendant leurs peuples. Il n'y avoit pas un de ces confesseurs qui ne portât sur ses membres les marques d'une glorieuse persécution : l'un avoit perdu l'usage de ses mains, l'autre ne voyoit plus la lumière des cieux; la langue de celui-ci avoit été coupée, mais le cœur lui restoit pour louer l'Éternel; celui-là se montroit tout mutilé par le bûcher, comme une victime à demi dévorée des feux du sacrifice. Les saints vieillards ne pouvoient s'accorder sur le choix d'un défenseur : aucun d'eux n'étoit éloquent que par ses vertus, et chacun craignoit de compromettre le sort des fidèles. Le pontife de Rome proposa de s'en référer à la décision du ciel. On place le saint Évangile sur le sépulcre du martyr qui servoit d'autel : les Pères se mettent en prières, et demandent à Dieu d'indiquer par quelques versets des Écritures le défenseur agréable à ses yeux. Dieu, qui leur avoit inspiré cette pensée, fait descendre aussitôt l'ange chargé d'inscrire les décrets éternels dans le livre de vie. L'esprit céleste, enveloppé d'un nuage, marque au milieu de la Bible les décrets demandés. Les Pères se lèvent; Marcellin ouvre la loi des chrétiens; il lit ces paroles des Machabées :

« Il se revêtit de la cuirasse comme un géant, il se couvrit de ses armes dans les combats, et son épée étoit la protection de tout le camp. »

Marcellin, surpris, ferme et rouvre une seconde fois le livre prophétique; il y trouve ces mots :

« Son souvenir sera doux comme un concert de musique dans un festin délicieux. Il a été destiné divinement pour faire rentrer le peuple dans la pénitence. »

Enfin le souverain pontife consulte une troisième fois l'oracle d'Israel; tous les Pères sont frappés de ce passage des Cantiques :

« Je me suis couvert d'un sac en jeûnant... J'ai pris pour mon vêtement un cilice. »

Aussitôt une voix (on ne sait quelle voix) prononça le nom d'Eudore! Les vieux martyrs, subitement éclairés, font retentir d'un Hosanna prolongé les voûtes des catacombes. Ils relisent le texte sacré. Saisis d'étonnement, ils voient avec quelle justesse tous les mots s'appliquent au fils de Lasthénès. Chacun admire les conseils du Très-Haut; chacun reconnoît combien ce choix est saint et désirable. La renommée du jeune orateur, sa pénitence exemplaire, sa faveur à la cour, son habitude de parler devant les princes, les charges dont il a été revêtu, l'amitié dont Constantin l'honore, tout justifie l'arrêt du ciel. On se hâte de lui porter les vœux des Pères. Eudore s'humilie dans la poudre; il cherche à se soustraire à cet honneur si sublime, à ce fardeau si pesant! On lui montre les passages de l'Écriture : il se soumet. Il se retire aussitôt parmi les tombeaux des saints, et se prépare par des veilles, des prières et des larmes, à plaider la plus grande cause qui fut jamais portée au tribunal des humains.

Tandis qu'il ne songe qu'à remplir dignement l'effrayante mission dont il est chargé, Hiéroclès arrivoit à Rome, soutenu de toutes les puissances de l'enfer. Cet ennemi de Dieu avoit appris avec désespoir le mauvais succès de ses violences à Lacédémone, la fuite de Cymodocée et le départ d'Eudore pour l'Italie. Les ordres modérés qu'il reçut en même temps de Dioclétien lui firent comprendre que ses calomnies n'avoient pas réussi complétement à la cour. Il avoit cru renverser un rival, et ce rival étoit simplement rappelé sous l'œil vigilant du chef de l'empire. Il tremble que le fils de Lasthénès ne parvienne à le perdre dans l'esprit de Dioclétien. Afin de prévenir quelque disgrâce soudaine, il se détermine à voler auprès de Galérius, qui ne cessoit de le redemander à ses conseils. L'esprit de ténèbres console en même temps l'apostat.

« Hiéroclès, lui dit-il secrètement, tu seras bientôt assez puissant pour atteindre Cymodocée jusque dans les bras d'Hélène. Cette vierge imprudente, en changeant de religion, t'offre une espérance nouvelle. Si tu peux déterminer les princes à persécuter les chrétiens, ton rival se trouvera d'abord enveloppé dans le massacre ; tu vaincras ensuite la fille d'Homère par la crainte des tourments, ou tu la réclameras comme une esclave chrétienne échappée à ton pouvoir. »

Le sophiste, qui prend ces conseils pour les inspirations de son cœur, s'applaudit de la profondeur de son génie : il ne sait pas qu'il n'est que l'instrument des projets de Satan contre la Croix. Plein de ces pensées, le proconsul s'étoit précipité des montagnes de l'Arcadie, comme le torrent du Styx qui tombe de ces mêmes montagnes et qui donne la mort à tous ceux qui boivent de ses eaux. Il passe en Épire, s'embarque au promontoire d'Actium, aborde à Tarente, et ne s'arrête qu'auprès de Galérius, qui profanoit alors à Tusculum les jardins de Cicéron.

César étoit environné dans ce moment des sophistes de l'école, qui se prétendoient aussi persécutés parce qu'on méprisoit leurs opinions. Ils s'agitoient pour être consultés sur la grande question que l'on alloit débattre. Ils se disoient juges naturels de tout ce qui concerne la religion des hommes. Ils avoient supplié Dioclétien de leur donner comme aux chrétiens un orateur au sénat. L'empereur, importuné de leurs cris, leur avoit accordé leur demande. L'arrivée d'Hiéroclès les remplit de joie. Ils le nomment orateur des sectes philosophiques. Hiéroclès accepte un honneur qui flatte sa vanité et lui fournit l'occasion de se rendre accusateur des chrétiens. L'orgueil d'une raison pervertie et la fureur de l'amour lui font déjà voir les fidèles terrassés et Cymodocée dans ses bras. Galérius, dont il corrompt l'esprit et seconde les projets, lui accorde une protection éclatante et lui permet de s'exprimer au Capitole avec toute la licence des opinions des faux sages. Symmaque, pontife de Jupiter, doit parler en faveur des anciens dieux de la patrie.

Le jour qui alloit décider du sort de la moitié des habitants de l'empire, le jour où les destinées du genre humain étoient menacées dans la religion de Jésus-Christ, ce jour si désiré, si craint des anges, des démons et des hommes, ce jour se leva. Dès la première blancheur de l'aube, les gardes prétoriennes occupèrent les avenues du Capitole. Un peuple immense étoit répandu sur le Forum, autour du temple de Jupiter Stator et le long du Tibre jusqu'au théâtre de Marcellus : ceux qui n'avoient pu trouver place étoient montés jusque sur les toits voisins et sur les arcs de triomphe de Titus et de Sévère. Dioclétien sort de son palais; il s'avance au Capitole par la voie Sacrée, comme s'il alloit triompher des Marcomans et des Parthes. On avoit peine à le reconnoître : depuis quelque temps il succomboit sous une maladie de langueur et sous le poids des ennuis que lui donnoit Galérius. En vain le vieillard avoit pris soin de colorer son visage : la pâleur de la mort perçoit à travers cet éclat emprunté, et déjà les traits du néant paroissoient sous le masque à demi tombé de la puissance humaine.

Galérius, environné de tout le faste de l'Asie, suivoit l'empereur sur un char superbe traîné par des tigres. Le peuple trembloit, effrayé de la taille gigantesque et de l'air furieux du nouveau Titan. Constantin s'avançoit ensuite, monté sur un cheval léger ; il attiroit les vœux et les regards des soldats et des chrétiens ; les trois orateurs marchoient après les maîtres du monde. Le pontife de Jupiter, porté par le collége des prêtres, précédé des aruspices et suivi du corps des vestales, saluoit la foule, qui reconnoissoit avec joie l'interprète du culte de Romulus. Hiéroclès, couvert du manteau des stoïciens, paroissoit dans une litière ; il étoit entouré de Libanius, de Jamblique, de Porphyre et de la troupe des sophistes : le peuple, naturellement ennemi de l'affectation et de la vaine sagesse, lui prodiguoit les railleries et les mépris. Enfin, Eudore se montroit le dernier, vêtu d'un habit de deuil ; il marchoit seul, à pied, l'air grave, les yeux baissés, et sembloit porter tout le poids des douleurs de l'Église : les païens reconnoissoient avec étonnement dans ce simple appareil le guerrier dont ils avoient vu les statues triomphales; les fidèles s'inclinoient avec respect devant leur défenseur; les vieillards le bénissoient, les femmes le montroient à leurs enfants, tandis qu'à tous les autels de Jésus-Christ les prêtres offroient pour lui le saint sacrifice.

Il y avoit au Capitole une salle appelée la salle Julienne : Auguste l'avoit jadis décorée d'une statue de la Victoire. Là se trouvoient la colonne milliaire, la poutre percée des clous sacrés, la louve de bronze et les armes de Romulus. Autour des murs étoient suspendus les portraits des consuls, l'équitable Publicola ; le généreux Fabricius, Cincinnatus le rustique, Fabius le temporiseur, Paul-Émile, Caton,

Marcellus et Cicéron, père de la patrie. Ces citoyens magnanimes sembloient encore siéger au sénat avec les successeurs des Tigellin et des Séjan, comme pour montrer d'un coup d'œil les extrémités du vice et de la vertu, et pour attester les affreux changements que le temps amène dans les empires.

Ce fut dans cette vaste salle que se réunirent les juges des chrétiens. Dioclétien monta sur son trône ; Galérius s'assit à la droite et Constantin à la gauche de l'empereur ; les officiers du palais occupoient, chacun selon son rang, les degrés du trône. Après avoir salué la statue de la Victoire et renouvelé devant elle le serment de fidélité, les sénateurs se rangèrent sur les bancs autour de la salle ; les orateurs se placèrent au milieu d'eux. Le vestibule et la cour du Capitole étoient remplis par les grands, les soldats et le peuple. Dieu permit aux puissances de l'abîme et aux habitants des tabernacles divins de se mêler à cette délibération mémorable : aussitôt les anges et les démons se répandent dans le sénat, les premiers pour calmer, les seconds pour soulever les passions ; ceux-ci pour éclairer les esprits, ceux-là pour les aveugler.

On immola d'abord un taureau blanc à Jupiter, auteur des bons conseils : pendant ce sacrifice, Eudore se couvrit la tête et secoua son manteau, qu'avoient souillé quelques gouttes d'eau lustrale. Dioclétien donne le signal, et Symmaque se lève au milieu des applaudissements universels : nourri dans les grandes traditions de l'éloquence latine, ces paroles sortirent de sa bouche, comme on voit les flots majestueux d'un fleuve rouler lentement dans une campagne qu'ils embellissent de leur cours.

FIN DU LIVRE QUINZIÈME.

LIVRE SEIZIÈME.

Harangues de Symmaque, d'Hiéroclès et d'Eudore. Dioclétien consent à donner l'édit de persécution, mais il veut que l'on consulte auparavant la sibylle de Cumes.

« Très-clément empereur Dioclétien, et vous, très-heureux prince César Galérius, si jamais vos âmes divines donnèrent une preuve éclatante de leur justice, c'est dans l'affaire importante qui rassemble le très-auguste sénat aux pieds de vos éternités.

« Proscrirons-nous les adorateurs du nouveau Dieu? Laisserons-nous les chrétiens jouir en paix du culte de leur divinité? Telle est la question que l'on propose au sénat.

« Que Jupiter et les autres dieux vengeurs de l'humanité me préservent de faire couler jamais le sang et les larmes! Pourquoi persécuterions-nous des hommes qui remplissent tous les devoirs du citoyen? Les chrétiens exercent des arts utiles; leurs richesses alimentent le trésor de l'État; ils servent avec courage dans nos armées; ils ouvrent souvent dans nos conseils des avis pleins de sens, de justesse et de prudence. D'ailleurs, ce n'est point par la violence que l'on parviendra au but désiré. L'expérience a démontré que les chrétiens se multiplient sous le fer des bourreaux. Voulez-vous les gagner à la religion de la patrie, appelez-les au temple de la Miséricorde, et non pas aux autels des Euménides.

« Mais, après avoir déclaré ce qui me semble conforme à la raison, je dois, avec la même justice, manifester la crainte que m'inspirent les chrétiens. C'est le seul reproche que l'on puisse légitimement leur faire : il est certain que nos dieux sont l'objet de leur dérision et quelquefois de leurs insultes. Que de Romains se sont déjà laissé entraîner par des raisonnements téméraires! Ah! nous parlons d'attaquer une divinité étrangère, songeons plutôt à défendre les nôtres! Rattachons-nous à leur culte par le souvenir de tout ce qu'elles ont fait pour nous. Quand nous serons bien convaincus de la grandeur et de la bonté de nos dieux paternels, nous ne craindrons plus de voir la secte des chrétiens s'accroître et se grossir des déserteurs de nos temples.

« C'est une vérité reconnue depuis longtemps que Rome a dû l'empire du monde à sa piété envers les immortels. Elle a élevé des autels à tous les génies bienfaisants, à la petite fortune, à l'amour filial, à la paix, à la concorde, à la justice, à la liberté, à la victoire, au dieu Terme, qui seul ne se leva point devant Jupiter dans l'assemblée des dieux. Cette famille divine pourroit-elle déplaire aux chrétiens? Quel homme oseroit refuser des hommages à de si nobles déités? Voulez-vous remonter plus haut, vous trouverez les noms mêmes de notre patrie, nos traditions les plus antiques, liés à notre religion et faisant partie de nos sacrifices; vous trouverez le souvenir de cet âge d'or, règne de bonheur et d'innocence, que tous les peuples envient à l'Ausonie. Y a-t-il rien de plus touchant que ce nom de Latium donné à la campagne de Laurente, parce qu'elle fut l'asile d'un dieu persécuté? Nos pères, en récompense de leur vertu, reçurent du ciel un cœur hospitalier, et Rome servit de refuge à tous les infortunés bannis. Que d'intéressantes aventures! que de noms illustres attachés à ces migrations des premiers temps du monde, Diomède, Philoctète, Idoménée, Nestor! Ah! quand une forêt couvroit la montagne où s'élève ce Capitole; lorsque des chaumières occupoient la place de ces palais, que ce Tibre si fameux ne portoit encore que le nom inconnu d'Albula, on ne demandoit point ici si le Dieu d'une obscure nation de la Judée étoit préférable aux dieux de Rome! Pour se convaincre de la puissance de Jupiter, il suffit de considérer la foible origine de cet empire. Quatre petites sources ont formé le torrent du peuple romain : Albe, le cher pays et le premier amour des Curiaces; les guerriers latins, qui s'unirent aux guerriers d'Énée; les Arcadiens d'Évandre, qui transmirent aux Cincinnatus l'amour des troupeaux et le sang des Hellènes, doux germe de l'éloquence chez les rudes nourrissons d'une louve; enfin les Sabins, qui donnèrent des épouses aux compagnons de Romulus; ces Sabins, vêtus de peaux de brebis, conduisant leurs troupeaux avec une lance, vivant de laitage et de miel, et se consacrant à Cérès et à Hercule, l'une le génie et l'autre le bras du laboureur.

« Ces dieux, qui ont opéré tant de merveilles, ces dieux, qui ont inspiré Numa, Fabricius et Caton; ces dieux, qui protègent les cendres illustres de nos citoyens; ces dieux, au milieu desquels brillent aujourd'hui nos empereurs, sont-ils des divinités sans pouvoir et sans vertus?

« Dioclétien, je suppose que Rome chargée d'années [1] apparoisse tout à coup à vos yeux sous les voûtes de ce Capitole, et qu'elle s'adresse ainsi à votre éternité :

« Grand prince, ayez égard à cette vieillesse où ma piété envers les « dieux m'a fait parvenir. Libre comme je le suis, je m'en tiendrai « toujours à la religion de mes ancêtres. Cette religion a mis l'univers « sous ma loi. Ses sacrifices ont éloigné Annibal de mes murailles et « les Gaulois du Capitole. Quoi! l'on renverseroit un jour cette statue « de la Victoire sans craindre de soulever mes légions ensevelies aux « champs de Zama! N'aurois-je été préservée des plus redoutables « ennemis que pour être déshonorée par mes enfants dans ma vieil- « lesse? »

« C'est ainsi, ô puissant empereur! que vous parle Rome suppliante. Voyez se lever de leurs tombeaux, sur le chemin d'Appius, ces républicains vainqueurs des Volsques et des Samnites, dont nous révérons ici les images; ils montent à ce Capitole qu'ils remplirent de dépouilles opimes; ils viennent, couronnés de la branche du chêne, unir leurs voix à la voix de la patrie. Ces mânes sacrés n'avoient point rompu leur sommeil de fer pour la perte de nos mœurs et de nos lois; ils ne s'étoient point réveillés au bruit des proscriptions de Marius ou des fureurs du triumvirat, mais la cause du ciel les arrache au cercueil, et ils viennent la plaider devant leurs fils. Romains séduits par la religion nouvelle, comment avez-vous pu changer pour un culte étranger nos belles fêtes et nos pieuses cérémonies?

« Princes, je le répète, nous ne demandons point la persécution des chrétiens. On dit que le Dieu qu'ils adorent est un Dieu de paix et de justice : nous ne refusons point de l'admettre dans le Panthéon[2], car nous souhaitons, très-pieux empereur, que les dieux de toutes les religions vous protégent; mais que l'on cesse d'insulter Jupiter. Dioclétien, Galérius, sénateurs, indulgence pour les chrétiens, protection pour les dieux de la patrie! »

En achevant de prononcer ces mots, Symmaque salue de nouveau la statue de la Victoire, et se rassied au milieu des sénateurs. Les esprits étoient différemment agités : les uns, charmés de la dignité du discours de Symmaque, se rappeloient les jours des Hortensius et des Cicéron; les autres blâmoient la modération du pontife de Jupiter. Satan n'avoit plus d'espoir que dans Hiéroclès, et cherchoit à détruire l'effet de l'éloquence du grand-prêtre; les anges de lumière profitoient au contraire de cette éloquence pour ramener le sénat à des sentiments plus humains. On voyoit s'agiter les casques des guerriers, les toges des sénateurs, les robes et les sceptres des augures et des aruspices; on entendoit un murmure confus, signe équivoque du blâme et de la louange. Dans un champ où l'ivraie et d'inutiles fleurs de pourpre et d'azur s'élèvent au milieu du froment d'or, si quelque zéphyr se glisse dans la forêt diaprée, d'abord les plus frêles épis courbent leurs têtes ; bientôt le souffle croissant balance en tumulte les gerbes fécondes et les plantes stériles : tel paroissoit dans le sénat le mouvement de tant d'hommes divers.

Les courtisans regardoient curieusement Dioclétien et Galérius, afin de régler leur opinion sur celle de leurs maîtres : César donnoit des signes d'emportement, mais le visage d'Auguste étoit impassible.

Hiéroclès se lève : il s'enveloppe dans son manteau et garde quelque temps un air sévère et pensif. Initié à toutes les ruses de l'éloquence athénienne, armé de tous les sophismes, souple, adroit, railleur, hypocrite, affectant une élocution concise et sentencieuse, parlant d'humanité en demandant le sang de l'innocent, méprisant les leçons du temps et de l'expérience, voulant à travers mille maux conduire le monde au bonheur par des systèmes, esprit faux, s'applaudissant de sa justesse : tel étoit l'orateur qui parut dans la lice pour attaquer toutes les religions, et surtout celle des chrétiens. Galérius laissoit un libre cours aux blasphèmes de son ministre[3] : Satan poussoit au mal l'ennemi des fidèles, et l'espoir de perdre Eudore animoit l'amant de Cymodocée. Le démon de la fausse sagesse, sous la figure d'un chef de l'école nouvellement arrivé d'Alexandrie, se place auprès d'Hiéroclès : celui-ci, après un moment de silence, déploie tout à coup ses bras ; il rejette son manteau en arrière, pose les deux mains sur son cœur, s'incline jusqu'au pavé du Capitole en saluant Auguste et César, et prononce ce discours :

« Valérius Dioclétien, fils de Jupiter, empereur éternel, Auguste, huit fois consul, très-clément, très-divin, très-sage ; Valérius Maximianus Galérius, fils d'Hercule, fils adoptif de l'empereur, César, éternel et très-heureux, Parthique, triomphateur, amateur de la science et vérissime philosophe ; sénat très-vénérable et sacré, vous permettez donc que ma voix se fasse entendre! Troublé par cet honneur insigne, comment pourrois-je m'exprimer avec assez de force ou de grâce? Pardonnez à la foiblesse de mon éloquence en faveur de la vérité qui me fait parler.

« La terre, dans sa fécondité première, enfanta les hommes. Les hommes, par hasard et par nécessité, s'assemblèrent pour leurs besoins communs. La propriété commença : les violences suivirent ; l'homme ne put les réprimer : il inventa les dieux.

« La religion trouvée, les tyrans en profitèrent. L'intérêt multiplia les erreurs, les passions y mêlèrent leurs songes.

« L'homme, oubliant l'origine des dieux, crut bientôt à leur existence. On prit pour le consentement unanime des peuples ce qui n'étoit que le consentement unanime des passions. Les tyrans, en écrasant les hommes, eurent soin de faire élever des temples à la piété et à la miséricorde, afin que les infortunés crussent aussi qu'il y avoit des dieux.

« Le prêtre, d'abord trompeur, ensuite trompé, se passionna pour son idole; le jeune homme, pour les grâces divinisées de sa maîtresse; le malheureux, pour les simulacres de sa douleur : de là le fanatisme, le plus grand des maux qui aient affligé l'espèce humaine.

« Ce monstre, portant un flambeau, parcourut les trois régions de la terre. Il brûla, par la main des mages, les temples de Memphis et d'Athènes. Il alluma la guerre sacrée qui livra la Grèce à Philippe. Bientôt, si une secte odieuse venoit à s'étendre, de nos jours même et malgré l'accroissement des lumières, on verroit l'univers plongé dans un abîme de malheurs!

« C'est ici, princes, que je tâcherai de peindre les maux que le fanatisme a faits aux hommes, en vous dévoilant l'origine et les progrès de la religion la plus ridicule et la plus horrible que la corruption des peuples ait engendrée.

« Que ne m'est-il permis d'ensevelir dans un profond oubli ces honteuses turpitudes! Mais je suis appelé à la défense de la vérité : il faut sauver mon empereur, il faut éclairer le monde. Je sais que j'expose mes jours au ressentiment d'une faction dangereuse. Qu'importe? un ami de la sagesse doit fermer son cœur à toute crainte comme à toute pitié quand il s'agit du bonheur de ses frères et des droits sacrés de l'humanité.

« Vous connoissez ce peuple que sa lèpre et ses déserts séparent du genre humain, ce peuple odieux qu'extermina le divin Titus.

« Un certain fourbe, appelé Moïse, par une suite de crimes et de prestiges grossiers, délivra ce peuple de la servitude. Il le conduisit au milieu des sables de l'Arabie; il lui promettoit, au nom du dieu Jéhovah, une terre où couleroient le lait et le miel.

« Après quarante années les Juifs arrivèrent à cette terre promise, dont ils égorgèrent les habitants. Ce jardin délicieux étoit la stérile Judée[4], petite vallée de pierres, sans blé, sans arbres, sans eaux.

« Retirés dans leur repaire, ces brigands ne se firent remarquer que par leur haine contre le genre humain : ils vivoient au milieu des adultères, des meurtres, des cruautés.

« Que pouvoit-il sortir d'une pareille race? (c'est ici le prodige) une race plus exécrable encore, les chrétiens : ils ont surpassé en folie, en crimes, les Juifs leurs pères.

« Les Hébreux, que trompoient des prêtres fanatiques, attendoient dans leur impuissance et dans leur bassesse un monarque qui devoit leur soumettre le monde entier.

« Le bruit se répand un jour que la femme d'un vil artisan a donné naissance à ce roi si longtemps promis. Une partie des Juifs s'empresse de croire au prodige.

« Celui qu'ils appellent leur Christ vit trente ans caché dans sa misère. Après ces trente années, il commence à dogmatiser; il s'associe quelques pêcheurs, qu'il nomme ses apôtres. Il parcourt les villes, il se cache au désert, il séduit des femmes foibles, une populace crédule. Sa morale est pure, dit-on; mais surpasse-t-elle celle de Socrate?

« Bientôt il est arrêté pour ses discours séditieux et condamné à mourir sur la croix. Un jardinier dérobe son corps; ses apôtres s'écrient que Jésus est ressuscité; ils prêchent leur maître à la foule étonnée. La superstition s'étend, les chrétiens deviennent une secte nombreuse.

« Un culte né dans les derniers rangs du peuple, propagé par des esclaves, caché d'abord en des lieux déserts, s'est chargé peu à peu des abominations que le secret et des mœurs basses et féroces doivent naturellement engendrer : aussi la cruauté et l'infamie font-elles la partie principale de ses mystères.

« Les chrétiens s'assemblent la nuit[5] au milieu des morts et des sépulcres. La résurrection des cadavres est le plus absurde comme le plus doux de leurs entretiens. Assis à un festin abominable, après avoir juré haine aux dieux et aux hommes, après avoir renoncé à tous les plaisirs légitimes, ils boivent le sang d'un homme sacrifié et dévorent les chairs palpitantes d'un enfant : c'est ce qu'ils appellent leur pain et leur vin sacré!

« Le repas fini, des chiens dressés aux crimes de leurs maîtres entrent dans l'assemblée et renversent les flambeaux; alors les chrétiens se cherchent au milieu des ténèbres, s'unissent au hasard par d'horribles embrassements : les pères avec les filles, les fils avec les mères, les frères avec les sœurs : le nombre et la variété des incestes fait le mérite et la vertu.

« Quoi! ce n'étoit pas assez d'avoir voulu amener les hommes au culte d'un séditieux justement puni du dernier supplice! ce n'étoit pas un assez grand crime d'avoir essayé d'abrutir à ce point la raison humaine! il falloit encore que les chrétiens fissent de leur religion l'école des mœurs les plus dépravées, des forfaits les plus inouïs!

« Ce que je viens d'avancer auroit-il besoin d'autres preuves que la conduite des chrétiens? Partout où ils se glissent, ils font naître des troubles⁶ ; ils débauchent les soldats de nos armées ; ils portent la désunion dans les familles ; ils séduisent des vierges crédules ; ils arment le frère contre le frère, l'époux contre l'épouse. Puissants aujourd'hui, ils ont des temples, des trésors, et ils refusent de prêter serment aux empereurs dont ils tiennent ces bienfaits ; ils insultent aux sacrées images de Dioclétien, ils aiment mieux mourir que de sacrifier à ses autels. Dernièrement encore, n'ont-ils pas laissé la divine mère de Galérius offrir seule des victimes pour son fils aux génies innocents des montagnes ! Enfin, joignant le fanatisme à la dissolution, ils voudroient précipiter du Capitole la statue de la Victoire, arracher de leurs sanctuaires vos dieux paternels !

« Qu'on ne croie pas cependant que je défende ici ces dieux qui dans l'enfance des peuples ont pu paroître nécessaires à des législateurs habiles. Nous n'avons plus besoin de ces ressources. La raison commence son règne. Désormais on n'élèvera d'autel qu'à la vertu. Le genre humain se perfectionne chaque jour. Un temps viendra que tous les hommes, soumis à la seule pensée, se conduiront par les clartés de l'esprit. Je ne soutiens donc ni Jupiter, ni Mitra, ni Sérapis. Mais, si l'on conserve encore une religion dans l'empire, l'ancienne réclame une juste préférence. La nouvelle est un mal, qu'il faut extirper par le fer et par le feu. Il faut guérir les chrétiens eux-mêmes de leur propre folie. Eh bien, un peu de sang coulera ! Nous nous attendrirons sans doute sur le sort des criminels ; mais nous admirerons, nous bénirons la loi qui frappera les victimes pour la consolation des sages et le bonheur du genre humain. »

Hiéroclès achevoit à peine son discours que Galérius donna le signal des applaudissements. L'œil en feu, le visage rouge de colère, César sembloit déjà prononcer l'arrêt fatal des chrétiens. Ses courtisans levoient les mains au ciel comme saisis d'horreur et de crainte ; ses gardes frémissoient de rage en songeant que des impies vouloient renverser l'autel de la Victoire ; le peuple redisoit avec effroi les incestes nocturnes et les repas de chair humaine. Les sophistes qui environnoient Hiéroclès le portoient au ciel : c'étoit l'intrépide ami des princes, le véritable ami des principes, le soutien de la vertu, un Socrate !

Satan échauffoit les préjugés et les haines ; ravi des paroles du proconsul, il se flattoit d'aller plus sûrement à son but par l'athéisme que par l'idolâtrie ; secondé de toutes les puissances de l'enfer, il augmentoit le bruit et le tumulte, et donnoit au mouvement du sénat quelque chose de prodigieux. Comme le sabot circule⁷ sous le fouet de l'enfant, comme le fuseau descend et remonte entre les doigts de la matrone, comme l'ébène ou l'ivoire roule sous le ciseau du tourneur, ainsi les esprits étoient agités. Dioclétien seul paroissoit immobile ; on ne voyoit sur son visage ni colère, ni haine, ni amour. Les chrétiens répandus dans l'assemblée se montroient abattus et consternés. Constantin surtout étoit plongé dans une douleur profonde ; il jetoit par intervalles un regard inquiet et attendri sur Eudore.

Le fils de Lasthénès se leva sans paroître ému de la défaveur de César, des bassesses des courtisans et des clameurs de la foule. Son habit de deuil, sa noble figure, encore embellie par l'expression d'une simple tristesse, attirèrent tous les regards. Les anges du Seigneur, formant un cercle invisible autour de lui, le couvroient de lumière et lui donnoient une assurance divine. Du haut du ciel, les quatre Évangélistes, penchés sur sa tête, lui dictoient secrètement les paroles qu'il alloit répéter. On entendoit dire de toutes parts dans le sénat : « C'est le chrétien ! Comment pourra-t-il répondre ? » Chacun cherchoit vainement dans ses traits, à la fois si calmes et si animés, l'expression des crimes dont Hiéroclès avoit accusé les fidèles. Lorsque des chasseurs, croyant surprendre au bord d'un fleuve un affreux vautour, découvrent tout à coup un cygne qui nage sur l'onde, charmés, ils s'arrêtent ; ils contemplent l'oiseau chéri des Muses ; ils admirent la blancheur de son plumage, la fierté de son port, la grâce de ses mouvements ; ils prêtent déjà l'oreille à ses chants harmonieux. Le cygne de l'Alphée ne tarda pas à se faire entendre : Eudore s'incline devant Auguste et César [8] ; ensuite, sans saluer la statue de la Victoire, sans faire de gestes, sans chercher à séduire ou l'oreille ou les yeux, il parle en ces mots :

« Auguste, César, pères conscrits, peuple romain, au nom de ces hommes victimes d'une haine injuste, moi, Eudore, fils de Lasthénès, natif de Mégalopolis en Arcadie, et chrétien, salut !

« Hiéroclès a commencé son discours par excuser la foiblesse de son éloquence ; je réclame à mon tour l'indulgence du sénat. Je ne suis qu'un soldat, plus accoutumé à verser mon sang pour mes princes qu'à demander en termes fleuris le massacre d'une foule de vieillards, de femmes et d'enfants.

« Je remercie d'abord Symmaque de la modération qu'il a montrée envers mes frères. Le respect que je dois au chef de l'empire me force à me taire sur le culte des idoles. J'observerai cependant que les Camille, les Scipion, les Paul-Émile, n'ont point été de grands hommes parce qu'ils suivoient le culte de Jupiter, mais parce qu'ils s'éloignoient de la morale et des exemples des divinités de l'Olympe. Dans notre religion, au contraire, on ne peut atteindre au plus haut degré de la perfection qu'en imitant notre Dieu. Nous plaçons aussi de simples mortels dans les éternelles demeures ; mais il ne suffit pas pour acquérir cette gloire d'avoir porté le bandeau royal, il faut avoir pratiqué la vertu : nous abandonnons à votre ciel les Néron et les Domitien.

« Toutefois l'effet d'une religion [9] quelconque est si salutaire à l'âme, que le pontife de Jupiter a parlé des chrétiens avec douceur, tandis qu'un homme qui ne reconnoît point de Dieu damande notre sang au nom de l'humanité et de la vertu. Eh quoi ! Hiéroclès, c'est sous le manteau que vous portez que vous voulez semer la désolation dans l'empire ! Magistrat romain, vous provoquez la mort de plusieurs millions de citoyens romains ! Car, pères conscrits, vous ne pouvez vous le dissimuler, nous ne sommes que d'hier [10], et déjà nous remplissons vos cités, vos colonies, vos camps, le palais, le sénat, le Forum : nous ne vous laissons que vos temples.

« Princes, notre accusateur est un apostat, et il se confesse athée : il sait lui-même quel titre je pourrois ajouter à ces titres. Symmaque est un homme pieux, dont l'âge, la science et les mœurs sont également respectables. Dans toute cause criminelle, on prend en considération le caractère des témoins : Symmaque nous excuse ; Hiéroclès nous dénonce : lequel des deux doit être écouté ? Auguste, César, pères conscrits, peuple romain, daignez me prêter une oreille attentive, je vais reprendre la suite des accusations d'Hiéroclès et défendre la religion de Jésus-Christ. »

A ce grand nom l'orateur s'arrêta ; tous les chrétiens s'inclinèrent, et la statue de Jupiter trembla sur son autel. Eudore reprit :

« Je ne remonterai point, comme Hiéroclès, jusqu'au berceau du monde pour en venir à la question du moment. Je laisse aux disciples de l'école ce vain étalage de principes odieux, de faits altérés et de déclamations puériles. Il ne s'agit ici ni de la formation du monde ni de l'origine des sociétés : tout se borne à savoir [11] si l'existence des chrétiens est compatible avec la sûreté de l'État ; si leur religion ne blesse ni les mœurs ni les lois ; si elle ne s'oppose point à la soumission que l'on doit au chef de l'empire ; en un mot, si la morale et la politique n'ont rien à reprocher au culte de Jésus-Christ. Cependant, je ne puis m'empêcher de vous faire remarquer la singulière opinion d'Hiéroclès touchant les Hébreux.

« La raison politique de l'établissement [12] de Jérusalem au centre d'un pays stérile étoit trop profonde pour être aperçue de l'accusateur des chrétiens. Le législateur des Israélites vouloit en faire un peuple qui pût résister au temps, conserver le culte du vrai Dieu, au milieu de l'idolâtrie universelle, et trouver dans ses institutions une force qu'il n'avoit point par lui-même : il les enferma donc dans la montagne. Leurs lois et leur religion furent conformes à cet état d'isolement: ils n'eurent qu'un temple, qu'un sacrifice, qu'un livre. Quatre mille ans se sont écoulés, et ce peuple existe encore. Hiéroclès, montrez-nous ailleurs un exemple d'une législation aussi miraculeuse dans ses effets, et nous écouterons ensuite vos railleries sur le pays des Hébreux. »

Un signe d'approbation échappé à Dioclétien interrompit le fils de Lasthénès. Insensible aux mouvements oratoires de Symmaque et aux déclamations d'Hiéroclès, l'empereur fut frappé des raisons politiques présentées par le défenseur des fidèles. Eudore s'étoit étendu sur ce sujet avec adresse, afin de toucher le génie du prince avant de parler des chrétiens. Le parti modéré du sénat, qui redoutoit Galérius; Publius, préfet de Rome [13], dévoué à César, mais ennemi d'Hiéroclès; les courtisans, toujours attentifs aux impressions du maître ; les chrétiens, dont le sort étoit encore suspendu, tous s'aperçurent des sentiments favorables de Dioclétien : ils donnèrent de grandes louanges à l'orateur. Les soldats, les centurions, les tribuns, s'étoient laissé toucher à la vue de leur général obligé de défendre sa vie contre les accusations d'un rhéteur; cette noble race d'hommes revient facilement à des opinions généreuses. Tant de raison unie à tant de beauté et de jeunesse avoit intéressé la foule toujours passionnée. La douleur de Constantin s'étoit changée en allégresse; il encourageoit son ami par ses gestes et ses regards. Les anges de lumière, redoublant de zèle autour de l'orateur chrétien, lui donnoient à chaque moment de nouvelles grâces et prolongeoient les sons de sa voix comme d'harmonieux échos. Lorsqu'une neige éclatante [14] tombe de la voûte éthérée, souvent l'aquilon s'apaise; les champs, muets, reçoivent avec joie les flocons nombreux qui vont mettre les plantes à l'abri des glaces de l'hiver : ainsi, quand le fils de Lasthénès recommença son discours, l'assemblée fit un profond silence, afin de recueillir ces paroles pures qui sembloient descendre du ciel pour prévenir la désolation de la terre.

« Princes, dit-il, je n'entrerai point dans les preuves de la religion chrétienne : une longue suite de prophéties, toutes vérifiées [15], des miracles éclatants, des témoins sans nombre, ont depuis longtemps attesté la divinité de celui que nous appelons le Sauveur. Sa vertu sublime est reconnue de l'univers; plusieurs empereurs romains [16], sans être soumis à Jésus-Christ, l'ont honoré de leurs hommages; des philosophes fameux ont rendu justice à la beauté de sa morale, et Hiéroclès lui-même ne la conteste pas.

« Il seroit bien étrange que ceux qui adorent un tel Dieu fussent des monstres dignes du bûcher. Quoi! Jésus-Christ seroit un modèle de douceur, d'humanité, de chasteté, et nous penserions l'honorer par des mystères de cruauté et de débauches! Même dans le paganisme, célèbre-t-on la fête de Diane par les prostitutions des fêtes de Vénus? Le christianisme, dit-on, est sorti de la dernière classe du peuple, et de là les infamies de son culte. Reprochez donc à cette religion ce qui fait sa beauté et sa gloire. Elle est allée chercher, pour les consoler, des hommes auxquels les hommes ne pensoient point et dont ils détournoient les regards; et vous le lui imputez à crime! Pense-t-on qu'il n'y ait de douleurs que sous la pourpre, et qu'un Dieu consolateur n'est fait que pour les grands et les rois? Loin d'avoir pris la bassesse et la férocité des mœurs du peuple, notre religion a corrigé ces mœurs. Dites : est-il un homme plus patient dans ses maux qu'un vrai chrétien, plus résigné sous un maître, plus fidèle à sa parole, plus ponctuel dans ses devoirs, plus chaste dans ses habitudes? Nous sommes si éloignés de la barbarie, que nous nous retirons de vos jeux où le sang des hommes est une partie du spectacle. Nous croyons qu'il y a peu de différence entre commettre le meurtre et le voir commettre avec plaisir. Nous avons une telle horreur d'une vie dissolue, que nous évitons vos théâtres, comme une école de mauvaises mœurs et une occasion de chute... Mais en justifiant les chrétiens sur un point, je m'aperçois que je les expose sur un autre. Nous fuyons la société, dit Hiéroclès, nous haïssons les hommes!

« S'il en est ainsi, notre châtiment est juste. Frappez nos têtes, mais auparavant venez reprendre dans nos hôpitaux [17] les pauvres et les infirmes que vous n'avez point secourus; faites appeler ces femmes romaines qui ont abandonné les fruits de leur honte. Elles croient peut-être qu'ils sont tombés dans ces lieux infâmes [18], seul asile offert par vos dieux à l'enfance délaissée? Qu'elles viennent reconnoître leurs nouveau-nés entre les bras de nos épouses! Le lait d'une chrétienne ne les a point empoisonnés : les mères selon la grâce les rendront, avant de mourir, aux mères selon la nature.

« Quelques-uns de nos mystères, mal entendus et faussement interprétés, ont donné naissance à ces calomnies. Princes, que ne m'est-il permis [19] de vous dévoiler ces secrets d'innocence et de pureté? Rome se lève, dit Symmaque, et vous supplie de lui laisser les divinités de ses pères. Oui, princes, Rome se lève, mais non pour réclamer des dieux impuissants : elle se lève pour vous demander Jésus-Christ, qui rétablira parmi ses enfants la pudeur, la bonne foi, la probité, la modération et le règne des mœurs.

« Donnez-moi, s'écrie-t-elle, ce Dieu qui a déjà corrigé les vices de

« mes lois, ce Dieu qui n'autorise point l'infanticide, la prostitution
« du mariage, le spectacle du meurtre des hommes, ce Dieu qui
« couvre mon sein des monuments de sa bienfaisance, ce Dieu qui
« conserve les lumières des lettres et des arts, et qui veut abolir
« l'esclavage sur la terre. Ah! si un jour je devois encore voir les
« barbares à mes portes, ce Dieu, je le sens, pourroit seul me
« sauver [20] et changer ma vieillesse languissante en une immortelle
« jeunesse. »

« Reste donc à repousser la dernière et la plus effrayante des accusations d'Hiéroclès, si les chrétiens pouvoient s'effrayer de perdre les biens et la vie. Nous sommes, dit notre délateur, des séditieux; nous refusons d'adorer les images de l'empereur et d'offrir des sacrifices aux dieux pour le père de la patrie.

« Les chrétiens, des séditieux! Poussés à bout par leurs persécuteurs et poursuivis comme des bêtes féroces, ils n'ont pas même fait entendre le plus léger murmure [21]; neuf fois ils ont été massacrés, et, s'humiliant sous la main de Dieu, ils ont laissé l'univers se soulever contre les tyrans. Que Hiéroclès nomme un seul fidèle engagé dans une conspiration contre son prince! Soldats chrétiens que j'aperçois ici, Sébastien, Pacôme, Victor, dites-nous où vous avez reçu les nobles blessures dont vous êtes couverts. Est-ce dans les émeutes populaires, en assiégeant le palais de vos empereurs, ou bien en affrontant, pour la gloire de vos princes, la flèche du Parthe, l'épée du Germain et la hache du Franc? Hélas! généreux guerriers, mes compagnons, mes amis, mes frères, je ne m'inquiète point de mon sort, bien que j'aie quelque raison de regretter à présent la vie [22], mais je ne puis m'empêcher de m'attendrir sur votre destinée. Que n'avez-vous choisi un défenseur plus éloquent! J'aurois pu mériter une couronne civique en vous sauvant des mains des barbares, et je ne pourrai vous dérober au fer d'un proconsul romain!

« Finissons ce discours. Dioclétien, vous trouverez chez les chrétiens des sujets respectueux qui vous seront soumis sans bassesse, parce que le principe de leur obéissance vient du ciel. Ce sont des hommes de vérité : leur langage ne diffère point de leur conduite; ils ne reçoivent point les bienfaits d'un maître en le maudissant dans leur cœur. Demandez à de tels hommes leur fortune, leur vie, leurs enfants, ils vous les donneront, parce que tout cela vous appartient. Mais voulez-vous les forcer à encenser les idoles, ils mourront! Pardonnez, princes, à cette liberté chrétienne : l'homme a aussi ses devoirs à remplir envers le ciel. Si vous exigez de nous des marques de soumission qui blessent ces devoirs sacrés, Hiéroclès peut appeler les bourreaux : nous rendrons à César notre sang, qui est à César, et à Dieu notre âme, qui est à Dieu. »

Eudore reprend sa place, rejette sur son épaule sa toge à demi tombée, et se hâte de recouvrir avec une modeste rougeur les cicatrices de son sein.

Pourrai-je exprimer la diversité des sentiments que le discours du fils de Lasthénès excita dans l'assemblée? C'étoit un mélange d'admiration, de crainte, de fureur : chacun éclatoit en mouvements de haine ou d'amour. Ceux-ci admiroient la beauté de la religion accusée, ceux-là n'y voyoient qu'un reproche fait à leurs mœurs et à leurs dieux. Les guerriers étoient émus et vivement intéressés en faveur d'Eudore.

« Que nous servira donc, disoient-ils, de verser notre sang pour la patrie, de souffrir l'esclavage chez les barbares, de triompher des ennemis du prince, si un sophiste nous peut égorger au Capitole? »

Pour la première fois de sa vie, Dioclétien paroissoit ému : même en laissant persécuter les fidèles, Dieu se servoit de l'éloquence chrétienne [23] pour semer les germes de la foi dans le sénat romain. La mâle simplicité du discours d'Eudore triomphoit et des calomnies d'Hiéroclès et des touchants souvenirs dont Symmaque avoit environné la statue de la Victoire ; tout semble annoncer que l'empereur va prononcer une sentence favorable aux chrétiens.

Hiéroclès, alarmé, vouloit paroître calme et victorieux, mais la rage et la frayeur perçoient malgré lui dans ses regards : lorsqu'un tigre s'est précipité dans la fosse escarpée que creusa sous ses pas un berger de Libye, la bête féroce, après s'être longtemps débattue, se couche avec une apparente tranquillité au milieu de l'enceinte fatale; mais à l'agitation de ses yeux et de ses lèvres sanglantes, on voit qu'elle ressent vivement la crainte et la douleur du piége où elle est tombée.

Galérius rendit bientôt l'espérance à son ministre. Ce fougueux César, accoutumé au langage déshonoré de ses flatteurs, s'indigne des accents de la vertu et de la noble assurance d'un homme de bien. Il déclare que si l'on ne punit pas les fidèles, il quittera la cour et se mettra à la tête des légions d'Orient :

« Car ces ennemis du ciel porteroient sur moi leurs mains sacriléges. »

Hiéroclès, reprenant son audace [24], fait observer qu'il y avoit des mystères sur lesquels on ne s'expliquoit point; qu'après tout, les factieux refusoient de sacrifier à l'empereur et cherchoient par une éloquence séditieuse à soulever les soldats.

Trop accoutumé à céder à la violence de Galérius, Dioclétien fut effrayé de ses menaces. Il savoit qu'en proscrivant les chrétiens il se privoit d'un grand appui contre l'ambition de César ; mais le vieillard n'avoit plus la force d'envisager sans frémir les hasards d'une guerre civile. Satan achève d'épouvanter par un prodige l'esprit superstitieux de Dioclétien. Tout à coup le bouclier de Romulus [25] se détache de la voûte du Capitole, tombe, blesse le fils de Lasthénès et va couvrir, en roulant, la louve de bronze qui fut frappée de la foudre à la mort de Jules César. Galérius s'écrie :

« Vous le voyez, ô Dioclétien ! le père des Romains n'a pu supporter les blasphèmes de ce chrétien ! Imitez son exemple ; écrasez les impies et protégez au Capitole le génie de l'empire. »

Alors Dioclétien, malgré les remords de sa conscience et les lumières de sa politique, promet de donner un édit contre les fidèles ; mais, par une dernière ressource de son génie, il voulut que les dieux prononçassent dans leur propre cause et l'aidassent, avec Galérius, à porter le poids de l'exécration de l'avenir.

« Si la sibylle de Cumes [26], dit-il, approuve la résolution que vous me faites prendre, on publiera l'édit que vous demandez. Mais en attendant la réponse de l'oracle, je veux qu'on laisse à tous les citoyens la jouissance de leurs droits et la liberté de leur culte. »

En prononçant ces derniers mots, l'empereur quitta brusquement le Capitole. Galérius et Hiéroclès sortirent triomphants ; le premier, méditant les projets les plus ambitieux ; le second, mêlant à ces mêmes projets des desseins d'amour et de vengeance. Constantin, accablé de douleur, se dérobe avec Eudore à la curiosité de la foule. L'enfer pousse un cri de joie, et les anges du Seigneur, dans une sainte tristesse, s'envolent aux pieds de l'Éternel.

FIN DU LIVRE SEIZIÈME.

LIVRE DIX-SEPTIÈME.

Navigation de Cymodocée. Elle arrive à Joppé. Elle monte à Jérusalem. Hélène la reçoit comme sa fille. Semaine sainte. Réponse de la sibylle de Cumes. Hiéroclès fait partir un centurion pour réclamer Cymodocée. Dioclétien donne l'édit de persécution.

Emportée par le souffle de l'Ange des mers, Cymodocée versoit des torrents de larmes. Euryméduse, qui accompagnoit la fille de Démodocus, faisoit retentir la galère de ses plaintes et de ses gémissements.

« O terre de Cécrops! disoit-elle, terre où règnent un souffle divin et des génies amis des hommes [1], faut-il donc vous quitter sans retour? Qui me donnera des ailes [2] pour revoir des lieux si agréables à mon cœur? J'arrêterois mon vol sur le temple d'Homère, je porterois à mon cher maître des nouvelles de sa Cymodocée! Vains désirs! Nous franchissons les plaines azurées d'Amphitrite, où les Néréides font entendre leurs concerts. Est-ce le désir des richesses qui nous oblige à braver la fureur de Neptune? L'intérêt a ses douceurs. Non, c'est un dieu plus puissant : le dieu qui fit mourir Ariadne loin des foyers de Minos, sur une rive déserte, le dieu qui força Médée à visiter les tours d'Iolchos et à suivre un héros volage. »

Le vaisseau s'avançoit vers le dernier promontoire de l'Attique. Déjà Sunium [3] élevoit sur la pointe d'un rocher son beau temple : les colonnes de marbre blanc sembloient se balancer dans les flots avec la lumière dorée des étoiles. Cymodocée étoit assise sur la poupe ornée de fleurs, entre les statues d'ivoire de Castor et de Pollux. Sans les larmes qui couloient de ses yeux, on l'eût prise pour la sœur de ces dieux charmants, prête à descendre avec Pâris [4] dans l'île où la fille de Tyndare célébra son hymen avant d'aborder à Troie. Le vaisseau vole à la gauche des Cyclades blanchissantes, rangées au loin sur la mer comme une troupe de cygnes; dirigeant sa course au midi, il vient chercher les rivages de l'île de Chypre. On célébroit alors la fête de la déesse d'Amathonte : l'onde molle et silencieuse baignoit le pied du temple de Dionée, bâti sur un promontoire au milieu des vagues tranquilles. De jeunes filles demi-nues dansoient dans un bois de myrtes, autour du voluptueux édifice ; de jeunes garçons, qui brûloient de dénouer la ceinture des Grâces, chantoient en chœur la veillée des fêtes de Vénus [5]. Ces paroles, apportées par le souffle des Zéphyrs, parvenoient sur la mer jusqu'au vaisseau :

« Qu'il aime demain [6], celui qui n'a point aimé ! Qu'il aime encore demain, celui qui a aimé !

« Ame de l'univers [7], volupté des hommes et des dieux, belle Vénus, c'est toi qui donnes la vie à toute la nature ! Tu parois : les vents se taisent, les nuages se dissipent, le printemps renaît, la terre se couvre de fleurs et l'Océan sourit. C'est Vénus qui place sur le sein de la jeune fille [8] la rose teinte du sang d'Adonis ; c'est Vénus qui force les nymphes à errer avec l'Amour, la nuit, sous les yeux de Diane rougissante. Nymphes, craignez l'Amour : il a déposé ses armes, mais il est armé quand il est nu ! Le fils de Cythérée naquit dans les champs [9], il fut nourri parmi les fleurs. Philomèle a chanté sa puissance, ne cédons point à Philomèle.

« Qu'il aime demain, celui qui n'a point aimé ! Qu'il aime encore demain, celui qui a aimé !

« Ile heureuse [10], tout sur tes bords délicieux atteste les prodiges de l'Amour. Nautoniers, fatigués des périls, attachez l'ancre à nos ports et ployez à jamais vos voiles. Dans les bosquets d'Amathonte, vous ne livrerez que de doux combats, vous ne craindrez plus les pirates, hors l'ingénieux Amour, qui vous prépare des liens de fleurs. Ce sont les Grâces qui filent ici les instants des mortels. Vénus, par un charme invincible, assoupit un jour les Parques au fond du Tartare : aussitôt Aglaé enlève la quenouille à Lachésis, Euphrosyne le fil a Clotho, mais Atropos s'éveilla au moment où Pasithée alloit lui dérober ses ciseaux. Tout cède à la puissance des Grâces et de Vénus !

« Qu'il aime demain, celui qui n'a point aimé ! Qu'il aime encore demain, celui qui a aimé ! »

Ces chants portoient le trouble dans l'âme des nautoniers. La proue d'airain fendoit les vagues avec un bruit harmonieux : chargée des parfums de la fleur de l'oranger et de l'encens des sacrifices, la brise enfloit doucement les voiles et les arrondissoit comme le sein d'une jeune mère.

Une langueur dangereuse s'emparoit peu à peu de Cymodocée. Docile aux projets de Satan, Astarté, cet esprit impur qui triomphe dans les temples d'Amathonte, combat secrètement la fille d'Homère. Émue par les chants corrupteurs, elle descend au fond du vaisseau ; elle rêve à son époux ; elle ne sait comment régler les mouvements de son amour pour ne pas blesser sa religion nouvelle. Elle va consulter Dorothée : il lui conseille d'avoir recours au ciel : le couple fidèle tombe à genoux, et adresse ses vœux au Tout-Puissant. Le vent s'est élevé, les flots battent les deux flancs de la galère ; c'est le seul bruit qui accompagne la prière de l'amour : passion orageuse, que le matelot nourrit au milieu de la solitude des mers comme le pâtre dans la profondeur des bois.

Dorothée et la fille de Démodocus étoient encore troublés par les souvenirs d'Amathonte, lorsqu'ils découvrirent le sommet du Carmel. Peu à peu la plaine de la Palestine sort de l'onde et se dessine le long de la mer : les montagnes de la Judée se montrent derrière cette plaine : le vaisseau vint en silence, au milieu de la nuit, jeter l'ancre dans le port de Joppé : plus sacré que le vaisseau d'Hiram chargé des cèdres du temple, il portoit le temple vivant de Jésus-Christ et l'innocence, préférable au bois parfumé. Les passagers chrétiens descendent au rivage ; ils se prosternent, et baisent avec transport la terre où s'accomplit leur salut. Dorothée et la jeune catéchumène se réunissent à une troupe de pèlerins[11] qui devoient partir au point du jour pour Jérusalem.

L'aube avoit à peine blanchi les cieux, que l'on entendit la voix de l'Arabe conducteur de la troupe : il entonnoit le chant du départ de la caravane. Aussitôt les pèlerins s'apprêtent, les dromadaires fléchissent les genoux et reçoivent sur leurs dos voûtés les pesants fardeaux ; les ânes robustes, les cavales légères, portent les voyageurs. Cymodocée, qui attiroit tous les regards, étoit assise, avec sa nourrice, sur un chameau orné de tapis, de plumes et de banderoles : Rebecca montra moins de pudeur quand elle se voila la tête en apercevant Isaac qui venoit au-devant d'elle ; Rachel parut moins belle aux yeux de Jacob lorsqu'elle quitta ses pères, emportant ses dieux domestiques. Dorothée et ses serviteurs marchoient aux côtés de la fille de Démodocus, et veilloient aux pas de son chameau.

On quitte les murs de Joppé, qu'embellissent des bois de lentisques et de grenadiers semblables à des rosiers chargés de pommes rouges ; on traverse la plaine de Saron, qui dans l'Écriture partage avec le Carmel et le Liban l'honneur d'être l'image de la beauté : elle étoit couverte de ces fleurs dont Salomon, dans toute sa pompe royale, ne pouvoit égaler la magnificence. Bientôt on pénètre dans les montagnes de Judée par le hameau qui vit naître l'heureux coupable à qui Jésus-

Christ promit le ciel sur la croix. Les pieux voyageurs vous saluèrent aussi, berceau de Jérémie, vous qui respirez encore la tristesse du prophète des douleurs! Ils franchissent le torrent qui fournit au berger de Bethléem les pierres dont il frappa le Philistin ; ils s'enfoncent dans un désert où des figuiers sauvages clair-semés étaloient au vent brûlant du midi leurs feuilles noircies : la terre, qui jusque là avoit conservé quelque verdure, se dépouille ; les flancs des monts s'élargissent et prennent à la fois un air plus grand et plus stérile. Peu à peu la végétation se retire et meurt ; les mousses mêmes disparoissent ; une teinte rouge et ardente succède à la pâleur des rochers. Parvenus à un col élevé, tout à coup les pèlerins découvrent un vieux mur surmonté de la cime de quelques édifices nouveaux. Le guide s'écrie : « Jérusalem [12] ! » et la troupe, soudain arrêtée par un mouvement involontaire, répète : « Jérusalem ! Jérusalem ! »

A l'instant les chrétiens se précipitent de leurs cavales ou de leurs chameaux. Ceux-ci se prosternent trois fois, ceux-là se frappent le sein en poussant des sanglots ; les uns apostrophent la ville sacrée dans le langage le plus pathétique, les autres restent muets d'étonnement, le regard attaché sur Jérusalem. Mille souvenirs accablent à la fois le cœur et l'esprit : souvenirs qui n'embrassent rien moins que la durée du monde! ô muse de Sion, toi seule pourrois peindre ce désert qui respire la divinité de Jéhovah et la grandeur des prophètes!

Entre la vallée du Jourdain [13] et les plaines de l'Idumée s'étend une chaîne de montagnes qui commence aux champs fertiles de la Galilée et va se perdre dans les sables de l'Yémen. Au centre de ces montagnes se trouve un bassin aride, fermé de toutes parts par des sommets jaunes et rocailleux ; ces sommets ne s'entr'ouvrent qu'au levant, pour laisser voir le gouffre de la mer Morte et les montagnes lointaines de l'Arabie. Au milieu de ce paysage de pierres, sur un terrain inégal et penchant, dans l'enceinte d'un mur jadis ébranlé sous les coups du bélier, et fortifié par des tours qui tombent, on aperçoit de vastes débris ; des cyprès épars, des buissons d'aloès et de nopals, quelques masures arabes, pareilles à des sépulcres blanchis, recouvrent cet amas de ruines : c'est la triste Jérusalem.

Au premier aspect de cette région désolée, un grand ennui saisit le cœur. Mais lorsque, passant de solitude en solitude, l'espace s'étend sans bornes devant vous, peu à peu l'ennui se dissipe ; le voyageur éprouve une terreur secrète qui, loin d'abaisser l'âme, donne du courage et élève le génie. Des aspects extraordinaires décèlent de toutes parts une terre travaillée par des miracles : le soleil brûlant, l'aigle impétueux, l'humble hysope, le cèdre superbe, le figuier stérile, toute la poésie, tous les tableaux de l'Écriture sont là : chaque nom renferme un mystère, chaque grotte déclare l'avenir, chaque sommet retentit des accents d'un prophète. Dieu même a parlé sur ces bords : les torrents desséchés, les rochers fendus, les tombeaux entr'ouverts attestent le prodige ; le désert paroît encore muet de terreur, et l'on diroit qu'il n'a osé rompre le silence depuis qu'il a entendu la voix de l'Éternel.

La pieuse Hélène a porté ses pas à cette terre sacrée : elle veut arracher le tombeau de Jésus-Christ aux profanations de l'idolâtrie ; elle veut renfermer dans de majestueux édifices tant de lieux consacrés par les paroles et les douleurs du Fils de Dieu. Elle appelle de toutes les parties du monde les chrétiens à son secours ; ils descendent en troupes aux rivages de la Syrie : les pieds nus, les yeux baignés de pleurs, ils s'avancent, en chantant des cantiques, vers la montagne où s'opéra le salut des hommes. Dorothée conduit aussi à ce sanctuaire la catéchumène que la mère de Constantin doit instruire et protéger.

La caravane entre par la porte du château qui vit depuis s'élever la tour des Pisans et l'hospice des braves chevaliers du Temple. Le bruit se répand aussitôt que le premier officier de la maison de l'empereur est arrivé avec une catéchumène plus belle que Mariamne, et qui semble aussi malheureuse. Hélène fait appeler Dorothée. Elle frémit au récit des maux qui menacent l'Église : elle reçoit l'épouse du défenseur des chrétiens avec la noblesse d'une impératrice, la bonté d'une mère et le zèle d'une sainte.

« Esther, lui dit-elle, j'aime à trouver dans vos traits une jeune femme que j'ai vue souvent en songe assise à la droite de la divine Marie. Vous n'avez point connu de mère, je vous en servirai. Remerciez Dieu, ma fille, de vous avoir conduite au tombeau de Jésus-Christ. Ici les plus hautes vérités de la foi semblent s'abaisser et devenir sensibles aux cœurs les plus simples. »

A ces touchantes paroles, Cymodocée verse des pleurs d'attendrissement et de respect. Comme on voit une vigne qu'un violent orage a détachée de l'ormeau qui la soutenoit dans les airs : ses tendres rameaux couvrent la terre ; mais si on lui présente un autre appui, elle embrasse aussitôt l'arbre secourable, et présente de nouveau aux rayons du soleil son feuillage délicat ; ainsi la fille de Démodocus, séparée de son père, s'attache étroitement à la mère de l'ami d'Eudore.

Cependant Hélène fait partir des messagers qui vont porter aux sept églises d'Asie l'annonce de la persécution prochaine ; elle daigne en même temps montrer elle-même à l'épouse d'Eudore et à Dorothée les immenses travaux qui doivent faire renaître la cité de Salomon. Le bois consacré à Vénus [14] sur le mont Calvaire étoit abattu ; la vraie croix étoit retrouvée [15]. Un homme que la présence de cette croix miraculeuse avoit arraché au cercueil racontoit les choses d'une autre vie dans cette Jérusalem tant de fois instruite par les morts des secrets du tombeau.

Au pied de la montagne de Sion, qui porte à son sommet le monument en ruine de David, s'élève une colline à jamais célèbre sous le nom de Calvaire. Au bas de cette colline sacrée, Hélène avoit fait enfermer le sépulcre [16] de Jésus-Christ dans une basilique circulaire de marbre et de porphyre. Éclairé par un dôme de bois de cèdre, placé au centre de l'église, et revêtu d'un catafalque de marbre blanc, le saint tombeau servoit d'autel dans les grandes solennités. Une obscurité favorable au recueillement de l'âme régnoit au sanctuaire, dans les galeries et les chapelles de l'édifice. Des cantiques s'y faisoient entendre à toutes les heures du jour et de la nuit. On ne sait d'où partent ces concerts ; on respire l'odeur de l'encens sans apercevoir la main qui le brûle : on voit passer dans l'ombre et s'enfoncer dans les détours du temple le pontife qui va célébrer les redoutables mystères aux lieux mêmes où ils se sont accomplis.

Cymodocée contemple en silence les merveilles chrétiennes : fille de la Grèce, elle admire les chefs-d'œuvre des arts créés par la puissance de la foi au milieu des déserts. Les portes du nouvel édifice attirent surtout ses regards. Elles étoient de bronze et rouloient sur des gonds d'argent et d'or. Un solitaire des rives du Jourdain, animé de l'esprit prophétique, avoit donné le dessin de ces portes à deux célèbres sculpteurs de Laodicée. On voyoit la ville sainte [17], tombée au pouvoir d'un peuple infidèle, assiégée par des héros chrétiens : on les reconnoissoit à la croix qui brilloit sur leurs habits. Le vêtement et les armes de ces héros étoient étrangers, mais les soldats romains croyoient retrouver quelques traits des Francs et des Gaulois parmi ces guerriers à venir. Sur leur front éclatoient l'audace, l'esprit d'entreprise et d'aventure, avec une noblesse, une franchise, un honneur, ignorés des Ajax et des Achille. Ici le camp paroissoit ému à la vue d'une femme séduisante qui sembloit implorer le secours d'une troupe de jeunes princes ; là cette même enchanteresse enlevoit un héros sur les nuages et le transportoit dans des jardins délicieux ; plus loin, une assemblée d'esprits de ténèbres étoit convoquée dans les salles brûlantes de l'enfer : le rauque son de la trompette du Tartare appelle les habitants des ombres éternelles ; les noires cavernes en sont ébranlées, et le bruit, d'abîme en abîme, roule et retombe. Avec quel attendrissement Cymodocée aperçut une femme mourante sous l'armure d'un guerrier! Le chrétien qui lui perça le sein va tout en pleurs puiser de l'eau dans son casque, et revient donner une vie éternelle à la beauté qu'il priva d'un jour passager. Enfin la cité sainte est attaquée de toutes parts, et l'étendard de la croix flotte sur les murs de Jérusalem. L'artiste divin avoit aussi représenté, parmi tant de merveilles, le poëte qui devoit un jour les chanter : il paroissoit écouter au milieu d'un camp le cri de la religion, de l'honneur et de l'amour, et, plein d'un noble enthousiasme, il écrivoit ses vers sur un bouclier.

Cependant le temps, qui fuit sans cesse, avoit ramené la veille du jour douloureux où Jésus-Christ expira sur la croix. Cymodocée, avec une troupe de vierges choisies, accompagne Hélène au tombeau du Sauveur. La nuit étoit au milieu de son cours ; le saint sépulcre étoit rempli de fidèles, et pourtant un profond silence régnoit dans ce lieu sacré. Le chandelier à sept branches brûloit devant l'autel ; quelques lampes éclairoient à peine le reste de l'édifice ; toutes les images des martyrs et des anges étoient voilées ; le sacrifice étoit suspendu, et l'hostie déposée dans le saint tombeau. Hélène se place au milieu de la foule : elle avoit quitté son diadème ; elle ne vouloit pas ceindre son front d'une couronne de diamants dans ces lieux où le Rédempteur avoit porté une couronne d'épines. L'habileté de Cymodocée dans l'art des chants étoit déjà connue de ses compagnes ; elles avoient invité la fille d'Homère à soupirer les plaintes de Jérémie. Hélène l'encourage d'un regard. Cymodocée s'avance au pied de l'autel : elle étoit vêtue d'une robe de byssus [18] aurore, attachée par une ceinture de soie et bordée de grenades d'or, à la manière des filles juives ; ses cheveux, son cou et ses bras étoient chargés, pour un moment, de croissants, de bandelettes de cinq couleurs, de bracelets, de pendants d'oreilles et de colliers : telle parut aux yeux des Israélites Michol, épouse promise à David pour prix de sa victoire sur les Philistins ; tel un palmier de Syrie orne sa tête de ses fruits enchaînés comme des cristaux de corail à des filets d'ambre. Cymodocée, élevant une voix pure, fait entendre ces lamentations :

« Comment la ville, autrefois pleine de peuple [19], est-elle assise dans la solitude ? Comment l'or est-il obscurci ? Comment les pierres du sanctuaire ont-elles été dispersées ? La maîtresse des nations est veuve ; la reine des provinces est sujette au tribut. Les rues de Sion pleurent, les portes sont détruites, les prêtres gémissent, les vierges sont désolées. O race de Juda! vous avez été traitée comme un vase d'argile! Jérusalem, Jérusalem, dans un moment tu vis tomber l'orgueil de tes tours, et tes ennemis plantèrent leurs tentes [20] à l'endroit même où le juste pleurant sur toi avoit prédit ta ruine. »

Ainsi chântoit Cymodocée sur un mode pathétique, transmis aux chrétiens [21] par la religion des Hébreux. De temps en temps des trompettes d'airain mêloient leurs gémissements aux plaintes de Jérémie. Quelle éloquence dans ces leçons, redites sur les ruines de Jérusalem, près du temple dont il ne restoit pas pierre sur pierre, et la veille d'une persécution! La voix émue d'une jeune fille séparée de son père, et tremblant pour les jours de son époux, ajoutoit un charme à ces cantiques. Les prières continuent jusqu'au lever de l'aurore : alors se prépare la procession solennelle qui doit parcourir la Voie douloureuse [22].

La vraie croie, portée par quatre évêques, confesseurs et martyrs, marche à la tête du troupeau. Allongé sur deux files, un nombreux clergé, en silence et en habits de deuil, suit le signe de la rédemption des hommes. Viennent ensuite les chœurs des vierges et des veuves, les catéchumènes qui doivent entrer dans le sein de l'Église, les pécheurs qui vont être réconciliés. L'évêque de Jérusalem, la tête découverte, une corde au cou en signe d'expiation, termine la pompe. Hélène marche derrière lui, appuyée sur l'épouse du défenseur des chrétiens : la troupe innombrable des fidèles, l'orphelin, l'aveugle, le boiteux, accompagnent, pleins d'espérance, cette croix qui guérit l'infirme et console l'affligé.

On sort par la porte de Bethléem [23], et tournant au levant, le long de la piscine de Bethsabée, on descend vers le puits de Néphi pour remonter à la fontaine de Siloé. A l'aspect de la vallée de Josaphat remplie de tombeaux, de cette vallée où la trompette de l'ange du jugement doit rassembler les morts, une sainte terreur saisit l'âme des fidèles. La pompe religieuse passe au pied du mont Moria et traverse le torrent de Cédron, qui rouloit une eau fangeuse et rougie; elle laisse à droite les sépulcres de Josaphat et d'Absalon, et vient prier au jardin des Oliviers, à l'endroit même que le Fils de l'homme arrosa d'une sueur de sang. A chaque station un prêtre explique au peuple, ou le miracle, ou la parole, ou l'action dont ce lieu sacré fut témoin. La porte des Palmes s'ouvre, et la procession rentre dans Jérusalem. Au travers des décombres entassés, elle parvient aux ruines du palais du Prétoire, près de l'enceinte du temple : c'est là que commence le chemin du Calvaire. Le prêtre qui doit parler à la foule ne peut lire l'Évangile, à cause des pleurs qui tombent de ses yeux : à peine on entend sa voix altérée :

« Mes frères, s'écrie-t-il, là s'élevoit la prison où il fut couronné d'épines! De ce portique en ruine, Pilate le montra aux Juifs en leur disant : « Voilà l'homme! »

A ces paroles, les chrétiens éclatent en sanglots. On marche vers le Calvaire : le prêtre décrit de nouveau la Voie douloureuse :

« Là fut la maison du riche ; là Jésus-Christ tomba sous sa croix ; plus loin l'Homme-Dieu dit aux femmes[24] : « Ne pleurez pas sur moi, mais sur vous et sur vos fils. »

On arrive au sommet du Calvaire ; on y plante le signe du salut des hommes : à l'instant le soleil se couvre de ténèbres, la terre tremble, le voile du nouveau temple se déchire. Immortels témoins de la passion du Sauveur, vous vous rassemblâtes autour de la vraie croix : on vit descendre du ciel Marie mère de pitié, Madeleine pénitente, Pierre qui pleura son péché, Jean qui n'abandonna pas son maître, l'esprit redoutable qui présenta le calice amer au Rédempteur du monde, et l'ange de la mort encore épouvanté du coup qu'il porta au Fils de l'Éternel.

Bien différent fut le jour de triomphe qui suivit ce jour de deuil ! Les images des saints sont dévoilées, le feu nouveau est béni devant l'autel, l'antique Alleluia de Jacob ébranle les voûtes de l'église :

« O fils, ô filles de Sion[25] ! le Roi des cieux, le Roi de gloire va sortir du tombeau ! Quel est cet ange vêtu de blanc assis à l'entrée du sépulcre ? Apôtre, accourez ! Heureux ceux qui croiront sans avoir vu ! »

Le peuple répète en chœur cet hymne des bénédictions et des louanges.

Mais rien n'égale la félicité des catéchumènes qui dans ce jour solennel passent au rang des élus. Tous, vêtus de blanc et couronnés de fleurs, reçoivent sur le front l'eau pure qui les rend à l'innocence des premiers jours du monde. Cymodocée contemploit avec envie la félicité de ces nouveaux chrétiens, mais la fille d'Homère n'étoit point encore assez instruite des vérités de la foi. Cependant elle touchoit à l'heureux moment de son baptême, elle ne devoit plus acheter que par une dernière épreuve le bonheur de partager la religion de son époux.

Tandis que, sous la protection d'Hélène, elle se croit à l'abri de tous les dangers, déjà s'avance vers Jérusalem[26] le centurion qui poursuit la colombe fugitive. L'aruspice qui devoit consulter la sibylle de Cumes sur le sort des chrétiens avoit quitté Rome ; il étoit accompagné d'un satellite d'Hiéroclès, chargé secrètement au nom de Galérius de se rendre l'oracle favorable : aussitôt que la prêtresse auroit prononcé l'arrêt fatal, le ministre du proconsul avoit ordre de s'embarquer pour la Syrie, de saisir Cymodocée dans la ville sainte, de réclamer cette nouvelle Virginie au tribunal d'un nouvel Appius, comme une esclave chrétienne échappée à son maître.

Le prince des ténèbres, poursuivant ses desseins, avoit volé de Rome

LIVRE XVII.

à Cumes, afin d'inspirer à la sibylle l'oracle trompeur qui devoit perdre les fidèles. Il découvre avec complaisance le lac Averne [27] environné d'une sombre forêt. C'est par une ouverture voisine de ces lieux que souvent les démons s'élancent du sein des ombres : du fond de ce soupirail empesté, ils se plaisent à répandre chez les peuples mille fables obscures touchant les vastes demeures de la nuit et du silence. Mais ces anges criminels trahissent malgré eux le secret de leurs douleurs : car ils placent sur le chemin de leur empire les remords couchés sur un lit de fer [28] ; la discorde aux crins de couleuvres, rattachés par des bandelettes sanglantes ; les vains songes suspendus aux branches d'un orme antique ; le travail, les chagrins, l'épouvante, la mort et les joies coupables du cœur.

L'Eternel, qui voit Satan s'avancer vers l'antre de la sibylle, s'oppose à l'entier accomplissement des projets de l'enfer. Si Dieu, dans la profondeur de ses conseils, souffre que son Église soit persécutée, il ne permet pas que les démons puissent s'en attribuer la coupable gloire ; même en châtiant les chrétiens il songe à humilier les esprits rebelles. Il veut que les faux oracles se taisent, et que les idoles, s'avouant vaincues, reconnoissent enfin le triomphe de la croix.

Un ange, chargé des ordres du Très-Haut, descend aussitôt sur la colline où Dédale, après avoir franchi les cieux, consacra, dit la fable, ses ailes [29] au génie de la lumière. Le messager céleste pénètre dans le temple de la sibylle. L'aruspice envoyé par Dioclétien offroit dans ce moment même un sacrifice. Quatre taureaux [30] tombent égorgés en l'honneur d'Hécate ; on immole une brebis noire à la Nuit, mère des Euménides ; le feu est allumé sur les autels de Pluton ; les victimes entières sont précipitées dans la flamme, et des flots d'huile inondent leurs entrailles brûlantes. On invoque le Chaos, le Styx, le Phlégéton, les Parques, les Furies, divinités infernales : on leur dévoue la tête des chrétiens. A peine l'odieux sacrifice est consommé, que la sibylle, hors d'elle-même, s'écrie :

« Il est temps [31] de consulter l'oracle ! Le Dieu ! Voilà le Dieu ! »

Tandis qu'elle parle à l'entrée du sanctuaire, Satan agite tout à coup la prêtresse des idoles. Les traits de la sibylle s'altèrent [32], son visage change de couleur, ses cheveux se hérissent, sa poitrine se soulève, sa taille s'agrandit, sa voix n'a plus rien d'une mortelle. Assise sur le trépied, elle lutte encore contre l'inspiration du prince des ténèbres.

« Puissant Apollon, s'écrie l'aruspice, dieu de Sminthe et de Délos, vous que le destin a choisi pour dévoiler l'avenir aux mortels, daignez m'apprendre quel sera le sort des chrétiens ! Le pieux empereur doit-il faire disparoître de la terre les sacriléges ennemis dès dieux? »

A ces mots, la prêtresse se lève trois fois [33] avec violence; trois fois une force la rasseoit sur le trépied; les cent portes du sanctuaire s'ouvrent pour laisser passer les paroles prophétiques. O prodige! la sibylle reste muette. En vain, fatiguée par le démon, elle cherche à rompre le silence : elle ne rend que des sons confus et inarticulés. L'ange du Seigneur s'est dévoilé aux yeux de la prêtresse : la bouche entr'ouverte, les yeux égarés, les cheveux épars, elle le montre de la main aux spectateurs; ils ne voient point l'apparition céleste, mais ils sont saisis d'épouvante. Domptée par l'esprit de l'abîme et faisant un dernier effort, la sibylle veut ordonner la proscription des chrétiens, et elle ne prononce que ces mots :

« Les justes qui sont sur la terre m'empêchent de parler. »

Satan, vaincu par cet oracle, s'envole plein de honte et de douleur, sans perdre toutefois l'espérance et sans abandonner ses projets. Ce qu'il n'a pu faire lui-même, il le fera par les passions des hommes. L'aruspice confie la réponse des dieux à un cavalier numide plus léger que les vents; Dioclétien la reçoit; le conseil s'assemble.

« Ces prétendus justes, s'écrie Hiéroclès, ce sont les chrétiens. L'oracle les désigne, par dérision, sous le nom qu'ils se donnent eux-mêmes. Auguste, ce sont donc les chrétiens qui font taire la voix du ciel! tant ces monstres sont en horreur aux dieux et aux hommes! »

Dioclétien, secrètement troublé par l'antique serpent, est frappé de l'explication d'Hiéroclès. Il ne voit plus ce que l'oracle a de favorable aux fidèles. La superstition étouffe la sagesse : il craint de favoriser des hommes dévoués aux Furies. Cependant il hésite encore. Alors un bruit se répand dans le conseil que les chrétiens ont mis le feu au palais. Galérius, par l'avis d'Hiéroclès, avoit préparé cet incendie, afin de triompher des incertitudes de l'empereur. Aussitôt César, affectant un air consterné :

« Il est bien temps de délibérer quand des scélérats vont vous faire périr au milieu des flammes! »

A ces mots, tout le conseil, ou séduit ou trompé, demande la mort des impies, et l'empereur, effrayé lui-même, ordonne de publier l'édit de persécution.

FIN DU LIVRE DIX-SEPTIÈME.

LIVRE DIX-HUITIÈME.

Joie de l'enfer. Galérius, conseillé par Hiéroclès, force Dioclétien à abdiquer. Préparation des chrétiens au martyre. Constantin, aidé par Eudore, échappe de Rome, et fuit vers Constance. Eudore est jeté dans les cachots. Hiéroclès, premier ministre de Galérius. Persécution générale. Le démon de la tyrannie porte à Jérusalem la nouvelle de la persécution. Le centurion envoyé par Hiéroclès met le feu aux lieux saints. Dorothée sauve Cymodocée. Rencontre de Jérôme dans la grotte de Bethléem.

Depuis le jour où Satan vit la première femme porter à sa bouche le fruit de mort, il n'avoit pas ressenti une telle joie. « Enfer, s'écrioit-il, ouvrez vos abîmes pour recevoir les âmes que le Christ vous avoit arrachées ! Le Christ est vaincu, son empire est détruit, l'homme m'appartient sans-retour. »

Ainsi parloit le prince des ténèbres : sa voix pénètre dans le gouffre des douleurs. Les réprouvés crurent entendre de nouveau la sentence fatale, et poussèrent des cris affreux aux milieu des flammes. Tout ce qui restoit de démons au fond de la nuit éternelle accourut sur la terre. L'air fut obscurci de cet essaim d'esprits immondes. Le Chérubin qui dirige la course du soleil recula d'horreur et couvrit son front d'un nuage sanglant ; des voix lamentables sortirent du sein des forêts ; sur les autels des faux dieux, les idoles laissèrent échapper un effroyable sourire : les méchants de toutes les parties du globe sentirent au même moment un nouvel attrait vers le mal, et enfantèrent des projets de révolutions.

Hiéroclès surtout est emporté par une ardeur irrésistible ; il veut mettre la dernière main à son ouvrage. Tandis que Dioclétien règne encore, l'apostat ne peut jouir d'une autorité absolue. Le sophiste saisit donc le moment favorable, et s'adressant à Galérius, dont il connoît les passions :

« Prince, voulez-vous régner, vous n'avez pas un instant à perdre.

Auguste vient de se priver [1] de l'appui des chrétiens. En exterminant ces factieux, vous serez à couvert de la haine qu'entraîne quelquefois une mesure sévère, puisque l'édit est donné sous le nom de l'empereur. Dioclétien est effrayé de la résolution qu'il a prise, profitez de ce moment de crainte; représentez au vieillard [2] qu'il est temps pour lui de goûter le repos et de laisser à un héros plus jeune le soin d'exécuter des ordres d'où dépend le salut de l'empire. Vous nommerez des césars de votre choix; vous ferez régner la sagesse : le présent vous devra son bonheur, et les siècles futurs retentiront de vos vertus.

Galérius approuva le zèle d'Hiéroclès; il appela le lâche conseiller son digne ami, son fidèle ministre. Tous les favoris de César applaudirent, même Publius, qui, rival de la faveur de l'apostat [3], ne cherchoit que le moyen de le perdre; mais, en habile courtisan, il se garda bien de s'opposer à un crime qui flattoit l'ambition de Galérius. Préfet de Rome, il se chargea de gagner les prétoriens et les légions campées au Champ de Mars.

Galérius se rend au palais des Thermes. Dioclétien étoit enfermé seul dans le lieu le plus reculé de sa vaste demeure. A l'instant où l'empereur avoit prononcé l'arrêt des chrétiens, Dieu avoit prononcé l'arrêt de l'empereur : le règne avoit fini avec la justice. Rongé de remords et d'inquiétudes, Auguste se sentoit abandonné du ciel, et des pensées amères occupoient son âme : tout à coup on annonce Galérius [4]. Dioclétien le salue du nom de césar.

« Toujours césar [5]! s'écrie le prince avec violence. Ne serai-je jamais que césar? »

En même temps il ferme les portes, et s'adressant à l'empereur :

« Auguste, on vient d'afficher votre édit dans Rome, et les chrétiens ont eu l'insolence de le déchirer [6]. Je prévois que cette race impie causera bien des maux à votre vieillesse; souffrez que je punisse vos ennemis, et déchargez-vous sur moi du fardeau de l'empire : votre âge, vos longs travaux, votre santé chancelante, tout vous fait une loi de chercher le repos. »

Dioclétien, sans paroître surpris, répliqua :

« C'est vous qui plongez ma vieillesse dans ces malheurs; sans vous j'aurois laissé après moi l'empire tranquille. Irai-je, après vingt années de gloire, languir dans l'obscurité? »

« Eh bien! dit Galérius en fureur, si vous ne voulez renoncer à l'empire, c'est à moi de me consulter. Depuis quinze ans je combats les barbares sur des frontières sauvages, tandis que les autres césars règnent en paix sur des provinces fertiles : je suis las du dernier rang. »

« Songez-vous, répondit le vieillard, que vous êtes dans mon palais ? Gardien de troupeaux ! tout foible que je suis, je puis encore vous faire rentrer dans votre néant ; mais j'ai trop d'expérience pour être étonné de l'ingratitude, et je suis trop las de gouverner les hommes pour vous disputer ce triste honneur. Infortuné Galérius, savez-vous ce que vous demandez ? Depuis vingt ans que je tiens les rênes de l'empire, un sommeil paisible n'a point encore fermé mes yeux ; je n'ai vu autour de moi que bassesses, intrigues, mensonges, trahisons ; je n'emporterai du trône que le vide des grandeurs et un profond mépris pour la race humaine. »

« Je saurai bien, dit Galérius, me mettre à couvert de l'intrigue, de la bassesse, du mensonge et de la trahison : je rétablirai les Frumentaires [7], que vous avez si imprudemment supprimés ; je donnerai des fêtes à la foule, et, maître du monde, je laisserai par des choses éclatantes une longue opinion de ma grandeur. »

« Ainsi, repartit Dioclétien [8] avec mépris, vous ferez bien rire le peuple romain. »

« Eh bien ! dit le farouche césar, si le peuple romain ne veut pas rire, je le ferai pleurer ! Il faudra ou servir ma gloire ou mourir. J'inspirerai la terreur pour me sauver du mépris. »

« Le moyen n'est pas aussi sûr que vous le pensez, répliqua Dioclétien. Si l'humanité ne vous arrête pas, que votre propre sûreté vous touche : un règne violent ne sauroit être long. Je ne prétends pas que vous soyez exposé à une chute soudaine, mais il y a dans les principes des choses un certain degré de mal que la nature ne peut passer. On voit bientôt, quelle qu'en soit la cause, disparoître les éléments de ce mal. De tous les mauvais princes, Tibère seul a paru longtemps au timon de l'État ; mais Tibère ne fut violent que dans les dernières années de sa vie. »

« Tous ces discours sont inutiles, s'écria Galérius, fatigué : je ne demande pas des leçons, mais l'empire. Vous dites que le pouvoir souverain n'a plus d'attraits à vos yeux, laissez-le donc passer aux mains de votre gendre. »

« Ce titre, repartit Dioclétien, ne peut vous servir auprès de moi. Avez-vous fait le bonheur de ma fille ? Infidèle à son amour, persécuteur de la religion qu'elle aime, vous n'attendez peut-être que ma retraite pour exiler Valérie sur quelque rivage désert. Et voilà comme vous m'avez payé de mes bienfaits ! Mais je serai vengé : je vous laisse ce pouvoir que vous voulez m'arracher au bord de ma tombe. Je ne cède point à vos menaces, mais j'obéis à une voix du ciel qui me dit que le temps des grandeurs est passé. Je vous le donne, ce lambeau de pourpre qui n'est plus pour moi qu'un linceul funèbre : avec lui je vous fais le présent de tous les soucis du trône. Gouvernez un monde qui se dissout, où mille principes de mort germent de tous les côtés; guérissez des mœurs corrompues ; accordez des religions qui se combattent ; faites disparoître un esprit de sophisme qui ronge jusqu'aux entrailles de la société; repoussez dans leurs forêts des barbares qui tôt ou tard dévoreront l'empire romain. Je pars : je vous verrai, de mon jardin de Salone, devenir l'exécration de l'univers. Vous-même, fils ingrat, vous ne mourrez point sans être la victime[9] de l'ingratitude de vos fils. Régnez donc ; hâtez la fin de cet État dont j'ai retardé la chute de quelques instants. Vous êtes de la race de ces princes qui paroissent sur la terre à l'époque des grandes révolutions, lorsque les familles et les royaumes se perdent par la volonté des dieux. »

Ainsi le sort de l'empire se décidoit dans le palais de Dioclétien : les chrétiens délibéroient entre eux sur les tribulations de l'Église. Eudore étoit l'âme de tous leurs conseils. L'édit, publié [10] au son des trompettes, ordonnoit de brûler les livres saints et d'abattre les églises; il déclaroit les chrétiens infâmes; il les privoit des droits de citoyen ; il défendoit aux magistrats de recevoir leurs plaintes pour cause de mauvais traitements, de vol, de rapt et d'adultère; il autorisoit toutes sortes de personnes à les dénoncer, soumettoit aux tortures et condamnoit à la mort quiconque refusoit de sacrifier aux dieux.

Cet édit sanguinaire, dicté par Hiéroclès, laissoit un libre cours aux crimes du disciple des sages, et menaçoit les fidèles d'une entière destruction. Chacun, selon son caractère, se préparoit à fuir ou à combattre.

Ceux qui craignoient de succomber dans les tourments s'exiloient chez les barbares ; plusieurs se retiroient dans les bois et les lieux déserts ; on voyoit les fidèles s'embrasser dans les rues, et se dire un tendre adieu en se félicitant de souffrir pour Jésus-Christ. De vénérables confesseurs, échappés aux persécutions précédentes, se mêloient à la foule pour encourager la foiblesse ou modérer l'ardeur du zèle. Les femmes, les enfants et les jeunes hommes entouroient les vieillards qui rappeloient les exemples donnés par les plus fameux martyrs : Laurent de l'Église romaine [11], exposé sur des charbons ardents ; Vincent de Saragosse, s'entretenant dans la prison avec les anges; Eulalie de Mérida, Pélagie d'Antioche, dont la mère et les sœurs se noyèrent en se tenant embrassées ; Félicité et Perpétue combattant dans l'amphithéâtre de Carthage ; Théodote et les sept vierges d'Ancyre ; les deux jeunes époux ensevelis dans des tombes différentes, et qui se trouvèrent réunis dans le même cercueil. Ainsi parloient les vieillards; et les évêques cachoien¹ les livres saints; et les prêtres renfermoient le viatique ¹² dans des boîtes à double fond; on rouvroit les catacombes les plus solitaires et les plus ignorées, afin de remplacer les églises dont on alloit être privé; on nommoit les diacres ¹³ qui devoient se déguiser pour porter des secours aux martyrs au fond des mines, dans les prisons et sur le chevalet; on apprêtoit le lin et le baume comme à la veille d'un grand combat; on payoit ses dettes, on se réconcilioit avec ses ennemis. Toutes ces choses se faisoient sans bruit, sans ostentation, sans tumulte; l'Église se préparoit à souffrir avec simplicité : comme la fille de Jephté, elle ne demandoit à son père qu'un moment pour pleurer son sacrifice sur la montagne.

Les soldats chrétiens répandus dans les légions viennent avertir Eudore qu'un nouveau complot est près d'éclater, que l'on fait au nom de Galérius des largesses à l'armée, que les troupes doivent s'assembler le lendemain au Champ de Mars, et que l'on parle de l'abdication de l'empereur.

Le fils de Lasthénès se fait mieux instruire : ensuite il vole à Tibur, demeure accoutumée de Constantin. Ce prince habitoit ¹⁴, loin des piéges de la cour, une petite retraite au-dessus de la cascade de l'Anio, tout auprès des temples de Vesta et de la Sibylle. Les maisons d'Horace et de Properce se montroient abandonnées sur les bords du fleuve, parmi des bois d'oliviers devenus sauvages. Le riant Tibur, qui tant de fois inspira la muse latine, n'offroit plus que des monuments de plaisirs détruits et des tombeaux de tous les siècles. En vain l'on cherchoit sur les coteaux de Lucrétile le souvenir du poëte voluptueux qui renfermoit dans un espace étroit ses longues espérances, et consacroit du vin et des fleurs au génie qui nous rappelle la brièveté de nos jours.

Tout à coup, au milieu de la nuit, on annonce à Constantin l'arrivée d'Eudore; le prince se lève, prend son ami par la main et le conduit sur une terrasse qui, circulant au pied du temple de Vesta, dominoit la chute de l'Anio. Le ciel étoit couvert de nuages, l'obscurité profonde; le vent gémissoit dans les colonnes du temple, une voix triste s'élevoit dans l'air; on croyoit entendre par intervalles le mugissement de l'antre de la sibylle, ou ces paroles funèbres que les chrétiens psalmodient pour les morts.

« Fils de César, dit Eudore, non-seulement on va massacrer les chrétiens, mais Dioclétien remet le sceptre à Galérius. C'est demain, au Champ de Mars, en présence des légions, que se passera cette grande scène. Vous ne serez point appelé au partage ¹⁵ de la puissance; vos crimes sont votre gloire, celle de votre père, et votre penchant pour une religion divine. Daïa, ce pâtre, fils de la sœur de Galérius, e Sévère le soldat, tèls sont les césars que l'on réserve au peuple romain. Dioclétien désiroit vous nommer, mais vous avez été rejeté avec menace. Prince, cher espoir de l'Église et du monde, il faut céder à l'orage. Galérius vous craint, et il en veut à vos jours. Demain, aussitôt que votre sort sera connu, vous fuirez vers votre père, tout sera préparé pour votre départ. Vous aurez soin, à chaque mansion, de faire mutiler [16] les chevaux derrière vous, afin qu'on ne puisse vous poursuivre. Vous attendrez auprès de Constance le moment de sauver les chrétiens et l'empire ; et quand il en sera temps, ces Gaulois qui ont déjà vu de près le Capitole vous en ouvriront le chemin. »

Constantin reste un moment en silence : mille pensées violentes s'élèvent dans son cœur. Indigné des outrages qu'on lui prépare, animé de l'espoir de venger le sang des justes, peut-être touché de l'éclat d'un trône, qui tente toujours les grandes âmes, il ne se peut résoudre à la fuite ; son respect, sa reconnoissance pour Dioclétien, arrêtoient seuls son ardeur ; la nouvelle de l'abdication de ce prince a brisé tous les liens qui retenoient le fils de Constance : il veut aller soulever les légions au Champ de Mars ; il ne respire que la vengeance et les combats. Tel, dans les déserts de l'Arabie [17], on voit un coursier attaché au milieu d'un sable brûlant ; pour trouver un peu d'ombre contre les ardeurs du soleil, il baisse et cache sa tête entre ses jambes rapides ; ses crins descendent épars ; il laisse tomber de son œil sauvage un regard oblique sur son maître. Mais ses pieds sont-ils dégagés des entraves, il frémit, il dévore la terre ; la trompette sonne, il dit : « Allons ! »

Eudore calme les transports guerriers de Constantin.

« Les légions sont vendues, lui dit-il, tous vos pas sont surveillés, et vous tenteriez une entreprise qui précipiteroit l'empire dans des maux incalculables. Fils de Constance, vous régnerez un jour sur le monde et les hommes vous devront leur bonheur ; mais Dieu retient encore entre ses mains votre couronne, et il vient éprouver son Église. »

« Eh bien ! dit le jeune prince avec une touchante vivacité, vous m'accompagnerez dans les Gaules, et nous marcherons ensemble à Rome, à la tête de ces soldats tant de fois témoins de votre valeur. »

« Prince, répond Eudore d'une voix émue, nos obligations ne sont pas les mêmes : vous vous devez à la terre pour le ciel, je me dois au ciel pour la terre ; votre devoir est de partir, le mien de rester. La jalousie que j'ai inspirée à Hiéroclès a sans doute précipité le sort des chrétiens : ma fortune, mes conseils, ma vie leur appartiennent ; je ne puis quitter un champ de bataille où j'ai appelé l'ennemi ; mon épouse et son père réclament aussi ma présence en Orient. Enfin, s'il faut des exemples de fermeté à mes frères, Dieu m'accordera peut-être les vertus qui me manquent. »

Dans ce moment une flamme surnaturelle vient éclairer au bord de l'Anio les tombes de Symphorose [18] et de ses sept enfants martyrs.

« Voyez, s'écrie Eudore en montrant à Constantin le monument sacré, voyez quelle force Dieu peut inspirer, quand il lui plaît, à des femmes et à des enfants! Combien ces cendres me paroissent plus illustres que la dépouille des Romains fameux qui reposent ici! Prince, ne me ravissez point la gloire d'une semblable destinée; permettez-moi seulement de nous jurer par le tombeau de ces saints une fidélité qui n'aura de terme que mes jours. »

A ces mots, le fils de Lasthénès voulut s'incliner avec respect sur la main qui devoit porter le sceptre du monde; mais Constantin se jette au cou d'Eudore, et presse longtemps dans ses bras un ami si noble et si magnanime.

Le prince demande son char : il y monte avec Eudore ; ils roulent, à travers les ombres, le long des portiques déserts du temple d'Hercule. L'Anio retentissoit dans les débris du palais de Mécène. Le descendant de Philopœmen et l'héritier de César réfléchissoient en silence sur le destin des hommes et des empires. Là s'étendoit cette forêt d'Albunée où les rois du Latium consultoient des dieux champêtres; là vivoient les peuples agrestes du mont Socrate et des vallons d'Utique; là fut le berceau de ces Sabines qui, courant échevelées entre les armées de Tatius et de Romulus, disoient aux uns : « Vous êtes nos fils et nos époux, » et aux autres : « Vous êtes nos frères et nos pères. » Le chantre de Lalagé et le ministre d'Auguste les remplacèrent sur ces bords que devoit venir fouler à son tour la reine descendue du trône de Palmyre. Le char passe rapidement la villa de Brutus, les jardins d'Adrien, et s'arrête à la tombe de la famille Plotia. Eudore se sépara de Constantin au pied de cette tour funèbre, et rentra dans Rome par un sentier désert, afin de préparer la fuite du prince. Constantin, dévorant mal ses soucis et cachant à peine sa colère, prit le chemin du palais des Thermes.

L'attaque de Galérius avoit été si brusque et la résolution de Dioclétien si prompte, que le fils de Constance, occupé tout entier du sort des chrétiens, s'étoit laissé surprendre par son ennemi. Il savoit bien que depuis longtemps César cherchoit à forcer Auguste à quitter l'empire; mais, ou trompé ou trahi, il avoit cru cette catastrophe encore assez éloignée. Il voulut pénétrer chez Dioclétien ; déjà tout étoit changé avec la fortune. Un officier de Galérius refusa l'entrée du palais au jeune prince, en lui disant d'une voix menaçante :

« L'empereur vous ordonne de vous rendre au camp des légions. »

A l'extrémité du Champ de Mars, au pied du tombeau d'Octave, s'élevoit un tribunal de gazon [19] surmonté d'une colonne qui portoit une statue de Jupiter. C'étoit à ce tribunal que Dioclétien devoit paroître au lever de l'aurore, pour abdiquer la pourpre au milieu des soldats sous les armes. Depuis le jour où Sylla se dépouilla de la dictature, jamais plus grand spectacle n'avoit frappé les regards des Romains. La curiosité, la crainte, l'espoir, avoient conduit au Champ de Mars une foule immense. Toutes les passions, émues à l'approche du règne nouveau, attendoient l'issue de cette scène extraordinaire. Quels seront les augustes? quels seront les césars? Les courtisans dressoient au hasard des autels aux dieux inconnus; ils auroient craint de blesser, même en pensée, le pouvoir qui n'existoit pas encore. Ils adoroient le néant d'où la servitude alloit sortir; ils s'épuisoient à deviner quelle seroit la passion du prince à venir, afin de se pourvoir promptement de la bassesse qui seroit le plus en faveur sous ce règne. Tandis que les méchants pensoient à montrer leurs vices, les bons songeoient à cacher leurs vertus. Le peuple seul, avec une indifférence stupide, venoit voir les soldats étrangers lui nommer des maîtres, aux mêmes lieux où ce peuple libre donnoit jadis son suffrage pour l'élection de ses magistrats.

Dioclétien parut bientôt au tribunal. Les légions firent silence, et l'empereur prenant la parole :

« Soldats, mon âge m'oblige de remettre le pouvoir souverain à Galérius et de créer de nouveaux césars. »

A ces mots tous les yeux se tournent vers Constantin, qui venoit d'arriver. Mais tout à coup Dioclétien proclame césars Daïa et Sévère. On demeure interdit; on se demande quel est ce Daïa et si Constantin a changé de nom. Alors Galérius, repoussant de la main le fils de Constance, saisit Daïa par le bras, et le présente aux légions. L'empereur se dépouille de son manteau de pourpre, et le jette sur les épaules du jeune pâtre. Il donne en même temps à Galérius son poignard, symbole de la puissance absolue sur la vie des citoyens.

Dioclétien, redevenu Dioclès, descend de son tribunal, monte sur son char, traverse Rome sans proférer un mot, sans regarder son palais, sans tourner la tête; et, prenant le chemin de Salone sa patrie, il laisse l'univers entre l'admiration du règne qui finit et la terreur qui commence.

Tandis que les soldats saluoient le nouvel auguste et le nouveau césar, Eudore se glisse dans la foule, et parvient jusqu'à Constantin. Ce prince flottoit encore indécis entre l'étonnement, l'indignation et la douleur.

« Fils de Constance, lui dit Eudore à voix basse, que faites-vous ? Vous connoissez votre sort ; le tribun des prétoriens a déjà l'ordre de vous arrêter : suivez-moi, ou vous êtes perdu. »

Il entraîne l'héritier de l'empire; ils arrivent hors des portes de Rome, en un lieu désert, où Constantin bâtit depuis la basilique de Sainte-Croix.

Là, quelques serviteurs attendoient le prince fugitif ; il veut encore, en fondant en larmes, engager Eudore à se sauver avec lui, mais le martyr en espérance demeure inflexible, et supplie le fils d'Hélène de s'éloigner. Déjà l'on entendoit le bruit des soldats qui cherchoient Constantin. Eudore adresse cette prière à l'Éternel :

« Grand Dieu, si tu réserves ce prince pour régner sur ton peuple, force ce nouveau David [20] à se cacher devant Saül, et daigne lui montrer le chemin du désert de Zéila! »

Aussitôt le tonnerre gronde sous un ciel serein, la foudre frappe les remparts de Rome, un ange trace une voie lumineuse dans l'occident. Constantin obéit aux ordres du ciel : il embrasse son ami, et s'élance sur son coursier. Il fuit ; Eudore lui crie :

« Souvenez-vous de moi quand je ne serai plus! Prince, servez de protecteur et de père à Cymodocée! »

Vœux inutiles! Constantin disparoît [21]. Eudore, abandonné, sans protecteur, reste seul chargé de la colère de l'empereur, de la haine d'un rival, devenu premier ministre, de la destinée des fidèles, et pour ainsi dire de tout le poids de la persécution. Dès le soir même, dénoncé comme chrétien par un esclave d'Hiéroclès, il est plongé dans les cachots.

Satan, Astarté, l'esprit de la fausse sagesse, poussent tous trois un cri de triomphe dans les airs, et livrent le monde au démon de l'homicide.

Lorsque cet ange furieux, quittant le séjour des douleurs, contriste la terre par sa présence, il fait sa résidence ordinaire non loin de Carthage, dans les ruines d'un temple où l'on brûloit jadis en son honneur des victimes humaines. Des hydres aux regards funestes, des dragons semblables [22] à celui qui combattit l'armée entière de Caton, des monstres inconnus [23] tels que l'Afrique en engendre chaque année, les fléaux de l'Égypte, les vents empoisonnés, les maladies, les guerres civiles, les lois injustes qui dépeuplent la terre, la tyrannie qui la ravage, rampent aux pieds du démon de l'homicide. Il se réveille au cri de Satan ; il s'envole du milieu des débris, en laissant après lui un long tourbillon de poussière ; il franchit la mer : il arrive en Italie. Enveloppé dans un nuage ardent, il s'arrête au-dessus de Rome. D'une main il élève une torche et de l'autre un glaive : tel autrefois il donna le signal du carnage, lorsque le premier Hérode fit massacrer les enfants d'Israel.

Ah ! si la Muse sainte soutenoit mon génie, si elle m'accordoit un moment le chant du cygne ou la langue dorée du poëte, qu'il me seroit aisé de redire dans un touchant langage les malheurs de la persécution ! Je me souviendrois de ma patrie : en peignant les maux des Romains, je peindrois les maux des François. Salut, épouse de Jésus-Christ, Église affligée, mais triomphante ! Et nous aussi, nous vous avons vue sur l'échafaud et dans les catacombes. Mais c'est en vain qu'on vous tourmente, les portes de l'enfer ne prévaudront point contre vous ; dans vos plus grandes douleurs, vous apercevez toujours sur la montagne les pieds de celui qui vient vous annoncer la paix ; vous n'avez pas besoin de la lumière du soleil, parce que c'est la lumière de Dieu qui vous éclaire : c'est pourquoi vous brillez dans les cachots. La beauté du Basan et du Carmel s'efface, les fleurs du Liban se flétrissent ; vous seule restez toujours belle !

La persécution s'étend dans un moment [24] des bords du Tibre aux extrémités de l'empire. De toutes parts on entend les églises s'écrouler sous les mains des soldats ; les magistrats, dispersés dans les temples et dans les tribunaux, forcent la multitude à sacrifier ; quiconque refuse d'adorer les dieux est jugé et livré aux bourreaux ; les prisons regorgent de victimes ; les chemins sont couverts de troupeaux d'hommes mutilés, qu'on envoie mourir au fond des mines ou des travaux publics. Les fouets, les chevalets, les ongles de fer, la croix, les bêtes féroces, déchirent les tendres enfants avec leur mère ; ici l'on suspend par le pied des femmes nues à des poteaux, et on les laisse expirer dans ce supplice honteux et cruel ; là on attache les membres du martyr à deux arbres rapprochés de force : les arbres en se redressant emportent les lambeaux de la victime. Chaque province a son supplice particulier ; le feu lent en Mésopotamie, la roue dans le Pont, la hache en Arabie, le plomb fondu en Cappadoce. Souvent au milieu des tourments on apaise la soif du confesseur, et on lui jette de l'eau au visage, dans la crainte que l'ardeur de la fièvre ne hâte sa mort. Quelquefois, fatigué de brûler séparément les fidèles, on les précipite en foule dans le bûcher : leurs os sont réduits en poudre et jetés au vent avec leurs cendres.

Galérius trouvoit ses délices dans ces tourments ; il fait venir à grands frais des ours d'une taille prodigieuse et aussi féroces que lui.

Ces bêtes ont chacune un nom terrible. Pendant ses repas, le successeur du sage Dioclétien leur fait jeter des hommes à dévorer. Le gouvernement de ce monstre avare et débauché, en répandant le trouble dans les provinces, augmente encore l'activité de la persécution. Les villes sont soumises à des juges militaires, sans connoissances et sans lettres, qui ne savent que donner la mort. Des commissaires font les recherches les plus rigoureuses sur les biens et les propriétés des sujets; on mesure les terres, on compte les vignes et les arbres, on tient registre des troupeaux. Tous les citoyens de l'empire sont obligés de s'inscrire dans le livre du cens, devenu un livre de proscription. De crainte qu'on ne dérobe quelque partie de sa fortune à l'avidité de l'empereur, on force, par la violence des supplices, les enfants à déposer contre leurs pères, les esclaves contre leurs maîtres, les femmes contre leurs maris. Souvent les bourreaux contraignent des malheureux à s'accuser eux-mêmes et à s'attribuer des richesses qu'ils n'ont pas. Ni la caducité ni la maladie ne sont une excuse pour se dispenser de se rendre aux ordres de l'exacteur; on fait comparoître la douleur même et l'infirmité; afin d'envelopper tout le monde dans des lois tyranniques, on ajoute des années à l'enfance, on en retranche à la vieillesse : la mort d'un homme n'ôte rien au trésor de Galérius, et l'empereur partage la proie avec le tombeau : cet homme rayé du nombre des humains n'est point effacé du rôle du cens, et il continue de payer pour avoir eu le malheur de vivre. Les pauvres, de qui l'on ne pouvoit rien exiger, sembloient seuls à l'abri des violences par leur propre misère; mais ils ne sont point à l'abri de la pitié dérisoire du tyran : Galérius les fait entasser dans des barques, et jeter ensuite au fond de la mer, afin de les guérir de leurs maux.

Il ne manquoit aux chrétiens qu'un genre d'outrages, et Hiéroclès ne voulut pas le leur épargner. Au milieu des prêtres égorgés sur le corps de Jésus-Christ percé de coups, le disciple des sages publia [25] généreusement deux livres de blasphèmes contre le Dieu qu'il avoit lui-même adoré, et qui fut le Dieu de sa mère : tant l'orgueil de l'impie est à la fois lâche et féroce! Infatigable dans sa haine et dans son amour, l'apostat attendoit avec impatience le moment où la fille d'Homère viendroit orner son triomphe. Il suspendoit exprès le supplice de son rival, afin que l'espoir de sauver la vie de ce rival aimé fût une tentation pour la vierge de Messénie.

« J'emploierai, disoit-il en lui-même [26] avec un mélange de honte, de désespoir et de joie, j'emploierai ce dernier moyen de vaincre la résistance d'une insolente beauté; je la verrai tomber dans mes bras pour racheter les jours d'Eudore; comblant ensuite ma double vengeance, je lui montrerai mon rival entre les mains des bourreaux, et ce chrétien apprendra en mourant que son épouse est déshonorée. »

Enivré de son pouvoir, Hiéroclès ne peut gouverner ses passions. Cet impie qui renioit l'Éternel [27], par une contradiction déplorable, croyoit au génie du mal et à tous les secrets de la magie.

Il y avoit à Rome un Hébreu [28] déserteur de la foi de ses pères : il vivoit parmi les sépulcres, et la voix du peuple l'accusoit d'entretenir un commerce secret avec l'enfer. Cet homme faisoit sa demeure accoutumée dans les souterrains du palais en ruine de Néron. Hiéroclès charge un de ses confidents d'aller trouver au milieu de la nuit l'infâme Israélite. L'esclave, instruit de ce qu'il doit demander, part, et à travers des décombres descend au fond du souterrain. Il aperçoit un vieillard couvert de lambeaux, réchauffant ses mains à un feu d'ossements humains.

« Vieillard, dit l'esclave tremblant d'épouvante, peux-tu transporter dans un moment de Jérusalem à Rome une chrétienne échappée au pouvoir d'Hiéroclès ? Reçois cet or, et parle sans crainte. »

L'éclat de l'or et le nom de Jérusalem arrachent un sourire affreux à l'Israélite.

« Mon fils, dit-il, je connois ton maître : il n'y a rien que je ne tente pour le satisfaire ; je vais interroger l'abîme. »

Il dit, et creuse la terre ; il découvre l'urne sanglante [29] qui renfermoit les restes de Néron ; des plaintes s'échappoient de cette urne. Le magicien répand sur un autel de fer les cendres du premier persécuteur des chrétiens. Trois fois il se tourne vers l'Orient, trois fois il frappe dans ses mains, trois fois il ouvre la Bible profanée. Il prononce des mots mystérieux, et du sein des ombres il évoque le démon des tyrans. Dieu permet à l'enfer de répondre ; le feu qui brûloit la dépouille des morts s'éteint ; la terre tremble ; la frayeur pénètre jusqu'aux os [30] de l'esclave ; le poil de sa chair se hérisse : un esprit se présente devant lui ; il voit quelqu'un dont il ne connoît pas le visage ; il entend une voix foible comme un petit souffle.

« Pourquoi, dit l'Hébreu, as-tu tardé si longtemps à venir ? Dis-moi, peux-tu transporter de Jérusalem à Rome une chrétienne échappée à son maître ? »

« Je ne le puis, répondit l'esprit de ténèbres : Marie défend cette chrétienne contre ma puissance ; mais, si tu le veux, je porterai dans un instant en Syrie l'édit de la persécution et les ordres d'Hiéroclès. »

L'esclave accepte la proposition de l'enfer, et se hâte d'aller rendre compte de son message à l'impatient Hiéroclès. Transformé en messager rapide, l'esprit de ténèbres descend à Jérusalem, chez le centu-

LIVRE XVIII.

rion qui devoit réclamer Cymodocée. Il le presse, au nom du ministre de Galérius, de remplir promptement sa mission, et il remet l'édit fatal au gouverneur de la cité de David : aussitôt les portes des saints lieux sont fermées, et les soldats dispersent les fidèles. En vain l'épouse de Constance veut protéger les chrétiens ; Constantin fugitif, Galérius triomphant, changent en un moment la fortune d'Hélène : pour les souverains, la prospérité est mère de l'obéissance ; le malheur des rois délie les sujets du serment de fidélité.

C'étoit l'heure où le sommeil fermoit les yeux [31] des mortels ; l'oiseau reposoit dans son nid, et le troupeau dans la vallée ; les travaux étoient suspendus ; à peine la mère de famille tournoit encore ses fuseaux près des feux assoupis de son humble foyer : Cymodocée, après avoir longtemps prié pour son époux et pour son père, s'étoit endormie. Démodocus lui apparoît au milieu d'un songe. Sa barbe étoit négligée [32] ; de larges pleurs tomboient de ses yeux ; il agitoit lentement son sceptre augural, et de profonds soupirs échappoient de sa poitrine. Cymodocée croyoit lui adresser ces paroles :

« O mon père, comment as-tu si longtemps abandonné ta fille ! Où est Eudore ? Vient-il réclamer la foi jurée ? Pourquoi ces pleurs qui baignent ton visage ? Ne veux-tu pas presser ta Cymodocée sur ton cœur ? »

Le fantôme :

« Fuis, ma fille [33], fuis ! Les flammes t'environnent ; Hiéroclès te poursuit. Les dieux que tu as abandonnés te livrent à sa puissance. Ton nouveau Dieu triomphera ; mais que de larmes il fera verser à ton père ! »

Le spectre s'évanouit, et emporte le flambeau que Cymodocée reçut à l'autel le jour de son union avec Eudore : Cymodocée se réveille. La lueur d'un incendie rougissoit les murs de son appartement et les voiles de son lit. Elle se lève ; elle aperçoit l'église du Saint-Sépulcre embrasée. Les flammes, parmi des tourbillons de fumée, montoient jusqu'au ciel, et réfléchissoient une lumière sanglante sur les ruines de Jérusalem et les montagnes de la Judée.

Depuis que la nouvelle de la persécution s'étoit répandue en Syrie, Cymodocée n'avoit plus quitté la princesse Hélène ; renfermée dans un oratoire, avec les autres femmes chrétiennes, elle soupiroit les malheurs de la nouvelle Sion. Le ministre d'Hiéroclès, désespérant de rencontrer la jeune catéchumène, et n'osant, par un reste de respect, violer l'asile de l'épouse d'un césar, avoit mis le feu au Saint-Sépulcre. Le palais d'Hélène touchoit à l'édifice sacré ; le centurion espéroit forcer ainsi Cymodocée à sortir de son inviolable asile, et il l'attendoit avec des soldats pour la saisir au milieu du tumulte.

Dorothée avoit démêlé ces complots; il s'ouvre un passage à travers les murs croulants et les poutres embrasées qui tombent de toutes parts, il pénètre dans le palais d'Hélène. Déjà les galeries étoient désertes[34], seulement quelques femmes éperdues étoient rassemblées dans une cour intérieure, autour d'un autel des rois de Juda. Il rencontre Cymodocée, qui cherchoit vainement sa nourrice : elle ne devoit plus la revoir. Euryméduse, votre sort[35] est resté inconnu!

« Fuyons, dit Dorothée à la fille de Démodocus, Hélène même ne vous pourroit sauver; vos ennemis vous arracheroient de ses bras; je connois une porte secrète, et un souterrain qui nous conduira hors des murs de Jérusalem : la Providence fera le reste. »

A l'extrémité du palais, du côté de la montagne de Sion, s'ouvroit une porte cachée qui conduisoit au Calvaire : c'étoit par là qu'Hélène se déroboit aux hommages des peuples lorsqu'elle alloit prier aux pieds de la croix. Dorothée, suivi de Cymodocée, entr'ouvre doucement cette porte; il avance la tête, et n'aperçoit rien au dehors. Il prend la main de Cymodocée : ils sortent du palais. Tantôt ils se glissent lentement au travers des ruines, tantôt ils précipitent leurs pas dans des lieux moins embarrassés; quelquefois ils entendent marcher sur leurs traces, et ils se cachent parmi des débris, quelquefois ils sont arrêtés par l'éclat des armes d'un soldat qui rôde au milieu des ténèbres. Le bruit de l'incendie et les clameurs confuses de la foule s'élèvent au loin derrière eux; ils franchissent la vallée déserte qui sépare la colline du Calvaire de la montagne de Sion.

Dans les flancs de cette montagne s'ouvroit une route inconnue : l'entrée en étoit fermée par des buissons d'aloès et des racines d'oliviers sauvages. Dorothée écarte ces obstacles, et pénètre dans le souterrain : il frappe les veines d'un caillou, allume une branche de cyprès, et à la clarté de cette torche il s'enfonce sous des voûtes ténébreuses avec Cymodocée. David avoit jadis pleuré son péché dans ces lieux : de toutes parts on voyoit sur les murs des vers écrits de la main du monarque pénitent, lorsqu'il versa ses larmes immortelles. Sa tombe occupoit le milieu du souterrain, et portoit encore gravées sur sa base une houlette, une harpe et une couronne. La terreur du présent, les souvenirs du passé, cette montagne dont le sommet vit le sacrifice d'Abraham et dont les flancs gardent le cercueil du roi-prophète, tout agitoit le cœur des deux chrétiens; ils sortent bientôt de ces détours, et se trouvent au milieu des montagnes, dans le chemin de Bethléem; ils traversent les champs silencieux de Rama, où Rachel ne voulut point être consolée, et viennent se reposer au berceau du Messie.

Bethléem étoit entièrement désert : les chrétiens avoient été dispersés. Cymodocée et son guide entrent dans la Crèche : ils admirent cette grotte où le Roi des cieux voulut naître, où les anges, les bergers et les mages le vinrent adorer, où toute la terre doit un jour apporter ses hommages. Des offrandes, laissées dans ce lieu par les pasteurs de la Judée, nourrirent abondamment les deux infortunés. Cymodocée versoit des larmes de tendresse. Les miracles du berceau de Jésus parloient à son cœur.

« C'est donc là, disoit-elle, que l'Enfant divin a souri à sa divine Mère ! O Marie, protégez Cymodocée ! Comme vous, elle est fugitive à Bethléem ! »

La fille de Démodocus remercioit ensuite le généreux Dorothée, qui s'exposoit pour elle à tant de fatigues et de périls.

« Je suis un vieux chrétien, répondit l'homme éprouvé : les tribulations font ma joie. »

Dorothée se prosternoit devant la crèche.

« Père des miséricordes, disoit-il, prenez pitié de nous, et souvenez-vous que votre Fils offrit en ces lieux ses premiers pleurs pour le salut des hommes ! »

Le soleil approche de la fin de son cours. Dorothée sort avec la fille de Démodocus, dans l'espoir de rencontrer quelque berger ; il aperçoit un homme [36] qui descendoit de la montagne d'Engaddi : une ceinture de joncs étoit nouée autour de ses reins ; sa barbe et ses cheveux croissoient en désordre ; ses épaules étoient chargées d'une corbeille pleine de sable qu'il portoit péniblement à l'entrée d'une grotte. Aussitôt qu'il découvre les voyageurs, il jette son fardeau, et fixant sur eux des regards indignés :

« Délices de Rome, s'écrie-t-il, venez-vous me troubler jusque dans le désert ? Évanouissez-vous ! Armé de la pénitence, je découvre vos piéges et je me ris de vos efforts. »

Il dit, et, comme l'aigle marin qui plonge au fond des eaux, il s'élance dans la grotte. Dorothée reconnoît un chrétien ; il s'avance et parle à travers l'ouverture du rocher :

« Nous sommes des chrétiens fugitifs : daignez nous donner l'hospitalité. »

« Non, non, s'écrie le solitaire, cette femme est trop belle pour être une simple fille des hommes. »

« Cette femme, reprit Dorothée, est une catéchumène qui fait l'apprentissage des pleurs que Jésus-Christ demande à ses servantes. Elle est Grecque, elle se nomme Cymodocée : elle est fiancée à Eudore, défenseur des chrétiens, dont le nom sera peut-être parvenu jusqu'à vous ; je suis Dorothée, premier officier de Dioclétien. »

Le solitaire s'élance hors de la grotte comme un athlète qui, le front ceint d'une couronne d'olivier, paroît tout à coup aux jeux d'Olympie.

« Entrez dans ma grotte, s'écrie-t-il, épouse de mon ami! »

Le solitaire se nomme. Cymodocée reconnoît cet ami d'Eudore qui s'entretenoit avec lui au tombeau de Scipion. Dorothée, qui avoit connu Jérôme à la cour, contemple avec étonnement cet anachorète, exténué de veilles et d'austérités, jadis brillant disciple d'Épicure. Il le suit au fond de son antre; on n'y voyoit que la Bible, une tête de mort et quelques feuilles éparses de la tradition des Livres saints. Bientôt tout est éclairci entre les deux chrétiens et la jeune pèlerine. Mille souvenirs les attendrissent, mille histoires touchantes font couler leurs pleurs : ainsi des ruisseaux, descendus de diverses montagnes, mêlent leurs eaux dans une même vallée.

« Mes erreurs, dit Jérôme, ont amené ma pénitence, et désormais je ne sortirai plus de Bethléem. Le berceau du Sauveur sera ma tombe. »

L'anachorète demande ensuite à Dorothée ce qu'il veut faire.

« J'irai, répond Dorothée, chercher quelques amis à Joppé... »

« Quoi! dit Jérôme en l'interrompant, vous êtes malheureux, et vous comptez sur des amis! Un Moabite descend de ses rochers pour aller à Jéricho. C'étoit au printemps; l'air étoit frais et serein. Le Moabite n'étoit point altéré : il trouve des torrents pleins d'eau à chaque pas. Il revient chez lui dans la saison des orages, sous les feux dévorants de l'été : la soif consume le Moabite; il cherche quelques gouttes de cette eau qu'il avoit vue dans les montagnes : tous les torrents sont desséchés! »

Jérôme demeure quelque temps en silence, ensuite il s'écrie :

« O grande destinée! Eudore, tu es donc le défenseur des chrétiens! O mon ami! que pourrois-je faire pour toi? »

Tout à coup le solitaire se lève, frappé d'une lumière surnaturelle :

« Qu'est-ce que ces craintes? s'écrie-t-il. Femme, tu aimes et tu fuis! Ton époux peut-être dans ce moment confesse la foi, et tu n'es pas là pour lui disputer la gloire du bûcher! Crois-tu que quand il sera monté au rang des martyrs, il te veuille recevoir sans couronne? Roi, il ne pourra prendre qu'une reine à ses côtés! Fais ton devoir, marche à Rome, va réclamer ton époux, va cueillir la palme qui doit orner ta pompe nuptiale... Mais, que dis-je! tu n'es pas encore au nombre des brebis choisies. »

Le solitaire s'interrompt de nouveau; il hésite, et bientôt il s'écrie :

« Tu seras chrétienne : ma main versera sur ton front l'eau salutaire. Le Jourdain est près d'ici : viens recevoir dans ses eaux la force qui te manque : tes jours sont exposés, il te faut mettre à l'abri de la mort. Oui, tu es assez instruite. La persécution est la doctrine : quiconque pleure pour Jésus-Christ n'a plus rien à savoir. »

Ainsi parle Jérôme avec l'autorité d'un docteur et d'un prêtre. La douce et timide Cymodocée répond :

« Seigneur, qu'il soit fait selon votre parole : donnez-moi le baptême. Je ne serai point une reine auprès de mon époux, je ne serai que sa servante. Si je regrette quelque chose dans la vie, ce sera de ne plus aller sur le mont Ithome voir les troupeaux avec mon père, de ne pouvoir nourrir l'auteur de mes jours dans sa vieillesse, comme il me nourrit dans mon enfance. »

Cymodocée rougit et pleura en parlant de la sorte. On reconnoissoit dans son langage les accents confus de son ancienne religion et de sa religion nouvelle : ainsi, dans le calme d'une nuit pure, deux harpes, suspendues au souffle d'Éole, mêlent leurs plaintes fugitives : ainsi frémissent ensemble deux lyres dont l'une laisse échapper les tons graves du mode dorien, et l'autre les accords voluptueux de la molle Ionie; ainsi, dans les savanes de la Floride, deux cigognes argentées, agitant de concert leurs ailes sonores, font entendre un doux bruit au haut du ciel; assis au bord de la forêt, l'Indien prête l'oreille aux sons répandus dans les airs et croit reconnoître dans cette harmonie la voix des âmes de ses pères.

FIN DU LIVRE DIX-HUITIÈME.

LIVRE DIX-NEUVIÈME.

Retour de Démodocus au temple d'Homère. Sa douleur. Il apprend la nouvelle de la persécution. Il part pour Rome, où il croit qu'Hiéroclès a fait conduire Cymodocée. Cymodocée est baptisée dans le Jourdain par Jérôme. Elle arrive à Ptolémaïs, et s'embarque pour la Grèce. Une tempête suscitée par les ordres de Dieu fait aborder Cymodocée en Italie.

Qui pourra jamais dire l'amertume des chagrins paternels?
Après la séparation fatale, les esclaves avoient reconduit Démodocus à la citadelle d'Athènes. Il passa la nuit sous un portique du temple de Minerve, afin de découvrir aux premiers rayons du jour la galère de Cymodocée. Lorsque l'étoile du matin parut sur le mont Hymette, les larmes du vieillard coulèrent avec une nouvelle abondance.

« O ma fille! s'écria-t-il, quand reviendras-tu de l'Orient, ainsi que cet astre, pour réjouir ton père! »

L'aurore éclaira bientôt les flots solitaires où l'on cherchoit en vain quelque voile; mais on apercevoit encore sur les vagues aplanies la trace blanchissante [1] des vaisseaux que l'on ne voyoit plus. Déjà le soleil sortant de l'onde doroit et brunissoit à la fois [2] la face de la mer. Des nues sereines [3] étoient arrêtées çà et là dans l'azur du ciel de l'Attique; quelques-unes, teintes de rose, flottoient autour de l'astre du jour, comme l'écharpe des Heures. Ce spectacle ne fit qu'irriter la douleur du prêtre d'Homère. Il pousse des sanglots : depuis que sa fille étoit au monde, c'est la première fois qu'il voit loin d'elle se lever le soleil. Démodocus refuse tous les soins de son hôte, qui, témoin d'une pareille douleur, s'applaudissoit d'avoir vécu jusque alors sans enfants et sans épouse : ainsi le berger, au fond d'une vallée, écoute en frémissant le bruit du canon lointain; il plaint les victimes tombées sur le champ de bataille, et bénit ses rochers et sa cabane.

Dès le jour suivant, Démodocus voulut quitter Athènes et retourner en Messénie. Sa douleur ne lui permit pas de suivre longtemps les chemins qu'il avoit parcourus avec Cymodocée. A Corinthe, il prit la route d'Olympie, mais il ne put supporter la joie et l'éclat des fêtes qu'on célébroit alors au bord de l'Alphée. Lorsque, après avoir franchi les montagnes de l'Élide, il aperçut les sommets de l'Ithome, il tomba sans mouvement entre les bras de ses esclaves. Bientôt on le rappelle à la vie : bientôt, pâle et tremblant, il arrive au temple d'Homère. Déjà le seuil des portes étoit jonché de feuilles flétries; l'herbe croissoit dans tous les sentiers : tant les pas de l'homme s'effacent promptement sur la terre! Démodocus entre au sanctuaire de son aïeul; la lampe étoit éteinte. On voyoit sur l'autel les cendres du dernier sacrifice que le père de Cymodocée avoit offert aux dieux pour sa fille. Démodocus se prosterne devant l'image du poëte.

« O toi, dit-il, qui es maintenant toute ma famille, chantre des douleurs de Priam, pleure aujourd'hui les maux du dernier rejeton de ta race ! »

En ce moment une des cordes de la lyre de Cymodocée se rompit, et rendit un son qui fit tressaillir le vieillard. Il relève la tête; il aperçoit la lyre suspendue à l'autel.

« C'en est fait, s'écrie-t-il, ma fille va mourir ! les Parques m'annoncent son destin en brisant la corde de sa lyre. »

A ce cri les esclaves accourent au temple, et entraînent malgré lui Démodocus.

Chaque jour augmentoit ses ennuis ; mille souvenirs déchiroient son cœur. C'étoit ici qu'il instruisoit sa fille dans l'art des chants, c'étoit là qu'il se promenoit avec elle. Rien n'est cruel comme la vue des lieux que nous avons habités au temps du bonheur, lorsque nous avons perdu ce qui faisoit le charme de notre vie. Les citoyens de Messène furent touchés des chagrins de Démodocus : ils lui permirent d'interrompre des fonctions sacrées qu'il n'exerçoit qu'au milieu des larmes. Ses jours dépérissoient; il marchoit à grands pas vers le tombeau; les lettres de sa fille, égarées dans l'Orient, ne parvenoient point jusqu'à lui. La famille de Lasthénès ne pouvoit donner ses soins au vieillard : elle étoit persécutée, et la mère d'Eudore venoit de mourir [4]. Que de victimes le prêtre d'Homère immole à des dieux sourds à sa voix! Que d'hécatombes promises si Neptune ramène Cymodocée aux rives du Pamysus! Le jour s'éteint, le jour renaît [5], et retrouve Démodocus la main dans le sang, interrogeant les entrailles des taureaux et des génisses. Il s'adresse à tous les temples ; il va consulter des aruspices jusqu'au sommet du Ténare. Tantôt il revêt une robe de deuil et frappe aux portes d'airain du sanctuaire des Furies; il présente aux fatales sœurs des dons expiatoires, comme si ses malheurs étoient des crimes!

Tantôt il se couronne de fleurs, il affecte un air-riant avec des yeux baignés de larmes, afin de se rendre-propice quelque divinité ennemie des pleurs. S'il est des rites depuis longtemps abandonnés, des cérémonies pratiquées aux siècles d'Inachus et de Nestor, Démodocus les renouvelle; il feuillette les livres sibyllins; il ne prononce que des mots réputés heureux; il s'abstient de certaines nourritures; il évite la rencontre de certains objets; il est attentif aux vents, aux oiseaux, aux nuages; il n'est point assez d'oracles pour son amour paternel! Ah, déplorable vieillard! écoute les sons de cette trompette qui retentit au sommet de l'Ithome : ils t'apprendront la destinée de ta fille.

Le commandant de Messène parcouroit les campagnes avec une suite nombreuse, proclamant Galérius empereur, et publiant l'édit de persécution. Démodocus ne sait s'il a bien entendu; il court à Messène : tout lui confirme son malheur. Un vaisseau venu d'Orient au port de Coronée raconte en même temps que la fille d'Homère, enlevée de Jérusalem, a été conduite à Hiéroclès. Que fera Démodocus? L'excès de l'adversité lui donne des forces : il se décide à voler à Rome, à se jeter aux pieds de Galérius, à réclamer Cymodocée. Avant de quitter le temple du demi-dieu, il consacre au pied de la statue d'Homère une petite galère d'ivoire et un vase à recueillir des larmes : offrande et symbole de son inquiétude et de sa douleur! Ensuite il vend ses pénates, la pourpre de son lit, le voile nuptial d'Épicharis, destiné à Cymodocée; il emporte avec lui sa fortune entière pour racheter l'enfant de son amour. Soins inutiles! Le ciel ne vouloit point céder sa conquête, et tous les trésors de la terre n'auroient pu payer la couronne de la nouvelle chrétienne.

Cymodocée n'appartenoit plus au monde. En recevant les eaux du baptême, elle alloit prendre son rang parmi les esprits célestes. Déjà elle avoit quitté la grotte de Bethléem avec Dorothée. Elle marchoit, au lever du jour, par des lieux âpres et stériles. Jérôme, vêtu comme saint Jean dans le désert, montroit le chemin à la catéchumène. Bientôt ils arrivent au dernier rang des montagnes de Judée qui bordent les eaux de la mer Morte et la vallée du Jourdain.

Deux hautes chaînes de montagnes, s'étendant [6] du nord au midi, sans détours, sans sinuosités, s'offrent aux yeux des trois voyageurs. Du côté de la Judée, ces montagnes sont des monceaux de craie et de sable qui imitent la forme de faisceaux d'armes, de drapeaux ployés ou de tentes d'un camp assis au bord d'une plaine. Du côté de l'Arabie sont de noirs rochers perpendiculaires, qui versent à la mer Morte des torrents de soufre et de bitume. Le plus petit oiseau du ciel n'y trouveroit pas un brin d'herbe pour se nourrir; tout y annonce la patrie d'un peuple réprouvé ; tout semble y respirer l'horreur de l'inceste d'où sortirent Ammon et Moab.

La vallée comprise entre ces deux chaînes de montagnes présente un sol semblable au fond d'une mer depuis longtemps retirée : des plages de sel, une vase desséchée, des sables mouvants et comme sillonnés par les flots. Çà et là des arbustes chétifs croissent péniblement sur cette terre privée de vie : leurs feuilles sont couvertes du sel qui les a nourries, et leur écorce a le goût et l'odeur de la fumée ; au lieu de villages, on aperçoit les ruines de quelques tours. Au milieu de la vallée passe un fleuve décoloré : il se traîne à regret vers le lac empesté qui l'engloutit. On ne distingue point son cours au milieu de l'arène, mais il est bordé de saules et de roseaux où se cache l'Arabe qui attend la dépouille du voyageur et du pèlerin.

« Vous voyez, dit Jérôme à ses deux hôtes étonnés, des lieux fameux par les bénédictions et les malédictions du ciel : ce fleuve est le Jourdain ; ce lac est la mer Morte ; elle vous paroît brillante, mais les villes coupables qu'elle cache dans son sein ont empoisonné ses flots. Ses abîmes sont solitaires et sans aucun être vivant ; jamais vaisseau n'a pressé ses ondes ; ses grèves sont sans oiseaux, sans arbres, sans verdure ; son eau, d'une amertume affreuse, est si pesante que les vents les plus impétueux peuvent à peine la soulever. Ici le ciel est embrasé des feux qui consumèrent Gomorrhe. Cymodocée, ce ne sont pas là les rives du Pamysus et les vallons du Taygète. Vous êtes sur le chemin d'Hébron, dans les lieux où retentit la voix de Josué lorsqu'il arrêta le soleil. Vous foulez une terre encore fumante de la colère de Jéhovah, et que consolèrent ensuite les paroles miséricordieuses de Jésus-Christ. Jeune catéchumène, c'est par cette solitude sacrée que vous allez chercher celui que vous aimez ; les souvenirs de ce désert grand et triste se mêleront à votre amour pour le fortifier et le rendre plus grave : l'aspect de ces bords désolés est également propre à nourrir ou à éteindre les passions. Fille innocente, les vôtres sont légitimes, et vous n'êtes point obligée, comme Jérôme, de les étouffer sous des fardeaux de sable brûlant ! »

En parlant ainsi, ils descendoient dans la vallée du Jourdain. Cymodocée, tourmentée d'une soif dévorante, cueille sur un arbrisseau un fruit semblable à un citron doré [7], mais lorsqu'elle le porte à sa bouche, elle le trouve rempli d'une cendre amère et calcinée.

« C'est l'image des plaisirs du monde, » s'écrie le solitaire.

Et il continue son chemin en secouant la poussière de ses pieds.

Cependant les pèlerins s'avançoient vers un bois de tamarin et d'arbres de baume qui croissoient au milieu d'une arène blanche et fine ; tout à coup Jérôme s'arrête et montre à Dorothée, presque sous ses pas, quelque chose en mouvement dans l'immobilité du désert : c'étoit un fleuve jaune, profondément encaissé, qui rouloit avec lenteur une onde épaissie. L'anachorète salue le Jourdain, et s'écrie :

« Ne perdons pas un moment, fille trop heureuse ! Venez puiser la vie à l'endroit même où les Israélites passèrent le fleuve en sortant du désert, et où Jésus-Christ voulut recevoir le baptême de la main du Précurseur. Ce fut de la cime de ce mont Abarim que Moïse découvrit pour vous la terre promise ; ce fut au sommet de cette montagne opposée que Jésus-Christ pria pour vous pendant quarante jours. À la vue des murs en ruine de Jéricho, faisons tomber la barrière de ténèbres qui environne votre âme, afin que le Dieu vivant y puisse pénétrer. »

Aussitôt Jérôme descend dans le fleuve, Cymodocée y descend après lui. Dorothée, unique témoin de cette scène, se mit à genoux sur la rive. Il sert de père spirituel à Cymodocée, et lui confirme le nom d'Esther. Les flots se divisent autour de la chaste catéchumène, comme ils se partagèrent au même lieu autour de l'arche sainte. Les plis de sa robe virginale, entraînés par le courant, s'enflent au loin derrière elle ; elle incline sa tête devant Jérôme, et, d'une voix qui charme les roseaux du Jourdain, elle renonce à Satan, à ses pompes et à ses œuvres. L'anachorète, puisant l'eau régénératrice avec une coquille du fleuve, la verse, au nom du Père, du Fils et du Saint-Esprit, sur le front de la fille d'Homère. Ses cheveux, dénoués, tombent des deux côtés de sa tête sous le poids de l'onde rapide qui suit et déroule leurs anneaux : ainsi la douce pluie du printemps humecte des jasmins fleuris et glisse le long de leurs tiges parfumées. Oh ! qu'il étoit attendrissant ce baptême furtif dans les eaux du Jourdain ! Combien elle étoit touchante cette vierge qui, cachée au fond d'un désert, déroboit, pour ainsi dire, le ciel ! Seule, la souveraine beauté parut plus belle en ce lieu, lorsque, les nuées s'entr'ouvrant, l'Esprit de Dieu descendit sur Jésus-Christ en forme de colombe et que l'on entendit une voix qui disoit :

« Celui-ci est mon fils bien aimé. »

Cymodocée sort des ondes pleine de foi et de courage contre les maux de la vie : la nouvelle chrétienne, portant Jésus-Christ dans son cœur, ressembloit à une femme qui, devenue mère, trouve tout à coup pour son fils des forces qu'elle n'avoit pas pour elle-même.

En ce moment, une troupe d'Arabes se montra non loin du fleuve. Jérôme, d'abord effrayé, reconnut bientôt une tribu chrétienne, dont il avoit été l'apôtre. Cette petite Église, où Dieu étoit adoré sous une tente, comme aux jours de Jacob, n'avoit point échappé à la persécution. Les soldats romains lui avoient enlevé ses cavales et ses troupeaux : les chameaux seuls [8] lui étoient restés. Le chef les avoit appelés de loin, en s'enfuyant dans la montagne, et ils s'étoient empressés de le suivre : ces fidèles serviteurs avoient porté à leurs maîtres le tribut d'un lait abondant, comme s'ils avoient deviné que ces maîtres n'avoient plus d'autre nourriture.

Jérôme vit dans cette rencontre la main de la Providence.

« Ces Arabes, dit-il à Dorothée, vous conduiront chez nos frères de Ptolémaïs, où vous trouverez facilement un vaisseau pour l'Italie. »

« Gazelle au doux regard et aux pieds légers, vierge plus agréable qu'une source limpide, dit le chef des Arabes à Cymodocée, ne crains rien : je te conduirai partout où tu le désireras, si Jérôme, notre père, l'ordonne. »

Le jour étant trop avancé pour se mettre en marche, on s'arrête au bord du fleuve; on égorge un agneau qu'on fait rôtir tout entier ; on le sert sur un plateau de bois d'aloès ; chacun déchire une partie de la victime; on boit un peu de ce lait que le chameau puise dans un sable aride et qui conserve le goût de la datte savoureuse. La nuit vient. On s'assied autour d'un bûcher[9]. Attachés à des piquets, les chameaux forment un second cercle en dehors des descendants d'Ismael. Le père de la tribu raconte les maux que l'on faisoit souffrir aux chrétiens. A la lueur du feu, on voyoit ses gestes expressifs, sa barbe noire, ses dents blanches, les diverses formes qu'il donnoit à son vêtement dans l'action de son récit. Ses compagnons l'écoutoient avec une attention profonde : tous penchés en avant, le visage sur la flamme, tantôt ils poussoient un cri d'admiration, tantôt ils répétoient avec emphase les paroles de leur chef; quelques têtes de chameaux s'avançoient au-dessus de la troupe et se dessinoient dans l'ombre. Cymodocée contemploit en silence cette scène de pasteurs de l'Orient ; elle admiroit cette religion qui civilisoit des hordes sauvages et les portoit à secourir la foiblesse et l'innocence, tandis que les faux dieux ramenoient les Romains à la barbarie et étouffoient dans leur cœur la justice et la pitié.

Au premier rayon de l'aurore, toute la troupe rassemblée offrit au bord du Jourdain ses prières à l'Éternel. Le dos d'un chameau, paré d'un tapis, fut l'autel où l'on plaça les signes sacrés de cette Église errante. Jérôme remit à Dorothée des lettres pour les principaux fidèles [10] de Ptolémaïs. Il exhorta Cymodocée à la patience et au courage, en se félicitant d'envoyer une épouse chrétienne à son ami.

« Allez, lui dit-il, fille de Jacob, autrefois fille d'Homère! reine de l'Orient[11], vous sortez du désert brillante de clarté. Bravez les persécutions des hommes. La nouvelle Jérusalem ne pleure point[12] assise sous le palmier comme la Judée captive de Titus; mais, victorieuse et triomphante, elle cueille sur ce même palmier l'immortel symbole de sa gloire! »

En achevant ces mots, Jérôme prend congé de ses hôtes et retourne à la grotte de Bethléem.

La tribu arabe conduit les deux fugitifs, par des montagnes inaccessibles, jusqu'aux portes de Ptolémaïs. La souveraine des anges[13], qui ne cessoit de veiller sur Cymodocée, l'avoit soutenue miraculeusement au milieu de ses fatigues. Afin de la dérober aux yeux des païens, elle l'enveloppa d'un nuage, ainsi que Dorothée. Tous deux entrèrent dans Ptolémaïs sous ce voile. L'église, qui n'étoit point encore abattue, leur annonce la demeure du pasteur. En ces jours de tribulations, des chrétiens persécutés étoient des frères que l'on recevoit avec respect et tendresse; on les cachoit au péril de sa vie, et les secours de la charité la plus vive leur étoient prodigués. On annonce au pasteur que deux étrangers se présentoient à sa porte; il s'empresse de descendre. Dorothée, sans prononcer une parole, se fait reconnoître au signe du salut.

« Des martyrs! s'écrie aussitôt le pasteur. Des martyrs! Béni soit le jour qui vous amène à ma demeure! Anges du Seigneur, entrez chez Gédéon : ici vous trouverez la moisson dérobée aux Moabites. »

Dorothée remet au pasteur les lettres de Jérôme, et raconte en même temps les malheurs de Cymodocée.

« Quoi! s'écria le prêtre, c'est là l'épouse de notre défenseur! c'est là cette vierge dont l'histoire retentit dans toute la Syrie! Je suis Pamphile de Césarée[14], et j'ai connu jadis Eudore en Égypte. Fille de Jérusalem, que votre gloire est grande! Hélas! votre illustre protectrice, Hélène la sainte, ne peut plus rien pour vous : elle est elle-même arrêtée. Les ministres d'Hiéroclès vous cherchent de tous côtés; il faut quitter promptement cette ville; mais il est encore des ressources : où voulez-vous porter vos pas? »

Dorothée, dont la foi n'a pas la même ardeur que celle de Jérôme, et qui ne pénètre pas comme lui les desseins du ciel; Dorothée, qui mêle encore à sa religion des tendresses humaines, ne croit pas que Cymodocée puisse se rendre auprès de son époux.

« C'est vous livrer à Hiéroclès, dit-il, sans espoir de sauver ni même de voir Eudore, s'il est tombé entre les mains de nos ennemis. Souffrez que je vous accompagne chez votre père. Votre présence lui rendra la vie. Nous vous cacherons dans quelque grotte inconnue, et j'irai chercher à Rome le fils de Lasthénès. »

« Je suis jeune, répondit Cymodocée, et sans expérience ; conduis-moi, ô le plus doux des hommes ! ta fille chrétienne doit obéir à tes conseils. »

Il ne se trouva dans le port de Ptolémaïs qu'un seul vaisseau faisant voile pour Thessalonique : la nouvelle chrétienne et son généreux conducteur furent obligés d'en profiter. Ils se cachèrent sous des noms inconnus, et quittèrent ce port que saint Louis, sauvé des mains des infidèles, devoit, tant de siècles après, illustrer de ses vertus. Hélas ! Cymodocée alloit chercher son père aux bords du Pamysus, et le vieillard lui-même la demandoit inutilement aux flots du Tibre ! Étranger dans Rome, sans protecteur, sans appui, il avoit compté sur Eudore ; et le confesseur, séparé des hommes, ne pouvoit plus l'entendre ni le secourir.

Au pied du mont Aventin [15], sous les murs du Capitole, s'élevoit une antique prison d'État, dont l'origine remontoit au siècle de Romulus. Les complices de Catilina avoient entendu du fond de ce cachot la voix de Cicéron, qui les accusoit dans le temple de la Concorde. La captivité de saint Pierre et de saint Paul purifia dans la suite cet asile des criminels. C'est là qu'Eudore attendoit chaque jour l'ordre qui devoit le livrer aux juges. C'est là qu'il avoit reçu la nouvelle de la mort de sa mère, comme le commencement de son sacrifice. Il avoit souvent adressé à la fille d'Homère des lettres pleines de religion et de tendresse : les unes avoient été arrêtées par les persécuteurs, les autres s'étoient perdues sur les flots ; mais dans la prison même il goûtoit quelques-unes de ces consolations et de ces joies douloureuses qui ne sont connues que des chrétiens. Chaque jour lui amenoit des compagnons d'infortune et de gloire.

Lorsqu'un opulent laboureur recueille ses moissons nouvelles, il entasse dans une grange spacieuse, et les grains qui seront foulés par le pied des mules, et ceux qui rendront leurs trésors sous les coups du fléau, et ceux qu'un cylindre pesant détachera de la paille légère ; le village retentit des cris du maître et des serviteurs, de la voix des femmes qui préparent le festin, des clameurs des enfants qui se jouent autour des gerbes, du mugissement des bœufs qui traînent ou qui vont chercher les épis jaunissants : ainsi Galérius rassemble de toutes les parties du monde dans les prisons de saint Pierre les chrétiens les plus illustres : froment des élus, récolte divine qui doit enrichir le bon Pasteur ! Eudore voit arriver tour à tour des amis [16] qu'il avoit jadis rencontrés au fond des Gaules, en Égypte, en Grèce, en Italie : il embrasse Victor, Sébastien, Rogatien, Gervais, Protais, Lactance, Arnobe, l'ermite du Vésuve, et le descendant de Persée, qui se préparoit à mourir pour le trône de Jésus-Christ plus royalement que son aïeul pour la couronne d'Alexandre. L'évêque de Lacédémone, Cyrille, vint aussi augmenter les joies du cachot. A chaque reconnoissance c'étoient des transports, des cantiques à la divine providence, des baisers de paix. Ces confesseurs avoient transformé la prison en une église [17] où l'on entendoit nuit et jour les louanges du Seigneur. Les chrétiens qui n'étoient point encore enfermés envioient le sort de ces victimes. Les soldats qui gardoient les martyrs étoient souvent convertis par leurs discours; et les geôliers, remettant les clefs en d'autres mains, se rangeoient au nombre des prisonniers. Un ordre parfait étoit établi parmi ces compagnons de souffrances. On eût cru voir une famille tranquille et bien réglée, au lieu d'une foule d'hommes qui marchoient à la mort. De pieuses fraudes servoient à procurer aux confesseurs tous les soulagements de l'humanité et de la religion. Dix persécutions avoient rendu l'Église habile. Des prêtres, des diacres, déguisés en soldats, en marchands, en esclaves, des femmes, des enfants même, par d'ingénieuses et saintes impostures, pénétroient dans les prisons, au fond des mines et jusqu'au pied des bûchers. Du fond d'une retraite ignorée, le pontife de Rome [18] dirigeoit au dehors les mouvements du zèle. Une fidélité inviolable, celle de la religion et du malheur, étoit le lien de tous les frères. Non-seulement l'Église secouroit ses enfants, elle veilloit encore sur les infortunés d'une religion ennemie; elle les recueilloit dans son sein : la charité lui faisoit oublier ses propres douleurs, pour ne s'occuper que des besoins du misérable.

Les fidèles, rassemblés dans les prisons, étoient témoins des aventures les plus merveilleuses. Combien Eudore fut surpris un jour de reconnoître, déguisée sous l'habit d'une servante du cachot, la belle et brillante Aglaé [19] !

« Eudore, lui dit-elle, Sébastien a été percé de flèches à l'entrée des catacombes; Pacôme s'est retiré dans les déserts de la Thébaïde; Boniface a tenu parole : il m'a envoyé ses reliques sous le nom d'un martyr; Boniface a confessé Jésus-Christ! Priez le ciel d'accorder le même honneur à une malheureuse pécheresse! »

Une autre fois on entendit un grand tumulte, et Genès, cet acteur fameux, fut introduit dans la prison.

« Ne me craignez plus, s'écria-t-il en entrant, je suis votre frère! Tout à l'heure encore je blasphémois vos saints mystères; j'amusois la foule autour de moi; dans mes jeux criminels, j'ai demandé le martyre et le baptême. Aussitôt que l'eau m'a touché, j'ai vu une main qui venoit du ciel et des anges lumineux au-dessus de ma tête; ils ont effacé mes péchés dans un livre. Tout à coup changé, j'ai crié sérieusement : « Je suis chrétien ! » On rioit, on refusoit de me croire. J'ai raconté ce que j'avois vu. On m'a battu de verges, et je suis venu ourir avec vous. »

En achevant ces mots, Genès embrasse Eudore. Le fils de Lasthénès, au milieu des confesseurs, attiroit tous les regards. L'ermite du Vésuve lui rappeloit leur rencontre au tombeau de Scipion, et les espérances qu'il avoit dès lors conçues de sa vertu. Les confesseurs des Gaules lui disoient :

« Vous souvenez-vous que nous avons souhaité de nous trouver réunis à Rome, comme nous le sommes maintenant ? Vous étiez encore bien loin de la gloire qui vous couronne aujourd'hui. »

Tandis que les prisonniers s'entretenoient de la sorte, ils virent entrer, sous la casaque d'un soldat vétéran, un homme chargé d'années ; ils ne l'avoient point encore remarqué parmi les chrétiens qui servoient les cachots ; il apportoit aux martyrs le saint viatique que Marcellin envoyoit à l'évêque de Lacédémone. La sombre lumière de la prison ne permettoit pas de découvrir les traits du vieillard. Il demande Eudore ; on le lui montre en prière : il s'approche de lui, le prend dans ses bras affoiblis, et le presse sur son cœur en versant des larmes. Enfin il s'écrie avec des sanglots d'attendrissement :

« Je suis Zacharie ! »

« Zacharie ! répète Eudore saisi de joie et de trouble, Zacharie ! Vous, mon père ! vous, Zacharie ! »

Et il tombe aux genoux du vieillard.

« Ah ! mon fils, dit l'apôtre des Francs, relevez-vous ! C'est à moi à me prosterner. Que suis-je auprès de vous, qu'un vieillard inutile et ignoré ! »

On s'assemble autour des deux amis ; on veut savoir leur histoire ; Eudore la raconte : des larmes coulent de tous les yeux. Le fils de Lasthénès demande à Zacharie quel conseil de la Providence l'a ramené des bords de l'Elbe aux rivages du Tibre.

« Mon fils, répond le descendant[20] de Cassius, les Francs ont été vaincus par Constance. Pharamond m'avoit donné à une petite tribu qui, totalement subjuguée, fut transportée auprès de la colonie d'Agrippine. La persécution est survenue : comme elle ne règne point encore dans les Gaules, où César protège les chrétiens, les évêques de Lutèce et de Lugdunum ont choisi un certain nombre de prêtres pour servir les confesseurs dans les autres parties de l'empire. J'ai cru devoir me présenter de préférence à des jeunes gens, dont l'âge, plus que le mien, est digne de la vie. On a bien voulu accepter ma prière, et j'ai été envoyé à Rome. »

Zacharie apprit ensuite à Eudore l'heureuse arrivée de Constantin[21] auprès de son père, la maladie de Constance et la disposition des soldats, qui réservoient la pourpre à son fils. Cette nouvelle ranima le courage des chrétiens, et les soutint dans ces moments d'épreuves. Eudore n'avoit jamais été sans espérance, quoique les chrétiens eussent perdu leurs puissantes protectrices : Prisca avoit accompagné son époux à Salone, et Valérie avoit été exilée en Asie[22] par Galérius. Du fond même des prisons, Eudore suivoit un plan pour le salut de l'Église et du monde ; il vouloit engager Dioclétien[23] à reprendre l'empire, et il lui avoit envoyé un messager au nom des fidèles.

L'Église entière s'appuyoit sur le courage, la prévoyance et les conseils d'Eudore, et Cymodocée réclamoit en vain la protection de son époux. Elle voguoit vers les rivages de la Macédoine. Des hommes affreux l'environnoient. Des soldats et des matelots, plongés du matin au soir dans la débauche et dans l'ivresse, insultoient à chaque instant l'innocence. Ils s'aperçurent bientôt[24] que Dorothée et la fille de Démodocus étoient chrétiens. Il y a dans la croix une vertu qui se trahit aux regards du vice. Cette découverte augmenta l'insolence de ces barbares. Tantôt ils promettoient au couple infortuné de le livrer aux bourreaux en arrivant au rivage ; tantôt ils le menaçoient de le jeter dans la mer pour apaiser le courroux de Neptune ; ils faisoient retentir aux oreilles de Cymodocée des chants abominables, et sa beauté enflammant leur brutal désir, il était à craindre qu'ils n'en vinssent aux derniers outrages.

Dorothée défendoit l'innocence avec la prudence d'un père et le courage d'un héros. Mais que pouvoit un seul homme contre une troupe de tigres furieux ?

Le Fils de l'Éternel, accompagné des chœurs célestes, revenoit dans ce moment des bornes les plus reculées de la création. Il étoit sorti des demeures incorruptibles pour rendre la vie et la jeunesse à des mondes vieillis. De globe en globe, de soleil en soleil, ses pas majestueux avoient parcouru toutes ces sphères qu'habitent des intelligences divines et peut-être des hommes inconnus aux hommes. Rentré dans le sanctuaire impénétrable, il s'assied à la droite de Dieu ; ses regards pacifiques tombent bientôt sur la terre. De tous les ouvrages du Tout-Puissant, il n'en est point à ses yeux de plus agréable que l'homme. Le Sauveur aperçoit le vaisseau de Cymodocée[25] ; il voit les périls de cette victime innocente qui doit attirer sur les gentils la bénédiction du Dieu d'Israel. Si le ciel a permis que cette nouvelle chrétienne fût éprouvée, c'est pour lui donner la force de surmonter les dernières afflictions qui la couvriront d'une gloire immortelle. Mais l'épreuve est assez longue. Cymodocée n'ira point s'égarer loin du théâtre de sa victoire. Le jour de son triomphe est venu, et les décrets éternels appellent au lieu du combat la vierge prédestinée.

Par un signe au milieu de la nue, Emmanuel fait connoître à l'ange des mers la volonté du Très-Haut. Aussitôt le vent, qui jusque alors [26] avoit été favorable au vaisseau de Cymodocée, expire : un calme profond règne dans les airs; à peine des brises incertaines se lèvent tour à tour de divers côtés, rident la surface unie des flots et viennent agiter les voiles sans avoir la force de les soulever. Le soleil pâlit au milieu de son cours, et l'azur du ciel, traversé de bandes verdâtres, semble se décomposer dans une lumière louche et troublée. Des sillons plombés s'étendent sans fin dans une mer pesante et morte; le pilote, levant les mains, s'écrie :

« O Neptune ! que nous présagez-vous ? Si mon art n'est pas trompeur, jamais plus horrible tempête n'aura bouleversé les flots. »

A l'instant il ordonne d'abattre les voiles, et chacun se prépare au danger.

Les nuages s'amoncellent entre le midi et l'orient; leurs bataillons funèbres paroissent à l'horizon comme une noire armée, ou comme de lointains écueils. Le soleil descendant derrière ces nuages les perce d'un rayon livide, et découvre dans ces vapeurs entassées des profondeurs menaçantes. La nuit vient : d'épaisses ténèbres enveloppent le vaisseau; le matelot ne peut distinguer le matelot tremblant auprès de lui.

Tout à coup un mouvement parti des régions de l'aurore annonce que Dieu vient d'ouvrir le trésor des orages. La barrière qui retenoit le tourbillon est brisée, et les quatre vents du ciel paroissent devant le dominateur des mers. Le vaisseau fuit et présente sa poupe bruyante au souffle impétueux de l'orient; toute la nuit il sillonne les vagues étincelantes. Le jour renaît et ne verse de clarté que pour laisser voir la tempête : les flots se dérouloient avec uniformité [27]. Sans les mâts et le corps de la galère, que le vent rencontroit dans sa course, on n'auroit entendu aucun bruit sur les eaux. Rien n'étoit plus menaçant que ce silence dans le tumulte, cet ordre dans le désordre. Comment se sauver d'une tempête qui semble avoir un but et des fureurs préméditées ?

Neuf jours entiers le navire est emporté vers l'occident avec une force irrésistible. La dixième nuit achevoit son tour lorsqu'on entrevit, à la lueur des éclairs, des côtes sombres qui sembloient d'une hauteur démesurée. Le naufrage parut inévitable. Le patron du vaisseau place chaque marin à son poste, et ordonne aux passagers de se retirer au fond de la galère; ils obéissent, et ils entendent la fatale planche se refermer sur eux.

C'est dans ces moments que l'on apprend bien à connoître les hommes. Un esclave chantoit d'une voix forte; une femme pleuroit en allaitant l'enfant qui bientôt n'auroit plus besoin du sein maternel; un disciple de Zénon se lamentoit sur la perte de la vie. Pour Cymodocée, elle pleuroit son père et son époux, et prioit avec Dorothée celui qui sait nous retrouver jusque dans les flancs des monstres de l'abîme.

Une violente secousse entr'ouvre la galère, un torrent d'eau se précipite dans la retraite des passagers; ils roulent pêle-mêle. Un cri étouffé sort de cet horrible chaos.

Une vague avoit enfoncé la poupe du navire : la fille d'Homère et Dorothée sont jetés au pied des degrés qui conduisoient sur le pont. Ils y montent à demi suffoqués. Quel spectacle! Le vaisseau s'étoit échoué sur un banc de sable; à deux traits d'arc de la proue, un rocher lisse et vert s'élevoit à pic au-dessus des flots. Quelques matelots, emportés par la lame, nageoient dispersés sur le gouffre immense; les autres se tenoient accrochés aux cordages et aux ancres. Le pilote, une hache à la main, frappoit le mât du vaisseau, et le gouvernail, abandonné, alloit tournant et battant sur lui-même avec un bruit rauque.

Restoit une foible espérance : le flot, en s'engouffrant dans le détroit, pouvoit soulever la galère et la jeter de l'autre côté du banc de sable. Mais qui oseroit tenir le gouvernail dans un tel moment? Un faux mouvement du pilote pouvoit donner la mort à deux cents personnes. Les mariniers, domptés par la crainte, n'insultoient plus les deux chrétiens; ils reconnoissoient au contraire la puissance de leur Dieu, et les supplioient d'en obtenir leur délivrance. Cymodocée, oubliant leurs outrages et ses périls, se jette à genoux, et fait un vœu à la Mère du Sauveur. Dorothée saisit le timon abandonné; les yeux tournés vers la poupe, la bouche entr'ouverte, il attend la lame qui va rouler sur le vaisseau ou la vie ou la mort. La lame se lève, elle approche, elle se brise : on entend le gouvernail tourner avec effort sur ses gonds rouillés; l'écueil voisin semble changer de place [28], et l'on sent, avec une joie mêlée d'un doute affreux, le vaisseau soulevé et emporté rapidement. Un moment du plus terrible silence règne parmi les matelots. Tout à coup une voix demande la sonde : la sonde se précipite; on étoit dans une eau profonde! Un cri de joie s'élève jusqu'au ciel!

Étoile des mers, patronne des navigateurs, le salut de ces infortunés fut un miracle de votre bonté divine! On ne vit point un dieu imaginaire lever la tête au-dessus des vagues et leur commander le silence, mais une lumière surnaturelle entr'ouvrit les nuées : au milieu d'une gloire, on aperçut une femme céleste portant un enfant dans ses bras et calmant les flots par un sourire. Les mariniers se jettent aux genoux de Cymodocée et confessent Jésus-Christ : première récompense que l'Éternel accorde aux vertus d'une vierge persécutée!

Le vaisseau s'approche doucement de la rive, où s'élevoit une chapelle chrétienne abandonnée. On précipite au fond de la mer des sacs remplis de pierres [29] attachés à un câble de Tyr et l'ancre sacrée, dernière ressource dans les naufrages. Parvenu à fixer la galère, on se hâte de l'abandonner. Comme une reine environnée d'une troupe de captifs qu'elle vient de délivrer de l'esclavage, Cymodocée descend à terre, portée sur les épaules des matelots. A l'instant même elle accomplit son vœu. Elle marche à la chapelle en ruine. Les matelots la suivent deux à deux, demi-nus et couverts de l'écume des flots. Soit hasard, soit dessein du ciel, il restoit dans cet asile désert une image de Marie à moitié brisée. L'épouse d'Eudore y suspendit son voile tout trempé des eaux de la mer. Cymodocée prenoit possession d'une terre réservée à sa gloire : elle entroit triomphante en Italie.

FIN DU LIVRE DIX-NEUVIÈME.

LIVRE VINGTIÈME.

Cymodocée, arrêtée par les satellites d'Hiéroclès, est conduite à Rome. Emeute populaire. Cymodocée, délivrée des mains d'Hiéroclès, est renfermée dans les prisons comme chrétienne. Disgrâce d'Hiéroclès. Il reçoit l'ordre de partir pour Alexandrie. Lettre d'Eudore à Cymodocée.

L'aurore avoit rappelé les mortels aux fatigues et aux douleurs ; ils reprenoient de toutes parts leurs travaux pénibles : le laboureur suivoit la charrue en arrosant de ses sueurs le sillon que le bœuf avoit tracé ; la forge retentissoit des coups du marteau qui tomboit en cadence sur le fer étincelant ; une rumeur confuse s'élevoit des cités. Le ciel étoit serein et l'orient radieux. On n'envoya point au-devant de Cymodocée [1] une galère ornée de bandelettes ; un char attelé de quatre chevaux blancs ne l'attendoit point sur la rive. Les honneurs que lui préparoit l'Italie étoient de ceux qu'elle décernoit aux chrétiens : la persécution et la mort.

Les décrets du ciel avoient conduit la fille d'Homère non loin de Tarente, sous un promontoire avancé qui déroboit aux yeux des naufragés la patrie d'Architas [2]. Le pilote monta sur de haut rochers, et jetant ses regards autour de lui, il s'écria tout à coup :

« L'Italie ! l'Italie ! »

A ce nom, Cymodocée sentit ses genoux se dérober sous elle ; son sein se souleva comme la vague enflée par le vent. Dorothée fut obligé de la soutenir dans ses bras, tant elle éprouva de joie à fouler la même terre que son époux. Puisque Dieu la séparoit de son père, qu'elle croyoit encore en Messénie, du moins elle pouvoit voler à Rome.

« Je suis chrétienne à présent, disoit-elle : Eudore ne peut plus m'empêcher de partager ses douleurs. »

Comme Cymodocée prononçoit ces mots, on vit un vaisseau tourner le promontoire voisin. Il étoit tiré par une barque chargée de soldats. Bientôt les matelots cessent de ramer. Les soldats coupent la corde qui servoit à traîner le vaisseau ; le vaisseau s'arrête, s'enfonce peu à peu et disparoît sous les flots.

C'étoit une de ces galères [3] remplies de pauvres et de malheureux que Galérius faisoit noyer sur des côtes solitaires. Quelques-unes des victimes, dégagées de leur prison par les vagues, nagent vers la barque des soldats ; ceux-ci les repoussent avec leurs piques, et, joignant la raillerie à l'atrocité, ils les envoient souper chez Neptune. A ce spectacle, les matelots de la galère de Cymodocée s'enfuirent épouvantés le long des sirtes ; mais Dorothée et sa compagne ne peuvent vaincre dans leur cœur la charité, signe ineffaçable du chrétien. Ils appellent les infortunés qui luttent encore contre le trépas, ils leur tendent les mains ; ils parviennent à les sauver. Aussitôt les ministres de Galérius abordent au rivage ; ils entourent Dorothée et la fille de Démodocus.

« Qui êtes-vous, dit le centurion d'une voix menaçante, vous qui ne craignez point d'arracher à la mort les ennemis de l'empereur ? »

« Je suis Dorothée, répondit le chrétien, dont l'indignation trahit la prudence ; je remplis les devoirs imposés à l'homme. Ah ! il faut que Tarente ait conservé ses dieux irrités [4], pour avoir ainsi perdu tout sentiment de pitié et de justice ! »

Au nom de Dorothée, connu dans tout l'empire, le centurion n'ose porter la main sur un homme d'un rang aussi élevé ; mais il demande quelle est cette femme dont la pitié imprudente s'est rendue coupable en violant les édits.

« Elle est sans doute chrétienne ! s'écrie-t-il, frappé de son humanité et de sa modestie. Où allez-vous ? d'où venez-vous ? comment êtes-vous ici ? Savez-vous qu'on ne peut entrer en Italie sans un ordre particulier d'Hiéroclès ? »

Dorothée raconte son naufrage, et cherche à cacher le nom de sa compagne. Le centurion se transporte à la galère échouée.

Lorsque, menacée par les matelots, Cymodocée s'étoit vue au moment de perdre la vie, elle avoit écrit à son père et à son époux deux lettres d'adieux, remplies de douleur et de passion. Ces lettres, restées à bord, apprirent son nom aux soldats, et une croix trouvée sur son lit décela sa religion : ainsi Philomèle se trahit par des chants d'amour, qui la découvrent à l'oiseleur ; ainsi l'on reconnoît les épouses des rois à leur sceptre.

Le centurion dit à Dorothée :

« Je suis obligé de vous retenir sous ma garde avec cette Messénienne. Les ordres contre les chrétiens sont exécutés dans toute leur rigueur ; et si je vous laissois libre, je courrois risque de la vie. Je vais faire partir un messager, et le ministre de l'empereur disposera de votre sort. »

Hiéroclès exerçoit alors sur le monde romain un pouvoir absolu, mais il étoit plongé dans de vives inquiétudes. Publius, préfet de Rome, commençoit à l'emporter sur lui dans la faveur de Galérius. Le rival d'Hiéroclès le traversoit dans tous ses projets. Las d'attendre le retour de Cymodocée, le persécuteur vouloit-il livrer Eudore aux tourments, Publius trouvoit quelque moyen de retarder le sacrifice. Hiéroclès, fidèle à ses premiers desseins, reculoit-il le jugement du fils de Lasthénès, Publius disoit à l'empereur :

« Pourquoi le ministre de votre Éternité n'abandonne-t-il pas au glaive le dangereux chef des rebelles ? »

Le silence de l'Orient sur la fille d'Homère alarmoit aussi le coupable amour du persécuteur. Dans son impatience, il avoit placé des sentinelles à tous les ports de l'Italie et de la Sicile. De nombreux courriers lui apportoient nuit et jour des nouvelles du rivage. Ce fut au milieu de ces perplexités qu'il reçut le messager de Tarente. Au nom de Cymodocée, il pousse un cri de joie, et se précipite de son lit : tel le chantre d'Ilion[5] peint le monarque du Tartare s'élançant de son trône. Les lèvres tremblantes, les yeux égarés d'amour et de joie :

« Qu'on amène en ma présence, s'écrie-t-il, mon esclave messénienne ! Mon bonheur me la renvoie. »

En même temps il ordonne de rendre la liberté à l'officier du palais de Dioclétien.

Dorothée avoit à Rome de nombreux partisans et de zélés protecteurs, même parmi les païens. Cet homme juste ne s'étoit jamais servi de sa fortune et de son pouvoir que pour prévenir les violences et protéger l'innocent. Il recueilloit en ce moment le fruit de ses vertus, et l'opinion publique lui servoit de défense contre un ministre pervers. La rencontre de ce chrétien puissant et de Cymodocée parut à Hiéroclès un effet du hasard ; il ne voulut point s'attirer de nouveaux ennemis, lorsqu'il avoit déjà Publius à combattre. L'apostat sentoit intérieurement que les haines publiques s'amonceloient sur sa tête : c'est ainsi que, dans la crainte de soulever le peuple en faveur d'un vieux prêtre des dieux, il avoit laissé Démodocus errer obscurément au milieu de Rome. Dieu commençoit à aveugler le méchant. Au lieu de marcher droit à son but, il s'embarrassoit dans des prévoyances humaines ; et à force de politique, de finesse et de calcul, il venoit tomber dans les pièges qu'il prétendoit éviter. Hiéroclès aux yeux de la foule paroissoit encore tout-puissant, mais un œil exercé voyoit en lui des signes de dépérissement et de décadence : tel s'élève un chêne dont la tête touche au ciel, dont les racines descendent aux enfers ; il semble braver les hivers, les vents et la foudre ; le voyageur, assis à ses pieds, admire ses inébranlables rameaux, qui ont vu passer les générations des mortels ; mais le pâtre qui contemple le roi des forêts du haut de la colline le voit élever au-dessus de son feuillage verdoyant une couronne desséchée.

Sur une colline qui dominoit l'amphithéâtre de Vespasien, Titus avoit bâti un palais des débris de la Maison dorée de Néron. Là se trouvoient réunis tous les chefs-d'œuvre de la Grèce. De vastes péristyles, des salles incrustées de marbre d'Orient et pavées de mosaïques précieuses, étaloient aux regards les miracles de la sculpture antique : le *Mercure* de Zénodore[6], enlevé à la cité d'Arverne dans les Gaules, frappoit par ses dimensions colossales, qui n'ôtoient rien à sa légèreté ; la *Joueuse de flûte* de Lysippe sembloit chanceler en riant sous le pouvoir de Bacchus ; la *Vénus* de bronze de Praxitèle disputoit le prix de la beauté à la Vénus de marbre de cet artiste divin ; sa *Matrone en larmes* et sa *Phryné dans la joie* montroient la flexibilité de son art : la passion du sculpteur se déceloit dans les traits de la courtisane, qui sembloit promettre au génie la récompense de l'amour. Tout auprès de *Phryné*, on admiroit la *Lionne sans langue*, symbole ingénieux de cette autre courtisane qui mourut dans les tourments plutôt que de trahir Harmodius et Aristogiton. La statue du *Désir*, qui le faisoit naître, celle de *Mars en repos* et de *Vesta assise*, immortalisoient dans ces lieux le talent de Scopas. Galérius à tous ces monuments sans prix avoit ajouté le Taureau d'airain que Périllus inventa pour Phalaris.

Le nouvel empereur habitoit ce beau palais. Hiéroclès, son digne ministre, occupoit un des portiques de la demeure du maître du monde. Les appartements du philosophe stoïque surpassoient en magnificence ceux même de Galérius. Sur les murs polis avec art étoient représentés des paysages charmants, de vastes forêts, de fraîches cascades. Les tableaux des plus grands maîtres ornoient des bains enchantés et des cabinets voluptueux : ici paroissoit la *Junon Lacinienne* : pour servir de modèle à ce chef-d'œuvre, les Agrigentins avoient jadis offert leurs filles nues aux regards de Zeuxis ; là c'étoit la *Vénus* d'Apelles sortant de l'onde, digne de régner sur les dieux ou d'être aimée d'Alexandre. On voyoit mourir d'amour le *Satyre* de Protogène : l'habitant des bois expiroit sur la mousse à l'entrée d'une grotte tapissée de lierre ; sa main laissoit échapper sa flûte, son thyrse étoit brisé, sa tasse renversée ; et tel étoit l'artifice du peintre, qu'il avoit su réunir ce que Vénus a de plus matériel dans la brute et de plus céleste dans l'homme. Malheur à celui qui fit sortir les beaux-arts des temples de la divinité pour en décorer la demeure des mortels! Alors les œuvres sublimes du silence, de la méditation et du génie, devinrent les causes, les éléments, les témoins des plus grands crimes ou des passions les plus honteuses.

Hiéroclès attendoit la fille de Démodocus dans la plus belle salle de son palais. A l'une des extrémités de cette salle respiroit l'*Apollon vainqueur du serpent ennemi de Latone*; à l'extrémité opposée s'élevoit le groupe de *Laocoon*[7] *et de ses fils*, comme si le sage, au milieu de ses voluptés, n'avoit pu se passer de l'image de l'humanité souffrante! La pourpre, l'or, le cristal, étinceloient de toutes parts. On entendoit sans cesse le doux bruit des eaux et d'une musique lointaine. Les fleurs les plus rares de l'Asie embaumoient l'air, et des parfums exquis brûloient dans des vases d'albâtre.

Les satellites d'Hiéroclès lui amènent enfin la proie qu'il poursuit depuis si longtemps. Par des détours obscurs et des portes secrètes, que l'on referme soigneusement sur ses pas, Cymodocée est conduite aux pieds du persécuteur. Les esclaves se retirent, et la fille de Démodocus reste seule avec un monstre qui ne craint ni les hommes ni les dieux.

Elle cachoit sa douleur sous les replis d'un voile. On n'entendoit que le bruit de ses pleurs, comme on est frappé dans les bois du murmure d'une source qu'on ne voit point encore. Son sein, agité par la crainte, souleveoit sa robe blanche. Elle remplissoit la salle d'une espèce de lumière, pareille à cette clarté qui émane du corps des anges et des esprits bienheureux.

Hiéroclès demeure un moment interdit devant l'autorité de l'innocence, de la foiblesse et du malheur. Ses avides regards se repaissent de tant de charmes. Il contemple avec une ardeur effrayante celle qu'il n'a jamais vue si près de lui, celle dont il n'a jamais touché ni la main ni le voile, celle dont il n'a jamais entendu la voix que dans les chœurs des vierges, et qui pourtant a disposé des jours, des nuits, des pensées, des songes, des crimes de l'apostat. Bientôt la passion de cet homme dévoué à l'enfer surmonte le premier moment d'hésitation et de trouble. Il affecte d'abord une modération que l'amour, la jalousie, la vengeance, l'orgueil, ne pouvoient permettre à son cœur. Il adresse ces mots à Cymodocée :

« Cymodocée, pourquoi cette frayeur et ces larmes? Tu sais que je t'aime[8]. Soumis à tes moindres volontés, tu me verras t'obéir comme ton esclave, si tu consens à m'écouter. »

L'insolent favori de la fortune soulève le voile de Cymodocée. Il reste ébloui des grâces qu'il découvre. La vierge rougit, et cachant dans son sein son visage baigné de larmes :

« Je ne veux rien de toi, dit-elle. Je ne te demande rien que de me rendre à mon père. Les bois du Pamysus sont plus agréables à mon cœur que tous tes palais. »

« Eh bien ! répondit Hiéroclès, je te rendrai à ton père ; je comblerai ce vieillard de gloire et de richesses : mais songe qu'une résistance inutile pourroit perdre à jamais l'auteur de tes jours. »

« Me rendras-tu aussi à mon époux ? » s'écria Cymodocée en joignant ses mains suppliantes.

A ce nom Hiéroclès pâlit, et contenant à peine sa rage :

« Quoi ! dit-il, à ce perfide qui s'est emparé de ton cœur par des philtres et des enchantements [9] ! Écoute : il va perdre la vie dans les tourments. Juge de mon amour pour toi : j'arracherai à la mort ce rival odieux. »

Cymodocée, trompée et poussant un cri de joie, tombe aux pieds d'Hiéroclès ; elle embrasse ses genoux.

« Illustre seigneur, dit-elle, vous êtes placé à la tête des sages. Démodocus mon père m'a souvent raconté que la philosophie élève les mortels au-dessus de ce que j'appelois les dieux. Protégez donc, ô maître des hommes ! protégez l'innocence et réunissez deux époux injustement persécutés ! »

« Nymphe divine, s'écria Hiéroclès transporté d'amour, relève-toi. Ne vois-tu pas que tes charmes détruisent l'effet de tes prières ? Et qui pourroit te céder à un rival ? La sagesse, enfant trop aimable [10], consiste à suivre les penchants de son cœur. N'en crois pas une religion farouche, qui veut commander à tes sens. Les préceptes de pureté, de modestie, d'innocence, sont sans doute utiles à la foule, mais le sage jouit en secret des biens de la nature. Les dieux n'existent point, ou ne se mêlent point des choses d'ici-bas. Viens donc, ô vierge ingénue, viens : abandonnons-nous sans remords aux délices de l'amour et aux faveurs de la fortune. »

A ces mots, Hiéroclès jette ses bras autour de Cymodocée, comme un serpent s'enlace autour d'un jeune palmier ou d'un autel consacré à la pudeur. La fille de Démodocus se dégage avec indignation des embrassements du monstre.

« Quoi ! dit-elle, c'est là le langage de la sagesse ! Ennemi du ciel, tu oses parler de vertu ! Ne m'as-tu pas promis de sauver Eudore ? »

« Tu m'as mal compris, s'écrie Hiéroclès le cœur palpitant de jalousie et de colère. Tu me parles trop de cet homme, plus horrible à mes yeux que cet enfer dont me menacent tes chrétiens. L'amour que tu lui portes est l'arrêt de sa mort. Pour la dernière fois, sache à quel prix je laisserai vivre Eudore : il meurt si tu n'es à moi ¹¹. »

La réprobation parut tout entière sur le visage d'Hiéroclès. Un sourire contracte ses lèvres, et des gouttes de sang tombent de ses yeux. La chrétienne, qui jusque alors avoit été frappée de terreur, se sentit soudain relevée par le coup qui devoit l'abattre. Il n'est d'affreux que le commencement du malheur; au comble de l'adversité, on trouve, en s'éloignant de la terre, des régions tranquilles et sereines : ainsi, lorsqu'on remonte les rives d'un torrent furieux, on est épouvanté, au fond de la vallée, du fracas de ses ondes; mais à mesure que l'on s'élève sur la montagne, les eaux diminuent, le bruit s'affoiblit, et la course du voyageur va se terminer aux régions du silence dans le voisinage du ciel.

Cymodocée jette un regard de mépris sur Hiéroclès :

« Je te comprends, dit-elle, et je vois à présent pourquoi mon époux n'a point encore reçu sa couronne; mais sache que je n'achèterai point par le déshonneur la vie du guerrier que j'aime plus que la lumière des cieux. Il n'est point de supplice qu'Eudore ne préfère à celui de me voir à toi; tout foible qu'il est, mon époux se rit de ta puissance : tu ne peux que lui donner la palme, et j'espère la partager avec lui. »

« Non, dit Hiéroclès furieux, je n'aurai point perdu le fruit de tant de souffrances, d'humiliations et de complots : j'obtiendrai par la force ce que tu me refuses, et tu verras périr le traître que tu ne veux pas sauver. »

Il dit, et poursuit Cymodocée ¹², qui fuit dans la vaste salle. Elle se précipite aux pieds du *Laocoon;* elle menace le persécuteur de se briser la tête contre le marbre; elle embrasse la statue, et semble un troisième enfant expirant de douleur aux pieds d'un père infortuné.

« Mon père, s'écrie-t-elle, mon père, ne viendras-tu pas me secourir? Vierge sainte, ayez pitié de moi ! »

A peine a-t-elle prononcé cette prière, le palais retentit des clameurs de mille voix tumultueuses. On frappe à coups redoublés aux portes d'airain. Hiéroclès, étonné, suspend sa poursuite. Dieu, par un effroi soudain, fixe les pas et glace le cœur du pervers.

« C'est la Vierge sainte, s'écrie Cymodocée; elle vient ! Méchant, tu vas être puni! »

Le bruit augmente. Hiéroclès ouvre la porte d'une galerie qui dominoit les cours du palais; il aperçoit une foule immense : au milieu est un vieillard qui tient un rameau de suppliant et porte la robe et les bandelettes d'un prêtre des dieux. On entend de toutes parts ces cris :

« Qu'on lui rende sa fille! Qu'on livre le traître au suppliant du peuple romain ! »

Ces mots parviennent à Cymodocée : elle s'élance aussitôt dans la galerie ; elle reconnoît son père... Démodocus à Rome !... Du haut du palais, Cymodocée avance la tête, ouvre les bras et se penche vers Démodocus. Un cri s'élève :

« La voilà ! c'est une prêtresse des Muses ! c'est la fille de ce vieux prêtre des dieux. »

Démodocus reconnoît sa fille [13] ; il la nomme par son nom, il verse des torrents de larmes, il déchire ses vêtements, il tend au peuple des mains suppliantes. Hiéroclès appelle ses esclaves ; il veut enlever Cymodocée ; mais la foule :

« Il y va de ta vie, Hiéroclès ; nous te déchirerons de notre propre main si tu fais la moindre violence à cette vierge des Muses. »

Des soldats mêlés parmi le peuple tirent leurs épées, et menacent le persécuteur. Cymodocée s'attache aux colonnes de la galerie ; la Reine des anges l'y retient [14] par des nœuds invisibles : rien ne l'en peut arracher.

Dans ce moment, Galérius, effrayé du tumulte qu'il entendoit dans son palais, paroît sur un balcon opposé, entouré de sa cour et de ses gardes. Le peuple s'écrie :

« César, justice, justice ! »

L'empereur, par un signe de la main, commande le silence ; et le peuple romain, avec ce bon sens qui le caractérise, se tait et écoute.

Le préfet de Rome, qui favorisoit [15] secrètement cette scène afin de perdre Hiéroclès, étoit auprès de Galérius ; il interroge le peuple :

« Que voulez-vous de la justice d'Auguste ? »

« Vieillard, réponds ! » s'écrie la foule.

Démodocus prend la parole :

« Fils de Jupiter et d'Hercule, divin empereur, aie pitié d'un père qui réclame sa fille ; Hiéroclès l'a renfermée dans ton palais : tu la vois échevelée à ce portique auprès de son ravisseur ; il veut faire violence à une prêtresse des Muses ; je suis moi-même un prêtre des dieux : protège l'innocence, la vieillesse et les autels. »

Hiéroclès répond du haut du portique :

« Divin Auguste, et vous, peuple romain, on vous trompe : cette Grecque est une esclave chrétienne qu'injustement on me veut ravir. »

Démodocus :

« Elle n'est pas chrétienne ; ma fille n'est pas esclave. Je suis citoyen romain. Peuple, n'écoutez pas notre ennemi. »

« Ta fille est-elle chrétienne [16] ? » s'écrie le peuple d'une commune voix.

« Non, repartit Démodocus, elle est prêtresse des Muses : il est vrai que pour épouser un chrétien elle vouloit... »

« Est-elle chrétienne ? interrompit le peuple. Qu'elle parle par elle-même. »

Alors Cymodocée, levant les yeux au ciel, répond :

« Je suis chrétienne. »

« Non, tu ne l'es pas ! s'écrie Démodocus avec des sanglots. Aurois-tu la barbarie de vouloir être à jamais séparée de ton père ? Auguste, peuple romain, ma fille n'a pas été marquée du sceau de la religion nouvelle. »

Dans ce moment, la fille d'Homère découvre Dorothée au milieu de la foule.

« Mon père, dit la vierge en larmes, je vois auprès de vous Dorothée ; c'est lui, sans doute, qui vous a conduit ici pour me sauver : il sait que je suis chrétienne, que j'ai été marquée du sceau de ma religion ; il a été témoin de mon bonheur. Je ne puis nier ma foi : je veux être l'épouse d'Eudore. »

Le peuple s'adressant à Dorothée :

« Est-elle chrétienne ? »

Dorothée baissa la tête, et ne répondit point.

« Vous le voyez, s'écrie Hiéroclès, elle est chrétienne. Je réclame mon esclave. »

Le peuple, interdit, demeure suspendu entre sa fureur contre les chrétiens, sa haine pour Hiéroclès et sa pitié pour Cymodocée ; puis, satisfaisant à la fois sa justice et ses passions :

« Cymodocée est chrétienne, dit-il : qu'on la livre au préfet de Rome et qu'elle subisse le sort des chrétiens ; mais qu'on l'arrache à Hiéroclès, dont elle ne peut être l'esclave. Démodocus est citoyen romain. »

Auguste confirme cette espèce de sentence par un signe de tête, et Publius se hâte de l'exécuter.

Retiré dans son palais, Galérius est agité par des mouvements de honte et de colère : il ne peut pardonner à Hiéroclès d'être la cause d'un rassemblement séditieux qui avoit osé violer l'asile même du prince.

Le préfet de Rome revient trouver Galérius.

« Auguste, lui dit-il, la sédition est apaisée : cette chrétienne de Messénie est jetée dans les prisons. Prince, je ne saurois vous le cacher, votre ministre a compromis le salut de l'empire. Il prétend être l'ennemi des chrétiens ; toutefois, il épargne depuis longtemps la vie du plus dangereux des rebelles. Cymodocée étoit destinée pour épouse à Eudore : il est bien malheureux que votre premier ministre ait de ridicules démêlés de jalousie avec le chef de vos ennemis. »

Publius s'aperçoit de l'effet de ce discours ; il se hâte d'ajouter :

« Mais, prince, ce ne sont pas là les seuls torts d'Hiéroclès : si on vouloit l'en croire, ce seroit lui qui vous auroit fait nommer Auguste ; ce Grec, qui doit tout à vos bontés, vous auroit revêtu de la pourpre... »

Publius s'interrompit à ces mots, comme s'il eût renfermé dans son cœur des choses encore plus injurieuses à la majesté du prince. Galérius rougit, et l'habile courtisan vit qu'il avoit touché la plaie secrète.

Publius n'avoit point ignoré l'arrivée de Dorothée à Rome, son entrevue avec Démodocus, et les démarches de celui-ci pour conduire la foule au palais ; il eût été facile à Publius de prévenir le mouvement populaire ; mais il se garda bien de faire manquer un projet qui pouvoit renverser Hiéroclès ; il favorisa même par des agents secrets les desseins de Démodocus : maître de tous les ressorts qui faisoient jouer cette grande machine, ses discours insidieux achevèrent d'alarmer l'esprit de Galérius.

« Qu'on me délivre de ce chrétien et de ses complices, dit l'empereur. Je vois avec regret qu'Hiéroclès ne peut plus rester auprès de moi ; mais, en récompense de ses services passés, je le nomme gouverneur de l'Égypte. »

Alors Publius, au comble de la joie :

« Que votre Majesté divine se repose sur moi de tous ces soins. Eudore mérite mille fois la mort ; mais comme ses trahisons ne sont pas assez prouvées [17], il suffira de le faire juger comme chrétien. Quant à Cymodocée, elle sera condamnée à son tour avec la foule des impies. Hiéroclès va recevoir les ordres de votre Éternité. »

Ainsi parle Publius, et sur-le-champ il fait connoître à Hiéroclès sa destinée.

Le ministre pervers relit plusieurs fois la lettre impériale qui l'éloigne de la cour. Ses joues pâles, ses yeux égarés, sa bouche entr'ouverte exprimoient les douleurs du courtisan criminel qui voit s'évanouir dans un instant les songes de sa vie.

« Dieu des chrétiens, s'écrie-t-il, est-ce toi qui me poursuis ? Pour obtenir Cymodocée, j'ai laissé vivre Eudore, et Cymodocée m'échappe, et mon rival mourra d'une autre main que de la mienne ! J'ai méprisé dans Rome un obscur vieillard, j'ai cru devoir laisser la liberté à un chrétien puissant, et Démodocus et Dorothée m'ont perdu ! O aveugle prévoyance humaine ! O vaine et fastueuse sagesse, qui n'as pu me conserver ma puissance, et qui ne peux me consoler ! »

Tels étoient les aveux que la douleur arrachoit à Hiéroclès. Des larmes indignes mouilloient ses paupières. Il déploroit son sort avec la foiblesse d'une femme de peu de sens et d'un moindre cœur ; il eût pourtant voulu sauver Cymodocée, mais le lâche ne se sentoit pas assez de courage pour exposer sa vie.

Tandis qu'il hésite entre mille projets, qu'il ne peut ni se résoudre à braver l'orage, ni consentir à s'éloigner, Dorothée avoit instruit Eudore de l'arrivée de Cymodocée et des événements du palais. Les confesseurs, assemblés autour du fils de Lasthénès, le félicitoient d'avoir choisi une épouse si courageuse et si fidèle. La joie d'Eudore étoit grande, quoique troublée par les nouveaux périls qu'alloit courir la jeune chrétienne.

« Elle a donc confessé Jésus-Christ la première ! s'écrioit-il dans un saint transport. Cet honneur étoit réservé à son innocence ! »

Ensuite il pleuroit d'attendrissement en songeant que sa bien-aimée avoit reçu le baptême dans les eaux du Jourdain par la main de Jérôme.

« Elle est chrétienne ! répétoit-il à tout moment. Elle a confessé Jésus-Christ devant le peuple romain : je puis donc mourir en paix : elle viendra me retrouver ! »

Un rayon d'espérance commençoit à luire dans les cachots. La disgrâce d'Hiéroclès pouvoit amener un changement dans l'empire. Constantin menaçoit Galérius du fond de l'Occident ; le messager qu'Eudore avoit envoyé à Dioclétien pouvoit rapporter d'heureuses nouvelles. Lorsqu'un vaisseau [18] pendant une nuit affreuse a fait naufrage, les matelots boivent l'onde amère et luttent à peine contre les flots ; si une aurore trompeuse perce un moment les ténèbres et découvre à ces infortunés une terre prochaine, ils nagent avec effort vers la rive ; mais bientôt l'aurore s'éteint, la tempête recommence, et les nautoniers s'enfoncent dans l'abîme : telle fut la courte espérance, tel fut le sort des chrétiens.

Les martyrs chantoient encore au Très-Haut un cantique de louanges, lorsqu'ils virent entrer Zacharie. Déjà l'apôtre des Francs connoissoit le destin de son ami :

« Chantez, dit-il, mes frères [19], chantez ! Vous avez un juste sujet de joie ! Demain un grand saint augmentera peut-être le nombre de vos intercesseurs auprès de Dieu ! »

Tous les confesseurs se turent. Le silence règne un moment dans la prison. Chacun cherche à deviner quelle est l'heureuse victime, chacun désire que le sort soit tombé sur lui, chacun repasse dans son esprit les titres qu'il peut avoir à cet honneur. Eudore avoit à l'instant compris Zacharie, mais il rejetoit les espérances du martyre comme une pensée superbe et une tentation de l'enfer. Il craignoit de pécher par orgueil en se désignant lui-même ; il se jugeoit indigne de mourir de préférence à ces vieux confesseurs qui depuis si longtemps combattoient pour Jésus-Christ. Zacharie fit bientôt cesser cette sublime incertitude et cette émulation divine ; il s'approche d'Eudore :

« Mon fils, dit-il, je vous ai sauvé la vie ; vous me devez votre gloire : ne m'oubliez pas quand vous serez dans le ciel. »

A l'instant, tous les évêques, tous les prêtres, tous les prisonniers tombent aux genoux du martyr, baisent le bas de ses vêtements, et se recommandent à ses prières. Eudore, resté debout au milieu de ces vieillards prosternés, ressembloit à un jeune cèdre du Liban, seul rejeton d'une forêt antique abattue à ses pieds.

Un licteur, précédé de deux esclaves portant des torches de cyprès, pénètre dans le cachot. Surpris de l'adoration des prisonniers, qui demeurèrent dans la même attitude, il en croyoit à peine ses regards :

« Roi des chrétiens, dit-il à l'époux de Cymodocée, quel est parmi ton peuple le tribun que l'on nomme Eudore ? »

« C'est moi, » répondit le fils de Lasthénès.

« Eh bien ! dit le licteur, encore plus étonné, c'est donc toi qui dois mourir ! »

« Vous le voyez à mes honneurs, » repartit Eudore.

Un esclave déroule l'écrit fatal, et lit à haute voix l'ordonnance de Publius :

« Eudore, fils de Lasthénès, natif de Mégalopolis en Arcadie, jadis tribun de la légion britannique, maître de la cavalerie, préfet des Gaules, paroîtra demain au tribunal de Festus, juge des chrétiens, pour sacrifier aux dieux ou mourir. »

Eudore s'inclina, et le licteur sortit.

Comme dans les fêtes de la ville de Thésée on voit une jeune canéphore se dérober aux yeux de la foule qui vante sa pudeur et ses grâces, ainsi Eudore, qui porte déjà les palmes du sacrifice, se retire au fond de la prison, pour éviter les louanges de ses compagnons de gloire. Il demande la liqueur mystérieuse dont les chrétiens se servoient entre eux au temps des persécutions, et il trace ses adieux à Cymodocée.

Ange des saintes amours [20], vous qui gardez fidèlement l'histoire des passions vertueuses, daignez me confier la page du livre de mémoire où vous gravâtes les tendres et pieux sentiments du martyr !

« Eudore, serviteur de Dieu [21], enchaîné pour l'amour de Jésus-Christ : à notre sœur Cymodocée, désignée pour notre épouse et la compagne de nos combats, paix, grâce et amour.

« Ma colombe, ma bien-aimée, nous avons appris avec une joie digne de l'amour qui est pour vous dans notre cœur, que vous aviez été baptisée dans les eaux du Jourdain par notre ami le solitaire Jérôme. Vous venez de confesser Jésus-Christ devant les juges et les princes de la terre. O servante du Dieu véritable, quel éclat doit avoir maintenant votre beauté! Pourrions-nous nous plaindre, nous trop justement puni, tandis que vous, Ève encore non tombée, vous souffrez les persécutions des hommes? Ce nous est une tentation dangereuse de penser que ces bras si foibles et si délicats sont abattus sous le poids des chaînes; que cette tête ornée de toutes les grâces des vierges, et qui mériteroit d'être soutenue par la main des anges, repose sur une pierre dans les ténèbres d'une prison. Ah! s'il nous eût été donné d'être heureux avec vous!... Mais loin de nous cette pensée! Fille d'Homère, Eudore va vous devancer au séjour des concerts ineffables : il faut qu'il coupe le fil [22] de ses jours, comme un tisserand coupe le fil de sa toile à moitié tissue. Nous vous écrivons de la prison de saint Pierre, la première année de la persécution [23]. Demain nous comparoîtrons devant les juges, à l'heure où Jésus-Christ mourut sur la croix. Ma bien-aimée, notre amour pour vous seroit-il plus fort, si nous vous écrivions de la maison des rois et durant l'année du bonheur?

« Il faut vous quitter, ô vous qui êtes née la plus belle entre les filles des hommes! Nous demandons au ciel avec larmes qu'il nous permette de vous revoir ici-bas, ne fût-ce que pour un moment. Cette grâce nous sera-t-elle accordée? Attendons avec résignation les décrets de la Providence! Ah! du moins, si nos amours ont été courts, ils ont été purs! Ainsi que la Reine des anges, vous gardez le doux nom d'épouse sans avoir perdu le beau nom de vierge. Cette pensée, qui feroit le désespoir d'une tendresse humaine, fait la consolation d'une tendresse divine. Quel bonheur est le nôtre! O Cymodocée! nous étions destiné à vous appeler ou la mère de nos enfants, ou la chaste compagne de notre félicité éternelle!

« Adieu donc, ô ma sœur! Adieu, ma colombe, ma bien-aimée! priez votre père de nous pardonner ses larmes. Hélas! il vous perdra peut-être, et il n'est pas chrétien [24] : il doit être bien malheureux!

« Voici la salutation [25] que moi Eudore j'ajoute à la fin de cette lettre:

« Souvenez-vous de mes liens, ô Cymodocée!

« Que la douceur de Jésus-Christ soit avec vous! »

FIN DU LIVRE VINGTIÈME.

LIVRE VINGT-UNIÈME.

Eudore est relevé de sa pénitence. Plaintes de Démodocus. Prison de Cymodocée. Cymodocée reçoit la lettre d'Eudore. Actes du martyre d'Eudore. Le Purgatoire.

C'étoit l'heure où les courtisans de Galérius, couchés sur des lits de pourpre autour d'une table pompeusement servie, prolongeoient les délices du festin dans les ombres de la nuit. Les mains chargées de branches d'anet, le front ceint d'une couronne de roses et de violettes [1], chaque convive faisoit éclater ses transports. Des joueuses de flûte, habiles dans l'art de Terpsichore, irritoient les désirs par des danses efféminées et des chansons voluptueuses. Une coupe d'une rare beauté, et aussi profonde que celle de Nestor [2], animoit la joyeuse assemblée. Le dieu qui porte l'arc et le bandeau, et qui se rit des maux qu'il a faits, étoit, comme au banquet d'Alcibiade [3], l'objet des discours de ces hommes heureux. Le marbre, le cristal, l'argent, l'or, les pierres précieuses, renvoyoient et multiplioient l'éclat des flambeaux, et l'odeur des parfums de l'Arabie se mêloit à celle des vins de la Grèce.

A cette heure, les confesseurs chrétiens, abandonnés du monde et condamnés à mourir, préparoient aussi une fête et un banquet dans les cachots de saint Pierre. Eudore devoit comparoître le lendemain au tribunal du juge ; il pouvoit expirer au milieu des tourments : il étoit donc temps de le relever de sa pénitence.

On allume une lampe dans la prison. Cyrille, à qui l'évêque de Rome a remis ses pouvoirs, doit célébrer la messe de réconciliation. Gervais et Protais sont choisis pour servir le sacrifice : ils se revêtent d'une tunique blanche apportée par les frères ; leurs cheveux blonds tombent en boucles sur leur cou découvert ; une pudeur virginale respire dans tous leurs traits. On eût dit qu'ils marchoient au martyre [4], tant il y avoit de joie et de modestie peintes sur le front de ces jeunes hommes !

Les prisonniers se mettent à genoux autour de Cyrille, qui commence à voix basse une messe sans calice et sans autel. Les confesseurs, alarmés, ne savent où il va consacrer la victime sans tache. O sublime invention de la charité[5]! ô touchante cérémonie! le vieil évêque dépose l'hostie sur son cœur, qui devient ainsi l'autel du sacrifice. Jésus-Christ martyr est offert en holocauste sur le cœur d'un martyr! Un Dieu s'élève de ce cœur, un Dieu descend dans ce cœur.

Cependant Eudore, dépouillé de l'habit de sa pénitence, reçoit en échange une robe éclatante de blancheur. Perséus et Zacharie se lèvent pour remplir les fonctions de diacre et d'archidiacre : ils adressent au nom des chrétiens ces paroles à Cyrille :

« Très-cher à Dieu, c'est ici le moment de la miséricorde; ce pénitent veut être réconcilié, et l'Église vous le demande : il a été postulant, auditeur, prosterné; faites-le remonter au rang des élus. »

Cyrille dit alors :

« Pénitent, promettez-vous de changer de vie? Levez les mains au ciel en signe de cette promesse. »

Eudore leva vers le ciel ses bras chargés de chaînes : il parut orné de ses liens comme une jeune épouse de ses bracelets et des franges d'or qui bordent sa robe. Cyrille prononça sur lui ces paroles :

« Fidèle, je t'absous par la miséricorde de Jésus-Christ, qui délie dans le ciel tout ce que ses apôtres délient sur la terre. »

A ces mots, Eudore tombe aux pieds de l'évêque : il reçoit des mains du diacre le saint viatique, ce pain du voyageur chrétien préparé pour le pèlerinage de l'éternité. Les confesseurs admirent au milieu d'eux le martyr désigné, qui, semblable à un consul romain choisi par le peuple, va bientôt déployer les marques de sa puissance. Le monde n'auroit aperçu dans cette assemblée de proscrits que des hommes obscurs destinés à périr du dernier supplice; et pourtant là se voyoient les chefs d'une race nombreuse qui devoit couvrir la terre; là se trouvoient des victimes dont le sang alloit éteindre le feu de la persécution et faire régner la croix sur l'univers. Mais combien de larmes couleront encore avant que cette persécution ait amené le jour du triomphe!

Démodocus n'étoit arrivé à Rome que pour avoir le cœur déchiré. Averti du premier malheur qui menaçoit la prêtresse des Muses, il étoit parvenu à rassembler le peuple et à le conduire au palais de Galérius; mais à peine a-t-il arraché Cymodocée des mains d'Hiéroclès, qu'elle lui est enlevée comme chrétienne. On interdit au vieillard la vue de sa fille : toute pitié a disparu depuis que la jeune Messénienne s'est déclarée de la secte proscrite. Le gardien de la prison de saint Pierre étoit humain, pitoyable, accessible à l'or : on pénétroit aisément jusqu'aux martyrs; mais Sævus, gardien du cachot de Cymodocée, étoit ennemi furieux des chrétiens, parce que Blanche, sa femme, qui étoit chrétienne, avoit en horreur ses débauches. Il n'avoit jamais voulu consentir que l'on parlât, même devant lui, à la fille d'Homère, et il repoussoit Démodocus par des outrages et des menaces.

Non loin de l'asile de douleur où gémissoit l'épouse d'Eudore s'élevoit un temple consacré par les Romains à la Miséricorde : la frise en étoit ornée[6] de bas-reliefs de marbre de Carrare, représentant des sujets consacrés par l'histoire ou chantés par la Muse : on reconnoissoit cette pieuse fille qui nourrit son père dans la prison et devint la mère de celui dont elle avoit reçu la vie; plus loin Manlius, après avoir immolé son fils, revenoit victorieux au Capitole; les vieillards s'avançoient au-devant de lui, mais les jeunes Romains évitoient la rencontre du triomphateur. Ici, une brillante Vestale, faisant remonter sur le Tibre le vaisseau qui portoit l'image de Cybèle, entraînoit avec sa ceinture les destins de Rome et de Carthage; là, Virgile, encore pasteur, étoit obligé d'abandonner les champs paternels; là, dans la nuit fatale de son exil, Ovide recevoit les adieux de son épouse.

Les astres finissoient et recommençoient leur cours, et retrouvoient Démodocus assis dans la poussière sous le portique de ce temple. Un manteau sale et déchiré, une barbe négligée, des cheveux en désordre et souillés de cendres, annonçoient le chagrin du vénérable suppliant. Tantôt il embrassoit les pieds de la statue de la Miséricorde, en les arrosant de ses pleurs; tantôt il imploroit la pitié du peuple; quelquefois il chantoit sur la lyre pour tendre un piége aux passants, pour attirer par les accents du plaisir l'attention que les hommes craignent de donner aux larmes.

« O siècle d'airain! s'écrioit-il, hommes haïs de Jupiter pour votre dureté! quoi! vous restez insensibles à la douleur d'un père! Romains, vos ancêtres ont élevé des temples à la piété filiale, et mes cheveux blancs ne peuvent vous toucher! Suis-je donc un parricide en horreur aux peuples et aux cités? Ai-je mérité d'être dévoué aux Euménides? Hélas! je suis un prêtre des dieux; j'ai été nourri sur les genoux d'Homère, au milieu du chœur sacré des Muses! J'ai passé ma vie à implorer le ciel pour les hommes, et ils se montrent inexorables à mes prières! Que demandé-je pourtant? Qu'on me permette de voir ma fille, de partager ses fers, de mourir dans ses bras avant qu'elle me soit ravie. Romains, songez à l'âge si tendre de ma Cymodocée! Ah! j'étois le plus heureux des mortels que le soleil éclaire dans sa course! Aujourd'hui quel esclave voudroit changer son sort contre le mien?

Jupiter m'avoit donné un cœur hospitalier : de tous les hôtes que j'ai reçus à mes foyers et qui ont bu avec moi la coupe de la joie, en est-il un seul qui vienne partager ma douleur! Insensé est le mortel qui croit sa prospérité constante! La Fortune ne se repose nulle part. »

A ces mots, Démodocus, frappant ses mains avec désespoir, se roule sur la terre. Ses cris ne percent point les murs du cachot de sa fille. Les fidèles qui avoient précédé la nouvelle chrétienne dans ce lieu sanglant avoient tous donné leur vie pour Jésus-Christ. Cymodocée habitoit seule la prison. Fatigué des soins qu'il étoit obligé de rendre à l'orpheline, Sævus insultoit souvent à son malheur : ainsi, lorsque de grossiers villageois ont enlevé un aiglon sur la montagne, ils enferment dans une indigne cage l'héritier de l'empire des airs; ils insultent par d'ignobles jeux et des traitements inhumains à la majesté tombée : ils frappent cette tête couronnée ; ils éteignent ces yeux qui auroient contemplé le soleil ; ils tourmentent en mille façons ce jeune roi qui n'a point d'ailes pour fuir ou de serres pour repousser les outrages.

Nourrie dans les riantes idées de la mythologie, environnée jusque alors des images les plus douces et les plus gracieuses, Cymodocée avoit à peine connu le nom de la tristesse et de l'adversité. Elle n'avoit point été formée à cette école chrétienne où dès le berceau l'homme apprend qu'il est né pour souffrir. Depuis quelque temps, soumise aux épreuves de la Providence, la fille d'Homère avoit changé de religion en changeant de fortune, et le christianisme étoit venu lui donner contre les afflictions de la vie des secours que ne lui offroit point le culte des faux dieux. Elle étudioit avec ardeur les livres saints qu'elle avoit trouvés dans sa prison, et qui avoient appartenu à quelque martyr; mais, sans cesse obsédée par les souvenirs de son enfance et de sa jeunesse, elle ne pouvoit goûter encore parfaitement ces hautes consolations de la religion qui nous élèvent au-dessus des regrets et des misères humaines. Souvent, au milieu de sa lecture, sa tête tomboit sur la page sacrée, et la nouvelle chrétienne, saisie de douleur, redevenoit un moment la prêtresse des Muses. Elle se représentoit cette brillante lumière de la Messénie ; elle croyoit errer dans les bois d'Amphise ; elle revoyoit ces belles fêtes de la Grèce, ces chars roulant sous les ombrages de Némée, ces religieuses théories parcourant au son des flûtes les sommets de l'Ira ou la plaine de Sténiclare. Elle songeoit au bonheur dont elle jouissoit autrefois avec son père et au chagrin qui accabloit maintenant ce vieillard. « Où est-il? que fait-il? qui prend soin de son âge et de ses larmes? Oh! que les peines de Cymodocée sont légères auprès de celles qui doivent accabler son père et son époux! »

Tandis que la fille de Démodocus se livre à ces pensers amers, elle entend tout à coup retentir des pas au fond de sa prison. Blanche, la femme du gardien, s'avance et remet à Cymodocée la lettre d'Eudore, avec le secret nécessaire pour lire ces tristes adieux. Cette chrétienne timide[7], qui n'ose braver ouvertement son époux et les supplices, se hâte de sortir, et referme les portes du cachot.

Cymodocée, restée seule, prépare aussitôt la liqueur qui, versée sur la page blanche, doit faire paroître les traits mystérieux que l'amour et la religion y avoient tracés. Au premier essai, elle reconnoît l'écriture d'Eudore ; bientôt elle parvient à lire les premiers témoignages de l'amour de son époux ; les expressions du martyr deviennent plus tendres ; on entrevoit quelque annonce funeste ; Cymodocée n'ose plus déchiffrer l'écrit fatal. Elle s'arrête, elle recommence, s'arrête de nouveau, recommence encore ; enfin, elle arrive à ces mots :

« Fille d'Homère, Eudore va peut-être vous devancer au séjour des concerts ineffables. Il faut qu'il coupe le fil de ses jours, comme un tisserand coupe le fil de sa toile à moitié tissue. »

Soudain les yeux de la jeune chrétienne s'obscurcissent, et elle tombe évanouie sur la pierre de la prison.

Mais, ô Muse céleste, d'où viennent ces transports de joie qui éclatent dans les parvis éternels ? Pourquoi les harpes d'or font-elles entendre ces sons mélodieux ? Pourquoi le roi-prophète soupire-t-il ses plus beaux cantiques ? Quelle allégresse parmi les anges ! Le premier des martyrs, le glorieux Étienne, a pris dans le Saint des saints une palme éclatante ; il la porte vers la terre avec un front incliné et respectueux. Cieux, racontez le triomphe du juste ! Le moment si court des afflictions de la vie va produire un bonheur qui ne finira plus. Eudore a paru devant le juge !

Il a dit adieu à ses amis ; il a recommandé à leur charité son épouse et Démodocus. Les soldats ont conduit le martyr au temple de la Justice, bâti par Auguste, près du théâtre de Marcellus. Au fond d'une salle immense et découverte s'élève une chaire d'ivoire, surmontée de la statue de Thémis, mère de l'Équité, de la Loi et de la Paix. Le juge est placé sur cette chaire : à sa gauche sont des sacrificateurs, un autel, une victime ; à sa droite, des centurions et des soldats ; devant lui, des entraves, un chevalet, un bûcher, une chaise de fer, mille instruments de supplice et de nombreux bourreaux : dans la salle est la foule du peuple. Eudore, enchaîné, se tient debout au pied du tribunal. Les hérauts, ministres de Jupiter et des hommes, commandent le silence. Le juge interroge, et l'écrivain grave sur des tablettes les actes du martyr.

Festus, suivant les formes usitées, dit [8] :

« Quel est ton nom ? »

Eudore répond :

« Je m'appelle Eudore, fils de Lasthénès. »

Le juge dit :

« N'as-tu pas connoissance des édits qui ont été publiés contre les chrétiens ? »

Eudore répond :

« Je les connois. »

Le juge dit :

« Sacrifie donc aux dieux. »

Eudore répond :

« Je ne sacrifie qu'à un seul Dieu, créateur du ciel et de la terre. »

Festus ordonne de dépouiller Eudore, de l'étendre sur le chevalet et de lui attacher des poids aux pieds.

Le juge dit :

« Eudore, je te vois pâlir, tu souffres. Aie pitié de toi-même : souviens-toi de ta gloire et des honneurs dont tu as été comblé ! Jette les yeux sur ta maison près de tomber par ta chute : vois les larmes de ton père, écoute les plaintes de tes aïeux. Ne crains-tu point de combler d'un ennui éternel la déplorable vieillesse de ceux qui t'ont donné la vie ? »

Eudore répond :

« Ma gloire, mes honneurs et mes parents sont dans le ciel. »

Le juge dit :

« Seras-tu donc insensible aux douceurs et aux promesses d'un chaste hyménée ? »

Eudore ne répond point.

Le juge dit :

« Tu t'attendris, achève ; laisse-toi toucher : sacrifie, ou tremble des maux qui t'attendent. »

Eudore répond :

« Que me serviroit d'avoir tremblé devant un juge qui doit mourir comme moi ? »

Festus fait déchirer Eudore avec des ongles de fer. Le sang couvre le corps du confesseur, comme la pourpre de Tyr teint l'ivoire de l'Inde ou la laine la plus blanche de Milet.

Alors le juge :

« Es-tu vaincu ? Vas-tu sacrifier aux dieux ! Songe, si tu t'obstines, que tu entraîneras dans ta perte ton père, tes sœurs et celle qui étoit destinée à ton lit. »

Eudore s'écrie :

« D'où me vient ce bonheur d'être sacrifié trois fois pour mon Dieu ? »

On écarte les pieds du confesseur dans les entraves ; on fait rougir la chaise de fer ; on prépare la poix bouillante et les tenailles. Eudore ne paroît pas souffrir. On voyoit sur son visage briller l'allégresse jointe à une douce gravité et la majesté au milieu des grâces. La chaise de fer est préparée. Le docteur des chrétiens, assis dans le fauteuil embrasé, prêche plus éloquemment l'Évangile. Des Séraphins répandent sur Eudore une rosée céleste, et son ange gardien lui fait une ombre de ses ailes. Il paroissoit dans la flamme comme un pain délicieux préparé pour les tables éternelles. Les païens les plus intrépides détournoient la tête : ils ne pouvoient soutenir l'éclat du martyr. Les bourreaux, fatigués, se relayoient les uns les autres ; le juge regardoit le chrétien avec un secret effroi : il croyoit voir un dieu sur cette chaise ardente. Le confesseur lui crie :

« Remarquez bien mon visage[9], afin de le reconnoître à ce jour terrible où tous les hommes seront jugés ! »

A ces mots, Festus, troublé, fait suspendre le supplice. Il se précipite de son tribunal, passe derrière le rideau, et laisse l'écrivain lire en tremblant cette sentence :

« La clémence de l'invincible Auguste ordonne que celui qui, refusant d'obéir aux sacrés édits, n'a pas voulu sacrifier, soit exposé aux bêtes, dans l'amphithéâtre, le jour de la divine naissance de notre empereur éternel. »

Aussitôt Eudore est reporté par les soldats à la prison. Déjà les confesseurs étoient instruits de son triomphe. Au moment où la porte du cachot s'entr'ouvre et laisse voir aux évêques le martyr pâle et mutilé, ils s'avancent au-devant de lui, Cyrille à leur tête, et entonnent tous à la fois ce cantique :

« Il a vaincu l'enfer, il a cueilli la palme ! Entrez dans le tabernacle du Seigneur, ô prêtre illustre de Jésus-Christ !

« Quel éclat sort de ses plaies ! il a été éprouvé par le feu, comme l'argent raffiné jusqu'à sept fois.

« Il a vaincu l'enfer, il a cueilli la palme ! Entrez dans le tabernacle du Seigneur, ô prêtre illustre de Jésus-Christ ! »

Les anges répétoient dans le ciel ce cantique, et un nouveau sujet d'allégresse charmoit les esprits bienheureux.

Eudore, dans le cours de ses actes glorieux[10], avoit offert secrètement son sacrifice pour le salut de sa mère. Depuis longtemps averti en songe de la destinée de Séphora, il prioit le Très-Haut d'accorder à cette vertueuse femme un rang parmi les élus. Elle étoit tombée, au sortir du monde, dans le lieu où les âmes achèvent d'expier leurs erreurs, parce qu'elle avoit aimé ses enfants avec trop de foiblesse et qu'elle étoit ainsi devenue la première cause des égarements de son fils. Eudore, par l'hommage volontaire de son sang, avoit obtenu la fin des épreuves de Séphora. Les trois prophètes qui lisent devant l'Éternel le livre de vie, Isaïe, Élie et Moïse, proclament le nom de l'âme délivrée. Marie se lève de son trône : les anges qui lui présentoient les vœux des mères, les pleurs des enfants, les douleurs des pauvres et des infortunés, suspendent un moment leurs offrandes. Elle monte vers son Fils ; elle entre dans la région où l'agneau règne au milieu des vingt-quatre vieillards ; elle s'avance jusqu'aux pieds d'Emmanuel, et, s'inclinant devant la seconde Essence incréée :

« O mon Fils ! si, n'étant encore qu'une foible mortelle, j'ai porté dans mon sein le poids de votre éternité; si vous daignâtes confier à mon amour le soin de votre humanité souffrante, daignez écouter ma prière! Vos prophètes ont annoncé la délivrance de la mère du nouveau martyr. Les fidèles vont-ils enfin jouir de la paix du Seigneur! Fille des hommes, vous m'avez permis de vous présenter leurs larmes. Je vois un confesseur qu'un tigre va déchirer; le sang qu'il a déjà répandu ne suffit-il pas pour racheter ce chrétien et le faire rentrer dans votre gloire? Faut-il qu'il achève son sacrifice, et la voix de Marie ne peut-elle rien changer à la rigueur de vos conseils? »

Ainsi parle la Mère des sept douleurs. Alors le Messie, d'un ton miséricordieux :

« O ma mère! vous le savez, je compatis aux larmes des hommes; je me suis chargé pour eux du fardeau de toutes les misères du monde. Mais il faut que les décrets de mon Père s'accomplissent. Si mes confesseurs sont persécutés un moment sur la terre, ils jouiront dans le ciel d'une gloire sans fin. Cependant, ô Marie! le moment de leur triomphe approche : la grâce même a commencé. Descendez vers les lieux où les fautes sont effacées par la pénitence; ramenez au ciel avec vous la femme dont les prophètes ont déclaré la béatitude, et que la félicité du martyr pour lequel vous m'implorez commence par le bonheur de sa mère. »

Un sourire accompagne les paroles pacifiques du Sauveur du monde. Les vingt-quatre vieillards s'inclinent sur leurs trônes, les Chérubins se voilent de leurs ailes; les sphères célestes s'arrêtent pour écouter le Verbe éternel, et les profondeurs du chaos tressaillent et sont éclairées, comme si quelque création nouvelle alloit sortir du néant.

Aussitôt Marie descend vers le lieu de la purification des âmes. Elle s'avance par un chemin semé de soleils, au milieu des parfums incorruptibles et des fleurs célestes que les anges répandent sous ses pas. Le chœur des vierges la précède, en chantant des hymnes. Auprès d'elle paroissoient les femmes les plus illustres : Élisabeth, dont l'enfant tressaillit à l'approche de Marie ; Madeleine, qui répandit un nard précieux sur les pieds de son Maître et les essuya de ses cheveux ; Salomé, qui suivit Jésus au Calvaire ; la mère des Machabées, celle des sept enfants martyrs ; Lia et Rachel ; Esther, reine encore ; Débora, de qui la tombe vit croître le chêne des pleurs, et l'épouse d'Élimélech, que les anges ont appelé Belle [11] et les hommes Noémi.

Entre le ciel et l'enfer s'étend une vaste demeure, consacrée aux expiations des morts. Sa base touche aux régions des douleurs infinies et son sommet à l'empire des joies intarissables. Marie porte d'abord la consolation aux lieux les plus éloignés du séjour des béatitudes. Là des malheureux, haletants et couverts de sueur, s'agitent au milieu d'une nuit obscure. Leurs noires paupières ne sont éclairées que par les flammes voisines de l'enfer. Les âmes éprouvées dans cette enceinte ne partagent point les supplices éternels, mais elles en ont la terreur. Elles entendent le bruit des tourments, le retentissement des fouets, le fracas des chaînes. Un fleuve brûlant formé des pleurs des réprouvés les sépare seul de l'abîme où elles craindroient d'être ensevelies, si elles n'étoient rassurées par un espoir sans cesse éteint et toujours renaissant.

L'apparition de la Reine des anges au milieu de ces infortunés suspendit un moment l'horreur de leurs craintes. Une lumière divine éclaira les prisons expiatoires, pénétra jusque dans l'enfer, et l'enfer, étonné, crut voir entrer l'Espérance [12]. Saisie d'une pitié céleste, Marie passe avec sa pompe angélique à des régions moins obscures et moins malheureuses. A mesure qu'on s'élève [13] dans ces lieux d'épreuves, ces lieux s'embellissent, et les peines deviennent plus douces et moins durables. Des anges compatissants, bien que sévères, veillent aux pénitences des âmes éprouvées. Au lieu d'insulter à leurs peines, comme les esprits pervers aux pleurs des damnés, ils les consolent et les invitent au repentir ; ils leur peignent la beauté de Dieu et le bonheur d'une éternité passée dans la contemplation de l'Être suprême.

Un spectacle extraordinaire frappe surtout les regards des saintes femmes descendues des cieux avec la Reine des vierges : des âmes deviennent peu à peu rayonnantes et lumineuses, au milieu des autres âmes qui les entourent ; une auréole glorieuse se forme autour de leur front ; transfigurées par degrés, elles s'envolent à des régions plus élevées, d'où elles entendent les divins concerts. C'étoient des morts dont les peines étoient abrégées par les prières des parents et des amis qu'ils avoient encore sur la terre. Céleste prérogative de l'amitié, de la religion et du malheur! Plus celui qui prie ici-bas est infortuné, pauvre, infirme, méprisé, plus ses vœux ont de puissance pour donner un bonheur éternel à quelque âme délivrée!

L'heureuse Séphora brilloit d'un éclat extraordinaire au milieu de ces morts rachetés. La mère des Machabées prend aussitôt par la main la mère d'Eudore, et la présente à Marie. Le cortége remonte lentement vers les sacrés tabernacles. Les mondes divers [14], ceux qui frappent nos regards pendant la nuit, ceux qui échappent à notre vue dans la profondeur des espaces, les soleils, la création entière, les chœurs des puissances qui président à cette création, chantent l'hymne à la Mère du Sauveur :

« Ouvrez-vous [15], portes éternelles : laissez passer la Souveraine des cieux !

« Je vous salue, Marie [16], pleine de grâce, modèle des vierges et des épouses! Chérubins ardents, portez sur vos ailes la fille des hommes et la Mère de Dieu. Quelle tranquillité dans ses regards baissés! que son sourire est calme et pudique! Ses traits conservent encore la beauté de la douleur qu'elle éprouva sur la terre, comme pour tempérer les joies éternelles! Les mondes frémissent d'amour à son passage; elle efface l'éclat de la lumière incréée dans laquelle elle marche et respire. Salut, vous qui êtes bénie entre toutes les femmes! refuge des pécheurs [17], consolatrice des affligés!

« Ouvrez-vous, portes éternelles : laissez passer la Souveraine de cieux ! »

FIN DU LIVRE VINGT-ET-UNIÈME.

LIVRE VINGT-DEUXIÈME.

L'ange exterminateur frappe Galérius et Hiéroclès. Hiéroclès va trouver le juge des chrétiens. Retour du messager envoyé à Dioclétien. Tristesse d'Eudore, de Démodocus et de Cymodocée. Le repas libre. Tentation.

Que sont les peines du corps auprès des tourments de l'âme ! quel feu peut être comparé au feu des remords ! Le juste est tourmenté dans son corps, mais son âme, comme une forteresse inexpugnable, reste paisible quand tout est ravagé au dehors ; le méchant, au contraire, repose parmi des fleurs ou sur un lit de pourpre ; il semble jouir de la paix, mais l'ennemi s'est glissé au dedans : des signes funestes trahissent le secret de cet homme qui semble heureux. Ainsi au milieu d'une campagne florissante on découvre le drapeau funèbre qui flotte sur les tours d'une cité dont la peste et la mort se disputent les débris.

Hiéroclès a renié le ciel : le ciel l'a abandonné à l'enfer. Publius, qui veut achever de perdre un rival, a découvert les infidélités du ministre de l'empereur : le sophiste avoit fait entrer dans ses trésors une partie des trésors du prince. Chacun cherche à Hiéroclès un crime nouveau ; car on devient aussi lâche à accuser le méchant abattu, qu'on étoit lâche à l'excuser triomphant. Que fera l'ennemi de Dieu ? Partira-t-il pour Alexandrie sans essayer de sauver celle qu'il a perdue ? restera-t-il à Rome pour assister aux funérailles sanglantes de Cymodocée ? La haine publique le poursuit, un prince terrible le menace, un effroyable amour brûle dans son cœur. Dans cette perplexité, les yeux du pervers se tachent de sang, son regard devient fixe, ses lèvres s'entr'ouvrent, et ses joues livides tremblent avec tout son corps. Ainsi lorsqu'un serpent s'est empoisonné lui-même avec les sucs mortels dont il compose son venin, le reptile, couché dans la voie publique, s'agite à peine sur la poussière ; ses paupières sont à demi fermées, sa gueule noircie laisse échapper une écume impure, sa peau, détendue et jaunie, ne s'arrondit plus sur ses anneaux : il inspire encore l'effroi, mais cet effroi n'est plus ennobli par l'idée de sa puissance.

Oh! combien différent est le chrétien de qui les veines épuisées de sang en ont toutefois assez retenu pour animer un grand cœur! Mais c'étoit peu que les douleurs et les remords avant-coureurs des châtiments réservés au persécuteur des fidèles : Dieu fait un signe à l'ange exterminateur, et du doigt lui marque deux victimes. Le ministre des vengeances attache aussitôt à ses épaules des ailes de feu dont le frémissement imite le bruit lointain du tonnerre. D'une main il prend une des sept coupes d'or pleines de la colère de Dieu [1] ; de l'autre il saisit le glaive [2] qui frappa les nouveau-nés de l'Égypte et fit reculer le soleil à l'aspect du camp de Sennachérib. Les nations entières, condamnées pour leurs crimes, s'évanouissent devant cet esprit inexorable, et l'on cherche en vain leurs tombeaux. Ce fut lui qui traça sur la muraille, pendant le festin de Balthazar, les mots inconnus; ce fut lui qui jeta sur la terre la faux qui vendange et la faux qui moissonne [3], lorsque Jean entrevit dans l'île de Pathmos les formidables figures de l'avenir.

L'ange exterminateur descend dans un éclair, comme ces étoiles qui se détachent du ciel et portent l'épouvante au cœur du matelot. Il entre enveloppé d'un nuage dans le palais des césars au moment même où Galérius, assis à la table du festin, célébroit ses prospérités. Aussitôt les lampes du banquet pâlissent; on entend au dehors comme le roulement d'une multitude de chariots de guerre; les cheveux des convives se hérissent sur leur front; des larmes involontaires coulent de leurs yeux; les ombres des vieux Romains se levèrent dans les salles, et Galérius eut un pressentiment confus de la destruction de l'empire. L'ange s'approche invisible de ce maître du monde, et verse dans sa coupe quelques gouttes du vin de la colère céleste. Poussé par son mauvais destin, l'empereur porte à ses lèvres la liqueur dévorante; mais à peine a-t-il bu à la fortune des césars, qu'il se sent soudain enivré; un mal aussi prompt qu'inattendu le renverse aux pieds de ses esclaves : Dieu dans un moment a couché ce géant sur la terre.

Une poutre coupée sur le sommet du Gargare a vieilli dans un palais, séjour d'une race antique; tout à coup le feu rayonnant au foyer du roi monte jusqu'au chêne desséché, la poutre s'embrase et tombe avec fracas dans les salles qui mugissent : ainsi tombe Galérius. L'ange l'abandonne à ce premier effet du poison éternel, et vole à la demeure où gémissoit Hiéroclès. D'un coup du glaive du Seigneur, il flétrit les flancs du ministre impie. A l'instant une hideuse maladie, dont Hiéroclès avoit puisé les germes dans l'Orient, se déclare. L'infortuné voit une lèpre épaisse couvrir tout son corps ; ses vêtements s'attachent à sa chair, comme la robe de Déjanire ou la tunique de Médée. Sa tête s'égare ; il blasphème contre le ciel et les hommes, et tout à coup il implore les chrétiens pour le délivrer des esprits de ténèbres dont il se sent obsédé. La nuit étoit au milieu de son cours. Hiéroclès appelle ses esclaves : il leur ordonne de préparer une litière ; il sort de son lit, s'enveloppe dans un manteau, et se fait porter, à moitié en délire, chez le juge des chrétiens.

« Festus, lui dit-il, tu tiens en ta puissance une chrétienne qui fait le tourment de ma vie : sauve-la de la mort, et donne cette esclave à mon amour ; ne la condamne point aux bêtes ; l'édit te permet de la livrer aux lieux infâmes [4]... tu m'entends ? »

A ces mots, le pervers jette une bourse d'or aux pieds du juge : il s'éloigne ensuite en poussant un sourd mugissement, comme un taureau malade qui se traîne parmi des roseaux au fond d'un marais.

Dans ce moment même, le dernier espoir des chrétiens venoit de s'évanouir : le messager qu'Eudore avoit envoyé à Dioclétien pour l'engager à reprendre l'empire étoit revenu de Salone : Zacharie l'introduisit dans les cachots. Les confesseurs avoient tous reçu leur sentence : ils étoient condamnés à mourir dans l'amphithéâtre avec Eudore. Entouré des évêques qui pansoient ses plaies, le fils de Lasthénès étoit étendu à terre sur les robes des martyrs : tel un guerrier blessé est couché sur les drapeaux qu'il a conquis, au milieu de ses compagnons d'armes. Le messager, saisi de douleur, restoit muet et interdit, les yeux attachés sur l'époux de Cymodocée.

« Parlez, mon frère, lui dit Eudore ; la chair est un peu abattue, mais l'esprit conserve encore sa vigueur. Félicitez-moi d'être soulagé par des mains qui ont tant de fois touché le corps de Jésus-Christ. »

Le messager, essuyant ses pleurs, rendit compte en ces mots de son entrevue avec Dioclétien [5] :

« Eudore, je m'embarquai d'après vos ordres sur la mer Adriatique, et j'abordai bientôt au rivage de Salone. Je demandai Dioclès, autrefois Dioclétien, empereur. On me dit qu'il habitoit ses jardins à quatre milles de la ville. Je m'y rendis à pied. J'arrivai à la demeure de Dioclès ; je traversai des cours où je ne rencontrai ni gardes ni surveillants. Des esclaves étoient occupés çà et là à des travaux champêtres. Je ne savois à qui m'adresser. J'aperçus un homme avancé en âge qui travailloit dans le jardin ; je m'approchai de lui pour lui demander où l'on trouvoit le prince que je cherchois.

« Je suis Dioclès, répondit le vieillard en continuant son travail.

Vous pouvez vous expliquer si vous avez quelque chose à me dire. »

« Je demeurai muet d'étonnement.

« Eh bien ! me dit Dioclétien, quelle affaire vous amène ici ? Avez-vous des graines rares à me donner, et voulez-vous que nous fassions des échanges ? »

« Je remis votre lettre au vieil empereur ; je lui peignis les malheurs des Romains et le désir que les chrétiens avoient de le revoir à la tête de l'État. A ces mots, Dioclétien, suspendant son travail, s'écria :

« Plût aux dieux que ceux qui vous envoient vissent, comme vous, les légumes que je cultive de mes propres mains à Salone : ils ne m'inviteroient pas à reprendre l'empire ! »

« Je lui fis observer qu'un autre jardinier avoit bien consenti à porter la couronne.

« Le jardinier sidonien [6], répliqua-t-il, n'étoit pas, comme moi, descendu du trône, et il fut tenté d'y monter : Alexandre n'auroit pas réussi auprès de moi. »

« Je ne pus en obtenir d'autre réponse. En vain je voulus insister.

« Rendez-moi un service, me dit-il brusquement : voilà un puits ; je suis vieux, vous êtes jeune, tirez-moi de l'eau, mes légumes en manquent. »

« A ces mots, Dioclétien me tourna le dos, et Dioclès reprit son arrosoir. »

Le messager se tut. Cyrille lui adressa la parole :

« Mon frère, vous ne sauriez nous apporter une meilleure nouvelle. Eudore, après votre départ, nous avoit instruits de l'objet de votre voyage : les évêques craignoient que vous n'eussiez réussi [7]. Le martyre a éclairé le fils de Lasthénès ; il connoît maintenant ses devoirs : Galérius est notre souverain légitime. »

« Oui, dit Eudore repentant et humilié, je me reconnois justement puni pour un dessein criminel. »

Ainsi parloient ces martyrs brisés par les fers et les chevalets de Galérius : tel l'animal courageux qui lance les ours et les sangliers dans les brunes forêts de l'Achéloüs tombe, sans l'avoir mérité, dans la disgrâce du chasseur ; percé de l'épieu destiné aux bêtes farouches, le limier tourne sous le coup fatal, se débat sur la mousse ensanglantée ; mais, en expirant, il jette un regard soumis vers son maître, et semble lui reprocher de s'être privé d'un serviteur fidèle.

Cependant, au moment de quitter la terre, Eudore étoit tourmenté d'une tendre inquiétude. Malgré la ferveur de sa foi et l'exaltation de son âme, le martyr ne pouvoit songer sans frémir au destin de la fille d'Homère. Que deviendra cette victime ? Retombera-t-elle entre les mains d'Hiéroclès? Sera-t-elle interrogée par le juge? Pourra-t-elle soutenir d'aussi terribles épreuves? A-t-elle été condamnée à la mort sur son premier aveu, avec les confesseurs de la prison de saint Pierre? Eudore se représentoit Cymodocée déchirée par des lions et implorant en vain le secours de l'époux pour qui elle donnoit sa vie. A ce tableau il opposoit celui du bonheur qu'il auroit pu goûter avec une femme si belle et si pure. Mais une voix s'élevoit tout à coup dans sa conscience, et lui crioit :

« Martyr! sont-ce là les pensées qui doivent occuper ton âme? L'éternité! l'éternité! »

Les évêques, habiles dans la connoissance du cœur, s'apercevoient des combats intérieurs de l'athlète. Ils devinoient ses pensées, et cherchoient à relever son courage :

« Compagnon, lui disoit Cyrille, soyons pleins de joie : bientôt nous irons à la gloire. Voyez dans cette prison, comme dans une riante campagne, ce champ d'épis mûrs qui seront tous moissonnés et rempliront les granges du bon pasteur! Cymodocée sera peut-être avec nous : c'est une fleur qui s'est trouvée au milieu du froment, et qui parfumera les corbeilles! Si Dieu l'ordonne ainsi, que sa volonté soit faite! Mais demandons plutôt au ciel qu'il laisse votre épouse ici-bas, afin qu'elle offre pour nous à l'Éternel le sacrifice agréable de ses innocentes prières. »

Lorsque après une nuit brûlante d'été un vent frais s'élève de l'orient avec le jour, le nautonier dont le vaisseau languissoit sur une mer immobile salue le Zéphyr, enfant de l'Aurore, qui lui ramène la fraîcheur et lui abrège le chemin : ainsi les paroles de Cyrille, comme un souffle bienfaisant, raniment le martyr et le poussent dans la voie du ciel. Toutefois, il ne peut se dépouiller entièrement de l'homme : depuis longtemps il a chargé des chrétiens intrépides de sauver Cymodocée et de n'épargner ni soins, ni peines, ni trésors; il se confie surtout au courage de Dorothée, qui déjà deux fois a vainement essayé pendant la nuit d'escalader la prison de la fille d'Homère.

Plus heureux à l'égard de Démodocus, Dorothée étoit parvenu à l'arracher des portes du cachot et à le conduire dans une retraite assurée.

« Infortuné vieillard, lui disoit-il, pourquoi précipiter ainsi la fin de vos jours? Craignez-vous qu'ils ne s'enfuient pas assez vite? Réservez vos cheveux blancs pour votre fille. Si Dieu la veut rendre à vos embrassements, elle aura plus besoin de vos consolations que vous n'aurez besoin des siennes : elle aura perdu son époux! »

« Eh! comment, répondoit le vieillard, veux-tu que je cesse de redemander ma fille? C'étoit sur elle que je tournois mes regards des bords du tombeau. Dernière héritière de la lyre d'Homère, les Muses l'avoient comblée de dons précieux. Elle gouvernoit ma maison ; personne, en sa présence, n'eût osé insulter à ma vieillesse. J'aurois vu croître sur mes genoux des fils semblables à leur mère! Cymodocée, dont les paroles avoient tant de charmes, que sont devenues tes promesses? Tu me disois : « Quelle sera ma douleur, ô mon père, si les « Parques inflexibles te ravissent jamais à mon amour! Je couperai « mes cheveux sur ton bûcher, et je passerai mes jours à te pleurer « avec mes compagnes. » Hélas! ô ma fille, c'est moi qui reste à te pleurer! C'est moi qui, dans une terre étrangère, sans enfants, sans patrie, courbé sous le faix des ans, c'est moi qui t'appellerai trois fois autour de ton lit funèbre ! »

Comme un taureau qu'on arrache aux honneurs du pâturage pour le séparer de la génisse que l'on va sacrifier aux dieux, ainsi Dorothée avoit entraîné Démodocus loin de la prison de Cymodocée.

La nouvelle chrétienne avoit rouvert les yeux à la lumière, ou plutôt aux ténèbres des cachots. Elle lit et relit vingt fois la lettre d'Eudore, et vingt fois elle l'arrose de ses pleurs.

« Époux chéri, dit-elle dans le langage confus de ses deux religions, seigneur, mon maître, héros semblable à une divinité, vous allez donc paroître devant les juges?... Un fer cruel!... Et je ne suis pas là pour panser tes plaies!... O mon père! pourquoi m'avez-vous abandonnée? Accourez ; conduisez mes pas vers le plus beau des mortels! Tombez, murs impitoyables, je veux porter ma vie au souverain maître de mon cœur. »

Ainsi se plaignoit Cymodocée dans le silence de son cachot, tandis que le bruit et le tumulte environnoient la prison des martyrs. Ils entendoient au dehors une rumeur confuse, semblable au bouillonnement des grandes eaux, au fracas des vents sur de hautes montagnes, au mugissement d'un incendie allumé dans une forêt de pins par l'imprudence d'un berger : c'étoit le peuple.

Il y avoit à Rome un antique usage : la veille de l'exécution des criminels condamnés aux bêtes, on leur donnoit à la porte de la prison un repas public, appelé le repas libre [8]. Dans ce repas on leur prodiguoit toutes les délicatesses d'un somptueux festin : raffinement barbare de la loi, ou brutale clémence de la religion : l'une, qui vouloit faire regretter la vie à ceux qui l'alloient perdre ; l'autre, qui, ne considérant l'homme que dans les plaisirs, vouloit du moins en combler l'homme expirant.

Ce dernier repas étoit servi sur une table immense, dans le vestibule de la prison. Le peuple, curieux et cruel, étoit répandu alentour, et des soldats maintenoient l'ordre. Bientôt les martyrs sortent de leurs cachots, et viennent prendre leurs places autour du banquet funèbre : ils étoient tous enchaînés, mais de manière à pouvoir se servir de leurs mains. Ceux qui ne pouvoient marcher à cause de leurs blessures étoient portés par leurs frères. Eudore se traînoit appuyé sur les épaules de deux évêques, et les autres confesseurs, par pitié et par respect, étendoient leurs manteaux sous ses pas. Quand il parut hors de la porte, la foule ne put s'empêcher de pousser un cri d'attendrissement, et les soldats donnèrent à leur ancien capitaine le salut des armes. Les prisonniers se rangèrent sur les lits en face de la foule : Eudore et Cyrille occupoient le centre de la table ; les deux chefs des martyrs unissoient sur leurs fronts ce que la jeunesse et la vieillesse ont de plus beau : on eût cru voir Joseph et Jacob assis au banquet de Pharaon. Cyrille invita ses frères à distribuer au peuple ce repas fastueux, afin de le remplacer par une simple agape, composée d'un peu de pain et de vin pur : la multitude, étonnée, faisoit silence ; elle écoutoit avidement les paroles des confesseurs.

« Ce repas, disoit Cyrille, est justement appelé le repas libre, puisqu'il nous délivre des chaînes du monde et des maux de l'humanité. Dieu n'a pas fait la mort, c'est l'homme qui l'a faite. L'homme nous donnera demain son ouvrage, et Dieu, qui est auteur de la vie, nous donnera la vie. Prions, mes frères, pour ce peuple : il semble aujourd'hui touché de notre destinée ; demain il battra des mains à notre mort ; il est bien à plaindre ! Prions pour lui et pour Galérius, notre empereur. »

Et les martyrs prioient pour le peuple et pour Galérius, leur empereur.

Les païens, accoutumés à voir les criminels se réjouir follement dans l'orgie funèbre ou se lamenter sur la perte de la vie, ne revenoient pas de leur étonnement. Les plus instruits disoient :

« Quelle est donc cette assemblée de Catons qui s'entretiennent paisiblement de la mort la veille de leur sacrifice ? Ne sont-ce point des philosophes, ces hommes qu'on nous représente comme les ennemis des dieux ? Quelle majesté sur leur front ! quelle simplicité dans leurs actions et dans leur langage ! »

La foule disoit :

« Quel est ce vieillard qui parle avec tant d'autorité, et qui enseigne des choses si innocentes et si douces ? Les chrétiens prient pour nous et pour l'empereur ; ils nous plaignent, ils nous donnent leurs repas ;

ils sont couverts de plaies, et ils ne disent rien contre nous ni contre les juges. Leur Dieu seroit-il le véritable Dieu ? »

Tels étoient les discours de la multitude. Parmi tant de malheureux idolâtres, quelques-uns se retirèrent saisis de frayeur, quelques autres se mirent à pleurer, et crioient :

« Il est grand le Dieu des chrétiens ! Il est grand le Dieu des martyrs ! »

Ils restèrent pour se faire instruire, et ils crurent en Jésus-Christ.

Quel spectacle pour Rome païenne ! quelle leçon ne lui donnoit point cette communion des martyrs ! Ces hommes qui devoient bientôt abandonner la vie continuoient à tenir entre eux des discours pleins d'onction et de charité : lorsque de légères hirondelles se préparent à quitter nos climats, on les voit se réunir au bord d'un étang solitaire ou sur la tour d'une église champêtre : tout retentit des doux chants du départ; aussitôt que l'aquilon se lève, elles prennent leur vol vers le ciel, et vont chercher un autre printemps et une terre plus heureuse.

Au milieu de cette scène touchante, on voit accourir un esclave[9] : il perce la foule ; il demande Eudore ; il lui remet une lettre de la part du juge. Eudore déroule la lettre : elle étoit conçue en ces mots :

« Festus, juge, à Eudore, chrétien, salut :

« Cymodocée est condamnée aux lieux infâmes. Hiéroclès l'y attend. Je t'en supplie par l'estime que tu m'as inspirée, sacrifie aux dieux; viens redemander ton épouse : je jure de te la faire rendre pure et digne de toi. »

Eudore s'évanouit ; on s'empresse autour de lui : les soldats qui l'environnent se saisissent de la lettre; le peuple la réclame ; un tribun en fait lecture à haute voix ; les évêques restent muets et consternés ; l'assemblée s'agite en tumulte. Eudore revient à la lumière, les soldats étoient à ses genoux et lui disoient :

« Compagnon, sacrifiez ! Voilà nos aigles au défaut d'autels. »

Et ils lui présentoient une coupe pleine de vin pour la libation. Une tentation horrible s'empare du cœur d'Eudore. Cymodocée aux lieux infâmes ! Cymodocée dans les bras d'Hiéroclès ! La poitrine du martyr se soulève : l'appareil de ses plaies se brise, et son sang coule en abondance. Le peuple, saisi de pitié, tombe lui-même à genoux, et répète avec les soldats :

« Sacrifiez ! sacrifiez ! »

Alors Eudore, d'une voix sourde :

« Où sont les aigles ? »

Les soldats frappent leurs boucliers en signe de triomphe, et se hâtent d'apporter les enseignes. Eudore se lève; les centurions le soutiennent; il s'avance au pied des aigles; le silence règne parmi la foule. Eudore prend la coupe : les évêques se voilent la tête de leurs robes, et les confesseurs poussent un cri : à ce cri, la coupe tombe des mains d'Eudore; il renverse les aigles et, se tournant vers les martyrs, il dit :

« Je suis chrétien ! »

FIN DU LIVRE VINGT-DEUXIÈME.

LIVRE VINGT-TROISIÈME.

Satan ranime le fanatisme du peuple. Fête de Bacchus. Explication de la lettre de Festus. Mort d'Hiéroclès. L'ange de l'espérance descend vers Cymodocée. Cymodocée reçoit la robe des martyrs. Dorothée enlève Cymodocée de la prison. Joie d'Eudore et des confesseurs. Cymodocée retrouve son père. L'ange du sommeil.

Le prince des ténèbres regardoit en frémissant de rage la pitié du peuple et la victoire des confesseurs.

« Quoi! s'écria-t-il, j'aurai fait trembler sur son trône celui que des anges esclaves ont nommé le Tout-Puissant; quelques instants m'auront suffi pour flétrir l'ouvrage de six jours; l'homme sera devenu ma facile proie, et près de triompher du Christ, mon dernier ennemi, un martyr insulteroit à ma puissance! Ah! ranimons contre les chrétiens la fureur d'un peuple insensé, et que Rome s'enivre aujourd'hui de l'encens des idoles et du sang des martyrs! »

Il dit, et prend aussitôt la figure, la démarche et la voix de Tagès, chef des aruspices. Il dépouille sa tête immortelle des restes de sa brillante chevelure, outragée par les feux de l'abîme; les cicatrices que le désespoir et la foudre ont tracées sur son front se changent en rides vénérables; il cache ses ailes repliées dans les amples contours d'une robe de lin, et, courbant son corps sur un bâton augural, il s'avance au-devant de la foule qui revenoit du banquet des martyrs.

« Peuple romain, s'écrie-t-il, d'où naît aujourd'hui cet attendrissement sacrilége? Quoi! votre empereur vous prépare des spectacles, et vous pleurez sur des scélérats, vil rebut des nations! Soldats, on renverse vos aigles, et vous vous laissez toucher! Que diroient les Scipion et les Camille s'ils revoyoient la lumière? Bannissez une compassion criminelle, et, au lieu de plaindre ici les ennemis du ciel et des hommes, allez prier dans vos temples pour le salut du prince et célébrer la fête des dieux. »

LIVRE XXIII.

En prononçant ces paroles, l'ange rebelle souffle sur la foule inconstante un esprit de vertige et de fureur. La soif du sang et des plaisirs s'allume dans les âmes où la pitié s'éteint tout à coup. Un victimaire s'écrie :

« O ciel ! quel prodige frappe mes regards ! J'ai laissé Tagès au Capitole, et je le retrouve ici. Romains, n'en doutez pas, c'est quelque divinité cachée sous la figure du chef des aruspices qui vient vous reprocher votre pitié coupable et vous annoncer les volontés de Jupiter. »

A ces mots, le prince des ténèbres disparoît du milieu de la foule [1], et le peuple, saisi de terreur, court aux autels des idoles expier un moment d'humanité.

Galérius célébroit à la fois le jour de sa naissance et son triomphe sur les Perses [2]. Ce jour tomboit aux fêtes de Flore. Afin de se rendre le peuple et les soldats plus favorables, l'empereur rétablit les fêtes de Bacchus [3], depuis longtemps supprimées par le Sénat. Tant d'horreurs devoient être couronnées par les jeux de l'amphithéâtre, où les prisonniers chrétiens étoient condamnés à mourir.

D'imprudentes largesses, dont la source étoit dans la ruine des citoyens, et surtout dans la dépouille des fidèles, avoient renversé l'esprit de la foule. Toute licence étoit permise et même commandée. A la lueur des flambeaux, dans la voie Patricienne, une partie du peuple assistoit à des prostitutions publiques : des courtisanes nues, rassemblées au son de la trompette [4], célébroient par des chants obscènes cette Flore qui laissa sa fortune impudique à un peuple alors rempli de pudeur. Galérius montoit au Capitole sur un char tiré par des éléphants ; devant lui marchoit la famille captive de Narsès, roi des Perses. Les danses et les hurlements des Bacchantes varioient et multiplioient le désordre. Des outres et des amphores [5] sans nombre étoient ouvertes près des fontaines et aux carrefours de la ville. On se barbouilloit le visage de lie, on pétrissoit la boue avec le vin. Bacchus paroissoit élevé sur un tréteau. Ses prêtresses agitoient autour de lui des torches enflammées, des thyrses entourés de pampres de vignes, et bondissoient au son des cymbales, des tambours et des clairons ; leurs cheveux flottoient au hasard : elles étoient vêtues de la peau d'un cerf, rattachée sur leurs épaules par des couleuvres qui se jouoient autour de leurs cous. Les unes portoient dans leurs bras des chevreaux naissants ; les autres présentoient la mamelle à des louveteaux ; toutes étoient couronnées de branches de chêne et de sapin ; des hommes déguisés en Satyres les accompagnoient, traînant un bouc orné de guirlandes. Pan se montroit avec sa flûte ; plus loin s'avançoit Silène ; sa tête, appesantie par le vin, rouloit de l'une à l'autre épaule ; il étoit monté sur un âne et soutenu par des Faunes et des Sylvains. Une Ménade portoit sa couronne de lierre, un Égypan sa tasse demi-pleine ; le bruyant cortége trébuchoit en marchant, et buvoit à Bacchus, à Vénus et à l'Injure. Trois chœurs chantoient alternativement :

« Chantons Évohé [6], redisons sans cesse : Évohé, Évohé !

« Fils de Sémélé, honneur de Thèbes au bouclier d'or, viens danser avec Flore, épouse de Zéphyre et reine des fleurs ! Descends parmi nous, ô consolateur d'Ariadne, toi qui parcours les sommets de l'Ismare, du Rhodope et du Cythéron ! Dieu de la joie, enfant de la fille de Cadmus, les nymphes de Nyssa t'élevèrent, par le secours des Muses, dans une caverne embaumée. A peine sorti de la cuisse de Jupiter, tu domptas les humains rebelles à ton culte. Tu te moquas des pirates de Tyrsène, qui t'enlevoient comme l'enfant d'un mortel. Tu fis couler un vin délicieux dans le noir vaisseau et tomber du haut des voiles les branches d'une vigne féconde ; un lierre chargé de ses fruits entoura le mât verdoyant ; des couronnes couvrirent les bancs des rameurs ; un lion parut à la poupe ; les matelots, changés en dauphins, s'élancèrent dans les vagues profondes. Tu rioïs, ô roi, Évohé !

« Chantons Évohé, redisons sans cesse : Évohé, Évohé !

« Nourrisson des Hyades et des Heures, élève des Muses et de Silène, toi qui as les yeux noirs des Grâces, les cheveux dorés d'Apollon et sa jeunesse immortelle, ô Bacchus, quitte les bords de l'Inde soumise, et viens régner sur l'Italie. On y recueille les vins de Falerne et de Cécube : deux fois l'année le fruit mûri pend à l'arbre et l'agneau à la mamelle de sa mère. On voit voler dans nos campagnes des chevaux ardents pour la course et paître le long du Clitumne les taureaux sans tache qui marchent au Capitole devant le triomphateur romain. Deux mers apportent à nos rivages les trésors du monde. L'airain, l'argent et l'or coulent en ruisseaux dans les entrailles de cette terre sacrée. Elle a donné naissance à des peuples fameux, à des héros plus fameux encore. Salut, terre féconde, terre de Saturne, mère des grands hommes ! Puisses-tu porter longtemps les trésors de Cérès et tressaillir au cri d'Évohé !

« Chantons Évohé, redisons sans cesse : Évohé, Évohé ! »

Hélas ! les hommes habitent la même terre, mais combien ils diffèrent entre eux ! Pourroit-on prendre pour des frères et des citoyens d'une même cité ces habitants, dont les uns passent les jours dans la joie et les autres dans les pleurs ; les heureux qui chantent un hymen et les infortunés qui célèbrent des funérailles ? Qu'il étoit touchant, dans le délire de Rome païenne, de voir les chrétiens [7] offrir humblement à Dieu leurs prières, déplorer des excès criminels et donner tous les exemples de la modestie et de la raison au milieu de la débauche et de l'ivresse! Quelques autels secrets dans les cachots, au fond des catacombes, sur les tombeaux des martyrs, rassembloient les fidèles persécutés. Ils jeûnoient, ils veilloient, victimes volontaires, pour expier les crimes du monde; et, tandis que les noms de Flore et de Bacchus retentissoient dans des hymnes abominables, au milieu du sang et du vin, les noms de Jésus-Christ et de Marie se répétoient en secret dans de chastes cantiques au milieu des larmes.

Tous les chrétiens se tenoient renfermés dans leurs maisons, évitant à la fois la fureur du peuple et le spectacle de l'idolâtrie. On ne voyoit errer au dehors que quelques prêtres attachés au service des hospices et des prisons, des diacres chargés de sauver les pauvres voués à la mort par Galérius, des femmes qui recueilloient les esclaves abandonnés par leurs maîtres et les enfants exposés par leurs mères. O charité des premiers fidèles! Leur trépas étoit le principal ornement des fêtes païennes, et ils s'occupoient du sort des idolâtres, comme si les idolâtres eussent été pour eux des frères pleins de compassion et de tendresse!

Cependant, après avoir repoussé les assauts du prince des ténèbres, les martyrs victorieux étoient rentrés dans leurs cachots : ainsi jadis, sous les murs d'Ilion, une troupe de héros s'élançoit sur l'ennemi qui tenoit la ville assiégée : les travaux sont détruits, les fossés comblés, les palissades arrachées, et les fils de Laomédon rentrent triomphants dans leurs sacrés remparts. Mais Eudore, fatigué du dernier combat, ne peut soulever sa tête abattue : en vain les évêques lui parlent, le consolent, élèvent aux cieux son courage, il reste muet et insensible à leurs discours. L'image des nouveaux périls de Cymodocée ne peut sortir de sa mémoire. Quels doivent être les tourments de ce martyr! Déjà, presque assis sur les nuées, il a pu balancer et peut-être balance encore entre la honte de l'apostasie, l'éternité des douleurs de l'enfer et les maux qu'il endure en ce moment!

Le fils de Lasthénès ignoroit qu'il avoit été trompé à dessein par le juge. Festus étoit l'ami du préfet de Rome, et cette raison seule l'eût empêché de livrer Cymodocée à Hiéroclès. Mais Festus avoit d'ailleurs été frappé des réponses et de la magnanimité d'Eudore[8]. En descendant du tribunal, il s'étoit rendu au palais de Galérius, et avoit supplié l'empereur de nommer un autre juge aux chrétiens.

« Il n'est plus besoin de juges, s'écria le tyran irrité. Ces scélérats se font une gloire de leurs supplices, et l'entêtement qu'ils y mettent corrompt le peuple et les soldats. Avec quelle insolence a osé souffrir le chef de ces impies! Je ne veux plus qu'on perde le temps à les tourmenter. Je condamne aux bêtes tous les chrétiens des prisons, sans distinction d'âge ni de sexe, pour le jour de ma naissance. Allez, et publiez cet arrêt. »

Festus connoissoit la violence de Galérius : il ne répliqua point. Il sortit, et fit déclarer les ordres du prince, mais en se disant comme Pilate :

« Je suis innocent de la mort de ces justes. »

Lorsque Hiéroclès vint le trouver au milieu de la nuit, il se sentit saisi d'une nouvelle pitié pour Eudore. Un homme naturellement cruel, comme l'étoit le juge des chrétiens, peut toutefois être ennemi de la bassesse : il fut indigné des lâches desseins du ministre tombé ; il lui vint en pensée de profiter de la proposition de ce méchant, pour sauver le fils de Lasthénès en l'engageant à sacrifier aux dieux. Il écrivit alors la lettre qu'Eudore reçut au repas funèbre.

Dieu, qui vouloit le triomphe de son Église, faisoit tourner à la gloire des martyrs tout ce qui auroit pu leur ravir la couronne. Ainsi la fermeté d'Eudore dans les supplices ne fit que hâter la mort de ses compagnons, et la lettre de Festus aggrava des maux qu'elle étoit destinée à prévenir. Galérius, instruit de la scène du banquet, cassa les centurions qui avoient montré quelque respect pour leur ancien général ; on éloigna de Rome, sous différents prétextes, les légions étrangères, et les prétoriens, gorgés de vin et d'or, eurent seuls la garde de la ville. Le nom de Cymodocée, d'Eudore et d'Hiéroclès, frappant de nouveau les oreilles de l'empereur, le plongea dans une violente colère : Galérius désigna particulièrement l'épouse d'Eudore pour le massacre du lendemain ; il ordonna que le fils de Lasthénès parût seul, et le premier, dans l'amphithéâtre, le privant ainsi du bonheur de mourir avec ses frères ; enfin, il commanda de jeter Hiéroclès au fond d'un vaisseau et de le conduire au lieu de son exil.

Cette sentence, subitement portée à Hiéroclès, lui donna le coup de la mort. La patience et la miséricorde de Dieu touchoient à leur terme, et la justice alloit commencer. A peine Hiéroclès étoit sorti de la maison du juge, qu'il se sentit de nouveau frappé par le glaive de l'ange exterminateur. Dans un instant la maladie dont il est dévoré ne laisse plus au médecin aucune espérance. Les païens, qui regardent la lèpre comme une malédiction du ciel, s'éloignent de l'apostat ; ses esclaves mêmes l'abandonnent. Délaissé du monde entier, il ne trouve de secours que dans les hommes qu'il a si cruellement poursuivis. Les chrétiens, dont la charité[9] ose seule braver toutes les misères humaines, ouvrent leurs hospices à leur persécuteur. Là, couché près d'un confesseur mutilé, Hiéroclès voit ses douleurs soulagées par la même main qui vient de panser les plaies d'un martyr. Mais tant de vertus ne font qu'irriter cet homme repoussé de Dieu : tantôt il appelle à grands cris Cymodocée, tantôt il croit apercevoir Eudore une épée flamboyante à la main et le menaçant du haut du ciel. Ce fut au milieu d'un de ces transports qu'on vint lui annoncer le dernier ordre de Galérius. Alors, se soulevant comme un spectre sur son lit pestiféré, le faux sage murmure ces mots d'une voix effrayée et incertaine :

« Je vais me reposer pour jamais. »

Il expire [10]. Effroyable et trompeuse espérance! Cette âme, qui croyoit mourir avec le corps, au lieu d'une nuit profonde et tranquille, aperçoit tout à coup au fond du tombeau une lumière prodigieuse. Une voix qui sort du milieu de cette lumière prononce distinctement ces paroles :

« Je suis celui qui suis. »

A l'instant l'éternité vivante est révélée à l'âme de l'athée. Trois vérités frappent à la fois cette âme confondue : sa propre existence, celle de Dieu, et la certitude des récompenses sans terme et des châtiments sans fin. Oh! que n'est-elle ensevelie sous les débris de l'univers, pour se cacher à la face du souverain Juge! Une force invincible la porte, dans un clin d'œil, nue et tremblante, au pied du tribunal de Dieu. Elle voit, pour un seul moment, celui qu'elle a renié dans le temps et qu'elle ne verra plus dans l'éternité. Le Tout-Puissant paroît sur les nuées, son Fils est assis à sa droite, l'armée des saints l'environne; l'enfer accourt pour réclamer sa proie. L'ange protecteur d'Hiéroclès, confus et touché jusqu'aux larmes, se tient encore auprès de l'infortuné.

« Ange, dit le souverain Arbitre, pourquoi n'as-tu pas défendu cette âme? »

« Seigneur, répond l'ange se voilant de ses ailes, vous êtes le Dieu des miséricordes! »

« Créature, dit la même voix, l'ange ne t'auroit-il pas donné des avertissements salutaires? »

L'âme, dans une terreur profonde, s'étoit jugée elle-même, et elle ne répondit point.

« Elle est à nous, s'écrièrent les anges rebelles : cette âme a trompé le monde par une fausse sagesse; elle a persécuté l'innocence, outragé la pudeur, versé le sang innocent; elle ne s'est point repentie. »

« Ouvrez le Livre de vie, » dit l'Ancien des jours.

Un prophète ouvrit le Livre de vie : le nom d'Hiéroclès étoit effacé.

« Va, maudit, aux feux éternels, » dit le Juge incorruptible.

A l'instant l'âme de l'athée commence à haïr Dieu de la haine des réprouvés, et tombe en des profondeurs brûlantes. L'enfer s'ouvre pour la recevoir, et se referme sur elle en prononçant :

« L'éternité ! »

L'écho de l'abîme répète :

« L'éternité ! »

Le Père des humains, qui vient de punir le crime, songe à couronner l'innocence.

Il est dans le ciel une puissance[11] divine, compagne assidue de la religion et de la vertu ; elle nous aide à supporter la vie, s'embarque avec nous pour nous montrer le port dans les tempêtes, également douce et secourable aux voyageurs célèbres, aux passagers inconnus. Quoique ses yeux soient couverts d'un bandeau, ses regards pénètrent l'avenir ; quelquefois elle tient des fleurs naissantes dans sa main, quelquefois une coupe pleine d'une liqueur enchanteresse ; rien n'approche du charme de sa voix, de la grâce de son sourire ; plus on avance vers le tombeau, plus elle se montre pure et brillante aux mortels consolés : la Foi et la Charité lui disent : « Ma sœur ! » et elle se nomme l'Espérance.

L'Éternel ordonne à ce beau séraphin de descendre vers Cymodocée et de lui montrer de loin les joies célestes, afin de la soutenir au milieu des tribulations de la terre. Un faux rapport avoit interrompu pour quelques instants les chagrins de la jeune chrétienne. Le bruit s'étoit répandu dans Rome qu'Eudore venoit de recevoir sa grâce : la lettre de Festus et la scène du repas libre mal expliquée avoient donné naissance à cette rumeur populaire. Blanche s'étoit empressée de communiquer ce faux rapport comme une nouvelle certaine à la fille de Démodocus ; mais combien Blanche se repentit de son indiscrète bonté lorsqu'elle connut le véritable destin d'Eudore et l'arrêt qui condamnoit à mort tous les chrétiens des prisons ! Sævus, plein d'une brutale joie, lui commande de porter à Cymodocée le vêtement des femmes martyres. C'étoit une tunique bleue[12], une ceinture noire, des brodequins noirs, un manteau noir et un voile blanc. La foible et désolée gardienne accomplit en pleurant son message de douleur. Elle n'eut pas la force de détromper l'orpheline et de lui apprendre son sort.

« Voilà, lui dit-elle, ma sœur, un vêtement nouveau. Que la paix du Seigneur soit avec vous ! »

« Qu'est-ce que ce vêtement ? dit Cymodocée. Est-ce ma robe nuptiale ? Est-ce mon époux qui me l'envoie ? »

« C'est pour lui qu'il faut la prendre, » répliqua la femme du gardien.

« Oh! dit Cymodocée, pleine de joie, mon époux a reçu sa grâce, nous achèverons notre hymen! »

Blanche avoit le cœur brisé ; elle se contenta de dire :

« Priez, ma sœur, pour vous et pour moi! »

Elle sortit.

Demeurée seule avec le vêtement de gloire, Cymodocée le considère et le prend dans ses mains charmantes.

« On m'ordonne, dit-elle, de me parer pour mon époux, il faut obéir. »

Aussitôt elle revêt la tunique, qu'elle rattache avec la ceinture ; les brodequins couvrent ses pieds, plus blancs que le marbre de Paros ; elle jette le voile sur sa tête et suspend à son épaule le manteau : telle la Muse des mensonges nous peint la Nuit, mère de l'Amour, enveloppée de ses voiles d'azur et de ses crêpes funèbres ; telle Marcie [13] (moins jeune, moins belle, moins vertueuse) se montra aux yeux du dernier Caton, quand elle le réclama pour époux au milieu des malheurs de Rome, et qu'elle parut à l'autel de l'hymen avec l'habit d'une veuve éplorée. Cymodocée ne sait pas qu'elle porte la robe de la mort! Elle se regarde dans ce triste appareil, qui la rend cent fois plus touchante ; elle se rappelle le jour où elle se couvrit des ornements des Muses pour aller avec son père remercier la famille de Lasthénès.

« Ma robe nuptiale, disoit-elle, n'est pas aussi éclatante, mais elle plaira peut-être davantage à mon époux, parce que c'est une robe chrétienne. »

Le souvenir de son premier bonheur et du doux pays de la Grèce inspira la fille d'Homère. Elle s'assit devant la fenêtre de la prison, et reposant sur sa main sa tête, embellie du voile des martyrs, elle soupira ces paroles harmonieuses :

« Légers vaisseaux de l'Ausonie [14], fendez la mer calme et brillante! Esclaves de Neptune, abandonnez la voile au souffle amoureux des vents! Courbez-vous sur la rame agile. Reportez-moi, sous la garde de mon époux et de mon père, aux rives fortunées du Pamysus.

« Volez, oiseaux de Libye, dont le cou flexible se courbe avec grâce, volez au sommet de l'Ithome, et dites que la fille d'Homère va revoir les lauriers de la Messénie !

« Quand retrouverai-je mon lit d'ivoire, la lumière du jour, si chère aux mortels, les prairies émaillées de fleurs qu'une eau pure arrose, que la pudeur embellit de son souffle !

« J'étois, semblable à la tendre génisse sortie du fond d'une grotte, errante sur les montagnes et nourrie au son des instruments champêtres. Aujourd'hui, dans une prison solitaire, sur la couche indigente de Cérès !...

« Mais d'où vient qu'en voulant chanter comme la fauvette je soupire comme la flûte consacrée aux morts? Je suis pourtant revêtue de la robe nuptiale; mon cœur sentira les joies et les inquiétudes maternelles; je verrai mon fils s'attacher à ma robe, comme l'oiseau timide qui se réfugie sous l'aile de sa mère. Eh! ne suis-je pas moi-même un jeune oiseau ravi au sein paternel!

« Que mon père et mon époux tardent à paroître! Ah! s'il m'étoit permis d'implorer encore les Grâces et les Muses! Si je pouvois interroger le ciel dans les entrailles de la victime! Mais j'offense un Dieu que je connois à peine : reposons-nous sur la croix. »

Déjà la nuit enveloppoit Rome enivrée. Tout à coup les portes de la prison s'ouvrent, et le centurion chargé de lire aux chrétiens la sentence de l'empereur paroît devant Cymodocée. Il étoit accompagné de plusieurs soldats : quelques autres, arrêtés dans les cours extérieures, retenoient le gardien et lui prodiguoient le vin des idoles.

Comme une colombe que le chasseur a surprise dans le creux d'un rocher reste immobile de frayeur et n'ose s'envoler dans les plaines du ciel, ainsi la fille de Démodocus demeure frappée d'étonnement et de crainte sur le siége à demi brisé où elle étoit assise. Les soldats allument un flambeau. O prodige! l'épouse d'Eudore reconnoît Dorothée sous l'habit du centurion! Dorothée contemple à son tour, sans pouvoir parler, cette femme dans l'appareil du martyre! Jamais il ne l'avait vue si belle : la tunique bleue, le manteau noir, faisoient éclater la blancheur de son teint, et ses yeux, fatigués par les pleurs, avoient une douceur angélique : elle ressembloit à un tendre narcisse qui penche sa tête languissante au bord d'une eau solitaire. Dorothée et les autres chrétiens déguisés en soldats lèvent les bras au ciel et fondent en larmes.

« C'est toi, compagnon de mes courses loin de ma patrie! s'écria la jeune Messénienne en se mettant à genoux et tendant les mains à Dorothée. Tu visites enfin ton Esther! Mortel généreux, viens-tu guider mes pas vers mon père et vers mon époux? Que la nuit eût été longue sans toi! »

Dorothée, la voix entrecoupée par les pleurs, répondit :

« Cymodocée, vous connoissez donc votre sort? Cette robe... »

« C'est ma robe nuptiale, dit la vierge ingénue. Mais si tout est fini, si mon époux est sauvé, si je suis libre, pourquoi ces pleurs et ce mystère? »

« Fuyons, repartit Dorothée; enveloppez-vous dans cette toge, nous n'avons pas un moment à perdre. Accompagné de ces braves amis, je me suis glissé dans votre prison à la faveur de ce déguisement; j'ai montré la sentence de l'empereur : Sævus m'a pris pour le centurion qui vient vous annoncer l'arrêt fatal. »

« Quel arrêt? » dit la fille d'Homère.

« Vous ne savez donc pas, repartit Dorothée, que les chrétiens des prisons sont condamnés à mourir demain dans l'amphithéâtre? »

« Mon époux est-il compris dans cet arrêt? dit la nouvelle chrétienne en se levant avec une gravité qu'elle n'avoit pas encore montrée ; parlez, ne me trompez pas. Je ne connois point le serment inviolable des chrétiens ; autrefois j'aurois juré par l'Érèbe et par le génie de mon père. Voilà votre livre sacré ; il est écrit dans ce livre : « Vous ne men-« tirez pas : » jurez donc sur l'Évangile qu'Eudore est sauvé. »

Dorothée pâlit ; les yeux noyés de larmes, il s'écria :

« Femme, voulez-vous donc que je vous parle de la gloire dont votre époux s'est couvert et de celle qui l'attend encore? »

Cymodocée trembla comme le palmier frappé de la foudre.

« Vos paroles, dit-elle, ont descendu dans mon cœur comme un glaive. Je vous entends! Et vous voulez que je fuie! Je ne reconnois pas là les maximes d'un chrétien! Eudore est couvert de plaies pour son Dieu ; il combattra demain les bêtes féroces, et l'on me conseille de me soustraire à mon sort, de l'abandonner au sien ! Je sens à mes côtés je ne sais quelle espérance qui me fait entrevoir un bonheur et des beautés divines. Si quelquefois, foible et découragée, j'ai jeté un regard complaisant sur la vie, toutes ces craintes sont dissipées. Non, l'eau du Jourdain n'aura pas coulé en vain sur ma tête! Je vous salue, robe sacrée [15], dont je ne connoissois pas le prix! Je le vois, vous êtes la robe du martyre! La pourpre qui vous teindra demain sera immortelle et me rendra plus digne de paroître devant mon époux! »

En prononçant ces mots, Cymodocée, saisie d'un enthousiasme divin, portoit sa robe à ses lèvres et la baisoit avec respect.

« Eh bien! s'écria Dorothée, si vous ne voulez pas nous suivre, nous périrons tous avec vous ; nous demeurerons ici, nous nous déclarerons chrétiens, et demain vous nous conduirez à l'amphithéâtre. Mais quoi! la religion vous commande-t-elle cette barbarie? Vous voulez mourir sans recevoir la bénédiction de votre père, sans embrasser ce vieillard qui vous attend, et que votre résolution va conduire au tombeau! Ah! si vous l'aviez vu souiller ses cheveux avec des cendres brûlantes, déchirer ses habits, se rouler au pied des murs de votre prison, Cymodocée, vous vous laisseriez attendrir. »

Comme la glace qu'une seule nuit a formée dans les premiers jours du printemps se fond aux rayons du soleil ; comme la fleur près d'éclore brise la légère enveloppe du bouton qui la retient, ainsi la résolution de Cymodocée s'évanouit à ces paroles ; ainsi la piété filiale éclate et refleurit au fond de son cœur. Elle ne peut se résoudre à compromettre les hommes généreux qui s'exposent pour la sauver ; elle ne peut mourir sans chercher à consoler Démodocus : elle garde un moment le silence ; elle écoute les conseils de l'ange des espérances célestes, qui parle à son âme ; puis soudain, renfermant en elle-même un projet sublime :

« Allons revoir mon père ! »

Les chrétiens, au comble de la joie, couvrent d'un casque les cheveux de la jeune fille ; ils enveloppent Cymodocée dans une de ces toges blanches bordées de pourpre que les adolescents prenoient à Rome au sortir de l'enfance : on eût cru voir la légère Camille, le bel Ascagne ou l'infortuné Marcellus. Les chrétiens placent la fille d'Homère au milieu d'eux ; ils éteignent les flambeaux, sortent tous ensemble et laissent le gardien, plongé dans l'ivresse, fermer soigneusement des cachots vides.

La troupe sainte se disperse dans la nuit, et Zacharie va porter à Eudore la nouvelle de la délivrance de Cymodocée.

Déjà l'on connoissoit dans la prison de saint Pierre le mensonge généreux du billet de Festus, et le fils de Lasthénès étoit soulagé d'une douleur insupportable. Mais lorsque Zacharie vint lui dire que la brebis étoit sortie de la caverne des lions, il poussa un cri de joie qui fut répété par tous les martyrs. Les confesseurs, en admirant les fidèles qui combattoient pour la foi, ne désiroient point voir couler le sang de leurs frères [16]. Les victimes, attristées par le deuil du fils de Lasthénès, reprirent leur sérénité : il ne s'agissoit plus que de mourir ! On commença par remercier le Dieu qui sauva Joas des mains d'Athalie. Ensuite revinrent les discours graves, les exhortations pieuses : Cyrille parloit avec majesté, Victor avec force, Genès avec gaieté, Gervais et Protais avec une onction fraternelle ; Perséus, le descendant d'Alexandre, offroit des leçons tirées de l'histoire ; Thraséas, l'ermite du Vésuve, enveloppoit ses maximes dans des images riantes.

« Puisque toute la vie, disoit-il à Perséus, se réduit à quelques jours, que vous seroit-il revenu des grandeurs de votre naissance ? Que vous importe aujourd'hui d'avoir accompli le voyage dans un esquif ou sur une trirème ? L'esquif même est préférable, car il vogue sur le fleuve auprès de la terre, qui lui présente mille abris ; le vaisseau navigue sur une mer orageuse où les ports sont rares, les écueils fréquents, et où souvent on ne peut jeter l'ancre, à cause de la profondeur de l'abîme. »

Tels étoient la liberté d'esprit, l'enjouement, les grâces de ces hommes, qui passoient leur dernière nuit sur la terre. Les jeunes et les vieux martyrs, animés du souffle de l'Esprit-Saint, répandoient tous les trésors des vertus et présentoient réunis et confondus les fruits les plus aimables de la sagesse : tels sont les champs fertiles de la Campanie; le jeune froment est semé à l'ombre du vieux peuplier qui porte la vigne; bientôt le chaume jaunissant monte pour chercher la grappe rougie qui descend à son tour vers les épis dorés; un vent du ciel se glisse parmi les berceaux, agite les peupliers, les épis, les guirlandes de la vigne, et mêle les douces odeurs des moissons, des jardins et des bois.

Mais Dorothée, comme un courageux pasteur, s'est ouvert un chemin à travers la foule idolâtre. Sur le flanc du mont Esquilin s'élevoit une retraite qu'avoit habitée Virgile [17]; un laurier [18] planté à la porte s'offroit à la vénération du peuple. Dorothée, aux jours de sa puissance, avoit acheté cette demeure pour l'embellir. C'est là qu'il vient cacher la fille d'Homère. Démodocus remplissoit déjà cet asile écarté du bruit de ses pleurs. Le vieillard étoit assis dans la poussière, sous un portique : il croit voir deux guerriers s'avancer à travers les ombres :

« Qui êtes-vous ? s'écrie-t-il d'une voix éclatante. Fantômes envoyés par les sanglantes Euménides, venez-vous m'entraîner dans la nuit du Tartare? Êtes-vous des génies chrétiens qui m'annoncez la mort de ma fille? Tombe le Christ et ses temples, tombe le Dieu qui attache à la croix ses adorateurs! »

« Ce sont eux cependant qui te ramènent ta fille! » dit Cymodocée en se jetant au cou de son père.

Le casque de la jeune martyre roule à terre, ses cheveux descendent sur ses épaules : le guerrier devient une vierge charmante. Démodocus perd l'usage de ses sens; on s'empresse de le faire revenir à la vie; on lui explique des mystères que dans sa joie il peut à peine comprendre. Cymodocée le soulage par des paroles et par des caresses :

« O mon père, je te retrouve enfin après une séparation cruelle! Me voilà donc encore à tes pieds! C'est moi, c'est ta Cymodocée, pour qui ta bouche apprit à prononcer le tendre nom de fille. Tu me reçus dans tes bras à ma naissance. Tu me comblas de tes caresses et de tes bénédictions. Que de fois suspendue à tes bras, que de fois j'ai promis de te rendre le plus heureux des mortels! Et j'ai pu faire couler des larmes de tes yeux! O mon père! est-ce toi que je presse sur mon sein? Ah! jouissons bien de ces moments d'un bonheur inespéré!

Tu le sais : le ciel est prompt à reprendre les dons qu'il nous fait. »

Alors Démodocus :

« Gloire de mes ancêtres, fille plus précieuse à mon cœur que la lumière qui éclaire les ombres heureuses dans l'Élysée, pourrois-je te raconter mes douleurs! Comme je te cherchois aux lieux où je t'avois vue et autour de ces prisons qui te déroboient à mon amour! Ah! me disois-je, je ne préparerai point sa couche nuptiale; je n'allumerai point la torche de son hyménée; je resterai seul sur la terre, où les dieux m'auront enlevé ma couronne et ma joie! Lorsque je serrois ma fille dans mes bras aux rivages de l'Attique, je l'embrassois donc pour la dernière fois? Quel doux regard elle attachoit sur moi! comme elle me sourioit avec tendresse! Étoit-ce là son dernier sourire? O traits chéris que j'ai retrouvés, ô front où se peignent la candeur et l'innocence, vous semblez faits pour le bonheur! Quel plaisir de sentir palpiter ce cœur jeune et plein de vie sur ce cœur vieilli et épuisé par la douleur! »

Tels sont les gémissements de Démodocus et de Cymodocée : Alcyon, qui bâtit son nid sur les vagues, fait entendre avec ses petits de douces plaintes dans le berceau flottant que la vaste mer doit bientôt engloutir. Dorothée fait apporter des flambeaux, et conduit le père et la fille dans une salle où l'on avoit préparé deux lits; il se retire, et les laisse à leur tendresse. La nuit entière se fût écoulée dans des récits mutuels et de touchantes caresses si le prêtre des dieux, se jetant tout à coup aux pieds de Cymodocée, ne se fût écrié :

« O ma fille, mets un terme à mes craintes et à mes malheurs! Abjure des autels [19] qui t'exposent sans cesse à de nouvelles persécutions; reviens au culte de ton père. Hiéroclès n'est plus à craindre. Celui qui devoit être ton époux... »

Cymodocée se précipite à son tour aux genoux du vieillard :

« Mon père à mes pieds! s'écrie-t-elle en relevant Démodocus. Ah! je n'ai pas la force de supporter cette épreuve. O mon père, épargnez une fille pleine de foiblesse, ne la séduisez pas; laissez-lui le Dieu de son époux. Si vous saviez combien ce Dieu a augmenté pour vous mon respect et mon amour! »

« Ce Dieu, dit Démodocus, a voulu me ravir ma fille; il t'enlève ton époux! »

« Non, dit Cymodocée, je ne perdrai point Eudore : il vivra toujours, sa gloire rejaillira sur moi. »

« Quoi! reprit le prêtre d'Homère, tu ne perdras point Eudore descendu au tombeau? »

« Il n'est point de tombeau pour lui, dit la vierge inspirée : on ne

LIVRE XXIII.

pleure point les chrétiens morts pour leur Dieu, comme on pleure les autres hommes. »

Cependant Cymodocée, qui cache un profond dessein dans son cœur, invite son père à se reposer. Elle le contraint par ses prières à se jeter sur un lit. Le vieillard ne pouvoit se résoudre à perdre un moment des yeux sa fille retrouvée ; il croyoit toujours qu'elle alloit lui échapper : ainsi, lorsqu'un homme a été longtemps poursuivi par un songe funeste, au moment de son réveil il voit encore l'image effrayante, et la naissante aurore ne rassure point ses esprits. Cymodocée se plaint de la fatigue qu'elle éprouve ; elle s'incline sur le second lit à l'autre extrémité de la salle, et adresse tout bas cette prière à l'Éternel :

« Dieu inconnu, qui pénètres le fond de mon cœur ; Dieu qui as vu mourir ton Fils unique, si mes desseins te sont agréables, fais descendre vers mon père un de ces esprits qu'on appelle tes anges ; ferme ses yeux appesantis par les larmes, et souviens-toi de lui quand je l'aurai quitté pour toi. »

Elle dit, et sa prière, sur des ailes de flamme, s'envole au sein de l'Éternel. L'Éternel la reçoit dans sa miséricorde, et l'ange du sommeil abandonne aussitôt les voûtes éthérées. Il tient à la main son sceptre d'or [20] qui lui sert à calmer les peines des justes. Il franchit d'abord la région des soleils et s'abaisse vers la terre, où le conduit un long cri de douleur. Descendu sur ce globe, il s'arrête un moment au plus haut sommet des montagnes de l'Arménie ; il cherche des yeux les déserts où furent les campagnes d'Éden ; il se souvient du premier sommeil de l'homme, alors que Dieu tira du côté d'Adam la belle compagne qui devoit perdre et sauver la race humaine. Bientôt il prend son vol vers le mont Liban ; il voit au-dessous de lui les vallées profondes, les torrents blanchis, les cèdres sublimes ; il touche aux plaines innocentes où les patriarches goûtoient ses dons sous un palmier. Il plane ensuite sur les mers de Sidon et de Tyr, et laissant au loin l'exil de Teucer, la tombe d'Aristomène, la Crète chérie des rois, la Sicile aimée des pasteurs, il découvre les bords de l'Italie. Il fend les airs sans bruit et sans agiter ses ailes ; il répand sur son passage la fraîcheur et la rosée ; il paroît : les flots s'assoupissent, les fleurs s'inclinent sur leurs tiges, la colombe cache sa tête sous son aile, et le lion s'endort dans son antre. Les sept collines de la ville éternelle s'offrent enfin aux regards de l'ange consolateur. Il voit avec horreur un million d'idolâtres troubler le calme de la nuit : il les abandonne à leur coupable veille ; il est sourd à la voix de Galérius, mais il ferme en passant les yeux des martyrs ; il vole à la retraite solitaire de Démodocus. Ce père infortuné s'agitoit brûlant sur sa couche ; le messager divin étend son sceptre pacifique et touche les paupières du vieillard : Démodocus tombe à l'instant dans un repos profond et délicieux. Il n'avoit connu jusque alors que ce sommeil frère de la mort, habitant des enfers, enfant de ces démons appelés dieux parmi les hommes ; il ignoroit ce sommeil de vie qui vient du ciel ; charme puissant composé de paix et d'innocence, qui n'amène point de songes, qui n'appesantit point l'âme et qui semble être une douce vapeur de la vertu. L'ange du repos n'ose approcher de Cymodocée : il s'incline avec respect devant cette vierge qui prie, et, la laissant sur la terre, il va l'attendre dans le ciel.

FIN DU LIVRE VINGT-TROISIÈME.

LIVRE VINGT-QUATRIÈME.

Adieux à la Muse. Maladie de Galérius. L'amphithéâtre de Vespasien. Eudore est conduit au martyre. Michel plonge Satan dans l'abîme. Cymodocée s'échappe d'auprès de son père, et vient trouver Eudore à l'amphithéâtre. Galérius apprend que Constantin a été proclamé césar. Martyre des deux époux. Triomphe de la religion chrétienne.

O Muse, qui daignas me soutenir dans une carrière aussi longue que périlleuse, retourne maintenant aux célestes demeures! J'aperçois les bornes de la course; je vais descendre du char, et pour chanter l'hymne des morts je n'ai plus besoin de ton secours. Quel François ignore aujourd'hui les cantiques funèbres? Qui de nous n'a mené le deuil autour d'un tombeau, n'a fait retentir le cri des funérailles? C'en est fait, ô Muse, encore un moment, et pour toujours j'abandonne tes autels! Je ne dirai plus les amours et les songes séduisants des hommes : il faut quitter la lyre avec la jeunesse. Adieu, consolatrice de mes jours, toi qui partageas mes plaisirs et bien souvent mes douleurs! Puis-je me séparer de toi sans répandre des larmes! J'étois à peine sorti de l'enfance, tu montas sur mon vaisseau rapide et tu chantas les tempêtes qui déchiroient ma voile; tu me suivis sous le toit d'écorce du sauvage et tu me fis trouver dans les solitudes américaines les bois du Pinde. A quel bord n'as-tu pas conduit mes rêveries ou mes malheurs? Porté sur ton aile, j'ai découvert au milieu des nuages les montagnes désolées de Morven, j'ai pénétré les forêts d'Erminsul, j'ai vu couler les flots du Tibre, j'ai salué les oliviers du Céphise et les lauriers de l'Eurotas. Tu me montras les hauts cyprès du Bosphore et les sépulcres déserts du Simoïs. Avec toi je traversai l'Hermus, rival du Pactole; avec toi j'adorai les eaux du Jourdain et je priai sur la montagne de Sion. Memphis et Carthage nous ont vus méditer sur leurs ruines, et dans les débris des palais de Grenade, nous évoquâmes les souvenirs de l'honneur et de l'amour. Tu me disois alors :

« Sache apprécier cette gloire dont un obscur et foible voyageur peut parcourir le théâtre en quelques jours. »

O Muse, je n'oublierai point tes leçons ! Je ne laisserai point tomber mon cœur des régions élevées où tu l'as placé. Les talents de l'esprit que tu dispenses s'affoiblissent par le cours des ans, la voix perd sa fraîcheur, les doigts se glacent sur le luth ; mais les nobles sentiments que tu inspires peuvent rester quand tes autres dons ont disparu. Fidèle compagne de ma vie, en remontant dans les cieux laisse-moi l'indépendance et la vertu. Qu'elles viennent, ces vierges austères, qu'elles viennent fermer pour moi le livre de la poésie et m'ouvrir les pages de l'histoire. J'ai consacré l'âge des illusions à la riante peinture du mensonge ; j'emploierai l'âge des regrets au tableau sévère de la vérité.

Mais que dis-je ! ne l'ai-je point déjà quitté le doux pays du mensonge ? Ah ! les maux que Galérius a fait souffrir aux chrétiens ne sont pas de vaines fictions !

Il est temps que le ciel venge sur l'oppresseur la cause de l'innocence opprimée. L'ange du sommeil n'a point voulu prêter l'oreille aux prières de Galérius : il l'a laissé en proie à l'ange exterminateur. Le vin de la colère de Dieu, en pénétrant dans les entrailles du persécuteur des fidèles, a fait éclater un mal caché, fruit de l'intempérance et de la débauche. Depuis la ceinture jusqu'à la tête [1], Galérius n'est plus qu'un squelette recouvert d'une peau livide, enfoncée entre des ossements ; le bas de son corps est enflé comme une outre, et ses pieds n'ont plus de forme. Lorsqu'au bord d'un vivier couvert de roseaux et de glaïeuls un serpent s'est attaché aux flancs d'un taureau, l'animal se débat dans les nœuds du reptile : il frappe l'air de sa corne ; mais bientôt, dompté par le venin, il tombe et se roule en mugissant : ainsi s'agite et rugit Galérius. La gangrène dévore ses intestins. Pour attirer au dehors les vers qui rongent ce maître du monde, on livre à ses plaies affamées des animaux nouvellement égorgés. On invoque Apollon, Esculape, Hygie : vaines idoles, qui ne peuvent se défendre elles-mêmes des vers qui leur percent le cœur ! Galérius fait trancher la tête aux médecins qui ne trouvent point de remèdes à ses souffrances.

« Prince, lui dit l'un d'entre eux, élevé secrètement dans la foi des chrétiens, cette maladie est au-dessus de notre art : il faut remonter plus haut. Souvenez-vous de ce que vous avez fait contre les serviteurs de Dieu, et vous saurez à qui vous devez avoir recours. Je suis prêt à

mourir comme mes frères, mais les médecins ne vous guériront pas. »
Cette franchise plonge Galérius dans des transports de rage ². Il ne peut se résoudre à reconnoître l'impiété de ce titre d'Éternel dont il a surchargé une vie d'un moment. Sa fureur contre les chrétiens redouble : loin de vouloir suspendre leurs supplices, il confirme sa première sentence, et n'attend lui-même que le jour pour montrer à l'amphithéâtre le spectacle d'un prince mourant qui vient voir mourir ses sujets.

Son impatience ne fut pas longtemps éprouvée : déjà les flots jaunissants du Tibre, les coteaux d'Albe, les bois de Lucrétile et de Tibur, sourioient aux feux naissants de l'aurore. La rosée brilloit suspendue aux plantes comme une manne : la campagne romaine se montroit tout éclatante de la fraîcheur, et pour ainsi dire de la jeunesse de la lumière. Les monts lointains de la Sabine ³, qu'enveloppoit une vapeur diaphane, se peignoient de la couleur du fruit du prunier, quand sa pourpre violette est légèrement blanchie par sa fleur. On voyoit la fumée s'élever des hameaux, les brouillards fuir le long des collines, et la cime des arbres se découvrir : jamais plus beau jour n'étoit sorti de l'Orient pour contempler les crimes des hommes. O soleil ! sur le trône élevé d'où tu jettes un regard ici-bas, que te font nos larmes et nos malheurs? Ton levant et ton coucher ne peuvent être troublés par le souffle de nos misères ; tu éclaires des mêmes rayons le crime et la vertu ; les générations passent, et tu poursuis ta course !

Cependant le peuple s'assembloit à l'amphithéâtre de Vespasien : Rome entière étoit accourue pour boire le sang des martyrs. Cent mille spectateurs, les uns voilés d'un pan de leur robe, les autres portant sur la tête une ombelle ⁴, étoient répandus sur les gradins. La foule, vomie par les portiques ⁵, descendoit et montoit le long des escaliers extérieurs, et prenoit son rang sur les marches revêtues de marbre. Des grilles d'or défendoient le banc des sénateurs de l'attaque des bêtes féroces. Pour rafraîchir l'air, des machines ingénieuses faisoient monter des sources de vin et d'eau safranée, qui retomboient en rosée odoriférante. Trois mille statues de bronze, une multitude infinie de tableaux, des colonnes de jaspe et de porphyre, des balustres de cristal, des vases d'un travail précieux, décoroient la scène. Dans un canal creusé autour de l'arène nageoient un hippopotame et des crocodiles ; cinq cents lions, quarante éléphants, des tigres, des panthères, des taureaux, des ours accoutumés à déchirer des hommes, rugissoient dans les cavernes de l'amphithéâtre. Des gladiateurs non moins féroces essayoient çà et là leurs bras ensanglantés. Auprès des antres du trépas s'élevoient des lieux de prostitution publique : des courtisanes nues et des femmes romaines du premier rang augmentoient, comme aux jours de Néron [6], l'horreur du spectacle, et venoient, rivales de la mort, se disputer les faveurs d'un prince mourant. Ajoutez les derniers hurlements des Ménades couchées dans les rues et expirant sous l'effort de leur dieu, et vous connoîtrez toutes les pompes et tout le déshonneur de l'esclavage.

Les prétoriens chargés de conduire les confesseurs au martyre assiégeoient déjà les portes de la prison de Saint-Pierre. Eudore, selon les ordres de Galérius, devoit être séparé de ses frères et choisi pour combattre le premier : ainsi, dans une troupe valeureuse, on cherche à terrasser d'abord le héros qui la guide. Le gardien de la prison s'avance à la porte du cachot, et appelle le fils de Lasthénès.

« Me voici, dit Eudore ; que voulez-vous ? »

« Sors pour mourir, » s'écria le gardien.

« Pour vivre, » répondit Eudore.

Et il se lève de la pierre où il étoit couché. Cyrille, Gervais, Protais, Rogatien et son frère Victor, Genès, Perséus, l'ermite du Vésuve, ne peuvent retenir leurs larmes.

« Confesseurs, leur dit Eudore, nous allons bientôt nous retrouver. Un instant séparés sur la terre, nous nous rejoindrons dans le ciel. »

Eudore avoit réservé pour ce dernier moment une tunique blanche, destinée jadis à sa pompe nuptiale; il ajoute à cette tunique un manteau brodé par sa mère : il paroît plus beau qu'un chasseur d'Arcadie qui va disputer le prix des combats de l'arc ou de la lyre, dans les champs de Mantinée.

Le peuple et les prétoriens, impatients, appellent le fils de Lasthénès à grands cris.

« Allons ! » dit le martyr.

Et surmontant les douleurs du corps par la force de l'âme, il franchit le seuil du cachot. Cyrille s'écrie :

« Fils de la femme, on vous a donné un front de diamant [7] : ne les craignez point, et n'ayez pas de peur devant eux. »

Les évêques entonnent le cantique des louanges, nouvellement composé à Carthage par Augustin, ami d'Eudore [8] :

« O Dieu, nous te louons ! ô Dieu, nous te bénissons ! Les cieux, les anges, les trônes, les chérubins, te proclament trois fois saint, Seigneur, Dieu des armées ! »

Les évêques chantoient encore l'hymne de la victoire, et Eudore, sorti de la prison, jouissoit déjà de son triomphe : il étoit livré aux outrages. Le centurion de la garde le poussa rudement, et lui dit :

« Tu te fais bien attendre. »

« Compagnon, répondit Eudore en souriant, je marchois aussi vite que vous à l'ennemi ; mais aujourd'hui, vous le voyez, je suis blessé. »

On lui attacha sur la poitrine une feuille de papyrus, portant ces deux mots :

« EUDORE CHRÉTIEN [9]. »

Le peuple le chargeoit d'opprobres.

« Où est maintenant son Dieu ? disoient-ils. Que lui a servi de préférer son culte à la vie ? Nous verrons s'il ressuscitera avec son Christ, ou si le Christ sera assez puissant pour l'arracher de nos mains. »

Et cette foule cruelle rendoit mille louanges à ses dieux, et elle se réjouissoit de la vengeance qu'elle tiroit des ennemis de leurs autels.

Le prince des ténèbres et ses anges, répandus sur la terre et dans les airs, s'enivroient d'orgueil et de joie ; ils se croyoient prêts à triompher de la croix, et la croix alloit les précipiter dans l'abîme. Ils excitoient les fureurs des païens contre le nouvel apôtre : on lui lançoit des pierres, on jetoit sous ses pieds blessés des débris de vases et des cailloux ; on le traitoit comme s'il eût été lui-même le Christ pour lequel ces infortunés avoient tant d'horreur. Il s'avançoit lentement du pied du Capitole à l'amphithéâtre, en suivant la voie Sacrée. Au temple de Jupiter Stator, aux Rostres, à l'arc de Titus, partout où se présentoit quelque simulacre des dieux, les hurlements de la foule redoubloient : on vouloit contraindre le martyr à s'incliner devant les idoles.

« Est-ce au vainqueur à saluer le vaincu ? disoit Eudore. Encore quelques instants, et vous jugerez de ma victoire. O Rome ! j'aperçois un prince [10] qui met son diadème aux pieds de Jésus-Christ. Le temple des esprits des ténèbres est fermé, ses portes ne s'ouvriront plus, et des verrous d'airain en défendront l'entrée aux siècles à venir ! »

« Il nous prédit des malheurs, s'écrie le peuple : écrasons, déchirons cet impie. »

Les prétoriens peuvent à peine défendre le prophète martyr de la rage de ces idolâtres.

« Laissez-les faire, dit Eudore. C'est ainsi qu'ils ont souvent traité leurs empereurs ; mais vous ne serez point obligés [11] d'employer la pointe de vos épées pour me forcer à lever la tête. »

On avoit brisé toutes les statues triomphales d'Eudore. Une seule étoit restée [12], et elle se trouva sur le passage du martyr ; un soldat ému de ce singulier hasard baissa son casque pour cacher l'attendrissement de son visage. Eudore l'aperçut, et lui dit :

« Ami, pourquoi pleurez-vous ma gloire ? C'est aujourd'hui que je triomphe ! Méritez les mêmes honneurs ! »

Ces paroles frappèrent le soldat, et quelques jours après il embrassa la religion chrétienne.

Eudore parvint ainsi jusqu'à l'amphithéâtre comme un noble coursier percé d'un javelot sur le champ de bataille s'avance encore au combat sans paroître sentir sa blessure mortelle.

Mais tous ceux qui pressoient le confesseur n'étoient pas des ennemis : un grand nombre étoient des fidèles, qui cherchoient à toucher le vêtement du martyr, des vieillards qui recueilloient ses paroles, des prêtres qui lui donnoient l'absolution du milieu de la foule, des jeunes gens, des femmes qui crioient :

« Nous demandons à mourir avec lui. »

Le confesseur calmoit d'un mot, d'un geste, d'un regard, ces élans de la vertu, et ne paroissoit occupé que du péril de ses frères. L'enfer l'attendoit à la porte de l'arène pour lui livrer un dernier assaut. Les gladiateurs, selon l'usage [13], voulurent revêtir le chrétien d'une robe des prêtres de Saturne.

« Je ne mourrai point, s'écrie Eudore, dans le déguisement d'un lâche déserteur et sous les couleurs de l'idolâtrie : je déchirerai plutôt de mes mains l'appareil de mes blessures. J'appartiens au peuple romain et à César : si vous les privez par ma mort du combat que je leur dois, vous en répondrez sur votre tête. »

Intimidés par cette menace, les gladiateurs ouvrirent les portes de l'amphithéâtre, et le martyr entra seul et triomphant dans l'arène.

Aussitôt un cri universel, des applaudissements furieux, prolongés depuis le faîte jusqu'à la base de l'édifice, en font mugir les échos. Les lions et toutes les bêtes renfermées dans les cavernes répondent dignement aux éclats de cette joie féroce : le peuple lui-même tremble d'épouvante ; le martyr seul n'est point effrayé. Tout à coup il se souvient du pressentiment qu'il eut jadis dans ce même lieu [14]. Il rougit de ses erreurs passées ; il remercie Dieu, qui l'a reçu dans sa miséricorde, et l'a conduit, par un merveilleux conseil, à une fin si glorieuse. Il songe avec attendrissement à son père, à ses sœurs, à sa patrie ; il recommande à l'Éternel Démodocus et Cymodocée : ce fut sa dernière pensée de la terre, il tourne son esprit et son cœur uniquement vers le ciel.

L'empereur n'étoit point encore arrivé [15], et l'intendant des jeux n'avoit pas donné le signal. Le martyr blessé demande au peuple la permission de s'asseoir sur l'arène, afin de mieux conserver ses forces ; le peuple y consent, dans l'espoir de voir un plus long combat. Le jeune homme, enveloppé de son manteau, s'incline sur le sable qui va boire son sang, comme un pasteur se couche sur la mousse au fond d'un bois solitaire.

Cependant, dans les profondeurs de l'éternité, une plus vive lumière sortoit du Saint des saints. Les anges, les trônes, les dominations, prosternés, entendoient, saisis de joie, une voix qui disoit :

« Paix à l'Église! Paix aux hommes! »

L'hostie étoit acceptée : la dernière goutte du sang du juste alloit faire triompher cette religion qui devoit changer la face de la terre. La cohorte des martyrs s'ébranle : les divins guerriers s'assemblent au bruit d'une trompette sonnée par l'ange des armées du Seigneur. Là brille Étienne, le premier des confesseurs; là se montrent l'intrépide Laurent, l'éloquent Cyprien, et vous, honneur de cette pieuse et fidèle cité [16] que le Rhône ravage et que la Saône caresse. Tous portés sur une nuée lumineuse, ils descendent pour recevoir l'heureux soldat à qui la grande victoire est réservée. Les cieux s'abaissent et s'entr'ouvrent. Les chœurs des patriarches, des prophètes, des apôtres, des anges, viennent admirer le combat du juste. Les saintes femmes, les veuves, les vierges, environnent et félicitent la mère d'Eudore, qui seule détourne ses yeux de la terre et les tient attachés sur le trône de Dieu.

Alors Michel arme sa droite de ce glaive qui marche devant le Seigneur et qui frappe des coups inattendus; il prend dans sa main gauche une chaîne forgée au feu des éclairs, dans les arsenaux de la colère céleste. Cent archanges en formèrent les anneaux indestructibles, sous la direction d'un ardent chérubin; par un travail admirable, l'airain fondu avec l'argent et l'or se façonna sous leurs marteaux pesants; ils y mêlèrent trois rayons de la vengeance éternelle [17]; le désespoir, la terreur, la malédiction, un carreau de la foudre, et cette matière vivante qui composoit les roues du char d'Ézéchiel. Au signal du Dieu fort, Michel s'élance des cieux comme une comète. Les astres effrayés croient toucher à la borne de leur cours. L'archange met un pied sur la mer et l'autre sur la terre [18]. Il crie d'une voix terrible, et sept tonnerres parlent avec lui :

« Le règne du Christ est établi; l'idolâtrie est passée; la mort ne sera plus. Race perverse, délivrez le monde de votre présence; et toi, Satan, rentre dans le puits de l'abîme où tu seras enchaîné pour mille ans [19]. »

À ces accents formidables, les anges rebelles sont saisis d'épouvante. Le prince des enfers veut résister encore et combattre l'envoyé du Très-Haut : il appelle à lui Astarté et les démons de la fausse sagesse et de l'homicide : mais déjà précipités dans l'asile des douleurs, ils sont punis par de nouveaux tourments des maux qu'ils viennent de faire aux hommes. Satan, demeuré seul, essaye en vain de résister au guerrier céleste : la force lui est subitement ôtée ; il sent que son sceptre est brisé et sa puissance détruite. Précédé de ses légions éperdues, il se plonge avec un affreux rugissement dans le puits de l'abîme. Les chaînes vivantes tombent avec lui, l'embrassent et le lient sur un rocher enflammé au centre de l'enfer.

Le fils de Lasthénès entend dans les airs des concerts ineffables, et les sons lointains de mille harpes d'or, mêlés à des voix mélodieuses. Il lève la tête, et voit l'armée des martyrs [20] renversant dans Rome les autels des faux dieux et sapant les fondements de leurs temples parmi des tourbillons de poussière. Une échelle merveilleuse [21] descend d'une nue jusqu'aux pieds d'Eudore. Cette échelle étoit de jaspe, d'hyacinthe, de saphirs et d'émeraudes, comme les fondements de la Jérusalem céleste. Le martyr contemple la vision de splendeur, et appelle par ses soupirs l'instant où il pourra suivre ce chemin du ciel.

Et pourtant ce n'est pas là toute la gloire que le Dieu de Jacob réserve à son peuple. Il entretient encore dans le cœur d'une foible femme les plus nobles et les plus généreux desseins. Quand l'alouette matinale attend sur des guérets nouveaux le retour de la lumière, aussitôt que le jour naissant a blanchi les bords des nuages, elle quitte la terre, et fait entendre en montant dans les airs un hymne qui charme le voyageur : ainsi la vigilante Cymodocée veille attentivement à la première clarté de l'aube, pour aller chanter dans le ciel des cantiques qui raviront Israel. Un rayon de l'aurore parvient jusqu'à la jeune chrétienne, à travers le laurier de Virgile. Aussitôt elle se lève en silence et reprend le vêtement du martyre, qu'elle avoit eu soin de garder. Le prêtre d'Homère goûtoit encore le sommeil que l'ange avoit répandu sur ses yeux. Cymodocée s'approche doucement, et se met à genoux au bord du lit de Démodocus. Elle contemple son père en versant des larmes muettes ; elle écoute la respiration paisible du vieillard ; elle songe à son affreux réveil ; elle peut à peine étouffer les sanglots de la piété filiale [22]. Soudain elle rappelle son courage, ou plutôt son amour et sa foi : elle s'échappe furtivement, comme la nouvelle épouse à Sparte se déroboit aux regards de sa mère pour aller jouir des embrassements de son époux.

Dorothée n'avoit point passé la nuit dans la maison de Virgile : les chrétiens ne s'endormoient point ainsi la veille de la mort de leurs frères ; accompagné de tous ses serviteurs, il s'étoit rendu à l'amphithéâtre avec Zacharie. Déguisés, au milieu de la foule, ils attendoient le combat du martyr, afin de dérober ensuite le corps glorieux et de lui donner la sépulture : ainsi une troupe de colombes près d'une ferme où l'on bat le blé nouveau attend que les moissonneurs se soient retirés, pour cueillir le grain resté sur l'aire.

Cymodocée ne rencontre donc point d'obstacles à sa fuite. Qui auroit pu deviner ses desseins? Elle descend sous le péristyle, et, ouvrant la porte extérieure, elle s'élance dans cette Rome qui lui étoit inconnue.

Elle erre d'abord par des rues désertes : tout le peuple s'étoit porté vers l'amphithéâtre. Elle ne sait où tourner ses pas; elle s'arrête et prête une oreille attentive, comme une sentinelle qui cherche à surprendre le bruit de l'ennemi. Il lui semble entendre un murmure lointain; elle court aussitôt de ce côté : plus elle approche, plus s'accroît le murmure. Bientôt elle aperçoit une longue file de soldats, d'esclaves, de femmes, d'enfants, de vieillards qui suivoient tous le même chemin; elle voit passer des litières, voler des chars et des cavaliers. Mille accents, mille voix s'élèvent, et dans cette rumeur confuse Cymodocée distingue ce cri répété :

« Les chrétiens aux bêtes! »

« Me voici! » dit-elle avant qu'on pût l'entendre.

Et elle s'avançoit sur une hauteur qui dominoit la foule répandue autour de l'amphithéâtre. Cymodocée descendant de la colline au lever de l'aurore parut comme cette étoile du matin que la nuit prête un moment au jour. La Grèce, à genoux, l'eût prise pour l'amante de Zéphyre ou de Céphale; Rome reconnut à l'instant une chrétienne : sa robe d'azur, son voile blanc, son manteau noir, la trahirent encore moins que sa modestie.

« C'est une chrétienne échappée! s'écria la foule : arrêtons-la. »

« Oui, répondit Cymodocée en rougissant devant cette multitude, je suis chrétienne, mais je ne suis point échappée; je ne suis qu'égarée. J'ai pu me tromper de chemin, moi qui suis jeune et née loin d'ici sur le rivage de la Grèce, ma douce patrie. Puissants enfants de Romulus, voulez-vous me conduire à l'amphithéâtre? »

Ce langage, qui auroit désarmé des tigres, n'attira sur Cymodocée que des railleries et des outrages. Elle étoit tombée dans un groupe d'hommes et de femmes chancelant sous les fumées du vin. Une voix voulut dire que cette Grecque n'étoit peut-être pas condamnée aux bêtes.

« Je le suis, répondit la jeune chrétienne avec timidité; on m'attend à l'amphithéâtre. »

La troupe aussitôt l'y conduit en poussant des hurlements. Le gladiateur commis à l'introduction des martyrs n'avoit point d'ordre pour cette victime, et refusoit de l'admettre au lieu du sacrifice; mais une des portes de l'arène, venant à s'ouvrir, laisse voir Eudore dans l'enceinte : Cymodocée s'élance comme une flèche légère, et va tomber dans les bras de son époux.

Cent mille spectateurs se lèvent sur les gradins de l'amphithéâtre et s'agitent en tumulte. On se penche en avant, on regarde dans l'arène, on se demande quelle est cette femme qui vient de se jeter dans les bras du chrétien. Ceux-ci disoient :

« C'est son épouse, c'est une chrétienne qui va mourir : elle porte la robe des condamnés. »

Ceux-là :

« C'est l'esclave d'Hiéroclès, nous la reconnoissons; c'est cette Grecque qui s'est déclarée ennemie des dieux lorsque nous voulions la sauver. »

Quelques voix timides :

« Elle est si jeune et si belle ! »

Mais la multitude :

« Eh bien! qu'elle soit livrée aux bêtes, avant de multiplier dans l'empire la race des impies! »

L'horreur, le ravissement, une affreuse douleur, une joie inouïe, ôtoient la parole au martyr : il pressoit Cymodocée sur son cœur; il auroit voulu la repousser; il sentoit que chaque minute écoulée amenoit la fin d'une vie pour laquelle il eût donné un million de fois la sienne. A la fin il s'écrie, en versant des torrents de pleurs :

« O Cymodocée! que venez-vous faire ici? Dieu! est-ce dans ce moment que je devois jamais vous voir! Quel charme ou quel malheur vous a conduite sur ce champ de carnage? Pourquoi venez-vous ébranler ma foi? Comment pourrai-je vous voir mourir? »

« Seigneur, dit Cymodocée avec des sanglots, pardonnez à votre servante. J'ai lu dans vos livres saints [23] : « La femme quittera son « père et sa mère pour s'attacher à son époux. » J'ai quitté mon père, je me suis dérobée à son amour pendant son sommeil : je viens demander votre grâce à Galérius ou partager votre mort. »

Cymodocée aperçoit le visage pâle d'Eudore, ses blessures couvertes d'un vain appareil : elle jette un cri, et, dans un saint transport, elle baise les pieds du martyr et les plaies sacrées de ses bras et de sa poitrine. Qui pourroit exprimer les sentiments d'Eudore lorsqu'il sent ces lèvres pures presser son corps défiguré? Qui pourroit dire l'inconcevable charme de ces premières caresses d'une femme aimée ressenties à travers les plaies du martyre? Tout à coup le ciel inspire le confesseur; sa tête paroît rayonnante et son visage resplendissant de la gloire de Dieu ; il tire de son doigt un anneau [24], et le trempant dans le sang de ses blessures :

« Je ne m'oppose plus à vos desseins, dit-il à Cymodocée : je ne puis vouloir vous ravir plus longtemps une couronne que vous recherchez avec tant de courage. Si j'en crois la voix secrète qui parle à mon cœur, votre mission sur cette terre est finie : votre père n'a plus besoin de vos secours; Dieu s'est chargé du soin de ce vieillard : il va connoître la vraie lumière [25], et bientôt il rejoindra ses enfants dans ces demeures où rien ne pourra plus les lui ravir. O Cymodocée! je vous l'avois prédit [26], nous serons unis; il faut que nous mourions époux. C'est ici l'autel, l'église, le lit nuptial. Voyez cette pompe qui nous environne, ces parfums qui tombent sur nos têtes. Levez les yeux, et contemplez au ciel avec les regards de la foi cette pompe bien autrement belle. Rendons légitimes les embrassements éternels qui vont suivre notre martyre : prenez cet anneau et devenez mon épouse. »

Le couple angélique tombe à genoux au milieu de l'arène; Eudore met l'anneau trempé de son sang au doigt de Cymodocée.

« Servante de Jésus-Christ, s'écrie-t-il, recevez ma foi. Vous êtes aimable comme Rachel, sage comme Rebecca, fidèle comme Sara, sans avoir eu sa longue vie. Croissons, multiplions pour l'éternité, remplissons le ciel de nos vertus. »

A l'instant le ciel, ouvert, célèbre ces noces sublimes : les anges entonnent le cantique de l'épouse; la mère d'Eudore présente à Dieu ses enfants unis, qui vont bientôt paroître au pied du trône éternel; les vierges martyres tressent la couronne nuptiale de Cymodocée; Jésus-Christ bénit le couple bienheureux, et l'Esprit-Saint lui fait don d'un intarissable amour.

Cependant la foule, qui voyoit les deux chrétiens à genoux, croyoit qu'ils lui demandoient la vie. Tournant aussitôt le pouce vers eux, comme dans les combats de gladiateurs, elle repoussoit leur prière par ce signe et les condamnoit à mort! Le peuple romain, que ses nobles priviléges avoient fait surnommer le peuple-roi, avoit depuis longtemps perdu son indépendance : il n'étoit resté le maître absolu que dans la direction de ses plaisirs; et comme on se servoit de ces mêmes plaisirs pour l'enchaîner et le corrompre, il ne possédoit en effet que la souveraineté de son esclavage. Le gladiateur des portiques vint dans ce moment recevoir les ordres du peuple sur le sort de Cymodocée.

« Peuple libre et puissant, dit-il, cette chrétienne est entrée hors de son rang dans l'arène; elle étoit condamnée à mourir avec le reste des impies, après le combat de leur chef; elle s'est échappée de la prison.

Égarée dans Rome, son mauvais génie, ou plutôt le génie de l'empire, l'a ramenée à l'amphithéâtre. »

Le peuple cria d'une commune voix :

« Les dieux l'ont voulu : qu'elle reste et qu'elle meure ! »

Un petit nombre, intérieurement travaillé par le Dieu des miséricordes, paroissoit touché de la jeunesse de Cymodocée : il vouloit que l'on fît grâce à cette chrétienne ; mais la foule répétoit :

« Qu'elle reste et qu'elle meure ! Plus la victime est belle, plus elle est agréable aux dieux. »

Ce n'étoient plus ces enfants de Brutus, qui maudissoient le grand Pompée pour avoir fait combattre de paisibles éléphants ; c'étoient des hommes abrutis par la servitude, aveuglés par l'idolâtrie, et chez qui toute humanité s'étoit éteinte avec le sentiment de la liberté.

Une voix s'échappe des combles de l'amphithéâtre. C'en est fait : Dorothée renonce à la vie.

« Romains, s'écrie-t-il, c'est moi qui ai tout fait, c'est moi qui cette nuit même avois enlevé cet ange du ciel qui vient se remettre entre vos mains. Je suis chrétien, je demande le combat [27]. Puisse l'infâme Jupiter tomber bientôt avec son temple ! Puisse-t-il écraser dans sa chute ses horribles adorateurs ! Puisse l'éternité allumer ses flammes vengeresses pour engloutir des barbares qui restent insensibles à tous les charmes du malheur, de la jeunesse et de la vertu ! »

En prononçant ces paroles, Dorothée renverse une statue de Mercure. Aussitôt l'attention et l'indignation du peuple se tournent de ce côté.

« Un chrétien dans l'amphithéâtre ! Qu'on le saisisse ; qu'on le livre aux gladiateurs ! »

Dorothée est entraîné hors de l'édifice, et condamné à périr avec la foule des confesseurs.

Tout à coup retentit le bruit des armes : le pont qui conduisoit du palais [28] de l'empereur à l'amphithéâtre s'abaisse, et Galérius ne fait qu'un pas de son lit de douleur au carnage : il avoit surmonté son mal, pour se présenter une dernière fois au peuple. Il sentoit à la fois l'empire et la vie lui échapper : un messager arrivé des Gaules venoit de lui apprendre la mort de Constance. Constantin, proclamé césar par les légions, s'étoit en même temps déclaré chrétien, et se disposoit à marcher vers Rome. Ces nouvelles, en portant le trouble dans l'âme de Galérius, avoient rendu plus cuisante la plaie hideuse de son corps ; mais, renfermant ses douleurs dans son sein, soit qu'il cherchât à se tromper lui-même, soit qu'il voulût tromper les hommes, ce spectre vint s'asseoir au balcon impérial, comme la mort couronnée. Quel contraste avec la beauté, la vie, la jeunesse, exposées dans l'arène à la fureur des léopards!

Lorsque l'empereur parut, les spectateurs se levèrent et lui donnèrent le salut accoutumé. Eudore s'incline respectueusement devant César. Cymodocée s'avance sous le balcon pour demander à l'empereur la grâce d'Eudore et s'offrir elle-même en sacrifice. La foule tira Galérius de l'embarras de se montrer miséricordieux ou cruel : depuis longtemps elle attendoit le combat; la soif du sang avoit redoublé à la vue des victimes. On crie de toutes parts :

« Les bêtes! Qu'on lâche les bêtes! Les impies aux bêtes! »

Eudore veut parler au peuple en faveur de Cymodocée; mille voix étouffent sa voix :

« Qu'on donne le signal! Les bêtes! Les chrétiens aux bêtes! »

Le son de la trompette se fait entendre : c'est l'annonce de l'apparition des bêtes féroces. Le chef des rétiaires [a] traverse l'arène, et vient ouvrir la loge d'un tigre connu par sa férocité.

Alors s'élève entre Eudore et Cymodocée une contestation à jamais mémorable : chacun des deux époux vouloit mourir le dernier.

« Eudore, disoit Cymodocée, si vous n'étiez pas blessé, je vous demanderois à combattre la première; mais à présent j'ai plus de force que vous, et je puis vous voir mourir. »

« Cymodocée, répondit Eudore, il y a plus longtemps que vous que je suis chrétien : je pourrai mieux supporter la douleur; laissez-moi quitter la terre le dernier. »

En prononçant ces paroles, le martyr se dépouille de son manteau; il en couvre Cymodocée, afin de mieux dérober aux yeux des spectateurs les charmes de la fille d'Homère, lorsqu'elle sera traînée sur l'arène par le tigre. Eudore craignoit qu'une mort aussi chaste [29] ne fût souillée par l'ombre d'une pensée impure, même dans les autres. Peut-être aussi étoit-ce un dernier instinct de la nature, un mouvement de cette jalousie qui accompagne le véritable amour jusqu'au tombeau.

La trompette sonne pour la seconde fois.

On entend gémir la porte de fer de la caverne du tigre : le gladiateur qui l'avoit ouverte s'enfuit effrayé. Eudore place Cymodocée derrière lui. On le voyoit debout [30], uniquement attentif à la prière, les bras étendus en forme de croix, et les yeux levés vers le ciel.

La trompette sonne pour la troisième fois.

Les chaînes du tigre tombent, et l'animal furieux s'élance en rugis-

---

[a] Gladiateurs qui combattoient avec un filet.

sant dans l'arène : un mouvement involontaire fait tressaillir les spectateurs. Cymodocée, saisie d'effroi, s'écrie :

« Ah ! sauvez-moi [31] ! »

Et elle se jette dans les bras d'Eudore, qui se retourne vers elle. Il la serre contre sa poitrine, il auroit voulu la cacher dans son cœur. Le tigre arrive aux deux martyrs. Il se lève debout, et enfonçant ses ongles dans les flancs du fils de Lasthénès, il déchire avec ses dents les épaules du confesseur intrépide. Comme Cymodocée, toujours pressée dans le sein de son époux, ouvroit sur lui des yeux pleins d'amour et de frayeur, elle aperçoit la tête sanglante du tigre auprès de la tête d'Eudore. A l'instant la chaleur abandonne [32] les membres de la vierge victorieuse ; ses paupières se ferment ; elle demeure suspendue aux bras de son époux, ainsi qu'un flocon de neige aux rameaux d'un pin du Ménale ou du Lycée. Les saintes martyres, Eulalie, Félicité, Perpétue, descendent pour chercher leur compagne : le tigre avoit brisé le cou d'ivoire de la fille d'Homère. L'ange de la mort coupe en souriant le fil des jours de Cymodocée. Elle exhale son dernier soupir sans effort et sans douleur ; elle rend au ciel un souffle divin qui sembloit tenir à peine à ce corps formé par les Grâces ; elle tombe comme une fleur que la faux du villageois vient d'abattre sur le gazon. Eudore la suit un moment après dans les éternelles demeures : on eût cru voir un de ces sacrifices de paix où les enfants d'Aaron offroient au Dieu d'Israel une colombe et un jeune taureau.

Les époux martyrs avoient à peine reçu la palme, que l'on aperçut au milieu des airs une croix de lumière, semblable à ce Labarum qui fit triompher Constantin : la foudre gronda sur le Vatican, colline alors déserte, mais souvent visitée par un esprit inconnu ; l'amphithéâtre fut ébranlé jusque dans ses fondements ; toutes les statues des idoles tombèrent, et l'on entendit, comme autrefois à Jérusalem, une voix qui disoit :

« Les dieux s'en vont [33]. »

La foule, éperdue, quitte les jeux. Galérius, rentré dans son palais, s'abandonne aux plus noires fureurs ; il ordonne qu'on livre au glaive les illustres compagnons d'Eudore. Constantin paroît aux portes de Rome. Galérius succombe aux horreurs de son mal : il expire en blasphémant l'Éternel. En vain un nouveau tyran s'empare du pouvoir suprême : Dieu tonne du haut du ciel ; le signe du salut brille ; Constantin frappe, Maxence est précipité dans le Tibre. Le vainqueur entre dans la cité reine du monde : les ennemis des chrétiens se dispersent. Le prince, ami d'Eudore, s'empresse alors de recueillir les derniers soupirs de Démodocus, que la douleur enlève à la terre, et qui demande le baptême pour aller rejoindre sa fille bien aimée. Constantin vole aux lieux où l'on avoit entassé les corps des victimes : les deux époux conservoient toute leur beauté dans la mort. Par un miracle du ciel, leurs plaies se trouvoient fermées, et l'expression de la paix et du bonheur étoit empreinte sur leur front. Une fosse est creusée pour eux dans ce cimetière où le fils de Lasthénès fut autrefois retranché du nombre des fidèles. Les légions des Gaules, jadis conduites à la victoire par Eudore, entourent le monument funèbre de leur ancien général. L'aigle guerrière de Romulus est décorée de la croix pacifique. Sur la tombe des jeunes martyrs Constantin reçoit la couronne d'Auguste, et sur cette même tombe il proclame la religion chrétienne religion de l'empire.

FIN DES MARTYRS.

REMARQUES.

LIVRE Ier.

1re REMARQUE. — PAGE 15.

Muse céleste.

> O Musa, tu che di caduchi allori
> Non circondi la fronte in Elicona, etc.
> (*Gerus. liber.*, canto I, strof. II.)

2e. — PAGE 16.

L'Éternel, qui voyoit les vertus des chrétiens s'affoiblir dans la prospérité, permit aux démons de susciter une persécution nouvelle.

Eusèbe a donné la même raison de la persécution sous Dioclétien. On peut remarquer, au reste, que cette exposition, fort courte et fort simple, contient absolument tout le sujet.

3e. — PAGE 16.

Démodocus étoit le dernier descendant d'une de ces familles Homérides.

J'ai adopté la tradition qui convenoit le mieux à mon sujet : on sait d'ailleurs que les Homérides étoient des Rapsodes qui récitoient en public des morceaux de l'*Iliade* et de l'*Odyssée*. Le nom de Démodocus est emprunté de l'*Odyssée*. Démodocus étoit un poëte aveugle qui chantoit aux festins d'Alcinoüs : on croit qu'Homère s'est peint sous la figure de ce favori des Muses. Par la fiction de cette famille d'Homère, j'ai pu faire remonter les mœurs jusqu'aux siècles héroïques sans trop choquer la vraisemblance. Il est assez simple qu'un vieux prêtre d'Homère, dernier descendant de ce poëte, poëte lui-même, et l'esprit tout rempli de l'*Iliade* et de l'*Odyssée*, ait gardé, pour ainsi dire, les mœurs de sa famille. On voit dans les montagnes d'Écosse des clans ou tribus qui depuis des siècles conservent la langue, le vêtement et les usages de leurs pères. Sans le secours de cette fiction, peut-être assez heureuse en elle-même, j'aurois perdu le charme et les grands traits de la mythologie d'Homère. On m'auroit alors reproché, très-justement, d'avoir opposé les mœurs chrétiennes dans toute leur jeunesse et toute leur beauté aux mœurs païennes dans leur décadence. On voit donc ici une preuve frappante de ma bonne foi et de la conscience que je mets toujours dans mon travail. Certainement les petits dieux d'Ovide et les usages de la Grèce idolâtre au IVe siècle n'auroient pu se soutenir un seul moment auprès de la grandeur du christianisme naissant et du tableau des vertus évangéliques. Il ne faut pas d'ailleurs oublier que Cymodocée, représentant les beaux-arts de la Grèce, doit sortir de cette famille Homéride, et qu'elle va devenir chrétienne pour remettre à la Muse sainte la lyre d'Homère.

4e. — PAGE 16.

Du mont Talée, chéri de Mercure.

Montagne de Crète, où Mercure étoit honoré. Peut-être avoit-elle pris son nom de Talus, compagnon des travaux de Rhadamanthe, et dont les poëtes ont fait un géant d'airain, qui combattit les Argonautes et fut tué par les enchantements de Médée. (Voyez PLATON et APOLLONIUS.)

5e. — PAGE 16.

Il avoit suivi son épouse à Gortynes, ville bâtie par le fils de Rhadamanthe, au bord du Léthé, non loin du platane qui couvrit les amours d'Europe et de Jupiter.

Gortynes, une des cent villes de la Crète. Rhadamanthe est devenu, par l'enchantement des poëtes, un des juges des enfers. Le Léthé, petite rivière de Crète, ainsi nommée parce que ce fut sur ses bords qu'Hermione oublia Cadmus. Les Grecs, ayant remarqué le long du Léthé une espèce de platane toujours vert, publièrent que Jupiter avoit fait naître ce platane pour cacher ses amours avec Europe. (Voyez les mythologues, les géographes et les voyageurs, entre autres TOURNEFORT.)

6e. — PAGE 16.

Les antres des Dactyles.

Les Dactyles idéens étoient selon les uns des prêtres de Cybèle, et selon les autres, une espèce d'hommes religieux, premiers habitants de la Crète.

Ils demeuroient dans les cavernes du mont Ida. (Voyez Sophocle, Strabon Diodore de Sicile, etc.)

7e. — PAGE 17.

Épicharis alla visiter ses troupeaux sur le mont Ida. Saisie tout à coup des douleurs maternelles, elle mit au jour Cymodocée.

> Σιμοείσιον· ὅν ποτε μήτηρ
> Ἴδηθεν κατιοῦσα, πὰρ' ὄχθησιν Σιμόεντος
> Γείνατ', ἐπεὶ ῥα τοκεῦσιν ἅμ' ἕσπετο, μῆλα ἰδέσθαι.
> (*Iliad.*, liv. IV, v. 474.)

8e. — PAGE 17.

Dans le bois sacré où les trois vieillards de Platon s'étoient assis pour discourir sur les lois.

Allusion à la belle scène qui commence le dialogue sur les lois. « Clinias : En avançant, nous trouverons dans les bois consacrés à Jupiter des cyprès d'une hauteur et d'une beauté admirables, et des prairies où nous pourrons nous asseoir et nous délasser. » (*Lois de Platon*, liv. Ier, trad. de M. Grou.)

9e. — PAGE 17.

De regarder avec un sourire mêlé de larmes cet astre charmant, etc.

Sourire mêlé de larmes. Andromaque regarde ainsi Astyanax :

> Δακρυόεν γελάσασα.
> (*Iliad.*, liv. VI, v. 484.)

C'est encore Homère qui compare Astyanax à un bel astre :

> ἀλίγκιον ἀστέρι καλῷ.
> (*Iliad.*, liv. VI, v. 401.)

10e. — PAGE 17.

Or, dans ce temps-là, les habitants de la Messénie faisoient élever un temple à Homère.

Presque toutes les villes qui se disputoient la gloire d'avoir donné naissance à Homère lui élevèrent des temples. Ptolémée Philopator lui en bâtit un magnifique; Chio célébroit des jeux en l'honneur du plus grand des poëtes; Argos invoquoit Apollon et Homère, etc.

11ᵉ. — PAGE 17.

Poussé par un vent favorable, son vaisseau découvre bientôt le promontoire du Ténare, et suivant les côtes d'Œtylos, de Thalames et de Leuctres, il vient jeter l'ancre à l'ombre du bois Chœrius.

Le Ténare, aujourd'hui le cap Matapan, dernier promontoire de la Laconie. On y voyoit un temple de Neptune et un soupirail qui conduisoit aux enfers. Œtylos, Thalames, Leuctres, etc., villes situées le long des côtes de la Laconie, au revers du mont Taygète, dans le golfe de Messénie. (Voyez PAUSANIAS, *in Messen.*) Ces villes n'ont rien de remarquable. D'Anville veut trouver Œtylos dans Betylo : peut-être Thalames est-il Calamate, quoiqu'il soit plus probable que la Calamate moderne est la Calamé des anciens. Il ne faut pas confondre la Leuctres du golfe de Messénie avec la Leuctres de l'Arcadie, et surtout avec la Leuctres célèbre par la victoire d'Épaminondas.

12ᵉ. — PAGE 17.

On y voyoit le poëte représenté sous la figure d'un grand fleuve où d'autres fleuves venoient remplir leurs urnes.

Cet ingénieux emblème fut trouvé par l'antiquité, et c'est ce qui a fait dire à Longin, en parlant des imitations de Platon : « Il a puisé dans Homère comme dans une vive source dont il a détourné une infinité de ruisseaux. » (*Traité du Sublime*, ch. XI, traduct. de Boileau.) Que je serois heureux si j'avois puisé à mon tour quelques gouttes d'eau dans cette vive source !

13ᵉ. — PAGE 17.

Le temple dominoit la ville d'Épaminondas.

C'est Messène. Elle fut bâtie par le général thébain après qu'il eut battu les Spartiates et rappelé les Messéniens dans leur patrie. Pellegrin ne parle point de Messène. L'abbé Fourmont la visita vers l'an 1754, et compta trente-huit tours encore debout.

Je voyois ces ruines à ma gauche en traversant la Messénie pour me rendre à Tripolizza, au pied du Ménale, dans le vallon de Tégée. M. de Pouqueville, venant de Navarin (l'ancienne Pylos), et faisant à peu près la même route que moi, dut laisser ces mêmes ruines à sa droite. (Voyez PAUSANIAS, *in Messen.*; *Voyage du jeune Anacharsis*; PELLEGRIN, *Voyage au royaume de Morée*; POUQUEVILLE, *Voyage en Morée*.)

14e. — PAGE 17.

L'oracle avoit ordonné de creuser les fondements de l'édifice au même lieu qu'Aristomène avoit choisi pour enterrer l'urne d'airain à laquelle le sort de sa patrie étoit attaché.

Tout le monde connoît les fameuses guerres des Spartiates et des Messéniens. Ceux-ci, au moment d'être subjugués, eurent recours à la religion.
« On gardoit, dit Pausanias, un monument auquel étoit attaché le salut des Messéniens. Si les Messéniens perdoient ce monument sacré, ils seroient entièrement détruits; si, au contraire, ils le conservoient, ils se relèveroient un jour de leur ruine... Aristomène enleva pendant la nuit ce monument, et l'enterra dans l'endroit le plus désert du mont Ithome. »
Ce monument étoit une urne de bronze qui renfermoit des lames de plomb sur lesquelles étoit gravé tout ce qui avoit rapport au culte des grandes déesses. Épaminondas retrouva cette urne, rappela les Messéniens fugitifs, et bâtit Messène.

15e. — PAGE 17.

Les flots de l'Amphise, du Pamysus et du Balyra, où l'aveugle Thamyris laissa tomber sa lyre.

Le Pamysus passoit pour le plus grand fleuve du Péloponèse. J'ai échoué dans son embouchure avec une barque qui ne tiroit que quelques pouces d'eau. L'Amphise, selon Pausanias, se jette dans le Balyra. Le poëte Thamyris ayant osé défier les Muses dans l'art des chants, fut vaincu. Les Muses le privèrent de la vue, et il jeta de dépit, ou laissa tomber (selon d'autres auteurs) sa lyre dans le Balyra. Platon veut que l'âme de Thamyris soit passée dans le corps du rossignol. (Voyez aussi HOMÈRE, dans l'*Iliade*.)

16e. — PAGE 17.

Le laurier-rose et l'arbuste aimé de Junon.

C'est le gatilier ou l'agnus-castus. A Samos, cet arbrisseau étoit consacré, et l'on prétendoit que Junon étoit née sous son ombrage. J'ai nommé surtout ces deux arbrisseaux, parce que je les ai trouvés à chaque pas dans la Grèce.

17e. — PAGE 18.

Andanies, témoin des pleurs de Mérope, Tricca qui vit naître Esculape, Générie qui conserve le tombeau de Machaon, Phères, où le prudent Ulysse reçut d'Iphitus l'arc fatal aux amants de Pénélope, et Stényclare retentissant des chants de Tyrtée.

« Cresphonte, dit Pausanias, épousa Mérope... Les anciens rois de Messénie faisoient leur résidence à Andanies. » La belle tragédie de Voltaire a fait connoître Mérope à tous les lecteurs.

« Selon les Messéniens, dit encore Pausanias, Esculape étoit né à Tricca, village de Messénie. » Il y a d'autres traditions sur Esculape : j'ai suivi celle qui convenoit à mon sujet.

« On voit à Générie, dit toujours Pausanias, le tombeau de Machaon. »

Phères, où le prudent Ulysse reçut d'Iphitus l'arc fatal.

Voici le passage d'Homère :
« Cet arc étoit un don d'Iphitus, fils d'Euryte, semblable aux immortels. Iphite étoit venu dans la Messénie ; il rencontra Ulysse dans la maison du généreux Orsiloque. » (*Odyss.*, liv. xxi.)

D'après cela j'ai cru pouvoir placer la circonstance du don de l'arc à Phères, puisque Orsiloque demeuroit à Phères, d'après le témoignage de Pausanias et d'Homère lui-même.

Et Stényclare retentissant des chants de Tyrtée.

J'ai lu Stényclare, au lieu de Stényclère, pour l'oreille. On sait que dans les guerres de Messénie les Lacédémoniens demandèrent un général aux Athéniens, et que ceux-ci leur envoyèrent Tyrtée, maître d'école, laid et boiteux. Les ennemis se rencontrèrent dans la plaine de Stényclare, à un endroit appelé le monument du Sanglier. Tyrtée étoit présent à l'action, et encourageoit les Lacédémoniens par des espèces d'élégies guerrières que toute l'antiquité a louées comme sublimes. Il nous reste quelques fragments des poésies de Tyrtée, dans la collection des petits poëtes grecs. (*Poet. græc. min.*, page 334.)

18ᵉ. — PAGE 18.

Ce beau pays, jadis soumis au sceptre de l'antique Nélée, présentoit une corbeille de verdure de plus de huit cents stades de tour.

Nélée, chassé d'Iolchos, ville de Thessalie, se retira chez Apharéus, son cousin germain, qui régnoit en Messénie. Celui-ci lui donna Pylos et toute la côte maritime. Apharéus eut deux fils, Lyncée et Idas, qui firent la guerre aux Dioscures, et qui périrent dans cette guerre. La Messénie passa, par leur mort, sous la domination de Nestor, fils de Nélée. Quant à l'étendue de la Messénie, j'ai suivi le calcul de l'abbé Barthélemy, qui s'appuie de l'autorité de Strabon, liv. viii.

LIVRE I.

19⁰. — PAGE 18.

Cet horizon, unique sur la terre, rappeloit le triple souvenir de la vie guerrière, etc.

Toute cette description de la Messénie est de la dernière exactitude. Elle est faite sur les lieux mêmes, et je n'ai rien retranché, rien ajouté au tableau. Un critique, qui m'a traité d'ailleurs avec politesse, trouve cette phrase singulière : « Dessinent dans les vallons comme des ruisseaux de fleurs ; » mais l'expression paroîtra, je crois, très-juste à tous ceux qui auront visité les lieux. Je n'ai pu rendre autrement ce que je voyois; presque tous les fleuves, ou plutôt les ruisseaux de la Grèce, sont à sec pendant l'été. Leurs lits se remplissent alors de lauriers-roses, de gatiliers, de genêts odorants. Ces arbustes, plantés dans le fond du ravin, ne montrent que leurs têtes au-dessus du sol; et comme ils suivent les sinuosités du torrent desséché où ils croissent, leurs cimes fleuries, qui serpentent ainsi au milieu d'une terre brûlée, dessinent réellement à l'œil des ruisseaux de fleurs. Le passage suivant de mon *Itinéraire* servira de commentaire à ma description de la Messénie :

« Il faisoit encore nuit quand nous quittâmes Modon, autrefois Méthone, en Messénie. (Le vaisseau qui m'avoit pris à Trieste m'avoit débarqué à Modon.) Je croyois encore errer dans les déserts de l'Amérique : même solitude, même silence. Nous traversâmes des bois d'oliviers, en nous dirigeant au midi. Au lever de l'aurore, nous nous trouvâmes sur les sommets aplatis de quelques montagnes arides, où nous marchâmes pendant deux heures. Ces sommets, labourés par des torrents, avoient l'air de guérets abandonnés. Le jonc marin et une espèce de bruyère épineuse et fleurie y croissoient par touffes ou par bouquets. De gros caïeux de lis de montagnes, déchaussés par les pluies, paroissoient çà et là à la surface de la terre. Nous découvrîmes la mer au travers d'un bois d'oliviers clair-semés. Nous descendîmes dans un vallon où l'on voyoit quelques champs de doura, d'orge et de coton. Nous traversâmes le lit desséché d'un torrent où croissoient le laurier-rose et l'agnus-castus, joli arbrisseau à feuilles longues, pâles et menues, et dont la fleur lilas, un peu cotonneuse, s'allonge en forme de quenouille. Junon étoit née sous cet arbrisseau, célèbre à Samos. Je cite ces deux arbustes, parce qu'on les retrouve dans toute la Grèce, qu'ils décorent presque seuls ces solitudes, jadis si riantes et si parées, aujourd'hui si nues et si tristes. A propos de torrents desséchés, je dois dire que je n'ai vu dans la patrie de l'Ilissus, de l'Alphée et de l'Érymanthe, que trois fleuves dont l'urne ne fût pas tarie : le Pamysus, le Céphise et l'Eurotas. Il faut qu'on me pardonne encore l'espèce d'indifférence et presque d'impiété avec laquelle j'écrirai souvent les noms les plus célèbres ou les plus harmonieux. On se familiarise malgré soi, en Grèce, avec Thémistocle, Épaminondas, Sophocle, Platon, Thucydide ; et il faut une grande religion pour ne pas franchir le Cythéron, le Ménale ou le Lycée, comme on passe des monts vulgaires.

« Au sortir des vallons dont je viens de parler, nous commençâmes à gravir de nouvelles montagnes. Mon guide me répéta plusieurs fois des noms inconnus ; mais, à en juger par leur position, ces montagnes devoient faire une partie de la chaîne du mont Thémathia. Nous ne tardâmes pas à entrer dans un bois charmant de vieux oliviers, de lauriers-roses, d'esquines, d'agnus-castus et de cornouillers. Ce bois étoit dominé par des sommets rocailleux. Parvenus à cette dernière cime, nous découvrîmes le beau golfe de Messénie, bordé de toutes parts de hautes montagnes, entre lesquelles le mont Ithome se distinguoit par son isolement, et le Taygète par ses deux flèches aiguës. Je saluai aussitôt ces monts fameux par tout ce que je savois de beaux vers à leur louange.

« Un peu au-dessous du sommet du Thémathia, en descendant vers Coron, nous aperçûmes une misérable ferme grecque, dont les habitants s'enfuirent à notre approche. A mesure que nous descendions, nous découvrions de plus en plus la rade et le port de Coron, où l'on voyoit quelques bâtiments à l'ancre ; la flotte du capitan-pacha étoit mouillée de l'autre côté du golfe, vers Calamate. En arrivant à la plaine qui est au pied des montagnes et qui s'étend jusqu'à la mer, nous aperçûmes un village au centre duquel étoit une espèce de château fort ; le tout étoit environné d'un cimetière turc, couvert de cyprès de tous les âges. Mon guide, en me montrant ces arbres, me les nommoit *paryssa*. Le Messénien d'autrefois m'auroit conté l'histoire du jeune homme dont le Messénien d'aujourd'hui n'a retenu que la moitié du nom. Mais ce nom, tout défiguré qu'il est, prononcé sur les lieux, à la vue d'un cyprès et des sommets du Taygète, me fit un plaisir que les poëtes comprendront. Je me disois pourtant, en regardant ces tombeaux turcs : Que sont venus faire ici les barbares conquérants du Péloponèse ? Ils sont venus y mourir comme les Messéniens. Au reste, ces tombeaux étoient fort agréables : le laurier-rose croissoit au pied des cyprès, qui ressembloient à de grands obélisques ; des milliers de tourterelles voltigeoient parmi ces ombrages ; l'herbe flottoit autour de la petite colonne funèbre, surmontée du turban ; une fontaine, bâtie par un pieux chérif, et qui sortoit de son tombeau, répandoit son eau dans le chemin pour le voyageur. On se seroit volontiers arrêté dans le cimetière où ce laurier de la Grèce, dominé par le cyprès de l'Orient, sembloit rappeler la mémoire de deux peuples dont la poussière reposoit dans ce lieu.

« Nous mîmes une heure pour arriver de ce cimetière à Coron. Nous marchâmes à travers un bois continu d'oliviers, planté de froment à demi moissonné. Le terrain, qui de loin paroît une plaine unie, est coupé par des ravines inégales et profondes. M. Vial, alors consul de France à Coron, me reçut avec cette hospitalité par laquelle les consuls du Levant sont si remarquables. Il voulut bien me loger chez lui. Il renvoya mon janissaire de Modon, et me donna un de ses propres janissaires, pour traverser avec moi la Morée et me conduire à Athènes. Ma marche fut ainsi réglée. Je ne pouvois me rendre à Sparte par Calamate, que l'on prendra si l'on veut pour Calathion, Cardamyle ou Thalames, sur la côte de la Laconie, presque en face de Coron. Le capitan-pacha étoit en guerre avec les Maniottes : ainsi la route par Calamate m'étoit fermée. Il fut donc arrêté que je prendrois un long détour ; que je passerois le défilé des Portes, l'un des Hermæum de la Messénie ; que je me rendrois à Tripolizza, afin d'obtenir du pacha de Morée le firman nécessaire pour passer l'isthme ; que je reviendrois de Tripolizza à Sparte, et que de Sparte je prendrois par la montagne le chemin d'Argos, de Mycènes et de Corinthe.

. . . .

« La maison du consul dominoit le golfe de Coron ; je voyois de ma fenêtre la mer de Messénie, peinte du plus bel azur ; devant moi, de l'autre côté de cette mer, s'élevoit la haute chaîne du Taygète, couverte de neige, et justement comparée aux Alpes par Strabon, mais aux Alpes sous un plus beau ciel. A ma droite s'étendoit la pleine mer, et à ma gauche, au fond du golfe, je découvrois le mont Ithome, isolé comme le Vésuve et tronqué comme lui à son sommet. Je ne pouvois m'arracher à ce spectacle. Quelles pensées ne m'inspiroit point la vue de ces côtes silencieuses et désertes de la Grèce, où l'on n'entend que l'éternel sifflement du mistral et le gémissement des flots ! Quelques coups de canon que le capitan-pacha faisoit tirer de loin à loin contre les rochers des Maniottes interrompoient seuls ces tristes bruits par un bruit plus triste encore. On ne voyoit sur toute l'étendue de la mer que la flotte de ce chef des barbares ; elle me rappeloit les pirates américains, qui plantoient leur drapeau sanglant sur une terre inconnue, et prenoient possession d'un pays enchanté au nom de la servitude et de la mort ; ou plutôt je croyois voir les vaisseaux d'Alaric s'éloigner de la Grèce en cendres, emportant la dépouille des temples, les trophées d'Olympie et les statues brisées de la Liberté et des Arts.

« Je quittai Coron le 14 août, à deux heures du matin, pour continuer mon voyage, etc., etc. »

20ᵉ. — PAGE 18.

Comme un jeune olivier qu'un jardinier élève avec soin.

Οἶον δὲ τρέφει ἔρνος ἀνὴρ ἐριθηλὲς ἐλαίης
Χώρῳ ἐν οἰοπόλῳ, ὅθ' ἅλις ἀναβέβρυκεν ὕδωρ,
Καλὸν, τηλεθάον· τὸ δέ τε πνοιαὶ δονέουσι
Παντοίων ἀνέμων, καί τε βρύει ἄνθεϊ λευκῷ.

(*Iliad.*, liv. XVII, v. 53.)

Je n'ai pas tout imité dans cette belle comparaison. Pythagore avoit une telle admiration pour ces vers, qu'il les avoit mis en musique, et qu'il les chantoit en s'accompagnant de sa lyre.

21ᵉ. — PAGE 18.

Hiéroclès avoit demandé Cymodocée pour épouse.

Voilà la première pierre de l'édifice. Le motif du refus de Démodocus et du dégoût de Cymodocée est justifié par le caractère et la personne d'Hiéroclès.

22ᵉ. — PAGE 18.

Ils disoient les maux qui sont le partage des enfants de la terre.

Tout ce qui suit fait allusion à divers passages de l'*Iliade* et de l'*Odyssée*. C'est Ulysse qui regrette de mourir avant d'avoir revu la fumée qui s'élève de ses foyers ; ce sont les frères d'Andromaque qui furent tués par Achille lorsqu'ils gardoient les troupeaux, etc.

23ᵉ. — PAGE 19.

Lorsque, adossée contre une colonne, elle tournoit ses fuseaux à la lueur d'une flamme éclatante.

> Ἡ δ' ἧσται ἐπ' ἐσχάρῃ ἐν πυρὸς αὐγῇ,
> Ἠλάκατα στρωφῶσ' ἁλιπόρφυρα, θαῦμα ἰδέσθαι,
> Κίονι κεκλιμένη· δμωαὶ δέ οἱ εἵατ' ὄπισθεν.
> (*Odyss.*, liv. v, v. 305.)

24ᵉ. — PAGE 19.

Cette modération, sœur de la vérité, sans laquelle tout est mensonge.

En supprimant ici les deux virgules, on a fait une phrase ridicule, par laquelle je dirois que tout est mensonge sans la vérité. Voilà la bonne foi de la critique.

25ᵉ. — PAGE 19.

Un jour elle étoit allée au loin cueillir le dictame avec son père.

Le dictame, renommé en Crète, croît aussi sur plusieurs montagnes de la Grèce, où je l'ai remarqué.

26ᵉ. — PAGE 19.

Ils avoient suivi une biche blessée par un archer d'OEchalie.

> Non illa feris incognita capris
> Gramina, cum tergo volucres hæsere sagittæ.
> (*Æneid.*, XII, 414.)

27ᵉ. — PAGE 19.

Le bruit se répandit aussitôt que Nestor et la plus jeune de ses filles, la belle Polycaste, étoient apparus à des chasseurs dans les bois de l'Ira.

Polycaste conduisit Télémaque au bain, lorsqu'il vint demander à Nestor des nouvelles de son père. (*Odyss.*, liv. III.)

Il y avoit en Messénie une ville, une montagne et une rivière du nom d'Ira. Le siége d'Ira, par les Lacédémoniens, dura onze ans, et finit par la captivité et la dispersion des Messéniens. (PAUSANIAS.)

28ᵉ. — PAGE 19.

La fête de Diane Limnatide approchoit... Cette pompe, cause funeste des guerres antiques de Lacédémone et de Messène...

« Diane Limnatide avoit un temple sur les frontières de la Messénie et de la Laconie. De jeunes filles de Sparte étant venues à la fête de la déesse, furent violées par les Messéniens. » (PAUSANIAS.) De là les guerres de Messénie.

29ᵉ. — PAGE 20.

La statue de Diane, placée sur un autel...

C'est la Diane antique du Muséum.

30ᵉ. — PAGE 20.

Cymodocée, à la tête de ses compagnes, égales en nombre aux nymphes Océanies, entonna l'hymne à la Vierge Blanche.

Les nymphes Océanies étoient au nombre de soixante, et formoient le cortége de Diane. Diane partageoit avec Minerve le surnom de Vierge Blanche, à cause de sa virginité.

31ᵉ. — PAGE 20.

Diane, souveraine des forêts, etc.

> Phœbe, sylvarumque potens Diana,
> . . . .
> . . . . . . date quæ precamur
>   Tempore sacro.
> Quo sibyllini monuere versus
> Virgines lectas puerosque castos
> Dis quibus septem placuere colles
>   Dicere carmen.
> . . . .
> Di probos mores docili juventæ,
> Di senectuti placidæ quietem,
> Romulæ genti date remque prolemque,
>   Et decus omne.
>   (Hor., *Carm. sec.*)

Les lecteurs qui compareront mon hymne à celui d'Horace verront bien que je diffère de mon modèle sur une foule de points.

32ᵉ. — PAGE 21.

Un cerf blanc fut immolé à la reine du silence.

On offroit à Diane des fruits, des bœufs, des béliers, des cerfs blancs. J'ai cru pouvoir hasarder l'expression de reine du silence, d'après une expression d'Horace.

33ᵉ. — PAGE 21.

C'étoit une de ces nuits dont les ombres transparentes.

Je n'ai rien imité dans cette description, hors le dernier trait, qui est d'Homère : « Assis dans la vallée, le berger, etc. »

34ᵉ. — PAGE 21.

Ces retraites enchantées, où les anciens avoient placé le berceau de Lycurgue et celui de Jupiter.

On sait que Jupiter fut élevé en Crète, sur le mont Ida ; mais une autre tradition vouloit qu'il eût été nourri sur le mont Ithome. (Voyez PAUSANIAS, *in Messen.*) J'ai suivi cette tradition.

35ᵉ. — PAGE 21.

De Cybèle descendue dans les bois d'OEchalie.

OEchalie, en Messénie, étoit consacrée par les mystères des grandes déesses.

36ᵉ. — PAGE 21.

Les hauteurs de Thuria.

A six stades de la mer, vous trouverez Phères; ensuite, quatre-vingts stades plus haut, dans les terres, est la ville de Thuria. Homère la nomme Anthée. (Pausanias, *in Messen.*, cap. xxi.) « Æpeia nunc Thuria vocatur, » dit Strabon: « vox Celsam significat, quod nomen inde habet quod in sublimi colle est sita. » (Lib. viii.)

37ᵉ. — PAGE 21.

Le labyrinthe, dont la danse des jeunes Crétoises imitoit encore les détours.

On croit que la danse crétoise connue sous le nom d'Ariadne étoit une imitation des circuits du labyrinthe. Homère la place sur le bouclier d'Achille.

38ᵉ. — PAGE 21.

Une source d'eau vive, environnée de hauts peupliers.

> Ἀμφὶ δ' ἄρ' αἰγείρων ὑδατοτρεφέων ἦν ἄλσος
> Πάντοσε κυκλοτερές, κατὰ δὲ ψυχρὸν ῥέεν ὕδωρ
> Ὑψόθεν ἐκ πέτρης· βωμὸς δ' ἐφύπερθε τέτυκτο
> Νυμφάων, ὅθι πάντες ἐπιρρέζεσκον ὁδῖται.
> (*Odyss.*, liv. xvii, v. 208.)

39ᵉ. — PAGE 22.

Tel un successeur d'Apelles a représenté le sommeil d'Endymion.

Il étoit bien juste que je rendisse ce foible hommage à l'admirable tableau d'Atala au tombeau. Malheureusement je n'ai pas l'art de M. Girodet, et tandis qu'il embellit mes peintures, j'ai bien peur de gâter les siennes. Au reste, ce tableau du sommeil d'Eudore n'est pas tout à fait semblable au tableau du sommeil d'Endymion, par M. Girodet. J'ai pris quelques détails du bas-relief qu'on voit au Capitole, et qui représente le même sujet.

40e. — PAGE 22.

Et jamais ma mère, déjà tombée sous vos coups, ne fut orgueilleuse de ma naissance !

Allusion à l'aventure de Niobé.

41e. — PAGE 22.

Comment ! dit Cymodocée... est-ce que tu n'es pas le chasseur Endymion ?

Cette rencontre d'Eudore et de Cymodocée a paru généralement faire plaisir. Ceux qui l'ont critiquée ont trouvé que Cymodocée parloit trop pour une jeune Grecque, et ils ont prétendu que cela péchoit contre la vérité des mœurs. J'ai une réponse bien simple à faire : c'est Homère qui est le coupable. Nausicaa parle bien plus longuement à Ulysse que Cymodocée à Eudore. Les discours de Nausicaa sont même si longs, qu'ils occuperoient trop de place ici, et je suis obligé de renvoyer le lecteur à l'original. (Voyez l'*Odyssée,* liv. vi.) Ces longs bavardages, si j'ose proférer ce blasphème, ces répétitions, ces circonlocutions hors du sujet, sont un des caractères du style homérique. Je devois les imiter, surtout au moment de la rencontre de mes deux principaux personnages, pour faire contraster la prolixité païenne avec le laconisme du langage chrétien. Quant à l'anachronisme de mœurs, je me suis expliqué dans la remarque iiie. Si j'avois besoin de quelque autre autorité après celle d'Homère, je la trouverois dans les tragiques grecs. Iphigénie, dans l'*Iphigénie en Aulide,* confie ses douleurs au chœur, composé des femmes de Chalcis, qu'elle n'a jamais vues ; elle veut avoir l'éloquence d'Orphée, pour toucher Agamemnon ; elle s'adresse aux forêts de la Phrygie, aux montagnes d'Ida ; elle parle des eaux limpides, des prés fleuris où croissent la rose et l'hyacinthe ; elle entasse cent autres lieux communs de poésie étrangers au sujet. Électre, dans *Les Choéphores* d'Eschyle, reconnoît promptement Oreste ; mais quels interminables discours ne tient-elle point à son frère, étranger, inconnu d'elle, dans Sophocle et Euripide ! Nos grands poëtes ont si peu songé à cette prétendue invraisemblance de mœurs, qu'en imitant les anciens ils ont toujours fait parler très-longuement les jeunes princesses. J'ai tort de réfuter sérieusement ce qu'on n'a pu donner pour une critique sérieuse.

42e. — PAGE 23.

Je suis fille d'Homère aux chants immortels.

Cela n'est pas plus extraordinaire que d'entendre Nausicaa conter sa généalogie et l'histoire de son père et de sa mère à Ulysse, qu'elle a trouvé tout nu dans un buisson. Quand on veut chicaner un auteur, il faut au moins savoir de quoi l'on parle.

43ᵉ. — PAGE 23.

La Nuit sacrée, épouse de l'Érèbe et mère des Hespérides et de l'Amour.

Lorsqu'il y a plusieurs traditions sur un sujet, je prends la moins connue ou la plus agréable, pour rajeunir les tableaux mythologiques : c'est pousser loin l'impartialité. Ainsi l'Amour, qu'on fait fils de Vénus, est ici enfant de la Nuit, allégorie presque aussi agréable et beaucoup plus ignorée que la première.

44ᵉ. — PAGE 23.

Je ne vois que des astres qui racontent la gloire du Très-Haut.

« Cœli enarrant gloriam Dei. » (*Psalm.* XVIII, 1.)

45ᵉ. — PAGE 24.

Ils me vendirent à un port de Crète, éloigné de Gortynes, etc... Lébène... Théodosie... Milet.

Lébène étoit le port, ou, comme on parle dans le Levant, l'échelle de Gortynes. Il étoit éloigné de cette ville de quatre-vingt-dix stades, selon Strabon : « Distat ab Africo mari et Lebene navali suo ad stadia XC. » (STRAB., lib. X.)

Théodosie étoit une ville de la Chersonèse Taurique, abondante en blé, qui se vendoit dans tout le Levant. « Post montana ista urbs sequitur Theodosia, campo prædita fertili, et portu vel centum navibus recipiendis apto... Tota regio frumenti ferax est. » (STRAB., lib. VII, p. 309.)

46ᵉ. — PAGE 24.

Les cruelles Ilithyes.

Déesses, filles de Junon. Elles présidoient aux accouchements. Euryméduse les appelle cruelles, parce qu'Épicharis mourut en donnant le jour à Cymodocée. Diane est invoquée dans Horace sous le nom d'Ilithye :

> Rite maturos aperire partus
> Lenis Ilithya, tuere matres.
> (HOR., *Carm. sec.*)

47ᵉ. — PAGE 24.

Je te balançois sur mes genoux ; tu ne voulois prendre de nourriture que de ma main.

Phœnix dit à peu près la même chose à Achille, et avec encore plus de naïveté :

> Οὔτ' ἐς δαῖτ' ἰέναι, οὔτ' ἐν μεγάροισι πάσασθαι,
> Πρίν γ' ὅτε δή σ' ἐπ' ἐμοῖσιν ἐγὼ γούνασσι καθίσσας,
> Ὄψου τ' ἄσαιμι προταμών, καὶ οἶνον ἐπισχών.
> Πολλάκι μοι κατέδευσας ἐπὶ στήθεσσι χιτῶνα
> Οἴνου, ἀποβλύζων ἐν νηπιέῃ ἀλεγεινῇ.
> (*Iliad.*, liv. IX, v. 487.)

48ᵉ. — PAGE 24.

Il part comme un aigle.

> Ὣς ἄρα φωνήσασ' ἀπέβη γλαυκῶπις Ἀθήνη,
> Φήνῃ εἰδομένη.
> (*Odyss.*, liv. III, v. 371.)

49ᵉ. — PAGE 24.

Elle détourna la tête, dans la crainte de voir le dieu et de mourir.

On croyoit que la manifestation subite de la divinité donnoit la mort. (Voyez une note de Mᵐᵉ Dacier sur un passage du XVIᵉ livre de l'*Odyssée*.)

50ᵉ. — PAGE 24.

Et passant les fontaines d'Arsinoé et de Clepsydra.

« On y voit (sur le mont Ithome) une fontaine nommée Arsinoé : elle reçoit l'eau d'une fontaine appelée Clepsydra. » (Pausanias, *in Messen.*, cap. XXXI)

51ᵉ. — PAGE 25.

Ce père malheureux étoit assis à terre, près du foyer ; la tête couverte d'un pan de sa robe, il arrosoit les cendres de ses pleurs.

Tout le monde sait que les suppliants et les malheureux s'asseyoient au foyer parmi les cendres. (Voyez l'*Odyssée*, liv. XVI, et Plutarque, dans la *Vie de Thémistocle*.)

52e. — PAGE 25.

Tels sont les cris dont retentit le nid des oiseaux lorsque la mère apporte la nourriture à ses petits.

On a critiqué cette comparaison : on a dit que la douleur ou la joie morale ne pouvoit jamais être comparée au mouvement de la douleur ou des besoins physiques. S'il en étoit ainsi, il faudroit renoncer à toute comparaison et même à toute poésie; car les comparaisons et la poésie consistent surtout à transporter, pour ainsi dire, le physique dans le moral et le moral dans le physique. C'est ce qui est reconnu par tous les critiques dignes de porter ce nom.

Au reste, cette comparaison se trouve dans Homère, et presque dans les mêmes circonstances où elle est placée ici. (*Odyssée*, liv. XVI.)

53e. — PAGE 25.

On auroit vu ton père racontant sa douleur au soleil.

Usage antique qu'on retrouve dans les tragiques grecs. Jocaste, dans *Les Phéniciennes*, ouvre la scène par un monologue où elle apostrophe l'astre du jour. De là le beau vers de Virgile et l'un des plus beaux vers de son illustre traducteur :

> Solem quis dicere falsum
> Audeat?
>
> Qui pourroit, ô soleil ! t'accuser d'imposture?

54e. — PAGE 25.

La destinée d'un vieillard qui meurt sans enfants est digne de pitié, etc.

Imitation de Solon. Ce grand législateur étoit poëte. Il nous reste de lui quelques fragments d'une espèce d'élégie politique. (*In min. Poet. græc.*)

55e. — PAGE 25.

Ah ! je ne sentirois pas un chagrin plus mortel quand on cesseroit de m'appeler le père de Cymodocée!

Formule touchante empruntée des Grecs. Ulysse s'en sert dans l'*Iliade* en parlant de Télémaque.

56ᵉ. — PAGE 26.

Et nous avons craint les soupçons qui s'élèvent trop souvent dans le cœur des enfants de la terre.

Δύσζηλοι γάρ τ' εἰμὲν ἐπὶ χθονὶ φῦλ' ἀνθρώπων.
(*Odyss.*, liv. vii, v. 307.)

57ᵉ. — PAGE 26.

Euryméduse, repartit Démodocus, quelles paroles sont échappées à tes lèvres! Jusqu'à présent tu n'avois pas paru manquer de sagesse, etc.

Οὐ μὲν νήπιος ἦσθα, Βοηθοΐδη Ἐτεωνεῦ,
Τὸ πρίν · ἀτὰρ μὲν νῦν γε, παῖς ὣς, νήπια βάζεις.
(*Odyss.*, liv. iv, v. 31.)

58ᵉ. — PAGE 26.

La colère, comme la faim, est mère des mauvais conseils.

Et malesuada fames. (Virg., vi, 276.)

59ᵉ. — PAGE 26.

Qui pourroit égaler les Grâces, surtout la plus jeune, la divine Pasithée?

Les noms ordinaires des Grâces sont Aglaé, Thalie et Euphrosine. Homère nomme la plus jeune Pasithée, et il a été suivi par Stace.

60ᵉ. — PAGE 26.

Orphée, Linus, Homère, ou le vieillard d'Ascrée.

Poëtes connus de tout le monde. Hésiode est le vieillard d'Ascrée.

Ascræumque cano romana per oppida carmen.
(Virg., *Georg.* ii, 176.)

61ᵉ. — PAGE 26.

Philopœmen, et Polybe aimé de Calliope, fille de Saturne et d'Astrée.

Philopœmen, le dernier des Grecs, et Polybe l'historien, étoient de Mégalopolis en Arcadie. Calliope, prise ici pour l'Histoire, étoit fille de Saturne et d'Astrée, c'est-à-dire du Temps et de la Justice. Voici le commencement de la généalogie du principal personnage qui doit représenter les héros de la Grèce. Le nom d'Eudore est tiré d'Homère. Eudore étoit un des compagnons d'Achille.

62ᵉ. — PAGE 26.

Dicé, Irène et Eunomie.

Noms des Heures, d'après Hésiode, qui n'en compte que trois. Elles étoient filles de Jupiter et de Thémis.

63ᵉ. — PAGE 26.

Un esclave, tenant une aiguière d'or et un bassin d'argent, verse une eau pure sur les mains du prêtre d'Homère.

> Χέρνιβα δ' ἀμφίπολος προχόῳ ἐπέχευε φέρουσα
> Καλῇ, χρυσείῃ, ὑπὲρ ἀργυρέοιο λέβητος.
> (*Odyss.*, liv. VII, v. 172.)

64ᵉ. — PAGE 27.

Ce fut en vain qu'elle pria la Nuit de lui verser la douceur de ses ombres.

Il y avoit dans les éditions précédentes l'*ambroisie* de ses ombres, expression grecque que j'avois essayé de faire passer dans notre langue; mais, outre qu'on ne peut pas dire *verser* de l'ambroisie, j'ai trouvé ce tour un peu recherché.

65ᵉ. — PAGE 27.

Il emboîte l'essieu dans les roues bruyantes, etc.

> Ἥβη δ' ἀμφ' ὀχέεσσι θοῶς βάλε καμπύλα κύκλα,
> Χάλκεα, ὀκτάκνημα, σιδηρέῳ ἄξονι ἀμφίς.
> Τῶν ἤτοι χρυσέη ἴτυς ἄφθιτος, αὐτὰρ ὕπερθεν
> Χάλκε' ἐπίσσωτρα, προσαρηρότα, θαῦμα ἰδέσθαι·
> Πλῆμναι δ' ἀργύρου εἰσὶ περίδρομοι ἀμφοτέρωθεν·
> Δίφρος δὲ χρυσέοισι καὶ ἀργυρέοισιν ἱμᾶσιν
> Ἐντέταται· δοιαὶ δὲ περίδρομοι ἄντυγές εἰσιν·
> Τοῦ δ' ἐξ ἀργύρεος ῥυμὸς πέλεν· αὐτὰρ ἐπ' ἄκρῳ
> Δῆσε χρύσειον καλὸν ζυγόν, ἐν δὲ λέπαδνα
> Κάλ' ἔβαλε, χρύσει'· ὑπὸ δὲ ζυγὸν ἤγαγεν Ἥρη
> Ἵππους ὠκύποδας, μεμαυῖ' ἔριδος καὶ ἀϋτῆς.
> (*Iliad.*, liv. V, v. 722.)

66e. — PAGE 27.

C'étoit une coupe de bronze à double fond, etc.

Toute cette histoire de la coupe est faite d'après l'*Iliade* et la *Vie d'Homère* attribuée à Hérodote. Le bouclier d'Ajax étoit l'ouvrage de Tychus, armurier de la ville d'Hylé. Homère eut pour hôte Créophyle de Samos, et l'on sait que Lycurgue apporta le premier dans la Grèce les poëmes d'Homère, qu'il avoit trouvés chez les descendants de Créophyle. (Voyez la *Vie d'Homère*, traduct. de M. Larcher.)

67e. — PAGE 27.

Les Grâces décentes.

   Gratiæ decentes.   (Hor., lib. I, od. IV.)

68e. — PAGE 27.

Le voile blanc des Muses qui brilloit comme le soleil, et qui étoit placé sous tous les autres dans une cassette odorante.

  Τῶν ἕν' ἀειραμένη Ἑκάβη φέρε δῶρον Ἀθήνῃ,
  Ὃς κάλλιστος ἔην ποικίλμασιν, ἠδὲ μέγιστος,
  Ἀστὴρ δ' ὣς ἀπέλαμπεν· ἔκειτο δὲ νείατος ἄλλων.
         (*Iliad.*, liv. VI, v. 293.)

69e. — PAGE 28.

Il portoit sur sa tête une couronne de papyrus.

C'étoit la couronne des poëtes.

70e. — PAGE 28.

Les dieux voulurent naître parmi les Égyptiens, parce qu'ils sont les plus reconnoissants des hommes.

C'est Platon qui le dit. Les Égyptiens avoient une loi contre l'ingratitude. Cette loi s'est perdue.

LIVRE DEUXIÈME.

Ce second livre des *Martyrs* n'a éprouvé aucune critique; il a été loué généralement par tous les censeurs. J'ai pourtant vu des personnes de goût qui préféroient le premier pour les souvenirs de l'antiquité. Il est certain que le premier livre m'a coûté plus de peine, et je l'ai revu plus souvent et plus longtemps.

1re REMARQUE. — PAGE 29.

A l'heure où le magistrat fatigué quitte avec joie son tribunal pour aller prendre son repas.

> ... Ἦμος δ' ἐπὶ δόρπον ἀνὴρ ἀγορῆθεν ἀνέστη,
> Κρίνων νείκεα πολλὰ δικαζομένων αἰζηῶν.
> (*Odyss.*, liv. xii, v. 439.)

2e. — PAGE 29.

Vint se reposer à Phigalée, célèbre par le dévouement des Oresthasiens.

Phigalée, ville de l'Arcadie, bâtie sur un rocher, et traversée par un ruisseau nommé Lymax, qui tomboit dans la Néda. Les Phigaliens, ayant été chassés de leur pays par les Lacédémoniens, consultèrent l'oracle de Delphes. L'oracle répondit : « Que les Phigaliens prennent avec eux cent jeunes gens de la ville d'Oresthasium : ces cent jeunes gens périront dans le combat contre les Spartiates, mais les Phigaliens rentreront dans leur ville. » Les cent Oresthasiens se dévouèrent. (PAUSANIAS, *in Arcad.*, cap. xxxix.)

3e. — PAGE 29.

Le prince de la jeunesse, l'aîné des fils d'Ancée, etc.

Pour les détails de ce sacrifice homérique, voyez le IIIe livre de l'*Odyssée*, vers la fin. Le dos de la victime étoit servi comme le morceau le plus honorable. Ulysse le donne à Démodocus, livre VIII de l'*Odyssée*, pour le récompenser de ses chants.

4e. — PAGE 30.

Les dons de Cérès, que Triptolème fit connoître au pieux Arcas, remplacent le gland dont se nourrissoient jadis les Pélasges, premiers habitants de l'Arcadie.

Pélasgus régna le premier en Arcadie, et donna son nom à son peuple. Pélasgus eut pour fils Lycaon, qui fut changé en loup. Lycaon laissa une fille,

Callisto, qui fut mère d'Arcas. Arcas, instruit par Triptolème, apprit à ses sujets à semer du blé et à s'en nourrir au lieu de gland. (PAUSANIAS, *in Arcad.*, cap. I, II, III et IV.)

5e. — PAGE 30.

On sépare la langue de la victime.

C'étoit la dernière cérémonie du sacrifice.

6e. — PAGE 30.

Il n'est pas permis d'entrer dans les temples des dieux avec du fer ;

Et même dans certains temples avec de l'or, selon Plutarque. Belle leçon ! (*Moral. præcep. Administ. public.*)

7e. — PAGE 30.

Aussitôt que l'aurore eut éclairé de ses premiers rayons l'autel de Jupiter qui couronne le mont Lycée, etc. ; *jusqu'à l'alinéa.*

Les premières éditions portoient : *Le temple de Jupiter.* Je m'étois trompé. Le mont Lycée étoit la plus haute montagne d'Arcadie ; on l'appeloit le mont Sacré, parce que Jupiter, selon les Arcadiens, y avoit été nourri. Ce dieu avoit un autel sur le sommet de la montagne, et de cet autel on découvroit presque tout le Péloponèse. Les hommes ne pouvoient entrer dans l'enceinte consacrée à Jupiter. Les corps n'y donnoient aucune ombre, quoique frappés des rayons du soleil, etc. (PAUSANIAS, *in Arcad.*, cap. XXXVIII, et *Voyage du Jeune Anacharsis.* Voyez Arcadie.)

8e. — PAGE 30.

Il prend sa course vers le temple d'Eurynome, caché dans un bois de cyprès.

Ce temple étoit à douze stades au-dessous de Phigalée, un peu au-dessus du confluent du Lymax et de la Néda. Eurynome étoit une fille de l'Océan. La statue de cette divinité étoit attachée dans le temple avec une chaîne d'or, et ce temple ne s'ouvroit qu'une fois l'année. (PAUSANIAS, lib. VIII, *in Arcad.*, cap. XLI.)

9e. — PAGE 30.

Il franchit le mont Élaïus ; il dépasse la grotte où Pan retrouva Cérès, etc.

Élaïus étoit à trente stades à droite de Phigalée : la grotte de Cérès, sur-

LIVRE II.

nommée la Noire, étoit dans cette montagne. Cérès, pleurant l'enlèvement de Proserpine, prit une robe noire, et se cacha pour pleurer dans la grotte du mont Élaïus. Les fruits et les moissons périssoient, les hommes mouroient de faim, les dieux ne savoient ce qu'étoit devenue la déesse. Pan, en chassant sur les montagnes d'Arcadie, retrouva enfin Cérès. Il en avertit Jupiter. Jupiter envoya les Parques à Cérès, et ces divinités inexorables fléchirent, par leurs prières, le courroux de Cérès : elle rendit les moissons aux hommes. (PAUSANIAS lib. VIII, *in Arcad.*, cap. XLII.)

10ᵉ. — PAGE 30.

Les voyageurs traversent l'Alphée au-dessous du confluent du Gorthynius, et descendent jusqu'aux eaux limpides du Ladon.

Il n'est point de lecteur qui n'ait entendu parler de l'Alphée et du Ladon : de l'Alphée, à cause de ses amours avec Aréthuse et de son passage à Olympie, et du Ladon, à cause de la beauté de ses eaux.

J'ai traversé, au mois d'août 1806, une des sources de l'Alphée, entre Léontari, Tripolizza et Misitra : cette source étoit tarie.

Le Gorthynius, dit Pausanias, est de tous les fleuves celui dont les eaux sont les plus fraîches. (Liv. VIII, ch. XXVIII.)

Démodocus venant de Phigalée, et descendant l'Alphée, devoit rencontrer d'abord le Gorthynius, et puis le Ladon.

11ᵉ. — PAGE 30.

Là se présente une tombe antique, que les nymphes des montagnes avoient environnée d'ormeaux.

Ἡδ' ἐπὶ σῆμ' ἔχεεν· περὶ δὲ πτελέας ἐφύτευσαν
Νύμφαι ὀρεστιάδες.
(*Iliad.*, liv. VI, v. 419.)

12ᵉ. — PAGE 30.

C'étoit celle de cet Arcadien pauvre et vertueux, d'Aglaüs Psophis.

« On nous montra un petit champ et une petite chaumière : c'est là que vivoit, il y a quelques siècles, un citoyen pauvre et vertueux ; il se nommoit Aglaüs. Sans crainte, sans désirs, ignoré des hommes, ignorant ce qui se passoit parmi eux, il cultivoit paisiblement son petit domaine, dont il n'avoit jamais passé les limites. Il étoit parvenu à une extrême vieillesse, lorsque des ambassadeurs du puissant roi de Lydie, Gygès ou Crésus, furent chargés de demander à l'oracle de Delphes s'il existoit sur la terre entière un mortel plus heureux que ce prince. La Pythie répondit : Aglaüs de Psophis. » (*Voyage d'Anacharsis*, Arcadie.) On voit que je n'ai point suivi ce récit. J'ai disposé à mon gré de la tombe de Psophis : c'étoit celle d'un homme heureux et sage ; elle m'a paru bien placée à l'entrée de l'héritage de Lasthénès.

13ᵉ. — PAGE 30.

La robe dont cet homme étoit vêtu ne différoit de celle des philosophes grecs que parce qu'elle étoit d'une étoffe blanche assez commune.

Il est inutile d'étaler ici une vaine érudition et de citer les Pères et les écrivains de l'Histoire ecclésiastique, Eusèbe, Socrate, Zonare, etc. : une autorité aussi fidèle qu'agréable nous suffira pour les mœurs des chrétiens ; c'est celle de Fleury :

« Les chrétiens rejetoient les habits de couleur trop éclatante, mais saint Clément d'Alexandrie recommandoit le blanc, comme symbole de pureté...
. . . .
Tout l'extérieur des chrétiens étoit sévère et négligé, au moins simple et sérieux. Quelques-uns quittoient l'habit ordinaire pour prendre celui des philosophes, comme Tertullien et saint Héraclas, disciples d'Origène. » (FLEURY, *Mœurs des Chrétiens*.)

14ᵉ. — PAGE 31.

Mercure ne vint pas plus heureusement à la rencontre de Priam.

(Voyez l'*Iliade*, liv. XXIV.)

15ᵉ. — PAGE 31.

Ce palais appartient à Hiéroclès.

Ceci n'est point une phrase jetée au hasard. J'ai tâché, autant que je l'ai pu, de ne faire entrer dans ma composition rien d'inutile. Ce palais deviendra le théâtre d'une des scènes de l'action.

16ᵉ. — PAGE 31.

En arrivant au milieu des moissonneurs, l'inconnu s'écria : « Le Seigneur soit avec vous ! »

« Et ecce, ipse veniebat de Bethlehem, dixitque messoribus : Dominus vobiscum. Qui responderunt ei : Benedicat tibi Dominus. » (RUTH, cap. II, v. 4.)

LIVRE II.

17ᵉ. — PAGE 31.

Des glaneuses les suivoient en cueillant les nombreux épis, etc.

« Præcepit autem Booz pueris suis, dicens... : Et de vestris quoque manipulis projicite de industria, et remanere permittite, ut absque rubore colligat. » (RUTH, c. II, v. 15-16.)

18ᵉ. — PAGE 32.

Qui triompha de Carrausius.

On verra, dans le récit et dans les notes du récit, quel étoit ce Carrausius.

19ᵉ. — PAGE 32.

Méléagre étoit moins beau que toi lorsqu'il charma les yeux d'Atalante!

Homère a sur Méléagre une tradition différente de celle des autres poëtes. Je ne fais ici d'allusion qu'à la dernière. Méléagre étoit un jeune héros qui donna la hure du sanglier de Calydon à Atalante, fille de Jasius, roi d'Arcadie. Sa mère, Althée, le fit mourir en jetant au feu le tison auquel sa vie étoit attachée. Il ne faut pas confondre cette Atalante avec celle qui fut vaincue par Hippomène. Stace a donné un fils à Atalante, qui suivit les sept chefs au siége de Thèbes. (*Thébaïde,* liv. IV.)

20ᵉ. — PAGE 32.

Heureux ton père, heureuse ta mère, etc.

> Τρισμάκαρες μὲν σοί γε πατὴρ καὶ πότνια μήτηρ,
> Τρισμάκαρες δὲ κασίγνητοι...
> Κεῖνος δ' αὖ περὶ κῆρι μακάρτατος ἔξοχον ἄλλων
> Ὅς κέ σ' ἐέδνοισι βρίσας οἶκόν δ' ἀγάγηται.
> (*Odyss.*, liv. VI, v. 154-158.)

21ᵉ. — PAGE 32.

J'accepterai le présent que vous m'offrez, s'il n'a pas servi à vos sacrifices.

Tout ce qui avoit servi aux sacrifices des païens étoit en abomination aux chrétiens.

22ᵉ. — PAGE 32.

Je ne me souviens pas d'avoir vu la peinture d'une scène pareille, si ce n'est sur le bouclier d'Achille.

(*Iliade,* liv. XVII.)

23ᵉ. — PAGE 33.

Ces moissonneurs ne sont plus mes esclaves.

Cette religion, contre laquelle on a tant déclamé, a pourtant aboli l'esclavage. Tous les chrétiens primitifs n'affranchirent cependant pas sur-le-champ leurs esclaves ; mais Lasthénès suivoit de plus près cet esprit évangélique qui a brisé les fers d'une grande partie du genre humain.

24ᵉ. — PAGE 33.

La vérité... mère de la vertu.

On la fait aussi la mère de la justice.

25ᵉ. — PAGE 33.

Voyageur, les chrétiens.

Sur ce mot de voyageur opposé à celui d'étranger, qu'il me soit permis de rapporter un passage du *Génie du Christianisme* :

« L'hôte inconnu est un étranger chez Homère, et un voyageur dans la *Bible*. Quelles différentes vues de l'humanité ! Le Grec ne porte qu'une idée politique et locale où l'Hébreu attache un sentiment moral et universel. »

26ᵉ. — PAGE 33.

Que Dieu lui rende sept fois la paix.

Tour hébraïque. Les Grecs et les Romains disoient *terque quaterque*. On en a vu un exemple dans la note XX : Τρισμάκαρες.

27ᵉ. — PAGE 34.

Non sur les ailes d'or d'Euripide, mais sur les ailes célestes de Platon.

Plutarque, dans ses *Morales*, parle de ces ailes, mais je crois qu'il faut lire les ailes d'or de Pindare.

LIVRE II.

28ᵉ. — PAGE 34.

Dieu m'en a donné la direction ; Dieu me l'ôtera peut-être : que son saint nom soit béni !

« Dominus dedit, Dominus abstulit... Sit nomen Domini benedictum ! » (Job, cap. I, v. 21.)

29ᵉ. — PAGE 34.

Le soleil descendit sur les sommets du Pholoé, etc.

Par l'endroit où la scène est placée, Lasthénès avoit le mont Pholoé à l'occident, un peu vers le nord ; Olympie, à l'occident vrai ; le Telphusse et le Lycée étoient derrière les spectateurs, vers l'orient, et se coloroient des feux opposés du soleil. Toutes ces descriptions sont exactes ; ce ne sont point des noms mis au hasard, sans égard aux positions géographiques. Au reste, le mont Pholoé est une haute montagne d'Arcadie, où Hercule reçut l'hospitalité chez le centaure Pholus, qui donna son nom à la montagne. Telphusse est une montagne, ou plutôt une longue chaîne de terre haute et rocailleuse, où étoit placée une ville du même nom. (Voyez Pausanias, lib. VII, *in Arcad.*, cap. XXV.) J'ai déjà parlé ailleurs du Lycée, de l'Alphée et du Ladon.

30ᵉ. — PAGE 34.

On entendit le son d'une cloche.

Ce ne fut que dans le moyen âge que l'on commença à se servir des cloches dans les églises ; mais on se servoit dans l'antiquité, et surtout en Grèce et à Athènes, de cloches ou de sonnettes pour une foule d'usages domestiques. J'ai donc cru pouvoir appeler les chrétiens grecs à la prière par le son d'une cloche. L'esprit, accoutumé à allier le son des cloches au souvenir du culte chrétien, se prête sans peine à cet anachronisme, si c'en est un.

31ᵉ. — PAGE 34.

Me préservent les dieux de mépriser les prières !

Tout le monde connoît la belle allégorie des prières, mise par Homère dans la bouche d'Achille. Démodocus détourne le sens des paroles de Lasthénès au profit de la mythologie. Até, le mal ou l'injustice, étoit sœur des Lites ou des Prières.

32ᵉ. — PAGE 35.

Seigneur, daignez visiter cette demeure.

Nous sommes aujourd'hui si étrangers aux choses religieuses, que cette prière aura paru toute nouvelle à la plupart des lecteurs : elle est cependant dans tous les livres d'église, à quelques légers changements près. J'ai déjà dit, dans le *Génie du Christianisme*, qu'il n'y avoit point d'Heures à l'usage du peuple qui ne renfermât des choses sublimes; choses que l'habitude dans les uns et l'impiété dans les autres nous empêchent de sentir.

33ᵉ. — PAGE 35.

Le serviteur lava les pieds de Démodocus.

« La première action de l'hospitalité étoit de laver les pieds aux hôtes... Si l'hôte étoit dans la pleine communion de l'Église, on prioit avec lui, et on lui déféroit tous les honneurs de la maison : de faire la prière, d'avoir la première place à table, d'instruire la famille... Les chrétiens exerçoient l'hospitalité même envers les infidèles. » (FLEURY, *Mœurs des Chrétiens*.)

34ᵉ. — PAGE 35.

Des mesures de pierre en forme d'autel, ornées de têtes de lion.

J'ai vu de pareilles mesures à Rome, dans le Musée Clémentin.

35ᵉ. — PAGE 35.

Lasthénès leur ordonne de dresser, dans la salle des agapes, une table, etc.

Les agapes étoient les repas primitifs des chrétiens. Il y en avoit de deux sortes : les uns faits en commun à l'église par tous les fidèles, les autres dans les demeures particulières.

36ᵉ. — PAGE 35.

Nourriture destinée à la famille.

« S'ils mangeoient de la chair (les chrétiens)... c'étoit plutôt du poisson ou de la volaille que de la grosse viande... Plusieurs donc ne vivoient que de laitage, de fruits ou de légumes. » (FLEURY, *Mœurs des Chrétiens*.)

37ᵉ. — PAGE 35.

On vit bientôt entrer un homme d'un visage vénérable, portant sous un manteau blanc un habit de pasteur.

« Comme j'étois dans ma maison, et qu'après avoir prié je me fus assis sur mon lit, je vis entrer un homme d'un visage vénérable, en habit de pasteur, vêtu d'un manteau blanc, portant une panetière sur ses épaules et tenant un bâton à la main. » (Hen., liv. ii.)

38e. — PAGE 36.

C'étoit Cyrille, évêque de Lacédémone.

Ce n'est point ici l'un des saints connus sous le nom de Cyrille. J'ai cherché inutilement un évêque de Lacédémone de cette époque; je n'ai trouvé qu'un évêque d'Athènes. Au reste, j'ai peint Cyrille d'après plusieurs grands évêques de ce temps-là ; et dans toute son histoire, dans les cicatrices de son martyre, dans la force qu'on fut obligé d'employer pour l'élever à l'épiscopat, tout est vrai, hors son nom.

On se prosternoit devant les évêques, et on leur donnoit les noms sacrés que la famille de Lasthénès donne à Cyrille.

39e. — PAGE 36.

Il m'a promis de me raconter son histoire.

De là le récit. La promesse qu'Eudore a faite à Cyrille est censée avoir précédé le commencement de l'action. L'empressement de Cyrille à connoître l'histoire d'Eudore est pleinement justifié, et par le caractère de l'évêque, et par celui du pénitent, et par les mœurs des chrétiens.

40e. — PAGE 36.

Eudore lut pendant une partie du repas, etc.

« Les chrétiens faisoient lire l'Écriture sainte et chantoient des cantiques spirituels et des airs graves, au lieu des chansons profanes et des bouffonneries dont les païens accompagnoient leurs festins : car ils ne condamnoient ni la musique ni la joie, pourvu qu'elle fût sainte. » (Fleury, *Mœurs des Chrétiens*.)

41e. — PAGE 37.

Cymodocée trembloit.

Premier fil d'une trame qui va s'étendre par degrés.

42e. — PAGE 37.

Le repas fini, on alla s'asseoir à la porte du verger, sur un banc de pierre.

Cette coutume antique se retrouve dans la *Bible* et dans Homère. Nestor s'assied à sa porte sur une pierre polie, et les juges d'Israel vont s'asseoir devant les portes de la ville. On aperçoit quelques traces de ces mœurs jusque chez nos aïeux, du temps de saint Louis, c'est-à-dire dans le siècle de la religion, de l'héroïsme et de la simplicité.

43e. — PAGE 37.

L'Alphée rouloit au bas du verger, sous une ombre champêtre, des flots que les palmes de Pise alloient bientôt couronner.

L'Alphée, qui couloit d'abord en Arcadie, parmi des vergers, passoit en Élide au milieu des triomphateurs. Tout le reste de la description est appuyé par le témoignage de Pausanias, d'Aristote et de Théophraste, pour les animaux et les arbres de l'Arcadie, et par ce que j'ai vu de mes propres yeux. On sait que Mercure fit une lyre de l'écaille d'une grande tortue qu'il trouva sur le mont Chélydoré. Quant à la manière dont les chèvres cueillent la gomme du ciste, Tournefort raconte la même chose des troupeaux de la Crète. (*Voyage au Levant.*)

44e. — PAGE 37.

La Puissance... dont les pas font tressaillir les montagnes comme l'agneau timide ou le bélier bondissant. Il admiroit cette sagesse, qui s'élève comme un cèdre sur le Liban, comme un plane aux bords des eaux.

« Montes, exsultastis sicut arietes, et colles sicut agni ovium. (*Psalm.* CLII, v. 6.)

« Quasi cedrus exaltata sum in Libano.

« Quasi platanus exaltata sum juxta aquam in plateis. »

45e. — PAGE 37.

Il laissa un chantre divin auprès de Clytemnestre.

(*Odyss.*, liv. IV.)

46e. — PAGE 38.

Elle commença par l'éloge des Muses.

Pour tout le chant de Cymodocée, je ne puis que renvoyer le lecteur aux *Métamorphoses d'Ovide*, à l'*Iliade*, à l'*Odyssée*, et à la vie d'Homère par divers auteurs. J'ai admis le combat de lyre entre Homère et Hésiode, quoiqu'il soit prouvé que ces deux poëtes n'ont pas vécu dans le même temps. Il ne s'agit pas ici de vérités historiques.

LIVRE II.

47ᵉ. — PAGE 39.

Les Parques mêmes, vêtues de blanc.

Démodocus arrange tout cela un peu à sa façon. C'est Platon, à la fin du xᵉ livre de sa *République*, qui fait cette histoire des Parques : elle n'est pas tout à fait telle qu'on la voit ici. Comment les ennemis des *Martyrs* n'ont-ils pas vu cette erreur ? Quel beau sujet pour eux de triomphe et de pédanterie !

48ᵉ. — PAGE 39.

La colombe qui portoit dans les forêts de la Crète l'ambroisie à Jupiter.

Jupiter enfant fut nourri sur le mont Ida, par une colombe qui lui apportoit l'ambroisie.

49ᵉ. — PAGE 40.

Chantez-nous ces fragments des livres saints que nos frères les Apollinaires, etc.

Anachronisme. Les Apollinaires vivoient sous Julien, et ce fut pendant la persécution suscitée par cet empereur qu'ils mirent en vers une partie des livres saints.

50ᵉ. — PAGE 40.

Il chanta la naissance du chaos.

Pour le chant d'Eudore, *voyez* toute la *Bible*.

51ᵉ. — PAGE 42.

Ils crurent que les Muses et les Sirènes, etc.

Les Sirènes, filles du fleuve Achéloüs et de Calliope, défièrent les Muses à un combat de chant. Elles furent vaincues : les Muses les dépouillèrent de leurs ailes et s'en firent des couronnes. On plaça en divers lieux la scène de ce combat.

52ᵉ. — PAGE 42.

Mais à peine avoit-il fermé les yeux qu'il eut un songe.

Ce songe est le premier présage du dénoûment. Je prie encore une fois les amis de l'art de faire attention à la composition des *Martyrs* : il y a peut-être dans cet ouvrage un travail caché qui n'est pas tout à fait indigne d'être connu.

LIVRE TROISIÈME.

Voici le livre le plus critiqué des *Martyrs*. J'ose dire pourtant que si j'ai jamais écrit dans ma vie quelques pages dignes de l'attention du public, elles se trouvent dans ce même livre. Si l'on songe combien les deux premiers sont différents du troisième, et combien le quatrième diffère lui-même des trois premiers, peut-être jugera-t-on que j'aurois mérité d'être traité avec moins d'indécence. La difficulté du sujet, qui varie sans cesse, n'a point été appréciée. Le tableau complet de l'empire romain, une grande action, des scènes dans un monde surnaturel, voilà le fardeau qu'il m'a fallu porter sans que le lecteur s'aperçût de la longueur et des dangers du chemin.

Au reste, on a vu comment j'ai remplacé les discours des Puissances divines dans ce troisième livre. Les notes suivantes prouveront que les chicanes qu'on m'a faites étoient peu fondées en savoir et en raison.

1re REMARQUE. — PAGE 43.

Les dernières paroles de Cyrille montèrent au trône de l'Éternel. Le Tout-Puissant agréa le sacrifice.

Première transition de l'ouvrage. On a trouvé qu'elle lioit naturellement la fin du second livre au commencement du troisième, et pourtant elle amène une scène nouvelle et produit un livre tout entier.

2e. — PAGE 43.

... flotte cette immense cité de Dieu, dont la langue d'un mortel ne sauroit raconter les merveilles.

« Raptus est in paradisum : et audivit arcana verba, quæ non licet homini loqui. » (*Epist.* IIa *ad Corinth.*, c. XII, v. 4.)

« Gloriosa dicta sunt de te, civitas Dei. » (*Ps.* LXXXVI, v. 3.)

3e. — PAGE 43.

L'Éternel en posa lui-même les douze fondements, et l'environna de cette muraille de jaspe que le disciple bien aimé vit mesurer par l'ange avec une toise d'or.

Il est assez singulier qu'on ait pu croire, ou plutôt qu'on ait feint de croire que j'étois l'inventeur de toutes les *pierreries* que l'on voit dans le troisième livre.

Un auteur ne peut employer que les matériaux fournis par son sujet. S'il avoit à parler de l'Élysée des anciens, il ne pourroit y mettre que le Léthé, des bois de myrtes, une porte d'ivoire et une porte de corne; s'il décrit un ciel chrétien, il est encore plus strictement obligé de suivre les traditions de l'Écriture. Alors il ne rencontre que des images empruntées de l'or, du verre, des diamants, et de toutes les pierres précieuses : tout ce qu'on doit exiger de lui, c'est qu'il *fasse un choix*. Que l'on ouvre donc les *Prophètes*, l'*Apocalyse*, les *Pères*, et l'on verra ce que j'ai écarté, et les écueils sans nombre que j'ai évités. Jamais je n'ai fait un travail plus pénible et plus ingrat. Au reste, le Tasse et Milton ont rempli comme moi leur ciel de perles et de diamants. Ce sont, si j'ose m'exprimer ainsi, des *richesses* inévitables pour quiconque est obligé de peindre un ciel chrétien. Je vais rassembler ici sous un seul point de vue les autorités, et le lecteur jugera de bonne foi de la loyauté et des connoissances de mes ennemis.

« Et habebat (civitas Dei) murum magnum et altum, habentem portas duodecim...

« Et murus civitatis habens fundamenta duodecim... Et qui loquebatur mecum habebat mensuram arundineam auream ut metiretur civitatem.

« Et erat structura muri ejus ex lapide jaspide : ipsa vero civitas aurum mundum, simile vitro mundo.

« Et fundamenta muri civitatis omni lapide pretioso ornata. Fundamentum primum, jaspis; secundum, sapphirus; tertium, chalcedonius; quartum, smaragdus.

« Quintum, sardonyx; sextum, sardius; septimum, chrysolithus; octavum, beryllus; nonum, topazius; decimum, chrysoprasus; undecimum, hyacinthus; duodecimum, amethystus.

« Et duodecim portæ, duodecim margaritæ sunt per singulas... et platea civitatis aurum mundum, tanquam vitrum perlucidum. » (*Apocal.*, c. XXI, v. 12, 14, 15, 18, 21.)

« Et similitudo super capita animalium firmamenti, quasi aspectus crystalli...

« Et super firmamentum... quasi aspectus lapidis sapphiri similitudo throni. » (*Ezech.*, c. I, v. 22, 26.)

Voyons maintenant les poëtes :

> Weighs his spread wings (Satan), at leisure to behold
> Far off th' empyreal heav'n, extended wide
> In circuit, undetermin'd square or round,
> With opal tow'rs, and battlements adorn'd
> Of living saphir, once his native seat :
> And fast by hanging in a golden chain
> This pendent world, in bigness as a star
> Of smallest magnitude close by the moon.
> (MILTON, *Parad. lost*, book II, 1046.)

> Now in loose garlands thick thrown off, the bright
> Pavement, that like a sea of jasper shone,
> Impurpled with celestial roses smil'd.   (Book III, 362.)

> Far distant he descries
> Ascending by degrees magnificent
> Up to the wall of heav'n à structure high;
> At top whereof, but far more rich appear'd
> The work as of a kingly palace gate,
> With frontispiece of diamond and gold
> Embellish'd; thick with sparkling orient gems
> The portal shone, inimitable on earth
> By model, or by shading pencil drawn. (Book III, 501.)

Nous verrons le Tasse, dans une note plus bas, donner à Michel une armure de diamant.

Que deviennent donc les bonnes plaisanteries sur la richesse de mon ciel et la pauvreté que prêche mon Dieu ? N'ai-je pas été beaucoup plus avare de magnificences que l'Écriture et les poëtes qui ont décrit avant moi le séjour des justes ? Il est probable, après tout, que ce n'est pas de moi dont on vouloit rire ici : cela supposeroit dans les critiques une trop profonde ignorance. Je les tiens pour habiles, l'impiété leur restera.

4ᵉ. — PAGE 43.

Revêtue de la gloire du Très-Haut, l'invisible Jérusalem est parée comme une épouse pour son époux.

« Veni, et ostendam tibi sponsatam uxorem Agni.

« Ostendit mihi civitatem sanctam Jerusalem, descendentem de cœlo à Deo. » (*Apocal.*, c. XXI, 9, 10.)

5ᵉ. — PAGE 43.

Cette architecture est vivante.

Milton dit aussi *living saphir*.

La cité de Dieu est l'épouse mystique : elle descend du ciel, etc. Toutes ces pierres précieuses sont prises, et doivent être prises dans un sens allégorique. « Ces diverses beautés, dit Sacy, représentent les dons divers que Dieu a mis dans ses élus, et les divers degrés de la gloire des saints. Plusieurs interprètes appliquent les propriétés de chacune de ces pierres aux vertus de chaque apôtre. » (*Apocal.*, c. XXI.)

6ᵉ. — PAGE 44.

Un fleuve découle du trône du Tout-Puissant.

On lisoit dans les premières éditions *quatre fleuves*. J'avois voulu rappeler le paradis terrestre. Je suis revenu à une image plus fidèle à la lettre de l'Écriture.

LIVRE III.

« Et ostendit mihi fluvium aquæ vitæ, splendidum tanquam crystallum, procedentem de sede Dei et Agni. » (*Apocal.*, cap. XXII, v. 1.)

7ᵉ. — PAGE 44.

Et font croître, avec la vigne immortelle, le lis semblable à l'épouse, et les fleurs qui parfument la couche de l'époux.

« Je suis la vraie vigne. » (*Évang.*)
« Bostrus Cypri dilectus meus mihi, in vineis Engaddi. » (*Cant.*, c. I, v. 12.)
« Sicut lilium inter spinas, sic amica mea inter filias. » (*Cant.*, c. II, v. 2.)
« Lectulus noster floridus. » (*Cant.*, c. I, v. 16.)

8ᵉ. — PAGE 44.

L'arbre de vie s'élève sur la colline de l'encens.

« In medio plateæ ejus, et ex utraque parte fluminis lignum vitæ, afferens fructus. » (*Apocal.*, c. XXII, v. 2.)

La colline de l'encens.

« Ad montem myrrhæ, et ad collem thuris. » (*Cant.*, c. IV, v. 16.)
J'espère qu'on ne me reprochera plus des descriptions où il n'y a pas un mot sans une autorité; et pourtant il m'a fallu trouver dans ces passages si courts de l'Écriture le germe de ma composition et les couleurs de mes tableaux. C'est ce qu'une critique éclairée auroit remarqué, sans s'arrêter à me chicaner sur un fonds *qui n'est pas à moi*.

J'ai été bien mal attaqué : ce n'étoit pas comme cela que m'ont combattu les censeurs du *Génie du Christianisme*. Au moins étoient-ce des littérateurs éclairés, qui savoient distinguer l'œuvre de la matière de l'œuvre.

9ᵉ. — PAGE 44.

Les deux grands ancêtres du genre humain.

Ceci est de moi, et on l'a trouvé bon.

10ᵉ. — PAGE 44.

La lumière qui éclaire ces retraites fortunées.

Ce passage sur la lumière du ciel a été généralement approuvé. J'avois deux comparaisons à craindre : l'une, avec les vers de Virgile sur les astres des champs Élysées; l'autre, avec le beau morceau de *Télémaque* sur la lumière qui nourrit les ombres heureuses. Il falloit ne point ressembler à ces deux modèles, et trouver quelque chose de nouveau dans un sujet épuisé. Au reste, je ne m'écarte point des autorités sacrées : on va le voir.

11ᵉ. — PAGE 44.

Aucun astre ne paroît sur l'horizon resplendissant.

« Et civitas non eget sole, neque luna, ut luceant in ea; nam claritas Dei illuminavit eam. » (*Apocal.*, c. XXI, 23.)

12ᵉ. — PAGE 44.

C'est dans les parvis de la cité sainte.

Ici commence le morceau sur les fonctions des anges et le bonheur des élus, que plusieurs critiques regardent comme ce que j'ai écrit de moins faible jusque ici.

Quant aux fonctions des anges, je n'ai plus rien à ajouter à l'explication que j'ai donnée de cette admirable doctrine. Observons seulement que sur l'office des anges auprès des plantes, des moissons, des arbres, etc., on a l'opinion formelle d'Origène. (*Cont. Cels.*, lib. VIII, p. 398-9.) Quant au bonheur des élus, mon imagination étoit plus à l'aise, et j'ai pu, sans blesser la religion, me livrer davantage à mes propres idées : encore va-t-on voir que je me tiens dans les justes bornes des autorités.

13ᵉ. —. PAGE 44.

Nés du souffle de Dieu, à différentes époques.

Plusieurs Pères ont cru que les anges n'ont pas tous été créés à la fois, et j'ai suivi cette opinion : elle est conforme à la puissance de Dieu, toujours en action. Selon saint Jean Damascène, il y a plusieurs sentiments sur le temps de la création des anges. (*De Fide*, lib. II, cap. III.) Saint Grégoire de Nysse croit que les anges se sont multipliés ou ont été multipliés par Dieu. (*De Hominis opificio*, p. 90-94, tom. I.)

14ᵉ. — PAGE 45.

Le souverain bien des élus.

Je me suis demandé quel seroit le suprême bonheur s'il étoit en notre puissance. Il m'a semblé qu'il se trouveroit dans la vertu, l'héroïsme, le génie, l'amitié noble et l'amour chaste, tout cela uni et prolongé sans fin. Je puis me tromper, mais mon erreur est pardonnable. Au reste, saint Augustin appuiera ce que je dis ici sur l'amitié et sur l'éternité du bonheur :

« In æterna felicitate, quidquid amabitur aderit; nec desiderabitur quod non aderit; omne quod ibi erit bonum erit; et summus Deus summum bonum erit, atque ad fruendum amantibus præsto erit; et quod est omnino beatissimum ita semper fore certum erit. » (*Trinit.*, cap. VII.)

15ᵉ. — PAGE 45.

Tantôt les prédestinés, pour mieux glorifier le Roi des rois, parcourent son merveilleux ouvrage.

Toute l'Écriture dit que les justes contempleront les ouvrages de Dieu, et l'abbé Poule, suivant comme moi cette idée, s'écrie :

« Ils ne seront plus cachés pour nous, ces êtres innombrables qui échappent à nos connoissances par leur éloignement ou par leur petitesse ; les différentes parties qui composent le vaste ensemble de l'univers, leur structure, leurs rapports, leur harmonie : ils ne seront plus des énigmes pour nous, ces jeux surprenants, ces secrets profonds de la nature, ces ressorts admirables que la Providence emploie pour la conservation et la propagation de tous les êtres. » (*Sermon sur le Ciel.*)

Milton, qui a peint les demeures divines au moment de la création du monde, n'a pu représenter le bonheur des saints. Voici le tableau du ciel dans *La Jérusalem ;* on peut comparer et juger :

> Gli occhi frattanto alla battaglia rea
> Dal suo gran seggio il Re del ciel volgea.
>
> Sedea colà dond' egli e buono e giusto
> Dà legge al tutto, e'l tutto orna e produce ;
> Sovra i bassi confin del mondo angusto,
> Ove senso o ragion non si conduce :
> E dell' eternità nel trono augusto
> Risplendea con tre lumi in una luce.
> Ha sotto i piedi il Fato e la Natura,
> Ministri umili ; e'l moto, e chi'l misura ;
>
> E'lloco ; e quella che, qual fumo o polve,
> La gloria di quaggiuso e l'oro e i regni,
> Come piace lassù, disperde e volve,
> Nè, Diva, cura i nostri umani sdegni.
> Quivi ei così nel suo splendor s'involve,
> Che v'abbaglian la vista anco i più degni ;
> D' intorno ha innumerabili immortali,
> Disegualmente in lor letizia eguali.
>
> Al gran concento de' beati carmi
> Lieta risuona la celeste reggia.

> Chiama egli a se Michele, il qual nell' armi
> Di lucido diamante arde e lampeggia :
> E dice lui : non vedi or come s' armi
> Contra la mia fedel diletta greggia
> L'empia schiera d'Averno, e insin dal fondo
> Delle sue morti a turbar sorga il mondo?
>
> Va ; dille tu, che lasci omai le cure
> Della guerra ai guerrier, cui ciò conviene ;
> Nè il regno de' viventi, nè le pure
> Piagge del ciel conturbi ed avvelene :
> Torni alle notti d'Acheronte oscure,
> Suo degno albergo, alle sue giuste pene ;
> Quivi se stessa, e l'anime d'Abisso
> Crucii. Così comando, e così ho fisso.
>
> (*Gerus. lib.*, canto IX, stanz. 55.)

Si j'avois écrit quelque chose d'aussi sec, si j'avois fait parler Dieu si froidement, si longuement, si peu noblement pour si peu de chose, comme j'aurois été traité ! Qu'on lise encore *Le Paradis* du Dante. J'ose dire qu'on a prononcé sur le troisième livre des *Martyrs* sans la moindre connoissance de cause et sans la moindre justice. Mais qu'importe ? le parti étoit pris, et s'il eût été nécessaire, on m'auroit mis au-dessous de Chapelain et du père Lemoine.

16e. — PAGE 46.

Asaph, qui soupira les douleurs de David.

Asaph étoit le chef des musiciens qui devoient chanter devant l'arche des psaumes de David ; il a composé lui-même plusieurs cantiques, et l'Écriture lui donne le nom de prophète. (Voyez D. CALMET.)

17e. — PAGE 46.

Et les fils de Coré.

On ne sait si les fils de Coré descendoient de ce Coré qui périt dans sa rébellion contre Moïse, ou s'ils étoient les enfants de quelque lévite du même nom. Quoi qu'il en soit, on les trouve nommés à la tête de plusieurs psaumes, comme devant les chanter dans le tabernacle. Les divers instruments que je soumets à Asaph et aux fils de Coré semblent indiqués par quelques mots hébreux à la tête des psaumes.

18e. — PAGE 46.

Les fêtes de l'ancienne et de la nouvelle Loi sont célébrées tour à tour.

Saint Hilaire dit positivement que les anges célèbrent dans le ciel différentes solennités (*in Ps.*, p. 281). Théodoret assure que les anges remplissent

LIVRE III. 373

des fonctions dans les saints mystères (*de Hæres.*, lib. v, num. 7). Milton a suivi comme moi cette opinion.

19ᵉ. — PAGE 47.

Marie est assise sur un trône de candeur.

Cette description est fondée sur une histoire et sur une doctrine dont tout le monde connoît les autorités.

20ᵉ. — PAGE 47.

Des tabernacles de Marie on passe au sanctuaire du Sauveur des hommes.

Ici se trouvoient les cent degrés de rubis qui ont fait faire des plaisanteries d'un si bon goût à des esprits délicats. On a vu, dans la note IIIᵉ, que Milton a placé aussi un grand escalier de diamant à la porte du ciel : c'est de là que Satan jette un premier regard sur la création nouvelle. On convient que c'est un des plus beaux morceaux de son poëme. Ainsi les *Prières boiteuses doivent être aussi bien fatiguées,* quand elles entrent dans le *Paradis* de Milton. Il est triste de voir la critique descendre si bas. Au reste, j'ai coupé court à ces ignobles bouffonneries, en retranchant deux lignes qui ne faisoient pas beauté.

21ᵉ. — PAGE 47.

Il est assis à une table mystique : vingt-quatre vieillards, etc.

Personne n'ignore que cette table et ces vieillards se trouvent dans l'*Apocalypse*. Veut-on avoir une idée juste du choix que j'ai fait des matériaux ? qu'on lise le même passage dans saint Jean. On y verra des cheveux de laine blanche, une mer de verre très-clair, des animaux étrangers, etc. Une critique impartiale m'eût loué de ce que j'ai omis, en observant que je n'ai pas employé un seul trait qui ne soit approuvé par le goût. Franchement je suis humilié d'avoir si souvent et si pleinement raison.

22ᵉ. — PAGE 47.

Près de lui est son char vivant.

« Totum corpus oculis plenum in circuitu ipsarum (rotarum) quatuor... spiritus vitæ erat in rotis » (*Ezech.*, cap. I, v. 18, 20). « Species autem rotarum erat quasi visio lapidis chrysolithi » (cap. X).

Milton a décrit le char du Messie d'après cette autorité.

23ᵉ. — PAGE 47.

Les élus tombent comme morts devant sa face.

« Cecidi ad pedes ejus tanquam mortuus. Et posuit dexteram suam super me, dicens : Noli timere : ego sum primus et novissimus. » (*Apocal.*, cap. I, v. 17.)

24ᵉ. — PAGE 48.

Là sont cachées les sources des vérités incompréhensibles.

Je ne pouvois me dispenser de dire un mot de ces hautes vérités métaphysiques qui distinguent les dogmes chrétiens des mystères ridicules du paganisme, et qui donnent à notre ciel cet air de grandeur et de raison si convenable à la dignité de l'homme. Cela a été senti par tous les poëtes qui m'ont précédé; c'est pourquoi ils ont omis, très-mal à propos, l'espace, la durée, etc., aux pieds de Dieu. Je ne sais si j'ai mieux réussi.

25ᵉ. — PAGE 48.

Le Père tient un compas à la main, etc.

Je suis ici les idées des peintres et des poëtes. On a beaucoup loué Milton d'avoir imaginé le compas d'or avec lequel Dieu trace la création dans le néant. Il me semble que l'idée primitive appartient à Raphael. Milton l'aura prise au Vatican. On sait qu'il voyagea en Italie, et qu'il pensa se faire une querelle sérieuse à Rome, en disputant sur la religion.

26ᵉ. — PAGE 48.

A la voix de son vénérable martyr, le Christ s'inclina devant l'arbitre des humains.

Ici commencent dans les éditions précédentes les discours des Puissances : c'est au lecteur à juger si j'ai fait un changement heureux. J'ai été obligé de conserver la substance de ces discours, puisque ces discours sont l'axe sur lequel tourne toute ma machine : ils n'auroient jamais dû être examinés que sous ce rapport; mais il semble qu'on n'entende plus rien à la composition d'un ouvrage.

27ᵉ. — PAGE 49.

Le moment est arrivé où les peuples, soumis aux lois du Messie, etc.

Exposition du sujet, cause de la persécution.

28ᵉ. — page 49.

Les justes connoissent ensuite l'holocauste demandé et les conditions qui le rendent agréable au Très-Haut.

Choix du héros et motif de ce choix.

29ᵉ. — page 50.

En lui la religion va triompher du sang des héros païens et des sages de l'idolâtrie; en lui seront honorés par un martyre oublié de l'histoire ces pauvres ignorés du monde.

Ceci est ajouté, d'après la critique très-fondée d'un homme de talent, qui trouvoit, avec raison, que je n'avois pas assez insisté sur cette idée. Par là mon personnage d'invention acquiert toute l'importance nécessaire à mon sujet.

30ᵉ. — page 50.

Ame de tous les projets des fidèles, soutien du prince qui renversera les autels des faux dieux, etc.

Voilà tout le rôle d'Eudore tracé et la victoire de Constantin formellement annoncée.

31ᵉ. — page 50.

Il faut encore que ce chrétien appelé ait scandalisé l'Église.

Préparation aux erreurs du héros.

32ᵉ. — page 50.

L'ange du Seigneur l'a conduit par la main, etc., etc.

Voilà le récit : la religion d'Eudore, ses voyages, Velléda, Paul ermite, etc.; voilà cent fois plus de motifs qu'il n'en faut pour autoriser le héros à raconter son histoire, et voilà surtout ce qui lie essentiellement le récit à l'action.

33ᵉ. — page 50.

Cette victime sera dérobée au troupeau innocent des vierges, etc.

Voilà pourquoi Cymodocée est païenne, pourquoi elle est fille d'Homère et prêtresse des Muses, etc. On doit remarquer ici un changement considérable.

Cymodocée n'est point demandée par un décret irrévocable, et elle n'aura ni le mérite ni l'éclat de la première victime. Ainsi, je pourrai montrer la fille d'Homère un peu foible, selon la nature, sans blesser les convenances de la religion, etc.

Je demande si un juge équitable et un homme sans passion peuvent trouver quelque chose de raisonnable à dire contre un morceau qui fait naître et justifie tout l'ouvrage? Une phrase nouvelle introduite ici sur les anges : « Il leur confie l'exercice de sa miséricorde, » prépare le lecteur au rôle que les messagers de Dieu joueront dans la suite.

34e. — PAGE 51.

Les palmes des confesseurs reverdissent dans leurs mains.

Ce mouvement du ciel a semblé plaire à des hommes de goût; ils ont trouvé qu'il ranimoit bien le tableau en finissant.

35e. — PAGE 51.

Entre Félicité et Perpétue.

Fameuses martyres, qui furent exposées, dans l'amphithéâtre de Carthage, aux attaques d'une génisse furieuse. Perpétue n'est point ici placée au hasard; elle reparoîtra au dénoûment, dans le vingt-quatrième livre.

36e. — PAGE 51.

Les chérubins roulent leurs ailes impétueuses.

« Et sonitus alarum cherubim audiebatur usque ad atrium exterius. » (*Ezech.*, cap. x.)

37e. — PAGE 51.

Qui présentent à sa bénédiction deux robes nouvellement blanchies.

Allusion à la catastrophe.

38e. — PAGE 51.

Gloire à Dieu dans les hauteurs du ciel, etc.

« Gloria in excelsis Deo, et in terra pax hominibus bonæ voluntatis... Agnus Dei, qui tollis peccata mundi. » S'il est facile de donner un tour ridicule aux choses les plus graves, on voit qu'il est plus aisé encore de laisser aux choses nobles en elles-mêmes leur noblesse. Plusieurs personnes auront lu peut-être ce chant religieux, sans se douter qu'elles lisoient le *Gloria in excelsis*, tant il est vrai que l'expression fait tout! Il y a dans le reste de l'hymne quelques imitations des Psaumes, surtout du LXXIIe, mais tellement appropriées à mon sujet et mêlées à mes propres idées, que je puis les réclamer comme à moi. Le cantique est tourné de manière qu'il s'applique à la persécution prochaine et aux destinées du martyr. « O miracle de candeur et de modestie! vous permettez à des victimes sorties du néant de vous imiter, de se dévouer... Heureux celui à qui les iniquités sont pardonnées et qui trouve la gloire dans la pénitence! etc. » Ainsi le sujet n'est jamais oublié.

LIVRE QUATRIÈME.

Le récit qui commence dans ce livre n'a presque point éprouvé de critiques. Je crois avoir prouvé que jamais récit dans aucune épopée ne se rattacha plus intimement à l'action.

1re REMARQUE. — PAGE 53.

Eudore et Cymodocée... ignoroient qu'en ce moment les saints et les anges avoient les regards attachés sur eux.

Seconde transition de l'ouvrage : elle ramène la scène sur la terre.

2e. — PAGE 53.

Ainsi les pasteurs de Chanaan.

« Tetendit ibi (Abram) tabernaculum suum, ab occidente habens Bethel... »
(*Genèse*, XII, 8.)

3e. — PAGE 53.

Aussitôt que le gazouillement des hirondelles, etc., etc.

> Hæc pater Æoliis properat dum Lemnius oris,
> Evandrum ex humili texto lux suscitat alma,
> Et matutini volucrum sub culmine cantus.
> Consurgit senior, tunicaque induitur artus...
> Necnon et gemini custodes lumine ab alto
> Procedunt, gressumque canes comitantur herilem.
> (*Æneid.*, VIII, 454.)

Ce passage est imité ou plutôt traduit d'Homère. Je crois qu'on doit être détrompé à présent sur mes prétendues imitations *directes*. On peut voir comme je m'écarte encore ici de l'original :

> Οὐκ οἶος ἅμα τῷγε δύω κύνες ἀργοὶ ἕποντο.
> (*Odyss.*, II, 11.)

4ᵉ. — PAGE 54.

Tel l'Arcadien Évandre conduisit Anchise...

> Nam memini Hesiones visentem regna sororis
> Laomedontiaden Priamum, Salamina petentem,
> Protinus Arcadiæ gelidos invisere fines...
>   Cunctis altior ibat
> Anchises. Mihi mens juvenili ardebat amore
> Compellare virum et dextræ conjungere dextram :
> Accessi, et cupidus Phenei sub mœnia duxi.
>   (*Æneid.*, viii, 157, 162.)

5ᵉ. — PAGE 54.

Ou tel le même Évandre, exilé aux bords du Tibre, reçut l'illustre fils de son ancien hôte.

> Cum muros, arcemque procul ac rara domorum
> Tecta vident, quæ nunc Romana potentia cœlo
> Æquavit : tum res inopes Evandrus habebat...
>   (*Æneid.*, viii, 98.)

> Ut te, fortissime Teucrum,
> Accipio agnoscoque libens! ut verba parentis
> Et vocem Anchisæ magni vultumque recordor.
>   (*Æneid.*, viii, 154.)

6ᵉ. — PAGE 54.

Il attache à ses pieds des brodequins gaulois formés de la peau d'une chèvre sauvage ; il cache son cilice sous la tunique d'un chasseur ; il jette sur ses épaules et ramène sur sa poitrine la dépouille d'une biche blanche.

C'est encore ici Évandre et Télémaque, mais tout est différent dans la peinture.

> Et Tyrrhena pedum circumdat vincula plantis.
> Tum lateri atque humeris tegæum subligat ensem,
> Demissa ab læva pantheræ terga retorquens.
>   (*Æneid.*, viii, 458.)

> Ὤρνυτ' ἄρ' ἐξ εὐνῆφιν Ὀδυσσῆος φίλος υἱός,
> Εἵματα ἐσσάμενος· περὶ δὲ ξίφος ὀξὺ θέτ' ὤμῳ,
> Ποσσὶ δ'ὑπὸ λιπαροῖσιν ἐδήσατο καλὰ πέδιλα.
>   (*Odyss.*, ii, 2.)

7ᵉ. — PAGE 54.

Il suspend à sa main droite une de ces couronnes de grains de corail dont les vierges martyres ornoient leurs cheveux en allant à la mort.

La plupart des Grecs portent encore aujourd'hui un chapelet à la main. Il étoit assez difficile d'exprimer un chapelet dans le style noble ; je ne sais si j'ai réussi. L'origine des chapelets, comme on voit, est touchante : c'étoit, ainsi que je le dis dans le texte, une espèce de couronne que les chrétiennes portèrent en allant au martyre. On en fit dans la suite un ornement pour les images de la Vierge, ou un *ex-voto* sur lequel on prononça des prières. De là le nom que le chapelet porte encore en italien, *corona* : le latin le rend par *beatæ Virginis corona*. Au reste, l'usage des chapelets est bien postérieur au ivᵉ siècle ; mais il m'étoit très-permis d'en placer ici l'origine.

8ᵉ. — PAGE 54.

Comme un soldat chrétien de la légion thébaine.

La légion thébaine, qui étoit toute composée de chrétiens, fut mise à mort par Maximin, près d'Agaune, dans les Alpes. Il en sera question ailleurs.

9ᵉ. — PAGE 55.

Eudore, dit-il, vous êtes l'objet de la curiosité de la Grèce chrétienne.

On voit toutes les précautions que je prends pour motiver et amener le récit, déjà pleinement motivé dans le ciel.

10ᵉ. — PAGE 55.

Sage vieillard, dont l'habit annonce un pasteur des hommes.

Je n'ose avouer ma foiblesse pour Démodocus. Si l'on a comparé sa douleur à celle de Priam, sa joie est-elle tout à fait dénuée de cette simplicité antique qui a tant de charmes dans Homère ? Et ce qu'il dit ici, par exemple, passeroit-il dans la bouche de Nestor pour un bavardage insipide ?

11ᵉ. — PAGE 55.

Contemple avec un charme secret son gouvernail.

Les anciens, dont les vaisseaux n'étoient guère que de grandes barques, restoient dans le port pendant l'hiver, et emportoient dans leurs maisons le gouvernail et les rames de leurs galères.

> Ὅπλα δ' ἐπάρμενα πάντα τεῷ ἐνικάτθεο οἴκῳ,
> Εὐκόσμως στολίσας νηὸς πτερὰ ποντοπόροιο·
> Πηδάλιον δ' εὐεργὲς ὑπὲρ καπνοῦ κρεμάσασθαι.
> (Hésiod., *Opera et dies*, v. 625.)

> Invitat genialis hiems curasque resolvit :
> Ceu pressæ cum jam portum tetigere carinæ,
> Puppibus et læti nautæ imposuere coronas.
> (*Georg.*, I, v. 302.)

12ᵉ. — PAGE 55.

De ces vieux arbres que les peuples de l'Arcadie regardoient comme leurs aïeux.

Les Arcadiens prétendoient qu'ils étoient enfants de la terre, ou nés des chênes de leur pays.

13ᵉ. — PAGE 55.

C'étoit là qu'Alcimédon coupoit autrefois le bois de hêtre, etc.

> Pocula ponam
> Fagina, cælatum divini opus Alcimedontis ;
> Lenta quibus torno facili superaddita vitis,
> Diffusos hedera vestit pallente corymbos.
> (Virg., *Bucol.*, III, 36.)

14ᵉ. — PAGE 55.

C'étoit là qu'on montroit aussi la fontaine Aréthuse et le laurier qui retenoit Daphné sous son écorce.

Tout le monde connoît l'histoire d'Aréthuse et d'Alphée, et les beaux vers de la *Henriade* :

> Belle Aréthuse, ainsi, etc.

L'histoire de Daphné n'est pas moins connue, mais cette histoire, dont on place la scène sur les bords du Pénée, est racontée autrement par Pausanias, et placée en Arcadie. (Voyez Pausanias, VIII, 20, et Barth., *Voyage d'Anacharsis*, chap. LII.)

LIVRE IV.

15ᵉ. — PAGE 55.

Une longue nacelle, formée du seul tronc d'un pin.

Ces espèces de pirogues sont encore en usage sur les côtes de la Grèce : on les appelle d'un nom qui exprime leur espèce, *monoxylon*.

16ᵉ. — PAGE 55.

Arcadiens ! qu'est devenu le temps où les Atrides étoient obligés de vous prêter des vaisseaux pour aller à Troie, et où vous preniez la rame d'Ulysse pour le van de la blonde Cérès ?

Homère, en faisant le dénombrement de l'armée des Grecs, dit qu'Agamemnon avoit fourni des vaisseaux aux Arcadiens pour les transporter à Troie, parce que ce peuple ignoroit l'art de la navigation (*Iliade*, II). Ulysse, de retour dans sa patrie, raconte à Pénélope que ses travaux ne sont point encore finis; que, l'aviron à la main, il doit parcourir la terre jusqu'à ce qu'i arrive chez un peuple auquel la mer soit inconnue. Ce peuple, en voyant la rame qu'Ulysse portera sur son épaule, doit s'écrier : *Voilà le van de Cérès !* Ulysse terminera ses courses dans cet endroit, plantera son aviron en terre, et fera un sacrifice à Neptune. (*Odyss.*, XXIII.)

Cette histoire du van de Cérès a exercé tous les commentateurs. Quel lieu de la terre Homère a-t-il voulu indiquer par cette circonstance ? J'ai osé le fixer en Arcadie, et voici pourquoi :

Homère a déjà dit, comme on l'a vu, que les Arcadiens étoient si étrangers à la marine, qu'Agamemnon fut obligé de leur prêter des vaisseaux. On lit ensuite dans Pausanias ce passage remarquable : « Sur la cime du mont Borée (en Arcadie), on aperçoit quelques restes d'un vieux temple qu'Ulysse bâtit à Minerve et à Neptune, lorsqu'il fut enfin revenu de Troie. » (PAUSANIAS, VIII, 44.) Que l'on rapproche ce passage de ceux de l'*Iliade* et de l'*Odyssée* cités plus haut, et l'on trouvera peut-être ma conjecture assez probable ; du moins elle pourra servir à expliquer un point d'antiquité très-curieux, jusqu'à ce qu'on ait rencontré plus juste.

17ᵉ. — PAGE 56.

Je descends, par ma mère, de cette pieuse femme de Mégare qui enterra les os de Phocion sous son foyer.

« Ses ennemis (de Phocion) firent ordonner par le peuple que le corps de Phocion seroit exilé et porté hors du territoire de l'Attique, et qu'aucun des Athéniens ne donneroit du feu pour honorer d'un bûcher ses funérailles : c'est pourquoi aucun de ses amis n'osa seulement toucher à son corps. Mais un certain Cnopion, accoutumé à gagner sa vie à ces sortes de fonctions funèbres, prit le corps pour quelques pièces d'argent qu'on lui donna, le porta au delà des terres d'Éleusine ; et, ayant pris du feu sur celles de Mégare, il lui dressa un bûcher et le brûla. Une dame de Mégare, qui assista par hasard à ces funérailles, avec ses servantes, lui éleva dans le même endroit un tombeau vide, sur lequel elle fit les effusions accoutumées ; et mettant dans sa robe les os qu'elle recueillit avec grand soin, elle les porta la nuit dans sa maison, et les enterra sous son foyer, en lui adressant ces paroles : *Mon cher foyer, je te confie et je mets en dépôt dans ton sein ces précieux restes d'un homme de bien : conserve-les fidèlement pour les rendre un jour au tombeau de ses ancêtres, quand les Athéniens seront devenus plus sages.* » (PLUT., *Vie de Phocion*.)

18ᵉ. — PAGE 56.

Notre patrie expirante, pour ne point démentir son ingratitude, fit boire le poison au dernier de ses grands hommes. Le jeune Polybe, au milieu d'une pompe attendrissante, transporta de Messène à Mégalopolis la dépouille de Philopœmen.

« Quand l'exécuteur descendit dans le caveau, Philopœmen étoit couché sur son manteau, sans dormir, et tout occupé de sa douleur et de sa tristesse. Dès qu'il vit de la lumière et cet homme près de lui, tenant sa lampe d'une main et la coupe de poison de l'autre, il se releva avec peine, à cause de sa grande foiblesse, se mit en son séant, et, prenant la coupe, il demanda à l'exécuteur s'il n'avoit rien entendu dire de ses cavaliers, et surtout de Lycortas. L'exécuteur lui dit qu'il avoit ouï dire qu'ils s'étoient presque tous sauvés. Philopœmen le remercia d'un signe de tête, et, le regardant avec douleur : *Tu me donnes là une bonne nouvelle*, lui dit-il : *nous ne sommes donc pas malheureux en tout*. Et sans dire une seule parole de plus, sans jeter le moindre soupir, il but le poison, et se recoucha sur son manteau... »

Les Arcadiens vengèrent la mort de Philopœmen, et transportèrent les cendres de ce grand homme à Mégalopolis.

« Après qu'on eut brûlé le corps de Philopœmen, qu'on eut ramassé ses cendres et qu'on les eut mises dans une urne, on se mit en marche pour Mégalopolis. Cette marche ne se fit point turbulemment, ni pêle-mêle, mais avec une belle ordonnance, et en mêlant à ce convoi funèbre une sorte de pompe triomphale. On voyoit d'abord les gens de pied, la tête ceinte de couronnes, et tous fondant en larmes. Après cette infanterie suivoient les ennemis chargés de chaînes. Le fils du général, le jeune Polybe, marchoit ensuite, portant dans ses mains l'urne qui renfermoit les cendres, mais qui étoit si couverte de bandelettes et de couronnes, qu'elle ne paroissoit presque point. Autour de Polybe marchoient les plus nobles et les plus considérables des Achéens. L'urne étoit suivie de toute la cavalerie, magnifiquement armée et montée superbement, qui fermoit la marche, sans donner ni de grandes marques d'abattement pour un si grand deuil, ni de grands signes de joie pour une telle victoire. Tous les peuples des villes et des villages des environs venoient au-devant de ce convoi, comme autrefois ils venoient au-devant de lui-même pour le recevoir et lui faire honneur, quand il revenoit de ses expéditions couvert de gloire, et, après avoir salué et touché respectueusement son urne, ils la suivoient et l'accompagnoient. (PLUTARQUE, *Vie de Philopœmen.*)

19e. — PAGE 56.

Elle ressemble à cette statue de Thémistocle, dont les Athéniens de nos jours ont coupé la tête pour la remplacer par la tête d'un esclave.

Pausanias parle de quelques statues des grands hommes d'Athènes, qu'on avoit mutilées de son temps, pour mettre sur leurs bustes la tête d'un affranchi, d'un athlète. C'est d'après cela que j'ai imaginé ma comparaison.

20e. — PAGE 56.

Le chef des Achéens ne reposa pas tranquille au fond de sa tombe.

Plusieurs années après, dans les temps les plus calamiteux de la Grèce, lorsque Corinthe fut brûlée et détruite par le proconsul Mummius, un calomniateur romain fit tous ses efforts pour les faire abattre (les statues de Philopœmen), et le poursuivit lui-même criminellement, comme s'il eût été en vie, l'accusant d'avoir été l'ennemi des Romains et de s'être montré toujours malintentionné pour eux dans toutes leurs affaires. La chose fut portée au conseil devant Mummius. Le calomniateur étala tous les chefs d'accusation et expliqua tous ses moyens; mais après que Polybe lui eut répondu pour le réfuter, ni Mummius ni ses lieutenants ne voulurent point ordonner ni souffrir que l'on détruisît les monuments de la gloire de ce grand homme, quoiqu'il eût opposé une digue aux prospérités de Flaminius et d'Acilius. » (PLUTARQUE, *Vie de Philopœmen.*)

21e. — PAGE 56.

Ils exigèrent qu'à l'avenir le fils aîné de ma famille fût envoyé à Rome.

Voilà le fondement de tout le récit, et ce qui fait naître toutes les aventures d'Eudore.

22e. — PAGE 56.

Tantôt dans un autre héritage que nous possédons au pied du Taygète, le long du golfe de Messénie.

Dans cette circonstance, en apparence frivole, on voit le soin que j'ai mis à garder la vraisemblance. Par là la rencontre de Cymodocée et d'Eudore est justifiée : Eudore revenoit de visiter ses champs de la Messénie lorsqu'il trouva la fille d'Homère. On verra plus bas qu'Eudore, en s'éloignant des côtes de la Grèce, contemploit de loin les arbres de l'héritage paternel; ce qu'il n'auroit pu faire encore s'il n'eût possédé des biens au bord de la mer.

23ᵉ. — PAGE 57.

La religion tenant mon âme à l'ombre de ses ailes l'empêchoit, comme une fleur délicate, de s'épanouir trop tôt; et prolongeant l'ignorance de mes jeunes années, elle sembloit ajouter de l'innocence à l'innocence même.

Un critique, d'ailleurs plein d'indulgence et de politesse, a cité cette phrase comme répréhensible. J'avoue que je n'ai jamais été plus étonné. J'ai consulté de bons juges, et des juges très-sévères : ils m'ont tous unanimement conseillé de laisser ce passage tel qu'il est.

24ᵉ. — PAGE 57.

Au port de Phères.

J'ai déjà parlé de Phères, à propos de l'arc d'Ulysse. Ce fut aussi à Phères que Télémaque reçut l'hospitalité chez Dioclès, lorsque le fils d'Ulysse alla demander des nouvelles de son père à Ménélas. (*Odyss.*, III.)

25ᵉ. — PAGE 57.

L'île de Théganuse.

A la pointe de la Messénie, l'une des îles *OEnussæ*, qui forment aujourd'hui les groupes de *Sapienza* et de *Cabrera*, depuis Modon jusqu'à la pointe du golfe de Coron. J'ai touché à *Sapienza*. (Voyez D'ANVILLE.)

26ᵉ. — PAGE 57.

Vers l'embouchure du Simoïs, à l'abri du tombeau d'Achille.

La vue de ce tombeau m'a guéri de la fièvre, comme je l'ai raconté dans un extrait de mon voyage inséré au *Mercure*. On peut consulter sur ce tombeau le Voyage de M. Lechevalier. Voici de bien beaux vers; aussi sont-ils du maître :

Ἀμφ' αὐτοῖσι δ' ἔπειτα μέγαν καὶ ἀμύμονα τύμβον
Χεύαμεν Ἀργείων ἱερὸς στρατὸς αἰχμητάων,

LIVRE IV.

Ἀκτῇ ἐπὶ προυχούσῃ, ἐπὶ πλατεῖ Ἑλλησπόντῳ·
Ὥς κεν τηλεφανὴς ἐκ ποντόφιν ἀνδράσιν εἴη
Τοῖς οἳ νῦν γεγάασι, καὶ οἳ μετόπισθεν ἔσονται.
(*Odyss.*, liv. XXIV, v. 80.)

Il faut convenir que les pyramides des rois égyptiens sont bien peu de chose comparées à la gloire de cette tombe de gazon chantée par Homère, et autour de laquelle courut Alexandre.

27ᵉ. — PAGE 57.

Mais le constant zéphyr.

Zéphyr est pris ici, comme dans l'antiquité, pour le vent d'ouest. Ce vent règne au printemps sur la Méditerranée.

28ᵉ. — PAGE 57.

Nous fûmes jetés tantôt sur les côtes de l'Éolide.

L'Éolide, aujourd'hui toute la côte qui s'étend depuis Smyrne jusqu'à Adramiti. J'ai traversé par terre ce beau pays, en me rendant de Smyrne à Constantinople. Le second volume du Voyage de M. de Choiseul, qui vient de paroître, ne laisse plus rien à désirer pour la description de ces lieux à jamais célèbres.

29ᵉ. — PAGE 58.

Cette montagne... avoit dû servir de statue à Alexandre ; cette autre montagne est l'Olympe, etc. ; *jusqu'à l'alinéa.*

On sait qu'un sculpteur proposa de faire du mont Athos une statue d'Alexandre. — Olympe, Tempé, Délos, Naxos, trop connus pour en parler. — Cécrops, Égyptien, premier législateur d'Athènes. — Platon donnoit quelquefois des leçons à ses disciples sur le cap Sunium. — Démosthène, pour s'accoutumer à parler devant le peuple, haranguoit les vagues de la mer. — Phryné se baignant un jour sur le rivage près d'Éleusis, les Athéniens la prirent pour Vénus.

30ᵉ. — PAGE 58.

Devant nous étoit Égine, etc.

On peut lire la lettre de Sulpitius à Cicéron (lib. IV, epist. V, *ad familiares*), dont ce passage est une imitation.

31e. — PAGE 59.

Babylone m'enseignoit Corinthe.

Le même critique qui a blâmé la phrase rapportée sous la note xxiiie trouve celle-ci répréhensible. On m'a encore conseillé de ne la point changer. En effet, la hardiesse du tour est sauvée par ce qui précède : *Je m'étois assis avec le prophète,* etc. Je n'ai point cherché à imiter Bossuet; je crois qu'on ne doit imiter ni ce grand écrivain ni aucun auteur moderne. Il n'y a que les anciens qui soient modèles; eux seuls doivent être constamment l'objet de nos études et de nos efforts. Au reste, il y avoit une faute de mémoire ou d'impression dans la manière dont on avoit cité ma phrase; on lisoit : *Corinthe m'enseignoit Babylone,* ce qui est très-différent.

32e. — PAGE 59.

Nous vîmes tout à coup sortir une théorie.

Grâce au *Voyage d'Anacharsis,* tout le monde sait aujourd'hui qu'une théorie veut dire une procession ou une pompe religieuse.

33e. — PAGE 59.

De nouvelles émotions m'attendoient à Brindes, etc.; *jusqu'au second alinéa, page* 60.

Brindes, autrefois Brundusium, célèbre par la mort de Virgile. Horace y fit un voyage, ce qui n'est pas ce qu'il a fait de mieux. — La voie Appienne, chemin qui conduisoit de Rome à la pointe de l'Italie; on en voit encore des restes entre Naples et Rome. — Apulie, aujourd'hui la Pouille. — Auxur, aujourd'hui Terracine. — Le Forum et le Capitole sont bien connus. — Le quartier des Carènes :

> Passimque armenta videbant
> Romanoque foro et lautis mugire Carinis.
> (*Æneid.,* liv. viii, v. 360.)

— Le théâtre de Germanicus, près du Tibre; on en voit encore les ruines. — Le Môle Adrien, aujourd'hui le château Saint-Ange. — Le cirque de Néron, à la droite du Forum, lorsqu'on vient du Capitole. — Le Panthéon d'Agrippa; il existe encore : c'est le monument le plus élégant de Rome ancienne et de Rome moderne. Je l'admirois beaucoup plus avant d'avoir vu les ruines d'Athènes.

LIVRE IV.

34ᵉ. — PAGE 60.

Les grands bœufs du Clytumne traînoient au Forum l'antique chariot du Volsque.

On dit que ce Volsque avoit sans doute acheté ces bœufs du Clytumne à la foire. Je le veux bien, et cela est très-possible.

35ᵉ. — PAGE 60.

J'ai vu la carte de la Ville éternelle tracée sur des rochers de marbre au Capitole.

Elle y est encore. Après avoir vu la ville entière, on sera peut-être bien aise d'en voir les ruines. On en trouvera la peinture dans ma lettre à M. de Fontanes. (Voyez le tome III, page 643.)

36ᵉ. — PAGE 60.

Le rhéteur Eumène.

Un des savants hommes de cette époque. Il étoit d'Autun, quoiqu'il fût Grec d'origine. Il rétablit les écoles des Gaules. Il nous reste de lui un panégyrique prononcé devant Constantin. (Voyez *Panégyr. veter.*) Dans les premières éditions, je faisois étudier Eumène sous un disciple de Quintilien, ce qui ne se pouvoit pas dans l'ordre des temps. J'ai mis : « Sous le fils d'un disciple, » ce qui rentre dans la vraie chronologie.

37ᵉ. — PAGE 61.

Augustin, Jérôme et le prince Constantin.

J'ai déjà prévenu le lecteur, dans la préface, de l'anachronisme touchant saint Augustin et saint Jérôme. Au reste, tous les caractères qui sont peints ici, saint Jérôme, saint Augustin, Constantin, Dioclétien et Galérius, sont conformes à la vérité historique.

38ᵉ. — PAGE 61.

Heureux s'il ne se laisse pas emporter à ces éclats de colère.

Allusion au meurtre de sa femme et de son fils.

39ᵉ. — PAGE 62.

Cette conformité de position, encore plus que celle de l'âge, décida du penchant du jeune prince en ma faveur.

Commencement de l'amitié d'Eudore et de Constantin, qui doit avoir une influence si grande sur l'action de l'ouvrage et sur les destinées de mon héros.

40ᵉ. — PAGE 63.

Le surnom d'*Armentarius*.

Gardeur de troupeaux.

41ᵉ. — PAGE 63.

Une fureur aveugle contre les chrétiens.

Toute la page qui suit est une préparation de l'action. *Cause de la haine de Galérius contre les chrétiens; projet d'usurper l'empire,* etc. On voit donc que le récit tient évidemment à l'action.

42ᵉ. — PAGE 64.

Dorothée, premier officier de son palais, etc.

Ce personnage est historique; il étoit chrétien, et il subit le martyre avec plusieurs autres officiers du palais.

43ᵉ. — PAGE 64.

Ceux-ci s'occupent sérieusement d'une ville à bâtir, etc.; *jusqu'à l'alinéa.*

Toutes les folies rassemblées ici ne sont point prêtées gratuitement aux faux sages. Ce fut Plotin, d'ailleurs très-honnête homme, qui voulut faire bâtir une ville par l'empereur Gallien; ce fut Porphyre qui chercha les secrets de la nature dans les mystères de l'Égypte. Les sectes qui voyoient tout dans la pensée ou dans la matière étoient les Platoniciens et les Épicuriens; ceux qui prêchoient la république dans le sein de la monarchie allèrent jusqu'à attaquer Trajan, qui fut obligé de les chasser de Rome; ceux qui, à l'imitation des fidèles, vouloient enseigner la morale au peuple, se signalèrent surtout pendant le règne de Julien. « Tout étoit plein de philosophes, dit Fleury
« (*Mœurs des chrétiens*), qui faisoient aussi profession de pratiquer la vertu et
« de l'enseigner. Il y en eut même plusieurs dans ces premiers siècles de

« l'Église qui, peut-être à l'imitation des chrétiens, coururent le monde, « prétendant réformer le genre humain. » Tout est donc ici historique. Hélas! les folies humaines se sont plus d'une fois répétées, et souvent on croit lire l'histoire de ses propres maux dans l'histoire des hommes qui nous ont précédés.

44e. — PAGE 66.

Une offense que je reçus d'Hiéroclès.

Commencement de l'inimitié entre Eudore et Hiéroclès.

45e. — PAGE 66.

Marcellin, évêque de Rome.

Marcellin étoit pape à cette époque; je ne lui donne pas ce titre dans le texte, parce que les papes ne le portoient pas encore exclusivement. Marcellin occupa le trône pontifical pendant un peu plus de huit années. Les Donatistes l'accusèrent d'avoir sacrifié aux idoles pendant la persécution. Saint Augustin l'a justifié dans son ouvrage contre Pétilien. Les actes du concile de Sinuesse sont apocryphes.

46e. — PAGE 66.

Au tombeau de saint Pierre et de saint Paul.

C'est-à-dire au Vatican, près de la basilique de Saint-Pierre.

47e. — PAGE 66.

Là se rencontroient et Paphnuce de la haute Thébaïde, etc., etc.

Tous ces noms portent leur commentaire avec eux. Tous ces grands hommes, dont l'Église a mis plusieurs au rang des saints, vivoient à cette époque, et parurent au concile de Nicée. On peut remarquer en outre que ce qui manque dans le récit d'Eudore à la peinture de l'état du christianisme sur la terre se trouve ici. Eudore ne parle pas des églises de la Perse et des Indes, où il n'a pas voyagé. Les Ibériens dont il est question dans ce passage ne sont pas les Espagnols : c'étoient des peuples placés entre le Pont-Euxin et la mer Caspienne. La position de l'Église par rapport aux hérésies est aussi indiquée dans ce tableau.

48e. — PAGE 67.

Et bénissoit la ville et le monde.

Je place ici l'origine d'une cérémonie touchante encore pratiquée de nos jours : *Urbi et orbi*.

49ᵉ. — PAGE 67.

Je redemandois secrètement les platanes de Fronton, le portique de Pompée ou celui de Livie, etc.

Il y avoit à Rome des jardins publics connus sous le nom de Fronton; voyez Juvénal. — Le portique de Pompée et celui de Livie sont célèbres dans l'*Art d'aimer* d'Ovide.

50ᵉ. — PAGE 68.

La porte sainte est fermée devant moi.

Tout le monde a remarqué cette scène d'où l'action entière va sortir.

51ᵉ. — PAGE 68.

A l'amphithéâtre de Vespasien.

Aujourd'hui le Colisée : voyez la peinture de ses ruines dans la lettre à M. de Fontanes citée plus haut (note 35ᵉ).

52ᵉ. — PAGE 69.

Il faut que ce peuple, même au milieu de toutes ses misères, ait la main dans toutes les grandeurs.

Encore une phrase désapprouvée par le critique qui a désapprouvé les deux autres (notes 23ᵉ et 31ᵉ). Quant à celle-ci qui, par une grande fatalité, n'étoit point encore exactement citée dans le journal, je ne sais qu'en dire. J'ai vu les opinions partagées. Il me semble pourtant que les autorités prépondérantes sont en sa faveur. Dans tous les cas, si elle est douteuse, elle est la seule de cette espèce dans *Les Martyrs*.

53ᵉ. — PAGE 69.

Les bêtes féroces... se mirent à rugir.

Présage qui m'a semblé propre à réveiller la crainte et la curiosité des lecteurs. Eudore s'en souviendra au XXIVᵉ livre.

LIVRE CINQUIÈME.

1re REMARQUE. — PAGE 71.

Nous fréquentions surtout à Naples le palais d'Aglaé, etc.; *jusqu'à la fin du dernier alinéa de la même page.*

L'histoire d'Aglaé et de saint Boniface, martyrs, est peut-être la plus agréable de toutes les histoires de nos saints. J'en donne dans le texte un précis trop exact pour qu'il soit nécessaire d'y ajouter quelque chose dans la note; il suffira de savoir que tout ce que dit Aglaé sur les cendres des martyrs, et tout ce que lui répond Boniface, est conforme à la vérité historique. On verra, dans le XVIe livre, quelle fut la fin d'Aglaé, de saint Sébastien, de saint Pacôme, de saint Boniface, de saint Génès. Celui-ci a fourni à l'abbé Nadal le sujet d'une tragédie. (Voyez FLEURY, *Hist. ecclés.*, t. II, in-4°; *Acta SS. Mart.* ; *Vies des Pères du désert*, t. Ier.)

Une partie essentielle de mon plan est d'offrir le tableau complet du christianisme à l'époque de la persécution de Dioclétien. J'ai eu soin de rappeler les noms de presque tous les martyrs et saints du IVe siècle et de les lier plus ou moins au sujet par un mot ou par un souvenir. Ces misères échappent à la plupart des lecteurs, mais elles coûtent à l'écrivain, et, en dernier résultat, elles font pourtant qu'un ouvrage est plein et nourri de faits ou qu'il est *dépourvu de sens et de lecture.* D'ailleurs, il est peut-être assez piquant de voir agir ces grands personnages dont on nous conta l'histoire dans notre enfance, et qui de persécuteurs des chrétiens qu'ils étoient sont devenus souvent des saints illustres.

2e. — PAGE 71.

Chaque matin, aussitôt que l'aurore, etc.

Cette description de Naples a été faite sur les lieux ainsi que celle de Rome. J'ai des preuves que les peuples de ce beau pays, si sensibles au charme de leur climat et aux grands souvenirs de leur patrie, ont reconnu la fidélité de mon tableau.

3e. — PAGE 72.

Parthénope fut bâtie sur le tombeau d'une sirène.

Parthénope est Naples, comme chacun sait.

Tenet nunc Parthenope! Elle fut fondée par des Grecs. Voilà pourquoi Eudore dira plus bas que les danses des Napolitaines lui rappeloient les mœurs de la Grèce.

4ᵉ. — PAGE 73.

Des roses de Pœstum dans des vases de Nola.

Les roses, selon Virgile, fleurissoient deux fois à Pœstum. On connoît les beaux temples qui marquent encore l'emplacement de cette petite colonie grecque. Les vases antiques appelés vases de Nola sont dans les cabinets de tous les curieux. Nola étoit une ville près de Naples. Auguste y mourut.

5ᵉ. — PAGE 73.

Se retirant vers le tombeau de la nourrice d'Énée.

> 'Tu quoque littoribus nostris, Æneia nutrix,
> Æternam moriens famam, Caieta, dedisti.
> (*Æneid.*, liv. VII, v. 1.)

Gaète est à l'ouest, par rapport à Naples, et le soleil, en descendant sur l'horizon, passe derrière le Pausilippe. On sait que le Pausilippe est une longue et haute colline, sous laquelle on a percé le chemin qui mène à Pouzzol. C'est à l'entrée de ce chemin souterrain que se trouve le tombeau de Virgile.

Pline fut englouti par les laves du Vésuve, sur le rivage de Pompeia. (Voyez PLINE LE JEUNE, *Epist.*) La Solfatare est une espèce de plaine ou de foyer de volcan, creusé au centre d'une montagne. Quand on y marche, la terre retentit sous vos pas; le sol y est brûlant à une certaine profondeur, l'argent s'y couvre de soufre, etc. Tous les voyageurs en parlent.

Le lac Averne, le Styx, l'Achéron, lieux ainsi nommés aux environs de la mer et de Baïes, et admirablement décrits dans le VIᵉ livre de *l'Énéide*. Tous ces lieux existoient aussi en Égypte et en Grèce.

6ᵉ. — PAGE 73.

Nous retrouvions les ruines de la maison de Cicéron, etc.; *jusqu'à l'alinéa.*

Cicéron avoit une maison de campagne près de Baïes; on en montre encore les ruines. Pour le naufrage d'Agrippine, pour sa mort, pour le fameux *ventrem feri*, voyez TACITE (*Ann.*, XIV, 5, 6, 7). Quant à Caprée, tout le monde connoît le séjour qu'y fit Tibère, et la vie infâme qu'il y mena.

7ᵉ. — PAGE 74.

Aux trois sœurs de l'Amour, filles de la Puissance et de la Beauté.

Les Grâces, sœurs de l'Amour, et filles de Vénus et de Jupiter. Eudore parle ici comme il le faisoit dans le cours de ses erreurs.

LIVRE V.

8ᵉ. — PAGE 74.

Le front couronné d'ache toujours verte et de roses qui durent si peu, etc.; *jusqu'au dernier alinéa de la même page.*

On reconnoîtra ici facilement Horace, Virgile, Tibulle, Ovide. Le lecteur a vu l'antiquité grecque dans les premiers livres, voici l'antiquité latine. On ne m'accusera pas de choisir ce qu'il y a de moins beau parmi les anciens, pour faire mieux valoir les beautés du christianisme.

9ᵉ. — PAGE 74.

Notre bonheur eût été d'être aimés aussi bien que d'aimer.

Cette pensée est de saint Augustin : elle est délicate et tendre, mais elle n'est pas sans affectation et sans recherche, et je l'ai trop louée dans le *Génie du Christianisme* (t. III, liv. IV, ch. 2). Au reste, tout ce morceau est dans le ton de la morale chrétienne, prompte à nous détromper des illusions de la vie. Ce qu'il y a de remarquable, c'est que ce ton ne forme point un contraste violent avec ce qui précède, et que si l'on n'en étoit averti, on ne s'apercevroit point qu'on est passé des poëtes élégiaques aux Pères de l'Église.

10ᵉ. — PAGE 75.

Un jour, errant aux environs de Baïes, nous nous trouvâmes auprès de Literne.

Literne, aujourd'hui Patria. Voyez encore ma lettre à M. de Fontanes, citée dans les notes du livre précédent.

11ᵉ. — PAGE 76.

Quand vous voyez l'Africain rendre une épouse à son époux.

Personne n'ignore cette histoire.

12ᵉ. — PAGE 76.

Quand Cicéron vous peint ce grand homme.

Il nous reste un fragment de Cicéron connu sous le titre de *Songe de Scipion*. Cicéron suppose que Scipion l'Émilien eut un songe pendant lequel Scipion l'Africain l'enleva au ciel, et lui fit voir le bonheur destiné aux hommes de bien. (Voyez l'*Itin.*, tom. II, pag. 233 et 234, édition de 1830.)

13ᵉ. — PAGE 76.

Ma mère qui est chrétienne.

C'est sainte Monique.

14ᵉ. — PAGE 76.

Un homme vêtu de la robe des philosophes d'Épictète.

Les premiers solitaires chrétiens étoient de véritables philosophes. Quelques anachorètes n'avoient pour toute règle que le Manuel d'Épictète.

15ᵉ. — PAGE 77.

J'étois assis dans ce monument.

Les tombeaux des anciens, et surtout ceux des Romains, étoient des espèces de tours. Plusieurs solitaires en Égypte habitoient des tombeaux.

16ᵉ. — PAGE 77.

Je suis le solitaire chrétien du Vésuve.

On a remarqué dans cette histoire le morceau des Litanies ; il offre au moins le mérite de la difficulté vaincue. On sait qu'il y a de nos jours un ermite établi sur le mont Vésuve : c'est une sentinelle avancée qui expose perpétuellement sa vie pour surveiller les éruptions du volcan. Je fais ainsi remonter le dévouement religieux jusqu'à Thraséas.

17ᵉ. — PAGE 77.

Des pirates descendirent sur ce rivage.

Fait historique.

18ᵉ. — PAGE 78.

Un édifice d'un caractère grave.

C'est une chose singulière que les plus anciennes églises bâties avant la naissance de l'architecture gothique ont un caractère de gravité et de grandeur que les monuments païens du même âge n'ont pas. J'ai fait souvent cette remarque à Rome, à Constantinople, à Jérusalem, où l'on voit des églises du siècle de Constantin, siècle qui au reste n'étoit pas celui du goût.

LIVRE V.

19ᵉ. — PAGE 79.

Sa voix avoit une harmonie...

Un critique, dans un extrait malheureusement trop court, et dont tout le monde a remarqué le ton excellent et les manières distinguées, a bien voulu m'appliquer ce passage. Je ne me flatte point de mériter un pareil éloge : je n'avois en vue, en écrivant ceci, que de peindre l'éloquence, le style et la personne même de Fénelon. En effet, on peut remarquer que cela s'applique de tous points à l'auteur du *Télémaque*.

20ᵉ. — PAGE 80.

Que Jérôme se préparoit à visiter les Gaules, etc.

Saint Jérôme voyagea dans tous les pays, et se fixa ensuite dans la Judée, à Bethléem, où nous le retrouverons.

21ᵉ. — PAGE 80.

Je ne sais... si nous nous reverrons jamais.

L'auteur a vu des personnes s'attendrir à la lecture de cette lettre. Le flattoit-on? Étoit-ce une de ces politesses convenues par lesquelles on trompe un auteur? Il ne sait.

22ᵉ. — PAGE 80.

Comme Eudore alloit continuer son récit, etc.

Le récit étant très-long, je l'ai interrompu plusieurs fois pour délasser le lecteur; j'ai même osé le couper entièrement vers le milieu, par le livre de l'Enfer. Cette innovation dans l'art, la seule que je me sois permise, étoit apparemment nécessaire et très-naturelle, car personne ne l'a remarquée.

23ᵉ. — PAGE 80.

Des glands de phagus, etc.

Le phagus étoit une espèce de chêne ou de hêtre d'Arcadie : il portoit le gland dont on prétend que les premiers hommes se nourrissoient. (Voyez Théophraste.)

24ᵉ. — PAGE 81.

Lorsqu'un fils d'Apollon.

C'étoit Ulysse qui pleuroit en entendant le Démodocus d'Homère chanter les exploits des Grecs aux festins d'Alcinoüs. (*Odyss.*, VIII.)

25e. — PAGE 81.

Maximien avoit été obligé.

Faits historiques. Toutes les fois que j'ai pu rappeler au lecteur l'amour naissant de Cymodocée pour Eudore, l'ambition de Galérius, la haine de César pour Constantin et pour les fidèles, enfin le nom et les projets d'Hiéroclès, je me suis empressé de le faire ; le sujet n'est jamais tout à fait hors de vue.

L'empereur Valérien, dont on parle ici, fut pris par les Parthes et écorché vif, les uns disent après sa mort.

26e. — PAGE 82.

J'entre hardiment dans la caverne.

Je comptois peu sur le succès de ce morceau, et cependant il a réussi. D'après l'histoire, il est très-probable que Prisca et Valérie étoient chrétiennes. Il faut remarquer que les catacombes dont je donne la description sont celles qui prirent dans la suite le nom de Saint-Sébastien, parce que ce martyr y fut enterré ; et Sébastien est ici présent au sacrifice. Le charmant tombeau de Cécilia Métella est en effet où je le place. Tout cela est exact et fait d'après la vue des lieux. M. Delille avoit peint les catacombes désertes ; il ne me restoit qu'à représenter les catacombes habitées, pour ne pas engager une lutte trop inégale avec un grand poëte et de beaux vers.

27e. — PAGE 83.

C'est ce Grec sorti d'une race rebelle.

La rivalité d'Hiéroclès et d'Eudore, l'amitié d'Eudore et de Constantin, la haine de Galérius contre les chrétiens se développant, la foiblesse de Dioclétien s'accroît : le récit tient de toutes parts à l'action.

28e. — PAGE 84.

Cependant telle est la force de l'habitude, et peut-être le charme attaché à des lieux célèbres.

J'ai éprouvé ce sentiment très-vif en quittant Rome. De tous les lieux de la terre que j'ai visités, c'est le seul où je voulusse retourner, et où je serois heureux de vivre.

29e. — PAGE 85.

La voie Cassia, qui me conduisoit vers l'Étrurie, etc., etc.

Les détails de ce voyage sont vrais. Il n'y a, je crois, aucun voyageur qui

LIVRE V.

ne reconnoisse Radigofamini à ces mots, *planté de roches aiguës*, à ce torrent qui se replie vingt-quatre fois sur lui-même, et déchire son lit en s'écoulant. Les monticules tapissés de bruyères sont la Toscane, etc.

30ᵉ. — PAGE 85.

Sa fuite est si lente, que l'on ne sauroit dire de quel côté coulent les flots.

« Flumen est Arar... incredibili lenitate, ita ut oculis in utram partem fluat judicari non possit. » (Cæs., *de Bell. Gall.*)

> Ubi Rhodanus ingens amne præraпido fluit,
> Ararque dubitans quo suos cursus agat
> Tacitus, quietus alluit ripas vanis.
> (Sen., *in Apocolocyntosi.*)

> Fulmineis Rhodanus qua se fugat incitus undis
>   Quaque pigro dubitat flumine mitis Arar;
> Lugdunum jacet, etc.   (Jul. Cæs., *Scaliger.*)

31ᵉ. — PAGE 86.

Dont la cité est la plus belle et la plus grande des trois Gaules.

Trèves. Les choses sont bien changées.

LIVRE SIXIÈME.

1ʳᵉ REMARQUE. — PAGE 87.

La France est une contrée sauvage.

La France d'autrefois, ou le pays des Francs, n'étoit point la France d'aujourd'hui : ce que nous nommons France à présent est proprement la Gaule des anciens. J'ai cité pour autorité, dans la préface, la *Carte de Peutinger*, et saint Jérôme dans la *Vie de saint Hilarion*. La *Table-carte de Peutinger* est une espèce de livre de poste des anciens, composé vraisemblablement dans le IVᵉ siècle. Retrouvé par un ami de Peutinger, jurisconsulte d'Augsbourg, il fut publié à Venise, en 1591. Ce sont de longues bandes de papier sur lesquelles on a tracé les chemins de l'empire romain, avec les noms des pays, des villes, des mansions ou relais de poste; le tout sans division, sans méridien, sans longitude et sans latitude. Le mot *Francia* se trouve écrit de l'autre côté du Rhin, à l'endroit que je désigne.

Voici les paroles de saint Jérôme : « Entre les Saxons et les Germains, on trouve une nation peu nombreuse, mais très-brave. Les historiens appellent le pays qu'habite cette nation Germanie, mais on lui donne aujourd'hui le nom de France. » (*In Vit. S. Hilar.*)

« La nation des Celtes, dit Libanius, habite au-dessus du Rhin, le long de l'Océan. Ces barbares se nomment Francs, parce qu'ils supportent bien les fatigues de la guerre. » (*In Basil.*)

2ᵉ. — PAGE 87.

Les peuples qui habitent ce désert sont les plus féroces des barbares.

« Les Francs, dit Nazaire, surpassent tous les peuples barbares en férocité. » Selon l'auteur anonyme d'un panégyrique prononcé devant Constantin, « il n'étoit pas aisé de vaincre les Francs, peuple qui se nourrissoit de la chair des bêtes féroces »

3ᵉ. — PAGE 87.

Ils regardent la paix comme la servitude la plus dure dont on puisse leur imposer le joug.

« La paix est pour les Francs une horrible calamité. » (LIBAN., *Orat. ad. Constantin.*)

4ᵉ. — PAGE 87.

Les vents, la neige, les frimas, font leurs délices ; ils bravent la mer, etc.

« Les Francs sont au milieu de la mer et des tempêtes aussi tranquilles que s'ils étoient sur la terre : ils préfèrent les glaces du Nord à la douceur des plus agréables climats. » (LIBAN., *loc. cit.*) Cette phrase qu'on lit dans le texte : *On diroit qu'ils ont vu le fond de l'Océan à découvert*, etc., est appuyée sur un passage de Sidoine Apollinaire. (Lib. VIII, *Epist. ad Namm.*)

5ᵉ. — PAGE 87.

Ce fut sous le règne de Gordien le Pieux qu'elle se montra pour la première fois.

Depuis l'an 244 jusqu'à l'an 247. Voy. FLAV. VOPISC., cap. VII.

6ᵉ. — PAGE 87.

Les deux Décius périrent dans une expédition contre elle.

Voyez la préface, et *Chron. Paschal.*

7ᵉ. — PAGE 87.

Probus... en prit le titre glorieux de Francique.

Vid. FLAV. VOPISC., *in Vit. Prob.*

8ᵉ. — PAGE 87.

Elle a paru à la fois si noble et si redoutable, etc.

Fait très-curieux, rapporté dans un ouvrage de l'empereur Constantin Porphyrogénète. Il dit que Constantin le Grand fut l'auteur de la loi qui permettoit aux empereurs romains de s'allier au sang des Francs. (*De Admin. imp.*)

9ᵉ. — PAGE 87.

Enfin ces terribles Francs venoient de s'emparer de l'île de Batavie.

Fait historique. Voyez *Panég. prononcé devant Max. Herc. et Const. Chl.*, chap. IV.

10ᵉ. — PAGE 88.

Nous entrâmes sur le sol marécageux des Bataves.

« Terra non est... Aquis subjacentibus innatat et suspensa late vacillat. » (EUM., *Paneg. Const. Cæs.*)

11ᵉ. — PAGE 88.

Le trompettes... venoient à sonner l'air de Diane.

La Diane est restée à nos armées. On sonnoit de la trompe à tous les changements de garde, le jour et la nuit.

12ᵉ. — PAGE 88.

Le centurion qui se promenoit... en balançant son cep de vigne.

La marque du grade de centurion étoit un bâton de sarment de vigne qui lui servoit à ranger ou à frapper les soldats. Le centurion commanda d'abord cent hommes, quand la légion étoit de trois mille hommes ; il n'eut plus sous ses ordres que cinquante hommes quand la légion fut portée à quatre mille hommes : il y avoit deux compagnies chacune de soixante hommes dans chaque manipule. Le premier centurion de l'armée siégeoit au conseil de guerre et ne recevoit d'ordre que du général ou des tribuns.

13ᵉ. — PAGE 88.

La sentinelle... tenoit un doigt levé dans l'attitude du silence.

Montfaucon, dans les *Antiquités romaines*, explique ainsi la pose de quelques soldats.

14ᵉ. — PAGE 88.

Le victimaire qui puisoit l'eau du sacrifice.

Le victimaire préparoit les couteaux, l'eau, les gâteaux du sacrifice ; il étoit à demi nu et portoit une couronne de laurier. Il y avoit dans chaque camp romain un autel auprès du tribunal de gazon où siégeoit le général. Les tentes étoient de peau : de là l'expression *sub pellibus habitare*. Elles étoient disposées parallèlement, formant des rues régulières et se croisant à angle droit. Les camps romains étoient de forme carrée ; les Grecs, et surtout les Lacédémoniens, faisoient les leurs de forme ronde.

15ᵉ. — PAGE 89.

... redisoient autrefois les vers d'Euripide.

Après la défaite et la mort de Nicias, devant Syracuse, plusieurs Athéniens, devenus esclaves, obtinrent la liberté pour prix des vers d'Euripide qu'ils répétoient à leurs maîtres : la réputation de ce grand tragique commençoit à percer en Sicile.

16ᵉ. — PAGE 89.

La légion de Fer et la Foudroyante.

La légion romaine fut successivement de trois, quatre, cinq et six mille hommes, y compris les différentes espèces de soldats armés, comme je le marque ici : les Hastati, les Princes et les Triarii ; les Vexillaires n'étoient que les porte-étendards. L'ordre de ces soldats dans la ligne ne fut pas toujours le même : la légion se divisoit en deux cohortes, chaque cohorte en trois manipules, et chaque manipule en deux centuries. Outre le numéro de son rang, la légion portoit encore un nom tiré de ses divinités, de son pays ou de ses exploits. (Polyb., lib. vi ; Veg., lib. ii.)

17ᵉ. — PAGE 89.

Les signes militaires des cohortes... étoient parfumés.

Les aigles distinguoient la légion ; les signes particuliers marquoient les cohortes ; on les ornoit de verdure le jour du combat, et quelquefois on les parfumoit : c'est ce qui a fourni à Pline une belle déclamation : « Aquilæ certe ac signa, pulverulenta illa, et custodibus horrida, inunguntur festis diebus : utinamque dicere possemus quis primus instituisset ! Ita est, nimirum hac mercede corruptæ terrarum orbem devicere aquilæ. Ista patrocinia quærimus vitiis, ut per hoc jus sumantur sub casside unguenta. » (PLIN., *Hist. Nat.*, lib. XIII, cap. IV, 3.)

18e. — PAGE 89.

Les Hastati.

Voyez, pour ces soldats, la note XVIe.

19e. — PAGE 90.

..... étoient remplis par des machines de guerre.

La catapulte, la baliste, la grue, les béliers, les tours roulantes; et sur les vaisseaux : les corbeaux, les becs d'airain, les ongles de fer. On ne se servoit guère dans les batailles que des catapultes et des balistes; les autres machines étoient pour les siéges.

20e. — PAGE 90.

A l'aile gauche de ces légions, la cavalerie des alliés déployoit son rideau mobile.

L'ordre, le nombre, l'armure de la cavalerie, varièrent chez les Romains selon les temps. Tantôt jointe à la légion, tantôt formant un corps à part, la cavalerie vers la fin de la république prit le nom général d'*ala* ou d'aile, parce qu'elle servoit sur les flancs. La plus nombreuse cavalerie des Romains étoit celle des alliés, et elle différoit nécessairement d'armes offensives et défensives, selon le peuple à qui elle appartenoit : c'est ce qu'on a exprimé ici avec le plus d'exactitude possible.

21e. — PAGE 90.

Sur des coursiers tachetés comme des tigres et prompts comme des aigles, etc.

Selon Strabon, les chevaux des Celtibères (les Espagnols) égaloient la vitesse des chevaux des Parthes : ils étoient généralement d'un poil gris ou tigré (Strab., lib. III). Diodore vante également la cavalerie des Espagnols (lib. V). Au rapport de ces deux auteurs, les Celtibères étoient presque tous vêtus d'un sayon ou d'un manteau de laine noire (*id.*, *ib.*). Ils portoient un casque ou une espèce de chapeau tissu de nerf et surmonté de trois aigrettes, d'après Strabon (*loc. cit.*). Diodore veut que ces aigrettes fussent teintes en pourpre (*loc. cit.*). Strabon donne aux Celtibères de courts javelots. L'épée ibérienne étoit fameuse par sa trempe; il n'y avoit, d'après le témoignage de Strabon, ni casque ni bouclier qui fût à l'épreuve du tranchant d'une pareille épée.

22e. — PAGE 90.

Des Germains d'une taille gigantesque.

Jules César et Tacite ne parlent point du bonnet et de la massue que je donne ici aux cavaliers germains (Cæs., *de Bell. Gall.*, lib. VI; Tacit., *de Mor. Germ.*). Je ne puis retrouver l'autorité originale où j'ai pris ces détails; mais dans *l'Histoire de France* avant Clovis, par Mézeray, on trouvera, page 37 (1692, in-12), la circonstance de la massue. Mézeray donne à cette massue le nom de *cateies*.

23e. — PAGE 90.

Auprès d'eux, quelques cavaliers numides.

Une foule de pierres gravées et les monnoies anciennes de l'Afrique, soit puniques, soit romaines, représentent ainsi le cavalier numide.

24e. — PAGE 90.

Sous leurs selles ornées d'ivoire.

Il ne faut pas entendre ce mot de *selles* comme nous l'entendons aujourd'hui. La selle proprement dite étoit inconnue aux Romains au IVe siècle : ils n'avoient qu'un petit siége retenu sur le dos du cheval par un poitrail et par une croupière. Ces selles n'avoient point d'étriers. Quoiqu'il soit question de mors ou de frein dans Virgile, il est douteux que la bride fût en usage dans a cavalerie romaine. Quant aux gants ou gantelets, ils remontent à la plus haute antiquité : Homère en donne à Laerte, dans l'*Odyssée*; les Perses en portoient, comme nous, pour la propreté.

25e. — PAGE 90.

L'instinct de la guerre est si naturel chez ces derniers (les Gaulois), etc.

Ces Gaulois ressembloient beaucoup aux François d'aujourd'hui.

26e. — PAGE 90.

Tous ces barbares avoient la tête élevée, les couleurs vives.

Consultez César, lib. I, IV et VI; Diodore, lib. V; Strabon, IV et VII.

27ᵉ. — PAGE 90.

Les yeux bleus, le regard farouche et menaçant.

« Luminum torvitate terribiles, » dit Ammien Marcellin. (Voyez aussi Diodore, *loc. cit.*)

28ᵉ. — PAGE 90.

Ils portoient de larges brayes, et leur tunique étoit chamarrée.

La Gaule Narbonnoise s'appela d'abord *Braccata*, du nom de ce vêtement gaulois. « Les Gaulois, dit Diodore, portent des habits très-singuliers : ce sont des tuniques peintes de toutes sortes de couleurs ; ils mettent dessus la tunique un sayon rayé et divisé par bandes. » (Diodore. lib. v. Voyez aussi Strabon, lib. iii.) Le nom de saye ou sayon vient de *sagum*, un sac. Le *sarrau* de nos paysans est le véritable *sagum* des Gaulois.

29ᵉ. — PAGE 90.

L'épée du Gaulois ne le quitte jamais, etc.

L'épée étoit l'arme distinctive des Gaulois, comme la francisque, ou la hache à deux tranchants, étoit l'arme particulière du Franc. Les Gaulois portoient l'épée sur la cuisse droite, suspendue par une chaîne de fer, ou pressée par un ceinturon. (Voyez Diod., lib. v ; Strab., lib. iv.) On juroit sur son épée ; on la plantoit au milieu du *mallus* ou du conseil ; on ne pouvoit pas prendre en gage l'épée d'un guerrier ; enfin, c'étoit la coutume, chez les Gaulois et chez les Germains, de brûler les armes du mort sur son bûcher funèbre. (Voyez César, lib. vi ; Tacite, *de Mor. Germ.*, et *Leg. Longob.*, lib. ii.) Selon César, on brûloit aussi aux funérailles les personnes que le mort avoit chéries, *quos dilectos esse constabat*, et quelquefois son épouse.

30ᵉ. — PAGE 91.

Une légion chrétienne.

Voilà les chrétiens ramenés sur la scène. Il paroit pour cette fois qu'on ne les y a pas trouvés déplacés. Ils sont commandés pour ainsi dire par un François. Nous avons des droits à la gloire de saint Victor martyr. Il étoit de Marseille, et après avoir été battu de verges, suspendu à une croix pour la religion de Jésus-Christ, il fut broyé sous la roue d'un moulin, *ainsi qu'un pur froment*, disent les actes de son martyre.

31e. — PAGE 91.

Nous Crétois... nous prenions nos rangs au son de la lyre.

Ceci n'est point un tour poétique, c'est la pure vérité : les Crétois régloient la marche de leurs guerriers au son d'une lyre.

32e. — PAGE 91.

Parés de la dépouille des ours.

Ce n'étoit pas l'habillement des Francs, mais c'étoit leur parure. Tous les barbares de la Germanie, et même avant eux les Gaulois, se couvroient de peaux de bêtes, ainsi que le racontent César, de *Bell. Gall.*, lib. vi; Tacite, de *Mor. Germ.*, 6, 7, etc. L'uroch dont il est ici question, et que les auteurs latins appellent *urus*, étoit une espèce de bœuf sauvage; on en parlera ailleurs.

33e. — PAGE 91.

Une tunique courte et serrée, etc., *jusqu'à l'alinéa.*

Tout ce paragraphe est tiré de Sidoine Apollinaire, dans son *Panégyrique de Majorien ;* c'est le plus ancien document que nous ayons touchant les costumes de nos pères : je l'ai traduit presque littéralement dans le texte. Peloutier demande où Mézeray a pris que les Francs avoient les yeux verts; il cite un mot grec qui veut dire bleu, et que Mézeray, dit-il, a mal interprété. Peloutier se trompe; Mézeray n'a traduit ici ni Strabon ni Diodore, qui n'ont pu parler des Francs, ni Agathias, ni Anne Comnène; il avoit sans doute en vue le passage de Sidoine dont je me suis servi. J'ai donc pu dire poétiquement, *des yeux couleur d'une mer orageuse*, autorisé d'un côté par les vers de Sidoine, qui donnent aux Francs des yeux verdâtres, et de l'autre par le témoignage de toute l'antiquité, qui parle du regard terrible des barbares. Remarquons que les perruques à la Louis XIV, dont on ramenoit les cheveux en devant sur les épaules, ressembloient parfaitement à la chevelure des Francs. Je parlerai plus bas du javelot appelé *angon :* ce mot est d'ailleurs dans le *Dictionnaire de l'Académie.* Anne Comnène nous a laissé la description d'un Franc ou François, assez curieuse pour être rapportée; on y voit la physionomie d'un barbare à travers l'imagination d'une Grecque. « La présence de Boémond éblouissoit autant les yeux que sa réputation étonnoit l'esprit. Sa taille étoit si avantageuse, qu'il surpassoit d'une coudée les plus grands. Il étoit menu par le ventre et par les côtés, et gros par le dos et par l'estomac; il avoit les bras forts et robustes. Il n'étoit ni maigre ni gras, mais dans une juste température, et telle que Polyclète l'exprimoit ordinairement dans ses ouvrages, qui étoient une imitation fidèle de la perfection de la nature. Il avoit les mains grandes et pleines, les pieds fermes et solides. Il étoit un peu courbé, non par aucun défaut de l'épine du dos, mais par une accoutumance de jeunesse, qui étoit une marque de modestie. Il étoit blanc par tout le corps; mais il avoit sur le visage un juste tempérament et un agréable mélange de blanc et de rouge. Il avoit des cheveux blonds, qui lui couvroient les oreilles, sans lui battre sur les épaules à la façon des barbares. Je ne sais si sa barbe étoit rousse ou d'une autre couleur, parce qu'il étoit rasé fort près. Ses yeux étoient bleus et paroissoient pleins de colère et de fierté. Son nez étoit fort ouvert, car, comme il avoit l'estomac large, il falloit que son poumon attirât une grande quantité d'air pour en modérer la chaleur. Sa bonne mine avoit quelque chose de doux et de charmant; mais la grandeur de sa taille et la fierté de ses regards avoient quelque chose de farouche et de terrible. Son ris n'exprimoit pas moins la terreur que la colère des autres en exprime. » (ANN. COMN., liv. XIII, chap. VI, trad. du prés. Cousin.)

34ᵉ. — PAGE 92.

Ces barbares... s'étoient formés en coin.

« Acies per cuneos componitur. » (TACIT., de Mor. Germ., VI.)

35ᵉ. — PAGE 92.

A la pointe de ce triangle étoient placés des braves qui, etc.

« Et aliis Germanorum populis usurpatum rara et privata cujusque audentia apud Cattos in consensum vertit, ut primum adoleverint, crinem barbamque summittere, nec, nisi hoste cæso, exuere votivum obligatumque virtute oris habitum... Fortissimus quisque ferreum insuper annulum (ignominiosum id genti) velut vinculum gestat, donec se cæde hostis absolvat. » (TACIT., de Mor. Germ., XXXI.)

36ᵉ. — PAGE 92.

Chaque chef, dans ce vaste corps, étoit environné des guerriers de sa famille.

« Quodque præcipuum fortitudinis incitamentum est, non casus, nec fortuita conglobatio turmam aut cuneum facit, sed familiæ et propinquitates : et in proximo pignora, unde feminarum ululatus audiri, unde vagitus infantium. » (TACIT., de Mor. Germ., VII.)

37ᵉ. — PAGE 92.

Chaque tribu se rallioit sous un symbole.

« Effigiesque et signa quædam detracta lucis in prælium ferunt. » (Id.) Je place ici l'origine des armes de la monarchie.

38e. — PAGE 92.

Le vieux roi des Sicambres.

Il y aura ici anachronisme, si l'on veut, ou l'on dira que c'est un Pharamond, un Mérovée, un Clodion, ancêtre des princes de ce nom que nous voyons dans l'histoire. On sait d'ailleurs qu'il y a eu plusieurs Pharamond, et peut-être ce nom n'étoit-il que celui de la dignité (MONTFAUCON, *Antiq.*). Je ne puis m'empêcher de remarquer la justice et la bonne foi de la critique. On a tout approuvé dans ce livre, jusqu'aux anachronismes, qu'on n'a point relevés, et l'on m'a chicané sur le nom de Velléda, qui n'est point la Velléda de Tacite.

39e. — PAGE 92.

A leurs casques en forme de gueules ouvertes ombragées, etc.

« Tous les cavaliers cimbres avoient des casques en forme de gueules ouvertes et de mufles de toutes sortes de bêtes étranges et épouvantables; et les rehaussant par des panaches faits comme des ailes et d'une hauteur prodigieuse, ils paroissoient encore plus grands. Ils étoient armés de cuirasses de fer très-brillantes et couverts de boucliers tout blancs. » (PLUTARQUE, *in Vit. Mar.*) J'attribue aux Francs ce que Plutarque raconte des Cimbres; mais les Cimbres avoient habité les bords de l'Océan septentrional, comme les Francs, et tous les barbares qui envahirent l'empire romain avoient, les Huns exceptés, une foule de coutumes semblables.

40e. — PAGE 92.

Il étoit... retranché avec des bateaux de cuir et des chariots attelés de grands bœufs.

Tacite parle des légers bateaux à deux proues d'une nation germanique qui habitoit les bords de l'Océan. Sidoine Apollinaire, dans le *Panégyrique d'Avitus*, dit que les bâtiments des Saxons étoient recouverts de peaux. Quant aux chariots, une autorité suffira : Sidoine raconte que Majorien ayant vaincu les Francs, on trouva dans des chariots tous les préparatifs d'une noce : le repas, les ornements et des vases couronnés de fleurs. On s'empara de ces chariots et de la nouvelle épouse : c'étoit vraisemblablement une reine des Francs, à en juger par cette magnificence.

Que les camps étoient retranchés avec des chariots, on va le voir : « Omnemque aciem suam (Germanorum) circum rhedis et carris circumdederunt... eo mulieres imposuerunt. » (CÆS.)

41e. — PAGE 92.

Trois sorcières en lambeaux faisoient sortir de jeunes poulains d'un bois sacré.

Il y a ici une réunion de plusieurs choses. Selon Tacite, les Germains accordoient l'esprit de divination aux femmes; les Gaulois, comme nous le verrons par la suite, avoient leurs druidesses : ces druidesses se changèrent ensuite en fées *(fatidicæ)*, en sorcières, etc. : de là les sorcières de Macbeth. Quant aux augures tirés de la course des chevaux, Tacite est mon garant : « Proprium gentis equorum quoque præsagia ac monitus experiri. Publice aluntur iisdem nemoribus ac lucis candidi, et nullo mortali opere contacti, quos pressos sacro curru sacerdos ac rex vel princeps civitatis comitantur, hinnitusque ac fremitus observant. » (TACIT., *de Mor. Germ.*, x.) Pour le dieu Tuiston, c'est encore Tacite. « Celebrant carminibus antiquis Tuistonem deum. » (*Id.*, II.)

42e. — PAGE 93.

Quand nous aurons vaincu mille guerriers francs.

Mille Francos, mille Sarmatas semel occidimus ;
Mille, mille, mille, mille, mille Persas quærimus.
(FLAV. VOPISC., *in Vit. Aurel.*, 7.)

43e. — PAGE 93.

Les Grecs répètent en cœur le Pœan.

Le Pœan, chez les Grecs, étoit à proprement parler un chant ou un hymne quelconque. Il est pris ici pour le chant du combat; on le trouve comme tel dans la *Retraite des Dix Mille* et ailleurs.

44e. — PAGE 93.

L'hymne des druides.

C'est le chant des bardes. Tout ce qu'on a dit sur les bardes de notre temps est un roman qu'une phrase de Strabon, copiée par Ammien Marcellin, et deux ou trois phrases de Diodore, ont produit. « Bardi qui de laudationibus rebusque poeticis student. » (STRAB., lib. IV.)

45e. — PAGE 93.

Ils serrent leurs boucliers contre leur bouche.

« Nec tam voces illæ quam virtutis concentus videntur. Affectatur præcipue asperitas soni, et fractum murmur, objectis ad os scutis, quo planior et gravior vox repercussu intumescat. » (TACIT., *de Mor. Germ.*, III.)

46ᵉ. — PAGE 93.

Ils entonnent le bardit.

« Sunt illis hæc quoque carmina, quorum relatu, quem *barditum* vocant, accendunt animos, futuræque pugnæ fortunam ipso cantu augurantur. Terrent enim trepidantve, prout sonuit acies. » (Tacit., *de Mor. Germ.*, III.)

Saxo Grammaticus, l'historien de la Suède, Olaüs Wormius, dans sa *Litteratura runica,* nous ont conservé plusieurs fragments de ces chants des peuples du Nord, dont Charlemagne avoit fait faire un recueil. J'ai imité ici le chant de Lodbrog, en y ajoutant un refrain et quelques détails sur les armes, appropriés à mon sujet :

> Pugnavimus ensibus..., etc., etc.
> Virgo deploravit matutinam lanienam,
> Multa præda dabatur feris.
> . . . .
> . . . .
> . . . .
> Quid est viro forti morte certius? etc.
> . . . .
> . . . .
> Vitæ elapsæ sunt horæ ;
> Ridens moriar. . . .

Il y a bien loin de ces vers à ceux d'Homère et de Virgile, rappelés dans *Les Martyrs*.

47ᵉ. — PAGE 93.

Victoire à l'empereur !

Le cri du soldat romain en commençant la bataille s'appeloit *barritus;* il étoit soumis à de certaines règles, et il y avoit des maîtres pour l'enseigner, comme parmi nous des maîtres d'armes.

48ᵉ. — PAGE 94.

Le roi chevelu.

Grégoire de Tours parle à tout moment de la chevelure des rois de la première race. Saint-Foix ayant rassemblé les autorités, je les donne ici sous son nom.

« Les Francs, dit l'auteur des *Gestes de nos Rois,* élurent un roi chevelu, Pharamond, fils de Marcomir. » — « Les Francs, dit Grégoire de Tours, ayant passé le Rhin, s'établirent d'abord dans la Tongrie, où ils créèrent par cantons et par cités des rois chevelus. Il raconte dans un autre endroit que le jeune Clovis, fils de Chilpéric, ayant été poignardé et jeté dans la Marne par l'ordre de Frédégonde, sa belle-mère, son corps s'arrêta dans les filets d'un pêcheur, qui ne put pas douter, à sa longue chevelure, que ce ne fût le fils du roi. Agathias, historien contemporain, rapporte que Clodomir, fils de Clovis, ayant été tué dans une bataille contre les Bourguignons, ils reconnurent ce prince parmi les morts à sa longue chevelure; car c'est un usage constant parmi les rois des Francs, ajoute-t-il, de laisser croître leurs cheveux dès l'enfance et de ne jamais les couper... Il n'est pas permis à leurs sujets de porter la chevelure longue et flottante : c'est une prérogative attribuée à la famille royale. »

49e. — PAGE 94.

Elle était de la race de Rinfax.

Consultez les Edda, l'Introduction à l'*Histoire du Danemarck*, et Saxo Grammaticus, sur la mythologie des Scandinaves.

50e. — PAGE 94.

Sur un char d'écorce sans essieu.

C'est le traîneau.

51e. — PAGE 94.

Le souffle épais des chevaux.

Ceci est ajouté depuis les deux premières éditions, et explique mieux l'effet singulier dont je parle, et qu'on a pu observer sur un champ de bataille.

52e. — PAGE 95.

Ses douze pairs... Une enseigne guerrière surnommée l'oriflamme.

Institution françoise, mœurs et coutumes de nos aïeux, dont on aimera peut-être à trouver ici l'origine.

Dulces reminiscitur Argos.

53e. — PAGE 95.

Le fruit merveilleux... de l'épouse de Clodion et d'un monstre marin.

« Clodion demeurant pendant l'été sur le rivage de la mer, sa femme voulut se baigner. Un monstre sortit de l'eau sous la forme d'un Minotaure, et conçut de l'amour pour la reine... Elle devint grosse, et elle accoucha d'un fils. Ce fils, nommé Mérovée, donna son nom à la première race de nos rois. » (*Epit. Hist. franc.*, cap. IX, *in* D. Bouq.)

54ᵉ. — PAGE 95.

A la quenouille d'une reine des barbares.

Quant on ouvrit à Saint-Denis le tombeau de Jeanne de Bourbon, épouse de Charles V, on y trouva un reste de couronne, un anneau d'or, des débris de bracelets ou chaînons, un fuseau ou quenouille de bois doré à demi pourri, des souliers de forme très-pointue, en partie consumés, brodés en or et en argent.

55ᵉ. — PAGE 95.

Comme les Gaulois suspendent des reliques aux rameaux du plus beau rejeton d'un bois sacré.

Les anciens non-seulement suspendoient des offrandes aux arbres, mais ils y attachoient des colliers, comme fit Xerxès, qui mit un collier d'or à un beau platane. Florus raconte qu'Arioviste le Gaulois promit à Mars un collier fait de la dépouille des Romains. Peloutier observe très-ingénieusement que Mars étoit le même que le Jupiter gaulois, dont le simulacre étoit un grand chêne, selon Maxime de Tyr. (PELOUTIER, livre IV, chap. II, page 243, et livre III, chap. IV, page 22.)

56ᵉ. — PAGE 95.

D'Hercule le Gaulois.

Les premières éditions portent *Mars* : j'ai mis *Hercule*, comme plus caractéristique du culte des Gaulois. (Voy. LUCAIN, *in Hercul. gallic.*)

57ᵉ. — PAGE 95.

Jeune brave, tu mérites d'emporter, etc.

Teutatès étoit un dieu des Gaulois. Les blessures étoient une marque de gloire. Quant à la dernière partie de la phrase, il paroîtroit par les Edda, par un passage de Procope sur les Goths, par le témoignage de Solin, que les barbares du Nord se tuoient ou se faisoient tuer lorsqu'ils étoient arrivés à la vieillesse; mais on n'a pas là-dessus d'assez bonnes autorités. Il est certain que César, Tacite, Strabon, Diodore, gardent le silence à ce sujet : ainsi, je suis plutôt une tradition qu'un fait historique.

58ᵉ. — PAGE 96.

Je ne crains qu'une chose, etc.

C'est la réponse des députes gaulois à Alexandre. (ARRIEN, lib. I, cap. I.)

59ᵉ. — PAGE 96.

La terre que je te céderai.

C'est la réponse de Marius aux Cimbres. (PLUT., *in Vit. Mar.*)

60ᵉ. — PAGE 96.

... qui, par ses deux fers recourbés...

« Ils se servent principalement de haches, qui coupent des deux côtés, et de javelots qui, n'étant ni fort grands ni aussi trop petits, mais médiocres, sont propres et à jeter de loin dans le besoin, et à combattre de près. Ils sont tous garnis de lames de fer, de sorte qu'on n'en voit pas le bois. Au-dessous de la pointe, il y a des crochets fort aigus et recourbés en bas en forme d'hameçon. Quand le François est dans une bataille, il jette ce javelot... Si le javelot ne perce que le bouclier, il y demeure attaché, et traîne à terre par le bout d'en bas. Il est impossible à celui qui en est frappé de l'arracher, à cause des crochets qui le retiennent; il ne peut non plus le couper, à cause des lames qui le couvrent. Quand le François voit cela, il met le pied sur le bout du javelot, et pèse de toute sa force sur le bouclier, tellement que le bras de celui qui le soutient venant à se lasser, il découvre la tête et l'estomac : ainsi, il est aisé au François de le tuer, en lui fendant la tête avec sa hache, ou le perçant d'un autre javelot. » (AGATH., lib. II, cap. III; traduction du président Cousin.)

61ᵉ. — PAGE 96.

... étoit dernier descendant de ce Vercingétorix, etc.

Vercingétorix étoit d'Auvergne et fils de Celtillus. Il fit révolter toutes les Gaules contre César, et le força d'abandonner le siége de Clermont. Après avoir défendu longtemps Alise, il se remit enfin entre les bras du vainqueur. César ne nous dit pas s'il fut généreux envers le héros gaulois.

62ᵉ. — PAGE 96.

L'élèvent sur un bouclier.

« Sitôt qu'ils (les rois ou ducs des François) étoient élus, ils les élevoient sur un pavois ou large bouclier, et les portoient sur leurs épaules, les faisant doucement sauter pour les montrer au peuple. » (MÉZERAY, *av. Clovis*, p. 55.)

63ᵉ. — PAGE 96.

Une croix entourée de ces mots...

Cet anachronisme, qui n'est que de quelques années, est là pour rappeler la fameuse inscription du Labarum.

64ᵉ. — PAGE 97.

Ils ont conté qu'ils voyoient... une colonne de feu... et un cavalier vêtu de blanc.

On retrouve ce miracle dans les *Machabées*, dans les *Actes des Martyrs*, dans les historiens de cette époque, et jusque dans ceux des *Croisades*. L'original de ce miracle est dans les *Machabées*.

65ᵉ. — PAGE 97.

Là un soldat chrétien meurt isolé, etc.

Ceci est fondé sur un fait connu de l'auteur.

66ᵉ. — PAGE 98.

Conservoient dans la mort un air si farouche, etc.

C'est Sidoine Apollinaire qui le dit dans le *Panégyrique de Majorien*.

67ᵉ. — PAGE 98.

... s'étoient attachés ensemble par une chaîne de fer.

Circonstance empruntée de la bataille des Cimbres contre Marius. Plutarque raconte que tous les soldats de la première ligne de ces barbares étoient attachés ensemble par une corde, afin qu'ils ne pussent rompre leurs rangs.

68ᵉ. — PAGE 98.

Les barbares jetoient des cris.

« Tous ceux qui étoient échappés de la défaite des Ambrons s'étant mêlés avec eux, ils jetoient toute la nuit des cris affreux, qui ne ressemblent point à des clameurs et à des gémissements d'hommes, mais qui étoient comme des hurlements et des mugissements de bêtes féroces, mêlés de menaces et de lamentations, et qui, poussés en même temps par cette quantité innombrable de barbares, faisoient retentir les montagnes des environs et de tout le canal du fleuve. Toute la plaine mugissoit de ce bruit épouvantable; le cœur des

Romains étoit saisi de crainte, et Marius lui-même frappé d'étonnement. » (PLUTARQUE, *in Vit. Mar.*)

69e. — PAGE 99.

Les Francs pendant la nuit avoient coupé les têtes des cadavres romains.

On voit un exemple remarquable de cette coutume des barbares dans la description du camp de Varus, par Tacite. Salvien *(de Gubernatione Dei)*, Idace (dans sa *Chronique in Biblioth. Patr.*, vol. VII, page 1233), Isidore de Séville, Victor *(de Persecutione africana)*, etc., font tous des descriptions horribles de la cruauté des peuples qui renversèrent l'empire romain. Ils allèrent jusqu'à égorger des prisonniers autour d'une ville assiégée, afin de répandre la peste dans la ville par la corruption des cadavres. (VICTOR, *loc. cit.*)

70e. — PAGE 99.

Un énorme bûcher, composé de selles de chevaux.

Ceci rappelle vaguement la résolution d'Attila après la perte de la bataille de Châlons. (JORNANDÈS, *de Reb. Goth.*)

71e. — PAGE 99.

Les femmes des barbares, vêtues de robes noires.

« Stabat pro littore diversa acies, densa armis virisque, intercursantibus feminis, in modum furiarum, quæ veste ferali, crinibus dejectis, faces præferebant. Druidæque circum, preces diras sublatis ad cœlum manibus fundentes, novitate aspectus, perculere milites. » (TACIT., *Ann.,* XIV, 30.) Les femmes venant contre eux avec des épées et des haches, grinçant les dents de rage et de douleur, et jetant des cris horribles, frappent également sur ceux qui fuient et sur ceux qui poursuivent; sur les premiers, comme traitres, et sur les autres, comme ennemis; se jettent dans la mêlée, saisissent avec les mains nues les épées des Romains, leur arrachent leurs boucliers, reçoivent des blessures, se voient mettre en pièces sans se rebuter, et témoignent jusqu'à la mort un courage véritablement invincible. (PLUTARQUE, *in Vit. Mar.*) Là on vit les choses du monde les plus tragiques et les plus épouvantables. Les femmes, vêtues de robes noires, étoient sur les chariots, et tuant les fuyards : les unes leurs maris, les autres leurs frères, celles-là leurs pères, celles-ci leurs fils; et prenant leurs petits enfants, elles les étouffoient de leurs propres mains, et les jetoient sous les roues des chariots et sous les pieds des chevaux, et se tuoient ensuite elles-mêmes; on dit qu'il y en eut une qui se pendit au bout de son timon, après avoir attaché par le cou à ses deux talons deux de ses enfants, l'un deçà, l'autre delà. Les hommes, faute d'arbres pour se pendre, se mettoient au cou un nœud coulant qu'ils attachoient aux cornes ou aux jambes des bœufs, et piquant ces bêtes pour les faire marcher, ils périssoient misérablement ou étranglés ou foulés aux pieds. (PLUTARQUE, *in Vit. Mar.*)

72e. — PAGE 100.

Mérovée s'étoit fait une nacelle d'un large bouclier d'osier.

Les boucliers des barbares servoient quelquefois à cet usage ; on en voit un exemple remarquable dans Grégoire de Tours. Attale, Gaulois d'une naissance illustre, se trouvant esclave chez un barbare, dans le pays de Trèves, se sauva de chez son maître en traversant la Moselle sur un bouclier. (GREG. TURON., lib. III.)

73e. — PAGE 101.

Dans une espèce de souterrain où les barbares ont coutume de cacher leur blé.

« Solent et subterraneos specus aperire, eosque multo insuper fimo onerant, suffugium hiemi et receptaculum frugibus. » (TACIT., *de Mor. Germ.*, XVI.)

Le lecteur peut se rendre compte maintenant du plaisir que peut lui avoir fait ce combat des Francs et des Romains. Ceux qui parcourent en quelques heures un ouvrage en apparence de pure imagination, ne se doutent pas du temps et de la peine qu'il a coûté à l'auteur, quand il est fait comme il doit l'être, c'est-à-dire en conscience. Virgile employa un grand nombre d'années à rassembler les matériaux de l'*Énéide*, et il trouvoit encore qu'il n'avoit pas assez lu. (Voyez MACROBE.) Aujourd'hui on écrit lorsqu'on sait à peine sa langue et qu'on ignore presque tout. Je me serois bien gardé de montrer le fond de mon travail, si je n'y avois été forcé par la dérision de la critique. Dans ce combat des Francs, où l'on n'a vu qu'une description brillante, on saura maintenant qu'il n'y a pas un seul mot qu'on ne puisse retenir comme un fait historique.

LIVRE SEPTIÈME.

1re REMARQUE. — PAGE 102.

Le roi d'Ithaque fut réduit à sentir un mouvement de joie en se couchant sur un lit de feuilles séchées.

Τὴν μὲν ἰδὼν γήθησε πολύτλας Ὀδυσσεύς·
Ἐν δ' ἄρα μέσσῃ λέκτο, χύσιν δ' ἐπεχεύατο φύλλων.
(*Odyss.*, liv. V, v. 486.)

LIVRE VII.

2ᵉ. — PAGE 102.

Il étoit accompagné d'une femme vêtue d'une robe, etc.

« Nec alius feminis quam viris habitus, nisi quod feminæ sæpius lineis amictibus velantur, eosque purpura variant, partemque vestitus superioris in manicas non extendunt, nudæ brachia ac lacertos : sed et proxima pars pectoris patet. » (Tacit., de Mor. Germ., XVII.)

3ᵉ — PAGE 103.

Je ne sais quelle habitude étrangère, etc.

Est-il nécessaire d'avertir que cette habitude étrangère avoit été produite par la religion chrétienne?

4ᵉ. — PAGE 103.

Remerciez Clothilde.

Encore un nom historique emprunté, ou un anachronisme d'accord avec les anachronismes précédents.

5ᵉ. — PAGE 103.

Dans une hutte qu'entouroit... un cercle de jeunes arbres.

« Colunt discreti ac diversi, ut fons, ut campus, ut nemus placuit... Suam quisque domum spatio circumdat. » (Tacit., de Mor. Germ., XVI. Voyez aussi *Hérodien*, liv. VII.) Dans quelques cantons de la Normandie, les paysans bâtissent encore leurs maisons isolées au milieu d'un champ qu'environne une haie vive plantée d'arbres.

6ᵉ. — PAGE 103.

Une boisson grossière faite de froment.

C'est la bière : Strabon, Ammien Marcellin. Dion Cassius, Jornandès, Athénée, sont unanimes sur ce point. Au rapport de Pline, la bière étoit appelée *cervisia* par les Gaulois. Les femmes se frottoient le visage avec la levûre de cette boisson. (Pline, liv. XXII.)

7e. — PAGE 103.

L'odeur des graisses mêlees de cendres de frêne, dont ils frottent leurs cheveux.

C'étoit pour leur donner une couleur rousse. On peut voir là-dessus Diodore de Sicile, liv. v; Ammien Marcellin, liv. xvii; Saint Jérôme, *Vit. Hilar.*, etc.

8e. — PAGE 103.

Le peu d'air de la hutte, etc.

« Je suis, dit Sidoine, au milieu des peuples chevelus, forcé d'entendre le langage barbare des Germains, et obligé d'applaudir aux chants d'un Bourguignon ivre, qui se frotte les cheveux avec du beurre... Dix fois le matin, je suis obligé de sentir l'ail et l'oignon, et cette odeur empestée ne fait que croître avec le jour. » (Sid. Apoll., *Cam.* 22, *ad Cát.*) Voilà nos pères.

9e. — PAGE 104.

Une corne de bœuf pour puiser de l'eau.

C'est la corne de l'uroch: on y reviendra.

10e. — PAGE 105.

Voilà, me dit l'esclave... Le camp de Varus.

L'emplacement de ce camp porte encore le nom de bois de Teuteberg. Voici l'admirable morceau de Tacite, dont mon texte est la traduction abrégée : « Prima Vari castra lato ambitu et dimensis principiis, trium legionum manus ostentabant; dein semiruto vallo, humili fossa, accisæ jam reliquiæ consedisse intelligebantur. Medio campi albentia ossa, ut fugerant, ut restiterant, disjecta vel aggerata. Adjacebant fragmina telorum, equorumque artus, simul truncis arborum antefixa ora; lucis propinquis barbaræ aræ, apud quas tribunos ac primorum ordinum centuriones mactaverant : et cladis ejus superstites pugnam aut vincula elapsi referebant hic cecidisse legatos, illic raptas aquilas; primum ubi vulnus Varo adactum, ubi infelici dextra et suo ictu mortem invenerit; quo tribunali concionatus Arminius; quot patibula captivis, quæ scrobes, utque signis et aquilis per superbiam illuserit. » (*Ann.*, i, 64.)

11e. — PAGE 105.

On n'osa même plus porter leurs images aux funérailles.

« Et Junia saxegesimo quarto post Philippensem aciem anno supremum diem explevit, Catone avunculo genita, C. Cassii uxor, M. Bruti soror...

Viginti clarissimarum familiarum imagines antelatæ sunt, Manlii, Quinctii, aliaque ejusdem nobilitatis nomina : sed præfulgebant Cassius atque Brutus, eo ipso quod effigies eorum non visebantur. » (TACIT., *Ann.*, III, 76.)

12e. — PAGE 105.

La légion thébaine.

Tout ce qui suit dans le texte est tiré d'une lettre de saint Euchère, évêque de Lyon, à l'évêque Salvius. On trouve aussi cette lettre dans les *Actes des Martyrs*.

13e. — PAGE 106.

Les corps de mes compagnons sembloient jeter une vive lumière.

L'autorité pour ce miracle se trouve dans le martyre de saint Taraque. (*Act. Mart.*)
Le Tasse a aussi imité ce passage dans l'épisode de Suénon.

14e. — PAGE 106.

Vers Denis, premier évêque de Lutèce.

Je place, avec Fleury, Tillemont et Crevier, le martyre de saint Denis, premier évêque de Paris, sous Maximien, l'an 286 de notre ère.

15e. — PAGE 106.

Cette colline s'appeloit le mont de Mars.

On voit que j'ai choisi entre les deux sentiments qui font de Montmartre ou le mont de Mars ou le mont des Martyrs.

16e. — PAGE 107.

Depuis ce temps je suis demeuré esclave ici.

Notre religion, féconde en miracles, offre plusieurs exemples de chrétiens qui se sont faits esclaves pour délivrer d'autres chrétiens, surtout quand ils craignoient que ceux-ci perdissent la foi dans le malheur. Il suffira de rappeler à la mémoire du lecteur saint Vincent de Paul, et saint Pierre Pascal, évêque de Jaën en Espagne. (Voyez *Génie du Christianisme*, tom. II, édit. de 1830.)

17e. — PAGE 107.

De les exposer aux flots sur un bouclier.

« On lit, dit Mézeray, en deux ou trois poëtes, dans le scoliaste *Eustathius*, et même dans les écrits de l'empereur Julien, que ceux qui habitoient proche du Rhin les exposoient (les enfants) sur les ondes de ce fleuve, et ne tenoient pour légitimes que ceux qui n'alloient point au fond. Quelques auteurs modernes se sont récriés contre cette coutume, et ont maintenu que c'étoit une fable inventée par les poëtes; mais ils ne se fussent pas tant mis en peine de la réfuter, s'ils eussent pris garde qu'une épigramme grecque dit que le père mettoit ses enfants sur un bouclier. » (*Av. Clov.*, pag. 34.)

18e. — PAGE 107.

Ma plus belle conquête est la jeune femme, etc.

Le christianisme, à cause de son esprit de douceur et d'humanité, s'est surtout répandu dans le monde par les femmes. Clothilde, femme de Clovis, amena ce chef des François à la connoissance du vrai Dieu. (Voyez GREG. TUR.)

19e. — PAGE 108.

Vous êtes né dans ce doux climat, voisin, etc.

La Grèce étoit voisine de la Judée, comparativement au pays des Francs.

20e. — PAGE 109.

Ségovia, prophétesse des Germains.

Le nom de cette prophétesse germaine se trouve dans Tacite.

21e. — PAGE 109.

D'un Romain esclave, etc.

On voit ici un grand exemple de la difficulté de contenter tous les esprits. Un critique plein de goût, que j'ai souvent cité dans ces notes, trouve cet épisode de Zacharie peu intéressant. La reine des Francs, à genoux sous un vieux chêne, ne lui présente qu'une copie affoiblie de la scène de Prisca et de Valérie. D'autres personnes, également faites pour bien juger, aiment beaucoup au contraire l'opposition du christianisme naissant au milieu des forêts, chez des barbares, et du christianisme au berceau, dans les catacombes, chez un peuple civilisé.

22e. — PAGE 109.

Déclare que la vertu n'est qu'un fantôme.

« Brutus s'arrêta dans un endroit creux, s'assit sur une grande roche, n'ayant avec lui qu'un petit nombre de ses amis et de ses principaux officiers; et là, regardant d'abord le ciel, qui étoit fort étoilé, il prononça deux vers

LIVRE VII.

grecs. Volumnius en a rapporté un qui dit : Grand Jupiter, que l'auteur de tous ces maux ne se dérobe point à votre vue! Il dit que l'autre lui étoit échappé. Le sens de cet autre vers étoit : O vertu ! tu n'es qu'un vain nom ! »

23ᵉ. — PAGE 110.

Un nouvel Hérodote.

« Hérodote se rendit aux jeux olympiques. Voulant s'immortaliser, et faire sentir en même temps à ses concitoyens quel étoit l'homme qu'ils avoient forcé de s'expatrier, il lut dans cette assemblée, la plus illustre de la nation, la plus éclairée qui fut jamais, le commencement de son *Histoire*, ou peut-être les morceaux de cette même *Histoire* les plus propres à flatter l'orgueil d'un peuple qui avoit tant de sujet de se croire supérieur aux autres. » (LARCHER, *Vie d'Hérodote.*)

24ᵉ. — PAGE 110.

Un peuple qui prétend descendre des Troyens.

Dans le second chapitre de l'*Épitome de l'Histoire des Francs*, on lit toute une fable racontée, dit l'auteur, par un certain poëte appelé Virgile. Priam, selon ce poëte inconnu, fut le premier roi des Francs; Friga fut le successeur de Priam. Après la chute de Troie, les Francs se séparèrent en deux bandes; l'une, commandée par le roi Francio, s'avança en Europe, et s'établit sur les bords du Rhin, etc. (*Epit. Hist. Franc.*, cap II, *in* D. Bouq. Coll.)

Les *Gestes des rois des Francs* racontent une fable à peu près semblable (cap. I et II). C'est sur ces vieilles chroniques qu'Annius de Viterbe a composé la généalogie des rois des Gaules et des rois des Francs. Dans ces deux livres supposés, il donne vingt-deux rois aux Gaulois avant la guerre de Troie : Dis ou Samothès; Sarron, fondateur des écoles druidiques ; Boardus, inventeur de la poésie et de la musique; Celtès, Galatès, Belgicus, Lugdne, Allobrox, Pâris, Remus. Sous ce dernier roi arriva la prise de Troie; et Francus, fils d'Hector, s'échappa de la ruine de sa patrie, se réfugia dans les Gaules, et épousa la fille de Remus.

25ᵉ. — PAGE 110.

Que ce peuple, formé de diverses tribus des Germains...

Véritable origine des François. J'ai expliqué le mot *Franc* d'après le génie de notre langue, et non d'après l'étymologie que veut lui donner Libanius, et qui signifieroit habile à se fortifier. (*In Basilico.*)

26ᵉ. — PAGE 110.

Le pouvoir... se réunit.

Ceci n'est exprimé formellement par aucun auteur, mais se déduit de toute la suite de l'histoire. On voit dans Tacite (*de Mor. Germ.*) que l'on élisoit des *chefs* dans les assemblées générales, et l'on trouve dans le même auteur (*Ann.* et *Hist.*) des Germains conduits par un seul chef. On remarque la même chose dans les *Commentaires* de César. Enfin, sous Pharamond, Clodion, Mérovée et Clovis, les Francs paroissoient marcher sous les ordres d'un seul roi.

27ᵉ. — PAGE 110.

La tribu des Saliens.

Il y a des auteurs qui ne veulent faire des Saliens que des grands ou des seigneurs attachés au service des salles de nos rois. Il est vrai que le mot *sala* remonte très-haut dans la basse latinité. Dans un édit de Lothaire, roi des Lombards, on lit : *Si quis bovolam de sala occiderit, componat* (sol. 20).

« Qui en la *sale* Baudouin Lagernie,
« Avoit de Foise envoyé une espie. »
(Du Cange, *Gloss.*, voce *Sala*.)

Mais il est plus naturel de considérer les Saliens comme une tribu des Francs, puisqu'on les trouve comme tels dans l'histoire. Les Francs appelés les Saliens, dit Ammien Marcellin, s'étoient cantonnés près de Toxandrie. Sidoine leur donne aussi ce nom. Au rapport de Libanius, Julien prit les Saliens au service de l'empire, et leur donna des terres. Au reste, on trouve des Saliens gaulois sur le territoire desquels les Phocéens fondèrent Marseille. Il y avoit chez les Romains des prêtres de Mars et des prêtres d'Hercule appelés Saliens; comme si tout ce qui s'appeloit Salien devoit annoncer les armes et la victoire.

28ᵉ. — PAGE 110.

Elle doit cette renommée...

Je place ici l'origine de la fameuse loi salique. L'histoire la fait remonter jusqu'à Pharamond. Les meilleurs critiques font venir comme moi la loi salique de la tribu des Saliens. La loi salique, telle que nous l'avons, ne parle point de la succession à la couronne ; elle embrasse toutes sortes de sujets. Du Cange distingue deux lois saliques : l'une, plus ancienne, et du temps que les François étoient encore idolâtres ; l'autre, plus nouvelle, et que l'on suppose rédigée par Clovis après sa conversion. (Voyez Pittion, Jérôme Bignon, Du Cange et Daniel.)

29ᵉ. — PAGE 110.

Les Francs s'assemblent.

Les premières éditions portoient : « Les Francs s'assemblent *deux fois l'année, aux mois de mars et de mai*. » J'avois voulu indiquer par là le changement survenu dans l'époque de l'assemblée générale des Francs ; mais cela étoit inexact et ne disoit pas ce que je voulois dire : j'ai corrigé, comme on le voit ici. Le premier exemple d'une assemblée générale des Francs remonte à Clovis : ce roi y tua de sa main un soldat qui l'avoit insulté l'année précédente. (Grégoire de Tours.)

Tacite dit que les Germains tenoient leurs assemblées à des jours fixes, au commencement de la nouvelle et de la pleine lune (*de Mor. Germ.*). Nos états généraux, que l'on croit être nés des assemblées du champ de Mars, me paroissent plutôt avoir une origine gauloise. (Voyez les *Commentaires de César*.)

30e. — PAGE 110.

Ils viennent au rendez-vous tout armés.

C'est ce que disent tous les auteurs.

31e. — PAGE 110.

Le roi s'assied sous un chêne.

« Maintes fois ay veu que le bon sainct, après qu'il avoit ouy messe en esté, il se alloit esbattre au bois de Vicennes, et se seoit au pié d'un chesne, et nous faisoit seoir tous emprès de lui : et tous ceulx qui avoient affaire à lui venoient à lui parler, sans ce qu'aucun huissier ne autre leur donnast empeschement. Et demandoit haultement de sa bouche s'il y avoit nul qui eust partie. Et quand il y en avoit aucuns, il leur disoit : Amis, taisez-vous, et on vous delivrera l'un après l'autre... Aussi plusieurs fois ay veu que audit temps d'esté, le bon roy venoit au jardin de Paris, une cotte de camelot vestuë, ung surcot de tiretaine sans manches, et un mantel par-dessus de sandal noir : et faisoit estendre des tappiz pour nous seoir emprès de lui, et là faisoit despescher son peuple diligemment, comme vous ay devant dit du bois de Vicennes. » (Joinville, *Hist. du Roy saint Loys*.) L'usage de faire des présents au chef des peuples germaniques remonte jusqu'au temps de Tacite. « Mos est civitatibus ultro ac viritim conferre principibus vel armentorum, vel frugum, quod pro honore acceptum, etiam necessitatibus subvenit. Gaudent præcipue finitimarum gentium donis, quæ non modo a singulis, sed publice mittuntur. » (Tacit., *de Mor. Germ.*, xv.)

32e. — PAGE 110.

Les propriétés sont annuelles.

« Arva per annos mutant. (Tacit., *de Mor. Germ.*, xxvi.) Neque quisquam agri modum certum aut fines proprios habet : sed magistratus ac principes in annos singulos, gentibus cognationibusque hominum qui una coierunt, quantum et quo loco visum est, agri attribuunt, atque anno post alio transire cogunt. » (Cæsar, *de Bell. Gall.*, lib. vi.)

33ᵉ. — PAGE 110.

Le lait, le fromage, etc.

(Voyez Cæsar, *de Bell. Gall.*, lib. IV; Pline, lib. II; Strabon, lib. VII. Tacite dit *Lac concretum*.)

34ᵉ. — PAGE 110.

Un bouclier... un cheval bridé.

« Munera non ad delicias muliebres quæsita, nec quibus nova nupta comatur, sed boves et frenatum equum, et scutum cum framea gladioque. » (Tacit., *de Mort. Germ.*, XVIII.)

35ᵉ — PAGE 110.

Il saute... au milieu... des épées nues.

« Nudi juvenes, quibus id ludicrum est, inter gladios se atque in festas frameas saltu jaciunt. » (Tacit., *de Mor. Germ.*, XXIV.)

36ᵉ. — PAGE 110.

Une pyramide de gazon.

« Funerum nulla ambitio... sepulcrum cespes erigit. » (Tacit., *de Mor. Germ.*, XXVII.)

37ᵉ. — PAGE 111.

Chasser l'uroch et les ours.

César, Tacite et tous les auteurs parlent de la passion des barbares pour la chasse. Quant à l'uroch ou bœuf sauvage, en voici la description : « Tertium est genus eorum qui Uri appellantur. Ii sunt magnitudine paulo infra elephantos; specie et colore et figura tauri. Magna vis est eorum et magna velocitas; neque homini neque feræ quam conspexerint parcunt. Hos studiose foveis captos interficiunt... Amplitudo cornuum et figura et species multum a nostrorum boum cornibus differt. Hæc studiose conquisita ab labris argento circumcludunt atque in amplissimis epulis pro poculis utuntur. » (Cæsar, *de Bell. Gall.*, lib. VI.)

38ᵉ. — PAGE 111.

Nous eûmes le bonheur de ne rencontrer aucune de ces grandes migrations, etc.; *jusqu'à l'alinéa*.

Tout ce passage est nouveau. Je l'avois supprimé dans les épreuves de la première édition. Les personnes qui le connoissoient l'ont réclamé ; j'ai cru devoir le rétablir.

39ᵉ. — PAGE 112.

Mon livre, vous irez à Rome.

> Parve, nec invideo, sine me, liber, ibis in Urbem.

Ovide mourut dans son exil à Tomes : on a prétendu avoir retrouvé son tombeau en 1508. près de Stain, en Autriche, avec ces vers :

> Hic situs est vates quem divi Cæsaris ira
> Augusti patria cedere jussit humo.
> Sæpe miser voluit patriis occumbere terris,
> Sed frustra ! hunc illi fata dedere locum.

Ces vers sont modernes. Le poëte avoit fait lui-même l'épitaphe que l'on connoît :

> Hic ego qui jaceo tenerorum lusor amorum,
> Ingenio perii Naso poeta meo, etc.

Je ne sais si le vers que j'ai choisi pour l'épitaphe d'un poëte mort exilé dans un désert n'est pas plus touchant.

40ᵉ. — PAGE 112.

Qui s'accusoit d'être le barbare.

> Barbarus hic ego sum, quia non intelligor illis.

41ᵉ. — PAGE 112.

Ces tribus avoient disparu.

Elles s'étoient embarquées. « Une petite tribu de Francs, sous Probus, dit Eumène, se signala par son audace. Embarquée sur le Pont-Euxin, elle attaqua la Grèce et l'Asie, prit Syracuse, désola les côtes de l'Afrique, et rentra victorieuse dans l'Océan. » (EUMÈNE, *Panég. Const.*)

42ᵉ. — PAGE 112.

La Providence avoit ordonné que je retrouverois la liberté au tombeau d'Ovide.

Ainsi ce livre est motivé, et il y a une raison péremptoire pour la description des mœurs et de la chasse des Francs. Cet incident, fort naturel d'ailleurs, et employé par plus d'un poëte, va faire changer la scène.

43e. — PAGE 112.

La hutte royale étoit déserte.

« Quemcumque mortalium arcere tecto nefas habetur. Pro fortuna quisque apparatis epulis excipit. Cum defecere, qui modo hospes fuerat, monstrator hospitii et comes; proximam domum non invitati adeunt : nec interest; pari humanitate accipiuntur. Notum ignotumque, quantum ad jus hospitii, nemo discernit. » (TACITE, *de Mor. Germ.*, XXI.)

44e. — PAGE 113.

Une île... consacrée à la déesse Hertha.

(Voyez TACITE, *Mœurs des Germains*, ch. XL.) Mon texte est la traduction abrégée de tout le morceau.

45e. — PAGE 113.

Ils étoient rangés en demi-cercle, etc.; *jusqu'à l'alinéa.*

« Ils ne prennent point leurs repas assis sur des chaises, mais ils se couchent par terre sur des couvertures de peaux de loup et de chien, et ils sont servis par leurs enfants de l'un et de l'autre sexe qui sont encore dans la première jeunesse. A côté d'eux sont de grands feux garnis de chaudières et de broches, où ils font cuire de gros quartiers de viande. On a coutume d'en offrir les meilleurs morceaux à ceux qui se sont distingués par leur bravoure... Souvent leurs propos de table font naître des sujets de querelles, et le mépris qu'ils ont pour la vie est cause qu'ils ne font point une affaire de s'appeler en duel. » (DIOD., liv. V, traduction de Terrasson.) Toutes ces coutumes attribuées aux Gaulois par Diodore se retrouvoient chez les Germains. Quant à la circonstance de la table séparée que chaque convive avoit devant soi, elle est prise dans Tacite, *de Mor. Germ.* Voici un passage curieux d'Athénée : « Celtæ, inquit (Posidonius), fœno substrato, cibos proponunt super ligneis mensis a terra parum extantibus. Panis, et is paucus, cibus est : caro multa elixa in aqua, vel super prunis aut in verutis assa. Mensæ quidem hæc pura et munda inferuntur, verum leonum modo ambabus manibus artus integros tollunt, morsuque dilaniant; et si quid ægrius divellatur, exiguo id cultello præcidunt, qui vagina tectus et loco peculiari conditus in propinquo est... Convivæ plures ad cœnam si conveniant, in orbem considunt. In medio præstantissima sedes est, veluti cœtus principis ejus nimirum qui cæteros vel bellica dexteritate, vel nobilitate generis anteit, vel divitiis. Assidet huic convivator : ac utrinque deinceps pro dignitate splendoris qua excellunt. Adstant a tergo cœnantibus, qui pendentes clypeos pro armis gestent, hastati vero ex adverso in orbem sedent ac utrique cibum cum dominis capiunt. Qui sunt a poculis, potum ferunt in vasis ollæ similibus, aut fictilibus, aut argenteis. » (Athen., lib. iv, c. xiii.) Il y auroit bien quelque chose à dire sur cette version du texte grec; mais, après tout, elle est assez fidèle; elle ne manque pas d'une certaine élégance, et elle a été revue par Casaubon, très-habile homme, quoi qu'on en dise. Le texte par lui-même n'ayant aucune beauté, j'ai préféré citer cette version de Dalechamp, accessible à plus de lecteurs.

46e. — PAGE 113.

Il y avoit... un Gaulois appelé Camulogène.

Souvenir historique. (Voyez les *Commentaires de César*.) Tout le monde sait que Lutèce est Paris.

47e. — PAGE 113.

Les quarante mille disciples des écoles d'Augustodunum.

Les écoles d'Autun étoient très-florissantes. Eumène les avoit rétablies. Lors de la révolte de Sacrovir, il y avoit quarante mille jeunes gens de la noblesse des Gaules rassemblés à Autun. (Tacit., *Ann.*, iii, 43.) On sait que Marseille du temps de Cicéron et d'Agricola étoit appelée l'Athènes des Gaules. Sur Bordeaux, on peut consulter Ausone, qui nomme les professeurs célèbres de cette ville.

48e. — PAGE 113.

La révolte des Bagaudes.

Il y a plusieurs opinions sur les Bagaudes. J'ai adopté celle qui fait de ces Gaulois des paysans révoltés contre les Romains.

49e. — PAGE 113.

Les prêtres du banquet... ayant fait faire silence.

« Silentium per sacerdotes, quibus tum et coercendi jus est, imperatur. » (Tacit., de *Mor. Germ.*, xi.)

50e. — PAGE 114.

Ces avides possesseurs de tant de palais, qui sont assez à plaindre, etc.

C'est le mot du Breton Caractacus, prisonnier à Rome. (Voyez Zonare.)

51e. — PAGE 114.

Il sent en lui quelque chose qui le porte à brûler le Capitole.

C'est un roi des barbares; je ne sais plus si c'est Alaric, Genseric ou un autre, qui a dit un mot à peu près semblable.

52e. — PAGE 114.

L'assemblée applaudit à ce discours, en agitant les lances.

« Si displicuit sententia, fremitu aspernantur : sin placuit, frameas concutiunt. » (TACIT., *de Mor. Germ.*, XI.)

53e. — PAGE 114.

Ignorez-vous que l'épée de fer d'un Gaulois...

Allusion à l'histoire de ce Gaulois qui mit son épée dans la balance où l'on pesoit l'or qui devoit racheter les Romains après la prise de leur ville par Brennus.

54e. — PAGE 114.

Les Gaulois seuls ne furent point étonnés à la vue d'Alexandre.

Voyez la note LVIII du livre VI. Pour le reste de ce paragraphe, jusqu'à l'alinéa, on peut avoir recours à l'*Histoire romaine* de Rollin, tome VII, page 330, où l'auteur a tracé toutes les conquêtes des Gaulois. On peut remarquer que j'ai sauvé l'invraisemblance du discours de Camulogène, en faisant étudier ce Gaulois aux écoles d'Autun, de Marseille et de Bordeaux.

55e. — PAGE 115.

Nous défendons à nos enfants d'apprendre à lire.

Selon Procope, les Goths ne vouloient point qu'on instruisît leurs enfants dans les lettres; car, disoient-ils, celui qui est accoutumé à trembler sous la verge d'un maître ne regardera jamais une épée sans frayeur. (*De Bello Goth.*, lib. I.)

56e. — PAGE 115.

Je ne me donnerai pas la peine de recueillir l'œuf du serpent à la lune nouvelle.

« Angues innumeri æstate convoluti, salivis faucium corporumque spumis artifici complexu glomerantur, anguinum appellatur. Druidæ sibilis id dicunt in sublime jactari, sagoque oportere intercipi, ne tellurem attingat. Profugere raptorem equo : serpentes enim insequi, donec arceantur amnis alicujus interventu. Experimentum ejus esse, si contra aquas fluitet vel auro vinctum. Atque ut est magnorum solertia occultandis fraudibus sagax, certa luna capiendum censent... Ad victorias litium ac regum aditus, mire laudatur. » (Plin., lib. xxix, cap. iii, xii.)

57e. — PAGE 115.

Tu mens, repartit le Gaulois.

C'est le démenti des barbares qui mène encore aujourd'hui deux hommes à se couper la gorge. La vérité des mœurs dans tout ce livre, et surtout dans la scène qui le termine, m'a toujours paru faire plaisir aux juges instruits et faits pour être écoutés.

58e. — PAGE 115.

Le lendemain, jour où la lune avoit acquis toute sa splendeur, on décida dans le calme ce qu'on avoit discuté dans l'ivresse.

« Coeunt, nisi quid fortuitum et subitum inciderit, certis diebus, cum aut inchoatur luna aut impletur. (Tacit., de Mor. Germ., xi.) De reconciliandis invicem inimicis, et ejungendis affinitatibus, et adsciscendis principibus, de pace denique ac bello, plerumque in conviviis consultant... Gens non astuta nec callida, aperit adhuc secreta pectoris licentia joci. Ergo detecta et nuda omnium mens postera die retractatur : et salva utriusque temporis, ratio est. Deliberant, dum fingere nesciunt; constituunt, dum errare non possunt. » (Tacit., de Mor. Germ., xxii.)

LIVRE HUITIÈME.

Ce livre, qui coupe le récit qui sert à délasser le lecteur et à faire marcher l'action, offre en cela même, comme on l'a déjà dit, une innovation dans l'art qui n'a été remarquée de personne. S'il étoit difficile de représenter un ciel chrétien, parce que tous les poëtes ont échoué dans cette peinture, il étoit difficile de décrire un enfer, parce que tous les poëtes ont réussi dans ce sujet. Il a donc fallu essayer de trouver quelque chose de nouveau après Homère, Virgile, Fénelon, le Dante, le Tasse et Milton. Je méritois l'indulgence de la critique, je l'ai en effet obtenue pour ce livre.

1re REMARQUE. — PAGE 117.

Il admiroit la peinture de l'état de l'Église, etc.; *jusqu'au 3e alinéa.*

Festinat ad eventum. L'objet du récit est rappelé, l'action marche; les nouvelles arrivées de Rome, le commencement de l'amour d'Eudore pour Cymodocée et de Cymodocée pour Eudore, promettent déjà des événements dans l'avenir. Ce sont là de très-petites choses, mais des choses qui tiennent à l'art et qui intéressent la critique. Si cela ne fait pas voir le génie, du moins cela montre le bon sens d'un auteur, et prouve que son ouvrage est le fruit d'un travail médité.

2ᵉ. — PAGE 118.

Combien le fils de Lasthénès est grand par le cœur et par les armes, etc.

> Quam forti pectore et armis !
> Heu quibus ille
> Jactatus fatis ! quæ bella exhausta canebat !
> (*Æneid.*, liv. IV, v. 11.)

3ᵉ. — PAGE 118.

Quelle est cette religion dont parle Eudore?

Premier mouvement de Cymodocée vers la religion.

4ᵉ. — PAGE 118.

Comme un voisin généreux, sans se donner le temps de prendre sa ceinture.

> Εἰ γάρ τοι καὶ χρῆμ᾽ ἐγχώριον ἄλλο γένοιτο,
> Γείτονες ἄζωστοι ἔκιον, ζώσαντο δὲ πηοί.
> (HESIOD., *Opera et Dies*, v. 342.)

5ᵉ. — PAGE 118.

Allons dans les temples immoler des brebis à Cérès, etc.

> Principio delubra adeunt, pacemque per aras
> Exquirunt : mactant lectas de more bidentes
> Legiferæ Cereri, Phœboque, patrique Lyæo,
> Junoni ante omnes, cui vincla jugalia curæ,
> Ipsa, tenens dextra pateram, pulcherrima Dido,
> Candentis vaccæ media inter cornua fundit,
> Aut ante ora deum pingues spatiatur ad aras.
> (*Æneid.*, IV, 56.)

Ai-je un peu trouvé le moyen de rajeunir ces tableaux et de détourner à mon profit ces richesses?

6e. — PAGE 118.

Cymodocée remplit son sein de larmes.

> Sinum lacrymis implevit obortis.

7e. — PAGE 118.

Ainsi le ciel rapprochoit deux cœurs... Satan alloit profiter de l'amour du peuple prédestiné... tout marchoit à l'accomplissement des décrets de l'Éternel. Le prince des ténèbres achevoit dans ce moment même, etc.

Transition qui amène la scène de l'enfer.

8e. — PAGE 119.

Tombe et berceau de la mort.

> This wild abyss
> The womb of nature, and perhaps her grave.
> (*Parad. lost.*, II, 910.)

9e. — PAGE 119.

Quand l'univers aura été enlevé ainsi qu'une tente.

« Terra... auferetur quasi tabernaculum unius noctis. » (ISA., XXIV, 20.)

10e. — PAGE 119.

Entraîné par le poids de ses crimes, il descend.

Satan, dans Milton, retourne aux enfers sur un pont bâti par le péché et la mort. Je ne sais si j'ai fait mieux ou plus mal que le poëte anglois.

11e. — PAGE 119.

L'enfer étonne encore son monarque.

Je n'ai pris cela à personne ; mais le mouvement de remords et de pitié qui suit est une imitation détournée du mouvement de pitié qui saisit le Satan de Milton à la vue de l'homme.

12ᵉ. — PAGE 120.

Un fantôme s'élance sur le seuil des portes inexorables : c'est la Mort.

Si l'on n'approuve pas cette peinture de la mort, du moins elle a pour elle la nouveauté. Le portrait de la Mort, dans Milton, est mêlé de sublime et d'horrible, et ne ressemble en rien à celui-ci.

> The other shape,
> If shape it might be call'd that shape had none
> Distinguishable in member, joint, or limb,
> Or substance might be call'd that shadow seem'd,
> For each seem'd either; black it stood as Night,
> Fierce as ten Furies, terrible as Hell,
> And shook a dreadful dart; what seem'd his head,
> The likeness of a kingly crown had on.
> (*Parad. lost*, II, 666.)

13ᵉ. — PAGE 120.

C'est le Crime qui ouvre les portes.

Dans le *Paradis perdu*, le Péché et la Mort veillent aux portes de l'enfer, qu'ils ont ouvertes ; mais ces portes ne se referment plus.

14ᵉ. — PAGE 120.

Des nuées arides.

> Nubes arida. (Virg.)

15ᵉ. — PAGE 120.

Qui pourroit peindre l'horreur.

Je ne me suis point appesanti sur les tourments trop bien et trop longuement décrits par le Dante. On n'a pas remarqué ce qui distingue essentiellement l'enfer du Dante de celui de Milton : l'enfer de Milton est un enfer avant la chute de l'homme, il ne s'y trouve encore que les anges rebelles ; l'enfer du Dante engloutit la postérité malheureuse de l'homme tombé.

16ᵉ. — PAGE 121.

Il rit des lamentations du pauvre.

Je suis, je crois, le premier auteur qui ait osé mettre le pauvre aux enfers. Avant la révolution, je n'aurois pas eu cette idée. Au reste, on a loué cette justice. Si Satan prêche ici une très-bonne morale, rien ne blesse la convenance et la réalité même des choses. Les démons connoissent le bien et font le mal; c'est ce qui les rend coupables. Ils applaudissent à la justice qui leur donne des victimes. D'après ce principe, admis par l'Église, on suppose dans les canonisations qu'un orateur plaide la cause de l'enfer, et montre pourquoi le saint, loin d'être récompensé, devroit être puni.

17e. — PAGE 121.

Tu m'as préféré au Christ.

Même principe. Satan sait qu'il n'est pas le fils de Dieu, et pourtant il veut être son égal aux yeux de l'homme. L'homme une fois tombé, Satan rit de la crédulité de sa victime.

18e. — PAGE 121.

La peine du feu.

Aucun poëte, avant moi, n'avoit songé à mêler la peine du *dam* à la peine du feu, et les douleurs morales aux angoisses physiques. Les réprouvés chez le Dante sentent, il est vrai, quelque mal de cette espèce, mais l'idée de ces tourments est à peine indiquée. Quant aux grands coupables qui sortent du sépulcre, quelques personnes sont fâchées que j'aie employé ces traditions populaires. Je pense, au contraire, qu'il est permis d'en faire usage, à l'exemple d'Homère et de Virgile, et qu'elles sont en elles-mêmes fort poétiques, quand on les ennoblit par l'expression. On en voit un bel exemple dans le serment des Seize (*Henriade*). Pourquoi la poésie seroit-elle plus scrupuleuse que la peinture? Et ne pouvois-je pas offrir un tableau qui a du moins le mérite de rappeler un chef-d'œuvre de Lesueur?

19e. — PAGE 121.

Au centre de l'abîme... s'élève... un noir château, etc.; *jusqu'à l'alinéa*.

Ceci ne ressemble point au Pandémonium du *Paradis perdu*.

> Anon out of the earth a fabric huge
> Rose like an exhalation, with the sound
> Of dulcet symphonies and voices sweet,
> Built like a temple, where pilasters round
> Were set, and Doric pillars overlaid
> With golden architrave; nor did there want
> Cornice or freeze, with bossy sculptures graven;
> The roof was fretted gold.

Le Dante a une cité infernale un peu plus ressemblante à mon palais de Satan ; mais à peine reconnoît-on quelques traits de ma description.

>   Omai figliuolo,
> S'appressa la città ch'ha nome Dite.....
> . . . . Già le sue meschite
> Là entro certo nella valle cerno
> Vermiglie come se di fuoco uscite.....
>   (*Inf.*, cant. VIII.)

> . . . .
>   L'occhio m'avea tutto tratto
> Ver l'alta torre alla cima rovente,
> Ove in un punto vidi dritte ratto
> Tre Furie infernal di sangue tinte.....

Le Tasse n'a point décrit de palais infernal. Les amateurs de l'antiquité verront comment j'ai dérobé au Tartare, pour les placer dans un enfer chrétien, l'ombre stérile des Songes, les Furies, les Parques et les neuf replis du Cocyte. Le Dante, comme on le voit, a mis les furies sur le donjon de *la città dolente*.

20e. — PAGE 122.

L'éternité des douleurs, etc.

C'est la fiction la plus hardie des *Martyrs*, et la seule de cette espèce que l'on rencontre dans tout l'ouvrage.

21e. — PAGE 122.

Il ordonne aux quatre chefs, etc.

C'est ainsi que le Satan de Milton et celui du Tasse convoquent le sénat des enfers.

> Chiama gli abitator, etc.

Vers magnifiques, dont je parlerai au XVIIe livre.

22e. — PAGE 122.

Ils viennent tels que les adorent.

C'est l'Olympe dans l'enfer, et c'est ce qui fait que cet enfer ne ressemble à aucun de ceux des poëtes mes devanciers. L'idée d'ailleurs est peut-être assez heureuse, puisqu'il s'agit de la lutte des dieux du paganisme contre le véritable Dieu ; enfin, ce merveilleux est selon ma foi : tous les Pères ont cru que les dieux du paganisme étoient de véritables démons.

LIVRE VIII.

23ᵉ. — PAGE 122.

Filles du ciel, etc.

Tout ceci est à moi, et le fond de cette doctrine est conforme aux dogmes chrétiens.

24ᵉ. — PAGE 123.

Non plus comme cet astre du matin, etc.

Le Tasse compare Satan au mont Athos, et Milton à un soleil éclipsé.

25ᵉ. — PAGE 123.

Dieu des nations.

L'exposition de côté *heureux* de l'action et la désignation des *bons* personnages se sont faites dans le ciel; dans l'enfer on va voir l'exposition du côté *infortuné* de la même action et la désignation des personnages *méchants*.

26ᵉ. — PAGE 124.

Moi je l'aurai couronnée en exterminant les chrétiens.

Ce démon propose des avis qui seront adoptés par Satan, c'est-à-dire la persécution sanglante; et Satan ne sait pas que Dieu a décrété cette persécution pour éprouver les chrétiens. L'enfer obéit à Dieu en croyant lui résister.

27ᵉ. — PAGE 124.

Alors le démon de la fausse sagesse.

Ce démon n'avoit point été peint avant moi. Il est vrai qu'il a été mieux connu de notre temps que par le passé, et qu'il n'avoit jamais fait tant de mal aux hommes. On a paru trouver bien que le démon de la fausse sagesse fût le père de l'athéisme. Il semble aussi qu'on ait applaudi à cette expression: *Née après les temps,* par opposition à la vraie sagesse, *née avant les temps.*

28ᵉ. — PAGE 125.

Déjà Hiéroclès...

Voilà, comme je l'ai dit, la désignation du personnage vicieux et la peinture de la fausse philosophie, second moyen qui doit servir à perdre les chrétiens.

29ᵉ. — PAGE 125.

A ce discours de l'esprit le plus profondément corrompu de l'abîme, les démons, etc.

La peinture du tumulte aux enfers est absolument nouvelle. Le suaire embrasé, la chape de plomb, les glaçons qui pendent aux yeux remplis de larmes des malheureux habitants de l'abîme, sont des supplices consacrés par le Dante.

30ᵉ. — PAGE 125.

Le démon de la volupté.

Ce portrait est encore tout entier de l'imagination de l'auteur. Il y a dans *La Messiade* un démon repentant, Abadonis; mais c'est une tout autre conception. Au reste, le démon des voluptés sera en opposition avec l'ange des saintes amours.

31ᵉ. — PAGE 127.

Le chaos, unique et sombre voisin de l'enfer.

C'est Milton qui met le chaos aux portes de l'enfer, et c'est Virgile qui, embellissant Homère, fait pénétrer la lumière au séjour des mânes par un coup du trident de Neptune.

32ᵉ. — PAGE 127.

Ces oiseaux douteux...

Il étoit assez difficile de peindre noblement une chauve-souris.

33ᵉ. — PAGE 127.

Sous le vestibule, etc. ; *jusqu'à la fin du livre.*

Tout ce passage est nouveau, et ne rappelle aucune imitation. Les mots qui terminent le livre font voir l'action prête à commencer.

Il y a une chose peut-être digne d'être observée : on a pu voir par les notes de ce livre que les imitations y sont moins nombreuses que dans les livres mythologiques; la raison en est simple : il faut beaucoup imiter les anciens et fort peu les modernes; on peut suivre les premiers en aveugle, mais on ne doit marcher sur les pas des seconds qu'avec précaution.

LIVRE NEUVIÈME.

1ʳᵉ REMARQUE. — PAGE 128.

Si Hiéroclès avoit pu voir...

Transition par laquelle on retourne de l'action au récit. Les *derniers moments de paix* de la famille chrétienne motivent la continuation du récit : on peut écouter ce récit, puisque le calme règne encore, mais on voit qu'à l'instant où le récit finira les maux commenceront.

2ᵉ. — PAGE 128.

Sont assis à la porte du verger.

Le lieu de la scène est changé. Les familles sont à présent rassemblées dans l'endroit où Eudore et Cymodocée ont chanté sur la lyre.

3ᵉ. — PAGE 128.

Constance se trouvoit alors à Lutèce.

Selon divers auteurs, le nom de Lutèce (Paris) vient du latin *lutum*, qui veut dire fange ou boue, ou de deux mots celtiques qui signifient la belle pierre ou la pierre blanche. (DUPLESSIS, *Ann. de Paris*, p. 2.)

4ᵉ. — PAGE 128.

Les Belges de la Sequana.

Sequana, la Seine.

Il y avoit trois Gaules : la Gaule Celtique, la Gaule Aquitanique et la Gaule Belgique. Celle-ci s'étendoit depuis la Seine et la Marne jusqu'au Rhin et à l'Océan. (CÆS., lib. I, p. 2.)

5ᵉ. — PAGE 128.

Le premier objet qui me frappa dans les marais des Parisii, ce fut une tour octogone, consacrée à huit dieux gaulois.

Les Parisii étoient les peuples qui environnoient Lutèce, et ils composoient un des soixante ou des soixante-quatre peuples des Gaules : *Optima gens flexis in gyrum Sequana frenis*. Ils se battirent contre Labiénus, lieutenant de César. Le vieillard Camulogène, qui les commandoit, fut tué dans l'action, et Lutèce, que les Parisii avoient mise en cendres de leurs propres mains, subit le joug des vainqueurs. (CÆSAR, *de Bell. gall.*, lib. VII, c. X; *Ess. sur Paris*, page 5.) On croit que cette tour octogone, consacrée à huit dieux gaulois étoit celle du cimetière des Innocents. (Voyez FÉLIBIEN et SAINT-FOIX.) Ce fut Philippe le Bel qui fit murer le cimetière des Saints-Innocents. (GUILL. LE BRETON, dans sa *Philippid.*, *apud Dubreuil*, 830.)

6ᵉ. — PAGE 128.

Du côté du midi, à deux milles pas de Lutèce..., on découvroit le temple d'Hésus.

Le temple d'Hésus, ou de Mercure, occupoit l'emplacement des Carmelites du faubourg Saint-Jacques. (*Traité de la Police*, par LA MARE, t. I, p. 2.)

7ᵉ. — PAGE 129.

Plus près, dans une prairie... s'élevoit un second temple, dédié à Isis.

Ce temple d'Isis est aujourd'hui l'abbaye de Saint-Germain-des-Prés. Le collége des prêtres d'Isis étoit à Issy. Voyez LA MARE, *loc. cit.*, et SAINT-FOIX, *Essais*, t. I, p. 2.

8ᵉ. — PAGE 129.

Et vers le nord, sur une colline.

C'est Montmartre (voyez la note 15 du livre VII). Le temple de Teutatès est marqué par La Mare. (*Ibid.*)

9ᵉ. — PAGE 129.

En approchant de la Sequana, j'aperçus, à travers un rideau de saules et de noyers, etc.

Tout cela est de Julien (*in Misopogon*). Il y a bien loin de ces saules au Louvre. Ce qu'on dit ici de la Seine est précisément l'opposé de ce qui existe aujourd'hui. On trouve dans Grégoire de Tours et dans les *Chroniques* divers débordements de la Seine : ainsi il ne faut pas croire Julien trop implicitement.

10ᵉ. — PAGE 129.

Deux ponts de bois, défendus par deux châteaux, etc.

Ces ponts étoient de bois du temps de l'empereur Julien (*in Misopogon*), et Duplessis montre très-bien qu'ils devoient être encore de bois avant cet empereur (*Ann. de Paris*, p. 5). Quant aux châteaux où l'on paye le tribut à

César, Saint-Foix les retrouve dans le petit et le grand Châtelet. La Mare et Félibien prétendent que ces châteaux furent bâtis par César (*Traité de la Police*, t. I; FÉLIBIEN, t. I, p. 2, 13). Du temps de Corrozet, on lisoit encore sur une des portes du grand Châtelet : *Tributum Cæsaris* (CORROZET, *Antiquités de Paris*, édition in-8°, p. 1550, fol. 12, verso). Abbon, dans son poëme sur *Le Siège de Paris*, parle du grand et du petit Châtelet.

> . . . . . Horum (pontium) hinc inde tutrices
> Cis urbem speculare phalas (turres), citra quoque flumen.
> (Lib. I *Bellorum Parisiacæ urbis*, v. 18-19.)

On demande si ces tours étoient bâties au bout du Pont-au-Change et du Petit-Pont, où étoient le grand et le petit Châtelet, ou si elles étoient sur le pont que Charles le Chauve avoit fait construire à l'extrémité occidentale de la ville. (Voyez *Annales de Paris*, p. 171-172.)

11e. — PAGE 129.

Et je ne vis dans l'intérieur du village, etc.

C'est toujours Julien qui est ici l'autorité.

12e. — PAGE 129.

Je n'y remarquai qu'un seul monument, etc.

Les Nautes étoient une compagnie de marchands établis par les Romains à Lutèce, *Nautæ parisiaci*. Ils présidoient au commerce de la Seine; ils avoient élevé un temple ou un autel à Jupiter, à l'extrémité orientale de l'île. On trouva des débris de ce monument en 1710, ou le 15 mars 1711, en fouillant dans le chœur de la cathédrale.) Voyez *Mémoires de l'Académie des Inscriptions*, t. III, p. 243 et 296 ; FÉLIBIEN, *Histoire de Paris*, t. I, p. 14; PIGANIOL DE LA FORCE, *Description de Paris*, t. I, p. 360.)

13e. — PAGE 129.

Mais hors de l'île, de l'autre côté... de la Sequana, on voyoit sur la colline Lucotitius un aqueduc romain, un cirque, un amphithéâtre, et le palais des Thermes, habité par Constance.

La colline Lucotitius; *mons* ou *collis Lucotitius*. — C'est la montagne Sainte-Geneviève. On trouve ce nom employé pour la première fois dans les *Actes des saints de l'ordre de Saint-Benoît*, par Gislemar, écrivain du IXe siècle.

Un aqueduc romain. — C'est l'aqueduc d'Arcueil, qui selon les meilleurs critiques fut bâti avant l'arrivée de Julien dans les Gaules. L'aqueduc moderne est peut-être élevé sur l'emplacement de l'ancien. *(Mémoires de l'Académie des Inscriptions,* t. XIV, p. 268.)

Un cirque, un amphithéâtre. — On avoit cru ce cirque bâti par Chilpéric Ier, mais il est prouvé qu'il ne fut que le restaurateur d'un ancien cirque romain. Outre ce cirque, il y avoit au même lieu un amphithéâtre. Tous ces monuments occupoient la place de l'abbaye de Saint-Victor, ou l'espace qui s'étendoit depuis les murs de l'Université jusqu'à la rue Villeneuve-Saint-René. On appela longtemps ce terrain le Clos-des-Chênes. (*Annales de Paris,* pag. 67 et 68 ; VALES, *Not. Gall. Paris,* pag. 432, etc.)

Et le palais des Thermes. — L'opinion vulgaire est que le palais des Thermes, dont on voit encore les voûtes rue de la Harpe, fut bâti par Julien. C'est une erreur, Julien agrandit peut-être ce palais, mais il ne le bâtit pas. Les meilleurs critiques en font remonter la fondation au moins à Constantin le Grand, et je crois qu'il est plus naturel encore de l'attribuer à Constance son père, qui fit un bien plus long séjour dans les Gaules. (VALES, *de Basilic. reg.,* cap. V; TILL., *Hist. des Emp.,* tom. IV, pag. 426.)

14e. — PAGE 129.

Je remarquai avec douleur, etc.

Constance mourut d'une maladie de langueur. On lui avoit donné le surnom de Chlore, à cause de la pâleur de son visage.

15e. — PAGE 129.

Là brilloient Donatien et Rogatien.

L'auteur continue à faire passer sous les yeux du lecteur les évêques, les saints et les martyrs de cette époque, partout où se trouve Eudore, afin de compléter le tableau de l'Église.

Donatien et Rogatien étoient de Nantes. Donatien fut l'apôtre de son frère ; il le convertit à la foi. Ils eurent la tête tranchée ensemble, après avoir été longtemps tourmentés. On les retrouvera à Rome dans la prison d'Eudore. (*Actes des Martyrs,* tome I, page 398.)

16e. — PAGE 129.

Gervais et Protais.

On connoît l'admirable tableau du martyre de ces deux jeunes hommes, par Lesueur. Procula fut évêque de Marseille et Just le fut de Lyon. Quant à saint Ambroise, il étoit en effet fils d'un préfet des Gaules; mais il y a ici anachronisme, de même que pour saint Augustin, dont saint Ambroise fut le père spirituel.

17ᵉ. — PAGE 130.

Il me fit bientôt appeler dans les jardins, etc.

Ces jardins étoient ceux du palais des Thermes, et ils le furent dans la suite du palais de Chilpéric Iᵉʳ. Ils occupoient le terrain des rues de la Harpe, Pierre-Sarrasin, Hautefeuille, du Jardinet, et descendoient jusqu'à l'église de Saint-Germain-des-Prés. Saint-Germain-des-Prés, comme je l'ai dit, étoit le temple d'Isis. (*Annales de Paris*, p. 26.)

18ᵉ. — PAGE 130.

Vous vous souvenez peut-être, etc.

Voici encore l'action dans le récit : elle fait même ici un pas considérable. Galérius est presque le maître ; il épouse Valérie, et il est gendre de Dioclétien. On entrevoit l'abdication de celui-ci. Constantin est persécuté. Hiéroclès est devenu proconsul d'Achaïe, et c'est dans ce commandement funeste qu'il a connu Cymodocée. Le lecteur apprend des faits importants, et il n'a plus rien à savoir de nécessaire lorsque le récit finira. Si j'insiste là-dessus, on doit me le pardonner, parce que je réponds à une critique grave, et qui (du moins je le crois) est peu fondée. Jamais, encore une fois, récit épique ne fut plus lié à l'action que le récit d'Eudore ne l'est au fond des Martyrs. Au reste, ce que Constance rapporte de la victoire de Galérius sur les Parthes, de son mariage avec Valérie, du combat de Constantin contre un lion et contre les Sarmates, de la rivalité de Constantin et de Maxence, est conforme à l'histoire.

19ᵉ. — PAGE 130.

Les Pictes avoient attaqué la muraille d'Agricola, etc.

Agricola, beau-père de Tacite, et dont ce grand historien nous a laissé la vie.

La muraille dont il est ici question est appelée plus justement la muraille de Sévère. Ce fut lui qui la fit élever sur les anciennes fortifications bâties par Agricola. Elle s'étendoit du golfe de Glote, aujourd'hui la rivière de Clyde, au golfe de Bodotrie, maintenant la rivière de Forth. On en voit encore quelques ruines. Les Pictes étoient une nation de l'Écosse ou de la Calédonie. On les appeloit ainsi parce qu'ils se peignoient le corps, comme font encore les sauvages de l'Amérique. Ce fut en allant combattre cette nation, qui s'étoit soulevée, que Constance mourut à York, d'une maladie de langueur, et ce fut dans cette ville que les légions proclamèrent Constantin césar.

20ᵉ. — PAGE 130.

D'une autre part, Carrausius...

Carrausius étoit un habile officier de marine, qui servoit sous Maximien dans les Gaules. Il se révolta, s'empara de la Grande-Bretagne, et garda sur le continent le port de Boulogne. Maximien, ne pouvant le punir, fut obligé de le reconnoître en lui laissant le titre d'auguste. Constance Chlore l'attaqua, et fut plus heureux : il reprit sur lui Boulogne. Carrausius ayant été tué par Allectus (autre tyran, qui lui succéda), Constance passe en Angleterre, défait Allectus, et fait rentrer l'île sous la domination des Romains. On voit en quoi je me suis écarté de la vérité historique. (Eum., *Paneg. Const.*)

21ᵉ. — PAGE 130.

Le reste des anciennes factions de Caractacus et de la reine Boudicée.

Le reste de ces anciennes factions n'étoit autre chose que l'amour de la liberté, qui força plusieurs fois les Bretons de se révolter contre leurs maîtres. Sous l'empire de Claude, Caractacus, prince breton, défendit sa patrie contre Plautius, général des Romains. Il fut pris, conduit à Rome, parla noblement à l'empereur, et dit, à la vue des palais de Rome, ce mot que j'ai mis dans la bouche de Chlodoric, liv. vii. (Voyez la note Lᵉ du même livre.)

La reine Boudicée défendit aussi courageusement les Bretons contre les Romains. Son nom n'est pas harmonieux, mais la gloire et Tacite l'ont ennobli. (Voyez *Vita Agric.*)

22ᵉ. — PAGE 131.

Maître de la cavalerie.

Magister equitum ; grande charge militaire chez les Romains.

23ᵉ. — PAGE 131.

Colonie que les Parisii des Gaules, etc.

Les Parisiens ne se doutent guère qu'ils ont fait des conquêtes en Angleterre. César nous apprend d'abord que les Belges, c'est-à-dire les Gaulois de la Gaule Belgique, s'emparèrent autrefois des côtes de la Grande-Bretagne, et qu'ils y conservèrent le nom des peuples dont ils étoient sortis (*de Bello Gallic.*, lib. v, cap. 12). Les Parisii, qui étoient une des nations de la Gaule Belgique, s'établirent, selon Ptolémée, dans le pays des Bragantes, aujour-

LIVRE IX.

d'hui l'Yorkshire. Ils fondèrent une colonie qui, selon le même Ptolémée, s'appeloit *Petuaria* (*Geogr.*, lib. II, pag. 54). Le savant Campden fixe cette colonie de Parisiens sur la rivière de Hull, et près de l'embouchure du Humber. Il retrouve Petuaria dans le bourg de Beverley. (CAMPDEN, *Britann.*, pag. 576 et 577.)

24ᵉ. — PAGE 131.

J'attaquai Carrausius sur le Thamésis... Londinum.

Les anciens sont d'une grande exactitude dans leur description du climat de l'Angleterre, et l'on peut remarquer qu'il n'a pas varié depuis le temps de César et de Tacite (CÆSAR, lib. VI, cap. 12; TAC., *in Vit. Agric.*). Et quand on lit ce passage de Strabon, on croit être transporté à Londres. « Aer apud eos imbribus magis est quam nivibus obnoxius, ac sereno etiam cœlo caligo quædam multum temporis obtinet; ita ut toto die non ultra tres aut quatuor quæ sunt circa meridiem horas conspici sol possit. » (*Geogr.*, lib. IV, pag. 200.)

25ᵉ. — PAGE 131.

Là s'élevoit une vieille tour.

C'est une fiction par laquelle l'auteur, suivant son sujet, fait voir le triomphe de la croix, et l'Angleterre convertie au christianisme. Cette fiction a de plus l'avantage de rappeler l'antique abbaye où se rattache toute l'histoire des Anglois.

26ᵉ. — PAGE 131.

Il envoya à l'empereur mes lettres couronnées.

C'étoit l'usage après une victoire. Tacite raconte qu'Agricola, après ses conquêtes sur les Bretons, évita de joindre des feuilles de laurier à ses lettres, dans la crainte d'éveiller la jalousie de Domitien. (*In Agric.*)

27ᵉ. — PAGE 131.

Il sollicita et obtint pour moi la statue.

Cette phrase porte avec elle son explication. Lorsque le triomphe ne fut plus en usage, ou qu'il fut réservé pour les empereurs, on accorda aux généraux vainqueurs des statues et différents honneurs militaires.

28ᵉ. — PAGE 131.

Me créa commandant des contrées armoricaines.

Les contrées armoricaines comprenoient la Normandie, la Bretagne, la Saintonge, le Poitou. Le centre de ces contrées étoit la Bretagne, dite par excellence l'Armorique. Lorsque les dieux des Romains et les ordonnances des empereurs eurent chassé des Gaules la religion des druides, elle se retira au fond des bois de la Bretagne, où elle exerça encore longtemps son empire. On croit que le grand collége des druides y fut établi. Ce qu'il y a de certain, c'est que la Bretagne est remplie de pierres druidiques. Pomponius Mela et Strabon placent sur les côtes de la Bretagne l'île de Sayne, consacrée au culte des dieux gaulois. Nous reviendrons sur ce sujet.

29e. — PAGE 131.

Nous nous retrouverons.

Nouveau regard sur l'action. Prédiction qui s'accomplit.

30e. — PAGE 131.

Vous apercevez les plus beaux monuments.

Le pont du Gard, l'amphithéâtre de Nîmes, la Maison-Carrée et le Capitole de Toulouse, etc.

31e. — PAGE 131.

Les huttes arrondies des Gaulois, leurs forteresses de solives et de pierres.

« Muris autem omnibus gallicis hæc fere forma est. Trabes directæ, perpetuæ in longitudinem, paribus intervallis, distantes inter se binos pedes, in solo collocantur. Hæ revinciuntur introrsus et multo aggere vestiuntur; ea autem quæ diximus intervalla grandibus in fronte saxis effarciuntur, etc. » (*In Bell. Gall.*, lib. VII). Aux pierres près, les paysans de la Normandie bâtissent encore ainsi leurs chaumières, et, comme le remarque César, cela fait un effet assez agréable à la vue.

32e. — PAGE 131.

A la porte desquelles sont cloués des pieds de louves.

« Ils pendent au cou de leurs chevaux les têtes des soldats qu'ils ont tués à la guerre. Leurs serviteurs portent devant eux les dépouilles encore toutes couvertes du sang des ennemis... Ils attachent les trophées aux portes de leurs maisons, comme ils le font à l'égard des bêtes féroces qu'ils ont prises à la chasse. » (DIOD., liv. V, trad. de Terras.) De là les pieds de loup, de renard, les oiseaux de proie, que l'on cloue encore aujourd'hui à la porte des châteaux.

LIVRE IX.

33ᵉ. — PAGE 131.

La jeunesse gauloise.

On a déjà parlé des écoles des Gaules. (Voyez la note XLVIIᵉ du livre VII.)

34ᵉ. — PAGE 132.

Un langage grossier, semblable au croassement des corbeaux.

C'est Julien qui le dit. (*In Misopog.*)

35ᵉ. — PAGE 132.

Où l'eubage, etc.

On parlera plus bas de ces sacrifices.

36ᵉ. — PAGE 132.

Le Gaulois devenu sénateur.

Si l'on en croit Suétone, César reçut dans le sénat des demi-barbares, « qui se dépouillèrent de leurs brayes pour prendre le laticlave. » (SUET., *in Vita Cæsar.*) Ce ne fut pourtant que sous le regne de Claude que les Gaulois furent admis légalement dans le sénat.

37ᵉ. — PAGE 132.

J'ai vu les vignes de Falerne, etc.

L'empereur Probus fit planter des vignes aux environs d'Autun, et c'est à lui que nous devons le vin de Bourgogne (VOPISC., *in Vita Prob.*). Mais il y avoit des vignes dans les Gaules bien avant cette époque; car Pline dit que de son temps on aimoit le vin gaulois en Italie : *in Italia gallicam placere (uvam)* (lib. XIV). Il ajoute même qu'on avoit trouvé près d'Albi, dans la Gaule Narbonnoise, une vigne qui prenoit et perdoit sa fleur dans un seul jour, et qui par conséquent étoit presque à l'abri des gelées. On la cultivoit avec succès. (*Ibid.*) Domitien avoit fait arracher les vignes dans les provinces, et particulièrement dans les Gaules. L'olivier fut apporté à Marseille par les Phocéens. Ainsi l'olivier croissoit dans les Gaules avant qu'il fût répandu en Italie, en Espagne et en Afrique; car selon Fenestella, cité par Pline, cet arbre étoit encore inconnu à ces pays sous le règne de Tarquin le Superbe (PLIN., l. XV). Marseille fut fondée 600 ans avant Jésus-Christ, et Tarquin régnoit à Rome 590 avant Jésus-Christ.

38ᵉ. — PAGE 132.

Ce que l'on admire partout dans les Gaules... ce sont les forêts.

Que les forêts étoient remarquables dans les Gaules, je le tire de plusieurs faits :

1º Les Gaulois avoient une grande vénération pour les arbres. On sait le culte qu'ils rendoient au chêne. Pline cite le bouleau, le frêne et l'orme gaulois pour la bonté (lib. XVI).

2º Les Gaulois apprirent des Marseillois à labourer et à cultiver la vigne et l'olivier (JUSTIN, XLIII). Ils ne vivoient auparavant que de lait et de chasse, ce qui suppose des forêts.

3º Strabon, parlant des Gaulois, met au nombre de leurs récoltes les glands, par lesquels il faut entendre, comme les Grecs et les Latins, tous les fruits des arbres glandifères. (STRABON, liv. IV.)

4º Pline, en parlant des foins, cite la faux des Gaulois comme plus grande et propre aux vastes pâturages de ce pays (lib. XVIII, 27, 30). Or, tout pays abondant en pâturages est presque toujours entrecoupé de forêts.

5º Pomponius Mela dit expressément que la Gaule étoit semée de bois immenses consacrés au culte des dieux (lib. III, cap. XI).

6º On voit souvent dans César et dans Tacite les armées traverser des bois.

7º On remarque la même chose dans l'expédition d'Annibal lorsqu'il passa d'Espagne en Italie.

8º Parmi les bois connus, je citerai celui de Vincennes, consacré dans toute l'antiquité au dieu Sylvain. (*Mém. de l'Acad. des Inscrip.*, tome XIII, p. 329.)

9º Marseille fut fondée dans une épaisse forêt.

10º Selon saint Jérôme, les bois des Gaules étoient remplis d'une espèce de porcs sauvages très-dangereux.

11º La terminaison *oel*, si fréquente en langue celtique, veut dire *bois*. Quelques auteurs ont cru que le mot gaulois venoit du celte *galt*, qui signifie *forêt* : j'ai adopté une autre étymologie de ce nom.

12º Presque tous les anciens monastères des Gaules furent pris sur des terres du désert, *ab eremo*, comme le prouve une foule d'actes cités par Du Cange, au mot *eremus*. Ces déserts étoient des bois, comme je l'ai prouvé dans le *Génie du Christianisme*.

13º Strabon fait mention de grandes forêts qui s'étendoient dans les pays des Morini, des Suessiones, des Caleti, depuis Dunkerque jusqu'à l'embouchure de la Seine, quoique, dit-il, les bois ne soient pas aussi grands ni les arbres aussi élevés qu'on l'a écrit (lib. IV).

14º Enfin, si nous jugeons des Gaules par la France, je n'ai point vu en Amérique de plus belles forêts que celles de Compiègne et de Fontainebleau. Nemours, qui touche à cette dernière, indique encore dans son nom son origine.

LIVRE IX.

39ᵉ. — PAGE 132.

On voit çà et là, dans leur vaste enceinte, quelques camps romains abandonnés.

Il y a une multitude de ces camps, connus par toute la France sons le nom de *camps de César*. Le plus célèbre est en Flandre.

40ᵉ. — PAGE 132.

Les graines que les soldats, etc.

J'ai vu aussi dans les forêts d'Amérique de grands espaces abandonnés, où des colons avoient semé des graines d'Europe. Ces colons étoient morts loin de leur patrie, et les plantes de leur pays, qui leur avoient survécu, ne servoient qu'à nourrir l'oiseau des déserts.

41ᵉ. — PAGE 132.

Je me souviens encore aujourd'hui d'avoir, etc.

J'ai été témoin d'une scène à peu près semblable : c'étoit au milieu des ruines de la villa Adriana, près de Tibur ou Tivoli, à quatre lieues de Rome. J'ai mis ici la musette, qui est gauloise, et que Diodore semble avoir voulu indiquer comme instrument de musique guerrière. Les montagnards écossois s'en servent encore aujourd'hui dans leurs régiments.

42ᵉ. — PAGE 132.

Porte décumane.

On l'appeloit encore porte questorienne. Les camps romains avoient quatre portes : extraordinaire ou prétorienne, droite principale, gauche principale, questorienne ou décumane.

43ᵉ. — PAGE 133.

Lorsqu'il porta la guerre chez les Vénètes.

« Hos ego Venetos existimo Venetiarum in Adriatico sinu esse auctores » (Strab., lib. iv, p. 195). D'après cet auteur, les Vénitiens seroient une colonie des Bretons de Vannes. Les Vénètes avoient une forte marine, et César eut beaucoup de peine à les soumettre. (*De Bell. Gall.*)

On retrouve le nom des Curiosolites dans celui de Corsent, petit village de Bretagne, où l'on a découvert des antiquités romaines. On y voit aussi des fragments d'une voie romaine, qui n'est pas tout à fait détruite.

44ᵉ. — PAGE 133.

Cette retraite me fut utile.

Préparation qui annonce à la fois et le retour d'Eudore à la religion et la chute qui doit l'y ramener.

45ᵉ. — PAGE 133.

Les soldats m'avertirent, etc.

Ici commence l'épisode de Velléda, qui n'est point oiseux comme celui de Didon, puisqu'il est intimement lié à l'action, et qu'il produit la conversion d'Eudore.

46ᵉ. — PAGE 133.

Je n'ignorois pas que les Gaulois confient aux femmes, etc.

Saint-Foix a bien réuni les autorités :
« L'administration des affaires civiles et politiques avoit été confiée pendant assez longtemps à un sénat de femmes, choisies par les différents cantons. Elles délibéroient de la paix, de la guerre, et jugeoient les différends qui survenoient entre les vergobrets, ou de ville à ville. Plutarque dit qu'un des articles du traité d'Annibal avec les Gaulois portoit : Si quelque Gaulois a sujet de se plaindre d'un Carthaginois, il se pourvoira devant le sénat de Carthage établi en Espagne; si quelque Carthaginois se trouve lésé par un Gaulois, l'affaire sera jugée par le conseil suprême des femmes gauloises. » (SAINT-FOIX, *Essais sur Paris*.)

47ᵉ. — PAGE 133.

Braves, comme tous les Gaulois, etc.

Cela ressemble bien aux Bretons d'aujourd'hui.

48ᵉ. — PAGE 133.

Clair, pasteur de l'église des Rhedons.

Toujours la peinture des progrès de l'Église. Clair fut le second évêque de Nantes.

49ᵉ. — PAGE 134.

Je la voyois jeter tour à tour en sacrifice dans le lac des pièces de toile, etc.

Il y a deux autorités principales pour ce passage : celle de Posidonius, cité par Strabon, et celle de Grégoire de Tours. Le savant Peloutier s'en est servi ; on peut les voir tome II, pages 104 et 107 de son ouvrage. On a voulu plaisanter sur les sacrifices de Velléda et trouver qu'ils étoient hors de propos : cette critique est bien peu solide. Ce n'est pas un voyage *particulier* que fait Velléda : elle va à une assemblée publique ; sa barque est chargée des dons des peuples, qu'elle offre pour ces peuples au lac ou à la divinité du lac.

50e. — PAGE 134.

Sa taille étoit haute, etc. ; *jusqu'à l'alinéa.*

Les détails du vêtement de Velléda seront éclaircis dans les notes suivantes. Elle porte une robe noire parce qu'elle va dévouer les Romains. On a vu note LXXI du livre VI les femmes des Cimbres et des Bretons vêtues de robes noires. Ammien Marcellin a fait un portrait des Gauloises qui peut, au milieu de la grossièreté des traits, justifier le caractère de force et les passions décidées que je donne à Velléda : « La femme gauloise surpasse son mari en force ; elle a les yeux encore plus sauvages : quand elle est en colère, sa gorge s'enfle, elle grince les dents, elle agite ses bras aussi blancs que la neige, et porte des coups aussi vigoureux que s'ils partoient d'une machine de guerre. » Il faut supposer que ces Gauloises étoient des femmes du peuple : il n'est guère probable que cette Éponine, si célèbre, si tendre, si dévouée, ressemblât pour la grossièreté aux Gauloises d'Ammien Marcellin. Si nous en croyons les vers des soldats romains, César, qui avoit aimé les plus belles femmes de l'Italie, ne dédaigna pas les femmes des Gaules. Sabinus, longtemps après, se vantoit d'être descendu de César. Enfin, nous avons un témoignage authentique, c'est celui de Diodore : il dit en toutes lettres que les Gauloises étoient d'une grande beauté : *Feminas licet elegantes habeant.*

51e. — PAGE 134.

Une de ces roches isolées.

J'ai vu quelques-unes de ces pierres auprès d'Autun, deux autres en Bretagne, dans l'évêché de Dol, et plusieurs autres en Angleterre. On peut consulter Kesler, *Ant. select. sept.*

52e. — PAGE 134.

Un jour le laboureur.

> Scilicet et tempus veniet cum finibus illis
> Agricola, incurvo terram molitus aratro, etc.

53e. — PAGE 135.

Au-gui-l'an-neuf!

« Les druides, accompagnés des magistrats et du peuple, qui crioit *au-gui-l'an-neuf*, alloient dans une forêt, etc. » (SAINT-FOIX, tome I.)

Ne seroit-il pas possible que ce refrain *ô gué!* qui termine une foule de vieilles chansons françoises, ne fût que le cri sacré de nos aïeux?

54e. — PAGE 135.

Des eubages.

« Nihil habent druidæ (ita suos appellant magos) visco et arbore in qua gignatur (si modo sit robur) sacratius. Jam per se roborum eligunt lucos, nec ulla sacra sine ea fronde conficiunt, ut inde appellati quoque interpretatione græca possint druidæ videri. Enim vero quidquid adnascatur illis, e cœlo missum putant, signumque esse electæ ab ipso deo arboris. Est autem id rarum admodum inventu, et repertum magna religione petitur : et ante omnia sexta luna, quæ principia mensium annorumque his facit, et seculi post tricesimum annum, quia jam virium abunde habeat, nec sit sui dimidia. Omnia sanantem appellantes suo vocabulo, sacrificiis epulisque rite sub arbore comparatis, duos admovent candidi coloris tauros, quorum cornua tunc primum vinciantur. Sacerdos candida veste cultus arborem scandit; falce aurea demetit : candido id excipitur sago. Tum deinde victimas immolant, precantes ut suum donum Deus prosperum faciat his quibus dederit. » (PLIN., lib. XVI.)

55e. — PAGE 135.

On planta une épée nue.

J'ai suivi quelques auteurs qui pensent que les Gaulois avoient, ainsi que les Goths, l'usage de planter une épée nue au milieu de leur conseil (AMM. MARCELL., lib. XXXI, cap. XI, p. 622). Du mot latin *mallus* est venu notre mot *mail;* et le mail est encore aujourd'hui un lieu planté d'arbres.

56e. — PAGE 135.

Au pied du Dolmen.

« Lieu des fées ou des sacrifices. C'est ainsi que le vulgaire appela certaines pierres élevées, couvertes d'autres pierres plates fort communes en Bretagne, où ils disent que les païens offroient autrefois des sacrifices. » (*Dict. franç. celt.* du P. Rostrenen.)

LIVRE IX.

57ᵉ. — PAGE 136.

Malheur aux vaincus !

C'est le mot d'un Gaulois, en mettant son épée dans la balance des Romains : *Væ victis !*

58ᵉ. — PAGE 136.

Où sont ces États florissants de la Gaule.

On voit partout dans les *Commentaires de César* les Gaules tenant des espèces d'états généraux, César allant présider ces états, etc. Quant au conseil des femmes, *voyez* la note 46ᵉ de ce livre.

59ᵉ. — PAGE 136.

Où sont ces druides, etc.

« Illi rebus divinis intersunt, sacrificia publica ac privata procurant, religiones interpretantur : ad hos magnus adolescentium numerus, disciplinæ causa, concurrit; magnoque ii sunt apud eos honore : nam fere de omnibus controversiis, publicis privatisque, constituunt; et si quod est admissum facinus, si cædes facta, si de hæreditate, si de finibus controversia est, iidem decernunt; præmia pœnasque constituunt. Si quis, aut privatus, aut publicus, eorum decreto non stetit, sacrificiis interdicunt. Hæc pœna apud eos est gravissima : quibus ita est interdictum, ii numero impiorum ac sceleratorum habentur; ab iis omnes decedunt, aditum eorum sermonemque defugiunt, ne quid ex contagione incommodi accipiant, neque iis petentibus jus redditur, neque honos ullus communicatur. His autem omnibus druidibus præest unus, qui summam inter eos habet auctoritatem. Hoc mortuo, si quis ex reliquis excellit dignitate, succedit. At, si sunt plures pares, suffragio druidum adlegitur; nonnunquam etiam de principatu armis contendunt. Ii certo anni tempore in finibus Carnutum, quæ regio totius Galliæ media habetur, considunt, in loco consecrato. Huc omnes undique qui controversias habent conveniunt, eorumque judiciis decretisque parent. Disciplina in Britannia reperta atque inde in Galliam translata esse existimatur; et nunc qui diligentius eam rem cognoscere volunt plerumque illo, discendi causa, proficiscuntur.

« Druides a bello abesse consueverunt, neque tributa una cum reliquis pendunt; militiæ vacationem omniumque rerum habent immunitatem. Tantis excitati præmiis, et sua sponte multi in disciplinam conveniunt et a parentibus propinquisque mittuntur. Magnum ibi numerum versuum ediscere dicuntur... Imprimis hoc volunt persuadere, non interire animas, sed ab aliis post mortem transire ad alios; atque hoc maxime ad virtutem excitari putant, metu mortis neglecto. Multa præterea de sideribus atque eorum motu, de mundi ac terrarum magnitudine, de rerum natura, de deorum immortalium vi ac potestate disputant, et juventuti tradunt. » (Cæs., *de Bello Gall.*, lib. vi, c. xiii, xiv.)

Tout ce passage de César est excellent et d'une clarté admirable; il ne reste plus que très-peu de chose à connoître sur les classes du clergé gaulois. Diodore et Strabon, confirmés par Ammien Marcellin, compléteront le tableau :

« Leurs poëtes, qu'ils appellent bardes, s'occupent à composer des poëmes propres à leur musique ; et ce sont eux-mêmes qui chantent, sur des instruments presque semblables à nos lyres, des louanges pour les uns et des invectives contre les autres. Ils ont aussi chez eux des philosophes et des théologiens appelés saronides, pour lesquels ils sont remplis de vénération... C'est une coutume établie parmi eux que personne ne sacrifie sans un philosophe; car, persuadés que ces sortes d'hommes connoissent parfaitement la nature divine, et qu'ils entrent pour ainsi dire en communication de ses secrets, ils pensent que c'est par leur ministère qu'ils doivent rendre leurs actions de grâces aux dieux et leur demander les biens qu'ils désirent... Il arrive souvent que lorsque deux armées sont près d'en venir aux mains, ces philosophes se jetant tout à coup au milieu des piques et des épées nues, les combattants apaisent aussitôt leur fureur comme par enchantement et mettent les armes bas. C'est ainsi que même parmi les peuples les plus barbares la sagesse l'emporte sur la colère et les Muses sur le dieu Mars. » (Diod. de Sicile, liv. v, trad. de Terrasson). « Apud universos autem fere tria hominum sunt genera quæ in singulari habentur honore : bardi, vates et druidæ : horum bardi hymnos canunt, poetæque sunt; vates sacrificant, et naturam rerum contemplantur; druidæ præter hanc philosophiam etiam de moribus disputant. » (Strab., lib. iv.)

J'ai rendu par eubages οὐάτεις, du grec de l'édition de Casaubon, et que le latin rend par *vates*. Je ne vois pas pourquoi l'on veut, sur l'autorité d'Ammien, qui traduit à peu près Strabon, que le mot *vates* soit passé dans le grec au temps de ce géographe. Strabon, qui suivoit peut-être un auteur latin, et qui ne pouvoit pas traduire ce mot *vates*, l'a tout simplement transcrit. Les Latins de même copient souvent des mots grecs qui n'étoient pas pour cela passés dans la langue latine. D'ailleurs, quelques éditions ordinaires de Strabon portent *euhage* et *eubage*. Rollin n'a point fait de difficulté de s'en tenir au mot eubage.

Ammien Marcellin, confirmant le témoignage de Strabon, dit que les bardes chantoient les héros sur la lyre, que les devins ou eubages cherchoient à connoître les secrets de la nature, et que les druides, qui vivoient en commun, à la manière des disciples de Pythagore, s'occupoient de choses sublimes, et enseignoient l'immortalité de l'âme. (Amm. Marcell., lib. xv.)

60e. — page 136.

O île de Sayne, etc.

On a trois autorités pour cette île : Strabon, liv. iv; Denys le Voyageur,

v. 570, et Pomponius Mela. Comme je n'ai suivi que le texte de ce dernier, je ne citerai que lui. « Sena in Britannico mari, Osismicis adversa littoribus, Gallici numinis oraculo insignis est : cujus antistites, perpetua virginitate sanctæ, numero novem esse traduntur : Barrigenas vocant, putantque ingeniis singularibus præditas, maria ac ventos concitare carminibus, seque in quæ velint animalia vertere, sanare quæ apud alios insanabilia sunt, scire ventura et prædicare : sed non nisi deditas navigantibus, et in id tantum ut se consulerent profectis. » (POMPONIUS MEL., III, 6.)

Strabon diffère de ce récit en ce qu'il dit que les prêtresses passoient sur le continent pour habiter avec des hommes. J'avois, d'après quelques autorités, pris cette île de Sayne pour Jersey ; mais Strabon la place vers l'embouchure de la Loire. Il est plus sûr de suivre Bochart (*Géograph. sacr.*, pag. 740) et d'Anville (*Notice de la Gaule*, pag. 593), qui retrouvent l'île de Sayne dans l'île des Saints, à l'extrémité du diocèse de Quimper, en Bretagne.

61ᵉ. — PAGE 136.

Vous allez mourir, etc.

Les Gaulois servoient surtout dans la cavalerie romaine ; car, selon Strabon, ils étoient meilleurs cavaliers que fantassins.

62ᵉ. — PAGE 136.

Vous tracez avec des fatigues inouïes les routes, etc.

Il suffit de jeter les yeux sur la carte de Peutinger, sur l'*Itinéraire de Bordeaux à Jérusalem*, et sur le livre des Chemins de l'Empire, par Bergier, pour voir combien la Gaule étoit traversée de chemins romains. Il y en avoit quatre principaux qui partoient de Lyon, et qui alloient toucher aux extrémités des Gaules.

63ᵉ. — PAGE 136.

Là, renfermés dans un amphithéâtre, on vous forcera, etc.

La plupart des gladiateurs étoient Gaulois ; mais Velléda ne dit pas tout à fait la vérité. Par un mépris abominable de la mort, ils vendoient souvent leur vie pour quelques pièces d'argent. On sait qu'Annibal fit battre des prisonniers gaulois, en promettant un cheval à celui qui tueroit son adversaire.

64ᵉ. — PAGE 136.

Souvenez-vous que votre nom veut dire voyageur.

« Il y en a qui conjecturent avec quelque probabilité que les Gaulois se sont ainsi appelés du mot celtique *wallen*, qui encore aujourd'hui dans la langue allemande signifie aller, voyager, passer de lieu en lieu. » (MÉZERAY, *av Clov.*, pag. 7.)

65ᵉ. — PAGE 137.

Les tribus des Francs qui s'étoient établies en Espagne.

Les Francs avoient en effet pénétré jusqu'en Espagne vers ce temps-là, et y demeurèrent douze ans. Ils prirent et ruinèrent l'Aragon; ensuite ils s'en retournèrent dans leur pays, probablement sur des vaisseaux (voyez EUTROPE). Les circonstances les plus indifférentes dans *Les Martyrs* sont toutes fondées sur quelques faits. Je suis persuadé que sous ces rapports Virgile et Homère n'ont rien inventé : c'est ce qui fait que leurs poëmes sont aujourd'hui des autorités pour l'histoire.

66ᵉ. — PAGE 137.

Que les peuples étrangers nous accordent, etc.

C'est le mot de Bojocalus. Ce vieillard germain avoit porté cinquante ans les armes dans les légions romaines. Les Anticéariens, ses compatriotes, ayant été chassés de leur pays par les Cauces, vinrent s'établirent avec Bojocalus, qui les conduisoit sur des terres vagues abandonnées par les Romains. Les Romains ne vouloient pas les leur donner, malgré les remontrances de Bojocalus, mais ils offrirent à celui-ci des terres pour lui-même. Le vieux Germain, indigné, alla rejoindre ses compatriotes fugitifs, en s'écriant : « Terre ne peut nous manquer pour y vivre ou pour y mourir. »

67ᵉ. — PAGE 137.

A la troisième fois le héraut d'armes, etc.

« Si quis enim dicenti obstrepat aut tumultuetur, lictor accedit stricto cultro. Minis adhibitis tacere eum jubet ; idque iterum ac tertio facit eo non cessante ; tandem a sago ejus tantum amputat, ut reliquum sit inutile. » (STRAB., lib. IV, pag. 435.)

68ᵉ. — PAGE 137.

La foule demande à grands cris, etc.

Les druides sacrifioient des victimes humaines. Ils choisissoient de préférence des malfaiteurs pour ces sacrifices, mais à leur défaut on prenoit des innocents. C'est Tertullien et saint Augustin qui nous apprennent de plus que ces victimes innocentes étoient des vieillards.

LIVRE IX.

69ᵉ. — PAGE 137.

Que Dis, père des ombres.

Les Gaulois reconnoissoient Dis ou Pluton pour leur père : c'étoit à cause de cela qu'ils comptoient le temps par nuits, et qu'ils sacrifioient toujours dans les ténèbres. Cette tradition est celle de César. On dit que César s'est trompé ; mais il pourroit bien se faire que l'opinion opposée ne fût qu'un système soutenu de beaucoup d'érudition.

70ᵉ. — PAGE 138.

Elles étoient chrétiennes.

C'est toujours le sujet.

71ᵉ. — PAGE 138.

Puisqu'ils avoient été proscrits par Tibère même et par Claude.

Les éditions précédentes portoient : « et par Néron ; » c'étoit une erreur. Dès l'an 657 de Rome, le sénat donna un décret pour abolir les sacrifices humains dans la Gaule Narbonnoise. Pline nous apprend que Tibère extermina tous les druides, et Suétone attribue les édits de proscription à Claude. (*In Claudio*, cap. 26.)

72ᵉ. — PAGE 138.

Le premier magistrat des Rhédons.

Ce magistrat s'appeloit Vergobret. (CÉSAR, *Comment.*, liv. I.)

LIVRE DIXIÈME.

1ʳᵉ REMARQUE. — PAGE 140.

L'ordre savant des prêtres gaulois.

Consultez, pour la science, les mœurs, le gouvernement des druides, les notes 53ᵉ, 54ᵉ, 59ᵉ du livre précédent.

2ᵉ. — PAGE 140.

L'orgueil dominoit chez cette barbare.

Ce caractère d'orgueil est attribué aux Gaulois par toute l'antiquité. Selon Diodore, ils aimoient les choses exagérées, l'enflure et l'obscurité du langage, et l'hyperbole dominoit dans leurs discours. Cette exaltation de sentiment dans Velléda prépare le lecteur à ce qui va suivre, et rend moins extraordinaire les propos, les mœurs et la conduite de cette femme infortunée.

3ᵉ. — PAGE 141.

Les fées gauloises.

Voyez la note 60ᵉ du livre précédent; le passage de Pomponius Mela est formel : il dit que les vierges ou fées de l'île de Sayne s'attribuoient tous les pouvoirs dont Velléda parle ici. On peut, si l'on veut, consulter encore un passage de SAINT-FOIX, tome I, IIᵉ partie des *Essais sur Paris*.

4ᵉ. — PAGE 141.

Le gémissement d'une fontaine.

Les Gaulois tiroient des présages du murmure des eaux et du bruit du vent dans le feuillage. (CÉSAR, liv. I.)

5ᵉ. — PAGE 142.

Je sentois, il est vrai, que Velléda ne m'inspireroit jamais un attachement, etc.

C'est ce qui fait qu'Eudore peut éprouver un véritable amour pour Cymodocée.

6ᵉ. — PAGE 142.

Ces bois appelés chastes.

« Nemus castum. » (TACIT., *de Mor. Germ.*)

7ᵉ. — PAGE 142.

On voyoit un arbre mort.

« Ils adoroient, dit Adam de Brême, un tronc d'arbre extrêmement haut, qu'ils appeloient Irminsul. » C'étoit l'idole des Saxons que Charlemagne fit abattre. (ADAM BREM., *Histor. Eccles. Germ.*, lib. III.) Je transporte l'Irminsul des Saxons dans la Gaule ; mais on sait que les Gaulois rendoient un culte aux arbres, qu'ils honoroient tantôt comme Teutatès, tantôt comme Dieu de la guerre ; et c'est ce que signifie Irmin ou Hermann.

8e. — PAGE 142.

Autour de ce simulacre.

> Lucus erat, longo nunquam violatus ab ævo,
> Obscurum cingens connexis aera ramis,
> Et gelidas alte submotis solidus umbras.
> Hunc non ruricolæ Panes, nemorumque potentes
> Sylvani, Nymphæque tenent, sed barbara ritu
> Sacra Deum ; structæ diris altaribus aræ ;
> Omnis et humanis lustrata cruoribus arbor.
> Si qua fidem meruit Superos mirata vetustas,
> Illis et volucres metuunt insidere ramis,
> Et lustris recubare feræ ; nec ventus in illas
> Incubuit silvas, excussaque nubibus atris
> Fulgura ; non ullis frondem præbentibus auris,
> Arboribus suus horror inest. Tum plurima nigris
> Fontibus unda cadit, simulacraque mœsta Deorum
> Arte carent, cæsisque exstant informia truncis.
> Ipse situs, putrique facit jam robore pallor
> Attonitos : non vulgatis sacrata figuris
> Numina sic metuunt ; tantum terroribus addit,
> Quos timeant ; non nosse deos.
>   (Lucan., *Phars.*, lib. iii, v. 399 et seq.)

> Ut procul Hercyniæ per vasta silentia silvæ
> Venari tuto liceat, lucosque vetusta
> Relligione truces, et robora, numinis instar
> Barbarici, nostræ feriant impune bipennes.
>   (Claudian., *de Laud. Stilicon.*)

Quant aux armes suspendues aux branches des forêts, Arminius, excitant les Germains à la guerre, leur dit qu'ils ont suspendu dans leurs bois les armes des Romains vaincus. « Cerni adhuc Germanorum in lucis signa romana, quæ diis patriis suspenderit. » (Tacit., *Ann.*, lib. i, 59.) Jornandès raconte la même chose d'un usage des Goths.

9e. — PAGE 143.

Une Gauloise l'avoit promis à Dioclétien.

Dioclétien, n'étant qu'un simple officier, rencontra dans les Gaules une femme fée : elle lui prédit qu'il parviendroit à l'empire lorsqu'il auroit tué Aper ; *aper*, en latin, signifie un sanglier. Dioclétien fit la chasse aux sangliers sans succès ; enfin Aper, préfet du prétoire, ayant empoisonné l'empereur Numérien, Dioclétien tua lui-même Aper d'un coup d'épée, et devint le successeur de Numérien.

10ᵉ. — PAGE 143.

Nous avons souvent disposé de la pourpre.

Claude, Vitellius, etc., furent proclamés empereurs dans la Gaule. Vindex leva le premier l'étendard de la révolte contre Néron. Les Romains disoient que leurs guerres civiles commençoient toujours dans les Gaules.

11ᵉ. — PAGE 143.

Nouvelle Éponine.

Il est inutile de s'étendre sur cette histoire, que tout le monde connoît : Sabinus, ayant pris le titre de César, fut défait par Vespasien ; il se cacha dans un tombeau, où il resta neuf ans enseveli avec sa femme Éponine.

12ᵉ. — PAGE 144.

Les sons d'une guitare.

Les bardes ne connoissoient point la lyre, encore moins la harpe, comme les prétendus bardes de Macpherson. Toutes ces choses sont des mœurs fausses, qui ne servent qu'à brouiller les idées. Diodore de Sicile (liv. v) parle de l'instrument de musique des bardes, et il en fait une espèce de cythara ou de guitare.

13ᵉ. — PAGE 145.

L'ombre de Didon.

. . . . . Qualem primo qui surgere mense,
Aut videt aut vidisse putat per nubila lunam.

14ᵉ. — PAGE 145.

Hercule, tu descendis dans la verte Aquitaine.

Cette fable du voyage d'Hercule dans les Gaules, et du mariage de ce héros avec la fille d'un roi d'Aquitaine, est racontée par Diodore de Sicile (liv. v). Il ne donne point les noms du roi et de la princesse, mais on les trouve dans d'autres auteurs.

15ᵉ. — PAGE 145.

Chercher le sélago.

Le lecteur apprend dans le texte tout ce qu'il peut savoir sur cette plante mystérieuse des Gaulois. L'autorité est Pline. (*Hist.*, lib. XXIV, cap. XI.)

LIVRE X.

16ᵉ. — PAGE 145.

Je prendrai la forme d'un ramier, etc.

On a déjà vu que les druidesses de l'île de Sayne s'attribuaient le pouvoir de changer de forme. Voyez la note 3ᵉ de ce livre, et la note 60ᵉ du livre précédent.

17ᵉ. — PAGE 145.

Les cygnes sont moins blancs, etc.

Un passage d'Ammien Marcellin, cité dans la note 50ᵉ du livre précédent, nous apprend que les Gauloises avoient les bras blancs comme de la neige. Diodore, comme nous l'avons encore vu dans la même note, ajoute qu'elles étoient belles, mais que, malgré leur beauté, les hommes ne leur étoient pas fidèles. Strabon (liv. IV) remarque qu'elles étoient heureuses en accouchant et en nourrissant leurs enfants : « Pariendo educandoque fœtus, felices. »

18ᵉ. — PAGE 145.

Nos yeux ont la couleur et l'éclat du ciel.

Les yeux des Gauloises étoient certainement bleus ; mais toute l'antiquité donne aux Gaulois un regard farouche, et nous avons vu qu'Ammien Marcellin l'attribue pareillement aux femmes. Velléda embellit donc le portrait ; c'est dans la nature ; elle sait qu'elle n'est pas aimée.

19ᵉ. — PAGE 145.

Nos cheveux sont si beaux que les Romaines nous les empruntent.

C'est Martial qui le dit (liv. VIII, 33 ; liv. XIV, 26). Tertullien (*de Cultu Femin.*, cap. VI) et saint Jérôme (*Hieronym.*, epist. VII) se sont élevés contre ce caprice des dames romaines. Selon Juvénal (*sat.* VI), ce furent des courtisanes qui introduisirent cette mode en Italie.

20ᵉ. — PAGE 146.

Quelque chose de divin.

Velléda s'embellit encore ; elle attribue aux Gauloises ce que Tacite dit des femmes germaines : « Inesse quin etiam sanctum aliquid et providum putant » (Tacit., *de Mor. Germ.*).

21ᵉ. — PAGE 147.

La flotte des Francs.

Cette petite circonstance de la flotte des Francs est depuis longtemps préparée. Voyez le livre précédent et la note 65ᵉ du même livre.

22ᵉ. — PAGE 147.

Les barbares choisissent presque toujours pour débarquer le moment des orages.

Voyez la note 4ᵉ du livre VI.

23ᵉ. — PAGE 147.

Une longue suite de pierres druidiques, etc. ; *jusqu'à l'alinéa.*

C'est le monument de Carnac en Bretagne, auprès de Quiberon. Il est exactement décrit dans le texte. Je n'ai plus rien à ajouter ici.

24ᵉ. — PAGE 148.

Sur cette côte demeurent des pêcheurs qui te sont inconnus, etc.; *jusqu'à la fin de l'alinéa.*

Cette histoire du passage des âmes dans l'île des Bretons est tirée de Procope (*Hist. Goth.*, lib. VI, cap. XX). Comme elle est très-exacte dans le texte, je n'ai rien à ajouter dans la note. Plutarque (*de Oracul. defect.*) avoit raconté à peu près la même histoire avant Procope.

25ᵉ. — PAGE 148.

Le tourbillon de feu.

Cette circonstance des tourbillons se trouve dans les deux auteurs cités à la note précédente.

26ᵉ. — PAGE 149.

Tu m'écriras des lettres que tu jetteras dans le bûcher funèbre.

« Lorsque les Gaulois brûlent leurs morts, dit Diodore (trad. de Terrass.), ils adressent à leurs amis et à leurs parents défunts des lettres qu'ils jettent dans le bûcher, comme s'ils devoient les recevoir et les lire. »

LIVRE X.

27ᵉ. — PAGE 149.

Je tombe aux pieds de Velléda.

Ceci remplace deux lignes trop hardies des premières éditions. L'expression est adoucie, le morceau n'y perd rien ; il devient seulement plus chaste et d'un meilleur goût.

28ᵉ. — PAGE 149.

L'enfer donne le signal de cet hymen funeste, etc.

J'ai transporté ici dans une autre religion les fameux vers du ıvᵉ livre de l'*Énéide* :

> . . . . Prima et Tellus et pronuba Juno
> Dant signum : fulsere ignes, et conscius æther
> Connubiis, summoque ululárunt vertice nymphæ.

29ᵉ. — PAGE 150.

Le langage de l'enfer s'échappa naturellement de ma bouche.

Il y a ici tout un paragraphe de supprimé. Rien dans cet épisode ne peut plus choquer le lecteur, à moins qu'il ne soit plus permis de traiter les passions dans une épopée. Si les longs combats d'Eudore, si l'exécration avec laquelle il parle de sa faute, si le repentir le plus sincère ne l'excusent pas, je n'ai nulle connaissance de l'art et du cœur humain.

30ᵉ. — PAGE 150.

Le cri que poussent les Gaulois quand ils veulent se communiquer une nouvelle.

« Ubi major atque illustrior incidit res, clamore per agros regionesque significant : hunc alii deinceps excipiunt et proximis tradunt. » (CÆS., *in Comment.*, lib. vıı.)

31ᵉ. — PAGE 151.

Et que du faîte de quelque bergerie.

> Ardua tecta petit stabuli, et de culmine summo
> Pastorale canit signum, cornuque recurvo
> Tartaream intendit vocem, etc.   (*Æneid.*, vıı.)

32ᵉ. — PAGE 151.

Comme une moissonneuse.

Jusqu'ici on avoit comparé le jeune homme mourant à l'herbe, à la fleur coupée, « *succisus aratro*; » j'ai transporté les termes de la comparaison, et j'ai comparé Velléda à la moissonneuse elle-même. La circonstance de la faucille d'or m'a conduit naturellement à l'image : un poëte habile pourra peut-être profiter de cette idée et arranger tout cela un jour avec plus de grâce que moi.

Ici se terminent les *chants* pour la patrie. J'ai peint notre double origine ; j'ai cherché nos costumes et nos mœurs dans leur berceau, et j'ai montré la religion naissante chez les fils aînés de l'Église. En réunissant ces six livres et les notes de ces livres, on a sous les yeux un corps complet de documents authentiques touchant l'histoire des Francs et des Gaulois. C'est chez les Francs qu'Eudore est témoin d'un des plus grands miracles de la charité évangélique ; c'est dans la Gaule qu'il tombe, et c'est un prêtre chrétien de cette même Gaule qui le rappelle à la vraie religion. Eudore porte nécessairement dans les cachots les souvenirs de ces contrées demi-sauvages auxquelles il doit, pour ainsi dire, et ses vertus et son triomphe. Ainsi, nous autres François, nous participons à sa gloire, et, du moins sous un rapport, le héros des *Martyrs*, quoique étranger, se trouve rattaché à notre sol. Ces considérations, peut-être touchantes, n'auroient point échappé à la critique, si on n'avoit voulu aveuglément condamner mon ouvrage, en affectant de méconnoître un grand travail et un sujet intéressant, même pour la patrie.

LIVRE ONZIÈME.

1ʳᵉ REMARQUE. — PAGE 152.

La grande époque de ma vie.

Voilà qui lie absolument le récit à l'action, en amenant le repentir et la pénitence d'Eudore, et ce qui rentre dans les desseins de Dieu, desseins qui sont expliqués dans le livre du *Ciel*.

2ᵉ. — PAGE 152.

Il me nomma préfet du prétoire des Gaules.

J'ai dit plus haut qu'Ambroise étoit le fils du préfet du prétoire des Gaules ; mais je suppose à présent que le père d'Ambroise étoit mort ou qu'il ne possédoit plus cette charge.

LIVRE XI.

3ᵉ. — PAGE 153.

Je m'embarquai au port de Nîmes.

Voyez la Préface.

4ᵉ. — PAGE 153.

Marcellin m'admit au repentir.

Pour les erreurs du genre de celles d'Eudore, l'expiation étoit de sept ans: ainsi Marcellin fait une grâce au coupable en ne le laissant que cinq ans hors de l'Église. Les premières éditions des *Martyrs* donnoient sept ans à la pénitence du fils de Lasthénès; ce qui étoit la totalité du temps canonique.

5ᵉ. — PAGE 153.

Il étoit encore en Égypte.

On se souvient que lorsque Eudore partit pour les Gaules, Dioclétien étoit allé pacifier l'Égypte, soulevée par un tyran qui prétendoit à la pourpre. (Voy. liv. v et liv. ix.)

6ᵉ. — PAGE 153.

Môle de Marc-Aurèle.

Peut-être Civita-Vecchia.

7ᵉ. — PAGE 153.

Porter du blé destiné au soulagement des pauvres.

On lisoit dans les éditions précédentes : « Chercher du blé. » (Voyez la Vie de saint Jean l'Aumônier, dans la *Vie des Pères du désert,* trad. d'Arnault d'Andilly, page 350.)

8ᵉ. — PAGE 154.

Utique... Carthage... Marius... Caton, etc.

Voici un ciel, un sol, une mer, des souvenirs bien différents de ceux des Gaules. J'ai parcouru cette route d'Eudore : si le récit de mon héros fatigue, ce ne sera pas faute de variété.

9ᵉ. — PAGE 154.

A la vue de la colline où fut le palais de Didon.

En doublant la pointe méridionale de la Sicile, et rasant la côte de l'Afrique pour aller en Égypte, on pouvoit apercevoir Carthage. J'aurois beaucoup de choses à dire sur les ruines de cette ville, ruines plus considérables qu'on ne le croit généralement; mais ce n'est pas ici le lieu.

10ᵉ. — PAGE 154.

Une colonne de fumée.

> Mœnia respiciens, quæ jam infelicis Elissæ
> Collucent flammis. Quæ tantum accenderit ignem
> Causa latet.

11ᵉ. — PAGE 154.

Je n'étois pas comme Énée.

Mais Eudore étoit le descendant de Philopœmen et le dernier représentant des grands hommes de la Grèce.

12ᵉ. — PAGE 154.

Je n'avois pas comme lui... l'ordre du ciel.

Eudore se trompe : il suit les ordres du ciel, et l'empire romain lui devra son salut, puisque c'est par sa mort que le christianisme va monter sur le trône des Césars; mais le fils de Lasthénès ignore ses hautes destinées, et les maux qu'il a causés humilient son cœur.

13ᵉ. — PAGE 154.

Le promontoire de Mercure et le cap où Scipion, etc.

Le promontoire de Mercure, aujourd'hui le cap Bon, selon le docteur Shaw et d'Anville. Scipion passant en Afrique avec son armée aperçut la terre, et demanda au pilote comment cette terre s'appeloit : « C'est le cap Beau, » répondit le pilote. Scipion fit tourner la proue vers ce côté (TITE-LIVE, liv. X).

14ᵉ. — PAGE 154.

Poussés par les vents vers la petite sirte.

Je passai cinq jours à l'ancre dans la petite sirte, précisément pour éviter le naufrage que les anciens trouvoient dans ce golfe. Le fond de la petite sirte va toujours s'élevant jusqu'au rivage : de sorte qu'en marchant la sonde à la main on vient mouiller sur un bon fond de sable, à telle brasse que l'on veut. Le peu de profondeur de l'eau y rend la mer calme au milieu des plus grands vents; et cette sirte, si dangereuse pour les barques des anciens, est une espèce de port en pleine mer pour les vaisseaux modernes.

LIVRE XI.

15ᵉ. — PAGE 154.

La tour qui servit de retraite au grand Annibal.

« Une péninsule, dit d'Anville, où se trouve une place que les Francs nomment Africa, paroît avoir été l'emplacement de *Turris Annibalis*, d'où ce fameux Carthaginois, toujours redouté des Romains, partit en quittant l'Afrique pour se retirer en Asie. »

16ᵉ. — PAGE 154.

Je croyois voir ces victimes de Verrès.

Allusion à ce beau passage de la vᵉ Verrine, chap. CLVIII, où Cicéron montroit un citoyen romain expirant sur la croix par les ordres de Verrès, à la vue des côtes de l'Italie.

17ᵉ. — PAGE 154.

L'île délicieuse des Lotophages.

Probablement aujourd'hui Zerbi. On mange encore le lotus sur toute cette côte. Pline distingue deux sortes de lotus (liv. XIII, chap. XVII; voyez aussi l'*Odyssée*.)

18ᵉ. — PAGE 154.

Les autels des Philènes, et Leptis, patrie de Sévère.

Pour l'ordre, il auroit fallu Leptis et les autels des Philènes; mais l'oreille s'y opposoit. « *Philenorum aræ*, monument consacré à la mémoire de deux frères carthaginois qui s'étoient exposés à la mort pour étendre jusque là les dépendances de leur patrie » (D'ANVILLE). Leptis, une des trois villes d'où la province de Tripoli prit son nom. Sévère et saint Fulgence étoient de Leptis. Il existe encore des ruines de cette ville sous le Liba.

19ᵉ. — PAGE 154.

Une haute colonne attira bientôt nos regards.

En revenant en Europe, je suis demeuré plusieurs jours en mer en vue de la colonne de Pompée, et certes je n'ai eu que trop le temps de remarquer son effet à l'horizon. Ici commence la description de l'Égypte. Je prie le lecteur de la suivre pas à pas, et d'examiner si on y trouve de l'enflure, du galimatias et le moindre désir de produire de l'effet avec de grands mots : je puis me tromper, car je ne suis pas aussi habile que les critiques; mais je suis bien sûr de ce que j'ai vu de mes yeux, et malheureusement je vois les choses comme elles sont.

20ᵉ. — PAGE 155.

Par Pollion, préfet d'Égypte.

C'est ce que porte l'inscription lue par les Anglois, au moyen du plâtre qu'ils appliquèrent sur la base de la colonne. Je crois avoir été le premier ou un des premiers qui aient fait connoître cette inscription en France. Je l'ai rapportée dans un numéro du *Mercure*, lorsque ce journal m'appartenoit.

21ᵉ. — PAGE 155.

Le savant Didyme.

Il y a deux Didyme, tous deux savants : le second, qui vivoit dans le IVᵉ siècle, étoit chrétien et versé également dans l'antiquité profane et sacrée. On peut supposer sans inconvénient que le second Didyme est l'auteur du *Commentaire sur Homère*. Il occupa la chaire de l'école d'Alexandrie : c'est pourquoi je l'appelle successeur d'Aristarque, qui corrigea Homère, et qui fut gouverneur du fils de Ptolémée Lagus. J'ai voulu seulement rappeler deux noms chers aux lettres.

22ᵉ. — PAGE 155.

Arnobe de Carthage.

Continuation du tableau des grands hommes de l'Église à l'époque de l'action : ce sont à présent ceux de l'Église d'Orient. Il y a ici de légers anachronismes : encore pourrois-je les défendre et chicaner sur les temps, mais ce n'est point de cela qu'il est question.

23ᵉ. — PAGE 155.

Dépôt des remèdes et des poisons de l'âme.

On connoît la fameuse inscription de la bibliothèque de Thèbes en Égypte : Ψυχῆς ἰατρεῖον. N'est-il pas plus juste pour nous avec le mot que j'y ai ajouté?

24ᵉ. — PAGE 155.

Du haut d'une galerie de marbre, je regardois Alexandrie, etc.

J'ai souvent aussi contemplé Alexandrie du haut de la terrasse qui règne sur la maison du consul de France; je n'apercevois qu'une mer nue qui se brisoit sur des côtes basses encore plus nues, des ports vides, et le désert libyque s'enfonçant à l'horizon du midi. Ce désert sembloit, pour ainsi dire, accroître et prolonger la surface jaune et aplanie des flots; on auroit cru voir une seule mer, dont une moitié étoit agitée et bruyante, et dont l'autre moitié étoit immobile et silencieuse. Partout la nouvelle Alexandrie mêlant ses ruines aux ruines de l'ancienne cité ; un Arabe galopant au loin sur un âne, au milieu des débris ; quelques chiens maigres dévorant des carcasses de chameaux sur une grève désolée ; les pavillons des divers consuls européens flottant au-dessus de leurs demeures et déployant au milieu des tombeaux des couleurs ennemies : tel étoit le spectacle.

Je vais citer un long morceau de Strabon, qui renferme une description complète d'Alexandrie, et qui servira d'autorité pour tout ce que je dis dans mon texte sur les monuments de cette ville, sur le cercueil de verre d'Alexandrie, etc., etc. Comme les savants ennemis des *Martyrs*, qui ont tout lu sur l'Égypte, sont sans doute très-versés dans l'antiquité, ils seront bien aises de trouver ici l'original de ma description. Je ne leur ferai pas l'injure de traduire le morceau ; mais j'espère alors qu'ils tanceront le géographe grec pour son ignorance et la fausseté de ses assertions.

Ἔστι δὲ χλαμυδοειδὲς τὸ σχῆμα τοῦ ἐδάφους τῆς πόλεως· οὗ τὰ μὲν ἐπὶ μήκους πλευρά ἐστι τὰ ἀμφίκλυστα, ὅσον τριάκοντα σταδίων ἔχοντα διάμετρον, τὰ δὲ ἐπὶ πλάτος οἱ ἰσθμοί, ἑπτὰ ἢ ὀκτὼ σταδίων ἑκάτερος σφιγγόμενος, τῇ μὲν ὑπὸ θαλάττης, τῇ δ' ὑπὸ τῆς λίμνης. Ἅπασα μὲν ὁδοῖς κατατέτμηται, ἱππηλάταις καὶ ἁρματηλάτοις, δυσὶ δὲ πλατυτάταις, αἳ δὴ δίχα καὶ πρὸς ὀρθὰς τέμνουσιν ἀλλήλας. Ἔχει δ' ἡ πόλις τεμένη, τά τε κοινὰ κάλλιστα, καὶ τὰ βασίλεια, τέταρτον, ἢ καὶ τρίτον τοῦ παντὸς περιβόλου μέρος. Τῶν γὰρ βασιλέων ἕκαστος ὥσπερ τοῖς κοινοῖς ἀναθήμασι προσεφιλοκάλει τινὰ κόσμον, οὕτω καὶ οἴκησιν ἰδίᾳ περιεβάλλετο πρὸς ταῖς ὑπαρχούσαις, ὥστε νῦν τὸ τοῦ ποιητοῦ, ἐξ ἑτέρων ἕτερ' ἐστίν. Ἅπαντα μέν τοι συναφῆ καὶ ἀλλήλαις καὶ τῷ λιμένι, καὶ ὅσα ἔξω αὐτοῦ. Τῶν δὲ βασιλείων μέρος ἐστί, καὶ τὸ Μουσεῖον, ἔχον περίπατον καὶ ἐξέδραν, καὶ οἶκον μέγαν, ἐν ᾧ τὸ συσσίτιον τῶν μετεχόντων τοῦ Μουσείου φιλολόγων ἀνδρῶν. Ἔστι δὲ τῇ συνόδῳ ταύτῃ καὶ χρήματα κοινά, καὶ ἱερεὺς ὁ ἐπὶ τῷ Μουσείῳ τεταγμένος, τότε μὲν ὑπὸ τῶν βασιλέων, νῦν δ' ὑπὸ Καίσαρος. Μέρος δὲ τῶν βασιλείων ἐστὶ καὶ τὸ καλούμενον Σῶμα, ὃ περίβολος ἦν, ἐν ᾧ αἱ τῶν βασιλέων ταφαί, καὶ ἡ Ἀλεξάνδρου. Ἔφθη γὰρ τὸ σῶμα ἀφελόμενος Περδίκκαν ὁ τοῦ Λάγου Πτολεμαῖος, κατακομίζοντα ἐκ τῆς Βαβυλῶνος, καὶ ἐκτρεπόμενον ταύτῃ κατὰ πλεονεξίαν καὶ ἐξιδιασμὸν τῆς Αἰγύπτου, καὶ δὴ καὶ ἀπώλετο διαφθαρεὶς ὑπὸ τῶν στρατιωτῶν, ἐπελθόντος τοῦ Πτολεμαίου, καὶ κατακλείσαντος αὐτὸν ἐν νήσῳ ἐρήμῃ. Ἐκεῖνος μὲν οὖν ἀπέθανεν ἐμπεριπαρεὶς ταῖς σαρίσσαις, ἐπελθόντων ἐπ' αὐτόν τῶν στρατιωτῶν. Σὺν αὐτῷ δὲ καὶ οἱ βασιλεῖς, Ἀριδαῖός τε καὶ τὰ παιδία τὰ Ἀλεξάνδρου, καὶ ἡ γυνὴ Ῥωξάνη ἀπῆρεν εἰς Μακεδονίαν. Τὸ δὲ σῶμα τοῦ Ἀλεξάνδρου κομίσας ὁ Πτολεμαῖος ἐκήδευσεν ἐν τῇ Ἀλεξανδρείᾳ ὅπου νῦν κεῖται, οὐ μὴν ἐν τῇ αὐτῇ πυέλῳ, ὑαλίνη γὰρ αὕτη, ἐκεῖνος δ' ἐν χρυσῇ κατέθηκεν. Ἐσύλησε δ' αὐτὸν ὁ Κόκκης καὶ Παρείσακτος ἐπικληθεὶς Πτολεμαῖος, ἐκ τῆς Συρίας ἐπελθών, καὶ ἐκπεσὼν εὐθύς, ὥστ' ἀνόνητα αὐτῷ τὰ σῦλα γενέσθαι. Ἔστι δ' ἐν τῷ μεγάλῳ λιμένι κατὰ μὲν τὸν εἴσπλουν ἐν δεξιᾷ ἡ νῆσος καὶ ὁ πύργος ὁ Φάρος. Κατὰ δὲ τὴν ἑτέραν χεῖρα αἵ τε χοιράδες, καὶ ἡ Λοχιὰς ἄκρα, ἔχουσα βασίλειον. Εἰσπλεύσαντι δ' ἐν ἀριστερᾷ, ἐστὶ συνεχῆ τοῖς ἐν τῇ Λοχιάδι, τὰ ἐνδοτέρω βασίλεια, πολλὰς καὶ ποικίλας ἔχοντα διαίτας καὶ ἄλση. Τούτοις δ' ὑπόκειται ὅ, τε κρυπτὸς λιμὴν καὶ κλειστὸς ἴδιος τῶν βασιλέων, καὶ Ἀντίρροδος νησίον προκείμενον τοῦ ὀρυκτοῦ λιμένος, βασίλειον ἅμα καὶ λιμένιον ἔχον. Ἐκάλεσαν δ' οὕτως, ὡς ἂν τῇ Ῥόδῳ ἐνάμιλλον.

Ὑπέρκειται δὲ τούτου τὸ θέατρον. Εἶτα τὸ Ποσείδιον, ἀγκὼν τὶς ἀπὸ τοῦ Ἐμπορίου καλουμένου προπεπτωκὼς, ἔχων ἱερὸν Ποσειδῶνος. Ὧι προσθεὶς χῶμα Ἀντώνιος ἔτι μᾶλλον προνεῦον εἰς μέσον τὸν λιμένα, ἐπὶ τῷ ἄκρῳ κατεσκεύασε δίαιταν βασιλικὴν, ἣν Τιμώνιον προσηγόρευσε. Τοῦτο δ᾽ ἔπραξε τὸ τελευταῖον, ἡνίκα προλειφθεὶς ὑπὸ τῶν φίλων ἀπῇρεν εἰς Ἀλεξάνδρειαν μετὰ τὴν ἐν Ἀκτίῳ κακοπραγίαν, Τιμώνιον αὑτῷ κρίνας τὸν λοιπὸν βίον, ὃν διάξειν ἔμελλεν ἔρημος τῶν τοσούτων φίλων. Εἶτα τὸ Καισάριον καὶ τὸ Ἐμπορεῖον, καὶ ἀποστάσεις, μετὰ ταῦτα τὰ νεώρια, μέχρι τοῦ ἑπτασταδίου. Ταῦτα μὲν τὰ περὶ τὸν μέγαν λιμένα. Ἑξῆς δ᾽ Εὐνόστου λιμὴν μετὰ τὸ ἑπτασταδίον, καὶ ὑπὲρ τούτου ὀρυκτὸς, ὃν καὶ Κιβωτὸν καλοῦσιν, ἔχων καὶ αὐτὸς νεώρια. Ἐνδοτέρω δὲ τούτου διῶρυξ πλωτὴ μέχρι τῆς λίμνης τεταμένη τῆς Μαρεώτιδος. Ἔξω μὲν οὖν τῆς διώρυγος μικρὸν ἔτι λείπεται τῆς πόλεως, εἶθ᾽ ἡ Νεκρόπολις. Καὶ τὸ προάστειον ἐν ᾧ κῆποι τε πολλοὶ καὶ ταφαὶ καὶ καταγωγαὶ, πρὸς τὰς ταριχείας τῶν νεκρῶν ἐπιτήδειαι. Ἐντὸς δὲ τῆς διώρυγος τό τε Σαράπιον καὶ ἄλλα τεμένη ἀρχαῖα, ἐκλελειμμένα πως διὰ τὴν τῶν ναῶν κατασκευὴν τῶν ἐν Νικοπόλει.

(STRAB., *Rer. Geogr.*, lib. XVII.)

25ᵉ. — PAGE 155.

Comme une cuirasse macédonienne.

Comment ai-je pu traduire le mot *chlamydes* de l'original par *cuirasse*? Voilà bien ce qui prouve que mes descriptions ne sont bonnes que pour ceux qui n'ont rien lu sur l'Égypte. Aurois-je par hasard quelque autorité que je me plaise à cacher, ou n'ai-je eú l'intention que d'arriver à l'image tirée des armes d'Alexandre? C'est ce que la critique nous dira.

26ᵉ. — PAGE 156.

Ces vaillants qui sont tombés morts.

« Et non dormient cum fortibus cadentibus... qui posuerunt gladios suos sub capitibus suis. » (*Ezechiel*, cap. XXXII, v. 27.)

27ᵉ. — PAGE 156.

Qui vient de se baigner dans les flots du Nil.

Les eaux du Nil, pendant le débordement, ne sont point jaunes, ainsi qu'on l'a dit; elles ont une teinte rougeâtre comme le limon qu'elles déposent : c'est ce que tout le monde a pu observer aussi bien que moi.

28ᵉ. — PAGE 157.

Un sol rajeuni tous les ans.

Voilà toute la description de l'Égypte : il me semble que je ne dis rien ici d'extraordinaire ni d'étranger à la pure et simple vérité. L'expression sans doute est à moi; mais si j'en crois d'assez bons juges, je ne dois avoir nulle inquiétude sur ce point.

29ᵉ. — PAGE 157.

Pharaon est là avec tout son peuple, et ses sépulcres sont autour de lui.

Je ne sais si l'on avoit remarqué avant moi ce passage des *Prophètes* qui peint si bien les Pyramides. J'avois ici un vaste sujet d'amplification, et pourtant je me suis contenté de peindre rapidement cet imposant spectacle; il faut se taire, après Bossuet, sur ces grands tombeaux. En remontant le Nil pour aller au Caire, lorsque j'aperçus les Pyramides, elles me présentèrent l'image exprimée dans le texte. La beauté du ciel; le Nil, qui ressembloit alors à une petite mer; le mélange des sables du désert et des tapis de la plus fraîche verdure; les palmiers, les dômes des mosquées, les minarets du Caire; les Pyramides lointaines de Saccara, d'où le fleuve sembloit sortir comme de ses immenses réservoirs : tout cela formoit un tableau qui n'a point son égal dans le reste du monde. Si j'osois comparer quelque chose à ces sépulcres des rois d'Égypte, ce seroient les sépulcres des sauvages sur les rives de l'Ohio. Ces monuments, ainsi que je l'ai dit dans *Atala*, peuvent être appelés les Pyramides des déserts, et les bois qui les environnent sont les palais que la main de Dieu éleva à l'homme-roi enseveli sous le mont du Tombeau.

30ᵉ. — PAGE 157.

Baignée par le lac Achéruse, où Caron passoit les morts.

« Ces plaines heureuses, qu'on dit être le séjour des justes morts, ne sont à la lettre que les belles campagnes qui sont aux environs du lac d'Achéruse, auprès de Memphis, et qui sont partagées par des champs et par des étangs couverts de blé ou de lotos. Ce n'est pas sans fondement qu'on a dit que les morts habitent là; car c'est là qu'on termine les funérailles de la plupart des Égyptiens, lorsque après avoir fait traverser le Nil et le lac d'Achéruse à leurs corps, on les dépose enfin dans des tombes qui sont arrangées sous terre en cette campagne. Les cérémonies qui se pratiquent encore aujourd'hui dans l'Égypte conviennent à tout ce que les Grecs disent de l'enfer, comme à la barque qui transporte les corps, à la pièce de monnoie qu'il faut donner au nocher nommé *Caron* en langue égyptienne, au temple de la ténébreuse Hécate, placé à l'entrée de l'enfer; aux portes du Cocyte et du Léthé, posées sur des gonds d'airain; à d'autres portes, qui sont celles de la Vérité et de la Justice, qui est sans tête. » (DIODORE, liv. I, traduct. de Terrasson.)

31ᵉ. — PAGE 157.

Je visitai Thèbes aux cent portes.

« Busiris rendit la ville de Thèbes la plus opulente non-seulement de l'Égypte, mais du monde entier. Le bruit de sa puissance et de ses richesses s'étant répandu partout a donné lieu à Homère d'en parler en ces termes :

> Non, quand il m'offriroit pour calmer mes transports
> Ce que Thèbes d'Égypte enferme de trésors,
> Thèbes qui, dans la plaine envoyant ses cohortes,
> Ouvre à vingt mille chars ses cent fameuses portes.

Néanmoins, selon quelques auteurs, Thèbes n'avoit point cent portes ; mais, prenant le nombre de cent pour plusieurs, elle étoit surnommée Hécatompyle, non peut-être de ses portes, mais des grands vestibules qui étoient à l'entrée de ses temples. » (DIODORE, liv. I, sect. II, trad. de Terrasson.)

32ᵉ. — PAGE 157.

Tentyra aux ruines magnifiques.

Aujourd'hui Dendéra. Je la suppose ruinée au temps d'Eudore, et telle qu'elle l'est aujourd'hui. Une foule de villes égyptiennes n'existoient déjà plus du temps des Grecs et des Romains, et ils alloient comme nous en admirer les ruines. Je donne ici mille cités à l'Égypte : Diodore en compte trois mille ; et, selon le calcul des prêtres, elles s'étoient élevées au nombre de dix-huit mille. Si l'on en croyoit Théocrite, ce nombre eût été encore beaucoup plus considérable. Dioclétien lui-même détruisit plusieurs villes de la Thébaïde, en étouffant la révolte d'Achillée.

33ᵉ. — PAGE 157.

Qui donna Cécrops et Inachus à la Grèce, qui fut visitée, etc.

Cécrops fonda Athènes, et Inachus, Argos.
Parmi les sages qui ont visité l'Égypte, Diodore compte, d'après les prêtres égyptiens, Orphée, Musée, Mélampe, Dédale, Homère, Lycurgue, Solon, Platon, Pythagore, Eudoxe, Démocrite, Œnopidès (liv. I). J'ai ajouté les grands personnages de l'Écriture.

34ᵉ. — PAGE 157.

Cette Égypte, où le peuple jugeoit ses rois, etc.

Je citerai Rollin, tout à fait digne de figurer auprès des historiens antiques : « Aussitôt qu'un homme étoit mort, on l'amenoit en jugement. L'accusateur public étoit écouté. S'il prouvoit que la conduite du mort eût été mauvaise, on en condamnoit la mémoire, et il étoit privé de sépulture. Le peuple admiroit le pouvoir des lois, qui s'étendoit jusque après la mort; et chacun, touché de l'exemple, craignoit de déshonorer sa mémoire et sa famille. Que si le mort n'étoit convaicu d'autre faute, on l'ensevelissoit honorablement.

« Ce qu'il y a de plus étonnant dans cette enquête publique établie contre les morts, c'est que le trône même n'en mettoit pas à couvert. Les rois étoient épargnés pendant leur vie : le repos public le vouloit ainsi ; mais ils n'étoient pas exempts du jugement qu'il falloit subir après la mort, et quelques-uns ont été privés de sépulture. » (ROLLIN, *Hist. des Égypt.*)

35e. — PAGE 157.

Où l'on empruntoit en livrant pour gage le corps d'un père.

« Sous le règne d'Asychis, comme le commerce souffroit de la disette d'argent, il publia, me dirent-ils, une loi qui défendoit d'emprunter, à moins qu'on ne donnât pour gage le corps de son père. On ajouta à cette loi que le créancier auroit aussi en sa puissance la sépulture du débiteur, et que si celui-ci refusoit de payer la dette pour laquelle il auroit hypothéqué un gage si précieux, il ne pourroit être admis, après sa mort, dans la sépulture de ses pères, ni dans quelque autre, et qu'il ne pourroit, après le trépas d'aucun des siens, leur rendre cet honneur. » (HÉRODOTE, liv. II, traduct. de M. Larcher.)

36e. — PAGE 157.

Où le père qui avoit tué son fils, etc.

« On ne faisoit pas mourir les parents qui avoient tué leurs enfants, mais on leur faisoit tenir leurs corps embrassés trois jours et trois nuits de suite, au milieu de la garde publique qui les environnoit. » (DIODORE, liv. II, traduction de Terrasson.)

37e. — PAGE 157.

Où l'on promenoit un cercueil autour de la table du festin.

« Aux festins qui se font chez les riches, on porte, après le repas, autour de la salle un cercueil avec une figure en bois, si bien travaillée et si bien peinte, qu'elle représente parfaitement un mort. Elle n'a qu'une coudée ou deux au plus. On la montre à tous les convives tour à tour, en leur disant : Jetez les yeux sur cet homme, vous lui ressemblerez après votre mort : buvez donc maintenant et vous divertissez. » (HÉRODOTE, liv. II, traduct. de M. Larcher.)

38e. — PAGE 157.

Où les maisons s'appeloient des hôtelleries, et les tombeaux des maisons.

« Tous ces peuples, regardant la durée de la vie comme un temps très-court et de peu d'importance, font au contraire beaucoup d'attention à la longue mémoire que la vertu laisse après elle. C'est pourquoi ils appellent les maisons des vivants des hôtelleries, par lesquelles on ne fait que passer ; mais ils donnent le nom de demeures éternelles aux tombeaux des morts, d'où l'on ne sort plus. Ainsi, les rois ont été comme indifférents sur la construction de leurs palais, et ils se sont épuisés dans la construction de leurs tombeaux. » (DIODORE, liv. I, traduct. de Terrasson.)

39e. — PAGE 158.

Leurs symboles bizarres ou effrontés.

Non-seulement j'ai lu quelque chose sur l'Égypte, comme on vient de le voir, mais j'en connois assez bien les monuments ; et quand je dis qu'il y avoit des symboles effrontés à Thèbes, à Memphis et à Hiéropolis, je ne fais que rappeler ce que la gravure a rappelé depuis Pocockoe, et rappellera sans doute encore. Cette note 39e termine la description de l'Égypte idolâtre : il n'y a, comme on le voit, pas une phrase, par un mot qui ne soit appuyé sur une puissante autorité, et l'on peut remarquer que j'ai renfermé en quelques lignes toute l'histoire de l'Égypte ancienne, sans omettre un seul fait essentiel. Dans la description de l'Égypte chrétienne, qui va suivre, dans la peinture du désert, j'aurois pu m'en rapporter à mes propres yeux, et mon témoignage suffisoit, comme celui de tout autre voyageur. On verra pourtant que mes récits sont confirmés par les relations les plus authentiques. Franchement, je suis plus fort que mes ennemis en tout ceci ; et puisqu'ils m'y ont forcé par l'attaque la plus bizarre, je suis obligé de leur prouver qu'ils ont parlé de choses qu'ils n'entendent pas.

40e. — PAGE 158.

Il venoit de conclure un traité avec les peuples de Nubie.

Par ce traité, Dioclétien avoit cédé aux Éthiopiens le pays qu'occupoient les Romains au delà des cataractes.

41e. — PAGE 158.

Figurez-vous, seigneurs, des plages sablonneuses, etc.

« Nous partîmes de Benisolet, dit le père Siccard, le 25, pour aller au village de Baiad, qui est à l'orient du fleuve. Nous prîmes dans ce village des guides pour nous conduire au désert de Saint-Antoine. Nous sortîmes de Baiad le 26 mai, montés sur des chameaux et escortés de deux chameliers. Nous marchâmes au nord le long du Nil, l'espace d'une ou deux lieues, et ensuite nous tirâmes à l'est pour entrer dans le célèbre désert de Saint-Antoine, ou de la Basse-Thébaïde... Une plaine sablonneuse s'étend d'abord jusqu'à la gorge de Gebéi .. Nous montâmes jusqu'au sommet du mont Gebéi. Nous découvrîmes alors une plaine d'une étendue prodigieuse... Son terrain est pierreux et stérile. Les pluies, qui y sont fréquentes en hiver, forment plusieurs torrents; mais leur lit demeure sec pendant tout l'été... Dans toute la plaine, on ne voit que quelques acacias sauvages, qui portent autant d'épines que de feuilles. Leurs feuilles sont si maigres, qu'elles n'offrent qu'un médiocre secours à un voyageur qui cherche à se mettre à l'abri du soleil brûlant. » (*Lettr. édif.*, tom. V, p. 191 et suiv.) Jusqu'ici, comme on le voit, je n'ai rien imaginé ; et le père Siccard, qui passa tant d'années en Égypte, ce missionnaire qui savoit le grec, le cophte, l'hébreu, le syriaque, l'arabe, le latin, le turc, etc., n'avoit peut-être rien lu sur l'Égypte, ni rien vu dans ce pays. J'ai substitué seulement le nopal à l'acacia, comme plus caractéristique des lieux. Me permettra-t-on de dire que j'ai rencontré le nopal aux environs du Caire, d'Alexandrie, et en général dans tous les déserts de ces contrées ? Cependant, si on ne veut pas qu'il y ait des nopals en Orient, malgré moi et malgré presque tous les voyageurs, je capitulerai sur ce point.

Il faut pourtant que j'apprenne à la critique une chose qu'elle ne sait peut-être pas, et le moyen de m'attaquer. A l'époque où je place des nopals en Orient, il y a anachronisme en histoire naturelle. Les cactus sont américains d'origine. Transportés ensuite en Afrique et en Asie, ils s'y sont tellement multipliés, que la chaîne de l'Atlas en est aujourd'hui remplie. Quelques botanistes doutent même si ces plantes ne sont point naturelles aux deux continents. Un seul végétal introduit dans une contrée suffit pour changer l'aspect d'un paysage. Le peuplier d'Italie, par exemple, a donné un autre caractère à nos vallées. J'ai peint et j'ai dû peindre ce que je voyois en Orient, sans égard à la chronologie de l'histoire naturelle.

42e. — PAGE 158.

Des débris de vaisseaux pétrifiés.

« Sur le dos de la plaine, dit le père Siccard, on voit de distance en distance des mâts couchés par terre, avec des pièces de bois flotté qui paroissent venir du débris de quelque bâtiment ; mais, quand on y veut porter la main, tout ce qui paroissoit de bois se trouve être pierre. » (*Lettr. édif.*, tom. V, p. 48.) Me voilà encore à l'abri. Il est vrai que le père Siccard raconte cette particularité du désert de Scété et de la *mer sans eau*, et moi je la place dans le désert de la Basse-Thébaïde, mais un autre voyageur dit avoir rencontré les mêmes pétrifications en allant du Caire à Suez : il diffère seulement d'opinion avec le missionnaire sur la nature de ces pétrifications.

43e. — PAGE 158.

Des monceaux de pierres élevés de loin à loin.

« Nous traversâmes, dit encore le père Siccard, le chemin des *Anges ;* c'est ainsi que les chrétiens appellent une longue traînée de petits monceaux de pierres dans l'espace de plusieurs journées de chemin : cet ouvrage... servoit autrefois pour diriger les pas des anachorètes... car le sable de ces vastes plaines, agité par les vents, ne laisse ni sentier ni trace marquée. » (*Lettr. édif.*, tom. V, pag. 29.)

44e. — PAGE 159.

L'ombre errante de quelques troupeaux de gazelles, etc. ; *jusqu'à l'alinéa.*

« Les vestiges de sangliers, d'ours, d'hyènes, de bœufs sauvages, de gazelles, de loups, de corneilles, paroissent tous les matins fraîchement imprimés sur le sable. » (Le père Siccard, *Lettr. édif.*, t. V, p. 41.) J'ai souvent entendu la nuit le bruit des sangliers qui rongeoient des racines dans le sable : ce bruit est assez étrange pour m'avoir fait plus d'une fois interroger mes guides. Quant au chant du grillon, c'est une petite circonstance si distinctive de ces affreuses solitudes, que j'ai cru devoir la conserver. C'est souvent le seul bruit qui interrompe le silence du désert libyque et des environs de la mer Morte ; c'est aussi le dernier son que j'aie entendu sur le rivage de la Grèce, en m'embarquant au cap Sunium pour passer à l'île de Zéa. Peindre à la mémoire le foyer du laboureur, dans ces plaines où jamais une fumée champêtre ne vous appelle à la tente de l'Arabe ; présenter au souvenir le contraste du fertile sillon et du sable le plus aride, ne m'ont point paru des choses que le goût dût proscrire, et les critiques que j'ai consultés ont tous été d'avis que je conservasse ce trait.

45e. — PAGE 159.

Il enfonçoit ses naseaux dans le sable.

Tous les voyageurs ont fait cette remarque, Pococke, Shaw, Siccard, Niebuhr, M. de Volney, etc. J'ai vu souvent moi-même les chameaux souffler dans le sable sur le rivage de la mer, à Smyrne, à Jaffa et à Alexandrie.

46e. — PAGE 159.

Par intervalle, l'autruche poussoit des sons lugubres.

Sorte de cri attribué à l'autruche par toute l'Écriture. (Voyez Job et Michée.)

LIVRE XI.
473

47ᵉ. — PAGE 159.

Le vent de feu.

C'est le kamsin. Il n'y a point d'ouvrage sur l'Egypte et sur l'Arabie qui ne parle de ce vent terrible. Il tue quelquefois subitement les chameaux, les chevaux et les hommes. Les anciens l'ont connu, comme on peut le remarquer dans Plutarque.

48ᵉ. — PAGE 159.

Un acacia.

(Voyez la note 41.)

49ᵉ. — PAGE 160.

Le rugissement d'un lion.

On prétend qu'on ne trouve pas de lions dans les déserts de la Basse-Thébaïde : cela peut être. On sait, par l'autorité d'Aristote, qu'il y avoit autrefois des lions en Europe, et même en Grèce. J'ai suivi dans mon texte l'*Histoire des Pères du désert*; et je le devois, puisque c'étoit mon sujet. On lit donc dans mon *Histoire* que ces grands solitaires apprivoisoient des lions, et que ces lions servoient quelquefois de guides aux voyageurs. Ce furent deux lions qui, selon saint Jérôme, creusèrent le tombeau de saint Paul. Le père Siccard assure qu'on voit *rarement* des lions dans la Basse-Thébaïde, mais qu'on y voit beaucoup de tigres, de chamois, etc. (*Lettr. édif.*, t. V, p. 219.)

50ᵉ. — PAGE 160.

Un puits d'eau fraîche.

« L'aurore, dit le père Siccard, nous fit découvrir une touffe de palmiers éloignée de nous d'environ quatre ou cinq milles. Nos conducteurs nous dirent que ces palmiers ombrageoient un petit marais, dont l'eau, quoiqu'un peu salée, étoit bonne à boire. » (*Lettr. édif.*, t. V, p. 196.)

51ᵉ. — PAGE 160.

Je commençai à gravir des rocs noircis et calcinés.

« Le monastère de Saint-Paul, où nous arrivâmes, est situé à l'orient, dans le cœur du mont Colzim. Il est environné de profondes ravines et de coteaux stériles dont la surface est noire. » (Le père Siccard, *Lettr. édif.*, tome V, page 250.)

52ᵉ. — PAGE 161.

Au fond de la grotte.

« Il (Paul) trouva une montagne pierreuse, auprès du pied de laquelle étoit une grande caverne, dont l'entrée étoit fermée avec une pierre, laquelle ayant levée pour y entrer, et regardant attentivement de tous côtés, par cet instinct naturel qui porte l'homme à désirer de connoître les choses cachées, il aperçut au dedans comme un grand vestibule qu'un vieux palmier avoit formé de ses branches en les étendant et les enlaçant les unes dans les autres, et qui n'avoit rien que le ciel au-dessus de soi. Il y avoit là une fontaine d'eau très-claire, d'où sortoit un ruisseau qui à peine commençoit à couler, qu'on le voyoit se perdre dans un petit trou, et être englouti par la même terre qui le produisoit. » (*Vie des Pères du désert*, traduction d'Arnauld d'Andilly, t. I, p. 5.)

53ᵉ. — PAGE 161.

Comment vont les choses du monde?

« Ainsi Paul, en souriant, lui ouvrit la porte; et alors, s'étant embrassés diverses fois, ils se saluèrent et se nommèrent tous deux par leurs propres noms. Ils rendirent ensemble grâces à Dieu; et après s'être donné le saint baiser, Paul s'étant assis auprès d'Antoine, lui parla de cette sorte :

« Voici celui que vous avez cherché avec tant de peine, et dont le corps,
« flétri de vieillesse, est couvert par des cheveux blancs tout pleins de crasse.
« Voici cet homme qui est sur le point d'être réduit en poussière. Mais,
« puisque la charité ne trouve rien de difficile, dites-moi, je vous supplie,
« comme va le monde. Fait-on de nouveaux bâtiments dans les anciennes
« villes? Qui est celui qui règne aujourd'hui? » (*Vie des Pères du désert*, traduction d'Arnauld d'Andilly, tome I, page 10.)

54ᵉ. — PAGE 161.

Il y a cent treize ans que j'habite cette grotte.

« Y ayant déjà cent treize ans que le bienheureux Paul menoit sur la terre une vie toute céleste; et Antoine, âgé de quatre-vingt-dix ans (comme il l'assuroit souvent), demeurant dans une autre solitude, il lui vint en pensée que nul autre que lui n'avoit passé dans le désert la vie d'un parfait et véritable solitaire. » (*Vie des Pères du désert*, traduction d'Arnauld d'Andilly, tome I, page 6.)

55ᵉ. — PAGE 161.

Paul alla chercher dans le trou d'un rocher un pain.

Allusion à l'histoire du corbeau de saint Paul. J'ai écarté tout ce qui pouvoit blesser le goût dédaigneux du siècle, sans pourtant rien omettre de principal. Il ne faut pas, d'ailleurs, que les partisans de la mythologie crient si haut contre l'histoire de nos saints : il y a des corbeaux et des corneilles qui jouent des rôles fort singuliers dans les fables d'Ovide. Ne sait-on pas comment Lucien s'est moqué des dieux du paganisme, et combien en effet on peut les rendre ridicules? Tout cela est de la mauvaise foi. On admire dans un poëte grec ou latin ce que l'on trouve bizarre et de mauvais goût dans la vie d'un solitaire de la Thébaïde. Il est très-aisé, en élaguant quelques circonstances, de faire de la vie de nos saints des morceaux pleins de naïveté, de poésie et d'intérêt.

56e. — PAGE 161.

Eudore, me dit-il, vos fautes ont été grandes.

Cette scène a été préparée dans le livre du *Ciel*. Elle achève de confirmer mon héros dans la pénitence; elle lui apprend ses destinées; elle lui donne le courage du martyre. Ainsi le récit se termine précisément au moment où Eudore est devenu capable des grandes actions que Dieu attend de lui.

57e. — PAGE 163.

Un horizon immense.

« Étant parvenus à l'endroit le plus haut du mont Colzim, nous nous y arrêtâmes pendant quelque temps pour contempler avec plaisir la mer Rouge, qui étoit à nos pieds, et le célèbre mont Sinaï, qui bornoit notre horizon. » (*Lettr. édif.*, t. V, p. 214.)

58e. — PAGE 163.

Une caravane.

L'établissement des caravanes est de la plus haute antiquité : la première que l'on remarque dans l'histoire romaine remonte au temps d'Auguste, lors de l'expédition des légions pour découvrir les aromates de l'Arabie.

59e. — PAGE 163.

Des vaisseaux chargés de parfums et de soie.

Les parfums de l'Orient et les soies des Indes venoient aux Romains par la mer Rouge. Les philosophes grecs alloient quelquefois étudier aux Indes la sagesse des brahmanes.

60e. — PAGE 163.

Confesseur de la foi.

Ce morceau achève la peinture du christianisme. Il fait voir la suite et les conséquences de l'action ; il montre Eudore récompensé, les persécuteurs punis, et les nations modernes se faisant chrétiennes sur les débris du monde ancien et les ruines de l'idolâtrie.

61ᵉ. — PAGE 163.

Grande rébellion tentée par leurs pères.

C'est la révolte d'Adam et la chute de l'homme. Le reste du passage touchant la morale écrite, les révolutions de l'Orient, etc., n'a pas besoin de commentaires. Je suppose, avec quelques auteurs, que l'Égypte a porté ses dieux dans les Indes, comme elle les a certainement portés dans la Grèce. Toutefois, l'opinion contraire pourroit être la véritable, et ce sont peut-être les Indiens qui ont peuplé l'Égypte. « Mundum tradidit disputationibus eorum. »

62ᵉ. — PAGE 163.

Vous avez vu le christianisme pénétrer, etc.

Ceci remet sous les yeux le récit et le but du récit.

63ᵉ. — PAGE 164.

Le grand dragon d'Égypte.

« Ecce ego ad te, Pharao rex Ægypti, draco magne, qui cubas in medio fluminum tuorum, et dicis : Meus est fluvius. » (*Ezechiel*, XXIX.)

64ᵉ. — PAGE 164.

Les démons de la volupté, etc.

Allusion aux tentations des saints dans la solitude et aux miracles que Dieu fit en faveur des pieux habitants du désert.

65ᵉ. — PAGE 165.

La pyramide de Chéops jusqu'au tombeau d'Osymandué.

La pyramide de Chéops est la grande pyramide près de Memphis ; le tombeau d'Osymandué étoit à Thèbes. On peut voir dans Diodore (liv. I, sect. II) la description de ce superbe tombeau ; elle est trop longue pour que je la rapporte ici.

66ᵉ. — PAGE 165.

La terre de Gessen.

« Dixit itaque rex ad Joseph... In optimo loco fac eos habitare, et trade eis terram Gessen. »

67ᵉ. — PAGE 165.

Ils se sont remplis du sang des martyrs, comme les coupes et les cornes de l'autel.

« Fecit et altare holocausti... Cujus cornua de angulis procedebant... Et in usus ejus paravit ex ære vasa diversa. » (*Exod.*, cap. xxvii.)

68ᵉ. — PAGE 165.

D'où viennent ces familles fugitives, etc.

Saint Jérôme étant retiré dans sa grotte à Bethléem, survécut à la prise de Rome par Alaric, et vit plusieurs familles romaines chercher un asile dans la Judée.

69ᵉ. — PAGE 165.

Enfants impurs des démons et des sorcières de la Scythie.

Jornandès raconte que des sorcières chassées loin des habitations des hommes, dans les déserts de la Scythie, furent visitées par des démons, et que de ce commerce sortit la nation des Huns.

70ᵉ. — PAGE 165.

Leurs chevaux sont plus légers que les léopards ; ils assemblent des troupes de captifs comme des monceaux de sable !

« Leviores pardis equi ejus... Et congregabit quasi arenam captivitatem. (*Habac.*, chap. i, v. 8 et 9.)

71ᵉ. — PAGE 165.

La tête couverte d'un chapeau barbare.

C'est encore Jornandès qui forme ici l'autorité. Il donne ce chapeau à certains prêtres et chefs des Goths.

72ᵉ. — PAGE 165.

Les joues peintes d'une couleur verte.

« Le Lombard se présente : ses joues sont peintes d'une couleur verte ; on diroit qu'il a frotté son visage avec le suc des herbes marines qui croissent au fond de l'Océan, dont il habite les bords. » (Sidon. Apoll., lib. vii, *Epist.* ix, *ad Lampr.*)

73e. — PAGE 165.

Pourquoi ces hommes nus égorgent-ils les prisonniers ?

(Voyez la note 69e du liv. vi.)

74e. — PAGE 165.

Ce monstre a bu le sang du Romain qu'il avoit abattu.

Gibbon cite ce trait dans son *Histoire de la Chute de l'Empire Romain*.

75e. — PAGE 165.

Tous viennent du désert d'une terre affreuse.

« Onus deserti maris. Sicut turbines ab Africo veniunt, de deserto venit, de terra horribili. » (*Is.*, cap. xxi, v. 1.)

76e. — PAGE 166.

Il vient couvrir ce pauvre corps.

« Mais parce que l'heure de mon sommeil est arrivée... Notre-Seigneur vous (Antoine) a envoyé pour couvrir de terre ce pauvre corps, ou, pour mieux dire, pour rendre la terre à la terre. » (*Vie des Pères du désert*, traduction d'Arnauld d'Andilly, t. I, p. 12.)

77e. — PAGE 166.

Il tenoit à la main la tunique d'Athanase.

« Je vous (Antoine) supplie d'aller querir le manteau que l'évêque Athanase vous donna, et de me l'apporter pour m'ensevelir. » (*Vie des Pères du désert*, traduction d'Arnauld d'Andilly, t. I, p. 12.)

78e. — PAGE 166.

J'ai vu Élie, etc.

« J'ai vu Élie, j'ai vu Jean dans le désert ; et, pour parler selon la vérité, j'ai vu Paul dans un paradis. » (*Vie des Pères du désert*, traduction d'Arnauld d'Andilly, t. I, p. 13.)

79e. — PAGE 166.

Je vis, au milieu d'un chœur d'Anges.

« Il (Antoine) vit au milieu des troupes des anges, entre les chœurs des prophètes et des apôtres, Paul, tout éclatant d'une blancheur pure et lumineuse, monter dans le ciel... Il y vit le corps mort du saint qui avoit les genoux en terre, la tête levée et les mains étendues vers le ciel. Il crut d'abord qu'il étoit vivant et qu'il prioit. » (*Vie des Pères du désert,* traduction d'Arnauld d'Andilly, t. I, p. 14.)

80ᵉ. — PAGE 166.

Deux lions.

(Voyez ci-dessus note 49ᵉ.)

81. — PAGE 166.

Ptolémaïs.

(Saint-Jean-d'Acre.)

82ᵉ. — PAGE 166.

Je m'arrêtai aux Saints Lieux, où je connus la pieuse Hélène.

Préparation au voyage de Cymodocée à Jérusalem.

83ᵉ. — PAGE 166.

Je vis ensuite les sept Églises.

Complément de la peinture de l'Église sur la terre. « Angelo Ephesi Ecclesiæ scribe... Scio opera tua, et laborem, et patientiam tuam. » Smyrne : « Scio tribulationem tuam. » Pergame : « Tenes nomen meum, et non negasti fidem meam. « Thyatire : « Novi... charitatem tuam. » Sardes : « Scio opera tua quia nomen habes quod vivas, et mortuus es. » Laodicée : « Suadeo tibi emere a me aurum... ut vestimentis albis induaris. » Philadelphie : « Hæc dicit sanctus et verus qui habet clavem David... Ego dilexi te. » (*Apocal.*, cap. II et III.)

84ᵉ. — PAGE 167.

J'eus le bonheur de rencontrer à Byzance le jeune prince Constantin, qui... daigna me confier ses vastes projets.

Regard jeté sur la fondation de Constantinople, que saint Augustin appelle magnifiquement la compagne et l'héritière de Rome. (*De Civ. Dei.*)

REMARQUES.

LIVRE DOUZIÈME.

L'action recommence dans ce livre au moment où le lecteur l'a laissée à la fin du livre de l'*Enfer* : l'amour dans Hiéroclès, l'ambition dans Galérius, la superstition dans Dioclétien, sont réveillés à la fois par les esprits des ténèbres ; et ces esprits, conjurés, ignorent qu'ils ne font qu'obéir aux décrets de l'Éternel et concourir au triomphe de la foi.

1re REMARQUE. — PAGE 168.

La mère de Galérius, etc.

(Voyez pour tout ceci le 1er livre du récit ou le ive de l'ouvrage. Voyez aussi les notes de ce même livre.)

2e. — PAGE 169.

Enivré de ses victoires sur les Parthes, etc.

(Voyez livre v et la note 25e du même livre.)

3e. — PAGE 169.

Votre épouse séduite.

(Voyez livre v, à l'aventure des catacombes.)

4e. — PAGE 169.

Voilà les trésors de l'Église, etc.

J'attribue à Marcellin la touchante histoire de saint Laurent. Celui-ci, sommé par le gouverneur de Rome de livrer les trésors de l'Église, rassembla tous les malheureux de cette grande ville, les aveugles, les boiteux, les mendiants : « Tous, dit Prudence, étoient connus de Laurent, et ils le connoissoient tous. » Tel fut le trésor qu'il présenta au persécuteur des fidèles. (Voyez PRUD., *in Coron.*, et *Act. Mart.*)

5e. — PAGE 170.

Dans la vaste enceinte, etc.

Καλῇ ὑπὸ πλατανίστῳ, ὅθεν ῥέεν ἀγλαὸν ὕδωρ·
Ἔνθ' ἐφάνη μέγα σῆμα· δράκων ἐπὶ νῶτα δαφοινός,
Σμερδαλέος, τόν ῥ' αὐτὸς Ὀλύμπιος ἧκε φόωσδε,
Βωμοῦ ὑπαΐξας, πρός ῥα πλατάνιστον ὄρουσεν·

LIVRE XII.

481

Ἔνθα δ' ἔσαν στρουθοῖο νεοσσοί, νήπια τέκνα,
Ὄζῳ ἐπ' ἀκροτάτῳ, πετάλοις ὑποπεπτηῶτες,
Ὀκτώ· ἀτὰρ μήτηρ ἐνάτη ἦν, ἣ τέκε τέκνα·
Ἔνθ' ὅγε τοὺς ἐλεεινὰ κατήσθιε τετριγῶτας·
Μήτηρ δ' ἀμφεποτᾶτο ὀδυρομένη φίλα τέκνα·
Τὴν δ' ἐλελιξάμενος πτέρυγος λάβεν ἀμφιαχυῖαν.
(*Iliad.*, lib. II, v. 307.)

6ᵉ. — PAGE 170.

Les balances d'or.

(Voyez Homère et l'Écriture.)

7ᵉ. — PAGE 170.

Il veut que les officiers, etc.

Dioclétien commença en effet la persécution par forcer les officiers de son palais, et même sa femme et sa fille, à sacrifier aux dieux de l'empire.

8ᵉ. — PAGE 170.

Du Tmolus.

Montagne de Lydie. Elle étoit célèbre par ses vins et par la culture du safran :

. . . . . Nonne vides croceos ut Tmolus odores, etc.
(*Georg.*, I, 56.)

9ᵉ. — PAGE 170.

Fils de Jupiter, etc.

Les formes de l'adulation la plus abjecte étoient en usage à cette époque : on le verra dans les notes du livre XVIᵉ. Eudore a déjà parlé, livre IVᵉ, du titre d'Éternel que prenoient les empereurs.

10ᵉ. — PAGE 171.

Il franchit rapidement cette mer qui vit passer Alcibiade, etc.

Ce fut dans la fatale expédition de Nicias contre Syracuse

11ᵉ. — PAGE 171.

Les jardins d'Alcinoüs.

Dans l'île de Schérie, aujourd'hui Corfou. (*Odyssée*, liv. VII.)

IV. 31

12ᵉ. — PAGE 171.

Les hauteurs de Buthrotum.

Aujourd'hui Butrento, en Épire, en face de Corfou.

> . . . . Portuque subimus
> Chaonio, et celsam Buthroti accedimus urbem.
> (*Æneid.*, III, v. 292.)

13ᵉ. — PAGE 171.

Où respirent encore les feux de la fille de Lesbos.

> Vivuntque commissi calores
> Æoliæ fidibus puellæ. (HORAT., *Od.* IX, lib. IV.)

14ᵉ. — PAGE 171.

Zacynthe couverte de forêts.

> Nemorosa Zacynthos. (*Æneid.*, III, v. 270.)

15ᵉ. — PAGE 171.

Céphallénie aimée des colombes.

C'est l'épithète qu'Homère donne à Thisbé (*Iliad.*, liv. II). Je l'ai donnée à Céphallénie parce qu'en passant près de cette île j'y ai vu voler des troupes de colombes.

16ᵉ. — PAGE 171.

Il découvre les Strophades, demeure impure de Céléno.

> . . . . . Strophades Graio stant nomine dictæ
> Insulæ Ionio in magno, quas dira Celæno
> Harpyiæque colunt. (*Æneid.*, III, v. 210.)

17ᵉ. — PAGE 171.

Il rase le sablonneux rivage où Nestor, etc.

> Οἱ δὲ Πύλον, Νηλῆος ἐϋκτίμενον πτολίεθρον,
> Ἷξον, τοὶ δ' ἐπὶ θινὶ θαλάσσης ἱερά ῥέζον,
> Ταύρους παμμέλανας, Ἐνοσίχθονι κυανοχαίτῃ.
> (*Odyss.*, lib. III, v. 4.)

LIVRE XII.

18ᵉ. — PAGE 172.

Sphactérie.

Ile qui ferme le port de Pylos, et fameuse, dans la guerre du Péloponèse, par la capitulation des Spartiates, qui furent forcés de se rendre aux Athéniens. (Voyez THUCYDIDE.)

19ᵉ. — PAGE 172.

Mothone.

Aujourd'hui Modon. C'est à Modon que j'ai abordé pour la première fois les rivages de la Grèce.

20ᵉ. — PAGE 173.

Les hauts sommets du Cyllène.

Voyez le livre II et les notes. Il n'y a rien ici de nouveau, excepté l'histoire de Syrinx. Syrinx étoit la fille du Ladon; Pan l'aima et la poursuivit au bord du fleuve. Elle échappa aux embrassements du dieu de l'Arcadie, par le secours des nymphes. Elle fut changée en roseau. Le Zéphyr, en balançant ces roseaux, en fit sortir des plaintes; Pan, frappé de ces plaintes, arracha les roseaux, et en composa cette espèce de flûte que les anciens appeloient syrinx.

21ᵉ. — PAGE 173.

Elle se retrace vivement la beauté, le courage, etc.

> Multa viri virtus animo, multusque recursat
> Gentis honos : hærent infixi pectore vultus
> Verbaque. (*Æneid.*, IV, v. 3.)

22ᵉ. — PAGE 175.

Les désirs, les querelles amoureuses, les entretiens secrets, etc.

> Ἦ, καὶ ἀπὸ στήθεσφιν ἐλύσατο κεστὸν ἱμάντα,
> Ποικίλον· ἔνθα δέ οἱ θελκτήρια πάντα τέτυκτο·
> Ἔνθ' ἔνι μὲν φιλότης, ἐν δ' ἵμερος, ἐν δ' ὀαριστύς,
> Πάρφασις, ἥ τ' ἔκλεψε νόον πύκα περ φρονεόντων.
>   (*Iliad.*, lib. XIV, v. 214.)

> Teneri sdegni, e placide e tranquille
> Repulse, cari vezzi, e liete paci,
> Sorrisi, parolette, e dolci stille
> Di pianto, e sospir tronchi, e molli baci.
>   (*Gerusal.*, canto XVI, st. 25.)

23ᵉ. — PAGE 175.

La colère de cette déesse, etc.

> O haine de Vénus, ô fatale colère!
> (RACINE, *Phèdre*, acte I, sc. 3.)

24ᵉ. — PAGE 175.

A chercher le jeune homme dans la palestre.

> Βασεῦμαι ποτὶ τὰν Τιμαγήτοιο παλαίστραν
> Αὔριον.
> (THÉOCR., *Idylle* II, v. 8.)

25ᵉ. — PAGE 175.

La langue embarrassée.

> Je sens de veine en veine une subtile flamme
> Courir par tout mon corps sitôt que je te vois ;
> Et dans les doux transports où s'égare mon âme,
> Je ne saurois trouver de langue ni de voix.
> (BOILEAU, *Traduction de Sapho.*)

> Mes yeux ne voyoient plus, je ne pouvois parler ;
> Je sentis tout mon corps et transir et brûler.
> (RACINE, *Phèdre*, acte I, sc. 3.)

26ᵉ. — PAGE 175.

A recourir à des philtres.

> Πᾷ μοι ταὶ δάφναι ; φέρε, Θέστυλι. Πᾷ δὲ τὰ φίλτρα ;
> . . . . Ἀλλὰ, Σελάνα,
> Φαῖνε καλόν · τὶν γὰρ ποταείσομαι ἄσυχα, δαῖμον, etc.
> (THÉOCR., *Idylle* II, v. 1 et 10.)

27ᵉ. — PAGE 175.

Qu'il s'assied sur le dos du lion, etc.

(*Voyez* les mythologues et sculpteurs antiques.)

28ᵉ. — PAGE 175.

Quelle religion est la vôtre ?

Voilà ce qui explique l'espèce de contradiction que l'on remarque entre le commencement et la fin du discours de Cymodocée.

LIVRE XII.

29ᵉ. — PAGE 175.

Lorsque le Tout-Puissant, etc.

« Formavit igitur Dominus Deus hominem de limo terræ. »
« ... Plantaverat autem Dominus Deus Paradisum voluptatis a principio, in quo posuit hominem... » (*Genes.*, cap. II, v. 7 et 8.)

30ᵉ. — PAGE 175.

L'Éternel tira du côté d'Adam, etc.

« Et ædificavit Dominus Deus costam, quam tulerat de Adam, in mulierem. »
« ... Hoc nunc, os ex ossibus meis, et caro de carne mea. » (*Genes.*, cap. II, v. 22 et 23.)

31ᵉ. — PAGE 176.

Adam étoit formé pour la puissance, etc.

> Not equal, as their sex not equal seem'd;
> For contemplation he, and valour form'd;
> For softness she, and sweet attractive grace.
> (Milt., *Parad. lost.*)

32ᵉ. — PAGE 176.

Je tâcherois de vous gagner à moi, au nom de tous les attraits, etc.

« In funiculis Adam traham eos, in vinculis charitatis. » (*Osée*, cap. XI, v. 4.)

33ᵉ. — PAGE 176.

Je vous rendrois mon épouse par une alliance, etc.

« Et sponsabo te mihi in sempiternam, et sponsabo te mihi in justitia, et judicio, et in misericordia, et in miserationibus. » (*Osée*, cap. II, v. 19.)

34ᵉ. — PAGE 176.

Ainsi le fils d'Abraham, etc.

« Qui introduxit eam in tabernaculum Saræ matris suæ, et accepit eam uxorem : et in tantum dilexit eam, ut dolorem qui ex morte matris ejus acciderat temperaret. » (*Genes.*, cap. XXIV, v. 67.)

35ᵉ. — PAGE 176.

Avant que tu n'aies achevé de m'enseigner la pudeur.

C'est ordinairement la fille vertueuse et innocente qui peut enseigner la pudeur à un jeune homme passionné : la religion chrétienne prouve ici sa puissance, puisqu'elle met le langage chaste dans la bouche d'Eudore, et l'expression hardie dans celle de Cymodocée. Cela est nouveau et extraordinaire sans doute, mais naturel, par l'effet des deux religions, et c'eût été blesser la vérité que de présenter des mœurs contraires.

36ᵉ. — PAGE 177.

Elle promet aisément de se faire instruire dans la religion du maître de son cœur.

C'est ici la simple nature, et cela ne blesse point la religion, parce que Cymodocée n'est plus demandée comme une victime immédiate. (*Voyez* le livre du *Ciel.*)

37ᵉ. — PAGE 177.

La tombe d'Épaminondas et la cime du bois de Pelagus.

« En sortant de Mantinée par le chemin de Pallantium, vous trouverez, à trente stades de la ville, le bois appelé Pelagus... Épaminondas fut tué dans ce lieu. Ce grand homme fut enterré sur le champ de bataille. » (PAUSAN., *in* Arcad., cap. II.)

Ce livre offre le contraste de tout ce que la mythologie nous a laissé de plus riant et de plus passionné sur l'amour, et de tout ce que l'Écriture a dit de plus grave et de plus saint sur la tendresse conjugale. Lequel de ces deux amours l'emporte? C'est au lecteur à prononcer.

LIVRE TREIZIÈME.

1ʳᵉ REMARQUE. — PAGE 178.

Le temple de Junon Lacinienne, etc.

C'est Plutarque qui raconte cette fable dans ses *Morales*. Ce temple étoit d'ailleurs très-célèbre, et bâti sur le promontoire appelé Lacinius, au fond du golfe de Tarente en Italie. Tite-Live et Cicéron ont parlé de ce temple.

2ᵉ. — PAGE 179.

Le mont Chélydorée.

Montagne d'Arcadie, particulièrement consacrée à Mercure. Ce dieu trouva sur cette montagne la tortue dont l'écaille lui servit à faire une lyre. (Pausan., in Arcad., cap. xvii.)

3ᵉ. — PAGE 179.

Eudore, comme un de ces songes brillants, etc.

> Sunt geminæ somni portæ, quarum altera fertur
> Cornea, qua veris facilis datur exitus umbris;
> Altera candenti perfecta nitens elephanto.
> (*Æneid.*, vi.)

4ᵉ. — PAGE 180.

Eudore, pressé par l'ange des saintes amours.

J'ai retranché ici une comparaison qui m'a paru commune et superflue.

5ᵉ. — PAGE 180.

Et comme épouse de leur frère.

Encore une phrase inutile retranchée.

6ᵉ. — PAGE 181.

Un temple qu'Oreste avoit consacré aux Grâces et aux Furies.

Oreste, revenu de sa frénésie, sacrifia aux Furies blanches. Les Arcadiens élevèrent un temple à l'endroit où s'étoit accompli le sacrifice, et ils le dédièrent aux Furies et aux Grâces. Pausanias place ce temple près de Mégalopolis, sur le chemin de la Messénie. Je n'ai pas suivi son texte. (Pausan., in Arcad., cap. xxxiv.)

7ᵉ. — PAGE 181.

Par un des descendants d'Ictinus.

Ictinus avoit bâti le Panthéon à Athènes.

8ᵉ. — PAGE 182.

Les Zéphyrs agitent doucement la lumière du flambeau.

Après cette phrase, il y avoit une comparaison, je l'ai retranchée; elle surchargeoit le tableau.

9ᵉ. — PAGE 182.

Dansent avec des chaînes de fleurs autour du démon de la volupté.

Ce tableau est justifié par une grande autorité, celle du Tasse. Ces effets de magie se retrouvent dans le palais d'Armide, où l'on voit des démons nager dans les fontaines sous la forme de nymphes; des oiseaux chanter dans un langage humain, la puissance de la volupté, etc. Un rossignol, qui ne fait que soupirer, est bien loin de l'oiseau des jardins d'Armide. J'ai donc suivi aussi les traditions poétiques : si j'ai tort, j'ai tort avec le Tasse et même avec Voltaire, qui dans un sujet *tout à fait* chrétien n'a pas laissé que de décrire une Idalie et un temple de l'Amour.

10ᵉ. — PAGE 183.

Et quand ta mère te donna le jour au milieu des lauriers et des bandelettes.

On couvroit le lit des femmes nouvellement accouchées, de fleurs, de lauriers, de bandelettes et de divers présents.

11ᵉ. — PAGE 183.

Ne pourroit-elle devenir ton épouse sans embrasser la foi, etc.

Idée fort naturelle dans Démodocus. La réponse d'Eudore est d'un vrai chrétien : il s'est montré foible pour la vie de Cymodocée, l'héroïsme chrétien reparoît ici ; car Eudore, qui n'a pas la force d'exposer les jours d'une femme aimée, a la force, beaucoup plus grande, de renoncer à l'amour de cette femme. Ce morceau suffisoit seul pour mettre hors de doute l'effet religieux de l'ouvrage et les principes qui l'ont dicté.

12ᵉ. — PAGE 184.

Il jure, par le lit de fer des Euménides, que ta fille passera dans sa couche.

Voilà tout le nœud des *Martyrs*, et ce que les critiques éclairés auroient autrefois cherché pour applaudir à l'ouvrage ou pour le blâmer, sans se perdre dans des lieux communs sur l'épopée en prose, sur le merveilleux chrétien.

Ce passage et l'exposition du premier livre détruisent absolument la critique de ceux qui s'attendrissent sur le compte de Démodocus et de Cymodocée pour jeter de l'odieux sur les chrétiens. Ce ne sont point les chrétiens qui ont fait le malheur de cette famille païenne; le prêtre d'Homère et sa fille auroient été beaucoup plus malheureux par Hiéroclès qu'ils ne le sont par Eudore; et observez bien que leur malheur étoit commencé avant qu'ils eussent connu le fils de Lasthénès. Qu'on se figure Cymodocée enlevée par le préfet d'Achaïe ; Démodocus repoussé, jeté dans les cachots ou tué même par les ordres d'un homme puissant et pervers; Cymodocée forcée à se donner la mort ou à traîner des jours dans l'opprobre et dans les larmes : voilà quel eût été le sort de ces infortunés s'ils n'avoient pas rencontré les chrétiens. Il faut remarquer que je raisonne *humainement* ; car, après tout, dans mon sujet et dans mon opinion, Cymodocée et Démodocus ne pouvoient jamais acheter trop cher le honheur d'embrasser la vraie religion.

13e. — PAGE 185.

La vierge que vous me confiez.

Il y avoit dans les éditions précédentes : « Que vous confiez à Jésus-Christ; » ce qui étoit très-naturel, car les chrétiens devoient parler de Jésus-Christ aux païens comme les païens leur parloient de Jupiter. Mais enfin, puisqu'on s'est plu à obscurcir une chose aussi claire, j'ai effacé le nom de Jésus-Christ; ensuite j'ai retranché les deux lignes où il étoit question de la montagne de Nébo, bien que dans ce moment Eudore s'adressât à Lasthénès; ce que ne disoit pas la critique, d'ailleurs pleine de *bonne foi* et de *candeur*.

14e. — PAGE 185.

Où jadis les bergers d'Évandre.

On sait qu'Évandre régna sur l'Arcadie. (*Voyez* le commencement du IVe livre.)

15e. — PAGE 186.

Mais bientôt il craint la faveur dont le fils de Lasthénès, etc.

Il n'étoit donc pas inutile de faire voir Eudore dans son triomphe; le récit étoit donc obligé. Sans tous ces honneurs, sans ce crédit acquis par de glorieux services, l'ouvrage n'existoit plus; car Eudore eût alors été trop facile à opprimer, et sa lutte contre Hiéroclès devenoit aussi folle qu'invraisemblable.

16e. — PAGE 187.

On l'eût pris pour Tirésias ou pour le divin Amphiaraüs, prêt à descendre vivant aux enfers avec ses armes blanches, etc.

> Ipse habitu niveus : nivei dant colla jugales :
> Concolor est albis et cassis et infula cristis. (STAT., *Theb.*, VI.)

> . . . . . Ecce alte præceps humus ore profundo
> Dissilit, inque vicem timuerunt sidera et umbræ.
> Illum ingens haurit specus, et transire parantes
> Mergit equos. (Id., *Theb*, VII.)

LIVRE QUATORZIÈME.

1re REMARQUE. — PAGE 188.

A l'entrée de l'Herméum, etc.

On appeloit Herméum en Grèce certains défilés de montagnes où l'on plaçoit des statues de Mercure. Plusieurs Herméums conduisoient de la Messénie dans la Laconie et dans l'Arcadie. Je fais suivre à Démodocus l'Herméum que j'ai moi-même traversé.

2e. — PAGE 188.

Cachée parmi des genêts à demi-brûlés.

Voici un passage de mon *Itinéraire* :

Route de la Messénie à Tripolizza. « Après trois heures de marche, nous sortîmes de l'Herméum, assez semblable dans cette partie au passage de l'Apennin, entre Pérouse et Tarni. Nous entrâmes dans une plaine cultivée, qui s'étend jusqu'à Léontari. Nous étions là en Arcadie, sur la frontière de la Laconie. On convient généralement que Léontari n'est point Mégalopolis... Laissant à droite Léontari, nous traversâmes un bois de vieux chênes, reste vénérable d'une forêt sacrée. Nous vîmes le plus beau soleil se lever sur le mont Borée. Nous mîmes pied à terre au bas de ce mont, pour gravir un chemin taillé perpendiculairement dans le roc. C'étoit un de ces chemins appelés chemins de l'Échelle, en Arcadie... Nous nous trouvions dans le voisinage d'une des sources de l'Alphée. Je mesurois avidement des yeux les ravines que je rencontrois : tout étoit muet et desséché. Le chemin qui conduit du Borée à Tripolizza traverse d'abord des plaines désertes, et se plonge ensuite dans une longue vallée de pierres. Le soleil nous dévoroit. A quelques buissons rares et brûlés étoient suspendues des cigales qui se taisoient à notre approche. Elles recommençoient leurs cris dès que nous étions passés. On n'entendoit que ce bruit monotone, le pas de nos chevaux et la chanson de notre guide. Lorsqu'un postillon grec monte à cheval, il commence une chanson qu'il continue pendant toute la route. C'est presque toujours une longue histoire rimée qui charme les ennuis des descendants de Linus. Il me semble encore ouïr le chant de mes malheureux guides : la nuit, le jour, au lever, au coucher du soleil, dans les solitudes de l'Arcadie, sur les bords de l'Eurotas, dans les déserts d'Argos, de Corinthe, de Mégare ; beaux lieux où la voix des Ménades ne retentit plus, où les concerts des Muses ont cessé, où le Grec infortuné semble seulement déplorer dans de tristes complaintes les malheurs de sa patrie ! »

. . . . . Soli periti cantare
Arcades !

LIVRE XIV.

3ᵉ. — PAGE 188.

C'est par le même chemin que Lyciscus, etc.

Dans la première guerre de Messénie, l'oracle promit la victoire aux Messéniens s'ils sacrifioient une jeune fille du sang d'Épytus. Il y avoit plusieurs filles de la race des Épytides. On tira au sort, et le sort tomba sur la fille de Lyciscus. Celui-ci préféra sa fille à son pays, et s'enfuit avec elle à Sparte. Aristodème offrit volontairement sa fille pour remplacer celle de Lyciscus. La fille d'Aristodème étoit promise en mariage à un jeune homme, qui pour la sauver prétendit qu'il avoit déjà sur elle les droits d'un époux, et qu'elle portoit dans son sein un fruit de son amour. Aristodème plongea un couteau dans les entrailles de sa fille, les ouvrit, et prouva aux Messéniens qu'elle étoit digne de donner la victoire à la patrie.

4ᵉ. — PAGE 189.

Et commence à descendre vers Pillane, etc.

Cette géographie est tout à fait différente de ce qu'elle étoit dans les premières éditions. Mon exactitude m'avoit fait tomber dans une faute singulière. Je n'avois voulu faire parcourir à Démodocus que le chemin que j'avois moi-même suivi. Mais comme j'allai d'abord à Tripolizza, dans le vallon de Tégée, et que je revins ensuite à Sparte, je ne m'étois pas aperçu que Démodocus se détournoit d'une trentaine de lieues de sa véritable route. Le faire arriver à Sparte par le mont Thornax étoit une chose étrange : voilà ce que la critique n'a pas vu, quoiqu'elle ait doctement déclaré que le tombeau d'Ovide étoit de l'autre côté du Danube. Quant aux monuments dont il est question dans la route actuelle de Démodocus, on peut consulter Pausanias, *in Lacon.*, lib. III, cap. XX et XXI.

5ᵉ. — PAGE 189.

La chaîne des montagnes du Taygète.

Je suis, je crois, le premier auteur moderne qui ait donné la description de la Laconie d'après la vue même des lieux. Je réponds de la fidélité du tableau. Guillet, sous le nom de son frère La Guilletière, ne nous a laissé qu'un roman, et c'est ce que Spon a très-bien prouvé. Vernhum, compagnon de Wheler, avoit visité Sparte, mais il n'en dit qu'un mot dans sa lettre imprimée parmi les Mémoires de l'Académie royale de Londres. M. Fauvel m'a dit avoir fait deux ou trois fois le voyage de la Laconie, mais il n'a encore rien publié. M. Pouqueville, excellent pour tout ce qu'il a vu de ses yeux, paroît avoir eu sur Sparte des renseignements inexacts. Wheler, Spon et d'Anville avoient averti que Sparte n'est point Misitra, et l'on s'est obstiné à voir Lacédémone dans cette dernière ville, d'après Guillet, Niger et Ortellius.

Misitra est à deux lieues de l'Eurotas, ce qui trancheroit la question, si cela pouvoit en faire une. Les ruines de Sparte sont à Magoula, tout auprès du fleuve ; d'Anville les a très-bien désignées sous le nom de Palæochori, ou la vieille ville. Elles sont fort reconnoissables, et occupent une grande étendue de terrain. Ce qu'il y a d'incroyable, c'est que La Guilletière parle de Magoula sans se douter qu'il parle de Sparte.

6e. — PAGE 190.

Dès le soir même Cyrille commença les instructions, etc.

Ce livre a peut-être quelque chose de grave qui contraste avec la description plus brillante d'Athènes, et qui rappelle naturellement au lecteur la sévère Lacédémone. Il m'a semblé qu'on verroit avec quelque plaisir le christianisme naissant à Sparte et la foi de Jésus-Christ remplaçant les lois de Lycurgue.

7e. — PAGE 191.

Que peux-tu contre la croix?

On voit par ce mot que ce démon solitaire n'avoit point assisté à la délibération de l'enfer.

8e. — PAGE 193.

Aux deux degrés d'auditrice et de postulante.

Pour les différents degrés de catéchumènes, et pour les différents ordres du clergé, des veuves, des diaconesses, etc., voyez FLEURY, *Mœurs des chrétiens.*

9e. — PAGE 193.

C'est la fille de Tyndare, couronnée des fleurs du Plataniste, etc.

Ile et prairie où les filles de Sparte cueillirent les fleurs dont elles formèrent la couronne nuptiale d'Hélène. (Voyez THÉOCRITE.)

10e. — PAGE 194.

Près du Lesché et non loin des tombeaux des rois Agides.

« Dans le quartier de la ville appelé le Théomélide on trouve les tombeaux des rois Agides. Le Lesché touche à ces tombeaux, et les Crotanes s'assemblent au Lesché. » (PAUSAN., lib. III, cap. XIV.) Les Crotanes formoient une des cohortes de l'infanterie lacédémonienne.

LIVRE XIV.   493

Il y avoit à Sparte un second Lesché, connu sous le nom de Pœcile, à cause des tableaux ou peintures qu'on y voyoit.

Les rois Agides étoient les descendants d'Agis, fils d'Eurysthène et neveu de Proclès, deux frères jumeaux en qui commencent les deux familles qui régnoient ensemble à Sparte.

11ᵉ. — PAGE 194.

Éloignée du bruit et de la foule, etc.

Citer les autorités pour les églises et les cérémonies de l'Église primitive, ce seroit répéter mon texte. Il suffira que le lecteur sache que tout cela est une peinture fidèle. Il peut consulter Fleury, *Mœurs des chrétiens* et *Histoire ecclésiastique*.

12ᵉ. — PAGE 194.

Leurs tuniques entr'ouvertes, etc.

Le vêtement des femmes de Sparte étoit ouvert depuis le genou jusqu'à la ceinture. Lycurgue, en voulant forcer la nature, avoit fini par faire des Lacédémoniennes les femmes les plus impudiques de la Grèce.

13ᵉ. — PAGE 194.

Aux fêtes de Bacchus ou d'Hyacinthe.

Les fêtes d'Hyacinthe se célébroient à Amyclée avec une grande pompe. Elles duroient trois jours : les deux premiers étoient consacrés aux pleurs, le troisième aux réjouissances.

14ᵉ. — PAGE 194.

La fourberie, la cruauté, la férocité maternelle, etc.

Le vol et la dissimulation étoient des vertus à Sparte. On apprenoit aux enfants à voler. On connoît la cryptie, ou la chasse aux esclaves. On sait que les Lacédémoniennes s'applaudissoient de la mort de leurs enfants. Elles disoient à leurs fils partant pour la guerre, en leur montrant un bouclier : ἢ τὰν, ἢ ἐπὶ τάν.

15ᵉ. — PAGE 195.

Le lecteur monta à l'ambon.

Le lecteur étoit un diacre ou sous-diacre, qui faisoit une lecture. L'ambon étoit une tribune.

16e. — PAGE 195.

Habitants de Lacédémone, il est temps que je vous rappelle l'alliance qui vous unit avec Sion.

On peut voir tout ce passage dans le livre des *Machabées*.

17e. — PAGE 195.

Entre tous les peuples de Javan, etc.

Javan, dans l'Écriture, est la Grèce proprement dite, Séthim est la Macédoine, et Élisa l'Élide ou le Péloponèse.

18e. — PAGE 195.

Ah! qu'il seroit à craindre, etc.

« Timeo cervicem, ne margaritarum et smaragdorum laqueis occupata, locum spathæ non det. » (Tertull., de *Cultu fem.*)

19e. — PAGE 195.

Pour un chrétien, etc.

« Auferamus carceris nomen, secessum vocemus. Etsi corpus includitur, etsi caro detinetur, omnia spiritui patent. Vagare spiritu, spatiare spiritu, et non stadia opaca aut porticus longas proponens tibi, sed illam viam quæ ad Deum ducit. Quotiens eam spiritu deambulaveris, totiens in carcere non eris. Nihil crus sentit in nervo, cum animus in cœlo est. Totum hominem animus circumfert, et quo velit transfert. » (Tertull., *ad Martyr.*)

20e. — PAGE 197.

Les portes de l'Église s'ouvrent, et l'on entend... une voix, etc.

« Ceux à qui il étoit prescrit de faire pénitence publique venoient le premier jour du carême se présenter à la porte de l'église, en habits pauvres, sales et déchirés... Étant dans l'église, ils recevoient de la main du prélat des cendres sur la tête et des cilices pour s'en couvrir, puis demeuroient prosternés, tandis que le prélat, le clergé et tout le peuple faisoient pour eux des prières à genoux. Le prélat leur faisoit une exhortation, pour les avertir qu'il alloit les chasser pour un temps de l'église, comme Dieu chassa Adam du paradis pour son péché; leur donnant courage, et les animant à travailler, dans l'espérance de la miséricorde de Dieu. Ensuite il les mettoit en effet hors de l'église, dont les portes étoient aussitôt fermées devant eux. » (Fleury, *Mœurs des chrétiens.*)

LIVRE XIV.

21ᵉ. — PAGE 197.

Tel est le lis entre les épines, etc.

Ce chant est tiré du cantique de Salomon. Le chant païen qui suit est imité de l'épithalame de Manlius et de Junie, par Catulle. Ce ne sont point des objets de comparaison, ce sont des beautés d'un genre différent. Les images orientales prêtent facilement à la parodie ; et Voltaire s'est égayé sur le Cantique des Cantiques. Il suffit d'omettre quelques traits qui choquent notre goût, pour faire de cette élégie mystique ce qu'elle est, un chef-d'œuvre de passion et de poésie. Au reste, j'ai beaucoup abrégé les deux imitations dans la présente édition.

22ᵉ. — PAGE 198.

La tombe de Léonidas.

Les os de Léonidas furent rapportés des Thermopyles quarante ans apres le fameux combat, et enterrés au-dessous de l'amphithéâtre, derrière la citadelle, à Sparte. J'ai cherché longtemps cette tombe, un *Pausanias* à la main. Il y a dans cet endroit six grands monuments aux trois quarts détruits. Je les interrogeois inutilement, pour leur demander les cendres du vainqueur des Perses. Un silence profond régnoit dans ce désert. La terre étoit couverte au loin des débris de Lacédémone. J'errois de ruine en ruine avec le janissaire qui m'accompagnoit. Nous étions les deux seuls hommes vivants au milieu de tant de morts illustres. Tous deux barbares, étrangers l'un à l'autre autant qu'à la Grèce, sortis des forêts de la Gaule et des rochers du Caucase, nous nous étions rencontrés au fond du Péloponèse, moi pour passer, lui pour vivre sur des tombeaux qui n'étoient pas ceux de nos aïeux.

23ᵉ. — PAGE 200.

Cymodocée, dit Eudore, ne peut demeurer dans la Grèce, etc.

Ainsi la séparation des deux époux et le voyage de Cymodocée à Jérusalem, sont très-suffisamment et très-naturellement motivés. Cymodocée est presque chrétienne et presque épouse d'Eudore ; les chrétiens sont au moment d'être jugés. A chaque livre, l'action fait un pas.

24ᵉ. — PAGE 200.

Comme un courrier rapide.

« Transierunt omnia illa tanquam umbra et tanquam nuntius percurrens. » (*Sap.*, cap. v, v. 7.)

LIVRE QUINZIÈME.

Ce livre n'a pas un besoin essentiel de notes, hors sur deux points : 1° Piste étoit en effet évêque d'Athènes à l'époque dont je parle, et parut au concile de Nicée; 2° il y a plusieurs anachronismes, par rapport à Julien et aux grands hommes de l'Église que je représente au jardin de Platon. J'ai fait çà et là des corrections de style, supprimé quelques phrases, etc., etc. Je remplacerai les notes de ce livre par un long morceau de mon *Itinéraire* : il servira de commentaire au voyage d'Eudore.

1re REMARQUE. — PAGE 202.

Il marchoit vers Argos, par le chemin de la montagne.

De Sparte à Argos, il y a deux chemins : l'un s'enfonce dans le vallon de Tégée, l'autre traverse les montagnes qui bordent le golfe d'Argos. J'ai suivi le dernier, et c'est celui que j'ai fait prendre à Eudore. Avant de citer mon *Itinéraire*, je dois observer qu'Argos étoit déjà en ruine du temps de Pausanias. Elle étoit si pauvre sous le règne de Julien l'Apostat qu'elle ne put pas contribuer aux frais et au rétablissement des jeux Isthmiques. Julien plaida sa cause contre les Corinthiens : nous avons ce singulier monument littéraire dans les ouvrages de cet empereur (*Épist.* xxv). Argos, la patrie du roi des rois, devenue dans le moyen âge l'héritage d'une veuve vénitienne, fut vendue par cette veuve à la république de Venise, pour deux cents ducats de rente viagère, et cinq cents une fois payés. Coronelli rapporte le contrat. Voilà ce que c'est que la gloire!

Itinéraire. « Des ruines de Sparte, je partis pour Argos sans retourner à Misitra. J'avois dit adieu à Ibrahim-Bey. J'abandonnai Lacédémone sans regret; cependant je ne pouvois me défendre de ce sentiment de tristesse qu'on éprouve en présence d'une grande ruine et en quittant des lieux qu'on ne reverra jamais. Le chemin qui conduit de la Laconie dans l'Argolide étoit dans l'antiquité ce qu'il est encore aujourd'hui, un des plus rudes et des plus sauvages de la Grèce. Nous traversâmes l'Eurotas à l'entrée de la nuit, dans l'endroit où nous l'avions déjà passé en venant de Tripolizza; puis, tournant au levant, nous nous enfonçâmes dans des gorges de montagnes. Nous marchions rapidement, dans des ravines et sous des arbres qui nous obligeoient de nous coucher sur le cou de nos chevaux. Je frappai si rudement de la tête contre une branche de ces arbres, que je fus jeté à dix pas sans connoissance. Comme mon cheval continuoit de galoper, mes compagnons de voyage, qui me devançoient, ne s'aperçurent pas de ma chute : leurs cris, quand ils revinrent à moi, me tirèrent de mon évanouissement.

« A une heure du matin, nous arrivâmes au sommet d'une haute montagne, où nous laissâmes reposer nos chevaux. Le froid devint si piquant, que nous fûmes obligés d'allumer un feu de bruyère. Je ne puis assigner de nom à ce lieu peu célèbre de l'antiquité, mais nous devions être vers les sources de

Lœnus, dans la chaîne du mont Éva, et peu éloignés de Prasiæ, sur le golfe d'Argos.

« Nous arrivâmes, à deux heures du matin, à un gros village appelé Saint-Pierre, assez voisin de la mer. On n'y parloit que d'un événement tragique qu'on s'empressa de nous raconter :

« Une fille de ce village ayant perdu son père et sa mère, et se trouvant maîtresse d'une petite fortune, fut envoyée par ses parents à Constantinople. A dix-huit ans, elle revint dans son village. Elle étoit belle ; elle parloit le turc, l'italien et le françois ; et quand il passoit des étrangers à Saint-Pierre, elle les recevoit avec une politesse qui fit soupçonner sa vertu. Les chefs des paysans s'assemblèrent, et après avoir examiné entre eux la conduite de l'orpheline, ils résolurent de se défaire d'une fille qui déshonoroit le village. Ils se procurèrent d'abord la somme fixée pour le meurtre d'une chrétienne en Turquie ; ensuite ils entrèrent pendant la nuit chez la jeune fille, l'assommèrent, et un homme, qui attendoit la nouvelle de l'exécution, alla porter au pacha le prix du sang. Ce qui mettoit en mouvement tous ces Grecs de Saint-Pierre, ce n'étoit pas l'atrocité de l'action, mais l'avidité du pacha ; car celui-ci, qui trouvoit aussi l'action toute simple, et qui convenoit avoir reçu la somme fixée pour un assassinat ordinaire, observoit pourtant que la beauté, la jeunesse, la science, les voyages de l'orpheline, lui donnoient (à lui pacha de Morée) de justes droits à une indemnité. En conséquence, sa seigneurie avoit envoyé le jour même deux janissaires pour demander une nouvelle contribution.

« Nous changeâmes de chevaux à Saint-Pierre, et nous prîmes le chemin de l'ancienne Cynurie. Vers les trois heures de l'après-midi, le guide nous cria que nous allions être attaqués. En effet, nous aperçûmes quelques hommes armés dans la montagne : après nous avoir regardés longtemps, ils nous laissèrent tranquillement passer. Nous entrâmes dans les monts Parthenius, et nous descendîmes au bord d'une rivière dont le cours nous conduisit jusqu'à la mer. On découvroit la citadelle d'Argos, Nauplia en face de nous, et les montagnes de la Corinthie, vers Mycènes.

« Du point où nous étions parvenus, il y avoit encore trois heures de marche jusqu'à Argos ; il falloit tourner le fond du golfe, en traversant le marais de Lerne, qui s'étendoit entre la ville et le lieu où nous nous trouvions. La nuit vint, le guide se trompa de route, nous nous perdîmes dans les rizières inondées, et nous fûmes trop heureux d'attendre le jour sur un fumier de brebis, lieu le moins humide et le moins sale que nous pûmes trouver.

« Je serois en droit de faire une querelle à Hercule, qui n'a pas bien tué l'hydre de Lerne, car je gagnai dans ce lieu malsain une fièvre qui ne me quitta tout à fait qu'en Égypte.

« J'étois, au lever de l'aurore, à Argos. Le village qui remplace cette ville célèbre est plus propre et plus animé que la plupart des autres villages de la Morée. Sa position est fort belle au fond du golfe de Nauplia ou d'Argos, à une lieue et demie de la mer. Il a d'un côté les montagnes de la Cynurie et de l'Arcadie, et de l'autre les hauteurs de Trézène et d'Épidaure.

« Mais, soit que mon imagination fût attristée par le souvenir des malheurs et des fureurs des Pélopides, soit que je fusse réellement frappé par la vérité, les terres me parurent incultes et désertes, les montagnes sombres et nues ; sorte de nature féconde en grands crimes et en grandes vertus. Je visitai les restes du palais d'Agamemnon, les débris du théâtre et d'un aqueduc romain ; je montai à la citadelle : je voulois voir jusqu'à la moindre pierre qu'avoit pu remuer la main du roi des rois.

« Qui peut se vanter de jouir de quelque gloire auprès de ces familles chantées par Homère, Eschyle, Sophocle, Euripide et Racine? Et quand on voit pourtant, sur les lieux, combien peu de chose reste de ces familles, on est merveilleusement étonné.

. . . .

« Je laissai la forêt de Némée à ma gauche, et j'arrivai à Corinthe par une espèce de plaine semée de montagnes isolées et semblables à l'Acro-Corinthe, avec lequel elles se confondent. Nous aperçûmes celui-ci longtemps avant d'y arriver, comme une masse irrégulière de granit rougeâtre, avec une ligne de murs sur son sommet. Le village de Corinthe est au pied de cette citadelle.

. . . .

« Nous quittâmes Corinthe à trois heures du matin. Deux chemins conduisent de cette ville à Mégare : l'un traverse les monts Géraniens, par le milieu de l'isthme ; l'autre côtoie la mer Saronique, le long des roches Scironiennes. On est obligé de suivre le premier, afin de passer la grand'garde turque placée aux frontières de la Morée. Je m'arrêtai à l'endroit le plus étroit de l'isthme, pour contempler les deux mers, la place où se donnoient les jeux, et pour jeter un dernier regard sur le Péloponèse.

« Nous entrâmes dans les monts Géraniens, plantés de sapins, de lauriers et de myrtes. Perdant de vue et retrouvant tour à tour la mer Saronique et Corinthe, nous atteignîmes le sommet des monts. Nous descendîmes à la grand'garde. Je montrai mon firman du pacha de Morée ; le commandant m'invita à fumer la pipe et à boire le café dans sa baraque.

. . . .

« Trois heures après nous arrivâmes à Mégare. Je n'y demandai point l'école d'Euclide ; j'aurois mieux aimé y découvrir les os de Phocion ou quelque statue de Praxitèle et de Scopas. Tandis que je songeois que Virgile, visitant aussi la Grèce, fut arrêté dans ce lieu par la maladie dont il mourut, on vint me prier d'aller visiter une malade.

« Les Grecs, ainsi que les Turcs, supposent que tous les Francs ont des connoissances en médecine et des secrets particuliers. La simplicité avec laquelle ils s'adressent à un étranger, dans leurs maladies, a quelque chose de touchant et rappelle les anciennes mœurs : c'est une noble confiance de l'homme envers l'homme. Les sauvages en Amérique ont le même usage. Je crois que la religion et l'humanité ordonnent dans ce cas au voyageur de se prêter à ce qu'on attend de lui : un air d'assurance, des paroles de consolation, peuvent quelquefois rendre la vie à un mourant et mettre toute une famille dans la joie.

« Un Grec vint donc me chercher pour voir sa fille. Je trouvai une pauvre créature étendue à terre sur une natte et ensevelie sous les haillons dont on l'avoit couverte. Elle dégagea son bras, avec beaucoup de répugnance et de pudeur, des lambeaux de la misère, et le laissa retomber mourant sur la couverture. Elle me parut attaquée d'une fièvre putride. Je fis dégager sa tête des petites pièces d'argent dont les paysannes albanoises ornent leurs cheveux : le poids des tresses et du métal concentroit la chaleur au cerveau. Je portois avec moi du camphre pour la peste ; je le partageai avec la malade. On l'avoit nourrie de raisin ; j'approuvai le régime. Enfin, nous priâmes Christos et la Panagia (la Vierge), et je promis prompte guérison. J'étois bien loin de l'espérer ; j'ai tant vu mourir, que je n'ai là-dessus que trop d'expérience.

« Je trouvai en sortant tout le village assemblé à la porte. Les femmes fondirent sur moi, en criant : *Crasi ! crasi !* du vin ! du vin ! Elles vouloient me témoigner leur reconnoissance en me forçant à boire. Ceci rendoit mon rôle de médecin assez ridicule ; mais qu'importe, si j'ai ajouté, à Mégare, une personne de plus à celles qui peuvent me souhaiter un peu de bien dans les différentes parties du monde où j'ai erré ? C'est un privilége du voyageur, de laisser après lui beaucoup de souvenirs, et de vivre dans le cœur d'un étranger, souvent, hélas ! plus longtemps que dans la mémoire de ses amis !

« Nous couchâmes à Mégare. Nous n'en partîmes que le lendemain à deux heures de l'après-midi. Vers les cinq heures du soir, nous arrivâmes à une plaine environnée de montagnes au nord, au couchant et au midi. Un bras de mer, long et étroit (le détroit de Salamine), baigne cette plaine au levant, et forme comme la corde de l'arc des montagnes ; l'autre côté de ce bras de mer est bordé par les rivages d'une île élevée (Salamine) : l'extrémité orientale de cette île s'approche d'un des promontoires du continent ; on remarque entre les deux pointes un étroit passage. Comme le jour étoit sur son déclin, je résolus de m'arrêter dans un village (Éleusis) que je voyois sur une haute colline, laquelle terminoit au couchant près de la mer le cercle des montagnes dont j'ai parlé.

« On distinguoit dans la plaine les restes d'un aqueduc et beaucoup de débris épars au milieu du chaume d'une moisson nouvellement coupée. Nous descendîmes de cheval au pied du monticule, et nous grimpâmes à la cabane la plus voisine : on nous y donna l'hospitalité.

. . . .
. . . .

« Nous partîmes d'Éleusis à la pointe du jour. Nous tournâmes le fond du canal de Salamine, et nous nous engageâmes dans le défilé qui passe entre le mont Icare et le mont Corydalus et débouche dans la plaine d'Athènes, au petit mont Pœcile. Je découvris tout à coup l'Acropolis, présentant dans un assemblage confus les chapiteaux des Propylées, les colonnes du Parthénon et du temple d'Érechthée, les embrasures d'une muraille chargée de canons, les débris gothiques du siècle des ducs, et les masures des musulmans. Deux petites collines, l'Anchesme et le Lycabettus, s'élevoient au nord de la citadelle, et c'étoit entre les dernières et au pied de la première qu'Athènes se montroit à moi. Ses toits aplatis, entremêlés de minarets, de palmiers, de ruines et de colonnes isolées, les dômes de ses mosquées couronnés par de gros nids de cigognes, semblables à des corbeilles, faisoient un effet agréable aux rayons du soleil levant. Mais si l'on reconnoissoit encore Athènes à quelques débris, on voyoit aussi, à l'ensemble de l'architecture et au caractère général des monuments, que la ville de Minerve n'étoit plus habitée par son peuple.

« Une enceinte de montagnes, qui se termine à la mer, forme la plaine ou le bassin d'Athènes. Du point où je voyois cette plaine au petit mont Pœcile, elle paroissoit divisée en trois bandes ou régions, courant dans une direction parallèle du nord au midi. La première de ces régions, et la plus voisine de moi, étoit inculte et couverte de bruyères; la seconde offroit un terrain labouré où l'on venoit de faire la moisson; la troisième présentoit un long bois d'oliviers qui s'étendoit un peu circulairement depuis les sources de l'Ilissus, en passant au pied de l'Anchesme, jusque vers le port de Phalère. Le Céphise coule dans cette forêt, qui par sa vieillesse semble descendre de l'olivier que Minerve fit sortir de la terre. L'Ilissus a son lit desséché de l'autre côté d'Athènes, entre le mont Hymette et la ville.

« La plaine n'est pas parfaitement unie : une petite chaîne de collines détachées du mont Hymette en surmonte le niveau, et forme ces différentes hauteurs sur lesquelles Athènes plaça peu à peu ses monuments.

« Ce n'est pas dans le premier moment d'une émotion très-vive que l'on jouit le plus de ses sentiments. Je m'avançois vers Athènes dans une espèce de trouble qui m'ôtoit le pouvoir de la réflexion. Nous traversâmes promptement les deux premières régions, la région inculte et la région cultivée, et nous entrâmes dans le bois d'oliviers. Je descendis un moment dans le lit du Céphise, qui étoit alors sans eau, parce que dans cette saison les paysans la détournent pour arroser leurs oliviers. En sortant du bois, nous trouvâmes un jardin environné de murs, et qui occupe à peu près la place du Céramique. Nous mîmes une demi-heure pour nous rendre à Athènes, à travers un chaume de froment. Un mur moderne renferme la ville. Nous en franchîmes la porte, et nous pénétrâmes dans de petites rues champêtres, fraîches et assez propres. Chaque maison a son jardin planté d'orangers et de figuiers. Le peuple me parut gai et curieux, et n'avoit point l'air avili et abattu des Moraïtes. On nous enseigna la maison de M. Fauvel, qui demeure près du portique d'Adrien, dans le voisinage de Pœcile et de la rue des Trépieds. »

LIVRE SEIZIÈME.

La question touchant le polythéisme, la religion naturelle et le christianisme, est plus grande question qu'on puisse soumettre au jugement des hommes. Elle fourniroit la matière de plusieurs volumes, et je ne pouvois y consacrer que quelques pages.

La scène est fondée sur deux faits historiques :

1° Il est vrai que Dioclétien délibéra pendant tout un hiver, avec son conseil, sur le sort des chrétiens ;

2° Sous l'empire d'Honorius, on voulut ôter du Capitole l'autel de la Victoire. Symmaque, pontife de Jupiter, prononça à ce sujet un discours qui nous a été conservé dans les OEuvres de saint Ambroise. Saint Ambroise répondit à Symmaque, et nous avons aussi la réponse de l'éloquent archevêque de Milan.

1re REMARQUE. — PAGE 217.

Je suppose que Rome chargée d'années, etc.

Ceci est emprunté du discours du vrai Symmaque. Je ne sais si l'on a jamais remarqué que le fameux morceau de Massillon, dans son sermon *du petit nombre des Élus*, est imité du beau mouvement oratoire du prêtre des faux dieux. C'est le cas de dire, comme les Pères, qu'il est permis quelquefois de dérober l'or des Égyptiens.

2e. — PAGE 218.

Nous ne refusons point de l'admettre dans le Panthéon, etc.

Tibère avoit voulu mettre Jésus-Christ au rang des dieux ; Adrien lui avoit élevé des temples, et Alexandre Sévère le révéroit avec les images des âmes saintes.

3e. — PAGE 219.

Galérius laissoit un libre cours aux blasphèmes de son ministre.

Cela seul suffiroit pour établir la vraisemblance *poétique* et faire tomber la critique de ceux qui disent qu'Hiéroclès ne pouvoit pas parler si librement dans le sénat romain. Mais l'auteur de la brochure que j'ai citée a très-bien montré que je n'étois pas sorti des bornes de la vérité historique.

« Sous Dioclétien, dit-il, il n'y avoit guère à Rome que le peuple qui suivît de bonne foi le culte des idoles. Des systèmes philosophiques plus absurdes peut-être que le polythéisme étoient professés publiquement, et l'on jouissoit sur ce point de la liberté la plus absolue, pourvu qu'on rendît un hommage extérieur aux dieux de l'empire. Qui ignore que même longtemps avant cette époque la philosophie athée d'Épicure et de Lucrèce étoit à la mode? Et, pour donner un exemple plus décisif, qui ne se rappelle le discours que César prononça *en plein sénat* lors de la conjuration de Catilina, et dans lequel, niant les dogmes les plus importants pour le maintien de l'ordre social, il dit en propres termes que la mort est la fin de toutes les inquiétudes, au lieu d'être un supplice, et qu'au delà du tombeau il n'y a ni peines ni plaisirs? »

4e. — PAGE 220.

Ce jardin délicieux étoit la stérile Judée.

Ce sont là les plaisanteries de Voltaire sur la Judée. Eudore répond à ces plaisanteries. Je n'ignore pas qu'il eût pu répliquer que la Judée étoit très-fertile; et sans beaucoup de travail j'aurois trouvé les preuves réunies de ce fait dans l'abbé Fleury, et surtout dans le docteur Shemd. Mais, selon moi, une simple observation peut concilier les autorités qui ont l'air de se contredire; car si plusieurs auteurs anciens parlent de la fécondité de la Judée, Strabon dit en toutes lettres qu'on n'étoit point tenté de disputer aux Juifs des rochers déserts. L'Écriture offre sur le même sujet des passages si contradictoires, que saint Jérôme a cru que la fertilité de la Judée devoit s'entendre dans le sens spirituel. La vue des lieux résout sur-le-champ la difficulté. La Judée *proprement dite* étoit certainement un pays sec et ingrat, à l'exception de quelques vallées, telles que celles de Bethléem, d'Engaddi et de Béthanie; mais le *pays des Hébreux* étoit une terre d'abondance. La Galilée au nord; l'Idumée et la plaine de Saron au midi; au levant, les environs de Jéricho, sont des pays excellents. Jérusalem étoit bâtie sur un rocher, dans les montagnes, au centre d'un pays fertile qui la nourrissoit. Voilà la vérité. Pourquoi les législateurs des Juifs placèrent-ils, par l'ordre de Dieu, la cité sainte dans un lieu sauvage? Eudore en donne, *humainement* parlant, la raison principale.

5e. — PAGE 221.

Les chrétiens s'assemblent la nuit, etc.

Les anciens apologistes font mention de ces calomnies. On voit bien que le mystère de l'Eucharistie avoit pu faire naître la fable des repas de chair humaine; mais on ne sait pas ce qui pouvoit avoir donné lieu à l'histoire du chien, des incestes, etc. Fleury remarque judicieusement que les païens, accoutumés aux abominations des fêtes de Flore et de Bacchus, avoient naturellement supposé que les chrétiens se livroient dans leurs assemblées secrètes aux mêmes crimes.

LIVRE XVI.

6ᵉ. — PAGE 222.

Partout où ils se glissent, ils font naître des troubles.

Voilà les véritables armes des sophistes. Ils combattent leurs adversaires en les dénonçant.

7ᵉ. — PAGE 222.

Comme le sabot circule, etc.

Comparaison employée par Virgile et par Tibulle.

8ᵉ. — PAGE 223.

Auguste, César, etc.

Ce début est celui de l'Apologie de saint Justin le philosophe.

9ᵉ. — PAGE 224.

Toutefois, l'effet d'une religion...

On a trouvé cela adroit : cela n'est que juste.

10ᵉ. — PAGE 224.

Nous ne sommes que d'hier...

Beau mot de Tertullien : *Sola relinquimus templa.*

11ᵉ. — PAGE 224.

Tout se borne à savoir, etc.

Eudore va droit au but, parce qu'il parle devant un prince politique qui réduit là toute la question.

12ᵉ. — PAGE 224.

La raison politique de l'établissement.

Voyez ci-dessus, note 4ᵉ.

13ᵉ. — PAGE 225.

Publius, préfet de Rome.

Ce mot sur Publius, jeté en passant, n'est pas inutile. Il amène en scène un personnage déjà nommé dans le quatrième livre, et qui va bientôt jouer un rôle important.

14ᵉ. — PAGE 225.

Lorsqu'une neige éclatante, etc.

L'éloquence d'Ulysse est comparée à des flocons de neige dans l'*Iliade ;* mais la comparaison est d'une tout autre espèce et présentée sous d'autres rapports.

15ᵉ. — PAGE 225.

Une longue suite de prophéties, toutes vérifiées.

Ce sont là les preuves qui manquent ici et que j'avois développées. J'ai été obligé de les retrancher : *non erat hic locus.*

16ᵉ. — PAGE 225.

Plusieurs empereurs romains, etc.

Voyez la note 2ᵉ de ce livre. La lettre de Pline le jeune à Trajan en faveur des chrétiens est bien connue ; elle fait partie des notes du *Génie du Christianisme.*

17ᵉ. — PAGE 226.

Mais auparavant venez reprendre dans nos hôpitaux, etc.

Les chrétiens avoient déjà des hôpitaux, et l'argent des agapes servoit à secourir les pauvres. L'Église prenoit les pauvres sous sa protection : témoin l'histoire de saint Laurent, que j'ai attribuée à Marcellin. Galérius, dans ce moment même, faisoit noyer les pauvres pour s'en délivrer. On reviendra là-dessus.

18ᵉ. — PAGE 226.

Elles croient peut-être qu'ils sont tombés dans ces lieux infâmes, etc.

On mettoit les enfants trouvés dans des lieux de prostitution. *Voyez* l'Apologie de saint Justin.

19ᵉ. — PAGE 226.

Princes, que ne m'est-il permis, etc.

Voilà précisément où Hiéroclès attendoit Eudore. Il savoit qu'un chrétien étoit obligé de garder le secret sur ces mystères, et que ce raisonnement se présentoit à l'esprit : « Vos mystères sont des abominations. Vous le niez ; mais vous ne voulez pas expliquer ces mystères : donc vos mystères sont des crimes. » Eudore a été obligé de se défendre par des arguments *a posteriori*, ce qui donne prise à son adversaire. La seconde attaque, à laquelle Eudore ne pouvoit manquer de succomber, étoit celle qui se tiroit du sacrifice à l'empereur. Aussi Hiéroclès ne l'a pas oubliée, bien sûr qu'Eudore refuseroit nettement ce sacrifice. Au fait, c'étoit là que gisoit le mal, et ce qui, en dernier résultat, servoit de prétexte pour égorger les chrétiens.

20ᵉ. — PAGE 227.

Ce Dieu, je le sens, pourroit seul me sauver.

Sorte de prophétie qui remet sous les yeux un des plus grands traits de l'histoire ecclésiastique : saint Léon arrêtant Attila aux portes de Rome.

21ᵉ. — PAGE 227.

Ils n'ont pas même fait entendre le plus léger murmure.

Cette raison est sans réplique, et les apologistes l'ont employée.

22ᵉ. — PAGE 227.

Bien que j'aie quelque raison de regretter à présent la vie.

Seul trait par lequel j'ai rappelé, dans ce livre, l'action fondée sur l'amour d'Eudore et de Cymodocée.

23ᵉ. — PAGE 228.

Dieu se servoit de l'éloquence chrétienne, etc.

Eudore et les anges de lumière ne peuvent pas réussir à empêcher la persécution des chrétiens; mais ils sèment les germes de la foi dans le sénat romain, et préparent ainsi le triomphe futur de la religion. Leurs efforts ne sont donc point inutiles.

24ᵉ. — PAGE 228.

Hiéroclès, reprenant son audace, etc.

Voyez la note 19ᵉ.

25ᵉ. — PAGE 229.

Tout à coup le bouclier de Romulus, etc.

>   Celsam subeuntibus arcem
> In gradibus summi delapsus culmine templi,
> Arcados Evippi spolium, cadit æneus orbis.
>   (Stat.)

26ᵉ. — PAGE 229.

Si la sibylle de Cumes, etc.

Cela est historique. Après la délibération de son conseil, Dioclétien voulut encore avoir l'avis des dieux. Il fit consulter l'oracle. La réponse fut à peu près telle qu'on la verra dans le livre suivant.

LIVRE DIX-SEPTIÈME.

1ʳᵉ REMARQUE. — PAGE 230.

Terre où règnent un souffle divin et des génies amis des hommes.

PLATON, *in Republ.*

2ᵉ. — PAGE 230.

Qui me donnera des ailes, etc.

Οἰκείων δ' ὑπερ θαλάμων
Πτέρυγας ἐν νώτοις ἀμοῖς
Λήξαιμι θοάζουσα,
Χοροῖς δὲ σταίην ὅθι καὶ
Παρθένος εὐδοκίμων γάμων
Παρὰ πόδ' εἱλίσσουσα φίλας
Ματρὸς ἡλίκων θιάσους,
Ἐς ἁμίλλας χαρίτων
Χαίτας ἁβροπλούτοιο
Ἐς ἔριν ὀρνυμένα, πολυποίκιλα
Φάρεα καὶ πλοκά-
μους περιβαλλομένα,
Γένυσιν ἐσκίαζον.

(EURIP., *in Iph Taur.*)

Ἢ ῥοθίοις ἐλατίνοις
Δικρότοισι κώπαις
Ἔπλευσαν ἐπὶ πόντια κύματα
Νάϊον ὄχημα
Λινοπόροις αὔραις,
Φιλόπλουτον ἅμιλλαν
Αὔξοντες μελάθροισιν;
. . . .
. . . .
Παράλιον αἰγιαλὸν

LIVRE XVII.

Ἐπ' Ἀμφιτρίτας ῥοθίῳ
Δραμόντες; ὅπου πεντήκοντα κοράν
Τῶν Νηρῄδων χοροί
Μέλπουσιν, etc.

(EURIP., *in Iph. Taur.*)

3ᵉ. — PAGE 230.

Déjà Sunium.

En sortant d'Athènes, je me rendis à un village nommé Keratria, situé au pied du mont Laurium, où les Athéniens avoient leurs mines d'argent. Nous allumâmes des feux sur la montagne, pour appeler un bateau de l'île de Zéa, autrefois Ceos, patrie de Simonide. Ce fut inutilement. La fièvre que j'avois prise dans le marais de Lerne redoubla, et je passai huit jours dans le village de Keratria, ne sachant si je pourrois aller plus loin. M. Fauvel m'avoit donné pour me conduire un Grec, qui, me voyant ainsi arrêté, retourna à Athènes, loua une barque au Pirée, et vint me prendre sur la côte dans une anse, à trois lieues de Keratria. Nous arrivâmes au coucher du soleil au cap Sunium. Je me fis mettre à terre, et je passai la nuit assis au pied des colonnes du temple. Le spectacle étoit tel que je le peins ici. Le plus beau ciel, la plus belle mer, un air embaumé, les îles de l'Archipel sous les yeux, des ruines enchantées autour de moi, le souvenir de Platon, etc., ce sont là de ces choses que le voyageur ne trouve que dans la Grèce.

4ᵉ. — PAGE 230.

Prête à descendre avec Pâris, etc.

Voyez l'*Iliade*.

5ᵉ. — PAGE 231.

La veillée des fêtes de Vénus, etc.

Consultez ce que j'ai dit au sujet de cet hymne et de la méprise des critiques sur la nature de mes imitations. Ce n'est point du tout ici le *Pervigilium Veneris* attribué à Catulle.

6ᵉ. — PAGE 231.

Qu'il aime demain, etc.

Cras amet qui nunquam amavit;
Quique amavit, cras amet.   (PERGIVIL.)

7ᵉ. — PAGE 231.

Ame de l'univers, etc.

> Hominum divumque voluptas,
> Alma Venus !
> Te, Dea, te fugiunt venti, te nubila cœli,
> Adventumque tuum...
> Tibi rident æquora ponti.
> (Lucret.)

8ᵉ. — PAGE 231.

C'est Vénus qui place sur le sein de la jeune fille, etc.

> Ipsa jussit mane ut udæ
> Virgines nubant rosæ,
> Fusæ aprugno de cruore,
> Atque Amoris osculis.
> . . . .
> Totus est armatus idem
> Quando nudus est Amor.
> (Pervigil.)

9ᵉ. — PAGE 231.

Le fils de Cythérée naquit dans les champs, etc.

> Ipse Amor puer Diones
> Rure natus dicitur.
> . . . .
> Ipse florum delicatis
> Educavit osculis.
> (Pervigil.)

> Omnis natura animantum
> Te sequitur cupide, quocumque inducere pergis, etc.
> (Lucret.)

> Avia tum resonant avibus virgulta canoris,
> Et venerem certis repetunt armenta diebus, etc.
> (Virg., *Georg.*)

10ᵉ. — PAGE 231.

Ile heureuse, etc.

Cette strophe entière est de moi : j'ai inventé la fiction des Grâces qui dérobent le fuseau aux Parques ; on ne s'en est pas aperçu, tant on connoît bien aujourd'hui l'antiquité !

LIVRE XVII.

11ᵉ. — PAGE 232.

Se réunissent à une troupe de pèlerins, etc.

Il n'y a point ici d'anachronisme. Les pèlerinages à Jérusalem remontent jusqu'aux premiers siècles de l'Église. Saint Jérôme, qui nous a laissé, après Eusèbe, la description des Lieux Saints, dit que de son temps il venoit à Jérusalem des pèlerins de toutes les parties du monde. Une autre circonstance heureuse, c'est que j'aie pu et que j'aie dû peindre dans *les Martyrs* Jérusalem en ruines, telle que je l'ai vue. A l'époque de la persécution de Dioclétien, le nom même de Jérusalem étoit si totalement oublié, qu'un martyr ayant répondu à un gouverneur romain qu'il étoit de Jérusalem, celui-ci crut que le martyr parloit de quelque ville factieuse bâtie secrètement par les chrétiens. Jérusalem s'appeloit alors Ælia, du nom d'Aurélien, qui avoit rétabli quelques maisons sur les immenses ruines entassées par Titus. Enfin, il n'y a point de contradiction quand je présente de beaux édifices s'élevant à la voix d'Hélène au milieu des débris : d'un côté, le désert et le silence; de l'autre, la population et le bruit. Selon l'histoire, la pieuse mère de Constantin fit bâtir ces grands monuments à Jérusalem, parce qu'elle fut saisie de douleur à la vue *du délaissement et de la pauvreté des Lieux Saints*. On voit encore aujourd'hui à Jérusalem des églises très-riches, une grande foule à quelques époques de l'année, et partout ailleurs, et dans tout autre temps, la désolation et la mort. Au reste, comme Cymodocée suit exactement et avec beaucoup de détail mon *Itinéraire*, je n'ai presque rien à ajouter au texte : je ne ferois que me répéter.

12ᵉ. — PAGE 233.

Le guide s'écrie : Jérusalem !

Il faut voir comment les chroniqueurs contemporains ont parlé de l'arrivée des croisés à Jérusalem :

« O bone Jesu! ut castra tua viderunt, hujus terrenæ *Jerusalem* muros, quantos exitus aquarum oculi eorum deduxerunt! et mox terræ procumbentes sonitu oris et nutu inclinati corporis sanctum sepulchrum tuum salutaverunt; et te qui in eo jacuisti, ut sedentem in dextera Patris, ut venturum judicem omnium, adoraverunt. (Bob., *Monach.*, lib. IX.)

« Ubi vero ad locum ventum est, unde ipsam turritam *Jerusalem* possent admirari, quis quam multas ediderint lacrymas digno recenseat? Quis affectus illos convenienter exprimat? Extorquebat gaudium suspiria, et singultus generabat immensa lætitia. Omnes, visa *Jerusalem*, substiterunt, et adoraverunt, et, flexo poplite, terram sanctam deosculati sunt : omnes nudis pedibus ambularent, nisi metus hostilis eos armatos incedere debere præciperet. Ibant, et flebant; et qui orandi gratia convenerant, pugnaturi prius pro peris arma deferebant. Fleverunt igitur super illam, super quam et Christus illorum fleverat : et mirum in modum, super quam flebant, feria tertia, octavo idus junii, obsederunt. Obsederunt, inquam, non tanquam novercam privigni, sed quasi matrem filii. » (BALDRIC., *Histor. Jeros.*, lib. IV.)

Le Tasse a imité ce passage, ainsi que moi :

> Ecco apparir Gerusalem si vede ;
> Ecco additar Gerusalem si scorge ;
> Ecco da mille voci unitamente
> Gerusalemme salutar si sente, etc., etc.

Les strophes qui suivent sont admirables :

> Al gran piacer che quella prima vista
> Dolcemente spiro nell' altrui petto,
> Alta contrizion successe, etc.

Mais je suis fâché qu'il ait manqué le *non tanquam novercam privigni, sed quasi matrem filii*. Moi qui n'ai peint qu'une caravane paisible, je n'ai pu faire usage de ce beau trait.

13e. — PAGE 233.

Entre la vallée du Jourdain, etc.

Quelques lecteurs se rappelleront peut-être d'avoir vu une partie de cette description dans un article du *Mercure de France* (août 1807).

14e. — PAGE 235.

Le bois consacré à Vénus.

Eusèbe, dans la *Vie de Constantin,* dit que c'étoit un temple, et qu'il fut démoli par ordre de ce prince.

15e. — PAGE 235.

La vraie croix étoit retrouvée.

Sainte Hélène, comme on sait, retrouva la vraie croix au bas du Calvaire. On a bâti dans cet endroit une espèce d'église souterraine, qui se réunit à l'église du Saint-Sépulcre et à celle du Calvaire.

16e. — PAGE 235.

Hélène avoit fait enfermer le Sépulcre, etc.

C'est la description exacte de l'église du Saint-Sépulcre telle qu'elle existoit lorsque je l'ai vue. Eusèbe nous a laissé de longs détails sur l'église que Constantin ou plutôt sa mère fit bâtir sur le saint tombeau ; mais j'ai mieux aimé peindre ce que j'avais examiné de mes propres yeux. Je ne puis m'empêcher de remarquer que j'ai été une espèce de prophète en racontant l'incendie de l'église du Saint-Sépulcre dans *Les Martyrs*. Les papiers publics nous ont appris que cette église avoit été détruite de fond en comble par un semblable accident, à l'exception du tombeau de Jésus-Christ. Plusieurs personnes m'ont fait l'honneur de m'écrire pour me demander ce que je pensois de ce miracle. Tout ce que je puis dire, c'est que la description de l'église, telle qu'on l'a donnée dans les journaux, est d'une grande fidélité. Le Saint-Sépulcre, environné d'un catafalque de marbre blanc, a pu, à la rigueur, résister à l'action du feu ; mais il est pourtant très-extraordinaire qu'il n'ait pas été écrasé par la chute de la coupole embrasée, et qu'en même temps la chapelle des Arméniens, adossée au catafalque, ait été brûlée. Si un pareil malheur étoit arrivé il y a un siècle, la chrétienté se seroit réunie pour faire rebâtir l'église ; mais aujourd'hui j'ai bien peur que le tombeau de Jésus-Christ ne reste exposé aux injures de l'air, à moins toutefois que de pauvres esclaves schismatiques, des Grecs, des Cophtes et des Arméniens, ne se cotisent, à la honte des nations catholiques, pour réparer un tel malheur.

17e. — PAGE 235.

On voyoit la ville sainte, etc.

C'est la *Jérusalem délivrée*, gravée sur les portes de l'église du Saint-Sépulcre. J'ai ramené dans ce morceau le souvenir de la patrie, et j'ai essayé de traduire les fameux vers :

> Chiama gli abitator dell' ombre eterne
> Il rauco suon della Tartarea tromba, etc.

« Le bruit d'abîme en abîme roule et retombe : » *Romor rimbomba*.

18e. — PAGE 236.

Elle étoit vêtue d'une robe de bysse, etc.

Il est souvent parlé du bysse dans l'Écriture. C'étoit une étoffe légère, de couleur jaune. Les grenades d'or, les bandelettes de cinq couleurs, les croissants, etc., sont des parures marquées dans les prophètes. Je ne pouvois, au surplus, manquer de peindre la semaine sainte à Jérusalem. La sévérité, la grandeur de cette fête chrétienne forment contraste avec la dissolution des fêtes d'Amathonte. Il y a bien loin du chameau de l'Arabe, des souvenirs de Rachel et de Jacob, des lamentations de Jérémie, aux cérémonies des druides, aux chants de Teutatès, aux tragédies de Sophocle à Athènes, et aux danses de l'île de Chypre. Mais tel est, si je ne me trompe, l'avantage de mon sujet, de pouvoir faire passer sous les yeux du lecteur le spectacle choisi de ce qu'il y a de plus curieux, de plus agréable et de plus grand dans l'antiquité.

19ᵉ. — PAGE 236.

Comment la ville autrefois pleine de peuple, etc.

« Quomodo sedet sola civitas plena populo ?... Quomodo obscuratum est aurum, mutatus est color optimus ? Dispersi sunt lapides sanctuarii... Facta est quasi vidua domina gentium... Viæ Sion lugent... Omnes portæ ejus destructæ. Sacerdotes ejus gementes ; virgines ejus squalidæ. » (JEREM., *Lament.*) Certes, ce cantique de Jérémie n'a à redouter aucune comparaison des plus beaux morceaux d'Homère et de Virgile.

20ᵉ. — PAGE 236.

Et tes ennemis plantèrent leur tente, etc.

Seul trait qui ne soit pas de Jérémie. J'ai profité de la belle remarque de Baronius. Il observe que Titus établit une partie de son camp sur le mont des Oliviers, à l'endroit même où Jésus-Christ pleura sur la cité coupable et prédit sa ruine. J'ajouterai que la première attaque sérieuse des Romains eut lieu de ce côté.

21ᵉ. — PAGE 237.

Sur un mode pathétique, transmis aux chrétiens, etc.

J'ai dit dans le *Génie du Christianisme* que le chant des Lamentations de Jérémie me paroissoit hébreu d'origine.

22ᵉ. — PAGE 237.

La Voie douloureuse.

J'ai parcouru trois fois la *via Dolorosa*, pour en conserver scrupuleusement la mémoire. Il n'y a pas un coin de Jérusalem que je ne connoisse comme les rues de Paris. Je réponds de la vérité de tout ce tableau.

23ᵉ. — PAGE 237.

On sort par la porte de Bethléem, etc.

Je faisois tous les matins, en sortant du couvent de Saint-Sauveur, la route tracée dans cette page. J'ai constamment achevé le tour de Jérusalem à pied dans cinq quarts d'heure, en passant sous le temple et revenant par la grotte de Jérémie. C'est auprès de cette grotte que se trouve le beau tombeau d'une reine du nom d'Hélène, dont parlent Pausanias et presque tous les voyageurs aux Saints Lieux. Quant au torrent de Cédron, il roule ordinairement vers

Pâques une eau rougie par les sables de la montagne des Oliviers et du mont Moria. Lorsque j'ai vu ce torrent, il étoit à sec. Il y a encore neuf à dix gros oliviers dans le jardin de ce nom. Ce jardin appartient au couvent de Saint-Sauveur. On sait que l'olivier est presque immortel, parce qu'il renaît de sa souche. On peut donc très-bien croire, comme on l'affirme à Jérusalem, que ces oliviers sont du temps de Jésus-Christ.

24ᵉ. — PAGE 238.

Plus loin l'Homme-Dieu dit aux femmes, etc.

La tradition, à Jérusalem, a conservé beaucoup de circonstances de la Passion qui ne sont point dans l'Évangile. On montre, par exemple, l'endroit où Marie rencontra Jésus chargé de la croix. Chassée par les gardes, elle prit une autre route, et se retrouva plus loin sur les pas du Sauveur. La foi ne s'oppose point à ces traditions, qui montrent à quel point cette merveilleuse et sublime histoire s'est gravée dans la mémoire des hommes. Dix-huit siècles écoulés, des persécutions sans fin, des révolutions éternelles, des ruines entassées et toujours croissantes, n'ont pu effacer ou cacher la trace de cette divine Mère qui pleuroit sur son fils.

25ᵉ. — PAGE 238.

O fils, ô filles de Sion!

Encore un simple chant de l'Église, rappelé au milieu des beautés des plus grands poëtes. Forme-t-il une si grande disparate? et n'est-il pas simple, noble et poétique?

26ᵉ. — PAGE 238.

Déjà s'avance vers Jérusalem, etc.

J'ai déjà fait observer que l'action faisoit un pas à chaque livre. On ne peut donc pas se plaindre des descriptions, puisqu'elles n'interrompent jamais la narration.

27ᵉ. — PAGE 239.

Il découvre avec complaisance le lac Averne, etc.

Nous voici revenus à Virgile; et après avoir entendu le prophète du vrai Dieu, nous allons voir la prophétesse du démon.

28ᵉ. — PAGE 239.

Les remords, couchés sur un lit de fer, etc.

> Vestibulum ante ipsum, primisque in faucibus Orci,
> Luctus et ultrices posuere cubilia Curæ,

> Pallentesque habitant Morbi, tristisque Senectus,
> Et Metus, et malesuada Fames, ac turpis Egestas,
> Terribiles visu formæ ; Letumque, Laborque ;
> Tum consanguineus Leti Sopor, et mala mentis
> Gaudia, mortiferumque adverso in limine Bellum,
> Ferreique Eumenidum thalami, et Discordia demens,
> Vipereum crinem vittis innexa cruentis.
>
> (Virg., *Æneid.*, vi, v. 273.)

J'ai pris à Malherbe la rude et naïve traduction de ce dernier vers :

> La Discorde aux crins de couleuvres.

29e. — PAGE 239.

Consacra... ses ailes.

> Redditus his primum terris, tibi, Phœbe, sacravit
> Remigium alarum. (*Æneid.*, vi, v. 18.)

30e. — PAGE 239.

Quatre taureaux, etc.

> Quattuor hic primum nigrantes terga juvencos
> Constituit. . . . . .
> Voce vocans Hecaten, Cœloque Ereboque potentem.
> . . . . . Ipse atri velleris agnam
> Æneas matri Eumenidum, magnæque sorori
> Ense ferit. . . . . .
> Tum Stygio regi nocturnas inchoat aras.
>
> (*Æneid.*, vi, v. 243 et seq.)

31e. — PAGE 239.

Il est temps, etc.

> Poscere fata
> Tempus, ait : Deus, ecce deus.
>
> (*Æneid.*, vi, v. 45.)

32e. — PAGE 239.

Les traits de la sibylle s'altèrent, etc.

> . . . . Cui talia fanti
> Ante fores, subito non vultus, non color unus,
> Non comptæ mansere comæ ; sed pectus anhelum,
> Et rabie fera corda tument, majorque videri,
> Nec mortale sonans.
>
> (*Æneid.*, vi, v. 46.)

LIVRE XVII.

33ᵉ. — PAGE 240.

La prêtresse se lève trois fois, etc.

On voit comme j'ai changé la scène de Virgile : c'est ici une sibylle muette, au lieu d'une sibylle qui déclare l'oracle.

LIVRE DIX-HUITIÈME.

1ʳᵉ REMARQUE. — PAGE 242.

Auguste vient de se priver, etc.

Ce projet d'Hiéroclès, mis en avant dès le début de l'ouvrage, pour favoriser l'ambition de Galérius, a été constamment rappelé et poursuivi : le voilà exécuté ; on en va voir les suites.

2ᵉ. — PAGE 242.

Représentez au vieillard, etc.

C'est en effet le motif apparent que Galérius employa pour engager Dioclétien à abdiquer. Je suppose ici que c'est Hiéroclès qui inspire Galérius.

3ᵉ. — PAGE 242.

Publius, qui, rival de la faveur de l'apostat, etc.

Publius commence à revenir plus souvent en scène ; il ne tardera pas à jouer un rôle important pour la punition d'Hiéroclès.

4ᵉ. — PAGE 242.

Tout à coup on annonce Galérius.

Je n'ai pas suivi fidèlement l'histoire pour l'entrevue de Galérius et de Dioclétien. Dans cette fameuse discussion, Dioclétien se montre pusillanime ; il pleure, il ne veut pas abdiquer, il supplie, il cède par peur. Alors Dioclétien cesse d'avoir le caractère propre à l'épopée ; car il est avili aux yeux du lecteur. Ainsi, au lieu de m'attacher scrupuleusement à la vérité, je n'ai fait obéir Dioclétien qu'à la volonté du ciel, et à une voix fatale qui s'élève au fond de sa conscience. Cette idée est, je pense, plus conforme à la nature de mon ouvrage ; mais j'avoue que j'ai eu quelque peine à faire le persécuteur des chrétiens plus grand que l'histoire ne le représente.

5ᵉ. — PAGE 242.

Toujours César!

Galérius, selon l'histoire, fit cette exclamation en recevant une lettre de Dioclétien, avec la suscription : *Cœsari*.

6ᵉ. — PAGE 242.

Et les chrétiens ont eu l'insolence de le déchirer.

En effet, un chrétien arracha l'édit de persécution affiché à Nicomédie, et souffrit le martyre pour cette action. Tous les évêques, en louant son courage, blâmèrent l'indiscrétion de son zèle.

7ᵉ. — PAGE 243.

Je rétablirai les frumentaires.

Sorte de délateurs ou d'espions publics que Dioclétien avoit supprimés.

8ᵉ. — PAGE 243.

Ainsi, repartit Dioclétien.

On disoit à Dioclétien que Carinus avoit donné de belles fêtes au peuple : il fit la réponse que l'on voit ici.

9ᵉ. — PAGE 244.

Vous ne mourrez point sans être la victime, etc.

Maximin Daïa et Maxence, l'un neveu, et l'autre gendre de Galérius, se révoltèrent contre lui.

10ᵉ. — PAGE 244.

L'édit, publié, etc.

Il étoit tel qu'on le rapporte dans le texte: (Voyez LACTANCE et EUSÈBE.)

11ᵉ. — PAGE 244.

Laurent, de l'Église romaine, etc.

On a déjà parlé de saint Laurent. Saint Vincent étoit de Saragosse. Après avoir subi plusieurs tourments, il fut replongé dans les cachots, où les anges vinrent l'entretenir et guérir ses plaies. Il fut ensuite décapité. Eulalie,

LIVRE XVIII.

vierge et martyre, de Merida, en Portugal; lorsqu'elle rendit le dernier soupir, on vit une colombe blanche sortir de sa bouche. Pélagie d'Antioche étoit d'une grande beauté, ainsi que sa mère et ses sœurs. Arrêtées par des soldats, et craignant qu'on n'attentât à leur pudeur, elles se retirèrent à l'écart, sous quelque prétexte, et se jetèrent dans l'Oronte, où elles se noyèrent en se tenant embrassées. On attribue ce martyre volontaire à une inspiration particulière du Saint-Esprit. Félicité et Perpétue ont déjà été nommées dans le livre du *Ciel;* elles reparaîtront à la fin de l'ouvrage. Quant à Théodore et aux sept vierges d'Ancyre, la tragédie de Corneille les a fait connoître à ceux qui ne lisent point la vie de nos saints. L'histoire charmante de deux jeunes époux qui se trouvèrent dans le même tombeau est postérieure à l'époque de mon action; j'ai cru pouvoir la rappeler. On la trouve dans Sidoine Apollinaire.

12ᵉ. — PAGE 245.

Les prêtres renfermoient le viatique, etc.

On voit encore quelques-unes de ces boîtes au musée Clémentin, à Rome, avec les instruments qui servoient à tourmenter les martyrs : les poids pour les pieds, les ongles de fer, les martinets, etc.

13ᵉ. — PAGE 245.

On nommoit les diacres, etc.

Ces préparations à la persécution sont conformes à la vérité historique. La charité de l'Église a toujours surabondé où les maux surabondent; la grâce de Jésus-Christ défie toutes les douleurs humaines.

14ᵉ. — PAGE 245.

Ce prince habitoit, etc.

Il n'y a guère de lieux célèbres dans la Grèce et dans l'Italie qui ne soient peints dans *Les Martyrs*. Je renvoie pour Tivoli à ma lettre à M. de Fontanes, déjà citée dans ces notes.

15ᵉ. — PAGE 245.

Vous ne serez point appelé au partage, etc.

Eudore s'étoit *fait mieux instruire*, et sans doute il avoit appris la résolution de Dioclétien par des voies certaines : le palais de l'empereur étoit rempli de chrétiens; Valérie et Prisca même, fille et femme de Dioclétien, étoient chrétiennes.

16ᵉ. — PAGE 246.

Vous aurez soin, à chaque mansion, de faire mutiler, etc.

J'ai dit, dans une note sur la carte de Peutinger (liv. VI), que les mansions étoient les relais des postes. Lorsque Constantin s'échappa de la cour de Galérius, il fit couper les jarrets des chevaux qu'il laissoit derrière lui, afin de n'être pas poursuivi.

17ᵉ. — PAGE 246.

Tel, dans les déserts de l'Arabie, etc.

J'ai mis ici en comparaison la description du cheval arabe que l'on a vue dans mon *Itinéraire*. Le dernier trait : « Il écume, etc., » est du passage de Job sur le cheval.

18ᵉ. — PAGE 247.

Les tombes de Symphorose, etc.

On sait qu'Horace vécut, et mourut peut-être, à Tibur; mais peu de personnes savent que ce riant Tibur fut immortalisé par les cendres d'une martyre chrétienne. Symphorose, de Tibur, avoit sept enfants. Sous le règne d'Adrien, elle refusa, ainsi que ses sept fils, de sacrifier aux faux dieux. Ces nouveaux Machabées subirent le martyre; ils furent enterrés au bord de l'Anio, près du temple d'Hercule.

19ᵉ. — PAGE 248.

S'élevoit un tribunal de gazon, etc.

L'appareil de cette scène est tel dans l'histoire, mais la scène est placée à Nicomédie.

20ᵉ. — PAGE 249.

Force ce nouveau David, etc.

David, contraint de se retirer devant Saül, se cacha dans le désert de Zéila. (*Écriture.*)

21ᵉ. — PAGE 249.

Constantin disparoît.

L'ordre des temps n'est pas tout à fait suivi : Constantin ne s'échappa de la cour de Galérius que longtemps après l'abdication de Dioclétien.

LIVRE XVIII.

22ᵉ. — PAGE 249.

Des dragons semblables, etc.

Si l'on en croit Plutarque et Lucain, Caton d'Utique trouva sur les bords de la Bagrada, en Afrique, un serpent si monstrueux, que l'on fut obligé d'employer pour le tuer les machines de guerre.

23ᵉ. — PAGE 249.

Des monstres inconnus, etc.

Les anciens disoient que l'Afrique enfantoit tous les ans un monstre nouveau.

24ᵉ. — PAGE 250.

La persécution s'étend dans un moment, etc.

Tout ce qui suit dans le texte est un abrégé exact et fidèle des passages que je vais citer. La vérité est ici bien au-dessus de la fiction. Je me servirai des traductions connues, afin que tous les lecteurs puissent voir que je n'ai pas inventé un seul mot.

Extrait d'Eusèbe. — « Un grand nombre (de chrétiens) furent condamnés à mourir, les uns par le feu et les autres par le fer. On dit que cet arrêt n'eut pas été sitôt prononcé, qu'on vit une quantité incroyable d'hommes et de femmes se jeter dans le bûcher avec une joie et une promptitude non pareilles. Il y eut aussi une multitude presque innombrable de chrétiens qui furent liés dans les barques et jetés au fond de la mer... Les prisons, qui ne servoient autrefois qu'à renfermer ceux qui avoient commis des meurtres ou violé la sainteté des tombeaux, furent remplies d'une multitude incroyable de personnes innocentes, d'évêques, de prêtres, de diacres, de lecteurs, d'exorcistes; de sorte qu'il n'y restoit plus de place où l'on pût mettre les coupables... Quelqu'un peut-il voir sans admiration la constance invincible avec laquelle ces généreux défenseurs de la religion chrétienne souffrirent les coups de fouet, la rage des bêtes accoutumées à sucer le sang humain, l'impétuosité des léopards, des ours, des sangliers et des taureaux, que les païens irritoient contre eux avec des fers chauds?... Une quantité presque innombrable d'hommes, de femmes et d'enfants, méprisèrent cette vie mortelle pour la défense de la doctrine du Sauveur. Les uns furent brûlés vifs et les autres jetés dans la mer, après avoir été déchirés avec des ongles de fer et avoir souffert toutes sortes d'autres supplices. D'autres présentèrent avec joie leur tête aux bourreaux pour être coupée; quelques-uns moururent au milieu des tourments; quelques-uns furent consumés par la faim; quelques-uns furent attachés en croix, soit en la posture où l'on y attache d'ordinaire les criminels, ou la tête en bas, et percés avec des clous, et y demeurèrent jusqu'à ce qu'ils mourussent de faim... Les historiens n'ont point de paroles qui puissent exprimer la violence des douleurs et la cruauté des supplices que les martyrs souffrirent dans la Thébaïde. Quelques-uns furent déchirés jusqu'à la mort par tout le corps avec des têts de pots cassés, au lieu d'ongles de fer. Des femmes furent attachées par un pied, élevées en l'air avec des machines, la tête en bas, et exposées alors avec autant d'inhumanité que d'infamie. Des hommes furent attachés par les jambes à des branches d'arbres que l'on avoit courbées avec des machines, et écartelés lorsque ces branches, étant lâchées, reprirent leur situation naturelle. Ces violences-là furent exercées l'espace de plusieurs années, durant lesquelles on faisoit mourir chaque jour, par divers supplices, tantôt dix personnes, tant hommes que femmes et enfants, tantôt vingt, tantôt trente, tantôt soixante, et quelquefois même jusqu'à cent. Étant sur les lieux, j'en ai vu exécuter à mort un grand nombre dans un même jour, dont les uns avoient la tête tranchée, les autres étoient brûlés vifs. La pointe des épées étoit émoussée à force de tuer, et les bourreaux, las de tourmenter les martyrs, se relevoient tour à tour. J'ai été témoin de la généreuse ardeur et de la noble impatience de ces fidèles... Il n'y a point de discours qui soit capable d'exprimer la générosité et la constance qu'ils ont fait paroître au milieu des supplices. Comme il n'y avoit personne à qui il ne fût permis de les outrager, les uns les battoient avec des bâtons, les autres avec des baguettes, les autres avec des fouets, les autres avec des lanières de cuir, et les autres avec des cordes, chacun choisissant, selon ce qu'il avoit de malice, un instrument particulier pour les tourmenter. On en attacha quelques-uns à des colonnes, les mains liées derrière le dos, et ensuite on leur étendit les membres avec des machines. On les déchira après cela avec des ongles de fer, non-seulement par les côtés, comme l'on a accoutumé de déchirer ceux qui ont commis un meurtre, mais aussi par le ventre, par les cuisses et par le visage. On en suspendoit quelques-uns par la main, au haut d'une galerie, de sorte que la violence avec laquelle leurs nerfs étoient tendus leur étoit plus sensible qu'aucun autre supplice n'auroit pu être. On les attachoit quelquefois à des colonnes, vis-à-vis les uns des autres, sans que leurs pieds touchassent à terre; tellement que la pesanteur de leur corps serroit extrêmement les liens par où ils étoient attachés. Ils étoient dans cette posture contrainte non-seulement pendant que le juge leur parloit ou qu'il les interrogeoit, mais presque durant tout le jour.

« ... Les uns eurent les membres coupés avec des haches, comme en Arabie; les autres eurent les cuisses coupées, comme en Cappadoce; les autres furent pendus par les pieds et étouffés à petit feu, comme en Mésopotamie; les autres eurent le nez, les oreilles, les mains et les autres parties du corps coupés, comme à Alexandrie. » (Voyez Eusèbe, chap. VI, VII, VIII, IX, X, XI et XII, liv. VIII.)

Extrait de Lactance, de la Mort des Persécuteurs. — « Parlerai-je des jeux et des divertissements de Galère? Il avoit fait venir de toutes parts des ours d'une grandeur prodigieuse et d'une férocité pareille à la sienne. Lorsqu'il vouloit s'amuser, il faisoit apporter quelques-uns de ces animaux, qui avoient chacun leur nom, et leur donnoit des hommes plutôt à engloutir qu'à dévorer ; et quand il voyoit déchirer les membres de ces malheureux, il se mettoit à rire. Sa table étoit toujours abreuvée de sang humain: Le feu étoit le supplice de ceux qui n'étoient pas constitués en dignité. Non-seulement il y avoit condamné les chrétiens, il avoit de plus ordonné qu'ils seroient brûlés lentement. Lorsqu'ils étoient au poteau, on leur mettoit un feu modéré sous la plante des pieds, et on l'y laissoit jusqu'à ce qu'elle fût détachée des os. On appliquoit ensuite des torches ardentes sur tous leurs membres, afin qu'il n'y eût aucune partie de leur corps qui n'eût son supplice particulier. Durant cette effroyable torture, on leur jetoit de l'eau sur le visage et on leur en faisoit boire, de peur que l'ardeur de la fièvre ne hâtât leur mort, qui pourtant ne pouvoit être différée longtemps, car quand le feu avoit consumé toute leur chair, il pénétroit jusqu'au fond de leurs entrailles. Alors on les jetoit dans un grand brasier, pour achever de brûler ce qui restoit encore de leur corps. Enfin, on réduisoit leurs os en poudre et on les jetoit dans la rivière ou dans la mer.

« Mais le cens qu'on exigea des provinces et des villes causa une désolation générale[1]. Les commis, répandus partout, faisoient les recherches les plus rigoureuses ; c'étoit l'image affreuse de la guerre et de la captivité. On mesuroit les terres, on comptoit les vignes et les arbres, on tenoit registre des animaux de toutes espèces, on prenoit les noms de chaque individu : on ne faisoit nulle distinction des bourgeois et des paysans. Chacun accouroit avec ses enfants et ses esclaves; on entendoit résonner les coups de fouet; on forçoit, par la violence des supplices, les enfants à déposer contre leur père, les esclaves contre leur maître, les femmes contre leur mari. Si les preuves manquoient, on donnoit la question aux pères, aux maris, aux maîtres, pour les faire déposer contre eux-mêmes; et quand la douleur avoit arraché quelque aveu de leur bouche, cet aveu étoit réputé contenir la vérité. Ni l'âge ni la maladie ne servoient d'excuse : on faisoit apporter les infirmes et les malades; on fixoit l'âge de tout le monde; on donnoit des années aux enfants, on en ôtoit aux vieillards : ce n'étoit partout que gémissements, que larmes. Le joug que le droit de la guerre avoit fait imposer aux peuples vaincus par les Romains, Galère voulut l'imposer aux Romains mêmes; peut-être fut-ce parce que Trajan avoit puni par l'imposition du cens les révoltes fréquentes des Daces, dont Galère étoit descendu. On payoit de plus une taxe par tête, et la liberté de respirer s'achetoit à prix d'argent. Mais on ne se fioit pas toujours aux mêmes commissaires : on en envoyoit d'autres, dans l'espérance qu'ils feroient de nouvelles découvertes. Au reste, qu'ils en eussent fait ou non, ils doubloient toujours les taxes, pour montrer qu'on avoit eu raison de les employer. Cependant les animaux périssoient, les hommes mouroient : le fisc n'y perdoit rien, on payoit pour ce qui ne vivoit plus, en sorte qu'on ne pouvoit ni vivre ni mourir gratuitement. Les men-

---

1. Le cens étoit une imposition sur les personnes, sur les bêtes, sur les terres labourables, sur les vignes et les arbres fruitiers.

diants étoient les seuls que le malheur de leur condition mît à l'abri de ces violences : ce monstre parut en avoir pitié et vouloir remédier à leur misère : il les faisoit embarquer, avec ordre, quand ils seroient en pleine mer, de les y jeter. Voilà le bel expédient qu'il imagina pour bannir la pauvreté de son empire; et de peur que sous prétexte de pauvreté quelqu'un ne s'exemptât du cens, il eut la barbarie de faire périr une infinité de misérables. »

25ᵉ. — PAGE 251.

Le disciple des sages publia, etc.

Voyez la Préface, à l'article d'Hiéroclès.

26ᵉ. — PAGE 251.

J'emploierai, disoit-il en lui-même, etc.

Je ne me suis point complu à inventer des crimes inconnus, pour les prêter à Hiéroclès. J'en suis fâché pour la nature humaine, mais Hiéroclès ne dit et ne fait rien qui n'ait été dit et fait, même de nos jours. Au reste, ce moyen affreux que veut employer Hiéroclès lui fait différer le supplice d'Eudore : sans cela, il n'eût pas été naturel que le fils de Lasthénès fût resté si longtemps dans les cachots avant d'être jugé.

27ᵉ. — PAGE 252.

Cet impie qui renioit l'Éternel.

Ceci est bien humiliant pour l'orgueil humain; mais c'est une vérité dont on n'a que trop d'exemples, et je l'ai déjà remarqué dans le *Génie du Christianisme.*

28ᵉ. — PAGE 252.

Il y avoit à Rome un Hébreu, etc.

Cette machine est justifiée par l'usage que tous les poëtes chrétiens ont fait de la magie. Ainsi Armide enlève Renaud; ainsi le démon du fanatisme arme Clément d'un poignard. Il ne s'agit ici que de porter une nouvelle : Hiéroclès ne voit point lui-même l'Hébreu ; il envoie consulter par un esclave superstitieux et timide : rien ne choque donc la vraisemblance des mœurs dans la peinture de la scène; et quant à la scène elle-même, elle est du ressort de mon sujet : elle sert à avancer l'action et à lier les personnages de Rome à ceux de Jérusalem.

29ᵉ. — PAGE 252.

Il découvre l'urne sanglante.

Hiéroclès est le ministre d'un tyran, persécuteur des chrétiens : il est donc naturel qu'on évoque le démon de la tyrannie, et que l'évocation se fasse par les cendres du plus célèbre des tyrans et du premier persécuteur des chrétiens.

Selon une tradition populaire qui court à Rome, il y avoit autrefois à la *Porta del Popolo* un grand arbre sur lequel venoit constamment se percher un corbeau. On creusa la terre au pied de cet arbre, et l'on trouva une urne avec une inscription qui disoit que cette urne renfermoit les cendres de Néron. On jeta les cendres au vent, et l'on bâtit sur le lieu où l'on avoit trouvé l'urne l'église connue aujourd'hui sous le nom de Sainte-Marie-du-Peuple. Le monument appelé le tombeau de Néron, que l'on voit à deux lieues de Rome, sur la route de la Toscane, n'est point le tombeau de Néron.

30e. — PAGE 252.

La frayeur pénètre jusqu'aux os.

« Pavor tenuit me et tremor, et omnia ossa mea perterrita sunt.
« Et cum spiritus, me præsente, transiret, inhorruerunt pili carnis meæ.
« Stetit quidam cujus non agnoscebam vultum... et vocem quasi auræ lenis audivi. » (JOB, cap. IV.)

31e. — PAGE 253.

C'étoit l'heure où le sommeil fermoit les yeux, etc.

> Tempus erat quo prima quies mortalibus ægris
> Incipit. (*Æneid.*, II, 268.)

32e. — PAGE 253.

Sa barbe étoit négligée.

> In somnis ecce ante oculos mœstissimus Hector
> Visus adesse mihi, largosque effudere fletus.
> . . . .
> Squalentem barbam. . . . .
> Sed graviter gemitus imo de pectore ducens.
> (*Æneid.*, II, 270 et seq.

33e. — PAGE 253.

Fuis, ma fille. etc.

> Heu! fuge. . . . . . . eripe flammis.
> (*Æneid.*, II, 289.)

34ᵉ. — PAGE 254.

Déjà les galeries étoient désertes.

> Apparet domus intus, et atria longa patescunt.
> . . . .
> Ædibus in mediis, nudoque sub ætheris axe,
> Ingens ara fuit, etc.   (*Æneid.*, II, 483.)

35ᵉ. — PAGE 254.

Euryméduse, votre sort, etc.

Ce personnage disparoît avant la fin de l'action ; il s'évanouit comme Créuse ; il étoit de peu d'importance. Il entroit dans mon plan de montrer Cymodocée isolée, tandis qu'Eudore est environné des compagnons de sa gloire ; autrement les scènes de la prison de Cymodocée et celles des cachots d'Eudore eussent été semblables.

36ᵉ. — PAGE 255.

Il aperçoit un homme, etc.

Tout le monde connoît la retraite de saint Jérôme dans la grotte de Bethléem ; tout le monde a vu les tableaux du Dominiquin, d'Augustin Carrache ; tout le monde sait que saint Jérôme se plaint, dans ses lettres, d'être tourmenté au milieu de sa solitude par les souvenirs de Rome. Ce grand personnage, que l'on a quitté au tombeau de Scipion et que l'on retrouve à Bethléem pour donner le baptême à Cymodocée, a du moins l'avantage de ne rappeler que des lieux célèbres, de grands noms et d'illustres souvenirs.

LIVRE DIX-NEUVIÈME.

1ʳᵉ REMARQUE. — PAGE 258.

La trace blanchissante, etc.

Ceux qui ont voyagé sur mer ont vu ces traces de vaisseau que les marins appellent le sillage. Dans les temps calmes, cette ligne blanche reste quelquefois marquée pendant plusieurs heures.

2ᵉ. — PAGE 258.

Doroit et brunissoit à la fois, etc.

Je ne suis pas le premier auteur qui ait parlé de ce double effet du soleil levant sur les mers de la Grèce. Chandler l'avait observé avant moi.

LIVRE XIX.

3ᵉ. — PAGE 258.

Des nues sereines, etc.

Expression du grand maître, qui peint parfaitement ces petites nues que l'on aperçoit dans un beau ciel :

> Unde serenas
> Ventus agat nubes.   (VIRG., *Georg.*, I, 461.)

4ᵉ. — PAGE 259.

Et la mère d'Eudore venoit de mourir.

Petite circonstance d'où naît la peinture du purgatoire, au xxiᵉ livre.

5ᵉ. — PAGE 259.

Le jour s'éteint, le jour renaît, etc.

Je ne sais si c'est ce passage qui a fait dire à un critique que Démodocus étoit un vieil imbécile, ou si c'est à cause de ce même passage qu'un autre critique a bien voulu comparer la douleur de Démodocus à celle de Priam.

6ᵉ. — PAGE 260.

Deux hautes chaînes de montagnes s'étendant, etc.

Ceci est tiré mot pour mot de mon *Itinéraire;* mais comme, dans un sujet si intéressant, on ne sauroit avoir trop de détails, je citerai encore un fragment de mon *Voyage*. Ce fragment commence à mon départ de Bethléem pour la mer Morte, en passant par le monastère du Saint-Saba.

« Les Arabes qui nous avoient attaqués à la porte du couvent de Saint-Saba appartenoient à une tribu qui prétendoit avoir seule le droit de conduire les étrangers. Les Bethléémites, qui désiroient avoir le prix de l'escorte, et qui ont une réputation de courage à soutenir, n'avoient pas voulu céder. Le supérieur du monastère avoit promis que je satisferois les Bédouins, et l'affaire s'étoit arrangée. Je ne voulois rien leur donner, pour les punir; mais Ali-Aga (le janissaire) me représenta que si je tenois à cette résolution, nous ne pourrions jamais arriver au Jourdain; qu'ils iroient appeler les autres tribus du désert, et que nous serions infailliblement massacrés; que c'étoit la raison pour laquelle il n'avoit pas voulu tuer le chef des Arabes, car une fois le sang versé, nous n'aurions eu d'autre parti à prendre que de retourner promptement à Jérusalem.

« Je doute que les couvents de Scété soient placés dans des lieux plus tristes et plus isolés que le couvent de Saint-Saba. Il est bâti dans la ravine même du torrent de Cédron, qui peut avoir trois ou quatre cents pieds de profondeur dans cet endroit. L'église occupe une petite éminence dans le fond du lit. De là les bâtiments du monastère s'élèvent par des escaliers perpendiculaires et des passages creusés dans le roc, sur le flanc de la ravine, et parviennent ainsi jusque sur la croupe de la montagne, où ils se terminent par deux tours carrées. Du haut de ces tours on découvre les sommets stériles des montagnes de Judée; au-dessous de soi, l'œil plonge dans le ravin desséché du torrent des Cèdres, où l'on voit des grottes qu'habitèrent jadis les premiers anachorètes.

« Pour toute curiosité, on montre aujourd'hui à Saint-Saba trois ou quatre cents têtes de morts, qui sont celles des religieux massacrés par les infidèles. On m'a laissé un quart d'heure seul avec ces saintes reliques. Il semble que les moines qui me donnoient l'hospitalité devinassent que j'avais le dessein de peindre la situation de l'âme des solitaires de la Thébaïde.

« Nous sortîmes du monastère à trois heures de l'après-midi, et nous arrivâmes vers le coucher du soleil au dernier rang des montagnes de Judée, qui bordent à l'occident la mer Morte et la vallée du Jourdain. La chaîne du levant, qui forme l'autre bord de la vallée, s'appelle les montagnes de l'Arabie, et comprend l'ancien pays des Moabites et des Ammonites, etc. . . . . .
. . . .

« Nous descendîmes de la croupe de la montagne pour aller passer la nuit au bord de la mer Morte et remonter ensuite au Jourdain. En entrant dans la vallée, notre petite troupe se resserra, et fit silence. Nos Bethléémites armèrent leurs fusils, et marchèrent en avant avec précaution. Nous nous trouvions sur le chemin des Arabes du désert qui vont chercher du sel au lac, et qui font une guerre impitoyable aux voyageurs. Nous marchâmes ainsi pendant deux heures le pistolet à la main, comme en pays ennemi, et nous arrivâmes à la nuit close au bord du lac. La première chose que je fis en mettant pied à terre fut d'entrer dans le lac jusqu'aux genoux, et de porter l'eau à ma bouche. Il me fut impossible de l'y retenir. La salure en est beaucoup plus forte que celle de la mer, et elle produit sur les lèvres l'effet d'une forte solution d'alun. Mes bottes furent à peine séchées qu'elles se couvrirent de sel; nos vêtements, nos chapeaux, nos mains, notre visage, furent, en moins de deux heures, imprégnés de ce minéral.

« Nous établîmes notre camp au bord de l'eau, et les Bethléémites allumèrent du feu pour faire du café. Telle est la force de l'habitude : ces Arabes avoient marché avec beaucoup de prudence dans la campagne, et ils ne craignirent point d'allumer un feu qui pouvoit bien plus aisément les trahir. Vers minuit, j'entendis quelque bruit sur le lac; les Bethléémites me dire que c'étoit des légions de petits poissons qui viennent sauter au rivage. Ceci contrediroit l'opinion généralement adoptée que la mer Morte ne produit aucun être vivant. Pococke, étant à Jérusalem, avoit entendu dire aussi qu'un missionnaire avoit vu des poissons dans le lac Asphaltite. Ce savant voyageur avoit fait analyser l'eau de ce lac : j'ai apporté une bouteille de cette eau, jusqu'à présent fort bien conservée.

LIVRE XIX.

« Le 6 octobre, au lever du jour, je parcourus le rivage. Le lac fameux qui occupe l'emplacement de Sodome et de Gomorrhe est nommé mer Morte ou mer Salée dans l'Écriture, Asphaltite par les auteurs grecs et latins, et Almotanah par les Arabes (voyez d'Anville). Strabon rapporte la tradition des villes abîmées. Je ne puis être du sentiment de quelques voyageurs qui prétendent que la mer Morte n'est que le cratère d'un volcan. J'ai vu le Vésuve, la Solfatare, le Monte-Nuovo dans le lac Fusin, le pic des Açores, le Mamelife, vis-à-vis de Carthage, les volcans éteints d'Auvergne : j'ai partout remarqué les mêmes caractères, c'est-à-dire des montagnes creusées en entonnoir, des laves et des cendres où l'action du feu ne peut se méconnoître. La mer Morte, au contraire, est un lac assez long, encaissé entre deux chaînes de montagnes, qui n'ont entre elles aucune cohérence de formes, aucune homogénéité de sol. Elles ne se rejoignent point aux deux extrémités du lac; elles continuent d'un côté à border la vallée du Jourdain, en se rapprochant vers le nord jusqu'au lac de Tibériade, et de l'autre elles vont, en s'écartant, se perdre au midi dans les sables de l'Yémen. Il est vrai qu'on trouve du bitume, des eaux chaudes et des pierres phosphoriques dans la chaîne des montagnes d'Arabie, mais je n'en ai point vu dans la chaîne opposée. D'ailleurs la présence des eaux-thermales, du soufre et du bitume, ne suffit point pour attester l'existence antérieure d'un volcan. C'est dire assez que quant aux villes abîmées je m'en tiens au sens de l'Écriture, sans appeler la physique à mon secours. . . . .

. . . . Quelques voyageurs prétendent que dans les temps calmes on aperçoit encore au fond de la mer Morte des débris de murailles et de palais. C'est peut-être ce qui a donné à Klopstock l'idée bizarre de faire cacher Satan dans les ruines de Gomorrhe, pour contempler la mort du Christ. Je ne sais si ces débris existent. Et comment les auroit-on découverts? De mémoire d'homme, on n'a jamais vu de bateaux sur le lac Asphaltite. Les géographes, les historiens, les voyageurs, ne parlent point de la navigation de ce lac. Il est vrai que Josèphe le fit mesurer, mais il est probable que la mesure fut prise par terre le long du rivage ; car on ne voit pas que les anciens connussent la manière de relever les distances par eau.

« Strabon parle de treize villes englouties dans le lac Asphaltite. La *Genèse* en place cinq *in valle silvestri, Sodome, Gomorrhe, Adam, Seboim* et *Bala*, ou *Segor;* mais elle ne marque que les deux premières détruites par le feu du ciel. Le *Deutéronome* en cite quatre, *Sodome, Gomorrhe, Adam* et *Séboim; La Sagesse* en compte cinq, sans les désigner. *Descendente igne in Pentapolim.*

« Jacques Cerbus ayant remarqué que sept grands courants d'eau tombent dans la mer Morte, Reland en conclut que cette mer devoit se dégager de la superfluité de ses eaux par des canaux souterrains. Sandry et quelques autres voyageurs ont énoncé la même opinion ; mais elle est aujourd'hui abandonnée, d'après les observations sur l'évaporation par le docteur Halley : observations admises par Shaw, qui trouve pourtant que le Jourdain roule par jour à la mer Morte six millions quatre-vingt-dix mille tonnes d'eau, sans compter les

eaux de l'Hernon et de sept autres torrents. . . . .
. . . . Je voulois voir le Jourdain à l'endroit où il se jette dans la mer Morte, point essentiel qui n'a pas encore été reconnu; mais les Bethléémites refusèrent de m'y conduire, parce que le fleuve à une lieue environ de son embouchure fait un long détour sur la gauche, et se rapproche de la montagne d'Arabie. Il fallut donc me contenter de marcher vers la courbure du fleuve la plus rapprochée du lieu où nous nous trouvions. Nous levâmes le camp, et nous cheminâmes pendant deux heures avec une peine excessive dans des dunes de sable et des couches de sel ; je vis tout à coup les Bethléémites s'arrêter, et me montrer de la main, parmi les arbrisseaux, quelque chose que je n'apercevois pas : c'étoit le Jourdain.

« J'avois vu les grands fleuves de l'Amérique avec le plaisir qu'inspirent la solitude et la nature ; j'avois visité le Tibre et recherché avec le même intérêt l'Eurotas et le Céphise : mais je ne puis dire ce que j'éprouvai à la vue du Jourdain. Non-seulement ce fleuve me rappeloit une antiquité fameuse, mais ses rives m'offroient encore le théâtre des miracles de ma religion. La Judée est le seul pays de la terre qui offre à la fois au voyageur chrétien le souvenir des affaires humaines et des choses du ciel, et qui fasse naître au fond de l'âme par ce mélange un sentiment et des pensées qu'aucun autre lieu ne peut inspirer. »

7ᵉ. — PAGE 261.

Un fruit semblable à un citron doré.

J'ai apporté ce fruit, qui a passé longtemps pour n'exister que dans l'imagination des missionnaires. Il est bien connu aujourd'hui des botanistes. On a rangé l'arbuste qui le porte dans la classe des *solanées*, sous le nom de *solanum sodomœum*; quand j'ai dit, dans la préface des premières éditions, que ce fruit ressemble à un citron dégénéré par la malignité du sol, je n'ai eu l'intention que de parler de l'apparence et non de la réalité.

8ᵉ. — PAGE 263.

Les chameaux seuls, etc.

Je me sers ici d'une anecdote que j'ai rapportée dans l'*Itinéraire*, et dont j'ai presque été le témoin.

9ᵉ. — PAGE 263.

On s'assied autour d'un bûcher.

C'est une scène de mœurs arabes dans laquelle j'ai figuré moi-même, et qu'on peut voir dans le passage cité à la note précédente.

LIVRE XIX.

10ᵉ. — PAGE 263.

Des lettres pour les principaux fidèles.

Ces lettres de voyage ou de recommandation étoient données par les évêques. J'ai cru pouvoir les faire donner par saint Jérôme, prêtre et docteur de l'Église latine.

11ᵉ. — PAGE 263-64.

Reine de l'Orient.

> Quelle Jérusalem nouvelle
> Sort du fond du désert, brillante de clartés, etc.
> (Racine, *Ath.*, III, 7.)

12ᵉ. — PAGE 264.

La nouvelle Jérusalem ne pleure point.

Allusion à une belle médaille de Titus : un palmier, une femme assise et enchaînée au pied de ce palmier ; pour légende : *Judœa capta*.

13ᵉ. — PAGE 264.

La souveraine des anges, etc.

Ceci rend naturelles et vraisemblables les courses de Cymodocée.

14ᵉ. — PAGE 264.

Je suis Pamphile de Césarée.

Pamphile le martyr, disciple de Timothée et condisciple d'Eusèbe, a été nommé parmi les grands hommes chrétiens qu'Eudore rencontre à Alexandrie.

15ᵉ. — PAGE 265.

Au pied du mont Aventin, etc.

On montre encore cette prison à Rome.

16ᵉ. — PAGE 265.

Voit arriver tour à tour des amis, etc.

Ainsi, tous les personnages se retrouvent à Rome par un même événement : Démodocus, Cyrille, Zacharie, l'ermite du Vésuve, etc.; et dans un moment le ciel va amener Cymodocée au lieu du sacrifice.

17ᵉ. — PAGE 266.

Ces confesseurs avoient transformé la prison en une église, etc.

Cette peinture du bonheur des prisons est fidèle. Fleury seul donnera au lecteur curieux le moyen de vérifier tout ce que j'avance (*Mœurs des Chrétiens* et *Hist. eccl.*).

18ᵉ. — PAGE 266.

Du fond d'une retraite ignorée, le pontife de Rome.

Dans les calamités publiques, il y a toujours des victimes qui échappent; tous les chrétiens, tous les chefs des chrétiens, n'étoient pas dans les cachots pendant les persécutions, comme tous les François n'étoient pas emprisonnés sous le règne de la terreur.

19ᵉ. — PAGE 266.

La belle et brillante Aglaé.

Voilà la fin de l'histoire d'Aglaé, de Pacôme et de Boniface, dont on a vu le commencement au cinquième livre; on va voir aussi la fin de l'histoire de Genès.

20ᵉ. — PAGE 267.

Mon fils, répond le descendant, etc.

Ce simple récit de Zacharie est fondé sur l'histoire. Constance subjugua en effet quelques tribus des Francs, et les transporta dans les Gaules, aux environs de Cologne.

21ᵉ. — PAGE 268.

L'heureuse arrivée de Constantin.

Par là le dénoûment est préparé, et le triomphe de la religion annoncé.

22ᵉ. — PAGE 268.

Valérie avoit été exilée en Asie.

Cela est conforme à la vérité. Ces deux personnages, n'étant plus nécessaires, sont mis à l'écart. On ne les a appelés ici que pour satisfaire le lecteur, qui auroit pu demander ce qu'ils étoient devenus.

LIVRE XIX.

23ᵉ. — PAGE 268.

Il vouloit engager Dioclétien, etc.

On verra Eudore se reprocher ce dessein comme criminel; mais ce dessein entretient l'espérance dans l'esprit du lecteur jusqu'au dernier moment, et rappelle en même temps le trait le plus connu et le plus frappant de l'histoire de Dioclétien. Il falloit d'ailleurs, selon la règle dramatique, que le héros fût coupable d'une légère faute.

24ᵉ. — PAGE 268.

Ils s'aperçurent bientôt, etc.

En passant en Amérique avec des prêtres qui fuyoient la persécution, j'ai été témoin d'une scène à peu près pareille. Quand il survenoit un orage, les matelots se confessoient aux mêmes hommes qu'ils venoient d'insulter.

25ᵉ. — PAGE 268.

Le Sauveur aperçoit le vaisseau de Cymodocée, etc.

L'intervention du merveilleux étoit absolument nécessaire ici. Sans blesser toutes les convenances, et même toutes les vraisemblances, Cymodocée ne pouvoit aller de son propre mouvement chercher Eudore en Italie; mais le ciel, qui veut le triomphe de la croix, conduit cette innocente victime au lieu du sacrifice.

26ᵉ. — PAGE 269.

Le vent, qui jusqu'alors, etc.

Je ne peins dans ce naufrage que ma propre aventure. En revenant de l'Amérique, je fus accueilli d'une tempête de l'ouest qui me conduisit en vingt-un jours de l'embouchure de la Delaware à l'île d'Origny, dans la Manche, et fit toucher le vaisseau sur un banc de sable. Dans mon dernier voyage sur mer, j'ai mis soixante-deux jours à aller d'Alexandrie à Tunis; toute cette traversée, au milieu de l'hiver, fut une espèce de continuel naufrage; nous vîmes périr trois gros vaisseaux sur Malte, et le nôtre étoit le quatrième en danger C'est peut-être acheter un peu cher le plaisir de ne peindre que d'après nature.

27ᵉ. — PAGE 269.

Les flots se dérouloient avec uniformité.

Il faut l'avouer: au milieu des plus furieuses tempêtes, je n'ai point remarqué ce chaos, ces montagnes d'eau, ces abîmes, ce fracas qu'on voit dans les orages des poëtes. Je ne trouve qu'Homère de vrai dans ces sortes de descriptions, et elles se bornent presque toutes à un trait, la noirceur des ondes. J'ai bien remarqué, au contraire, ce silence et cette espèce de régularité que je décris ici, et il n'y a peut-être rien de plus effrayant. Des marins à qui j'ai lu cette tempête m'ont paru frappés de la vérité des accidents. Les critiques qui pensent qu'on peut bien imiter la nature sans sortir de son cabinet sont, je crois, dans l'erreur. Que l'on copie tant qu'on voudra un portrait fidèle, on n'attrapera jamais ces nuances de la physionomie que l'original peut seul donner.

28e. — PAGE 270.

L'écueil voisin semble changer de place.

Il faut avoir été dans une position semblable pour bien juger de la joie et de la terreur d'un pareil moment. Je regrette de n'avoir oint la lettre que j'écrivis à M. de Chateaubriand, mon frère, qui a péri avec son aïeul M. de Malesherbes. Je lui rendois compte de mon naufrage. J'aurois retrouvé dans cette lettre des circonstances qui ont sans doute échappé à ma mémoire, quoique ma mémoire m'ait bien rarement trompé.

29e. — PAGE 271.

On précipite au fond de la mer des sacs remplis de pierres.

Les anciens arrêtoient ainsi leurs vaisseaux sur des fonds vaseux, lorsque l'ancre glissoit, ou, comme parlent les marins, lorsque le vaisseau filoit sur son ancre. L'ancre sacrée étoit une ancre réservée pour les naufrages. On l'appelle parmi nous l'ancre de salut. Les anciens ont fait souvent allusion à cette ancre sacrée, entre autres Plutarque, qui se sert volontiers d'images empruntées de la navigation et des vaisseaux.

LIVRE VINGTIÈME.

1re REMARQUE. — PAGE 272.

On n'envoya point au-devant de Cymodocée, etc.

Il y a plusieurs exemples de ces honneurs poétiques rendus par l'antiquité à des personnages remarquables. Pour n'en citer qu'un, ce fut de cette manière que Denys reçut Platon à son second voyage de Sicile.

2e. — PAGE 272.

Architas.

Grand mathématicien et célèbre philosophe pythagoricien. Il étoit de Tarente. On lui avoit élevé dans sa patrie un monument qui se voyoit de loin.

LIVRE XX.

3ᵉ. — PAGE 273.

C'étoit une de ces galères, etc.

(Voyez le Livre XVIII, et la note 24ᵉ du même livre.)

4ᵉ. — PAGE 273.

Il faut que Tarente ait conservé ses dieux irrités.

On proposa à Marcellus d'enlever les statues de Tarente, infidèle à ses serments. Il répondit : « Laissons aux Tarentins leurs dieux irrités. »

5ᵉ. — PAGE 274.

Tel le chantre d'Ilion, etc.

> Pluton sort de son trône ; il pâlit, il s'écrie, etc.
> (BOILEAU.)

6ᵉ. — PAGE 275.

Le *Mercure* de Zénodore, etc.

J'ai choisi de préférence, pour les décrire, les chefs-d'œuvre que nous n'avons plus : j'en ai pris la liste dans Pline. Je me suis permis seulement de peindre d'après mon imagination le *Satyre mourant* de Protogène, dont l'histoire ne nous a conservé que le nom.

7ᵉ. — PAGE 276.

Respiroit l'*Apollon*... à l'extrémité opposée s'élevoit le groupe de *Laocoon*, etc.

Nous avons ces deux chefs-d'œuvre. Le *Laocoon* a été trouvé dans les ruines des Thermes ou du palais de Titus.

8ᵉ. — PAGE 276.

Tu sais que je t'aime, etc.

Il y avoit après cette phrase : « Un amant est-il donc si redoutable ? » J'ai fait disparoître ces tours, qui sentoient trop la manière du roman. En général, ce morceau a été fort adouci. Après le dernier mot qui termine l'alinéa, il y avoit une demi-page du même langage amoureux ; je l'ai supprimée pour la même raison. C'est un grand bonheur pour moi quand je puis être plus rigoureux que les critiques.

9e. — PAGE 277.

Par des philtres et des enchantements.

Après ces mots, il y avoit une réponse de Cymodocée, qui n'étoit qu'une imitation de deux vers d'Othello : je n'ai pas cru devoir la conserver, quoique louée par La Harpe et digne certainement d'être louée.

10e. — PAGE 277.

La sagesse, enfant trop aimable, etc.

Cela n'est pas plus odieux que le langage du *Tartufe*. La philosophie, comme la religion, a ses monstres.

11e. — PAGE 278.

Il meurt, si tu n'es à moi.

Encore une fois, je n'ai point inventé cette horrible scène. Plût à Dieu que cela ne fût qu'une fiction !

12e. — PAGE 278.

Il dit, et poursuit Cymodocée, etc.

Après ces mots, on lisoit sept lignes où je peignois la course d'Hiéroclès et de Cymodocée : j'ai supprimé cette peinture, quoique cela m'ait fait perdre une comparaison que je regrette.

13e. — PAGE 279.

Démodocus reconnoît sa fille.

On voit que je me suis souvenu de l'histoire de Virginius, si admirablement racontée par Tite-Live.

14e. — PAGE 279.

La Reine des anges l'y retient.

L'intervention du merveilleux étoit ici absolument nécessaire ; il achève, avec les autres raisons tirées de la nature de la scène, de rendre vraisemblable la présence de Cymodocée sur la galerie.

LIVRE XX.

15ᵉ. — PAGE 279.

Le préfet de Rome, qui favorisoit, etc.

Ceci rend naturelle cette sédition, et lui ôte ce qu'elle eût pu avoir de romanesque ou d'invraisemblable. Dieu, qui va châtier Hiéroclès, se sert, comme cela arrive souvent, des passions des hommes et d'un incident étranger au crime qu'il punit.

16ᵉ. — PAGE 279.

Ta fille est-elle chrétienne ?

Terrible question, qui décide du sort de Cymodocée.

17ᵉ. — PAGE 281.

Mais comme ses trahisons ne sont pas assez prouvées, etc.

On voit ici les lâches arrangements de la conscience d'un homme qui n'a pas la force d'être tout à fait vertueux ni tout à fait criminel.

18ᵉ. — PAGE 282.

Lorsqu'un vaisseau, etc.

Odyssée, livre XXIII.

19ᵉ. — PAGE 282.

Chantez, dit-il, mes frères.

Cette annonce du martyre par Zacharie, et ensuite par le licteur, produit un genre de pathétique inconnu au polythéisme, et qui sort des entrailles mêmes de notre admirable religion.

20ᵉ. — PAGE 283.

Ange des saintes amours.

C'est l'ange qui a blessé Eudore par l'ordre de Dieu. Il étoit naturel qu'on s'adressât à lui pour apprendre les sentiments d'Eudore.

21ᵉ. — PAGE 283.

Eudore, serviteur de Dieu, etc.

C'est la formule des lettres des premiers chrétiens. On peut voir les Épîtres des apôtres, et surtout celles de saint Paul, dont cette formule est tirée mot à mot. Le *nous* étoit aussi d'usage dans cette communauté de frères malheureux.

22ᵉ. — PAGE 284.

Il faut qu'il coupe le fil, etc.

(Voyez Job, Ézéchias, J.-B. Rousseau.)

23ᵉ. — PAGE 284.

La première année de la persécution.

La persécution de Dioclétien devint une ère par laquelle on a daté plusieurs écrits de cette époque.

24ᵉ. — PAGE 284.

Hélas! il vous perdra peut-être, et il n'est pas chrétien!

Eudore est chrétien : voilà pourquoi il est au-dessus du malheur, sans toutefois y être insensible.

25ᵉ. — PAGE 284.

Voici la salutation, etc.

Formule des Épîtres apostoliques.

LIVRE VINGT-UNIÈME.

1ʳᵉ REMARQUE. — PAGE 285.

Les mains chargées de branches d'anet, le front ceint d'une couronne de roses et de violettes, etc.

On peut voir dans Athénée tous les détails sur les banquets et les couronnes des anciens. L'anet dont on se servoit dans les festins ressembloit assez au fenouil.

2ᵉ. — PAGE 285.

Aussi profonde que celle de Nestor, etc.

Πὰρ δὲ δέπας περικαλλὲς, ὃ οἴκοθεν ἦγ' ὁ γεραιὸς,
Χρυσείοις ἥλοισι πεπαρμένον, οὔατα δ' αὐτοῦ

LIVRE XXI.

Τέσσαρ' ἔσαν, δοιαὶ δὲ πελειάδες ἀμφὶς ἕκαστον
Χρύσειαι νεμέθοντο, δύω δ' ὑπὸ πυθμένες ἦσαν.
Ἄλλος μὲν μογέων ἀποκινήσασκε τραπέζης,
Πλεῖον ἐόν· Νέστωρ δ' ὁ γέρων ἀμογητὶ ἄειρεν.

(*Iliad.*, lib. xi, v. 631.)

3ᵉ. — PAGE 285.

Comme au banquet d'Alcibiade, etc.

Le *Banquet de Platon* a été traduit par l'abbesse de Fontevrault et par Racine. Le discours d'Alcibiade manquoit ; M. Geoffroy l'a donné dans son *Commentaire* sur Racine.

4ᵉ. — PAGE 285.

On eût dit qu'ils marchoient au martyre, etc.

On aura pu remarquer que c'est le beau tableau de Lesueur.

5ᵉ. — PAGE 256.

Sublime invention de la charité ! etc.

« On a vu des prélats, faute d'autel, consacrer sur les mains des diacres ; et l'illustre martyr saint Lucien d'Antioche consacra sur sa poitrine, étant attaché de sorte qu'il ne pouvoit se remuer. » (FLEURY, *Mœurs des Chrétiens.*)

6ᵉ. — PAGE 287.

La frise en étoit ornée, etc.

On sait comment Homère, Virgile, le Tasse, ont fait usage de ces détails poétiques. Les traits que j'ai placés dans les bas-reliefs sont puisés dans l'histoire romaine. Je ne leur ai point donné un rapport direct avec la position de Démodocus. J'ai trouvé plus naturel de suivre l'exemple d'Homère qui peint des scènes variées sur le bouclier d'Achille.

7ᵉ. — PAGE 289.

Cette chrétienne timide, etc.

Le petit rôle de Blanche est peut-être dans la nature. On trouve, surtout parmi le peuple, un grand nombre de ces femmes qui ont un cœur compatissant, mais dont le caractère est foible et timide, et qui n'osent pour ainsi dire faire de bonnes actions qu'à la dérobée. Il ne faut pas croire d'ailleurs qu'à cette époque tous les chrétiens fussent des héros et toutes les chrétiennes des héroïnes. Il y eut beaucoup de chutes pendant la persécution de Dioclétien. Comment, après cela, a-t-on pu trouver que Cymodocée, qui donne son sang avec tant de simplicité, n'est pas assez courageuse?

8e. — PAGE 290.

Festus, suivant les formes usitées, dit, etc.

J'aurois cru commettre un sacrilége si j'avois osé changer un mot à cette grande tragédie du martyre, dont les témoins du Dieu vivant furent les sublimes acteurs. J'ai conservé, et j'ai dû conserver la simplicité du dialogue, la majesté des réponses, l'atrocité des tourments. Pourquoi me serois-je montré plus délicat que la peinture? Et cependant j'ai tout adouci, tout dérobé aux yeux. J'ai écarté ce qui pouvoit révolter les sens, comme l'odeur des chairs brûlées, et mille autres détails qu'on lit dans l'histoire. J'ai, par des comparaisons riantes, par la présence des anges, par l'espèce d'impassibilité d'Eudore, diminué l'horreur des tortures. Ce sont les hommes de l'art que je désire surtout avoir ici pour juges; eux seuls peuvent connoître la difficulté du sujet. Je renvoie le lecteur aux *Actes des Martyrs*, recueillis par dom Ruinart et traduits par Maupertuis; à l'*Histoire ecclésiastique* de Fleury et aux *Mémoires* de Tillemont.

9e. — PAGE 291.

Remarquez bien mon visage, etc.

Ce mot d'Eudore étoit tiré des *Machabées*, mais un critique m'a fait l'honneur de le croire de mon invention : ce mot se retrouve dans le martyre de sainte Perpétue. N'est-il pas aussi bien étrange qu'on ait ignoré que la torture précédoit toujours la mort des chrétiens accusés? Il y a tel confesseur qui fut appliqué trois et quatre fois à la question avant d'être condamné à mort. Que penser de ceux qui, prenant contre moi la *défense de la religion*, montrent à la fois leur ignorance et leur impiété dans de honteuses plaisanteries sur les souffrances des martyrs?

10e. — PAGE 291.

Eudore, dans le cours de ses actes glorieux, etc.

Là commence l'épisode du purgatoire. Je n'ai point eu d'appui pour ce travail, et il a fallu tout tirer de mon fonds. Le purgatoire du Dante ne m'a pas offert un seul trait dont je pusse profiter.

LIVRE XXI.

11ᵉ. — PAGE 293.

Que les anges ont appelée Belle, etc.

Toutes ces saintes femmes sont trop connues pour qu'on ait besoin d'un commentaire.

12ᵉ. — PAGE 293.

L'enfer étonné crut voir entrer l'Espérance.

Le Dante a dit :

> Lasciate ogni speranza, voi ch' entrate.

13ᵉ. — PAGE 293.

A mesure qu'on s'élève, etc.

Après cette phrase se trouvoit la description de la demeure des sages. Bien des personnes ont pensé que j'aurois pu, même théologiquement, être moins rigoureux, et conserver le morceau ; mais il ne faut point discuter avec la religion.

14ᵉ. — PAGE 294.

Les mondes divers, etc.

« Benedicite omnia opera Domini. » (Ps.)

15ᵉ. — PAGE 294.

Ouvrez-vous, etc.

« Attollite portas... Et elevamini, portæ æternales. » (Ps. xxiii, 7), que Milton a si bien imité :

> Open ye everlasting doors!

16ᵉ. — PAGE 294.

Je vous salue, Marie, etc.

« Ave, Maria, etc. »

17ᵉ. — PAGE 294.

Vous qui êtes bénie entre toutes les femmes, refuge des pécheurs, etc.

« Benedicta tu in mulieribus, consolatrix afflictorum, refugium peccatorum. »

Et toujours nos simples prières fournissent les traits les plus nobles, les plus sublimes ou les plus touchants!

LIVRE VINGT-DEUXIÈME.

1ʳᵉ REMARQUE. — PAGE 296.

D'une main il prend une des sept coupes d'or pleines de la colère de Dieu.

On ne me contestera pas cet ange, les coupes d'or, etc., fors qu'on n'ait pris encore tout cela pour mes vaines imaginations. N'est-il pas honteux que des hommes qui se mêlent de critique ignorent pourtant la religion au point de ne pas connoître les choses les plus communes? Qu'ils imitent Voltaire ; et s'ils ne lisent pas la Bible comme chrétiens, qu'ils l'étudient du moins comme littérateurs.

« Et unum de quatuor animalibus dedit septem angelis septem phialas aureas plenas iracundiæ Dei. » (*Apocal.*, cap. XV, v. 7.)

2ᵉ. — PAGE 296.

De l'autre, il saisit la glaive, etc.

« Factum est autem in noctis medio : percussit Dominus omne primogenitum in terra Ægypti...

« Et ortus est clamor magnus in Ægypto. » (*Exod.*, cap. XII, v. 29 et 30.)

« ... Venit Angelus Domini et percussit in castris Assyriorum centum octoginta quinque millia. » (*Reg.*, lib. IV, cap. XIX, v. 35.)

3ᵉ. — PAGE 296.

La faux qui vendange et la faux qui moissonne.

« Et alius angelus exivit de templo, clamans voce magna ad sedentem super nubem : Mitte falcem tuam, et mete, quia venit hora ut metatur, quoniam aruit messis terræ.

« Et alius angelus exivit de altari, et clamavit...

« Mitte falcem tuam acutam, et vindemia botros vineæ terræ... » (*Apocal.*, cap. XIV, v. 15 et 18.)

4ᵉ. — PAGE 297.

L'édit te permet de la livrer aux lieux infâmes...

On sait trop que l'effroyable perversité des païens les porta jusqu'à faire déshonorer des vierges chrétiennes, dont la première vertu étoit la chasteté. Cette espèce de martyre fut employée plusieurs fois, comme on le voit dans l'*Histoire ecclésiastique*. Nous avons une tragédie entière de Corneille fondée sur ce sujet. Je ne me suis servi de ce moyen que pour jeter Eudore dans la plus grande tentation et dans le plus grand malheur qu'un homme puisse éprouver.

5e. — PAGE 297.

Rendit compte en ces mots de son entrevue avec Dioclétien, etc.

Ce fut Maximien qui engagea Dioclétien à reprendre l'empire, et ce fut aux députés de Maximien que Dioclétien fit la belle réponse que tout le monde connoît : « Plût aux dieux que ceux qui vous envoient vissent les légumes que je cultive! etc. »

6e. — PAGE 298.

Le jardinier sidonien, etc.

Abdolonyme : les beaux vers de M. Delille, connus de tout le monde, rendent tous les détails superflus.

Dans cette entrevue de Dioclétien et du messager d'Eudore, il n'y a d'historique que la réponse : « Plût aux dieux, etc. »

7e. — PAGE 298.

Les évêques craignoient que vous n'eussiez réussi.

Telle est la résignation et la fidélité chrétiennes.

8e. — PAGE 300.

Le repas libre.

« Or, le soir qui précède immédiatement le jour des spectacles, la coutume est de faire à ceux qui sont condamnés aux bêtes un souper qu'on nomme le souper libre. Nos saints martyrs changèrent, autant qu'il leur fut possible, ce dernier souper en un repas de charité. La salle où ils mangeoient étoit pleine de peuple; les martyrs lui adressoient la parole de temps en temps... Ces paroles... jetèrent de l'étonnement et de la frayeur dans l'âme de la plupart... Plusieurs restèrent pour se faire instruire, et crurent en Jésus-Christ. » (*Act. Mart.*, in sancta Perpetua.)

9e. — PAGE 302.

Au milieu de cette scène touchante, on voit accourir un esclave, etc.

J'ai tâché de tracer mon tableau de manière qu'il pût être transporté sur la toile sans confusion, sans désordre, et sans changer une seule des attitudes :

le peuple romain à genoux; les soldats présentent les aigles; les vieux évêques assis, la tête couverte d'un pan de leur robe; Eudore debout, soutenu par les centurions, et laissant tomber la coupe au moment où il prononce ce mot : « Je suis chrétien! »; la diversité des costumes; l'agape servie sous le vestibule de la prison, etc. : tout cela pourroit peut-être s'animer sous le pinceau d'un plus grand peintre que moi.

LIVRE VINGT-TROISIÈME.

1re REMARQUE. — PAGE 305.

A ces mots, le prince des ténèbres disparoît du milieu de la foule.

Rien n'est plus commun dans les poëtes que cette machine d'une divinité qui prend la forme d'un personnage connu pour produire ou diriger un événement : je ne crois pas devoir citer.

2e. — PAGE 305.

Son triomphe sur les Perses.

Crevier pense que Galérius célébra en effet son triomphe sur les Perses. Cela souffre pourtant des difficultés en critique, mais j'ai adopté l'opinion qui me convenoit le mieux.

3e. — PAGE 305.

Rétablit les fêtes de Bacchus.

L'an 568 de Rome, le sénat découvrit de telles abominations dans les fêtes de Bacchus, qu'il fit supprimer ces fêtes.

4e. — PAGE 305.

Des courtisanes nues, rassemblées au son de la trompette, etc.

Cette description n'est que trop historique : j'ai seulement omis les infamies les plus révoltantes. Il y eut deux Flores : la première, épouse de Zéphyre, reine des fleurs, nymphe des îles Fortunées; la seconde, courtisane romaine, qui légua sa fortune au peuple, et dont le culte criminel se confondit bientôt avec le culte innocent que l'on rendoit à la première Flore.

« Pantomimus a pueritia patitur in corpore, ut artifex esse possit. Ipsa etiam prostibula publicæ libidinis hostiæ in scena proferuntur; plus miseræ in præsentia feminarum, quibus solis latebant, perque omnis ætatis, omnis dignitatis ora transducuntur, locus, stipes, elogium, etiam quibus opus non est, prædicatur. Taceo de reliquis, etiam quæ in tenebris et in speluncis suis delitescere decebat, ne diem contaminarent. »(TERTULL., *de Spect.*, cap. XVII.)

« Celebrantur ergo illi ludi (Florales) cum omni lascivia, convenientes memoriæ meretricis. Nam, præter verborum licentiam, quibus obscænitas omnis effunditur, exuuntur etiam vestibus, populo flagitante, meretrices, quæ tunc mimorum funguntur officio, et in conspectu populi usque ad satietatem impudicorum luminum cum pudendis motibus detinentur. » (LACTAN., *Div. Inst.*, lib. I, cap. XX.)

Saint Augustin (*Epist.* CCII) parle encore de ces jeux pour les anathématiser. Personne n'ignore l'histoire de Caton : un jour qu'il étoit présent aux fêtes de Flore, on n'osoit, par respect pour sa vertu, commencer les orgies ; il se retira, afin de ne pas interrompre les plaisirs du peuple. Quel éloge des mœurs de Caton, et en même temps quelle déplorable foiblesse de la morale païenne ! Caton approuve moralement ces jeux, puisqu'il y assiste ; et les mœurs de ce même Caton empêchent de commencer ces jeux ! (SENEC., *Epist.* XLVII.)

5e. — PAGE 305.

Des outres et des amphores, etc.

J'ai suivi pour tous ces détails les dessins des vases grecs et les bas-reliefs antiques. On peut consulter Catulle, *Noces de Thétis et de Pélée;* Tacite, *sur Claude*, au sujet de Messaline; et Euripide, dans les *Bacchantes*.

6e. — PAGE 306.

Chantons Évohé, etc.

Ce n'est point ici un chant connu : ce n'est ni l'ode d'Horace, ni l'hymne d'Homère; c'est un chant composé de diverses histoires qui ont rapport à Bacchus, et de l'éloge de l'Italie par Virgile. J'ai déjà dit que, faute d'attention, un critique peu versé dans l'antiquité pourroit se méprendre à ces passages des *Martyrs*, et tomber dans des erreurs désagréables pour lui : au moyen de ces notes, on saura à qui parler. Je ne citerai point les imitations, laissant au lecteur le plaisir de les chercher dans les poëtes que j'ai indiqués, Pindare d'abord ; ensuite l'*Hymne à Bacchus*, attribué à Homère; Euripide, Catulle, Horace, Ovide et Virgile, *in Georg.*

7e. — PAGE 306.

Qu'il étoit touchant, dans le délire de Rome païenne, de voir les chrétiens, etc.

De bonne foi, le christianisme n'a-t-il pas ici l'avantage sur le paganisme ? Ces larmes du malheur ne sont-elles pas préférables, même poétiquement, à ces cris de la joie? Y a-t-il quelque lecteur qui se sente plus intéressé par l'hymne à Bacchus et les fêtes de Flore que par les prières des chrétiens infortunés?

8ᵉ. — PAGE 307.

Festus avoit d'ailleurs été frappé des réponses et de la magnanimité d'Eudore.

Il y a mille exemples de juges, de geôliers, de bourreaux même convertis par les paroles et les souffrances des chrétiens qu'ils persécutoient.

9ᵉ. — PAGE 308.

Les chrétiens, dont la charité, etc.

Ce ne sont point des vertus imaginaires : les chrétiens ont été les premiers à secourir les lépreux qu'on abandonnoit au coin des rues; ils bâtirent pour cette affreuse maladie des hôpitaux connus sous le nom de Léproseries.

10ᵉ. — PAGE 309.

Il expire.

Cette scène terrible d'une âme qui comparoît au jugement de Dieu, retracée par les sermonnaires, n'avoit point encore, que je sache, été transportée dans l'épopée chrétienne. En faisant condamner Hiéroclès, je n'ai pas été plus loin que le Dante, qui trouve aux enfers ses contemporains et même un prélat qui vivoit encore.

11ᵉ. — PAGE 310.

Il est dans le ciel une puissance, etc.

Fiction en contraste avec la scène précédente, et qui forme la transition pour revenir du ciel sur la terre. On a souvent peint l'Espérance; j'ai hasardé d'en faire un portrait nouveau.

12ᵉ. — PAGE 310.

C'étoit une tunique bleue, etc.

Saint Chrysostome décrit ainsi l'habit des vierges de son temps : « Une tunique bleue serrée d'une ceinture, des souliers noirs et pointus, un voile blanc sur le front, un manteau noir qui couvroit la tête et tout le corps. Les peintures que l'on fait de la sainte Vierge semblent en être venues. » (FLEURY, *Mœurs des Chrétiens*, chap. LII.)

LIVRE XXIII.

13e. — PAGE 311.

Telle Marcie, etc.

C'est un des plus beaux morceaux de Lucain :

> Sicut erat, mœsti servans lugubria cultus,
> Quoque modo natos, hoc est amplexa maritum.
> Obsita funerea celatur purpura lana.
> Non soliti lusere sales, nec more sabino
> Excepit tristis convicia festa maritus.
> Pignora nulla domus, nulli coiere propinqui :
> Junguntur taciti, contentique auspice Bruto.
>
> (LUCAN., *Phars.*, lib. II, v. 365.)

14e. — PAGE 311.

Légers vaisseaux de l'Ausonie, etc.

Ce chant est peut-être le morceau que j'ai le plus soigné de tout l'ouvrage. On peut remarquer qu'il ne s'y trouve qu'un seul hiatus, encore glisse-t-il assez facilement sur l'oreille. J'aurois désiré que la chanson de mort de ma jeune Grecque fût aussi douce que sa voix et aussi harmonieuse que la langue dans laquelle Cymodocée est censée parler. Cette espèce d'hymne funèbre est dans le goût de l'antiquité homérique. Comment Cymodocée eût-elle soupiré ses regrets sur la lyre chrétienne? Seule, plongée au fond d'un cachot, sans maître, sans instruction, sans guide, elle porte de nécessité dans ses sentiments les erreurs de sa première éducation; mais elle s'aperçoit pourtant qu'elle pèche, et elle se reproche innocemment un langage que son ignorance excuse.

15e. — PAGE 313.

Je vous salue, robe sacrée, etc.

Après avoir vu la femme, on retrouve la chrétienne.

16e. — PAGE 314.

Les confesseurs... ne désiroient point voir couler le sang de leurs frères.

Loin de vouloir qu'on s'exposât au martyre, l'Église condamnoit ceux qui s'y livroient inutilement, et conseilloit la fuite dans la persécution. (Voyez saint Cyprien.)

17e. — PAGE 315.

S'élevoit une retraite qu'avoit habitée Virgile.

On m'a montré à Rome les prétendues ruines de cette maison.

18e. — PAGE 315.

Un laurier, etc.

J'ai mis à la porte de la maison de Virgile le laurier qui croît à Naples sur son tombeau.

19e. — PAGE 316.

Abjure des autels, etc.

Voilà le plus rude assaut que Cymodocée ait eu à soutenir. On doit tout lui pardonner, puisqu'elle ne succombe pas aux prières de son père ; elle est assez forte. Sainte Perpétue passe par la même épreuve.

20e. — PAGE 317.

Il tient à la main son sceptre d'or, etc.

Comme mon jugement particulier n'oblige personne à trouver bon ce que j'écris, je dirai que cet ange du sommeil est de toutes les fictions des *Martyrs* celle que je préfère et celle que j'ai composée avec le plus de plaisir. Je ne puis m'empêcher de croire qu'un homme avec plus de talent que moi pourroit tirer de l'action des anges et des saints un genre de beautés qui balanceroit pour le moins les créations mythologiques. Ce n'est point condamner celles-ci, c'est seulement ajouter aux richesses des poëtes.

LIVRE VINGT-QUATRIÈME.

1re REMARQUE. — PAGE 320.

Depuis la ceinture jusqu'à la tête, etc.

Les détails de cette maladie de Galérius sont historiques, et je n'ai fait que traduire Lactance (*de Mort. Persecut.*). La réponse du médecin, rapportée dans mon texte un peu plus bas, est également vraie.

2e. — PAGE 321.

Cette franchise plonge Galérius dans des transports de rage.

Il n'en fut pas toujours ainsi : Galérius, dompté par la colère céleste, donna des édits en faveur des chrétiens ; mais il étoit trop tard, et la main de Dieu ne se retira point de dessus la tête du persécuteur.

LIVRE XXIV.

3ᵉ. — PAGE 321.

Les monts lointains de la Sabine, etc.

Cette belle couleur des montagnes de la Sabine a pu être remarquée par tous ceux qui ont fait le voyage de Rome.

4ᵉ. — PAGE 321.

Portant sur la tête une ombelle.

Espèce de chapeau romain pour se garantir du soleil.

5ᵉ. — PAGE 321.

La foule vomie par les portiques, etc.

Les ouvertures par où la foule débouchoit sur le théâtre s'appeloient vomitoires. J'ai fait cette description d'après la connoissance que j'ai du Colisée à Rome, des arènes à Nîmes et de l'amphithéâtre à Vérone. Pour les grilles d'or, les eaux parfumées, les statues, les tableaux, les vases précieux, on peut consulter la plupart des historiens latins ; et Gibbon (*Fall of the Roman Empire*) a réuni les autorités. On fit paroître quelquefois des hippopotames et des crocodiles dans des canaux creusés autour de l'arène. Je n'aurois pas osé fixer le nombre des cinq cents lions, si je ne l'avois pas trouvé rapporté dans une description des jeux. Les cavernes où l'on renfermoit les bêtes féroces avoient deux issues, l'une s'ouvrant en dehors et l'autre s'ouvrant en dedans de l'édifice. Certaines voûtes (*fornix*) servoient de lieux de prostitution. (HORACE.)

6ᵉ. — PAGE 322.

Comme aux jours de Néron, etc.

Dans une fête donnée par Tigellin à Néron, les premières dames romaines parurent mêlées dans les loges avec les courtisanes toutes nues.

7ᵉ. — PAGE 322.

On vous a donné un front de diamant, etc.

Écriture. Ce verset se lit encore aujourd'hui dans la *Fête des Martyrs*.

8ᵉ. — PAGE 322.

Composé à Carthage par Augustin, ami d'Eudore.

J'ai suivi une tradition qui attribue le *Te Deum* à saint Augustin. Ainsi, des deux amis de la jeunesse d'Eudore, l'un lui envoie son épouse chrétienne pour mourir avec lui, et l'autre compose un hymne pour sa mort.

9ᵉ. — PAGE 323.

Eudore, chrétien.

« On lui fit faire le tour de l'amphithéâtre, ayant devant lui un écriteau où on lisoit ces paroles en latin : « Attale, chrétien. » (Martyre de saint Pothin, *Actes des Martyrs,* t. I, p. 88.)

10ᵉ. — PAGE 323.

O Rome! j'aperçois un prince, etc.

Voilà, ce me semble, le règne de Constantin et le triomphe de la religion bien annoncés ; et cette prophétie est convenablement placée dans la bouche d'Eudore.

11ᵉ. — PAGE 323.

Vous ne serez point obligés, etc.

Allusion à la mort de Vitellius. Les soldats lui piquoient le menton avec la pointe de leur épée, pour le forcer à lever la tête.

12ᵉ. — PAGE 323.

Une seule étoit restée.

Petite circonstance préparée depuis longtemps dans le livre IXᵉ.

13ᵉ. — PAGE 324.

Les gladiateurs, selon l'usage, etc.

« Comme ils furent arrivés aux portes de l'amphithéâtre, on voulut leur faire prendre des habits consacrés par les païens à leurs cérémonies sacriléges : aux hommes, la robe des prêtres de Saturne, etc. » (*Act. Mart.,* in sanct. Perpet.)

14ᵉ. — PAGE 324.

Il se souvient du pressentiment qu'il eut jadis dans ce même lieu.

(Voyez le IVᵉ livre, à la fin.)

15ᵉ. — PAGE 324.

L'empereur n'étoit point encore arrivé.

Ceci donne le temps de retourner à Cymodocée et de montrer l'accomplissement de la scène dans le ciel pendant qu'elle s'achève sur la terre.

LIVRE XXIV.

549

16ᵉ. — PAGE 325.

Et vous, honneur de cette pieuse et fidèle cité.

Saint Pothin et saint Irénée, à Lyon.

17ᵉ. — PAGE 325.

Ils y mêlèrent trois rayons de la vengeance éternelle, etc.

On voit qu'il n'y a point de beautés dans la mythologie des anciens qu'on ne puisse transporter dans le merveilleux chrétien.. (Voyez Virgile sur les foudres de Jupiter.)

18ᵉ. — PAGE 325.

L'archange met un pied sur la mer et l'autre sur la terre.

« Et vidi alium angelum fortem descendentem de cœlo... Et posuit pedem suum dextrum super mare, sinistrum autem super terram. » (*Apocal.*, cap. x, v. 1 et 2.)

19ᵉ. — PAGE 325.

Rentre dans le puits de l'abîme, où tu seras enchaîné pour mille ans.

« Et vidi angelum descendentem de cœlo, habentem clavem abyssi et catenam magnam in manu sua, et apprehendit draconem, serpentem antiquum, qui est diabolus et Satanas, et ligavit eum per annos mille. » (*Apocal.*, cap. xx, v. 1 et 2.) Voilà l'action surnaturelle finie : Satan, Astarté, le démon de la fausse sagesse et de l'homicide sont replongés dans l'abîme. Le lecteur connoît le sort de tous les personnages surnaturels et humains qu'il a vus figurer dans l'ouvrage.

20ᵉ. — PAGE 326.

Il lève la tête et voit l'armée des martyrs, etc.

L'original de ce tableau est dans Homère, lorsqu'il peint les dieux détruisant la muraille des Grecs. Virgile l'a imité dans le IIᵉ livre de l'*Énéide*. Énée voit les dieux sapant les fondements de Troie et du palais de Priam. Le Tasse vient ensuite, et montre les milices célestes donnant le dernier assaut à Jérusalem, avec les Croisés vainqueurs. Enfin, je me suis servi de la même image pour représenter la chute des temples de l'idolâtrie.

21ᵉ. — PAGE 326.

Une échelle merveilleuse.

« J'aperçus une échelle toute d'or, d'une prodigieuse hauteur, qui touchoit de la terre au ciel... Asture y monta le premier... Étant heureusement arrivé au haut de l'échelle, il se tourna vers moi, et me dit : Perpétue, je vous attends. » (*Act. Mart.*, in sancta Perpetua.)

22ᵉ. — PAGE 326.

Elle peut à peine étouffer les sanglots de la piété filiale.

Une jeune fille de seize ans mise à une pareille épreuve, et qui la surmonte, ne peut être accusée de foiblesse. J'avoue que je n'aurois pas une opinion bien grande du jugement ni même du courage des chrétiens qui demanderoient plus d'héroïsme ; l'exagération en tout annonce la foiblesse.

Rien n'est beau que le vrai ; le vrai seul est aimable.

Il nous siéroit d'ailleurs assez mal à présent d'affecter le rigorisme en matière de religion : sondons bien nos cœurs, et voyons ce que nous sommes ; après cela nous ferons le procès à Cymodocée.

23ᵉ. — PAGE 328.

J'ai lu dans vos livres saints, etc.

Si la fille d'Homère ne connoît pas bien la religion chrétienne, du moins elle en a appris ce qu'il faut pour mourir.

24ᵉ. — PAGE 329.

Il tire de son doigt un anneau, etc.

« Ensuite, tirant de son doigt une bague, il la trempa dans son sang, et la donnant à Pudens : Recevez-la, lui dit-il, comme un gage de notre amitié, et que le sang dont elle est rougie vous fasse ressouvenir de celui que je répands aujourd'hui pour Jésus-Christ. » (*Act. Martyr.*, in sancta Perpetua.)

25ᵉ. — PAGE 329.

Votre père... il va connoître la vraie lumière.

Prophétie d'Eudore, qui fait voir la fin de Démodocus, et laisse le lecteur tranquille sur la destinée de ce malheureux vieillard.

26ᵉ. — PAGE 329.

O Cymodocée ! je vous l'avois prédit, etc.

Dans le xvᵉ livre, lors de la séparation des deux époux à Athènes.

LIVRE XXIV.

27e. — PAGE 330.

Je suis chrétien, je demande le combat.

Rien n'étoit plus commun que de voir des chrétiens se dénoncer tout à coup eux-mêmes, à l'aspect des tourments qu'on faisoit souffrir à leurs frères. Dorothée meurt ici, comme Polyeucte, en renversant les idoles : l'ardeur de son zèle, ses imprécations contre les idoles et les idolâtres, forment contraste avec la patience, la résignation et la modération d'Eudore.

28e. — PAGE 330.

Le pont qui conduisoit du palais, etc.

On prétend que Titus se rendoit de son palais à l'amphithéâtre par un pont que l'on abaissoit. On montre à tous les voyageurs l'endroit où ce pont tomboit sur le mur du Colisée.

29e. — PAGE 331.

Eudore craignoit qu'une mort aussi chaste, etc.

Quelques personnes auroient voulu qu'Eudore ne laissât pas échapper cette espèce de dernier soupir de la foiblesse humaine : il me semble, au contraire, que l'action d'Eudore est conforme à la nature, sans blesser en rien la religion. Lorsque sainte Perpétue marcha au martyre, « elle tenoit les yeux baissés, disent les Actes, de peur que leur grand brillant ne fît, contre sa volonté, ces effets surprenants qu'on sait que deux beaux yeux sont capables de faire. » (*Act. Martyr.*, in sanct. Perpet., traduct. de Maupertuys, t. I, p. 163.) Ceci, je pense, me justifie assez sous les rapports religieux ; car c'est un sentiment tout semblable qu'éprouve Eudore lorsqu'il ne veut pas que la mort de Cymodocée *soit souillée par l'ombre d'une pensée impure, même dans les autres*. J'espère aussi que ce n'est pas l'*expression* qu'on me reproche ; l'expression des Actes de sainte Perpétue est un peu plus franche et plus naïve que la mienne. Seroit-ce le dernier mouvement d'un amour chaste qui brûle dans le cœur d'un époux pour son épouse que l'on blâmeroit dans cette action ? Que penserons-nous alors de l'Olinde du Tasse, qui, attaché sur le bûcher du martyre avec Sophronie, entretient, non son *épouse*, mais son amante, de la passion qu'il sent pour elle ? Il faudroit bien, quand on se mêle de critiquer, savoir au moins ce que l'on dit, connoître les autorités, et ne pas courir les risques de montrer à la fois son défaut de jugement, son ignorance ou son manque de bonne foi.

30e. — PAGE 331.

On le voyoit debout, etc.

« On voyoit, dit Eusèbe, un jeune homme au-dessous de vingt ans qui se tenoit debout sans être lié, qui avoit les mains étendues en forme de croix, et qui prioit Dieu en la même place pendant que des ours et des léopards, qui ne respiroient que le sang, sautoient sur lui pour le mordre. » (Eusèbe, *Hist. eccl.*, liv. VIII, chap. VII, trad. du présid. Cousin.)

31ᵉ. — PAGE 332.

Ah! sauvez-moi!

C'est le cri de la nature. Si l'on a vu de jeunes missionnaires pousser des cris au milieu des tourments que leur faisoient endurer les sauvages, une pauvre jeune fille de seize ans ne pourra-t-elle avoir un instant peur d'un tigre qui accourt pour la dévorer? Disons plus : il y a quelque chose de révoltant à exiger plus de fermeté dans Cymodocée. Puissions-nous en pareil cas mourir avec autant de courage! Je me défie toujours de cet héroïsme qu'il est si aisé d'avoir au coin de son feu, quand on n'a point à combattre. Souvenons-nous de cette belle parole de l'Écriture : *Nec glorietur accinctus æque ut discinctus*. (*Reg.*, lib. III, cap. XX, v. 2.)

32ᵉ. — PAGE 332.

A l'instant la chaleur abandonne, etc.

Le rideau tombe. Il eût été aisé de développer les particularités du martyre; mais j'aurois présenté un spectacle affreux et dégoûtant. Toute la terreur, s'il y en a ici, se trouve placée avant l'apparition du tigre : le tigre une fois lâché dans l'arène, tout finit; et l'on ne voit rien de ce qu'on s'attendoit à voir. Cette tromperie est tout à fait commandée par l'art, et convient à mon sujet, qui doit montrer le martyre comme un triomphe et non comme un malheur. Ajoutez que dans les détails de la mort des deux jeunes époux l'imagination du lecteur eût toujours été plus loin que la mienne.

33ᵉ. — PAGE 332.

Les dieux s'en vont.

L'ouvrage finissoit ici; le paragraphe ajouté rend l'action plus complète.

Je ne puis dire avec quel plaisir je termine ces notes. Avoir à chaque phrase, et pour ainsi dire à chaque mot, à relever une erreur de la critique ; être sans cesse obligé de citer les autorités sur des points qui n'auroient pas souffert autrefois la plus légère difficulté; se rendre soi-même le juge de son livre, je ne crois pas qu'il y ait pour un auteur une tâche plus pénible. Quoi qu'il en soit, voilà mes ennemis à leur aise. Je n'attends d'eux aucune justice. Ils savent que je ne leur répondrai plus. Qu'ils triomphent en sûreté; qu'ils redoublent leurs outrages : j'aime mieux être la victime que l'auteur de leurs écrits.

FIN DES REMARQUES.

EXAMEN DES MARTYRS.

C'est avec un vrai chagrin que je me vois forcé à me défendre : ce rôle a quelque chose d'embarrassant et qui répugne surtout à mon caractère. Mais comme dans tout ce qui me concerne on feint de mêler les intérêts de la religion, ce grand nom m'oblige à des soins que je ne prendrois pas pour moi; mon devoir me fait une loi de repousser des traits qui peuvent tomber sur des choses saintes. Je vais donc examiner *Les Martyrs.*

Cet examen se divise naturellement en trois parties.

1º Examen des objections religieuses et morales faites contre *Les Martyrs* ;

2º Examen des objections littéraires ;

3º Changements faits aux premières éditions des *Martyrs,* et remarques ajoutées à chaque livre de l'ouvrage.

OBJECTIONS RELIGIEUSES ET MORALES.

Tout ce qu'on a dit contre *les Martyrs,* on l'a dit également et avec plus de force contre le *Génie du Christianisme :* « Système dangereux pour le goût; la religion compromise, moins défendue qu'outragée; ouvrage déplorable; ouvrage oublié; ouvrage mort en naissant, etc. »

Remarquons encore que les personnes qui semblent les plus effrayées des dangers auxquels *Les Martyrs* exposent la religion sont du nombre de celles désignées dans la *Défense du Génie du Christianisme.* « Que
« les consciences timorées, disois-je, se rassurent, ou plutôt qu'elles
« examinent bien, avant de s'alarmer, si les censeurs scrupuleux qui
« accusent l'auteur de porter la main à l'encensoir, qui montrent une

« si grande tendresse, de si vives inquiétudes pour la religion, ne
« seroient point des hommes connus par leur mépris ou leur indiffé-
« rence pour elle. Quelle dérision ! »

Ce soupçon tombe beaucoup mieux sur les adversaires des *Martyrs* : car en prenant contre moi la défense de la morale, de la pudeur et de la religion, ils ont laissé échapper de telles indécences et des plaisanteries si impies, que le fond de leurs sentiments s'est montré à découvert. Ils sont allés jusqu'à provoquer contre moi la censure ecclésiastique. Faydit, dans sa critique du *Télémaque*, emploie les mêmes insinuations : « Autrefois, dit-il, on déposoit les évêques qui s'avisoient d'écrire des romans. » Et à qui Faydit rappeloit-il noblement cet exemple? A Louis XIV, qui n'aimoit pas Fénelon, et qui croyoit voir dans le *Télémaque* la satire indirecte du gouvernement de la France. Quand la critique se sert de pareilles armes, il faut convenir qu'elle est bien forte.

Quel est le but qu'on se propose en m'attaquant ainsi sous les rapports religieux? Un but très-facile à voir. On suppose que mes *prôneurs* sont des *chrétiens;* que toute ma force est là. Il faut donc me rendre suspect à ce qu'on appelle *mon parti*, faire naître des doutes sur ma sincérité, alarmer des gens simples qui sont assez modestes pour régler leur jugement sur le jugement d'un journal. Mais l'artifice étoit trop grossier pour réussir. En voulant trop prouver contre *Les Martyrs*, on n'a rien prouvé : personne n'a pu croire qu'un homme qui depuis dix ans emploie toutes les foibles ressources de son esprit à la défense de la religion fût tout à coup devenu l'ennemi *adroit ou maladroit* de cette même religion.

Je n'avance rien au hasard, et je ne demande pas, comme mes ennemis, d'en être cru sur ma parole, quoique je ne l'aie jamais donnée en vain. Les chrétiens n'ont point trouvé que *Les Martyrs* exposassent la religion à des dangers; en voici la preuve :

Il y a en France une gazette appelée *Gazette ecclésiastique* ou *Journal des Curés*. Si quelque journal a le droit d'appeler une cause chrétienne à son tribunal, c'est sans doute celui-là. Il a paru dans cette feuille sept articles sur *Les Martyrs ;* ces sept articles sont tous en faveur de l'ouvrage : on en prend la défense contre les journalistes qui l'ont attaqué, on en conseille la lecture, on en fait l'apologie ; et c'est vraisemblablement un *prêtre* qui tient ce langage, tandis que des censeurs, qui rient sans doute en eux-mêmes quand ils se font les champions de l'autel, crient de toutes parts au scandale.

J'ai commencé par examiner la compétence de mes juges; passons à leurs objections.

La première roule sur cette question tant débattue depuis l'apparition du *Génie du Christianisme*, savoir : si le merveilleux de notre religion peut être employé dans l'épopée, et s'il offre autant de ressources au poëte que le merveilleux du paganisme?

Une chose singulière se présente au premier coup d'œil. Ne diroit-on pas, à voir la surprise de quelques critiques, qu'avant moi on n'eût jamais entendu parler d'épopée chrétienne? Ne semble-t-il pas que j'aie fait une découverte prodigieuse, inouïe ; que j'aie osé le premier mettre en action les anges, les saints, l'enfer et le ciel? Et nous avons le Dante, le Tasse, le Camoëns, Milton, Voltaire, Klopstock, Gessner!

Boileau condamne le merveilleux chrétien. D'accord ; mais quelques vers de Boileau anéantiront-ils *La Jérusalem, Le Paradis perdu, La Henriade?* Boileau ne peut-il pas être allé trop loin? Boileau a-t-il jugé sans retour le Tasse, Fénelon, Quinault? Il a paru une brochure imprimée à Lyon, où l'auteur, qui m'est inconnu, a bien voulu se déclarer en faveur des *Martyrs*. On ne peut réunir à des autorités plus graves une manière de raisonner plus saine. Je citerai souvent l'ouvrage de mon défenseur, en prenant seulement la liberté de retrancher un nom inutile ici, et d'adoucir l'expression d'une indignation vivement sentie. Cela me sera d'un grand soulagement, car rien n'est plus pénible que de parler de soi, et plus difficile de garder toutes les convenances en plaidant sa propre cause.

Que Boileau n'a pas été suivi aveuglément dans son opinion, comme on voudroit le faire entendre, c'est ce que le critique anonyme montre par des exemples frappants.

« Je choisirai, dit-il, mes autorités parmi des hommes qu'on ne sauroit accuser d'avoir voulu *égarer* les jeunes littérateurs et corrompre le goût.

« Le véritable usage de la poésie, dit Rollin, appartient à la religion,
« qui seule rappelle à l'homme son véritable bien, et qui ne le lui
« montre que dans Dieu... Aussi n'étoit-elle chez le peuple saint con-
« sacrée qu'à la religion... C'est ce qui a fait même chez les anciens
« peuples la première matière de leurs vers [1]. »

« Après avoir présenté les preuves de ces vérités, Rollin consacre un chapitre entier à montrer que c'est une erreur de croire qu'il faille *être païen dans la poésie;* et traçant rapidement un plan dont il exclut la *mythologie*, il termine par ces mots remarquables : « Un poëme épique,
« fait dans ce goût, *plairoit certainement,* et l'on n'y regretteroit ni les
« intrigues de Vénus, ni les serpents, ni le venin d'Alecto [2]. »

---

1. *Traité des Études*, t. I.   2. *Ibid.*

« L'abbé Batteux, dans son *Cours de Littérature,* entre dans plus de détails encore pour établir le même principe. On y trouve en quelque sorte le fond des idées qu'a développées M. de Chateaubriand dans son premier ouvrage. Ne pouvant tout citer, je me contenterai de rapporter les traits principaux :

« Malgré le respect que nous avons pour les idées de M. Despréaux,
« nous ne saurions croire que s'il venoit au monde un second Homère,
« il ne trouveroit pas dans l'histoire de la religion une matière capable
« d'exercer son génie. » Ici l'auteur présente la manière dont en ce cas le merveilleux chrétien auroit pu être employé, le sujet que le nouvel Homère auroit pu chanter, et il ajoute : « Il auroit démontré
« par l'exécution que le sublime et le sérieux de notre religion, bien
« loin d'être un obstacle invincible à l'épopée, y seroient la source des
« plus sublimes beautés. Quel fondement auroit servi d'appui à ce
« merveilleux? Le même qui a servi aux anciens, je veux dire la *per-*
« *suasion commune* des peuples pour qui on écrit [1]. »

« Il n'est pas hors de propos de remarquer ici que ce sont précisément les écrivains les plus *pieux* qui ont eu les mêmes idées que l'auteur des *Martyrs.* Toutefois ceux de nos littérateurs à qui l'on donne le nom de *philosophes* n'ont jamais avancé qu'il fallût être *païen* dans l'épopée, et que ce fût là une règle hors de laquelle on ne pouvoit que *s'égarer.*

« Marmontel, celui qui a le plus vanté le merveilleux de la mythologie, et dont les écrits fourniront toujours des articles presque tout faits aux critiques qui voudront déclamer contre l'épopée moderne [2], Marmontel, dis-je, s'exprime ainsi : « Avec de l'art, du goût et du
« génie, nos prophètes, nos anges, nos démons et nos saints peuvent
« agir *décemment* et *dignement* dans un poëme; et à la maladresse de
« Sannazar, du Camoëns, etc., on peut opposer les exemples du Tasse,
« de Milton, de l'auteur d'*Athalie,* de *La Henriade* [3]. »

« Voltaire, qui, pour le dire en passant, s'accorde avec Rollin sur l'origine de la poésie, loin de vouloir assujettir les jeunes littérateurs à la prétendue règle des nouveaux censeurs, laisse la plus grande liberté sur ce point :

« La machine du merveilleux, dit-il, l'intervention d'un pouvoir
« céleste, la nature des épisodes, tout ce qui dépend de la tyrannie de

---

1. *Principes de Littérature,* t. II.
2. Tout ce qu'on a dit de plus fort contre le merveilleux chrétien se trouve dans Marmontel, et souvent exprimé dans les mêmes termes.
3. Voyez l'*Encyclopédie,* au mot *Merveilleux.*

« la coutume et de cet instinct qu'on nomme goût, voilà sur quoi il y
« a mille opinions, et *point de règle générale*[1]. »

« Le Quintilien françois, La Harpe, qui donna, du moins dans un temps, la préférence au merveilleux de la mythologie, déclare formellement qu'il ne prétend pas *exclure la religion de l'épopée;* et il ajoute :

« J'ose *en cela m'écarter de l'avis de Despréaux*, et l'exemple du
« Tasse, confirmé par le succès, me paroît l'emporter sur l'autorité du
« critique. »

« Il seroit absurde, dit-il ailleurs, d'exiger dans un sujet moderne
« l'intervention des dieux de l'antiquité[2]. »

Telles sont les autorités rapportées par mon défenseur.

Donc, il est clair que Rollin, Voltaire, Batteux, Marmontel et La Harpe ont pensé qu'on pouvoit employer le merveilleux chrétien dans l'épopée. Il y a plus : Voltaire a fait un poëme avec ce merveilleux que l'on veut proscrire, et La Harpe a laissé plusieurs chants manuscrits d'une épopée chrétienne. Dans cette épopée, il y a un livre de l'*Enfer*, un livre du *Ciel;* on voit agir les saints, les anges et les prophètes; Dieu parle, Dieu prononce ses décrets; enfin, c'est un poëme chrétien dans toute l'étendue du mot. Si ce poëme eût paru du vivant de La Harpe, on se seroit donc écrié que le Quintilien françois étoit le corrupteur du goût, et qu'il avoit profané la religion? Disons la vérité : on n'a jamais voulu m'entendre; on a toujours fait de la chose la plus simple la question la plus embrouillée.

Voici les faits tels qu'ils sont :

J'ai dit :

1° Si l'on veut traiter un sujet épique tiré de l'histoire moderne, il faut nécessairement employer le merveilleux chrétien, puisque la religion chrétienne est aujourd'hui la religion des peuples civilisés de l'Europe.

J'ai dit :

2° Si nous ne voulons pas faire usage de ce merveilleux, il faut ou renoncer à l'épopée, ou placer toujours l'action de cette épopée dans l'antiquité. Et pourquoi donc abandonner absolument le droit si doux de chanter la patrie?

Que les critiques se contentent de répondre : « Nous convenons qu'on ne peut avoir une épopée moderne sans employer le merveilleux chrétien; mais nous regrettons le merveilleux du paganisme, parce qu'il offre plus de ressources aux poëtes, » j'entendrai ce langage.

Je répondrai à mon tour :

---

1. *Essai sur la Poésie épique.*   2. *Cours de Littérature,* t. I.

« En admettant votre sentiment, tout ce que j'avance se réduit à ceci : Voilà deux lyres, l'une antique, l'autre moderne. Vous prétendez que la première a de plus beaux sons que la seconde ; mais elle est brisée, cette lyre : il faut donc tirer de celle qui vous reste le meilleur parti possible. Or, je veux essayer de vous apprendre que cet instrument moderne, selon vous si borné, a des ressources que vous ne connoissez pas ; que vous pouvez y découvrir une harmonie nouvelle ; qu'il a des accents pathétiques et divins ; en un mot, qu'il peut, sous une main habile, remplacer la lyre antique, bien qu'il donne une suite d'accords d'une autre nature et qu'il soit monté sur un mode différent. »

Je le demande : cela n'est-il pas éminemment raisonnable ? Voilà pourtant tout ce que j'ai dit. Faut-il crier si haut ? Qu'y a-t-il dans ces principes de contraire aux saines traditions, au goût même de l'antiquité ? Ai-je le droit d'avancer qu'on peut trouver de grandes beautés dans le merveilleux chrétien, quand *La Jérusalem délivrée, Le Paradis perdu* et *La Henriade* existent ?

L'évidence de cette doctrine est telle, que si le critique le plus opposé à mes idées entreprenoit de faire demain une épopée sur un sujet françois, il seroit obligé d'employer le merveilleux qu'il proscrit. Si, par humeur, on s'écrie : « Eh bien ! n'ayons point d'épopée, puisqu'il faut se servir du merveilleux chrétien, » alors je n'ai plus rien à répliquer, et je conviendrai même que c'est être conséquent dans son opinion. Mais que penseroit-on d'un homme qui, regrettant un palais tombé en ruine, refuseroit de se bâtir un nouvel édifice parce qu'il seroit forcé d'employer un autre ordre d'architecture ? Un compatriote du Camoëns, du Tasse, de Milton, seroit bien surpris de me voir établir en forme une chose qui lui paroîtroit ne pas mériter la peine d'être prouvée. Nous avons quelquefois en France une horreur du bon sens très-singulière.

On feint de me regarder comme un homme entêté d'un système, qui le suit partout, qui le voit partout : pas un mot de cela. Je ne veux rien changer, rien innover en littérature ; j'adore les anciens ; je les regarde comme nos maîtres ; j'adopte entièrement les principes posés par Aristote, Horace et Boileau ; *L'Iliade* me semble être le plus grand ouvrage de l'imagination des hommes, *L'Odyssée* me paroît attachante par les mœurs, *L'Énéide* inimitable par le style ; mais je dis que *Le Paradis perdu* est aussi une œuvre sublime, que *La Jérusalem* est un poëme enchanteur, et *La Henriade* un modèle de narration et d'élégance. Marchant de loin sur les pas des grands maîtres de l'épopée chrétienne, j'essaye de montrer que notre religion a des grâces, des accents, des tableaux, qu'on n'a peut-être point encore assez développés : voilà toutes mes prétentions ; qu'on me juge.

Quant aux lecteurs véritablement pieux qui pourroient trouver que j'attache trop d'importance à prouver l'excellence du christianisme jusque dans les jeux frivoles de la poésie, je leur mettrai sous les yeux une très-belle réflexion de mon défenseur anonyme :

« Si les écrivains, dit-il, qui proscrivent le merveilleux chrétien eussent sérieusement réfléchi sur l'influence et les résultats de cette doctrine littéraire, il me semble que jamais ils n'auroient eu le courage d'adopter un principe dont les conséquences sont si importantes et si graves. En effet, soutenir une telle opinion, n'est-ce pas dire que le christianisme, en remplaçant les ridicules imaginations du polythéisme, a éteint pour jamais le feu sacré de la véritable poésie, et que la religion et la patrie, c'est-à-dire les deux choses les plus chères au cœur de l'homme, ne peuvent désormais être chantées par ceux auxquels est échue en partage l'espèce de talent qui donne le premier rang parmi les écrivains? N'est-ce pas condamner à l'oubli les événements les plus marqués par l'action de la Providence, les exploits des héros et des guerriers, la gloire des législateurs, des bons princes, des bienfaiteurs des nations? N'est-ce pas décider en quelque sorte que la poésie épique ne sauroit reparoître dans tout son éclat, qu'autant que, par l'abrutissement le plus déplorable, nous viendrions à retomber dans l'idolâtrie? idolâtrie qui, par un effet bizarre, donneroit un nouvel essor au génie, en même temps qu'elle anéantiroit les plus pures lumières de la raison? N'est-ce pas prétendre que si le christianisme eût existé au temps d'Homère et de Virgile, ces poëtes immortels n'auroient pu laisser à la postérité des monuments aussi beaux que ceux qu'ils nous ont transmis? En un mot, n'est-ce pas dire que sans le paganisme il n'y eût jamais eu d'épopée, et qu'il falloit que l'univers fût ignorant et barbare pour que nous eussions un chef-d'œuvre? »

Cette dialectique est pressante, et je ne sais pas ce que l'on pourroit répliquer.

Si l'on ne peut, contre les lumières de la raison, proscrire absolument le christianisme de l'épopée moderne, on l'attaque du moins dans ses détails.

« Le Dieu des chrétiens, s'écrie-t-on, prévoyant l'avenir, et le forçant pour ainsi dire à être, parce qu'il l'a prévu ; ce Dieu prononçant sans appel, sans retour, détruit l'intérêt de l'épopée : le lecteur sait tout au premier mot ; il n'a plus rien à deviner. Le Jupiter d'Homère, au contraire, tantôt prenant parti pour les Troyens, tantôt pour les Grecs, est lui-même soumis au destin, etc. »

Je conviens que le dénoûment est prévu dès l'exposition des *Martyrs*, mais c'est un reproche qu'il faut faire à toutes les épopées, ainsi qu'à plusieurs tragédies, entre autres aux chefs-d'œuvre de la scène[1]. Dès les premiers vers de *L'Odyssée* on apprend qu'Ulysse, après avoir renversé les murs de Troie, erre au gré de la fortune chez tous les peuples et sur toutes les mers; un peu plus loin, Jupiter annonce le retour du héros dans sa patrie; Minerve, sous la figure de Mentor, prédit ce retour à Télémaque. Au cinquième livre, Jupiter envoie Mercure déclarer au roi d'Ithaque qu'il doit quitter l'île de Calypso; qu'il arrivera dans l'île de Schérie; qu'il y sera reçu comme un dieu; que les Phéaciens le combleront de présents, le reconduiront dans sa patrie, où il jouira du bonheur de revoir son palais et les champs de ses aïeux.

Dans *L'Iliade*, l'accomplissement de l'action est encore bien plus marqué. Jupiter dit, en toutes lettres, qu'Hector repoussera les Grecs tant que le fils de Pélée ne se montrera pas à la tête de l'armée, et que celui-ci ne prendra les armes que le jour où l'on combattra pour le corps de Patrocle auprès des vaisseaux. Homère a craint que cela ne fût pas encore assez clair : car Jupiter, répétant ailleurs la même déclaration, ajoute que Patrocle tuera Sarpédon; que ce même Patrocle sera tué par Hector; qu'Achille, à son tour, plongera sa lance dans le sein d'Hector, et qu'alors les Grecs renverseront les remparts d'Ilion. Voyez le huitième et le quinzième livre de *L'Iliade*.

Lamothe fait à ce sujet contre *L'Iliade* la même objection que l'on fait contre *les Martyrs*. Après le premier passage que j'ai cité, il prétend que tout intérêt est détruit dans *L'Iliade*. Or, ce passage se trouve au huitième livre du poëme; de sorte que les seize derniers livres seroient sans aucun agrément. Cependant, ces seize derniers livres renferment la séduction de Jupiter par le moyen de la ceinture de Vénus, la mort de Patrocle, les funérailles de ce guerrier, la description du bouclier d'Achille, le combat des dieux, la mort d'Hector, la douleur d'Andromaque, et l'entrevue de Priam et d'Achille.

Dans *L'Énéide*, même inconvénient. Les sept premiers vers, en commençant le poëme par *Arma virumque cano*, apprennent aux lecteurs qu'Énée, longtemps poursuivi par la colère de Junon, abordera enfin en Italie, qu'il livrera de rudes combats pour établir ses dieux dans le Latium et pour y fonder la cité d'où sortira le peuple latin, les rois d'Albe et l'empire de la grande Rome. Jupiter apprend ensuite à Vénus l'histoire entière d'Énée et de ses descendants.

1. Il y a des tragédies dont le titre seul annonce le dénoûment, telles que *La Mort de César, La Mort de Pompée*, etc.

La première strophe de *La Jérusalem* nous annonce que Godefroi délivrera le sépulcre de Jésus-Christ ; qu'en vain l'enfer s'armera contre lui, etc.

Milton déclare qu'il chante la désobéissance de l'homme et le fruit défendu qui fit entrer la mort dans le monde, etc.

Ainsi, que le Dieu des chrétiens prononce des arrêts irrévocables, que le Jupiter des païens change de passions ou de projets, il n'en est pas moins vrai que dans toute épopée la catastrophe est prévue d'avance. Est-ce un reproche que l'on doive faire à l'art? Je ne le crois pas. Il eût été facile aux poëtes de masquer leur but et de laisser les lecteurs dans l'incertitude ; mais je ne pense point que l'intérêt du poëme épique tienne à de petites surprises de romans, à des péripéties vulgaires. L'épopée tire cet intérêt du pathétique, de la richesse des tableaux, et surtout de la beauté du langage.

Disons quelque chose de plus : il n'est pas rigoureusement vrai que le Dieu de l'Écriture accomplisse toujours ses desseins ; saint Augustin reconnoît que Dieu change quelquefois ses conseils. La justice du Tout-Puissant, par rapport à l'homme, n'est souvent que comminatoire, la miséricorde éternelle marche avec l'éternelle justice.

Ce sont là les inconcevables mystères de la grâce, les profondeurs impénétrables de la charité divine : Dieu permet que les prières des hommes ébranlent ses immuables décrets. Abraham ose entrer en contestation avec le Seigneur sur la destruction des villes coupables ;

« Seigneur, dit-il, perdrez-vous le juste avec l'impie? Peut-être y a-t-il cinquante justes dans cette ville : les ferez-vous aussi périr? »

« Si je trouve dans Sodome cinquante justes, dit le Seigneur, je pardonnerai à cause d'eux à toute la ville. »

La puissance éternelle, pour ainsi dire vaincue par la voix suppliante du patriarche, se réduisit à demander dix justes : ils n'y étoient pas! Ninive fut condamnée ; Ninive fut sauvée par la pénitence. Magnifique privilége des larmes de l'homme, que pourroit-on vous préférer dans cette odieuse idolâtrie, où les pleurs couloient vainement sur des autels d'airain, où des divinités inexorables contemploient avec joie les inutiles malheurs dont elles accabloient les mortels? Ne renonçons point à nos droits sur les décrets de la Providence : ces droits sont nos pleurs. Qui de nous est assuré de n'en jamais répandre? Qui sait si ce Tout-Puissant, qu'on nous veut peindre inflexible, ne nous a pas pardonné nos excès criminels, par le mérite du sang et des larmes de quelques-unes de nos victimes?

Vient ensuite l'objection contre les fonctions des anges. On s'est avancé jusqu'à dire que les anges présentés dans *Les Martyrs* ne sont point les anges honorés par les chrétiens; qu'on peut ainsi se permettre d'en rire, etc.

Il devroit me suffire de citer l'autorité des poëtes. Je ne sache point qu'on ait demandé compte au Tasse, à Milton, à Klopstock, à Gessner, de la manière dont ils font voyager, parler, les messagers du Très-Haut; mais quand il s'agit de me juger, on dénature toutes les questions. Écoutons donc encore mon défenseur; c'est lui qui parle:

« Le nom d'*ange* veut dire *envoyé, messager, ambassadeur*[1]. Si l'on eût réfléchi sur cette signification, on n'auroit pas été surpris que des *ambassadeurs* allassent en *ambassade*.

« Si l'on eût jeté un coup d'œil sur le catéchisme, on y auroit remarqué que Dieu *envoie ses anges pour veiller sur nous et être les ministres de notre salut*[2].

« Si on avoit lu la *Bible*, on y auroit vu que quand *le Dieu qui d'un mot a éclairé l'univers jusque dans ses immenses profondeurs* veut faire connoître ses volontés aux hommes, les punir, les récompenser, annoncer la naissance des personnages célèbres, conduire ses serviteurs dans leurs voyages, leur donner des épouses vertueuses, il le fait par le ministère de ses anges[3]; on y auroit vu les maladies, les infirmités, la mort, les tempêtes, les stérilités, les guerres, les malheurs attribués aux mauvais anges[4]; on y auroit vu les anges de lumière en présence des anges des ténèbres, les bons anges luttant contre les mauvais[5]; on y auroit vu, chose qu'on n'eût pas manqué de reprocher à l'auteur des *Martyrs*, si celui-ci en eût fait usage, les anges prendre quelquefois le nom du Seigneur *Elohim,* et même le nom sacré et incommunicable de *Jéhovah*[6].

---

1. Voyez dans le *Dictionnaire hébraïque*, au mot *Malach*, et dans le *Dictionnaire grec*, au mot Ἄγγελος. Les noms propres des anges indiquent également leur ministère. *Michael* signifie semblable à Dieu; *Gabriel*, force de Dieu, etc.; ce n'est qu'à cause de la nature de leurs fonctions qu'on les représente avec des ailes.
2. Voyez le *Catéchisme*, p. 173.
3. Voyez dans la *Bible* l'histoire d'Isaac, de Samson, de Jean-Baptiste, de Jésus-Christ; l'histoire de Tobie, l'embrasement de Sodome, la défaite de Sennachérib; l'apparition des anges à Abraham, à Agar, à Daniel, à Zacharie, etc.
4. Voyez, entre autres, le 1er livre des *Paral.*, xxii, 1; le 3e liv. des *Rois*, ch. xxii, v. 21, et le psaume lxxvii, v. 49, où on lit: *Misit in eos iram indignationis suæ, indignationem et iram et tribulationem, immissiones per angelos malos.*
5. Voyez Job, chap. i, v. 6, et Zacharie, chap. iii, v. 1 et 2.
6. Voyez la *Genèse*, chap. xvi, v. 13, et l'*Exode*, chap. iii, v. 4; *Ibid.*, xxii, 20. Voyez aussi le *Dictionnaire de la Bible* et la *Dissertation* de dom Calmet sur ces passages.

« Si on eût examiné les passages des saints Pères sur ce point[1], on auroit vu saint Ambroise, saint Hilaire, saint Grégoire de Nazianze, saint Jérôme, parlant, d'après l'Écriture, des anges qui président aux actions des hommes, aux monarchies, aux empires, aux provinces, aux nations, aux lieux saints, etc.; on auroit vu dans Tertullien l'ange du baptême, l'ange de la prière[2]; on auroit vu dans Origène l'énumération des mauvais anges, l'ange de l'avarice, l'ange de la fornication, l'ange de l'orgueil, etc.[3]; et alors on auroit reconnu que les *petits moyens* employés par M. de Chateaubriand lui ont été fournis par le témoignage unanime de l'Écriture et de la tradition.

« Mais peut-être les Pères de l'Église que je viens de citer *ont-ils aussi diminué l'idée que nous devons avoir de notre Dieu*, et peut-être leurs *anges* ne méritent-ils pas plus de respect que ceux de M. de Chateaubriand? En ce cas, il me reste encore une autorité à citer.

« Si on avoit lu les écrits immortels d'un homme plus grand en matière de religion que tous les hommes de son siècle, qui cependant porte encore sans réclamation le nom de grand, d'un homme qui a parlé de la Divinité d'une manière si sublime, que la postérité a dit de lui qu'il sembloit avoir assisté aux conseils du Très-Haut, on y auroit lu :

« Quand je vois dans les prophètes, dans l'*Apocalypse* et dans
« l'*Évangile* même, cet ange des Perses, cet ange des Grecs, cet ange
« des Juifs, l'ange des petits enfants, qui en prend la défense devant
« Dieu contre ceux qui les scandalisent, l'ange des eaux, l'ange du
« feu, et *ainsi des autres;* et quand je vois parmi tous ces anges
« celui qui mit sur l'autel le céleste encens des prières, je reconnois
« dans ces paroles une espèce de médiation des saints anges; *je vois*
« *même le fondement qui peut avoir donné occasion aux païens de dis-*
« *tribuer leurs divinités dans les éléments et dans les royaumes pour y*
« *présider: car toute erreur est fondée sur quelques vérités dont on*
« *abuse.* Mais à Dieu ne plaise que je voie rien dans toutes ces expres-
« sions de l'Écriture qui blesse la médiation de Jésus-Christ, que tous
« les esprits célestes reconnoissent comme leur Seigneur, ou qui
« tienne des erreurs païennes, puisqu'*il y a une différence infinie entre*
« *reconnoître, comme les païens, un Dieu dont l'action ne puisse*
« *s'étendre à tout,* ou qui ait besoin d'être soulagé par des subalternes,
« à la manière des rois de la terre, dont la puissance est bornée, et

---

1. Voyez ces divers passages dans dom CALMET.
2. Voyez TERTULL., *de Oratione*, 12; *de Baptis.*, 5, 6.
3. Voyez ORIG., *hom.* XV, *in Josue.*

« un Dieu qui, faisant tout et pouvant tout, honore ses créatures en
« les associant, quand il lui plaît, et à la manière qu'il lui plaît, à son
« action. »

« L'homme qui *attribue ces petits moyens* au *suprême Ordonnateur des mondes*, et qui *nuit* ainsi *à la poésie et à la religion*, se nomme Bossuet[1] ; et je prie de remarquer qu'il n'écrivoit ce que l'on vient de lire que « pour combattre la GROSSIÈRE IMAGINATION *de ceux qui croient*
« *toujours ôter à Dieu tout ce qu'ils donnent à ses saints et à ses anges*
« *dans l'accomplissement de ses ouvrages*[2]. »

Mon défenseur ne me laisse presque plus rien à dire. Comment se fait-il que dans le siècle où nous sommes il y ait des critiques assez peu instruits des choses dont ils se mêlent de parler pour s'exposer à recevoir de pareilles leçons? Y a-t-il des chrétiens assez ignorants des vérités de la foi pour avoir été dupes des assertions de ces théologiens équivoques? Couronnons les autorités produites ci-dessus par une autorité qui seule les vaut toutes.

Le Fils de l'Éternel va donner son sang pour racheter les hommes.

« Jésus alla, selon sa coutume, à la montagne des Oliviers... Il se mit à genoux, et fit sa prière en disant :

« Mon Père, éloignez de moi, s'il vous plaît, ce calice! Néanmoins,
« que ce ne soit pas ma volonté qui se fasse, mais la vôtre. »

« Alors il lui apparut un *ange* du ciel, qui le *fortifia*. »

Cet ange agissoit donc en contradiction avec la volonté directe et du Fils et du Père? Et combien cet ange doit ici paroître à mes censeurs petit, foible, déplacé! car ce n'est pas un homme qu'il vient secourir, c'est le Fils même de l'Éternel! Que lui sert, d'ailleurs, de s'interposer entre les personnes divines, puisqu'il ne peut arracher à la croix le Sauveur du monde? L'Évangile vous répond : Il le *fortifioit!*

Ce dernier mot nous fait voir qu'une critique irréfléchie en se récriant contre le ministère des anges a attaqué une des doctrines les plus belles, les plus consolantes, les plus *poétiques* du christianisme.

On a dit : « Le Dieu des chrétiens sachant tout, ordonnant tout, il est ridicule de le voir employer des anges pour exécuter sa volonté, qui s'exécute d'elle-même. C'est bien pis quand ses anges agissent comme s'ils pouvoient changer ses décrets. Les anges qui viennent inspirer Eudore dans le sénat ne jouent-ils pas un rôle absurde, puisque l'Éternel veut laisser triompher l'enfer? etc. »

La première réponse à cette objection se trouve dans l'admirable

---

1. Voyez Bossuet sur l'*Apocal.*, n° XXVII. 2. *Ibid.*

passage de Bossuet, rapporté plus haut : « Il y a une différence infinie entre reconnoître, comme les païens, un Dieu dont l'action ne puisse s'étendre à tout, ou qui ait besoin d'être soulagé par des subalternes, à la manière des rois de la terre, dont la puissance est bornée, et un Dieu qui, faisant tout et pouvant tout, honore ses créatures en les associant, *quand il lui plaît, et à la manière qui lui plaît*, à son action. »

Oui, Dieu associe *de la manière qui lui plaît* ses anges à son action. Comment cela? Le voici :

Dieu a prononcé notre arrêt; mais est-ce tout? Tout est-il fini? De quelle manière cet arrêt s'accomplira-t-il? N'aurons-nous aucun délai? Le coup partira-t-il avec la sentence? Si Dieu est notre juge, n'est-il pas notre père? Il appelle ses anges.

« Allez, leur dit-il, adoucissez mes décrets; portez la consolation dans le cœur de ceux que je veux affliger pour leur bien; secourez-les contre ma propre colère; combattez l'enfer qui triomphera, parce que je le veux, mais qui ne fera pas tout le mal qu'il pourroit faire si vous ne vous opposez à sa rage; recueillez les larmes que je vais faire couler; présentez-les à mon tabernacle. Je commets à vos soins l'empire de ma miséricorde, et je me réserve celui de ma justice. »

Qui rejettera cette doctrine? Qui n'y trouvera une foule de beautés touchantes? Les anges sont des amis invisibles, que Dieu nous a donnés pour nous protéger, pour nous consoler ici-bas. Un homme est condamné à perdre la tête sur l'échafaud; il n'a plus qu'un instant à passer sur la terre : ses amis l'abandonnent-ils parce que le juge a prononcé? Ils pénètrent dans les cachots, ils viennent s'associer aux douleurs d'un infortuné, et le soutenir dans ce moment d'épreuve : ces anges de la terre, comme les anges célestes, après lui avoir prodigué les derniers secours de l'amitié, lui promettent de se rejoindre à lui dans des régions plus heureuses.

Je passe à la grande accusation : « J'ai fait, disent les ennemis des *Martyrs*, un mélange profane des autorités païennes et des puissances divines honorées par les chrétiens; j'ai confondu le merveilleux des deux religions, etc. »

Mon défenseur me fournira d'abord une partie de la réponse.

« A l'époque où M. de Chateaubriand place l'action qui fait le sujet de son livre, les chrétiens étoient entourés de païens, et vivoient au milieu d'eux. Quelquefois ils appartenoient à la même famille et habitoient sous le même toit. Liés par une origine commune, par le sang ou par l'amitié, il ne se passoit aucun jour qu'il ne fût question de la religion nouvelle, qui faisoit alors des progrès si rapides. Il seroit même absurde de supposer qu'ils ne s'en entretinssent pas habituellement, les uns pour la propager ou la défendre, les autres pour la connoître et l'embrasser, ou très-souvent pour la combattre et en persécuter les sectateurs. Rien ne devoit donc être plus ordinaire que d'entendre parler dans une même conversation de Jésus-Christ et des divinités de l'empire, et de voir opposer Jupiter au vrai Dieu.

« Si on eût rappelé ces faits en rendant compte des *Martyrs,* si on eût dit aux lecteurs que les personnages qui figurent dans ce livre professent une religion différente, que chacun y parle conformément à sa croyance, et qu'ainsi, selon le changement d'interlocuteurs, on a tour à tour sous les yeux le langage d'un disciple de Jésus-Christ et celui d'un adorateur des idoles, on eût indiqué par ce moyen, de la manière la plus simple, ce qu'a fait M. de Chateaubriand. On n'eût vu en cela rien que de naturel, et l'on eût loué l'auteur d'avoir fidèlement suivi une marche qui lui étoit prescrite par le temps et le lieu de l'action ainsi que par le caractère de ses héros...

« On a feint constamment d'ignorer que ce n'est pas *confondre* deux objets que de les placer à côté l'un de l'autre, en les présentant avec les différences qui les *distinguent*; et parce que dans la même page une fille d'Homère parle en prêtresse des Muses et un chrétien en chrétien, il ne lui en faut pas davantage pour assurer que *Jéhovah et Jupiter sont confondus,* et que l'un est *rival* de l'autre. Avec cette logique, on peut faire une imputation tout aussi grave à Corneille dans *Polyeucte,* à Voltaire dans *Zaïre,* et même à Racine dans *Esther*...

« Le mélange du sacré et du profane est un grand scandale. — « Dans ce poëme bizarre la religion devient une fable. »

« Ne s'imagineroit-on pas, d'après ce langage, que M. de Chateaubriand, à l'exemple de quelques poëtes des siècles passés, faisoit revivre les divinités du paganisme pour les associer au vrai Dieu et à ses anges? Qui n'auroit cru que mettant les uns et les autres sur la même ligne, comme Sannazar ou comme le Camoëns, il leur prêtoit indistinctement les mêmes attributs et la même autorité, mettoit Jupiter, Mars, Bacchus, avec les saints, et plaçoit Pluton, Cerbère et les Centaures à côté de Satan [1]?

« Heureusement ces sottises et ces fables n'existent que dans l'esprit de ceux qui s'en sont rapportés aux journaux. On ne voit dans *Les Martyrs* que l'action d'un Dieu unique, employant, conformément à la croyance chrétienne, le ministère des intelligences auxquelles il confie l'exécution de ses volontés. S'il y est question des faux dieux, ce n'est

---

1. Voyez le poëme *de Portu Virginis,* et *La Lusiade.*

jamais que de la part de ceux qui, étant païens, croient à leur pouvoir; et loin qu'il y ait une *confusion* réelle, la *distinction* ne sauroit être mieux établie, et la supériorité plus marquée en faveur de la vraie religion. Je me refuse au plaisir de citer; mais on peut à toutes les pages du livre vérifier ce que j'avance. Je ne pense pas au reste qu'il en soit besoin. La force de la vérité est telle que, sans le vouloir, ses ennemis lui rendent souvent hommage au moment même où ils ne songent qu'à l'outrager. S'il est un endroit des *Martyrs* qui puisse fournir un prétexte pour accuser M. de Chateaubriand de ce prétendu mélange, c'est sans doute le deuxième livre, dans lequel Cymodocée chante les dieux et les muses, tandis qu'Eudore célèbre la grandeur du Dieu d'Israel en présence de Cyrille [1]; et cependant écoutons l'aveu involontairement échappé à un homme qui ne voit que *confusion* partout.

« L'auteur, dit-il, fait un tableau charmant d'une famille chrétienne. La situation est piquante par *le contraste* des deux religions. M. de Chateaubriand s'y montre avec tout son talent, c'est-à-dire qu'il en a beaucoup. »

« Or, ce *contraste* des deux religions, qui *produit des situations piquantes,* règne d'un bout de l'ouvrage à l'autre. Nulle part on ne les trouve *mêlées* et *confondues.* »

Ainsi parle mon défenseur.

Véritablement, l'objection tirée de la prétendue confusion des cultes dans *Les Martyrs* est si peu solide, qu'on s'étonne qu'elle ait jamais été faite : c'est vouloir que le IVe siècle de notre ère ne soit pas le IVe siècle. J'ai parlé comme l'histoire, et jamais poëte n'observera plus strictement la vérité des mœurs. Ceux qui ne peuvent lire les originaux peuvent du moins consulter Crevier : ils y verront à chaque page les chrétiens et les païens figurer ensemble. Ici se forme un concile, là se réunit une assemblée des prêtres de Cybèle; plus loin les chrétiens célèbrent la Pâque et les païens courent aux temples de Flore et de Vénus; l'autel de la Victoire est au Capitole, celui du Dieu des armées dans les Catacombes; un édit de Dioclétien porte le sceau des divinités de l'empire, la lettre apostolique d'un évêque est souscrite du signe sacré de la croix. Ce mélange se retrouve jusque dans les Actes des Martyrs : le bourreau interroge au nom de Jupiter, et la victime répond au nom de Jésus-Christ. On a dit qu'il falloit ignorer les premiers éléments de l'histoire, ou bien être de la plus insigne mauvaise foi, pour

---

1. Il est à propos de remarquer qu'en cette circonstance Cyrille ne manque pas de blâmer le sujet des chants de Cymodocée.

m'accuser d'avoir confondu le profane et le sacré dans *Les Martyrs* : je ne vais pas si loin ; je crois à la science et à la candeur de certains critiques. A la vérité, ils ne se sont peut-être pas abaissés jusqu'à lire la *Vie des Saints* : leur génie est au-dessus d'une pareille étude ; mais si mon heureuse étoile leur avoit fait jeter un moment les yeux sur ces contes déplorables, ils auroient vu que je ne suis qu'un *copiste* fidèle.

On a généralement remarqué le moment où Démodocus, se jetant aux pieds de Cymodocée, la conjure de renoncer à Jésus-Christ : eh bien, le fond de cette scène est emprunté de l'entrevue de sainte Perpétue et de son père ! Il y a donc confusion de religion, mélange impie dans cette épreuve du martyre de Perpétue? Le père de cette femme sainte étoit païen, car Perpétue observe qu'il étoit le seul de sa famille qui ne tirât aucun avantage de sa mort.

Un peu de cette bonne foi dont mes censeurs parlent tant, un peu de justice leur suffiroit pour convenir que ce qui fait l'objet de leur critique devroit être celui de leurs éloges. L'abondance, et, comme auroient dit les Latins, la félicité de mon sujet, tient précisément au choix de ce sujet, qui met à ma disposition, sans profanation et sans mélange, les beautés d'Homère et de la Bible, la peinture d'un monde vieillissant dans l'idolâtrie et d'un monde rajeuni dans le sein du christianisme. Quiconque eût pris comme moi le fond d'une épopée dans l'histoire de Constantin eût nécessairement montré comme moi la fable auprès de la vérité. Et ne voit-on pas dans *La Jérusalem* des mahométans et des chrétiens? N'y a-t-il pas des mosquées où l'image de Marie est transportée par l'ordre d'un magicien? A-t-on jamais fait au Tasse le reproche bizarre d'avoir confondu Jésus-Christ et Mahomet? Non-seulement le Tasse a eu raison de représenter les deux religions ensemble, mais peut-être a-t-il eu tort de ne pas tirer plus de parti du Coran et des traditions de l'islamisme.

Cette objection, une fois résolue, fait disparoître une misérable chicane, suite naturelle de cette misérable objection :

« Vos personnages, dit-on, ne doivent pas s'entendre. »

Quel homme de bon sens ne voit pas que des hommes vivant sous le même empire, quoique professant différentes religions, ont de nécessité une connoissance générale de leurs cultes respectifs? Au IVe siècle Jésus-Christ n'étoit ignoré de personne, pas même de la plus vile populace, qui crioit sans cesse : « Les chrétiens aux bêtes ! » Souvent la moitié d'une famille étoit chrétienne et l'autre païenne, comme nous l'avons déjà montré par l'exemple de sainte Perpétue. Je demande si lorsque des païens et des chrétiens conversoient ensemble, et qu'ils venoient à nommer Jésus-Christ et Jupiter, je demande s'ils s'interrompoient les uns les autres pour se dire : Qu'est-ce que Jésus-Christ ? qu'est-ce que Jupiter ? Quand les premiers apologistes portent la parole à des empereurs païens, à des juges païens, à tout un peuple idolâtre, ne s'énoncent-ils pas au nom de Jésus-Christ ? Il faut donc soutenir que Tertullien faisoit une chose absurde lorsqu'il discouroit sur la résurrection, sur l'incarnation et sur plusieurs autres mystères, en s'adressant aux gentils ? L'*Apologie* de Minucius Félix est un dialogue à la manière de Platon, dans lequel un philosophe, un païen et un chrétien s'entretiennent du culte des faux dieux et du culte du Dieu véritable. A l'époque de l'action des *Martyrs*, le Rédempteur du monde étoit si parfaitement connu, que l'on avoit égorgé neuf fois ses serviteurs. Franchement, s'il y a une objection raisonnable à faire, c'est plutôt contre l'ignorance où paroît être Cymodocée touchant l'existence des chrétiens. Les Turcs et les Grecs habitent aujourd'hui les mêmes villes. Quand un Turc s'écrie : « Mahomet ! Allah ! » et qu'un pauvre Grec lui répond : « Christos ! » le maître et l'esclave sont-ils si fort étonnés ? Je dis plus : non-seulement des peuples soumis à la même autorité, sans servir les mêmes autels, se comprennent par une suite de l'habitude, mais la nature apprend encore aux hommes à s'entendre à demi-mot en matière de religion.

Comme j'étois à Sparte, un chef de la loi me fit demander ce que j'étois venu faire en Grèce. L'interprète répondit par mon ordre que j'étois venu voir des ruines. Le Turc se mit à rire aux éclats : il me prit pour un fou ou pour un stupide. J'ajoutai que je ne faisois que passer, et que j'allois en pèlerinage à Jérusalem ; et le Turc de s'écrier en grec : « *Kalo! kalo!* bon! bon! » Il ne renouvela point ses questions, et parut complétement satisfait. Cet homme ne put concevoir que j'eusse quitté mon pays pour visiter des monuments peu éloignés de la France ; mais il comprit très-bien que j'abandonnasse mes foyers, que je traversasse la mer, que je m'exposasse aux poignards des Arabes pour aller prier sur un tombeau, et demander à mon Dieu le soulagement de mes peines ou la continuation de mon bonheur. Les peuples, ou tout à fait sauvages ou demi-barbares, chez lesquels j'ai voyagé, ne m'ont jamais paru attentifs qu'à deux choses : à mes armes et à ma religion. Si j'ôtois les pistolets de ma ceinture, ils s'en emparoient, les examinoient, les manioient, les retournoient en tous sens ; si je me mettois en prière, ils faisoient silence, paroissoient eux-mêmes se recueillir, et me regardoient avec une sorte de curiosité respectueuse. La religion est la défense de l'âme, comme les armes sont la défense du corps ; et l'homme lorsqu'il est encore près de la nature a le sentiment vif et répété de ces deux besoins.

Passons à un autre reproche. En affectant de louer mon talent, fort peu digne de louanges, on prétend tourner contre moi mes propres armes. On dit :

« Vous prouvez précisément le contraire de ce que vous voulez prouver; vos tableaux empruntés de l'idolâtrie sont supérieurs à ceux que vous tirez de la vraie religion; on est païen en vous lisant. »

S'il en étoit ainsi je répondrois : « Accusez le peintre et non le sujet du tableau. » Mais je soupçonne que les personnes qui m'attaquent de cette manière n'ont pas considéré la question sous son véritable point de vue.

Il ne s'agit pas de comparer dans *Les Martyrs* scène à scène et page à page : il s'agit de prononcer sur le résultat général. Il est évident que les deux cultes ont des beautés d'un genre très-différent : l'un est riant, l'autre est sévère; l'un est gracieux et léger, l'autre est grave et dramatique. Les souvenirs de la mythologie, quelques phrases homériques, l'harmonie des noms, le prestige des lieux, peuvent dans certains livres des *Martyrs* faire une impression agréable sur l'esprit du lecteur : encore faudroit-il remarquer, pour être juste, que la peinture des mœurs de la famille chrétienne, le portrait de Marie dans le ciel, la cérémonie des fiançailles, la description du baptême de Cymodocée, ont paru sous les rapports riants n'avoir rien à craindre des tableaux opposés de l'idolâtrie. Mais, je le demande, en marchant vers la fin de l'ouvrage, l'avantage ne demeure-t-il pas tout entier au christianisme? Qu'est-ce que Jupiter quand on est dans l'infortune? Toutes les fois que l'homme souffre, il faut appeler Jésus-Christ. Est-ce le paganisme qui auroit pu m'offrir les scènes des prisons? Ces vieux évêques abattus aux pieds d'un jeune homme désigné martyr, le banquet funèbre, la tentation, le mariage de Cymodocée et d'Eudore au milieu de l'amphithéâtre, appartiennent-ils à la religion de Mercure et de Vénus? Démodocus pleure, souille ses cheveux de cendres, déchire ses vêtements, maudit les hommes et les dieux; Eudore, qui perd aussi Cymodocée, une grande renommée, la fortune, la beauté, la jeunesse, l'espoir d'être un jour le premier homme de l'empire par la faveur d'un prince héritier des césars, Eudore expire dans les tourments, pardonnant à ses ennemis, et bénissant la main qui le frappe; il meurt avec le courage d'un héros, ou plutôt d'un martyr. Quelle différence entre deux hommes! Disons plutôt : quelle différence entre deux religions!

Ainsi le paganisme peut, si l'on veut, s'associer au plaisir, mais il est inutile à la douleur; le christianisme, également ami d'une joie modeste et favorable à la sérénité de l'âme, est surtout un baume pour les plaies du cœur : le premier est une religion d'enfants, le second est une religion d'hommes. Ne méconnoissons pas les beautés de la dernière, parce qu'elle semble mieux convenir aux deuils qu'aux fêtes : les larmes ont aussi leur éloquence, et les yeux pleurent plus souvent que la bouche ne sourit.

Comparez donc ce que le christianisme a de consolant, de tendre, de sublime, de pathétique dans les peines, à ce que le paganisme a de brillant dans la prospérité : prononcez alors, et voyez si dans *Les Martyrs* le nombre des images riantes produites par les dieux du mensonge l'emporte sur le nombre des tableaux graves offerts par le Dieu de la vérité. Je ne le crois pas; il me semble même, pour m'appuyer d'un exemple, que les chants de Bacchus au xxiiie livre (imité cependant des plus grands poëtes) sont petits au milieu de cette espèce de haute poésie qui naît de la raison, de la vertu et de la douleur chrétiennes.

Un critique, qui m'a traité d'ailleurs avec une rare politesse, prétend que les François ne s'accoutumeront jamais à l'emploi du merveilleux chrétien, parce que notre école n'a pas pris cette direction dans le siècle de Louis XIV. « Si Racine (c'est le raisonnement du critique), comme le Tasse en Italie, comme Milton en Angleterre, avoit écrit une épopée chrétienne, nous aurions été dès notre enfance accoutumés à voir agir les saints et les anges dans la poésie : cela nous paroîtroit aussi naturel qu'aux Anglois et aux Italiens. » Cet aperçu est très-délicat, très-ingénieux; mais qu'un nouveau Racine paroisse, et j'ose assurer qu'il n'est pas trop tard pour avoir une épopée chrétienne : *Polyeucte, Esther, Athalie* et *La Henriade* même ne permettent pas d'en douter.

Ceux qui sont encore sous le joug des plaisanteries de Voltaire préféreront sans doute dans mon ouvrage le merveilleux païen au merveilleux du christianisme; mais je m'adresse aux gens raisonnables : le merveilleux proprement dit est-il inférieur dans *Les Martyrs* aux autres parties de l'ouvrage? Je puis me tromper, et dans ce cas ce ne sera qu'amour-propre d'auteur sans conséquence. Il me semble que la description du Purgatoire (aux erreurs près) a été reçue avec indulgence, comme un morceau pour lequel je n'ai eu aucun secours. Mes plus grands ennemis ont cité avec éloge plusieurs passages du livre de l'*Enfer*; le livre du *Ciel* a essuyé des critiques; mais certainement si j'ai jamais écrit quelques pages dignes d'être lues, il faut les chercher dans ce livre. Les discours des puissances incréées n'ont pas paru répondre à la majesté divine. Milton avant moi avoit-il mieux réussi? Je m'étois contenté de faire de ces discours un morceau d'art, d'y placer l'exposition de l'action, le motif du récit, l'élection des personnages vertueux, comme on voit dans l'*Enfer* le choix des personnages criminels : c'étoit sous ces rapports qu'il falloit juger ces discours ; c'étoit ainsi que l'avoient fait les hommes de goût que j'avois pris soin de consulter. Ils avoient examiné la *machine* du poëte, ils n'avoient pas demandé une éloquence qu'on ne pourra jamais rendre digne de Dieu. Quoi qu'il en soit, j'ai retranché ces discours. Si j'avois, comme le Tasse, mis le mouvement, le temps, l'espace aux pieds de l'Éternel ; si j'avois, comme le Dante, imaginé un grand cône renversé, où les damnés et les démons sont retenus dans des cercles de douleur, on n'auroit point eu assez de risées pour mes folles imaginations, assez d'insulte pour mon défaut de goût et de convenance : ce que l'on eût trouvé dans *Les Martyrs* trivial, extravagant, impie, on le trouve excellent dans l'*Enfer* du poëte florentin et peut-être dans le *Saint Louis* du père Lemoine.

Je touche à une accusation à laquelle je n'ai rien à répondre. Il est certain qu'en faisant la peinture du Purgatoire j'étois tombé dans de graves erreurs ; une entre autres sembloit rappeler un peu celle qui fit le succès du *Bélisaire*. J'avouerai à ma honte que j'ai peu lu le *Bélisaire* ; je m'en souviens à peine, et très-certainement je ne l'ai pas imité. Le duelliste, le prêtre foible, les sages selon la terre, ne pouvoient entrer dans un lieu d'expiation chrétienne. Tout cela est effacé. J'ai porté un œil sévère sur le reste de l'ouvrage, et, ne me fiant plus à mes lumières, j'ai soumis mon nouveau travail à de pieux et savants ecclésiastiques : il ne reste pas désormais dans *Les Martyrs* le moindre mot dont la foi puisse s'alarmer.

Je viens à l'épisode de Velléda.

Il semble que dans la querelle excitée au sujet des *Martyrs* tout dût avoir un côté dégoûtant et risible. Si les personnes qui se formalisent de l'épisode de Velléda étoient non des prêtres austères, non de rigides solitaires de Port-Royal, mais des auteurs connus par des ouvrages d'une morale peu sévère, que faudroit-il penser de leur bonne foi ?

Depuis l'apparition des *Martyrs*, on a rappelé plusieurs fois dans les journaux la brochure que Faydit publia jadis contre le *Télémaque*[1], et dont j'avois cité des fragments dans la *Défense du Génie du Christianisme* ; je vais rassembler ici les jugements singuliers de Faydit sur l'épisode de Calypso et sur le *Télémaque* en général. Les lecteurs y verront une conformité incroyable entre les reproches que l'on me

---

[1]. A la honte de la France, cette brochure a eu trois éditions.

fait et ceux que l'on fit à l'archevêque de Cambrai : ce qui prouve qu'une critique sans bonne foi est bien peu capable de mesure et de décence, puisque les beaux talents de Fénelon n'ont pu le sauver des outrages auxquels la foiblesse des miens m'a naturellement exposé.

La Télémacomanie est un volume in-12 de quatre cent soixante-dix-sept pages, imprimé en 1700, à *Eleuthérople,* chez Pierre *Philalèthe.* Mes censeurs, qui savent le grec, entendront d'abord la bonne plaisanterie renfermée dans ces deux noms. Je saute les épigraphes charmantes du livre, et je passe à l'Avis au lecteur. Il commence ainsi :

« Le profond respect et la haute estime que j'ai toujours eus pour le grand homme que la voix publique fait auteur de l'*Histoire des aventures de Télémaque* m'avoient fait prendre une ferme résolution de supprimer et de jeter au feu les critiques que j'avois faites de ce livre. » (*Télémacomanie,* p. 1.)

Faydit déduit les raisons qui l'ont déterminé à publier son libelle, et il ajoute :

« Je l'ai intitulé *Télémacomanie* pour marquer l'injustice de la passion et de la fureur avec laquelle on court à la lecture du roman de *Télémaque,* comme à quelque chose de fort beau, au lieu que je prétends qu'il est plein de défauts et indigne de l'auteur. » (P. 8.)

Après l'Avis au lecteur, on passe à la critique. Faydit démontre que la vogue d'un livre ne signifie rien pour le mérite réel de ce livre.

Le procès aux éditions étant fait, Faydit, homme fort grave, fort scrupuleux, excellent chrétien, s'élève avec force contre les tableaux voluptueux du *Télémaque.*

« Je n'ai presque vu autre chose dans les premiers tomes du *Télémaque* de M. de Cambrai que des peintures vives et naturelles de la beauté des nymphes et des naïades..., de leurs intrigues à se faire aimer, et de la bonne grâce avec laquelle elles nagent toutes nues aux yeux d'un jeune homme pour l'enflammer... La description de l'île de Chypre et des plaisirs de toutes les sortes qui sont permis en ce charmant pays, aussi bien que les fréquents exemples de toute la jeunesse qui, sous l'autorité des lois et sans le moindre sentiment de pudeur, s'y livre impunément à toutes sortes de voluptés et de dissolutions, occupe une bonne partie du premier et du second tome du roman de votre prélat. » (P. 5.)

« Je voudrois bien savoir à quoi peuvent servir de pareilles lectures, qu'à corrompre l'esprit des jeunes gens qui les font et qu'à exciter en eux des images que la religion nous oblige au contraire d'écarter et d'étouffer. » (P. 6.)

La colère de Faydit va plus loin : il déclare nettement que ce *roman inspire les images du vice et du libertinage* (p. 7); et il ajoute « que M. de Cambrai a fait plus de tort à la religion par son *Télémaque* que par son livre des *Maximes des Saints*, et que le premier est plus pernicieux que le second. » (P. 16.)

Voilà, si je ne me trompe, tout le raisonnement sur Velléda.

Après avoir reproché à Fénelon les longs voyages de Télémaque, Faydit passe à la seconde partie de sa critique. C'est là qu'il étale son érudition et qu'il montre très-pertinemment que Fénelon ne savoit ni l'histoire, ni la fable, ni la géographie. Anachronisme pour Pygmalion, anachronisme pour Sésostris, anachronisme pour Aceste, etc., etc. (P. 75 et suiv.) Quant à Bocchoris, il y a non-seulement anachronisme, mais faute grossière contre l'histoire, car Fénelon nous le représente comme un insensé, et l'histoire en fait un sage. (P. 313.)

Faydit ne veut pas qu'on emprunte un nom dans l'histoire pour le donner à un personnage d'invention; et il faut absolument que le Bocchoris du *Télémaque* soit le Bocchoris de Diodore de Sicile, comme la Velléda des *Martyrs* est de toute nécessité la Velléda de Tacite.

Ailleurs, Faydit trouve en trois mots *trois insignes bévues*. (P. 272.) « C'est le reproche qu'on a à faire à M. de Cambrai de n'avoir su ni la fable ni l'histoire, et d'avoir fait presque autant de fausses histoires qu'il a parlé de choses. Fondation de villes, invention des arts, portraits des grands hommes, éloges des bons, satires contre les prétendus méchants, descriptions des pays, mœurs des peuples, tout est faux. » (P. 142.)

« Ce grand homme, qui se mêle de parler de tout, de la théologie, de l'histoire et de la fable, et même de faire des romans, ne sait pas les premiers éléments de la *romanographie*. » (P. 173.)

C'est la cause de la religion, des bonnes mœurs et du bon goût, qui met à Faydit la plume à la main. On ne sait pourtant comment il arrive que certain article inspire au censeur une étrange gaieté : Faydit rencontre sur son chemin les flagellations des prêtres égyptiens, et tout à coup sa verve s'allume. Puis vient l'article de la circoncision :

« Il faut nécessairement que puisque Télémaque eut l'honneur de converser, et même de se familiariser avec un prêtre égyptien du temple d'Apollon, nommé Termosiris, qu'il se soit fait circoncire. Que dis-je? circoncire..., il faut... (voyez le texte). A l'égard de Télémaque, il faut que ni Calypso, ni la jeune Eucharis, ni la charmante Antilope, fille du roi Idoménée, ni aucune des belles nymphes de l'île d'Amour et de Chypre, ni Vénus même, n'aient point eu le vent de son infirmité secrète, car assurément elles n'auroient point été si empressées de l'avoir pour époux ou pour galant, et n'auroient pas été si affolées de lui que le roman les représente. » (P. 369-70-71.)

Enfin, dans une troisième partie, dont Faydit ne donne cependant qu'une *idée* (et quelle idée!), il attaque le *Télémaque* sous les rapports littéraires.

« Je voulois donc, dit-il, relever en dernier lieu les absurdités, les fatuités et pauvretés d'esprit et fautes de jugement qui sont répandues dans cet ouvrage, et surtout dans les épisodes, dans les dénoûments des intrigues, dans les portraits de personnes vivantes, dans les instructions et les leçons de sagesse et de philosophie que Mentor donne à son élève. » (P. 452.)

Suit la critique de la scène admirable où Mentor précipite Télémaque dans la mer. Ensuite viennent des plaisanteries sur le naufrage. Mentor et Télémaque sont à *califourchon* sur un mât, « comme font les enfants qui mettent un bâton entre leurs jambes, et le tournent comme ils veulent deçà et delà, et l'appellent leur petit dada. » (P. 456.) Mais comment Mentor et Télémaque ne glissoient-ils point sur ce mât? « Apparemment qu'ils avoient mis chacun un clou derrière eux, qui les empêchoit de couler. » (P. 356.)

Plus loin, vous lisez que « dans le roman de *Télémaque* tout est hors de sa place et de travers. » (P. 464.) « Dans le roman de *Télémaque* tout est guindé, singulier, extraordinaire; l'historien est toujours monté sur des échasses; les moindres bergères y parlent toujours phébus et poétiquement. » (*Ibid*.) « Les prouesses de don Quichotte et de Gusman d'Alfarache ni celle des Amadis et de Roland le Furieux n'ont rien de semblable. » (P. 476.)

Enfin, sur quelques expressions employées par Fénelon pour peindre la beauté d'Antilope, Faydit s'écrie :

« A quoi peuvent servir, après cela, toutes les belles instructions de morale et de vertu chrétienne et évangélique que M. de Cambrai fait donner par Mentor à Télémaque? N'est-ce pas mêler Dieu avec le démon, Jésus-Christ avec Bélial, la lumière avec les ténèbres, comme dit saint Paul, faire un mélange ridicule et monstrueux de la religion chrétienne avec la païenne et des idoles avec la Divinité?... Bien loin que la vérité débitée par ces sortes de prêcheurs fasse impression et porte à la dévotion, elle ne peut tout au plus porter les lecteurs qu'à la leur rendre suspecte et même méprisable. » (P. 462.)

Ces derniers passages de la *Télémacomanie* tombent si juste sur *Les Martyrs*, c'est là si parfaitement les reproches que l'on a faits au style, au sujet et à l'effet du livre (galimatias, phébus, caractères ridicules, péril pour les mœurs et la religion, profanation, scandale), que mes censeurs semblent avoir copié les pensées, les plaisanteries et les phrases même de Faydit.

J'étois destiné à éprouver un genre de critique tout particulier. Il a fallu pour m'attaquer changer de poids et de mesures et reprocher aux *Martyrs* ce qu'on approuve partout ailleurs : car ce n'est pas la manière, mais le fond, qu'on censure dans l'épisode de Velléda ; et pourtant Velléda est-elle autre chose que Circé, Didon, Armide, Eucharis, Gabrielle? Je n'ai fait que suivre les traces de mes devanciers, en ajoutant à ma peinture un correctif qu'aucun auteur n'a mis à la sienne. Renaud ne se repent point de ses erreurs comme amant, il rougit seulement de sa mollesse comme guerrier. Il retrouve Armide, il la console, il s'en va de nouveau avec elle ; et quel tableau que celui de Renaud couché sur le sein d'Armide et puisant tous les feux de l'amour dans les regards de l'enchanteresse! Si j'avois retracé de pareilles images, que n'eût-on point dit, que n'eût-on point fait? Et remarquez toutefois que l'écrivain de ces scènes voluptueuses alloit être couronné de la main d'un pape au Capitole lorsqu'il mourut, la veille de sa gloire. Eudore se repent, Eudore combat sa foiblesse ; après sa chute, il la déplore, il se soumet à une pénitence publique, il retourne à la religion ; et son repentir est si grand, si sincère, qu'il le conduit au martyre. Les saints eux-mêmes, et les plus grands, ont donné de pareils exemples de faute et d'expiation. Saint Augustin ne nous a-t-il pas peint ses désordres? Son fils Adéodat ne fut-il pas le fruit d'un amour criminel? Soit qu'on examine l'épisode de Velléda dans ses conséquences pour Eudore, soit qu'on le considère sous d'autres rapports, cet épisode n'a aucun danger ; l'effet même de la passion de la druidesse en amortit l'effet pour le lecteur. L'espèce de folie dont Velléda est atteinte, le malheur de cette femme, l'indifférence d'Eudore, ses remords après sa chute, ne laissent que la tristesse au fond de l'âme. Observons de plus que Velléda ne détruit point l'intérêt pour Cymodocée, comme Didon pour Lavinie. C'est peut-être la première fois que la passion a moins intéressé que le devoir et l'amante moins que l'épouse : espèce de tour de force dans ce genre, qui rend l'épisode très-moral. Cette observation n'est pas de moi ; elle est d'un homme supérieur, sur l'autorité duquel j'aime à m'appuyer.

Il faut dire pourtant que j'ai remarqué dans le dixième livre des tours un peu trop vifs, des expressions qui pouvoient être adoucies sans rien perdre de leur chaleur. J'ai retranché les blasphèmes et les imprécations d'Eudore au moment de sa chute ; j'ai épaissi les voiles; en un mot, tel que cet épisode reparoît aujourd'hui, il seroit impossible au chrétien le plus scrupuleux de s'en plaindre; à plus forte raison à des critiques qui visiblement ne sont pas fort chrétiens.

Si j'examine ensuite le caractère de l'autre héroïne des *Martyrs*, je vois que Cymodocée a trouvé grâce aux yeux de la plupart des critiques; mais on s'écrie : « Cymodocée ne meurt pas chrétienne; elle « meurt pour son époux. »

Je ne m'attendois pas à ce reproche. Si je croyois mériter quelque louange, c'étoit précisément par ce côté. Des hommes faits pour avoir une opinion en littérature en avoient jugé ainsi. Quoi! on voudroit que Cymodocée, à peine âgée de seize ans, élevée toute sa vie dans le paganisme, ayant à peine reçu au milieu des persécutions quelques instructions chrétiennes, on voudroit qu'elle fût tout à coup aussi ferme dans la foi qu'une sainte Félicité ou qu'une sainte Eulalie! On a vu, dit-on, de pareils miracles. D'accord; mais en poésie il faut suivre la règle :

Le vrai peut quelquefois n'être pas vraisemblable.

Ce mélange de timidité et de fermeté, d'ignorance et de lumières; ces hésitations d'une femme demi-païenne, demi-chrétienne, qui confond dans son amour et sa religion nouvelle et son nouvel époux, sont des traits qu'il m'étoit impossible d'omettre, si je voulois conserver la vraisemblance du caractère. Cymodocée subitement inspirée, renversant les idoles, demandant le martyre, bravant les bourreaux, maudissant la religion de son père, eût été le comble de l'absurdité en fait d'art et de mœurs. Outre que la violence ne plaît point dans les femmes, et qu'en général on aime peu les héroïnes, Cymodocée eût encore offert le grand inconvénient d'une ressemblance parfaite avec Eudore. Que fût-il resté à celui-ci, si la fille d'Homère eût lutté avec lui de courage et de zèle? Cymodocée meurt, c'est assez. Dieu accepte le sacrifice de cette colombe : son ingénuité et son innocence seront comptées pour ce qui manque à la perfection de sa foi. Tous les saints ne vont pas au ciel par la même vertu : les uns brillent par la charité, les autres éclatent par la simplicité du cœur. Il ne faut pas croire aussi que tous les martyrs apportent au combat la même ardeur et la même force : on a vu dans les forêts du Canada de jeunes missionnaires pousser des cris dans l'excès des tourments que leur faisoient souffrir les sauvages, tandis qu'auprès d'eux un vieil apôtre expiroit sans faire entendre d'autres soupirs que ceux de l'amour divin [1]. Faites de Cymo-

---

[1]. Voyez l'histoire du père Brébeuf et de son jeune compagnon, citée dans le *Génie du Christianisme*, d'après l'*Histoire de la Nouvelle-France*, par CHARLEVOIX.

docée une chrétienne emportée et farouche, il faudra jeter le livre au feu.

Cependant, on doit toujours reconnoître ce qu'il peut y avoir de fondé en raison, même dans la critique la moins raisonnable. Pour éviter tout reproche, j'ai fait un changement considérable dans cette édition. Cymodocée n'est plus demandée *directement* par le ciel, comme victime expiatoire, mais *indirectement,* comme une victime dont le sacrifice doit augmenter le sacrifice d'Eudore et rendre plus efficace l'holocauste du martyr. La foi de Cymodocée n'exige plus, dans ce plan, la même force, et la religion et l'art sont satisfaits.

Telles sont à peu près les objections morales et religieuses que l'on a faites aux *Martyrs*. Veut-on savoir la vérité? Si j'avois originairement retranché une douzaine de lignes de la préface, et si j'avois donné un autre titre à l'ouvrage, je ne sais pas sur quoi on se seroit disputé. On s'est jeté sur le passage où je parlois du merveilleux chrétien, et l'on s'est battu contre ce qu'on appelle mon système : il ne s'agissoit point d'un système; il n'étoit question que de juger un livre, d'en considérer le style et le plan, d'en examiner les transitions, de voir si j'avois heureusement rajeuni des comparaisons antiques, trouvé des comparaisons nouvelles; de prononcer sur la vérité des tableaux; de dire en quoi je différois de mes prédécesseurs, en quoi je leur ressemblois; de montrer les écueils que j'avois évités, ceux où j'avois fait naufrage : on n'a point songé à tout cela. Qu'importent à la critique la bonne foi et la justice quand elle veut aveuglément condamner? On saisit quelques phrases au hasard, on ferraille avec l'auteur, et l'examen se réduit à une amplification injurieuse, où l'on tâche de faire briller par ci par là un peu d'esprit.

Il est certain aussi que le titre du livre, connu d'avance, avoit préparé l'esprit du public chrétien à un ouvrage d'un tout autre genre. On s'attendoit à trouver une espèce de martyrologe, une narration historique des persécutions de l'Église, depuis Néron jusqu'à Robespierre. La surprise a été grande lorsque, frappées de cette idée, des personnes simples se sont trouvées, en ouvrant le livre, au milieu de la famille d'Homère. Des gens un peu moins simples se sont vite aperçus de cette surprise, et ils en ont profité pour augmenter l'humeur qui s'empare involontairement de notre esprit lorsque nous sommes trompés en quelque chose. Si j'avois intitulé mon livre *Les Aventures d'Eudore*, on n'y auroit cherché que ce qui s'y trouve. Il est trop tard pour revenir à ce titre, et d'ailleurs le véritable titre de l'ouvrage est certainement celui qu'il porte. La surprise passera; elle est déjà passée; et l'ouvrage ne tardera pas à être considéré sous son véritable jour.

Si le *Génie du Christianisme* a été de quelque utilité à la religion, *Les Martyrs*, je l'espère, partageront avec lui cet inestimable honneur. L'homme est plus sensible aux exemples qu'aux préceptes. La peinture des souffrances de tant de martyrs (car, après tout, cette peinture n'est pas une fiction) ne sera point sans effet sur les lecteurs. Heureux si j'ai prouvé que notre religion peut lutter sans crainte avec les plus grandes beautés d'Homère, et qu'elle donne, dans l'infortune, un courage au-dessus de la rage des persécuteurs et de la cruauté des bourreaux !

OBJECTIONS LITTÉRAIRES.

Un homme de beaucoup d'esprit, de goût et de mesure, et qui de plus est poëte, et poëte d'un vrai talent, ce qui ne gâte rien à la présente discussion, n'a fait que trois objections contre *Les Martyrs*, après lesquelles il semble tout approuver :

1º Le héros n'est pas historique ;

2º Le triomphe de la religion ou le but de l'ouvrage n'est pas assez annoncé ;

3º Le récit n'est point assez lié à l'action.

Il y a en littérature des principes immuables, et d'autres qui n'ont pas la même certitude. La règle des trois unités, par exemple, est de tout temps, de tout pays, parce qu'elle est fondée sur la nature et qu'elle produit la plus grande perfection possible. Je crois qu'il n'en est pas ainsi de la règle du personnage historique, parce qu'il est prouvé qu'on peut intéresser aussi vivement pour un personnage d'invention que pour un personnage réel. Aussi voyons-nous qu'Aristote et Horace laissent à ce sujet plus de liberté à l'auteur.

On convient que la plupart des préceptes d'Aristote pour la tragédie s'appliquent également à l'épopée. Dacier, dont j'emprunterai la traduction, s'explique ainsi en commentant le vingt-quatrième chapitre de la *Poétique* :

« Aristote a dit, dans le cinquième chapitre, que l'épopée a cela de
« commun avec la tragédie, qu'elle est une imitation des actions des
« plus grands personnages, et il a eu soin de nous avertir que toutes
« les parties de ce poëme héroïque se trouvent dans la tragédie. Ainsi,
« ayant expliqué parfaitement et en détail tout ce qui regarde la com-
« position du poëme dramatique, il n'a presque plus rien à dire de
« l'épopée. Voilà pourquoi il est si court dans le traité ; il n'y emploie
« que deux chapitres, qui ne sont, à proprement parler, qu'une récapi-

« tulation sommaire, et une *application qu'il fait à l'épopée des règles*
« *qu'il a données à la tragédie.* » « *Poétiq.* d'Arist., p. 371.)

Ce point établi, nous trouvons qu'Aristote dit :

« Il arrive fort souvent que dans les tragédies on se contente d'un
« ou de deux noms connus, et que tous les autres sont inventés. Il y a
« même des pièces où pas un mot n'est connu, comme dans la tragédie
« d'Agathon, qu'il a appelée *La Fleur;* car dans cette pièce tous les
« noms sont feints comme les choses, et elle ne laisse pas de plaire.

« C'est pourquoi il n'est pas nécessaire de s'attacher scrupuleuse-
« ment à suivre toujours les fables reçues d'où l'on tire ordinairement
« les sujets de tragédie. *Cela seroit ridicule; car ce qui est connu l'est*
« *ordinairement de peu de personnes, et cependant il divertit tout le*
« *monde également.*

« Il est donc évident par là que le poëte doit être *l'auteur de son*
« *sujet*, encore plus que de ses vers. » (*Poétiq.* d'Arist., chap. ix, p. 126
et 127.)

En examinant ce passage, où brille l'excellent jugement d'Aristote,
le savant traducteur observe « qu'Horace étoit du même sentiment,
« mais qu'il s'est cru obligé d'avertir les Romains que ces sujets
« entièrement inventés *étoient plus difficiles* à traiter que les autres,
« et de leur conseiller de s'attacher plutôt à des sujets connus :

> Difficile est proprie communia dicere, tuque
> Rectius Iliacum carmen deducis in actus
> Quam si proferres ignota indictaque primus. »

Ainsi, d'après le premier législateur du Parnasse, j'ai pu inventer
mon sujet et mes personnages, et d'après le second cela m'a jeté seulement dans une route *plus difficile*. Aristote cite Agathon, qui réussit en
inventant ses héros; et parmi nous on peut s'autoriser de l'exemple de
Voltaire dans *Zaïre, Alzire* et *Tancrède,* et même de celui de Racine
dans *Bajazet.*

Appliquons cette règle à l'épopée, et attachons-nous à ces mots
remarquables du Stagyrite : « Ce qui est connu l'est ordinairement de
« peu de personnes, et cependant il divertit tout le monde également. »

En effet, tous ces grands personnages de l'épopée que nous regar-
dons aujourd'hui comme historiques le sont-ils bien réellement?
Seroient-ils connus, comme Alexandre et César s'ils n'avoient été
chantés par les poëtes? Prenons le premier de tous, Achille : je doute
fort que sans Homère son nom fût venu jusqu'à nous. Allons plus
loin : connoissions-nous beaucoup Télémaque avant que Fénelon nous
eût donné son épopée? Cependant Télémaque, nommé deux fois dans

L'*Iliade*, est encore un des acteurs de *L'Odyssée*. Si l'on veut juger cette question, que l'on considère combien peu de gens savent qu'il existe dans les poëmes d'Homère un personnage appelé Eumée. Ce personnage joue toutefois dans *L'Odyssée* un rôle aussi important que celui de Télémaque; et quoique pasteur de troupeaux, Eumée est le descendant d'un roi. Si quelque poëte chantoit aujourd'hui le fidèle serviteur d'Ulysse, pourroit-on dire que ce poëte n'auroit pas créé son héros? Et ce même Eumée, historique par l'autorité d'Homère, n'est-il point dans l'origine un personnage d'invention? On rencontre dans l'histoire de l'enfance des peuples une foule de noms que la mémoire laisse échapper. L'auteur qui s'en empare pour les placer sur la scène épique, et qui les fait passer de l'oubli à la gloire, en doit être regardé comme le véritable créateur. Si le pieux Énée ne se trouvoit pas dans *L'Iliade*, et surtout dans *L'Énéide*, beaucoup de lecteurs se souviendroient-ils de l'avoir entrevu dans Tite-Live et dans Denys d'Halicarnasse?

On convient que des noms trop éclatants, trop historiquement connus, ne sont pas favorables à l'épopée. Que gagne-t-on alors à ne pas inventer ses héros?

Addison et Louis Racine ont fort bien démontré, au sujet du *Paradis perdu*, que c'est l'action, et non pas le héros, qui fait l'épopée. Homère chante la *colère* d'Achille; il ne chante pas Achille, cela est vrai : que si vous ôtiez de *L'Iliade* le nom d'Achille, et que vous donniez à la colère d'un autre Grec l'influence que celle du fils de Pélée a sur les événements du siége de Troie, le poëme existe encore avec tout son intérêt et toutes ses beautés. Le héros est donc en soi-même peu de chose dans l'épopée, pourvu que l'action soit grande et intéressante. Et de quelle complaisance Aristote n'use-t-il pas alors envers les poëtes, puisqu'il leur permet d'inventer même leur action !

Je soumets ces doutes à l'excellent critique dont j'ose me permettre de combattre l'opinion. Je me suis appuyé 1° de l'autorité d'Aristote, qui permet d'inventer les personnages et le sujet; j'ai fait voir 2° que les personnages épiques doivent être regardés presque tous comme des créations du poëte; je vais ajouter l'autorité d'un grand exemple : le Renaud du Tasse est un personnage d'invention.

On trouve dans les historiens des croisades six Godefridi, neuf Gaudefridi, quatorze Baudouin, un Tancrède, vingt-deux Roger, sept Raimond, une foule de Robert, de Gautier, de Richard et de Guillaume; cinq Renaud écrits Rainaldi, un écrit Reinoldus, un autre Rainoldus, et trois écrits Reinauldi.

Ces chevaliers et comtes du nom de Renaud sont répandus dans les historiens des croisades, l'Anonyme donné par Camden, Robert

Moine, Baldric, Raimond d'Agiles, Fulcher, Gautier, Guibert et Guillaume de Tyr. De tous les Renaud qui se montrent à diverses époques, dans les différentes croisades, aucun ne paroît avoir été de la maison d'Este. Il faudroit surtout chercher le Renaud du Tasse au temps de l'entreprise de Pierre l'Ermite. Or, on ne rencontre dans l'Anonyme de Camden, Robert Moine et Baldric, historiens de cette première croisade, qu'un seul Renaud : ce Renaud trahit les croisés, se fit mahométan, et ne semble pas avoir porté un grand nom. Besoldo, dans son histoire *de Regibus Hierosolymorum,* garde le même silence. Quand, en fouillant les vieilles chroniques et les titres des grandes maisons d'Italie, on découvriroit qu'un Renaud de la maison d'Este accompagna Godefroi de Bouillon à Jérusalem, de bonne foi seroit-ce un personnage historique? Dans ce cas, il y a tel gentilhomme breton ou périgourdin qui pourroit figurer dans l'épopée. Le nom du comte de Saint-Gilles est certainement beaucoup plus connu dans la première croisade que la plupart des noms que j'ai cités, parce qu'il se lit à la fois dans Anne Comnène et dans les chroniqueurs latins; et pourtant combien y a-t-il de lecteurs qui aient entendu parler du comte de Saint-Gilles?

Ainsi ce fameux Renaud d'Este est sorti tout entier du cerveau du poëte, puisque son nom n'est pas même dans les récits du temps. Quant à Soliman, son rival de gloire, on trouve un Soliman, fils d'un soudan de Nicée, qui battit le renégat Renaud; mais c'est tout, et le reste du caractère est formé d'après celui de Saladin. Et Argant, Clorinde, Herminie, sont-ils des noms historiques? Et Armide, qu'en dirons-nous? Ce n'est point un personnage épisodique, car si on le retranche du poëme, le poëme n'existe plus. Armide cause l'absence de Renaud, et l'absence de Renaud établit l'action de *La Jérusalem,* comme le repos d'Achille donne naissance à *L'Iliade*. Ainsi, le premier héros du Tasse est d'invention[1]; la plupart des caractères inférieurs sont d'invention; et Armide, sur qui roule la machine poétique, doit également sa naissance aux muses. Observons que le roi de Jérusalem, Aladin, est encore un enfant du poëte. Le père Maimbourg avoit remarqué avant moi les *imaginations* du Tasse : « Le fameux bois enchanté, dit-il, Ismen, Clorinde, *Renaud,* Armide, et cent autres pareilles choses de l'*invention* du Tasse ne sont que d'agréables visions d'un poëte qui prend plaisir, pour en donner aux autres, à

---

1. Le critique à qui je m'adresse ici a trop de candeur pour m'objecter que c'est Godefroi qui est le premier héros de *La Jérusalem*. Je sais bien que le Tasse chante *il gran Capitano*, mais c'est à Renaud que le sort de Jérusalem est attaché, comme celui de Troie au fils de Pélée.

faire de *nouvelles créatures, qui ne furent jamais.* » (*Hist. des Crois.*, liv. III.)

Muratori et Gibbon conviennent aussi que le Tasse a inventé son héros.

Si je passe de ces autorités à mon sujet, on va voir que tout me faisoit une loi d'inventer mon principal personnage.

Le caractère grave, froid et tranquille de Constantin est précisément l'opposé du caractère épique. Qui pourroit se représenter le père temporel du concile de Nicée livré à ces aventures de guerre et d'amour qu'amène le développement d'une épopée? La vie de ce prince est d'ailleurs trop connue, et malheureusement un crime pèse sur elle. Le poëme héroïque exige des passions, mais il rejette les crimes : noble dédain des muses, qui n'accordent leur plus beau chant qu'à la vertu.

Je voulois en outre peindre les mœurs homériques et les scènes tranquilles de *L'Odyssée* au milieu des scènes sanglantes d'une persécution. Comment sans absurdité conduire Constantin sous le toit de Démodocus? Comment produire des rivalités, des jalousies? Aurois-je jeté tout cela dans les épisodes? Dans ce cas l'unité d'action étoit détruite. J'avois pour but de retracer la persécution des fidèles sous Dioclétien. Où l'aurois-je placée, cette persécution? Constantin, trop jeune alors, n'y joua aucun rôle. Si l'on dit que j'aurois pu mettre le massacre des chrétiens sur l'avant-scène, en le comprenant dans le récit, mon sujet n'auroit donc pas été la dernière persécution de l'Église? Et c'est pourtant le sujet que je me proposois de traiter. On pouvoit trouver autre chose dans la vie de Constantin. Sans doute il y a mille plans, qui tous peuvent être meilleurs que le mien; mais enfin c'est sur le mien qu'il faut me juger. Combien de fois n'a-t-on pas refait *L'Énéide* et *La Henriade!*

Il demeure à peu près certain que Constantin, pour des raisons tirées de son caractère et de la nature du sujet, ne pouvoit pas être mon héros. Qui donc aurois-je choisi à cette époque? Un martyr connu? C'est ici que les jeux de l'imagination sont impérieusement interdits; c'est ici qu'on auroit crié avec raison au sacrilège. Un confesseur de la foi devenu l'objet d'un culte sacré a ses traditions immuables, dont on ne peut s'écarter sans impiété; les actes de son martyre sont là : les éloquents témoins de Dieu s'élèveroient contre la muse qui oseroit changer un seul mot à l'histoire de la religion et du malheur.

D'après ces considérations, je n'avois plus qu'une ressource, celle d'inventer mes principaux personnages; il nous reste à voir si dans ce cas j'ai usé de tous les moyens de l'art.

Afin d'ennoblir Eudore et de le rendre, pour ainsi dire, historique, je le fais descendre d'une famille de héros, et surtout du dernier des Grecs, Philopœmen. Racine emploie le même artifice pour rehausser l'importance de Monime. Ainsi c'est dans Eudore que l'Évangile va faire la conquête du sang de ces grands hommes dont Plutarque nous a transmis l'histoire. Inventée sur le même modèle, Cymodocée est la fille d'Homère ; et c'est en elle que le christianisme doit triompher des grâces, des beaux-arts et des divinités de la Grèce. Le critique a déjà trouvé cette réponse assez ingénieuse ; il semble même, en ce cas, approuver mes personnages d'invention : mais il auroit voulu que j'eusse insisté davantage sur mon idée, et qu'elle eût été mise d'une manière plus frappante sous les yeux du lecteur. Il a raison ; et c'est ce que j'ai fait dans cette édition nouvelle [1].

Si l'art trouve ces explications suffisantes, on doit remarquer que la religion, et c'est la chose importante, est pleinement satisfaite par l'invention de mon héros.

Dieu choisit souvent dans les conditions les plus humbles l'homme dont les épreuves attirent la bénédiction du ciel sur les nations.

« Dieu a choisi ce qu'il y a d'insensé selon le monde pour confondre les sages, et ce qui est foible selon le monde pour confondre ce qu'il y a de fort.

« Et il a choisi ce qu'il y a de vil et de méprisable selon le monde et ce qui n'est rien pour détruire ce qui est grand [2]. »

Cette première vérité reconnue, on voit ensuite que la hiérarchie des vertus, et conséquemment l'efficacité plus ou moins grande des sacrifices, est admise par tous les Pères d'après l'histoire de Caïn et d'Abel.

Je puis donc supposer, dans toutes les analogies de la foi, qu'au temps de la persécution un martyr dont les actes se sont perdus s'offrit en holocauste volontaire, et que cet holocauste par un mérite intérieur, connu de Dieu seul, parut plus agréable au Très-Haut que toutes les autres victimes. Combien en effet de confesseurs obscurs moururent sous Dioclétien pour la conversion du monde ! Outre les fameux athlètes qui brillent dans l'histoire, et qui révélèrent leurs cendres à l'Église par des miracles, « Que de saintes reliques, s'écrie Prudence, la terre dérobe à nos hommages ! O Italie, qui dira les tombes sans honneurs dont les champs sont couvertes [3] ! » Eudore sera donc le représentant des héros des deux religions ; les uns ignorés du

---

1. Voyez le livre du *Ciel*.   2. S. Paul., *Epist. ad Corinth.* I, cap. 1.
3. *Lib. Coron.*

monde, mais couronnés de gloire dans le ciel, les autres illustres sur la terre, mais privés de la gloire divine. J'aurai célébré dans sa personne ces pauvres que Galérius faisoit jeter dans la mer, ces milliers de chrétiens attachés à des gibets, brisés par des roues, déchirés par des ongles de fer : sublimes victimes, qui, ne prononçant à la mort que le nom de Jésus-Christ, ont laissé leurs propres noms inconnus aux hommes : *Stat nominis umbra !*

Je passe à l'objection touchant le but de l'ouvrage.

Dans aucune épopée le résultat de l'action n'est plus souvent indiqué que dans *Les Martyrs*. *L'Énéide* est la fondation de l'empire romain : Virgile en dit un mot au commencement de son poëme, ensuite Jupiter explique à Vénus la suite des destins d'Énée ; mais après le premier livre il est à peine question de ces destins. Si vous retrouvez les Romains sur le bouclier d'Énée et dans les champs Élysées, ce ne sont que de beaux épisodes, ce n'est point une marche directe vers le but que le poëte a d'abord marqué. A chaque pas, au contraire, le triomphe de la religion est rappelé dans *Les Martyrs* : il est annoncé dans l'exposition ; il est prédit dans le ciel ; je répète en vingt endroits que Constantin régnera sur les nations devenues chrétiennes, que l'ambition de ce prince est l'espoir du monde ; j'avertis sans cesse que l'enfer sera confondu. Dans le dernier livre, Michel, en précipitant les démons dans l'abîme, déclare que leur empire est passé, que le règne du Christ est établi. Eudore en allant au supplice prophétise le règne de Constantin ; et Galérius, en se rendant à l'amphithéâtre, apprend que Constantin proclamé césar marche à Rome, et s'est déclaré chrétien. Jamais rien fut-il plus clair, plus précis ? Toutefois, j'ai cru devoir céder encore à la critique : après ces mots, *les dieux s'en vont*, j'ai ajouté quelques lignes qui justifient mieux le second titre de l'ouvrage : Galérius meurt ; Constantin arrive à Rome : il venge les martyrs ; il reçoit la dignité d'auguste sur la tombe d'Eudore, et la religion chrétienne est proclamée religion du monde romain.

Cette nouvelle conclusion satisfera surtout ceux qui, daignant applaudir aux *Martyrs*, ne leur reprochoient qu'une seule chose : c'étoit d'intéresser le lecteur aux scènes d'une action *privée*, plutôt qu'au développement d'une action *publique*. Mais en contentant sur ce point quelques esprits éclairés, je dois dire toutefois que l'action *publique* n'est point une règle de l'épopée ; il seroit même aisé de prouver la vérité contraire. Toute action fondement de l'épopée, du moins de l'épopée telle qu'elle existe dans *L'Iliade*, *L'Odyssée*, *L'Énéide* et le *Télémaque*, tient à une action publique ; mais cette action en elle-même est une action privée. Ainsi la colère d'Achille n'est point la journée fatale d'Ilion; et l'arrivée d'Énée en Italie n'est point la fondation de Rome, qui n'eut lieu que longtemps après. Dans L'Odyssée et dans le Télémaque, l'action est encore bien plus particulière, bien plus domestique : c'est un fils qui cherche son père, c'est un mari qui retrouve sa femme dans une petite île obscure; et tout cela sans qu'il en résulte aucun événement dans l'avenir. L'action d'Eudore est absolument de la même nature que celle d'Achille et d'Énée : elle tient à une action publique, mais elle est privée; elle produit ensuite le règne de Constantin et le triomphe de la religion, comme la colère du fils de Pélée et l'exil du fils de Vénus amènent la chute de Troie et l'établissement de l'empire romain. Si *La Pharsale* et *La Jérusalem* ont pour sujet une action historique achevée dans le cours de ces deux poëmes, l'autorité de Lucain et du Tasse ne peut balancer celle d'Homère et de Virgile. C'est encore une erreur de croire que le héros d'une épopée doit être nécessairement roi ou fils de roi. Renaud et Godefroi même ne sont que de simples chevaliers ou de très-petits souverains, et leur naissance n'a pas plus d'éclat que celle du descendant de Phocion et de Philopœmen. Les personnes qui ont pris quelque plaisir à la lecture des *Martyrs* peuvent être tranquilles : elles se sont *amusées dans les règles*. Jamais ouvrage ne fut plus conforme à la doctrine poétique, plus orthodoxe au Parnasse. Je dirai plus : la conclusion que j'ai ajoutée est, je crois, mieux appropriée au goût du temps où j'écris, mais elle n'eût point été demandée dans le siècle de Louis XIV. Elle n'est point nécessaire selon les lois du genre épique. Homère ne s'est pas donné la peine de faire un seul vers après les funérailles d'Hector, pour annoncer la chute de Troie; et Virgile, après la mort de Turnus, n'a point songé à marier le pieux Énée. Pourquoi cela? Parce que c'est au lecteur à tirer une conclusion trop manifeste, et que le poëte n'est pas obligé de tout achever et de tout dire, comme l'historien et le romancier. Ma complaisance à cet égard a donc été extrême, et je pouvois sans scrupule laisser les choses comme elles étoient.

Venons au récit.

J'ose dire encore que dans aucune épopée le récit n'est rattaché aussi fortement à l'action qu'il l'est dans *Les Martyrs*.

Le récit de *L'Odyssée* n'a point de rapport à la catastrophe, celui de *L'Énéide* est court et admirable; mais revoit-on dans la suite du poëme les principaux acteurs qu'Énée fait agir dans sa narration, et la scène en Italie se lie-t-elle à la scène de Troie? L'épisode de Didon, qui n'est ni de l'action ni du récit, tient-il au fond du sujet, comme l'histoire de Velléda tient au fond des *Martyrs*?

Le récit du *Télémaque* est magnifique; mais les personnages de ce récit, excepté Narbal, qu'on revoit un moment, disparoissent sans retour.

Dans le récit des *Martyrs* vous trouvez d'abord la peinture des caractères qu'il sera essentiel de connoître dans le développement de l'action ; vous y trouvez le tableau du christianisme dans *toute* la terre au moment d'une persécution qui va frapper *tous* les chrétiens ; vous y trouvez l'excommunication d'Eudore, qui fait prendre à l'action le tour qu'elle doit prendre ; vous y trouvez la grande faute qui sert à ramener le héros dans le sein de l'Église : faute qui, répandant sur le fils de Lasthénès l'éclat de la pénitence, attire sur lui le regard des chrétiens et le fait choisir pour défenseur de l'Église ; vous y trouvez le commencement de la rivalité d'Eudore et d'Hiéroclès, l'annonce des victoires de Galérius sur les Parthes : ces victoires achèvent de rendre ce prince maître absolu de l'esprit de Dioclétien, et préparent ainsi l'abdication qui amène la persécution ; enfin, vous y trouvez, par la vision de saint Paul Ermite, la prédiction du martyre d'Eudore et du triomphe complet de la religion. Pour comble de précautions, ce récit est motivé dans le ciel : Dieu déclare qu'il a conduit Eudore par la main, afin d'éprouver sa foi et de préparer sa victoire. Ajoutons que ce récit a de plus l'avantage de faire naître l'amour de Cymodocée, d'inspirer à cette jeune païenne les premières pensées du christianisme, et de concourir ainsi par un double moyen au but de l'action. Il ne vient donc pas là sans raison, pour satisfaire la curiosité d'un personnage, comme la plupart des récits épiques.

Quant à sa longueur, il n'est pas plus long, proportion gardée, que le récit de *L'Odyssée* et que celui du *Télémaque* ; je dis proportion gardée, parce que je crois que *Les Martyrs* ont un peu plus d'étendue que ces deux ouvrages. Il me semble, si je ne me trompe, que je suis assez fort sur ce point : une critique généreuse reconnoîtra sans peine que la raison est de mon côté.

Restent quelques difficultés présentées par divers journaux. J'ai répondu à ces chicanes de détails dans les remarques ; quant aux caractères de mes personnages, je ne sais trop à quoi m'en tenir. Démodocus est traité par un censeur comme un vieillard imbécile et ennuyeux ; un autre censeur, très-peu favorable aux *Martyrs*, compare la douleur de Démodocus à celle de Priam, c'est-à-dire au plus beau morceau qui nous soit resté de l'antiquité : comment ferai-je ?

Le même critique qui met Démodocus à côté de Priam veut que *Les Martyrs* soient une espèce de parc anglois, de vastes campagnes, où l'on trouve des lieux déserts, des lieux parés, des montagnes, des précipices. Il faut bien que je me console : Pope a représenté les poëmes d'Homère sous l'image d'un grand jardin et Addison se sert de la même comparaison pour *Le Paradis perdu*.

Le même critique a dit encore que *Les Martyrs* étoient un voyage et toujours un voyage. Mais *L'Odyssée* est-elle autre chose qu'un voyage? Ulysse touche à tous les rivages connus de son temps. On disoit dans l'antiquité : *les Erreurs d'Ulysse*. *L'Énéide* n'est qu'un voyage ; *La Lusiade* du Camoëns n'est qu'un voyage : que de voyages dans *La Jérusalem* ! Le *Télémaque* est non-seulement un voyage depuis la première ligne jusqu'à la dernière, mais le but de l'ouvrage en lui-même, ou l'action proprement dite, est un voyage. Le critique s'écrie : « L'auteur est allé là, une description ; l'auteur est allé ici, son héros y passera. » J'ai une chose bien simple à répondre : *Les Martyrs* étoient achevés en grande partie, principalement le récit d'Eudore, lorsque je suis parti pour l'Orient ; c'est un fait que beaucoup de témoins pourroient affirmer. Ainsi ce n'est point Eudore qui voyage en Égypte, en Syrie, en Grèce, parce que j'ai voyagé dans ces contrées célèbres, mais c'est moi qui suis allé voir les bords que mon héros a parcourus. Je ne sache pas qu'on ait jamais reproché à Homère d'avoir visité les lieux dont il nous a laissé d'admirables tableaux. Je n'ai point au reste l'intention de choquer le censeur en répondant à ses objections : je reconnois qu'en attaquant *Les Martyrs* il m'a traité avec décence, indulgence même, et avec ces égards qu'un honnête homme doit à un honnête homme. Sa critique est celle d'un écrivain de talent, et, bien qu'elle m'ait semblé rigoureuse, elle m'a paru très-digne d'être méditée.

Les imitations ont été un autre objet de controverse. Je ne puis mieux faire que de citer à ce sujet mon défenseur.

« La plus ancienne épopée que nous ayons après celle d'Homère, dit-il, c'est *L'Énéide*. Virgile ne se contenta pas d'imiter *L'Odyssée* et *L'Iliade*, il traduisit et abrégea la plupart des batailles du poëte grec ; il copia pour ainsi dire, selon Macrobe, un autre poëte, nommé Pisandre, pour en former le deuxième livre. Il prit de nombreux fragments non-seulement dans les écrivains de sa nation qui l'avoient précédé, mais encore dans quelques-uns de ses plus illustres contemporains, tels que Lucrèce, Catulle, Varius, etc. : en sorte que l'on peut dire que cette épopée fut la première véritable *mosaïque*[1].

---

[1]. Mon défenseur ne va pas assez loin. *Les Argonautes* d'Apollonius de Rhodes, *Médée* d'Euripide, *La Guerre de Troie* de Quintus de Smyrne (c'est l'opinion de Lacerda), ont été mis à contribution par Virgile. Croira-t-on qu'on reprochoit à *L'Énéide* d'être écrite d'un style commun et de tenir le milieu entre l'enflure et la sécheresse? Perilius Faustinus avoit fait un livre pour rassembler tous les vols de

« Le Tasse, le plus célèbre poëte épique des temps modernes, enleva à son tour des fragments aux Grecs et aux Latins. Ses héros furent, autant que son sujet le lui permettoit, une copie de ceux d'Homère. Il fit passer dans sa *Jérusalem* des tableaux, des comparaisons, des descriptions, tellement imitées de Virgile, qu'on reconnoît la construction et l'expression même du poëte latin jusque dans le nouvel idiome dans lequel elles ont été transportées. La *Bible* lui fournit aussi des fragments, et c'est ainsi qu'il légua à M. de Chateaubriand l'exemple d'une seconde véritable *mosaïque*.

« Milton vint ensuite, et prit dans le quatrième livre du Tasse le sujet de son *Paradis perdu*. Il copia le fameux discours de Satan, qui commence par ces mots : *Tartarei Numi*; il emprunta d'un comique italien quelques pensées qu'il jugea dignes de son sujet; il ne craignit pas de s'approprier ce qu'il trouva de bon dans la tragédie de Grotius, intitulée *Adam exilé*. La *Sarcotée*, mauvais poëme d'un jésuite allemand nommé Masenius, lui fournit quelques centaines de vers; il puisa dans la *Bible* plus que tout autre, et son poëme fut la troisième véritable *mosaïque*.

« Il me seroit aisé de pousser cet examen jusqu'au *Télémaque* de Fénelon, et même à *La Henriade* de Voltaire; mais je crois en avoir assez dit. Lorsqu'un écrivain traite un sujet sur lequel d'autres se sont déjà exercés, il y a certaines idées principales qui doivent nécessairement se présenter, qui par là même sont à tout le monde. Les poëtes ne diffèrent entre eux sur ce point que par les couleurs dont ils ornent leurs tableaux. Personne d'ailleurs avant les censeurs des *Martyrs* ne leur a contesté le privilége de transporter dans leurs ouvrages les beautés de ceux qui les ont précédés, pourvu qu'ils sachent se les rendre propres par la manière dont ils les emploient.

« On sait, dit M. de La Harpe, que faire passer ainsi dans sa langue
« les beautés d'une langue étrangère a toujours été regardé comme
« une des conquêtes du génie; et pour juger si cette conquête est
« aisée, il n'y a qu'à se rappeler ce que disoit Virgile, qu'il étoit moins
« difficile de prendre à Hercule sa massue que de dérober un vers à
« Homère. »

« Longin, dans son *Traité du Sublime*, va plus loin encore que

---

Virgile; Octavius Avitus composa plusieurs volumes des seuls vers pillés et des passages des divers auteurs imités par ce grand poëte. On sait généralement que Virgile a traduit Homère; mais on ne sait pas jusqu'à quel point cela est porté. Si on entreprenoit de vérifier les imitations, la plume à la main, je ne sais pas s'il resteroit vingt vers de suite, je ne dis pas seulement à *L'Énéide*, mais encore aux *Bucoliques* et aux *Géorgiques*. Qu'est-ce que tout cela prouve contre Virgile? Rien du tout.

M. de La Harpe : parmi les Grecs, il cite Hérodote, Stésichore et Archiloque ; puis il ajoute : « Platon est celui de tous qui a le plus « imité Homère ; car il a puisé dans ce poëte comme dans une vive « source *dont il a détourné un nombre infini de ruisseaux...* Au reste, « on ne doit point regarder cela comme un larcin, mais comme une « belle idée qu'il a eue, et qu'il s'est formée sur les mœurs, l'inven-« tion et les ouvrages d'autrui [1]. »

Le choix des autorités citées par mon défenseur est excellent, et me justifie assez sur un point qui ne méritoit guère la peine qu'on s'y arrêtât.

Quelques lecteurs ont cru que j'avois transporté trop littéralement dans mon ouvrage des morceaux choisis de poésie antique ; c'est une erreur, que les notes dissiperont : ces lecteurs ont été trompés par un ou deux vers placés dans les strophes ou dans les chœurs des hymnes à Diane, à Bacchus, à Vénus. Pour donner un exemple, le *Pervigilium Veneris*, chanté dans l'île de Chypre, n'est point le *Pervigilium* faussement attribué à Catulle ; je n'ai emprunté de lui que le *Cras amet* et un demi-couplet. La première strophe est imitée en grande partie de Lucrèce, et la seconde entière est de moi.

J'ai peu puisé chez les anciens pour les comparaisons : celles des *Martyrs* m'appartiennent presque toutes. Les personnes dont le jugement fait ma loi pensent que c'est peut-être, avec les transitions, la partie la plus soignée de l'ouvrage. On paroît surtout avoir remarqué la comparaison du lion dans la bataille des Francs ; celle de la voile repliée autour du mât pendant la tempête, celle du chant du coq sur un vaisseau, celle de l'homme qui remonte les bords d'un torrent dans la montagne, et qui arrive à la région du silence et de la sérénité. Mais enfin j'ai dérobé quelques comparaisons à la *Bible*, à Homère, à Virgile ; et la critique, qui prend tout cela pour imitation littérale, ne s'aperçoit pas que ces comparaisons sont totalement changées.

La comparaison de l'Égypte à une génisse est de l'Écriture. Ayant à peindre l'Égypte après l'inondation, j'ai ajouté : « L'Égypte, toute brillante d'une inondation nouvelle, ressemble à une génisse féconde qui *vient de se baigner dans les flots du Nil.* » Ai-je eu tort d'imiter ainsi, et ne pourrois-je pas revendiquer la comparaison entière ?

On connoît la description du chêne dans les *Géorgiques* ; description qui, pour le dire en passant, est tirée d'une comparaison de *L'Iliade*. Comme Homère, j'ai mis cette description en comparaison, et voulant

---

1. *Traité du Sublime*, chap. XI.

peindre la fortune décroissante d'Hiéroclès, j'ai dit : « Le pâtre qui contemple le roi des forêts du haut de la colline le voit élever au-dessus de ses rameaux verdoyants une couronne desséchée. » Ce trait ne me rend-il pas propre le passage imité?

On a blâmé ma comparaison d'Homère avec un serpent qui fascine par ses regards une colombe et la fait tomber du haut des airs. La colombe est Cymodocée. Cette critique, si je ne m'abuse, est peu raisonnable. Le serpent chez les poëtes est un animal fort noble. Hector dans *L'Iliade* est comparé à un serpent. Le serpent étoit mêlé à toutes les choses sacrées ; un serpent sort du tombeau d'Anchise, en Sicile, et vient goûter aux gâteaux des sacrifices. Le serpent étoit l'emblème du génie : cela convient-il à Homère? Le serpent étoit consacré à Apollon : Apollon n'a-t-il aucune analogie avec Homère? Au temple de Delphes, l'oracle, dans les premiers âges, étoit rendu par un serpent : ce serpent ne peut-il être l'emblème du plus grand des poëtes, inspiré par le souffle du dieu des vers? Le serpent étoit l'image de l'univers et de l'éternité : cela convient-il mal à un poëte dont les ouvrages dureront autant que le monde? Enfin, dans l'Écriture le serpent, animé par le *père des mensonges,* séduit la belle compagne de l'homme : Homère, *père des fables,* qui charme l'esprit de Cymodocée, n'offre-t-il pas ainsi tous les rapports nécessaires à la comparaison qu'on attaque?

Si d'une part on a cru que j'imitois, quand je n'imitois pas, de l'autre on a mis sur mon compte des choses qui appartenoient à l'antiquité. Eudore au milieu de son épreuve dit à Festus : « Regardez bien mon visage, afin de me reconnoître au jugement de Dieu. » Je ne sais pas ce que cela peut avoir de risible ; mais je sais que quand on se mêle de critiquer, il ne faut pas pousser le défaut de mémoire jusqu'à méconnoître un passage de l'Écriture, passage qui se retrouve mot à mot dans le *Martyre de sainte Perpétue*[1]. J'aurois ici un beau sujet de triomphe : je ne triompherai point cependant, car le plus habile homme se trompe quelquefois, quoique la méprise soit un peu forte ; il n'y a qu'un certain ton qu'un habile homme ne prend jamais.

Au reste, mes remarques épargneront à Homère, à Moïse, aux prophètes, mille petites tracasseries qu'on leur a faites sous mon nom : ils ont bien de quoi se défendre par eux-mêmes ; et vraiment je suis trop sujet à faillir pour me charger encore des sottises de *L'Iliade* et des erreurs de la *Bible*. On saura donc, en consultant la note, s'il y a

---

1. Notate tamen nobis facies nostras diligenter, ut recognoscatis nos in die illo judicii. (*Act. Martyr. Passio Sanct. Perpet. et Felicit.*, cap. xvii, p. 94.)

sûreté, et si l'on peut me traiter comme je le mérite. Toutefois, je m'accuserai d'un peu de malice : je n'ai pas tout cité dans les remarques; et je ne serois pas surpris que tel malheureux fragment que j'aurois négligé de dénoncer à la critique n'attirât aux anciens une nouvelle avanie. Dans ce cas, je promets le silence : je recevrai avec humilité les réprimandes adressées à Platon, Sophocle, Euripide; je serai même charmé qu'on apprenne à vivre à tous ces Grecs imprudents fourvoyés dans *Les Martyrs*.

Il me reste à dire quelques mots du style des *Martyrs* : on l'a beaucoup moins attaqué que celui de mes premiers ouvrages. Autrefois on me battoit avec mes propres armes; on citoit des phrases, des pages même du *Génie du Christianisme* véritablement répréhensibles. Mais quant aux *Martyrs*, il semble qu'on ait évité avec soin d'en mettre de longs morceaux sous les yeux des lecteurs. Il paroît qu'on s'est généralement accordé, amis et ennemis, à remarquer dans ma manière des progrès du côté du goût et de l'art. Si je m'en tiens au jugement des censeurs opposés aux *Martyrs*, le second livre, presque tout le récit, le combat des Francs surtout, une partie de l'*Enfer* et du *Purgatoire*, le livre des harangues, le caractère de Cymodocée et de Démodocus, sont les meilleures choses qui soient échappées à ma plume; il n'y a pas assez d'expressions pour les louer. Comment donc croire qu'un livre qui, d'après ses plus violents détracteurs, renferme un personnage comparable à Priam, et un combat qui n'est point effacé par les plus beaux combats d'Homère, comment croire que ce livre est oublié, mort, enseveli pour jamais? On va tous les jours à la postérité avec moins de titres; et, grâce à l'imprimerie, l'avenir ne pourra se sauver de nous.

Selon les partisans des *Martyrs*, c'est le second volume qui l'emporte : le livre d'Athènes, celui de Jérusalem, les quatre derniers livres, et particulièrement le dernier, sont ce qu'il y a de préférable dans l'ouvrage. Voilà certes des jugements bien divers, et d'après lesquels il me seroit difficile de me corriger. Les opinions semblent d'accord sur quelque partie du travail, par exemple, sur la prophétie de saint Paul, sur la tentation d'Eudore au repas funèbre, et sur les adieux à la Muse. Ces adieux n'ont cependant d'autre mérite que d'exprimer un sentiment vrai, et de montrer en moi ce qu'on voit dans tous les hommes, la fuite du temps, le changement des idées, et l'approche rapide de ce moment où tout finit. Si ce n'est pas sans quelques regrets, c'est du moins sans remords que j'ai jeté un regard sur les premiers jours de ma vie; et si j'en vois beaucoup d'inutiles, je n'en compte pas un dont je doive rougir.

Je ne sais si je dois revenir sur la question de l'épopée en prose. Les littérateurs de toutes les opinions semblent l'avoir abandonnée, comme une inutile dispute de mots. Car il est certain que d'un côté (ainsi qu'on le prouve judicieusement) la prose n'est pas des vers, et que de l'autre on ne peut anéantir l'autorité d'Aristote et l'exemple du *Télémaque*. Je renvoie le lecteur à la préface des premières éditions. Je rapporterai seulement la réflexion d'un critique : « Si la versification fait l'épopée, a-t-il dit, il en résulte que *L'Iliade, L'Odyssée, L'Énéide, La Jérusalem*, sont des romans dans nos traductions en prose, et des poëmes en grec, en latin et en italien. » L'éloge le plus délicat qu'on ait peut-être fait du *Télémaque* est celui que j'ai lu dans je ne sais quel journal [1]. Le censeur, pour mettre tous les partis d'accord, suppose que les aventures du fils d'Ulysse sont un beau poëme traduit du grec par Fénelon. On s'est donné la peine de citer Anacréon, pour prouver que les compatriotes d'Homère pouvoient avoir une épopée en prose, mais que nous autres François nous ne sommes pas si heureux. On a eu tort d'aller si loin. Les hellénistes se taisent, mais ils rient. Je ne relèverai point des erreurs trop affligeantes. En tout, je veux donner à mes censeurs l'exemple de la modération. S'ils n'ont pas craint de blesser mon amour-propre, je me fais un devoir d'épargner leur vanité. Ils attachent sans doute à leurs ouvrages beaucoup plus d'importance que je n'en attache aux miens : puisqu'ils ont mis leur bonheur dans leurs succès littéraires, à Dieu ne plaise que je prétende le troubler ! Ces censeurs ont quelquefois écrit des choses agréables et spirituelles; ce n'est qu'en parlant de moi qu'ils semblent parler de leur talent : je conçois qu'ils doivent me haïr. D'ailleurs, si j'ai sur eux l'avantage de quelques lectures, je n'ai que ce que je dois avoir, puisque je me mêle de faire des livres.

Tout ceci soit dit sans ôter à qui que ce soit le droit de courir sus aux *Martyrs* comme épopée. Veut-on que ce soit un *roman?* je le veux bien; un *drame?* j'y consens; un *mélodrame?* de tout mon cœur; une *mosaïque?* j'y donne les mains. Je ne suis point poëte, je ne me proclame point poëte, pas même littérateur, comme on me fait l'honneur de me nommer; je n'ai jamais dit que j'avois fait un poëme, j'ai protesté et je proteste encore de mon respect pour les Muses. Rien ne m'enchante comme les vers. Et n'ai-je pas passé une grande partie de ma jeunesse à ranger deux à deux des milliers de rimes qui n'étoient guère plus mauvaises que celles de mes voisins? Dans la suite, j'ai préféré un langage inférieur sans doute à la poésie, mais qui me per-

---

1. Dans le *Mercure*, peut-être : l'article, à ce qu'il me semble, étoit de M. Auger.

mettoit d'exprimer avec moins d'entraves l'enthousiasme que m'inspirent les sentiments des grands cœurs, les caractères élevés, les actions magnanimes, et le mépris souverain que j'ai voué aux bassesses de l'âme, aux petites intrigues de l'envie et à ces affectations effrontées de courage et de noblesse que dément à chaque pas une conduite servile.

CHANGEMENTS FAITS A CETTE ÉDITION
ET REMARQUES AJOUTÉES A LA FIN DE CHAQUE LIVRE.

Dans le troisième livre, les discours des puissances divines sont retranchés : comme ces discours contiennent l'exposition complète du sujet et le mot du récit, j'ai été obligé d'en conserver la substance. M. de La Harpe, dans son chant du *Ciel,* avoit commis la même faute que moi, et faisoit parler Dieu, à l'exemple du Tasse et de Milton, d'après l'autorité de l'Écriture. On lui fit remarquer que ces discours étoient trop longs, et qu'on ne sauroit jamais prêter à Dieu un langage digne de lui. Il changea son plan, et, par une heureuse idée, il mit ce qu'il vouloit dire dans la bouche du prophète Isaïe. Debout au milieu des saints et des anges, le fils d'Amos lit dans le *Livre de Vie* les destins de la terre. Je n'ai pu m'approprier cette belle fiction : j'ai eu recours à un autre moyen, que l'on jugera.

Dans ce même livre du *Ciel*, Cymodocée n'est plus demandée comme une victime immédiate, mais elle est annoncée comme une victime secondaire qui doit augmenter le mérite du sacrifice d'Eudore. Les passages de l'*Apocalypse* qui avoient servi de prétexte aux plaisanteries, bonnes ou mauvaises, d'un journal ont disparu : tout ce qui pouvoit blesser la doctrine ou le dogme dans le *Purgatoire*, l'*Enfer* et le *Ciel* a été scrupuleusement effacé. Je ne m'en suis pas rapporté là-dessus à mes lumières, je me suis soumis à la censure de quelques savants ecclésiastiques.

J'ai insisté davantage sur la naissance d'Eudore et de Cymodocée et sur ce qu'ils sont l'un et l'autre les représentants des grands hommes et des beaux-arts de la Grèce.

Dans le livre de l'esclavage d'Eudore chez les Francs, j'ai rétabli un morceau que j'avois supprimé sur l'épreuve et que plusieurs personnes regrettoient.

Dans le livre de Velléda, on ne trouvera plus les imprécations d'Eudore ; les couleurs trop vives sont adoucies.

J'ai abrégé la scène de l'entrevue de Cymodocée et d'Hiéroclès : elle sentoit trop le roman.

J'ai annoncé plus fortement et plus clairement le triomphe de la religion.

J'avois quelquefois parlé moi-même comme poëte (qu'on me passe le mot) le langage de la mythologie : j'ai fait disparoître ces légères inadvertances ; j'ai retranché plusieurs comparaisons, abrégé quelques détails de mœurs et corrigé quelques fautes contre l'histoire et la géographie.

Enfin, j'ai ajouté des remarques à chaque livre.

Ces remarques contiennent les imitations d'Homère, de Virgile, etc. Les autorités historiques se trouveront aussi dans ces notes. On y verra enfin d'assez longs morceaux de mon *Itinéraire de Paris à Jérusalem, en passant par la Grèce,* etc. Ces morceaux serviront de commentaires aux descriptions de la Grèce, de la Syrie et de l'Égypte. Je n'ai passé en Orient que pour visiter les lieux où j'ai placé la scène des *Martyrs* : il est donc tout simple que le voyage justifie les tableaux du voyageur.

J'ai écrit ces notes avec une grande répugnance, et seulement pour obéir au conseil de mes amis. Ils m'ont représenté que beaucoup de lecteurs, étrangers au langage de l'antiquité, avoient besoin d'une espèce d'explication pour lire *Les Martyrs*; que c'étoit l'unique moyen de faire tomber une foule de critiques. J'ai cédé à ces raisons ; mais j'aurois mieux aimé que l'avenir, s'il y a un avenir pour moi, se fût chargé du commentaire. J'ai développé mon plan dans ces remarques et montré la suite de mes idées et de ma composition. Je l'ai fait avec sincérité et comme j'en aurois agi pour l'ouvrage d'un autre. Ces remarques apprendront du moins quelque chose à quelques lecteurs, et elles seront un monument de ma bonne foi.

Tout ceci prouve, j'espère, ce qui est déjà prouvé, mon obéissance à la critique. Elle est telle que souvent mes amis n'osent me faire des objections, dans la crainte de me voir changer et bouleverser tout au moindre mot : je n'ai point cet orgueil qui se complaît dans une erreur. Si quelque chose me rendoit indôcile à la leçon, c'est la manière dont elle est donnée. Je ne reçois point un conseil sous la forme d'un outrage ; autant je pourrois craindre la séduction de la bienveillance, de l'estime, des prévenances, des égards, autant je repousse le ton impérieux et les airs de maître.

Il faut parler à présent de certains reproches qui me sont beaucoup plus sensibles que tous les autres, parce qu'ils semblent tomber sur mes amis.

On a voulu faire entendre que des hommes distingués, dont le jugement est une autorité puissante après s'être prononcés pour *Les Mar-*

tyrs, se sont ensuite *prudemment retirés*, lorsqu'ils ont vu déchirer l'ouvrage.

Qu'on sache que les amis qui me restent, tout petit qu'en soit le nombre, ne sont pas de ceux qui se retirent au jour du combat : ils ont un jugement formé, et ils n'attendent point l'approbation ou l'animadversion d'un bureau d'esprit pour savoir à quel rang ils doivent placer un ouvrage : ils regardent Les *Martyrs* comme le meilleur ou, si l'on veut, comme le moins foible de mes très-foibles écrits. Est-ce un homme dont le beau talent comme écrivain surpasse encore la pureté du goût comme critique que l'on a voulu désigner par cette étrange assertion? Mon illustre ami a dit et redit cent fois, à quiconque a voulu l'entendre, ce qu'il pense de mes derniers travaux littéraires; ses sentiments à cet égard sont bien loin d'être changés : le temps et les satires publiées contre mon livre n'ont fait que l'affermir dans l'opinion qu'il a des *Martyrs*, et aucune opinion sur tous les points et sous tous les rapports ne leur est plus complétement favorable.

Si l'on trouve mauvais que je me vante ici des suffrages que j'ai obtenus; si je sors des bornes d'une modestie que la foiblesse de mes talents me prescrit, et que je n'ai jamais franchies jusqu'à présent, qu'on s'en prenne à l'indigne manière dont on m'a traité. Il est aisé de comprendre pourquoi on avoit hasardé une accusation qui jetoit de la défaveur sur mon ouvrage, en même temps qu'elle flétrissoit le caractère de mes amis. On savoit que les dignités dont le premier d'entre eux est revêtu lui interdisoient toute espèce de lutte dans les journaux; on n'a pas craint alors de l'appeler dans une arène où il ne pouvoit descendre. Si l'indignation que cause l'injustice l'avoit engagé malgré moi dans ce combat, eh bien, on avoit encore tout à gagner : on eût fait du bruit en s'attachant à un nom célèbre.

Enfin, s'il faut en croire les adversaires des *Martyrs*, ce sont les coteries, les cabales, les partis qui agissent en ma faveur.

Depuis mon entrée dans la carrière des lettres, tous mes pas ont été marqués par des orages. J'ai été accablé d'injures, de pamphlets, de parodies, de critiques, de plaisanteries en prose et en vers; mes phrases traînent dans toutes les saletés des boulevards; mon nom se rencontre dans toutes les satires. Qu'ai-je opposé à cela? Une seule défense, où, en répondant d'une voix ferme, je n'ai point rendu l'insulte pour l'insulte [1]. Me rencontre-t-on dans ces salons et sur ces théâtres où se forge la renommée? Suis-je de quelque assemblée litté-

---

1. *Défense du Génie du Christianisme.*

raire? Vais-je lisant mes ouvrages à quiconque veut les écouter? Je vis seul; je n'ai point d'école, point de jeunes gens qui viennent recueillir les paroles du maître. Si j'en crois pourtant la faveur publique, il ne tiendroit qu'à moi de m'entourer de nombreux disciples. Avant la révolution, étant encore dans ma plus grande jeunesse, un heureux hasard me jeta dans la société de M. de La Harpe, et j'eus le bonheur de recevoir les leçons de cet excellent maître. Il a daigné me rappeler dans son testament, et je déplore tous les jours la perte d'un homme si utile aux lettres. Quel défenseur n'ai-je pas perdu! Tout le monde sait l'amitié qui me lie au digne successeur de l'Aristarque françois; amitié qui compte déjà bien des années, puisqu'elle remonte à l'époque où j'ai connu M. de La Harpe. D'autres littérateurs distingués, que je fréquentois à cette même époque, ont suivi des routes différentes de la mienne, ils se sont déclarés mes ennemis sans que je les aie provoqués; ils m'ont attaqué dans leurs écrits avec violence. Je ne me suis pas plaint de leur infidélité au souvenir d'une ancienne liaison; j'ai lu les critiques qu'ils ont faites de mes premiers ouvrages, j'y ai remarqué du goût, de l'esprit, du talent, du savoir. S'ils m'ont paru quelquefois aller trop loin, j'ai pensé ou que mon amour-propre me trompoit, ou qu'ils étoient emportés malgré eux au delà des bornes, par cette chaleur d'opinion dont on a tant de peine à se défendre. Je me plais même à reconnoître que les rudes leçons d'une amitié changée m'ont été utiles, et que si *Les Martyrs* ont moins de taches que mes précédents écrits, je le dois à ces jugements, peut-être un peu rigoureux. Je ne pense nullement comme ces hommes de lettres en matière de religion; mais cela ne me rend point leur ennemi, et je ne le dis point par une hypocrisie superbe [1].

Ce ton n'est guère, il me semble, celui d'un chef de *parti*, d'un homme de *coterie*. Aujourd'hui que l'on a passé envers moi toutes les bornes; aujourd'hui que l'on a tenu en parlant des *Martyrs* un langage que l'on ne m'avoit jamais adressé dans la plus grande chaleur de la controverse sur *Atala*, qu'ai-je opposé à cette attaque? Pendant huit mois, un profond silence; maintenant cet *Examen*, où je n'ai pas même employé les réponses personnelles que je trouvois dans la brochure d'un défenseur inconnu.

Ne pourrois-je point, à mon tour, avec plus de justice, accuser mes

---

1. Tandis que j'écrivois ceci, les littérateurs distingués dont je parle avec cette modération remplissoient les almanachs de vers injurieux contre *Les Martyrs*. La meilleure réponse que je puisse faire à ces littérateurs, c'est de laisser subsister tel qu'il est le paragraphe qui a donné lieu à cette note.

adversaires de cabale et d'esprit de parti? Je demanderois si des gens pleins de bonne foi et de droiture ne se sont point assemblés pour délibérer sur le sort qu'on feroit aux *Martyrs?* Je demanderois si, dans l'incroyable chaleur de la haine, on n'est point allé jusqu'à proposer d'insulter ma personne autant que mon ouvrage? Ceux qui connoissent à fond l'odieuse intrigue montée contre Les *Martyrs* verront bien que je ne dis pas tout. Et quel moment a-t-on choisi pour m'attaquer! moment où la moindre noblesse de caractère eût suffi pour interdire toute critique injurieuse! Mais on n'a respecté ni ma douleur ni mes regrets.

J'entends d'ici mes adversaires me répondre :

« Vos études, vos voyages, vos sacrifices, vos douleurs, vos regrets, ne font rien à l'affaire ; le public n'entre point dans toutes ces raisons. Les *Martyrs* sont-ils une bonne ou une méchante épopée? Voilà la question. Il n'y a point d'auteur censuré qui ne crie à l'injustice, à la persécution, qui n'en appelle à la postérité, qui ne se compare à Racine outragé, quoiqu'il n'ait rien de commun avec Racine. Les droits de la critique sont de dire nettement et clairement son avis, de juger impitoyablement un livre, sans considérations aucunes, sans ménagements, sans égards aux réclamations de l'auteur. »

Non, ce ne sont point là les droits de la critique; et puisqu'elle ignore ses véritables droits, je vais tâcher de les lui faire connoître.

Un homme prend tout à coup le titre d'auteur; il se présente au public sans nom, sans talent, sans bonnes études; tout annonce en lui une incapacité absolue pour l'art du poëte, de l'orateur, de l'historien : c'est alors que la critique a le droit incontestable de repousser cet homme, sans égards, sans ménagements, sans considérations aucunes. Elle peut employer contre lui toutes sortes d'armes, hors celles qu'interdit l'honneur. Raisonnements, plaisanteries, vérités dures et tranchantes, tout est bon, parce qu'elle fait alors une œuvre charitable : elle arrête un malheureux au commencement d'une carrière où l'attendent les humiliations et le ridicule s'il est riche, le mépris et la misère si la fortune lui a refusé ses dons. Les lettres sans le talent propre à les rendre utiles ou agréables ne servent qu'à corrompre le cœur, qu'à nous gonfler de haine et d'envie, qu'à nous arracher aux devoirs de la société et à nourrir en nous un amour propre féroce aux dépens de tous les sentiments généreux.

Mais quand la critique croit avoir le droit d'user de la même rigueur dans toute occasion et avec toute espèce d'hommes, dès qu'un ouvrage lui déplaît, elle est dans une grossière erreur. Il résulteroit de là que Boileau pourroit être traité comme Chapelain, si *Le Lutrin* ou *L'Art poétique* encouroient la disgrâce d'un censeur, et que le premier barbouilleur de jugements littéraires pourroit manquer impunément au génie de Corneille.

Il y a donc nécessairement une règle qu'il n'est permis à personne de violer. Or, cette règle, la voici :

Ce qui décide du ton et des égards que l'on doit employer dans l'examen d'un ouvrage, c'est le plus ou moins de renommée, le plus ou moins d'estime qui s'attache au nom de l'écrivain, et jusqu'à un certain degré le plus ou moins de temps, de veilles, d'études, de travaux, que cet écrivain a consacrés aux lettres.

Qu'un auteur ait donc obtenu un succès incontestable, puisque c'est un fait; que ce succès se soutienne après dix ans révolus; que des éditions sans cesse renouvelées, des traductions dans toutes les langues, aient fait, à tort ou à raison, connoître le nom de cet auteur dans toute l'Europe; que cet auteur jouisse d'ailleurs de la réputation d'un honnête homme, la critique qui ne lui oppose qu'une parodie burlesque passe les bornes de son pouvoir : elle doit se souvenir que ce n'est plus un écolier qu'elle corrige, mais qu'elle est appelée à juger un homme vieilli dans l'art, et dont elle ne peut relever les erreurs qu'avec défiance, mesure et politesse; elle sera d'autant plus tenue à ces égards, que l'auteur aura mieux connu le prix de l'estime publique, et que, respectant cette estime, il n'aura point broché son nouvel ouvrage, mais aura fait tous les sacrifices pour rendre cet ouvrage digne du succès qu'ont obtenu ses premiers écrits. Ajoutons que dans ce cas l'auteur a le droit de demander que son juge ait au moins cette compétence qui tient à la gravité des études et du caractère, et d'exiger que le peintre en grotesque ne soit pas admis à prononcer sur les tableaux du peintre d'histoire.

Si cette opinion sur les devoirs des juges littéraires n'étoit que la mienne, elle ne mériteroit pas sans doute la peine qu'on s'y arrêtât; mais c'est aussi celle du maître de tous les critiques, d'un homme qui se connoissoit en bons et en mauvais ouvrages, et qui se fit un jeu toute sa vie de tourmenter les Cassagne et les Cotin. « Traiter de haut en bas, dit Boileau, un auteur approuvé du public, c'est traiter de haut en bas le public même[1]. »

Tels sont les devoirs que la raison, l'équité, la modération, l'honneur, prescrivent à la critique. Ont-ils été remplis envers moi, ces devoirs, et dois-je être placé ou dans la classe de l'homme nouveau qui cède imprudemment à la dangereuse tentation d'écrire, ou dans

---

1. *Lettres à Brossette*, t. I, p. 61.

celle de l'homme connu qui a fait des lettres l'occupation principale de sa vie ? Ce n'est pas à moi à répondre à cette question.

Disons plutôt, afin de quitter ce triste sujet, et pour faire voir que ce n'est point ma vanité blessée qui se lamente, disons que si j'ai le droit d'être choqué de certaines leçons, cela ne me rend point injuste. Je sais que je suis amplement dédommagé d'une persécution passagère par le suffrage des hommes supérieurs, par les critiques décentes de la plupart des journaux, par le jugement favorable de cette société polie que recherchoient surtout Boileau, Racine et Voltaire, enfin, par les applaudissements de la grande majorité du public. Je n'ai jamais espéré d'ailleurs que *Les Martyrs* obtinssent dans le premier moment un succès aussi populaire que celui du *Génie du Christianisme*. Les temps sont changés : l'ouvrage n'est pas du même genre ; il convient à beaucoup moins de lecteurs. Jamais un livre de cette nature ne fut reçu d'abord avec enthousiasme, le *Télémaque* excepté ; et l'on sait que sa prompte renommée tint à des causes indépendantes de son mérite réel. S'il paroissoit aujourd'hui, il est hors de doute que le vulgaire des lecteurs et des critiques le trouveroit froid, traînant, ennuyeux, et même écrit avec une négligence impardonnable ; et cependant, quel chef-d'œuvre de goût, de style et de simplicité !

Malgré l'opposition de mes ennemis, malgré les préjugés de toutes espèces qu'on a voulu faire naître contre *Les Martyrs*, j'ai encore réussi beaucoup au delà de mon attente : il s'est plus écoulé d'exemplaires de mon dernier ouvrage en quelques mois qu'il ne s'est vendu d'exemplaires du *Génie du Christianisme* en plusieurs années. Sans parler des juges qui se sont déclarés pour moi, ceux qui ont condamné *Les Martyrs* m'ont donné pour ces mêmes *Martyrs* des éloges que je n'ai jamais obtenus pour mes autres écrits ; éloges tels qu'ils sembloient devoir exclure ensuite le ton qu'on a pris avec moi. Mon amour propre comme auteur a donc de quoi se consoler ; mais je ne puis m'empêcher de gémir sur le misérable esprit qui règne dans notre littérature. Quelle idée doivent prendre de nous les étrangers en lisant ces critiques, moitié furibondes, moitié bouffonnes, d'où la décence, l'urbanité, la bonne foi sont bannies ; ces jugements où l'on n'aperçoit que la haine, l'envie, l'esprit de parti, et mille petites passions honteuses ? En Italie, en Angleterre, ce n'est pas ainsi qu'on accueille un ouvrage : on l'examine avec soin, même avec rigueur, mais toujours avec gravité. S'il renferme quelque talent, on s'en fait un titre d'honneur pour la patrie. En France, on diroit qu'un succès littéraire est une calamité pour tous ceux qui se mêlent d'écrire. Je l'avouerai : quand je vois traîner dans la fange les lambeaux de mes ouvrages, je regrette quelquefois cette carrière où personne n'avoit le droit de prononcer mon nom publiquement sans mon aveu et où je disposois seul d'une noble obscurité.

Enfin on a parlé à mon sujet de philosophe et de philosophie, et cela d'un ton qui n'a fait tort qu'à celui qui l'a pris. Expliquons-nous :

S'il faut, pour être philosophe, applaudir aux progrès des lumières, honorer les sciences, aimer les lettres et les arts, désirer le bonheur des hommes, idolâtrer la patrie, je suis philosophe.

Si pour mériter ce titre il faut mépriser la sagesse et la gloire de nos ancêtres, blasphémer une religion qui a civilisé, éclairé et consolé la terre, substituer à l'éternelle parole et aux commandements immuables de Dieu le vain langage et la raison changeante de l'homme ; s'il faut vanter l'indépendance avec un cœur d'esclave, n'avoir pour soi que les crimes et jamais les vertus d'une opinion, je n'ai point été, je ne suis point, et je ne serai jamais philosophe.

C'est ici mon dernier combat : il est temps de mettre un terme à ces vaines agitations. J'ai passé l'âge des chimères, et je sais à quoi m'en tenir sur la plupart des choses de la vie. Quelle que soit désormais la justice ou l'injustice de la critique, je lui abandonne mes ouvrages : on pourra les ensevelir, les exhumer, les ensevelir de nouveau, je ne réclamerai plus. Je suis las de recevoir des insultes pour remercîments des plus pénibles travaux. Dans aucun temps, dans aucun pays, un homme qui auroit consacré huit années de sa vie à un long ouvrage ; qui pour le rendre moins imparfait eût entrepris des voyages lointains, dissipé le fruit de ses premières études, quitté sa famille, exposé sa vie ; dans aucun temps, dis-je, dans aucun pays, cet homme n'eût été jugé avec une légèreté si déplorable. Je n'ai jamais senti le besoin de la fortune qu'aujourd'hui. Avec quelle satisfaction je laisserais le champ de bataille à ceux qui s'y distinguent par tant de hauts faits, pour l'honneur des Muses et l'encouragement des talents ! Non que je renonçasse aux lettres, seule consolation de la vie ; mais personne ne seroit plus appelé de mon vivant à me citer à son tribunal pour un ouvrage nouveau.

FIN DE L'EXAMEN DES MARTYRS.

TABLE.

	Pages
Préface de la première et de la seconde édition	4
Préface de l'édition de 1826	13

LES MARTYRS.

Livre premier	15
Livre deuxième	29
Livre troisième	43
Livre quatrième	53
Livre cinquième	70
Livre sixième	87
Livre septième	102
Livre huitième	117
Livre neuvième	128
Livre dixième	140
Livre onzième	152
Livre douzième	168
Livre treizième	178
Livre quatorzième	188
Livre quinzième	202
Livre seizième	216
Livre dix-septième	230
Livre dix-huitième	244
Livre dix-neuvième	258
Livre vingtième	272
Livre vingt-unième	285
Livre vingt-deuxième	295
Livre vingt-troisième	304
Livre vingt-quatrième	319

TABLE.

REMARQUES

	Pages
Sur le livre Ier	335
Sur le livre II	355
Sur le livre III	366
Sur le livre IV	377
Sur le livre V	391
Sur le livre VI	397
Sur le livre VII	414
Sur le livre VIII	427
Sur le livre IX	435
Sur le livre X	453
Sur le livre XI	460
Sur le livre XII	480
Sur le livre XIII	486
Sur le livre XIV	490
Sur le livre XV	496
Sur le livre XVI	501
Sur le livre XVII	506
Sur le livre XVIII	515
Sur le livre XIX	524
Sur le livre XX	532
Sur le livre XXI	536
Sur le livre XXII	540
Sur le livre XXIII	542
Sur le livre XXIV	546
Examen des *Martyrs*	555

FIN DE LA TABLE DU TOME IV.

PARIS. — IMPRIMERIE DE J. CLAYE, RUE SAINT-BENOIT, 7.

www.ingramcontent.com/pod-product-compliance
Lightning Source LLC
Chambersburg PA
CBHW060410230426
43663CB00008B/1436